Şerh-i
Mültea el-Ebhur
(Mevkûfât)

İSLÂM FIKHI

2. Cilt

İbrahim Halebî

Şerh-i Mültea el-Ebhur (Mevkûfât)

İSLÂM FIKHI

2. Cilt

Tercüme ve Açıklamalar:
Yrd. Doç. Dr. Nedim Yılmaz

Hazırlayan:
Mevlüt Karaca

HİSAR YAYINEVİ
Büyük Reşit Paşa cad. No: 22/4
Laleli / İSTANBUL
Tel: 0212 5284642 Fax: 0212 5223483

Hisar Neşriyatı: 134

İstanbul, Ocak 2018

Baskı
AKOĞUL
BASIM YAYIN DAĞITIM
Maltepe Mah. Davutpaşa Merkez
Efendi Cad. İpek İş Hanı No: 6/15
Zeytinburnu/İSTANBUL
Tel: 0531 681 76 79
Sertifika No: 33366

3. KISIM

فصل

اِنْ لَمْ يَدْخُلِ الْمُحْرِمُ مَكَّةَ وَتَوَجَّهَ اِلٰى عَرَفَةَ وَوَقَفَ بِهَا سَقَطَ عَنْهُ طَوَافُ الْقُدُومِ. وَلَا شَيْىءَ عَلَيْهِ لِتَرْكِهِ. وَمَنْ وَقَفَ اَوِ اجْتَازَ بِعَرَفَةَ سَاعَةً مَا بَيْنَ زَوَالِ الشَّمْسِ مِنْ يَوْمِ عَرَفَةَ وَطُلُوعِ الْفَجْرِ مِنْ يَوْمِ النَّحْرِ فَقَدْ اَدْرَكَ الْحَجَّ وَلَوْ نَائِماً اَوْ مُغْمًى عَلَيْهِ اَوْ لَمْ يَعْلَمْ اَنَّهَا عَرَفَاتٌ. وَمَنْ فَاتَهُ ذٰلِكَ فَقَدْ فَاتَهُ الْحَجُّ. فَيَطُوفُ وَيَسْعٰى وَيَتَحَلَّلُ وَيَقْضِى مِنْ قَابِلٍ وَلَا دَمَ عَلَيْهِ. وَلَوْ اَمَرَ رَفِيقَهُ اَنْ يُحْرِمَ عَنْهُ عِنْدَ اِغْمَائِهِ فَفَعَلَ صَحَّ. وَكَذَا اِنْ فَعَلَ بِلَا اَمْرٍ. خِلَافاً لَهُمَا.

وَالْمَرْاَةُ فِى جَمِيعِ ذٰلِكَ كَالرَّجُلِ اِلَّا اَنَّهَا تَكْشِفُ وَجْهَهَا لَا رَاْسَهَا. وَلَوْ سَدَلَتْ عَلٰى وَجْهِهَا شَيْئاً وَجَافَتْهُ جَازَ. وَلَا تَجْهَرُ بِالتَّلْبِيَةِ وَلَا تَرْمُلُ وَلَا تَسْعٰى بَيْنَ الْمِيلَيْنِ وَلَا تَحْلُقُ بَلْ تُقَصِّرُ وَلَا تَلْبَسُ الْمُخَيَّطَ وَلَا تَقْرَبُ الْحَجَرَ اِذَا كَانَ عِنْدَهُ رِجَالٌ. وَلَوْ حَاضَتْ عِنْدَ الْاِحْرَامِ اغْتَسَلَتْ وَاَتَتْ بِجَمِيعِ الْمَنَاسِكِ اِلَّا الطَّوَافَ. وَاِنْ حَاضَتْ بَعْدَ طَوَافِ الزِّيَارَةِ سَقَطَ عَنْهَا طَوَافُ الصَّدَرِ وَلَا شَيْىءَ عَلَيْهَا لِتَرْكِهِ كَمَا يَسْقُطُ عَمَّنْ اَقَامَ بِمَكَّةَ بَعْدَ طَوَافِ الزِّيَارَةِ. وَلَوْ بَعْدَ النَّفْرِ عِنْدَ اَبِى يُوسُفَ. وَعِنْدَ مُحَمَّدٍ لَا يَسْقُطُ بِالْاِقَامَةِ بَعْدَهُ. وَمَنْ قَلَّدَ بَدَنَةَ تَطَوُّعٍ اَوْ نَذْرٍ اَوْ جَزَاءِ صَيْدٍ اَوْ نَحْوِهِ وَتَوَجَّهَ مَعَهَا يُرِيدُ الْحَجَّ فَقَدْ اَحْرَمَ وَاِنْ لَمْ يُلَبِّ. فَاِنْ بَعَثَ بِهَا ثُمَّ تَوَجَّهَ فَلَا، حَتّٰى يَلْحَقَهَا اِلَّا فِى بَدَنَةِ الْمُتْعَةِ. فَاِنْ جَلَّلَهَا اَوْ اَشْعَرَهَا اَوْ قَلَّدَ شَاةً لَا يَكُونُ مُحْرِماً. وَالْبُدْنُ مِنَ الْاِبِلِ وَالْبَقَرِ.

VAKFE, KADINLAR VE BEDEN İLE İLGİLİ HÜKÜMLER

Eğer ihramlı kişi Mekke'ye girmez, Arafat'a gider ve orada vakfe yaparsa kendisinden kudûm tavâfı düşer. Bu tavâfı terkettiği için bir şey gerekmez. Bir kimse arefe günü güneşin zevali ile Kurban bayramının ilk günü fecrin doğuşu arasında bir an Arafat'ta vakfe yapsa, veya orayı geçse hacc yetişmiş olur. İsterse uyuyarak, veya baygın bir halde, veya orasının Arafat olduğunu bilmeden bunları yapmış olsun. Bu vakfeyi yapamadan haccı kaçırmış olur. Hal böyle olunca, tavâfını ve sa'yini yapar, ihramdan çıkar ve ertesi sene kaza eder. Üzerine kurban gerekmez. Bir kimse baygınlığı halinde, kendisi yerine arkadaşının ihrama girmesini emretse, o da onun yerine ihrama girse sahih olur. Arkadaşı bunu emretmeden yapsa da durum aynıdır. İmâmeyn buna muhaliftir.

Bütün hacc fiillerinde kadın erkek gibidir. Ancak yüzünü açar, başını açmaz. Eğer yüzünün üzerine bir şey sarkıtır ve onu yüzünden uzak tutarsa caizdir. Telbiyede sesini yükseltmez. Reml yapmaz. İki direk arasında koşmaz. Tıraş olmaz. Saçını kırkar. Dikilmiş elbise giyer. Eğer yanında erkekler bulunursa Hacer-i Esved'e yaklaşmaz. İhramlı iken âdet görürse gusleder ve tavâf dışında kalan bütün hacc fiillerini yapar. Ziyaret tavâfından sonra âdet görürse, kendisinden sader tavâfı düşer. Terkettiği için üzerine bir şey gerekmez. Mekke'de ikamet edenden sader tavâfı sâkıt olduğu gibi, ziyaret tavâfından sonra âdet gören kadından da sâkıt olur. Ebû Yusuf'a göre, hacılar üçüncü gün Mekke'ye döndükten sonra Mekke'de ikamet etseler sader tavâfı düşer. İmâm Muhammed'e göre düşmez.

Bir kimse nâfile bedene veya nezir bedenesi veya avlanma cezası için bedene veya benzeri şeylerin bedenesini kılâdelese ve onunla beraber, hacc murad ederek yola çıksa, telbiye etmese de ihramlı olur. Eğer bedeneyi gönderir sonra kendisi hareket ederse, bedeneye yetişmedikçe ihramlı olmaz. Ancak, müt'a bedenesinde ihramı sahih olur. Bedenenin sırtına çul örtse veya bir işaret yapsa, veya bir koyunu kılâdelese, ihramlı olmaz. Bedeneler deve ve sığırdan olur.

İZAHI

İhramlı kişi Mekke'ye girmeden Arafat'a gider ve orada vakfe yaparsa, kendisinden kudûm tavâfı sâkıt olur. Zira tertip bozulmuş olmaktadır. İhramlının ziyaret tavâfını yapması kudûm tavâfının yerine de geçer. Nitekim farz kılan bir kişinin tahiyyetü'l-mescid namazını kılması gerekmez. İhramlı da tavâf-ı kudûmü terkettiği için bir şey gerekmez. Zira sünnettir. Sünneti terketmekle, daha sonra yerine getirilmesi gerekmez.

Arefe günü güneşin zevali ile bayram günü fecrin doğuşu arasında Arafat'ta bir an olsun vakfe yapan, veya Arafat'tan geçen, bunlar ister o uyurken olsun, ister baygınken olsun, isterse oranın Arfat olduğunu bilmeden olsun, hacca yetişmiş olur. Çünkü Hz. Peygamber (a.s.), arefe günü zevalden sonra vakfe yapmıştır. Kitâb mücmel olduğu için, Hz. Peygamber (a.s.)'in fiili Arafat'ta vakfenin ilk vaktini beyan etmiş olmaktadır. Son vaktini ise Hz. Peygamber Efendimiz (a.s.): مَنْ شَهِدَ مَعَنَا هَذِهِ الصَّلَاةَ : **"Kim şu namazda bizimle beraber bulunursa.."** (44) buyurarak açıklamıştır.

Arafat'ta vakfeyi kaçıran haccı da kaçırmış olur. Bu durumda kalan kişi tavâf ve sa'yini yapar, ihramdan çıkar ve ertesi yıl kaza eder. diğer hacılar gibi üzerine kurban lâzım gelmez. Çünkü ertesi sene haccı kaza etmesi gerekmektedir. Yukarıda zikredilen tavâf ve sa'yi de yapmaması gerekirdi. Lakin ihram sahih olarak mün'akid olduktan sonra, o ihramdan ancak iki fiilden birini yapmakla çıkılabilir. Yani hacc veya umre yapmakla çıkar. Burada hacctan âciz olduğu için umre yapması gerekir. Umre fiillerini yaparak ihramdan çıkar, üzerine kurban lâzım gelmez.

Bir kimse arkadaşına: "Ben bayıldığım zaman benim yerime ihrama gir" diye emretse, arkadaşı da bu emri yerine getirse, ihramı sahih olur. Emretmeden yapsa da, sanki emredip de yapmış gibi ihramı sahih olur. İmâmeyn buna muhalefet eder. Onlara göre, emredilmeden yapılan ihram fiili sahih olmaz.

Kadın, bütün hacc fiillerinde erkek gibidir. Zira Allah Teâlâ'nın وَلِلَّهِ عَلَى النَّاسِ حِجُّ الْبَيْتِ مَنِ اسْتَطَاعَ إِلَيْهِ سَبِيلًا : **"Azık ve binek bakımından yoluna gücü yeten her kimsenin o beyti haccetmesi, insanlar üzerinde Allah'ın hakkıdır, farzdır"** (45) emri, erkekleri ve kadınları içine almaktadır. Ancak şu var ki, kadın yüzünü açar başını açmaz. Zira Nebî (a.s.):

اِحْرَامُ الْمَرْأَةِ فِى وَجْهِهَا : **"Kadının ihramı yüzündedir"** buyurmuştur. Bundan anlaşılmaktadır ki, kadının yüzünü örtmesi câiz değildir.

Kadın yüzüne bir şey sarkıtsa ve yüzünden uzak tutsa câizdir. Hz. Âişe (r.anhâ): "Biz ihramlı iken yanımızdan atlılar geçerdi. O sırada başımızda olan

---
(44) İbn Mâce, Menâsik 57; Dârimî, Menâsik 54.
(45) Âl-i İmrân, 3/97.

çarşaf ile yüzümüzü örter, onlar geçtikten sonra açardık" diye rivayet etmiştir.

Kadın telbiyede sesini yükseltmez. Ancak kendisi işitecek kadar bir sesle söyler. Zira kadının sesi avrettir. Fitneye sebep olur. Reml etmez, iki yeşil direk arasında sa'y ile koşmaz. Zira reml ile koşmak setr-i avrati bozar. Tıraş olmaz, fakat saçından kırkar. Zira Hz. Peygamber (a.s.):

إِنَّمَا عَلَى النِّسَاءِ التَّقْصِيرُ : "**Kadınlara gereken, ancak saçları kısaltmaktır**" (46) buyurmuştur. Kadınların tıraş olması çirkin bir iştir. Erkeklerin sakal kesmesine benzer. Bu ise haccta haramdır. Nebî (a.s.) ihramlı kadınlara don ve gömlek giymeyi mübah kılmıştır. Dikilmemiş elbise avret yerlerinin açılmasına sebep olur. Onun için kadınlar dikilmiş elbise giyerler.

Hacer-i Esved'in yanında erkekler bulunursa, kadınlar oraya yaklaşmaz.

Kadın ihramlı iken âdet görse gusleder ve tavâftan başka bütün hacc fiillerini yapar. Âdet gören bir kadının mescide girmesi câiz değildir. Yaptığı gusül ihram içindir, namaz için değildir. Hz. Âişe (r,anhâ) Serif denilen yerde hayız oldu. Nebî (a.s.), yanına girdiği zaman onu ağlar vaziyette buldu. "Seni kim ağlattı? Yoksa hâyız mı oldun?" dedi. Hz. Âişe "evet" diye cevap verince: "Bu, Allah'ın Adem'in kızlarına takdir ettiği bir haldir. **Tavâf yapma, diğer hacılar gibi öbür hacc fiillerini işle**" buyurdular.

Kadın, tavâf-ı ziyaretten sonra âdet görse, tavâf-ı sader ondan düşer. Tavâf-ı saderi terkettiği için üzerine bir şey lâzım gelmez. Zira Nebî (a.s.) âdet gören kadınlara tavâf-ı saderi terketme ruhsatı vermiştir. Nitekim Mekke'de ikamet edenlerden de bu tavâf düşer.

Bir kimse Minâ'dan Mekke'ye döndükten sonra Mekke'de kalmaya niyet etse, Ebû Yusuf'a göre ondan sader tavâfı düşer. İmam Muhammed'e göre düşmez.

Bir kimse nâfile veya nezir veya avlanma cezası veya benzeri şeyler için bir bedeneye alâmet koysa ve o bedene ile hacc murad ederek yola çıksa, telbiye etmese de ihrama girmiş olur. Zira Nebî (a.s.): مَنْ قَلَّدَ بَدَنَةً فَقَدْ أَحْرَمَ : "**Kim, (Mekke'de kesilmek üzere) bir bedeneye alâmet koysa ihrama girmiş sayılır**" buyurmuştur. Çünkü hedy götürmek telbiye mânâsınadır. Zira onu, ancak hacc veya umre murad eden kimse işaretler. Allah'ın emrine icabet (telbiye), bazan fiil ile bazan da söz ile yapılır. Meselâ bir kimseye; "Ya fülân" diye seslensen, bazan cevap vermeden kendisi gelir, bazan söz ile cevap verir.

---

(46) Ebû Dâvûd, Menâsik 79; Dârimî, Menâsik 63.

Bu takdirde telbiye etmese de, hedy götürmekle ihrama girmiş olur. Zira niyeti, ihramın özelliklerinden olan bir fiile muttasıl olmuştur.

Eğer bedeneyi gönderir, ondan sonra kendisi hareket ederse, bedeneye yetişmedikçe ihrama girmiş olmaz. Zira hareket anında hedy bulunmadığı için, mücerred niyet ile ihrama girmiş olmaz.

Bu meselede âlimler ihtilaf etmişlerdir. Bazısı: "Bedeneye alâmet koymakla ihrama girmiş olur". Bazısı: "Hedyin peşinden gitmekle ihrama girmiş olur", bazısı da: "Gönderdiği hedye yetişip onu sürerse ihrama girmiş olur" dediler. Ancak hacc-ı temettu için olan bedene ile ihrama girmiş olmaz. Zira o kimse hacc-ı temettu için hareket edip ihrama niyet ettiği anda ihramlı olur. Bu takdirde, gönderdiği bedeneye yetişmiş veya yetişmemiş olması birdir. Bu dediğimiz hacc aylarında olursa, ihramlı olur, yoksa hacc ayları dışında olursa ihramlı olmaz.

Bir kimse bedenenin üzerine çul örtse veya yazıyla işaret koysa veya bir koyuna işaret koysa, o kimse ihrama girmiş sayılmaz. Zira devenin üzerine çul koymak, hassaten hacc fiillerinden değildir. Aksine bu fiil sıcak, soğuk veya sinekten korunmak için yapılagelen bir âdettir. Yazı ile işaret koymak ise, Ebû Hanife'ye göre bid'attır. Hacc fiillerinden değildir. Koyunları işaretlemek ise, mutâd bir iş olmadığı gibi sünnet de değildir. Bedeneye (deve ve sığıra) işaret koymak, kimse binmesin ve yük yüklemesin diye bir ilamdır. Koyun bunlara uygun değildir. O halde, o kimse bunlarla ihrama girmiş olmaz.

Bedeneler deve ve sığırdandır. Yani, bu ikisinden olur.

4. KISIM

بَابُ الْقِرَانِ وَالتَّمَتُّعِ

اَلْقِرَانُ اَفْضَلُ مُطْلَقاً وَهُوَ اَنْ يُهَلِّلَ بِالْعُمْرَةِ وَالْحَجِّ مَعاً مِنَ الْمِيقَاتِ. وَيَقُولُ بَعْدَ الصَّلَاةِ: اَللّٰهُمَّ اِنِّي اُرِيدُ الْحَجَّ وَالْعُمْرَةَ فَيَسِّرْهُمَا لِي وَتَقَبَّلْهُمَا مِنِّي. فَاِذَا دَخَلَ ابْتَدَأَ فَطَافَ لِلْعُمْرَةِ وَسَعٰى ثُمَّ طَافَ لِلْحَجِّ طَوَافَ الْقُدُومِ وَسَعٰى. فَلَوْ طَافَ لَهُمَا طَوَافَيْنِ وَسَعٰى سَعْيَيْنِ جَازَ وَاَسَاءَ. ثُمَّ يَحُجُّ كَمَا مَرَّ. فَاِذَا رَمٰى جَمْرَةَ الْعَقَبَةِ يَوْمَ النَّحْرِ ذَبَحَ دَمَ الْقِرَانِ شَاةً اَوْ بَدَنَةً اَوْ سُبْعَ بَدَنَةٍ. فَاِنْ عَجَزَ عَنْهُ صَامَ ثَلَاثَةَ اَيَّامٍ قَبْلَ يَوْمِ النَّحْرِ. وَالْاَفْضَلُ كَوْنُ اٰخِرِهَا يَوْمَ عَرَفَةَ وَسَبْعَةً اِذَا فَرَغَ وَلَوْ بِمَكَّةَ. فَاِنْ لَمْ يَصُمِ الثَّلَاثَةَ قَبْلَ يَوْمِ النَّحْرِ تَعَيَّنَ الدَّمُ. وَاِنْ وَقَفَ الْقَارِنُ بِعَرَفَاتٍ قَبْلَ طَوَافِهِ لِلْعُمْرَةِ فَقَدْ رَفَضَهَا فَعَلَيْهِ دَمٌ لِرَفْضِهَا وَيَقْضِيهَا وَسَقَطَ عَنْهُ دَمُ الْقِرَانِ.

وَالتَّمَتُّعُ اَفْضَلُ مِنَ الْاِفْرَادِ. وَهُوَ اَنْ يَأْتِيَ بِالْعُمْرَةِ فِي اَشْهُرِ الْحَجِّ ثُمَّ يَحُجُّ مِنْ عَامِهِ فَيُحْرِمُ بِهَا مِنَ الْمِيقَاتِ وَيَطُوفُ لَهَا وَيَسْعٰى وَيَتَحَلَّلُ مِنْهَا اِنْ لَمْ يَسُقِ الْهَدْىَ. وَيَقْطَعُ التَّلْبِيَةَ بِاَوَّلِ الطَّوَافِ ثُمَّ يُحْرِمُ بِالْحَجِّ مِنَ الْحَرَمِ يَوْمَ التَّرْوِيَةِ وَقَبْلَهُ اَفْضَلُ وَيَحُجُّ وَيَذْبَحُ كَالْقَارِنِ فَاِنْ عَجَزَ فَكَحُكْمِهِ وَجَازَ صَوْمُ الثَّلَاثَةِ قَبْلَ طَوَافِهَا وَلَوْ فِي شَوَّالٍ بَعْدَ الْاِحْرَامِ بِهَا لَا قَبْلَهُ. فَاِنْ شَاءَ سَوْقَ الْهَدْىِ وَهُوَ اَفْضَلُ اَحْرَمَ بِالْعُمْرَةِ وَسَاقَهُ وَهُوَ اَوْلٰى مِنْ قَوْدِهِ. وَاِنْ كَانَ بَدَنَةً قَلَّدَهَا بِمَزَادَةٍ اَوْ نَعْلٍ وَهُوَ اَوْلٰى مِنَ التَّجْلِيلِ. وَالْاِشْعَارُ جَائِزٌ عِنْدَهُمَا وَهُوَ

شَقَّ سِنَامِهَا مِنَ الْاَيْسَرِ وَهُوَ الْاَشْبَهُ بِفِعْلِهِ عَلَيْهِ السَّلَامُ اَوْ مِنَ الْاَيْمَنِ. وَيُكْرَهُ عِنْدَ الْاِمَامِ. ثُمَّ يَعْتَمِرُ كَمَا تَقَدَّمَ وَلَا يَتَحَلَّلُ وَيُحْرِمُ بِالْحَجِّ كَمَا مَرَّ. فَاذَا حَلَقَ يَوْمَ النَّحْرِ حَلَّ مِنْ اِحْرَامَيْهِ. وَلَا تَمَتُّعَ وَلَا قِرَانَ لِاَهْلِ مَكَّةَ وَمَنْ هُوَ دَاخِلَ الْمِيقَاتِ. فَاِنْ عَادَ الْمُتَمَتِّعُ اِلَى اَهْلِهِ بَعْدَ الْعُمْرَةِ وَلَمْ يَكُنْ سَاقَ الْهَدْىِ بَطَلَ تَمَتُّعُهُ. وَاِنْ كَانَ قَدْ سَاقَهُ، لَا. وَمَنْ طَافَ لِلْعُمْرَةِ قَبْلَ اَشْهُرِ الْحَجِّ اَقَلَّ مِنْ اَرْبَعَةٍ وَاَتَمَّ بَعْدَ دُخُولِهَا وَحَجَّ كَانَ مُتَمَتِّعاً، وَاِنْ كَانَ طَافَ اَرْبَعَةً فَلَا. وَلَوِ اعْتَمَرَ كُوفِىٌّ فِى اَشْهُرِ الْحَجِّ وَتَحَلَّلَ وَاَقَامَ بِمَكَّةَ وَحَجَّ صَحَّ تَمَتُّعُهُ. وَكَذَا لَوْ اَقَامَ بِبَصْرَةَ. وَقِيلَ لَا يَصِحُّ عِنْدَهُمَا. وَلَوْ اَفْسَدَ عُمْرَتَهُ وَاَقَامَ بِبَصْرَةَ وَقَضَاهَا وَحَجَّ لَا يَصِحُّ تَمَتُّعُهُ اِلَّا اَنْ يَعُودَ اِلَى اَهْلِهِ ثُمَّ يَأْتِى بِهِمَا وَعِنْدَهُمَا يَصِحُّ وَاِنْ لَمْ يَعُدْ. وَاِنْ بَقِىَ بَعْدَ الْاِفْسَادِ بِمَكَّةَ وَقَضَى وَحَجَّ مِنْ غَيْرِ عَوْدٍ لَا يَصِحُّ تَمَتُّعُهُ اِتِّفَاقاً. وَمَا اَفْسَدَهُ الْمُتَمَتِّعُ مِنْ عُمْرَتِهِ اَوْ حَجِّهِ مَضَى فِيهِ وَسَقَطَ عَنْهُ دَمُ التَّمَتُّعِ. وَمَنْ تَمَتَّعَ فَضَحَّى لَا يُجْزِئُهُ عَنْ دَمِ الْمُتْعَةِ.

HACC—I KIRAN VE HACC—I TEMETTU'

Hacc-ı kıran mutlak olarak daha faziletlidir. Hacc-ı kıran, mikatta umre ve hacca beraber niyet etmektir. Namazdan sonra: "Allahım! Ben hacc ve umre yapmak istiyorum. Onları bana kolay kıl ve kabul et" der. Mekke'ye girince önce umre için tavâf yapar ve sa'yeder. Sonra hacc için kudûm tavâfı yapar ve sa'yeder.

Eğer hacc ve umre için iki tavâf yapsa ve iki sa'y etse câiz olur, lakin kötü iş yapmış olur. Ondan sonra, daha önce geçtiği gibi hacceder.

Kurban bayramı günü cemre-i akabeyi attığı zaman hacc-ı kıran için bir koyun veya bir bedene veya bir bedenin 1/7'sini kurban eder. Kurban kesmekten âciz olursa, Kurban bayramından evvel üç gün ve hacc fiillerini bitirince, Mekke'de de olsa, yedi gün oruç tutar. Bayramdan evvel tutulan üç günlük orucun, son gününün arefe günü olması daha faziletlidir.

Bayram gününden evvel üç gün oruç tutmazsa, bir koyun kanının akıtılması gerekir.

Hacc-ı kıran yapacak olan kimse, umre için tavâf yapmadan önce Arafat'ta vakfe yaparsa umreyi terketmiş olur. Umreyi terkettiği için de kurban kesmesi gerekir. Umreyi kaza eder ve kendisinden kıran kurbanı sâkıt olur.

Hacc-ı temettu hacc-ı ifraddan daha faziletlidir. Hacc-ı temettu, hacc aylarında umre yaptıktan sonra o sene haccetmektir. Umre için mikattan ihrama girer. Tavâfını ve sa'yini yapar. Eğer hedy sevketmedi ise ihramdan çıkar. İlk tavâfta telbiyeyi keser. Sonra terviye günü hacc için Harem'den ihrama girer. O günden evvel ihrama girmek daha faziletlidir. Hacceder ve hacc-ı kıran yapan kimse gibi kurban keser. Eğer kurbandan âciz olursa, hükmü, hacc-ı kıran yapanın hükmü gibidir. Umre tavâfından önce üç gün oruç tutmak, velev Şevvalde olsun, ihrama girdikten sonra câizdir. Umre için ihrama girmeden önce câiz değildir.

Eğer hedy sevkemek isterse, ki efdal olan budur, umre için ihrama girer ve hedyini sevkeder. Hedy sevketmek (yani önünde götürmek), arkasından gitmekten daha faziletlidir.

Eğer hedy bir bedene ise onu dağırcık veya na'lin ile işaretler. Bunu yapmak çullamaktan evlâdır.

İmâmeyn'e göre, hedyin iş'arı câizdir. İş'ar, devenin hörcünü sol taraftan yarmaktır. Böyle yapmak, Hz. Peygamber (a.s.)'in fiiline daha çok benzer. Hörgücü sağ tarafından yarmağa da iş'ar denir. İmam-ı A'zam'a göre, iş'ar mekruhtur. Sonra, daha önce geçtiği gibi umre yapar, ihramdan çıkmaz.

Hedy'i sevketmeyip ihramdan çıktı ise, daha önce geçtiği gibi hacc için ihrama girer. Bayram günü tıraş olunca her iki ihramdan da çıkmış olur.

Mekke'liler ve mikat dâhilinde olanlar için hacc-ı temettu ve hacc-ı kıran yoktur

Hedy'i sevketmemiş olduğu halde hacc-ı temettu yapan kimse, umreden sonra ehline dönse, yapacağı hacc-ı temettu bâtıl olur. Eğer hedy'i sevketmiş ise bâtıl olmaz.

Bir kimse hacc aylarında umre için dörtten daha az tavâf yapıp hacc ayları girdikten sonra tavâfı tamamlasa ve haccetse, hacc-ı temettuu sahih olur. Eğer daha önce dört tavâf yapmışsa hacc-ı temettuu sahih olmaz.

Bir Kûfeli hacc aylarında umre yapsa, sonra ihramdan çıksa, Mekke'de ikamet etse ve haccetse hacc-ı temettu sahih olur. Basra'da ikamet etse de durum aynıdır. "İmâmeyn'e göre bu kimsenin hacc-ı temettuu sahih olmaz" denildi. Eğer Kûfeli, umresini ifsat etse ve Basra'da ikamet etse, sonra umresini kaza ederek haccetse temettuu sahih olmaz. Ancak ehline döner ve sonra umre ve haccı yaparsa sahih olur. İmâmeyn'e göre, ehline dönmemiş ise de temettuu sahih olur. Umreyi ifsat ettikten sonra Mekke'de kalsa ve ehline dönmeden onu kaza ederek haccetse, temettuu ittifakla sahih olmaz.

Hacc-ı temettu yapan kimse, umre veya hacctan birini ifsat ederse, işine devam eder ve kendisinden temettu kurbanı sâkıt olur.

Bir kimse hacc-ı temettu yapsa ve kurban kesse, bu temettu kurbanı yerini tutmaz.

İZAHI

Bu bölüm, kıran ve temettu hacclarını beyana dâirdir.

Musannıf hacc-ı ifradı anlattıktan sonra, umre ile beraber yapılan haccları anlatmaya başladı.

Kıran mastardır. Kârin, "birleştiren" demektir. Kişi, hacc ile umreyi birleştirdiği için ona kârin derler.

Temettu, "meta" dan, veya "mut'a" dandır. Faydalanmak veya fayda mânasınadır.

Bilindiği gibi, ihrama girenler dört nevidir.

1. Hacc-ı ifrad yapanlar, yani sadece haccedenler.

2. Sadece umre yapanlar, yani sadece ümreye niyet edenler. Bunlar لَبَّيْكَ بِعُمْرَةٍ diye telbiyede bulunur ve umre fiillerini yaparlar.

3. Hacc-ı kıran yapanlar, yani bir ihramda hacc ile umreyi birleştirenler. Bunlar ikisine de niyet ederek لَبَّيْكَ بِحَجٍّ وَعُمْرَةٍ diye telbiyede bulunurlar. Hacc fiillerini edâ ederler. Umre ile hacc arasında ihramdan çıkmazlar.

4. Hacc-ı temettu yapanlar. Bunlar hacc aylarında umreyi yapıp ihramdan çıkan, fakat âilelerine dönmeden zamanında hacc için ihrama giren kimselerdir.

Hacc-ı kıran, mutlak olarak hacc-ı temettu ve hacc-ı ifraddan daha faziletlidir. İmam Şâfiî: "Hacc-ı ifrâd, bir ihram ile olan hacc ve umreden daha hayırlıdır" der. İmâm Mâlik de: "Hacc-ı temettu, hacc-ı kırandan daha faziletlidir. Zira kıranda temettu için zikir vardır" der. İmâm Şâfiî, Hz. Peygamber (a.s.)'in: اَلْقِرَانُ رُخْصَةٌ وَالْأَفْرَادُ عَزِيمَةٌ "Hacc-ı kıran ruhsat, hacc-ı ifrâd ise azimettir" hadisini delil göstererek: "Azimetle amel evlâdır" demiş ve hacc-ı ifrâdın üstünlüğüne kâil olmuştur. Şöyle demektedir: "Özellikle hacc-ı ifradda ihramın, seferin ve tıraşın ziyadeliği vardır. Hacc-ı kıran yapan kimse ise iki ibadeti bir sefer, bir telbiye ve bir tıraş ile edâ eder. Şimdi, bir ibadeti tam olarak yapmak evlâdır".

Bizim delilimiz, Tahavî Şerhi'nde rivayet edilen,

يَا اٰلَ مُحَمَّدٍ أَهِلُّوا بِحَجٍّ وَعُمْرَةٍ مَعاً : "Ey Muhammed nesli! Hacc ile umreye birlikte niyet edin" hadisidir. Zira kıranda iki ibadeti birleştirmek vardır. Buna göre kıran haccı efdaldir. Oruç ile itikafı birleştirmek, Allah yolunda cihadda gece gazileri korumak ile o gecede namaz kılmayı birleştirmek nasıl daha faziletli ise, hacc-ı kıran da iki ibadeti birleştirdiği için daha faziletlidir.

Sahib-i Nihâye demiştir ki: "Hadiste geçen "ifrâd" dan murad, sadece hacc yapmak mıdır, yoksa sadece umre midir, yoksa bunlardan her birini bir senede ayrı bir ihram ile yapmak mıdır konusu izaha muhtaçtır. Lakin "efdal"den murad olunan, bir senede her birini bir ihram ile yapmaktır. Hacc-ı ifradın kırandan daha faziletli olduğunu kimse söylememiştir".

Hacc-ı kıran, mikatta umre ile hacca birlikte niyet etmektir. Namazdan sonra, اَللّٰهُمَّ إِنِّي أُرِيدُ الْحَجَّ وَالْعُمْرَةَ فَيَسِّرْهُمَا لِي وَتَقَبَّلْهُمَا مِنِّي : "Allah'ım! Ben hacc ve umre yapmak istiyorum. Onları bana kolay kıl ve benden kabul et" diye niyet eder. "Mikatte" kaydı, galiba binâen konulmuştur. Bir kimse hacc ve umre için ehlinden ve evinden ihrama girse, yahut beldesinden çıktıktan sonra mikata gelmeden evvel ihrama girse, yine hacc-ı kıranı sahih olur. Fakat evinde ihrama girmek daha faziletlidir.

Mekke'ye girince önce umre yaparak işe başlar. Umre için tavâf yapar ve sa'yeder. Ondan sonra hacc için tavâf-ı kudûmü yapar ve sayeder. Umre fiillerinin önce yapılması, Allah Teâlâ'nın, فَمَنْ تَمَتَّعَ بِالْعُمْرَةِ إِلَى الْحَجِّ : "Kim umresini bitirip, ondan faydalanarak haccı yaparsa..." (47) kavline uymak içindir. Zira âyette الْعُمْرَةِ kelimesinden sonra gelen إِلَى ga-

---

(47) el-Bakara, 2/196.

ye bildirir. Lâyık olan umrenin önce, haccın sonra yapılmasıdır. Her ne kadar âyette تَمَتَّعَ vârid olmuşsa da bu kıran mânâsınadır. Zira bunların her birisi iki ibadeti cem eder. Umre ile hacc arasında tıraş olmamak gerekir. Zira bu bir cinâyettir. Bayram günü hacc-ı ifrâd yapan kimsenin tıraş olduğu gibi tıraş olur.

Bir kimse umre ve hacc için iki tavâf ve iki sa'y yapsa câizdir. Yani bir defada ondört tavâf edip, "yedisi umre için, yedisi de kudûm için olsun" dese câizdir. Lâkin kötü bir iş yapmış olur. Buna sebep, umre için yapacağı sa'yden evvel tavâf-ı kudûm yapmasıdır. Ondan sonra, daha önce geçtiği gibi hacceder. Bayram günü cemre-i akabeyi attıktan sonra, kıran kurbanı için bir koyun, veya bir bedene, veya bir bedenenin 1/7'sini kurban eder. Zira hacc-ı kıranda hacc-ı temettu mânâsı vardır. Hedy ise, hacc-ı temettu için, "fakat herhangi bir sebep'le bunlardan kim umresini bitirip, ondan faydalanarak haccı yaparsa, kolayına gelen bir kurban kesmek vâcib olur"[48] âyeti ile sabit olmuştur. Hedyden âciz olursa, kurban bayramından evvel üç gün oruç tutar. Efdal olan, üç günün sonunun arefe günü olmasıdır. Yani Zilhiccenin yedi, sekiz ve dokuzuncu günleri oruç tutar. Yedi gün de, velev Mekke'de olsun, hacc fiillerini bitirdikten sonra tutar. Bunun delili, Allah Teâlâ'nın:

$$فَمَنْ لَمْ يَجِدْ فَصِيَامُ ثَلَاثَةِ أَيَّامٍ فِي الْحَجِّ وَسَبْعَةٍ إِذَا رَجَعْتُمْ. تِلْكَ عَشَرَةٌ كَامِلَةٌ$$

"Fakat kesecek kurban bulamazsa veya buna gücü yetmezse, ona hacc günlerinde üç gün, vatanınıza döndüğünüz zaman yedi gün, ki tam on gün oruç tutumak vâcib olur" [49] kavlidir. Gerçi nass, hacc-ı temettu için vârid olmuştur, lakin hacc-ı kıran da hacc-ı temettuya benzer. Çünkü o da iki ibadeti birleştirir.

Bayram gününden evvel üç gün oruç tutmazsa kurban kesmesi gerekir.

Hacc-ı kıran yapacak olan kişi bir zaman Mekke'ye girmeyerek, umre tavâfını yapmadan Arafat'ta vakfe yapsa umreyi terketmiş olur. Umreyi terkettiği için kurban kesmesi gerekir. Umreyi kaza eder. Ondan sonra, hacc-ı kıran için keseceği kurban kendisinden sâkıt olur. Zira hacc-ı kıran için kesilecek kurbanın vâcib olması iki ibadeti birleştirme nimetinin şükrü için idi. Umreyi terkeden onun nimeti ile nimetlenemez. Onun için bu kurban sâkıt olur.

Hacc-ı temettu hacc-ı ifraddan daha faziletlidir. O, hacc aylarında umre yapmak, sonra aynı sene haccetmektir. Umre için miktattan ihrama girer, ta-

---
(48) Aynı âyet.
(49) el-Bakara, 2/196.

vâf yapar ve sa'yeder. Eğer kurbanlık götürmemişse umre için girdiği ihramdan çıkar, tıraş olur. Kurbanlık götürmüşse bayram günü gelmeden tıraş olmaz, saçını kırkmaz ve ihramdan çıkmaz. Umrenin ilk tavâfında telbiyeyi keser. İbn Abbas (r.a.)'tan rivayet edildiğine göre, Nebî (a.s.) umre yaparken, haceri esvedi istilâmdan sonra telbiyeyi keserdi.

Ondan sonra, terviye günü hacc için Harem'den ihrama girer. O gününden evvel ihrama girmek daha iyidir. Bu kimse, umre sebebi ile Mekke'li gibi olmuştur. Mekke'liler ise Harem'den ihrama girer. Terviye gününden evvel ihrama girmenin daha faziletli olması, ibadete koşulmuş olduğu içindir.

Daha sonra hacceder ve hacc-ı kıran yapan gibi temettu kurbanı keser. Kurban kesmekten âciz olursa, hükmü, hacc-ı kıran yapanın hükmü gibidir. Üç gün bayramdan evvel, yedi gün de sonra oruç tutar. Umre için tavâf etmeden önce üç gün oruç tutsa câizdir. Umre için ihrama girdikten sonra, Şevval ayında da olsa, oruç tutması câizdir. İmâm Şâfiî, : فَصِيَامُ ثَلَاثَةِ أَيَّامٍ فِى الْحَجِّ "**Hacc günlerinde üç gün oruç tutmak vâcib olur**"(50) âyetini delil getirerek: "**Hacc için ihrama girmedikçe üç gün oruç tutmak câiz değildir**" der.

Bizim delilimiz:

Bu oruç, tutulmasına sebep olan şey bulunduktan sonra tutulmuştur. Bu sebep de, umre için ihrama girmektir. Sebep tahakkuk ettikten sonra, müsebbebi edâ câizdir. Nass-ı şerifte zikredilen hacctan maksat, vaktini beyandır.

Umre için ihrama girmeden evvel üç gün oruç tutmak câiz değildir. Zira bu savmın vâcib olmasına sebep hacc-ı temettudur. Umre için ihrama girmeden önce, o kimse hacc-ı temettuya başlamış olmaz. Şimdi, sebep bulunmadan edâ câiz değildir. Efdal olan, bu üç günlük orucu, son vakti arafeye denk gelecek şekilde tehir etmektir.

Hedy götürmek isterse, ki efdal olan budur, umre için ihrama girer ve hedyini götürür. Zira Nebî (a.s.) bizzat kendisi hedyini götürmüştür. Hedyi önde götürmek yedmekten evlâdır. Zira Nebî (a.s.) Zülhuleyfe'de ihrama girmiş ve hedyi önünde sevkolunmuştur. Kendileri dahi sevk ederlerdi.

Eğer hedy bir bedene (deve veya sığır) ise, onu dağırcık veya nalin ile işaretler. Bu şekilde işaretlemek çullamaktan evlâdır. Dağırcık, tulumdan yapılmış su kabıdır. Halkın dilinde "râviye" denir. Hayvanı böyle işaretlemek,

---

(50) Aynı âyet.

HACC

(وَالْهَدْىَ وَالْقَلَائِدَ) "gerdanlıksız ve gerdanlıklı kurbanlıklar" (51) âyetinde zikredildiği için de çullamaktan evlâdır. Dağırcık ve nalin ile işaretlemek ilam içindir. Fakat çullamak zinet içindir.

İmâmeyn'e göre, hedyin iş'arı câizdir. İş'ar, devenin hörgücünü sol veya sağ tarafından yarmaktır. Böyle yapmak, Nebî (a.s.)'nin fiiline daha çok benzer. İş'ar, İmâm-ı A'zam'a göre mekruhtur. Zira bu, hayvana azap verir. Azap vermek ise yasak edilmiştir. Hz. Peygamber (a.s.)'in böyle yapmasının sebebi, müşriklerin hedy develerine saldırmaları idi. İş'ar yapıldığı zaman saldırmazlardı. Bazıları ise Ebû Hanife'nin iş'arı kerih görmesini şöyle izah ederler: Onun zamanında iş'ar yaparlarken mübalağalı bir şekilde hörgücü yararlardı. Hayvanların helak olmaları endişesi ile kerih görmüştür.

Sonra yukarda açıklandığı gibi umre fiillerini yapar, ihramdan çıkmaz. Çünkü kurbanlık götürmek ihramdan çıkmaya mânidir. Eğer kurbanlık götürmeyip ihramdan çıktı ise, yukarıda açıklandığı gibi, terviye günü Harem-i Şerif'ten hacc için ihrama girer. Bayram günü tıraş olunca hem umre hem de hacc ihramından çıkmış olur. Bu, selam vererek namazdan çıkmaya benzer.

Mekke'liler için hacc-ı temettu ve hacc-ı kıran yoktur. Onlar için özellikle hacc-ı ifrâd vardır. İmâm Şâfiî buna muhalefet ederek, onların da hacc-ı kıran ve hacc-ı temettu yapabileceklerini söyler. Fakat Allah Teâlâ'nın,

ذَلِكَ لِمَنْ لَمْ يَكُنْ أَهْلُهُ حَاضِرِى الْمَسْجِدِ الْحَرَامِ : "**Bu hüküm Mescid-i Haram'da oturmayanlar içindir**" (52) kavl-i şerifi İmâm Şâfiî'nin aleyhine bir delildir. Zira hacc-ı temettu ve hacc-ı kıranın meşru olması, iki seferden birini kaldırmak suretiyle kolaylık temin etmek içindir. Bu ise Mekke'ye dışardan gelenler hakkında sahih olur. Mekke'liler hakkında sahih olmaz.

Mikât dâhilinde olanlar için de hacc-ı temettu ve hacc-ı kıran yoktur. Onlar da Mekke'li sayılır.

Mekke'ye kurbanlık sevketmemiş olduğu halde hacc-ı temettu yapan kimse, umre fiillerini edâ ettikten sonra ehline dönerse, ona yaklaşması sahih olduğu için, yapacağı hacc-ı temettu bâtıl olur. Eğer kurbanlık sevketmiş ise, ehline avdet etmekle hacc-ı temettu bâtıl olmaz. Ebû Hanife ile Ebû Yusuf bu görüştedir. Zira kurbanlık sevketmek ihramdan çıkmaya mani olur. O takdirde zevcesine yaklaşması sahih olmaz. İmam Muhammed'e göre, bu durumda hacc-ı temettuu bâtıl olur.

---

(51) el-Mâide, 5/97.
(52) el-Bakara, 2/196.

Bir kimse hacc aylarından önce umre için dörtten daha az tavâf yapsa, hacc ayları girdikten sonra şavtları tamamlayıp haccetse, o kimse hacc-ı temettu yapmış olur. Zira şavtaların çoğunu hacc ayları girdikten sonra yapmış olmaktadır. "Çok" ta "bütün" hükmü vardır. Onun için hacc-ı temettu sahih olur. Eğer hacc aylarından önce, umre için dört şavt tavâf yapsa, o kimse hacc-ı temettu yapmış olmaz. Zira tavâfın çoğunu hacc aylarından evvel yapmış olmaktadır.

Bir Kûfeli hacc aylarında umre yapsa ve ihramdan çıkıp Mekke'de ikamet etse, sonra Harem-i Şerif'te ihrama girse ve hacc etse, hacc-ı temettu yapması sahih olur. Basra'da ikamet eden kimsenin durumu da aynıdır. Bazıları: "İmâmeyn'e göre, bu kimselerin hacc-ı temettuları sahih olmaz" demişlerdir. Eğer Kûfeli umresini bozsa, mikattan çıkarak Basra'da ikamet etse, sonra umresini bozsa, mikattan çıkarak Basra'da ikamet etse, sonra umresini kaza edip haccetse, hacc-ı temettuu sahih olmaz. Ancak ehline avdet edip, sonra umre ve haccını edâ ederse, o zaman hacc-ı temettu yapmış olur. Zira vatanına avdet etmediği için ilk sefer hükmü bâkidir. Onun Basra'da durması Mekke'de durmasına benzer. Fakat ehline döndükten sonra ilk sefer nihayete erdiğinden, yeniden sefere çıkmış olur. Onun için hacc-ı temettuu sahih olur. İmâmeyn'e göre, ehline avdet etmemiş dahi olsa, o kimsenin hacc-ı temettuu sahih olur.

Eğer o kimse umreyi bozduktan sonra Mekke'de kalırsa, ehline avdet etmeden umreyi kaza eder ve hacc ederse, ittifakla hacc-ı temettuu sahih olmaz. Zira onun umresi Mekke'lilerin umresi gibi olmuş olur ve ilk seferiliği, fâsit olan umre ile sona erer. Seferiliği sona erdiği zaman Mekke'li gibi olur. Mekke'lilere ise hacc-ı temettu yoktur. Onun için sahih olmaz.

Hacc-ı temettu yapan kimse, umre veya hacc fiillerinden birini ifsat etse, diğer hacılar gibi öbür hacc fiillerini edâ eder ve kendisinden temettu kurbanı sâkıt olur.

Bir kimse hacc-ı temettu yapsa ve bayram için kurban kesse, bu kestiği kurban temettu kurbanı yerini tutmaz. Zira temettu kurbanı vâcibtir. Bayram için kurban kesmek ise vâcib değildir. Vâcib olmayan vâcibten bedel de olamaz.

5. KISIM

بَابُ الْجِنَايَاتِ

اِنْ طَيَّبَ الْمُحْرِمُ عُضْواً اَلْزَمَهُ دَمٌ. وَكَذَا لَوِ ادَّهَنَ بِزَيْتٍ. وَعِنْدَهُمَا صَدَقَةٌ. وَلَوْ خَضَبَ رَأْسَهُ بِحِنَّاءٍ اَوْ سَتَرَهُ يَوْماً كَامِلاً فَعَلَيْهِ دَمٌ. وَكَذَا لَوْ لَبِسَ مُخَيَّطاً يَوْماً كَامِلاً اَوْ حَلَقَ رُبْعَ رَأْسِهِ اَوْ لِحْيَتِهِ اَوْ حَلَقَ رَقَبَتَهُ اَوْ اِبْطَيْهِ اَوْ اَحَدَهُمَا اَوْ عَانَتَهُ. وَكَذَا لَوْ حَلَقَ مَحَاجِمَهُ. وَعِنْدَهُمَا صَدَقَةٌ. وَاِنْ قَصَّ اَظَافِيرَ يَدَيْهِ وَرِجْلَيْهِ فِى مَجْلِسٍ وَاحِدٍ فَعَلَيْهِ دَمٌ. وَكَذَا لَوْ قَصَّ اَظَافِيرَ يَدٍ وَاحِدَةٍ اَوْ رِجْلٍ. وَاِنْ قَصَّ اَظَافِيرَ يَدَيْهِ وَرِجْلَيْهِ فِى اَرْبَعَةِ مَجَالِسَ فَعَلَيْهِ اَرْبَعَةُ دِمَاءٍ. وَعِنْدَ مُحَمَّدٍ دَمٌ وَاحِدٌ. وَاِنْ طَيَّبَ اَقَلَّ مِنْ عُضْوٍ اَوْ سَتَرَ رَأْسَهُ اَوْ لَبِسَ الْمُخَيَّطَ اَقَلَّ مِنْ يَوْمٍ فَعَلَيْهِ صَدَقَةٌ. وَكَذَا لَوْ حَلَقَ اَقَلَّ مِنْ رُبْعِ رَأْسِهِ اَوْ لِحْيَتِهِ اَوْ حَلَقَ بَعْضَ رَقَبَتِهِ اَوْ عَانَتَهُ اَوْ اَحَدَ اِبْطَيْهِ اَوْ رَأْسَ غَيْرِهِ اَوْ قَصَّ اَقَلَّ مِنْ خَمْسَةِ اَظْفَارٍ اَوْ خَمْسَةً مُتَفَرِّقَةً. وَعِنْدَ مُحَمَّدٍ فِى الْخَمْسَةِ الْمُتَفَرِّقَةِ دَمٌ. وَاِنْ طَيَّبَ اَوْ لَبِسَ اَوْ حَلَقَ لِعُذْرٍ خُيِّرَ. اِنْ شَاءَ ذَبَحَ شَاةً وَاِنْ شَاءَ تَصَدَّقَ بِثَلاثَةِ اَصْوُعٍ عَلَى سِتَّةِ مَسَاكِينَ وَاِنْ شَاءَ صَامَ ثَلاثَةَ اَيَّامٍ. وَلَوِ ارْتَدَى اَوِ اتَّشَحَ بِالْقَمِيصِ اَوِ اتَّزَرَ بِالسَّرَاوِيلِ فَلا بَأْسَ بِهِ. وَكَذَا لَوْ اَدْخَلَ مَنْكِبَيْهِ فِى الْقَبَاءِ وَلَمْ يُدْخِلْ يَدَيْهِ فِى كُمَّيْهِ.

CİNAYETLER BÖLÜMÜ

İhramlı kişi, güzel koku ile bir uzvu koklasa kurban lâzım olur. Zeytin yağı ile yağlansa da aynı ceza gerekir. İmâmeyn'e göre, bu durumda sadaka gerekir.

Başını kına ile boyasa veya başını tam bir gün örtse kurban gerekir. Tam bir gün dikilmiş elbise giyse veya başının veya sakalının dörtte birini tıraş etse veya boynunu veya iki koltuğunu veya bir koltuğunu veya kasığını tıraş etse yine kurban gerekir. Kan aldırdığı yerleri tıraş etse de durum aynıdır. İmâmeyn'e göre, bu durumda sadaka gerekir.

Eğer iki el ve iki ayağının tırnaklarını bir tek yerde kesse kurban gerekir. Bir elinin ve bir ayağının tırnaklarını kesse de durum aynıdır. Eğer iki elinin ve iki ayağının tırnaklarını dört ayrı yerde kesse dört kurban gerekir. İmâm Muhammed'e göre bir kurban gerekir.

İhramlı kişi, bir uzuvdan daha azını güzel koku ile kokulandırır veya bir günden daha az bir zaman başını örter, veya dikişli elbise giyerse sadaka gerekir. Aynı şekilde başının veya sakalının dörtte birinden daha azını tıraş etse veya boynunun, veya kasığının, veya iki koltuğundan birinin bir kısmını tıraş etse, veya başkasının başını tıraş etse, veya beş tırnaktan daha azını kesse, veya ayrı ayrı beş tırnak kesse yine sadaka gerekir. İmâm Muhammed'e göre, ayrı ayrı kesilen beş tırnak için kurban gerekir.

İhramlı kişi bir özürden dolayı koku sürünür, veya elbise giyer, veya tıraş olursa muhayyerdir. İsterse bir koyun keser, isterse altı miskine üç sa' tasadduk eder, isterse üç gün oruç tutar.

Gömleği omuzları üzerine atarsa, veya sağ elinin altından geçirip sol omuzuna atarsa, veya donunu hamam peştemalı gibi beline bağlarsa, böyle yapmasında bir beis yoktur. Omuzlarını kaftana sokar ve ellerini yenlerine sokmazsa bunda da bir beis yoktur.

İZAHI

Bu bölüm, haccın cinayetlerini açıklamaya dâirdir.

Musannif ihramlıya ait hükümleri açıkladıktan sonra, ona ârız olan şeyleri açıklamaya başladı. Bunlar da: Cinâyetler, ihsar ve haccı kaçırma durumlarıdır.

Cinâyât, cinâyetin çoğuludur. Cinâyet: Şer'an haram olan fiilin ismidir. Bundan maksat, ihramlının işleyemeyeceği bir fiildir. Bir çok nevileri vardır.

İhramlı kişi baş, bacak ve uyluk gibi tam bir uzvuna koku sürse bir kurban gerekir. Bir uzvunu zeytin yağı ile yağlasa yine kurban gerekir. Bu, Ebû Hanife'nin görüşüdür. İmâmeyn'e göre bu durumda kurban gerekmez, sadaka gerekir.

İhramlı başını kına ile boyasa, veya başını tam bir gün örtse, onun üzerine kurban gerekir. Zira kına güzel kokulu şeylerdendir. Delili, Nebî (a.s.)'in
اَلْحِنَّاءُ طِيبٌ : **"Kına güzel kokudur"** hadisidir. Tam bir gün başı örtmek de yasaktır. Fakat başının bir kısmını örtse, Ebû Hanife'den rivayet edildiğine göre başın dörtte biri itibar edilir. Tam bir gün dikişli elbise giyse, yine kurban gerekir.

İhramda bulunan kişi başının veya sakalının dörtte birini tıraş etse, veya iki koltuğunu veya bir koltuğunu veya kasık yerini tıraş etse kurban gerekir. Ebû Hanife'ye göre hacamat yerlerini tıraş etse de kurban gerekir. İmâmeyn'e göre o kimsenin sadaka vermesi gerekir.

İhramlı kişi iki el ve ayağının tırnaklarını bir tek yerde kesse, üzerine bir kurban gerekir. Bir elinin veya bir ayağının tırnaklarını kesse de durum aynıdır. Eğer ellerinin ve ayaklarının tırnaklarını dört ayrı yerde keserse, üzerine dört kurban gerekir. Bu, Ebû Hanife ve Ebû Yusuf'a göredir. Bunda ibadet manası galiptir. Secde âyetinde olduğu gibi, eğer tek bir yerde olsaydı tek kurban yeterli olurdu. İmâm Muhammed'e göre, bir kurban lâzım gelir.

Bir uzuvdan daha az bir yer için güzel koku kullansa veya bir günden az başını örtse veya dikişli elbise giyse, küçük cinâyet olduğu için, üzerine sadaka lâzım gelir.

Başının veya sakalının dörtte birinden daha azını veya boyununun veya kasığının, veya iki koltuğundan birinin bir kısmını, veya başka bir ihramlının başını tıraş etse yine sadaka lâzım gelir. Başkasının başını tıraş etme işi ister onun emri ile olsun, ister emri olmadan olsun birdir. Tıraş edene sadaka, tıraş olana kurban gerekir. İmâm Şâfiî der ki: Tıraş olan kimsenin izni olmadığı halde, o uyurken tıraş etmişlerse bir şey lâzım gelmez. Zira bir şeyi zorla yaptırmak, zorlanan kimseyi o fiil sebebiyle sorguya çekme durumunu ortadan kaldırır. Uyku ise bir şeyi zorla yaptırmaktan daha açık bir özürdür. Uyku ise bir şeyi zorla yaptırmaktan daha açık bir özürdür. O takdirde, uyurken isteği dışında tıraş edilene bir şey gerekmez.

Hanefi alimlerine göre, uyku ve zorlama nedeniyle günah yok olur, hüküm yok olmaz. Zira o kişi, tıraş ile rahatlamış ve süslenmiştir. Buna göre sebep mevcuttur. Sebep bulunduğu için de vücûben kurban gerekir. Fakat zorla iş yaptırılan kişi buna benzemez. O, üç şey arasında muhayyerdir: Kurban kesmek, üç gün oruç tutmak ve altı miskine üç sa' sadaka vermek.

İhramlı kişi beş tırnaktan daha azını kesse, veya beş tırnağını ayrı ayrı kesse, yani bir ikisini bir elden, bir ikisini öbür elden ve ayaktan kesse yine sadaka gerekir. İmâm Muhammed'e göre, farklı yerlerden kesilen beş tırnak için kurban gerekir. Zira beş tırnak bütün tırnakların dörtte biridir. Bu durumda, bir elin bütün tırnaklarını kesmiş gibi olur.

Bir özürden dolayı koku sürünür veya dikişli elbise giyerse veya tıraş olursa muhayyerdir: Dilerse bir koyun kurban eder, dilerse altı miskine üç sa'tasadduk eder, dilerse üç gün oruç tutar. Allah Teâlâ'nın:

$$فَمَنْ كَانَ مِنْكُمْ مَرِيضاً أَوْ بِهِ أَذًى مِنْ رَأْسِهِ فَفِدْيَةٌ مِنْ صِيَامٍ أَوْ صَدَقَةٍ أَوْ نُسُكٍ$$

"İçinizden hasta veya başından eziyeti olup bundan ötürü tıraş olan kimseye üç gün oruç, veya altı fakire birer fitre miktarı sadaka, veya bir kurban kesmekle fidye vermek vâcib olur" (53) âyetiyle muhayyer olmuştur. Âyette geçen (أَوْ) harfi muhayyerlik bildirir. Âyet, özürlü bir kimse için nâzil olmuştur. Buradaki (نُسُكٍ) koyun mânâsınadır.

Eğer ridâyı omuzları üzerine atar veya gömlek ile ittişâh ederse, yani gömleği sağ elinin altından geçirip sol omuzuna atarsa, yahut donu ile ittizâr ederse, yani donunu hamam peştemalı gibi beline bağlarsa, bunları yapmasında bir beis yoktur. Zira bunları dikişli bir elbise gibi giymemiştir.

Eğer omuzlarını kaftana sokup, ellerini yenlerine sokmazsa yine bir beis yoktur.

---

(53) el-Bakara, 2/196.

6. KISIM

فصل

وَإِنْ طَافَ لِلْقُدُومِ أَوْ لِلصَّدَرِ جُنُباً فَعَلَيْهِ دَمٌ. وَكَذَا طَافَ لِلرُّكْنِ مُحْدِثاً أَوْ تَرَكَ طَوَافَ الصَّدَرِ أَوْ أَرْبَعَةً مِنْهُ أَوْ دُونَ أَرْبَعَةٍ مِنَ الرُّكْنِ أَوْ أَفَاضَ مِنْ عَرَفَةَ قَبْلَ الْإِمَامِ أَوْ تَرَكَ السَّعْىَ أَوِ الْوُقُوفَ بِمُزْدَلِفَةَ أَوْ رَمَى الْجِمَارِ كُلَّهَا أَوْ رَمْىَ يَوْمٍ أَوْ رَمْىَ جَمْرَةِ الْعَقَبَةِ يَوْمَ النَّحْرِ أَوْ اَكْثَرَهُ.

وَلَوْ طَافَ لِلْقُدُومِ أَوْ لِلصَّدَرِ مُحْدِثاً فَعَلَيْهِ صَدَقَةٌ. وَكَذَا لَوْ تَرَكَ دُونَ أَرْبَعَةٍ مِنَ الصَّدَرِ أَوْ رَمْىَ إِحْدَى الْجِمَارِ الثَّلَاثِ. وَلَوْ تَرَكَ طَوَافَ الرُّكْنِ أَوْ أَرْبَعَةً مِنْهُ بَقِىَ مُحْرِماً أَبَداً حَتَّى يَطُوفَهَا. وَإِنْ طَافَ جُنُباً فَعَلَيْهِ بَدَنَةٌ. وَالْأَفْضَلُ أَنْ يُعِيدَهُ مَا دَامَ بِمَكَّةَ وَيَسْقُطُ الدَّمُ. وَلَوْ طَافَ لِلصَّدَرِ طَاهِراً فِى اخِرِ أَيَّامِ التَّشْرِيقِ بَعْدَ مَا طَافَ لِلرُّكْنِ مُحْدِثاً فَعَلَيْهِ دَمٌ. وَلَوْ كَانَ بَعْدَ مَا طَافَ لَهُ جُنُباً فَدَمَانِ. وَعِنْدَهُمَا دَمٌ فَقَطْ أَيْضاً.

وَإِنْ طَافَ لِعُمْرَتِهِ وَسَعَى مُحْدِثاً يُعِيدُهُمَا. فَإِنْ رَجَعَ إِلَى أَهْلِهِ وَلَمْ يُعِدْهُمَا فَعَلَيْهِ دَمٌ. وَلَا شَىْءَ لَوْ أَعَادَ الطَّوَافَ فَقَطْ هُوَ الصَّحِيحُ.

وَإِنْ جَامَعَ الْمُحْرِمُ فِى أَحَدِ السَّبِيلَيْنِ قَبْلَ الْوُقُوفِ بِعَرَفَةَ وَلَوْ نَاسِياً فَسَدَ حَجُّهُ وَيَمْضِى فِيهِ وَيَقْضِيهِ وَعَلَيْهِ دَمٌ. وَلَيْسَ عَلَيْهِ أَنْ يَفْتَرِقَ عَنْ زَوْجَتِهِ فِى الْقَضَاءِ. وَإِنْ جَامَعَ بَعْدَ الْوُقُوفِ قَبْلَ الْحَلْقِ لَا يَفْسُدُ وَعَلَيْهِ بَدَنَةٌ. وَلَوْ بَعْدَ الْحَلْقِ قَبْلَ طَوَافِ الزِّيَارَةِ فَعَلَيْهِ دَمٌ. وَكَذَا لَوْ قَبَّلَ أَوْ لَمَسَ بِشَهْوَةٍ وَإِنْ لَمْ يَنْزِلْ. وَكَذَا لَوْ جَامَعَ فِى عُمْرَتِهِ قَبْلَ طَوَافِ الْاَكْثَرِ وَفَسَدَتْ وَقَضَاهَا. وَإِنْ كَانَ الْجِمَاعُ بَعْدَ طَوَافِ الْاَكْثَرِ لَزِمَ الدَّمُ. وَلَا تَفْسُدُ. وَلَا شَىْءَ عَلَيْهِ إِنْ أَنْزَلَ

بِنَظَرٍ وَلَوْ اِلَى فَرْجٍ. وَاِنْ اَخَّرَ الْحَلْقَ اَوْ طَوَافَ الزِّيَارَةِ عَنْ اَيَّامِ النَّحْرِ فَعَلَيْهِ دَمٌ. خِلَافاً لَهُمَا. وَكَذَا الْخِلَافُ لَوْ اَخَّرَ الرَّمْىَ اَوْ قَدَّمَ نُسْكاً عَلى نُسْكٍ هُوَ قَبْلَهُ. وَاِنْ حَلَقَ فِى غَيْرِ الْحَرَمِ لِحَجٍّ اَوْ عُمْرَةٍ فَعَلَيْهِ دَمٌ خِلَافاً لِاَبِى يُوسُفَ. فَلَوْ عَادَ الْمُعْتَمِرُ بَعْدَ خُرُوجِهِ فَقَصَّرَ فَلَا دَمَ اِجْمَاعاً. وَلَوْ حَلَقَ الْقَارِنُ قَبْلَ الذَّبْحِ لَزِمَهُ دَمَانِ. وَعِنْدَهُمَا دَمٌ. وَالدَّمُ حَيْثُ ذُكِرَ شَاةٌ تُجْزِىءُ فِى الْأُضْحِيَّةِ. وَالصَّدَقَةُ مَا تُجْزِىءُ فِى الْفِطْرَةِ.

HACC

TAVAFIN CİNAYETLERİ

Eğer kudûm veya sader tavâfını cünüp olarak yaparsa kurban gerekir. Ziyaret tavâfını abdestsiz yaparsa, veya sader tavâfını terkederse, veya sader tavâfından dördünü terkederse, veya ziyaret tavâfından dörtten azını terkederse, veya Arafat'tan imamdan önce dönerse, sa'y yapmazsa, veya Müzdelife'de vakfeyi terkederse, veya cemrelerin hepsini atmazsa, veya bir günün taşlamasını terkederse, veya bayramın birinci günü cemre-i akabenin taşlamasını veya bu taşlamanın çoğunu yapmazsa yine kurban gerekir.

Kudûm veya sader tavâfını abdestsiz yaparsa sadaka gerekir. Sader tavâfının dörtten azını terkeder, veya üç cemreden birini atmayı terkederse yine sadaka gerekir.

Eğer ziyaret tavâfını terkeder, veya ziyaret tavâfının dördünü terkederse, o tavâfları yapıncaya kadar ihramda ebediyyen kalır. Ziyaret tavâfını cünüp olarak yapsa bedene gerekir. Efdal olanı, Mekke'de kaldığı sürece onu iade etmesidir. Kurban da sâkıt olur. Ziyaret tavâfını abdestsiz olarak yaptıktan sonra, teşrik günlerinin sonunda sader tavâfını temiz olarak yapsa kurban gerekir. Ziyaret tavâfını cünüp olarak yaptıktan sonra sader tavâfını yaparsa, Ebû Hanife'ye göre, iki kurban gerekir. İmâmeyn'e göre yine bir kurban gerekir.

Umre tavâfını yapar ve abdestsiz olarak sa'y ederse her ikisini de iade eder. Eğer bu durumda ehline döner ve onları iade etmezse kurban gerekir. Eğer sadece tavâfı iade ederse bir şey gerekmez. Sahih olan da budur.

Eğer ihramlı kişi, unutarak da olsa, Arafat'ta vakfeden evvel iki yoldan biri ile cima etse haccı fâsit olur. Fakat haccına devam eder ve sonra kazasını yapar. Üzerine kurban gerekir. Haccını kaza ederken, ona zevcesinden ayrılmak yoktur. Eğer vakfeden sonra tıraştan evvel cima etse haccı fâsit olmaz ve üzerine bedene gerekir. Eğer tıraştan sonra ziyaret tavâfından evvel cima ederse kurban gerekir. Eğer öper veya şehvetle dokunursa, inzal vaki olmasa da, kurban gerekir. Umrede iken tavâfın çoğunu yapmadan evvel cima eder ve umresi fâsit olup kaza ederse yine kurban gerekir. Cima, tavâfın çoğunu yaptıktan sonra olursa kurban gerekir, umre fâsit olmaz. Bakmakla inzal vaki olsa, isterse ferce bakmakla olsun, bir şey gerekmez.

Tıraşı veya ziyaret tavâfını kurban günlerinden sonra bıraksa kurban gerekir. İmâmeyn buna muhalefet eder. Taş atmayı tehir etse veya bir nüskü, kendisinden önce olan bir nüske takdim etse, bu durumda da aynı ihtilaf vardır. Harem'in dışında hacc veya umre için tıraş olsa kurban gerekir. İmâm Ebû Yusuf buna muhaliftir. Umre yapan kimse Harem'den çıktıktan sonra geri döner ve saçlarını kısaltırsa, icma ile kurban gerekmez. Hacc-ı kıran yapan kimse, hayvan kesmeden önce tıraş olsa iki kurban gerekir. İmâmeyn'e göre bir kurban gerekir.

Yukarıda zikredilen yerlerde "kurban"dan maksat, kurban için yeterli olan bir koyundur. "Sadaka"dan maksat ise, fıtır sadakası için yeterli olan şeydir.

İZAHI

Musannif, ihram üzerine olan cinayeti açıkladıktan sonra, tavâf üzerine olan cinayeti açıklamaya başladı.

Bir kimse cünüplük halinde kudûm veya sader tavâfını yapsa, üzerine kurban gerekir. Kudûm tavâfı sünnet de olsa, başlamakla vâcib olur.

Ziyaret tavâfını abdestsiz yapsa, veya sader tavâfını terketse, veya saderden dördünü terketse veya ziyaret tavâfının dörtten aşağısını terketse veya imamdan önce Arafat'tan dönse veya Safa ve Merve arasındaki sa'yi terketse veya Müzdelife'de vakfeyi terketse veya cemre taşlamanın hepsini terketse veya bir günün taşlamasını terketse veya cemre-i akabeyi taşlamanın çoğunu terketse yine kurban gerekir.

Kudûm veya sader tavâfını abdestsiz yapsa, o kimsenin üzerine sadaka lâzım olur. Zira sader tavâfı vâcibtir. Gerçi kudûm tavâfı sünnettir. Fakat başlamakla vâcib olmuştur. Sader tavâfının dörtten aşağısını terketse veya üç cemreden birini taşlamayı terketse, yine üzerine sadaka gerekir.

Ziyaret tavâfını terketse, veya ziyaret tavâfının dört şavtını terketse ihramda ebedî kalır. Ziyaret tavâfını yapmadan ihramdan çıkamaz. Hanımı da kendisine haram olur. Ziyaret tavâfını cünüp olarak yapsa, üzerine bedene lâzım gelir. Zira cünüplük sebebi ile hâsıl olan noksanlık, abdestsizlik sebebi ile hâsıl olandan daha büyüktür. Bu takdirde, büyük olan noksanlığı gidermek için bedene lâzım olur. Efdal olan, Mekke'de olduğu sürece tavâfı iade etmesidir. İâde edince kurban da sâkıt olur. Abdestsiz olarak ziyaret tavâfını yaptıktan sonra, teşrik günlerinin sonunda sader tavâfını temiz olarak yapsa, onun üzerine kurban lâzım gelir. Ziyaret tavâfını cünüp olarak yaptıktan sonra sader tavâfını yapsa, Ebû Hanife'ye göre, iki kurban gerekir. İmâmeyn'e göre ise, yine bir kurban gerekir.

Umre için tavâf edip abdestsiz olarak sa'yetse, tavâf ve sa'yi iade eder. Eğer ehline geri döner ve tavâf ve sa'yi iade etmezse, üzerine kurban lâzım ve vâcib olur. Sadece tavâfı iâde ederse birşey lâzım gelmez. Sahih olan budur. Fakat bazı âlimler: **"Eğer sa'yi iade etmezse üzerine kurban lâzım olur"** demişlerdir. "Sahih olan budur" sözü, onların bu kavlinden ihtiraz için söylenmiştir.

İhramlı kişi Arafat'ta vakfe yapmadan önce, unutarak da olsa, iki yoldan biri ile cima etse haccı fâsit olur. Fakat haccı fâsit olduktan sonra bırakmaz, hacc fiilerini diğer hacılar gibi edâ edip ertesi yıl kazasını yapar. Bu durumda üzerine kurban lâzım olur. "Bir kimse ihramlı iken hanımı ile cima etse ne lâzım gelir?" diye Hz. Peygamber (a.s.)'e sorulunca:

يُرِيقَانِ دَمَا وَيَمْضِيَانِ فِى حَجِّهِمَا وَعَلَيْهِمَا الْحَجُّ مِنْ قَابِلٍ

"İkisi de kurban keser ve hacclarına devam ederler. Ertesi yıl haccetmeleri gerekir" diye cevap vermiştir. Bozulan haccı kaza ederken, o kimsenin zevcesinden ayrılması gerekmez. İmâm Züfer, İmâm Şâfiî ve imâm Mâlik derler ki: "Haccı kaza ederken o kimsenin karısından ayrı kalması lâzımdır. Zira ashab-ı kirâm, ayrılmayı vâcip kılmışlardır". İmam Mâlik: "Evlerinden çıktıklarında ayrılırlar", İmâm Şâfiî: "Cima ettikleri yere geldiklerinde ayrılırlar", İmâm Züfer: "İhrama girdiklerinde birbirlerinden ayrılırlar" demişler ve her biri ayrı ayrı görüş beyan etmişlerdir. Hanefî alimlerinin delilleri: Hanımından ayrılmak, haccın edâsı için bir nüsk değildir ki, kazada da lâzım gelsin. Erkek ile kadının arasını birleştiren nikahtır. Nikah ise devam etmektedir. Bu takdirde ihramdan önce veya sonra ayrılmanın bir manası yoktur. Beraber olmaları tezekküre sebep olur. "Değersiz bir lezzet için bu kadar zahmet çektik" diye pişmanlık duyarlar ve bu tür işlerden daha çok kaçınırlar.

Ayrı kalmaları doğru değildir. Özellikle oruç ve hayz hallerinde bir yatakta yatmaktan men olunmazlar. Sahabeden nakledilen "ayrı kalma" haberi, mendup ve müstehaba hamledilir. Yoksa vücuba hamledilmez.

Eğer vakfeden sonra tıraştan evvel cimâ yapsa haccı fâsit olmaz, üzerine bedene (sığır veya deve) lâzım olur. İmâm Şâfiî: "Haccı fâsit olur" der. Zira ibadeti bozan bir şey, ibadetin sonunda bulunsa, oruçta olduğu gibi ibadetin evvelini ve sonunu ifsat eder. Bizim delilimiz:

مَنْ وَقَفَ بِعَرَفَةَ فَقَدْ تَمَّ حَجُّهُ : **"Arafat'ta vakfe yapanın haccı tamam olmuş demektir"** hadisidir. Fakat cimâı tekrarlarsa, bize göre, ilki için bir bedene, sonra olan cimaların herbiri için bir koyun lâzım gelir. Şâfiî'ye göre ise, hepsine bir ceza lâzım gelir. Zira hepsi aynı cinstir, tedâhül etmişlerdir. Biz deriz ki: Ceza cinâyete göredir. İlk cima tam bir cinayettir. İhrama tesadüf ettiği için bedene lâzım olmuştur.

Tıraştan sonra ziyaret tavâfından evvel cima ederse, üzerine kurban lâzım olur. Kadınlar hakkında ihramın bekası için koyun ile yetinilir. Zira cinayet hafiftir. Hanımını öpse veya şehvetle okşasa, inzal vaki olmasa da yine kurban gerekir.

Bir kimse umrede iken, tavâfın şavtlarının çoğunu yapmadan evvel cimâ yapsa ve umresi fâsit olsa, sonra kaza etse yine kurban gerekir. Cimâ, tavâfın şavtlarının çoğunu yaptıktan sonra vaki olsa, kurban lâzım olur, umresi fâsit olmaz. Tavâfın şavtlarının çoğunu yapmak, hepsini yapmak yerine geçer. Zira çok'ta bütün'ün hükmü vardır. Bakmakla inzal vaki olsa, ister ferce bakmakla olsun, üzerine bir şey gerekmez.

Tıraş olmayı veya ziyaret tavâfını yapmayı kurban günlerinden sonraya bırakırsa kurban kesmesi gerekir. İmâmeyn buna muhalefet ederek: "Kaçırılan şeyleri kaza ettikten sonra bir şey lâzım olmaz. Kurban, yapılamayan bir fiili düzeltmek içindir. Burada ise, yapılamayan demişlerdir.

Taş atmayı tehir etse, veya bir hacc fiilini kendinden önce yapılması gereken fiile takdim etse yine aynı ihtilaf vardır. Yani kurban gerekir, fakat İmâmeyn'e göre gerekmez.

مَنْ قَدَّمَ نُسْكاً عَلَى نُسْكٍ فَعَلَيْهِ دَمٌ : **"Kim bir hacc fiilini diğerinden önce yaparsa, kurban kesmesi gerekir"** hadisi, takdim ve tehirde kurban kesilmesi gerektiğine kuvvetli bir delildir.

Harem'den başka bir yerde hacc veya umre için tıraş olsa, o kimsenin üzerine kurban lâzım olur. Ebû Yusuf buna muhaliftir. Delili şudur: "Tıraş Harem'e mahsus değildir. Zira Nebî (a.s.) ve ashabı Hudeybiye'de tutulduklarında orada tıraş olmuşlardır. Halbuki, Hudeybiye Harem değildir. Buna göre, Harem'den başka bir yerde tıraş olursa kurban gerekmez",

Ebû Hanife ve İmam Muhammed'in delili:

Tıraş, ihramdan çıkmaya sebep olduğu için, namazın sonunda olan selâma benzer. Tıraş hacc fiillerinden olunca, Kurban kesmek gibi Harem'e mahsus olur. Hudeybiye'nin Harem'e dâhil olan kısmında tıraş olmuş olması câizdir.

Kısacası: İmam-ı A'zam'a göre, tıraş olmanın belli bir zamanı vardır, o da kurban bayramı günleridir. Yine tıraş olmanın ona göre belli bir yeri vardır, o yer de Harem'dir. Ebû Yusuf'a göre, tıraş olmanın belli bir yeri ve zamanı yoktur. İmâm Mhammed'e göre, sadece belli bir yeri vardır. İmâm Züfer'e göre sadece belli bir zamanı vardır.

Umre yapan kişi, Harem'den çıktıktan sonra geri dönse ve saçlarını kısaltsa, ittifakla kurban kesmesi gerekmez. Zira yerinde tıraş olmuştur. Böyle yapması câizdir. Fakat bu işi hacılar yapsa, Ebû Hanife'ye göre üzerine lâzım olan kurban sâkıt olmaz.

Hacc-ı kıran yapan kimse hayvanı kesmeden tıraş olsa, Ebû Hanife'ye göre ona iki kurban lâzım olur. Biri hacc-ı kıran için, biri de hayvan kesmeyi tıraştan sonra yaptığı için. İmâmeyn'e göre ise, bir kurban lâzım olur. Zira onlara göre, tehirden dolayı kurban gerekmez.

Yukarıda "kurban" zikredilen her yerde kurbandan maksat, kurban edilmeye uygun olan "koyun" dur. "Sadaka" dan maksat, bir fakire bir gün yetecek kadar olan şeydir. Ki, bu da buğdaydan yarım sa'dır.

Hacc cinâyetlerinin hepsinde koyun veya sadaka yeter. Fakat iki yerde yetmez: Biri, cünûp olarak ziyaret tavâfını yapmak, biri de Arafat'ta vakfeden sonra cimadır. Bunlarda bedene (sığır veya deve) vâciptir.

7. KISIM

فصل

اِنْ قَتَلَ مُحْرِمٌ صَيْدَ الْبَرِّ اَوْ دَلَّ عَلَيْهِ مَنْ قَتَلَهُ فَعَلَيْهِ الْجَزَاءُ. وَهُوَ قِيمَةُ الصَّيْدِ بِتَقْوِيمِ عَدْلَيْنِ فِى مَوْضِعِ قَتْلِهِ اَوْ فِى اَقْرَبِ مَوْضِعٍ مِنْهُ اِنْ لَمْ يَكُنْ لَهُ فِيهِ قِيمَةٌ. ثُمَّ اِنْ شَاءَ اِشْتَرٰى بِهَا هَدْياً اِنْ بَلَغَتْ هَدْياً فَذَبَحَهُ بِالْحَرَمِ. وَاِنْ شَاءَ اشْتَرٰى بِهَا طَعَاماً فَتَصَدَّقَ بِهِ عَلٰى كُلِّ فَقِيرٍ نِصْفَ صَاعٍ مِنْ بُرٍّ اَوْ صَاعٍ مِنْ تَمْرٍ اَوْ شَعِيرٍ لَا اَقَلَّ. وَاِنْ شَاءَ صَامَ عَنْ طَعَامِ كُلِّ فَقِيرٍ يَوْماً. فَاِنْ فَضَلَ اَقَلَّ مِنْ طَعَامِ فَقِيرٍ تَصَدَّقَ بِهِ اَوْ صَامَ عَنْهُ يَوْماً كَامِلاً. وَعِنْدَ مُحَمَّدٍ الْجَزَاءُ نَظِيرُ الصَّيْدِ فِى الْجُثَّةِ فِيمَا لَهُ نَظِيرٌ. فَفِى الظَّبْىِ شَاةٌ وَفِى الضَّبْعِ شَاةٌ وَفِى الْاَرْنَبِ عَنَاقٌ وَفِى الْيَرْبُوعِ جَفْرَةٌ وَفِى النَّعَامَةِ بَدَنَةٌ وَفِى الْحِمَارِ الْوَحْشِ بَقَرَةٌ وَمَا لَا نَظِيرَ لَهُ فَكَقَوْلِهِمَا. وَالْعَامِدُ وَالنَّاسِى وَالْعَائِدُ وَالْمُبْتَدِى فِى ذٰلِكَ سَوَاءٌ. وَاِنْ جَرَحَ الصَّيْدَ اَوْ قَطَعَ عُضْوَهُ اَوْ نَتَفَ شَعْرَهُ ضَمِنَ مَا نَقَصَ مِنْ قِيمَتِهِ. وَاِنْ نَتَفَ رِيشَهُ اَوْ قَطَعَ قَوَائِمَهُ فَخَرَجَ عَنْ حَيِّزِ الْاِمْتِنَاعِ فَعَلَيْهِ قِيمَتُهُ كَامِلَةً. وَاِنْ حَلَبَهُ فَقِيمَةُ لَبَنِهِ. وَاِنْ كَسَرَ بَيْضَهُ فَقِيمَةُ الْبَيْضِ. وَاِنْ خَرَجَ مِنَ الْبَيْضِ فَرْخٌ مَيِّتٌ فَقِيمَةُ الْفَرْخِ حَيًّا. وَلَا شَىْءَ بِقَتْلِ غُرَابٍ وَحِدَأَةٍ وَذِئْبٍ وَحَيَّةٍ وَعَقْرَبٍ وَفَأْرَةٍ وَكَلْبٍ عَقُورٍ وَبَعُوضٍ وَنَمْلٍ وَبَرْغُوثٍ وَقُرَادٍ وَسُلَحْفَاةٍ. وَاِنْ قَتَلَ قَمْلَةً اَوْ جَرَادَةً تَصَدَّقَ بِمَا شَاءَ وَتَمْرَةٌ خَيْرٌ مِنْ جَرَادَةٍ.
وَلَا يَتَجَاوَزُ شَاةً فِى قَتْلِ السَّبْعِ. وَاِنْ صَالَ فَلَا شَىْءَ بِقَتْلِهِ. وَاِنِ اضْطُرَّ الْمُحْرِمُ اِلٰى قَتْلِ الصَّيْدِ فَقَتَلَهُ فَعَلَيْهِ الْجَزَاءُ.

وَلِلْمُحْرِمِ ذَبْحُ شَاةٍ وَبَقَرَةٍ وَبَعِيرٍ وَدَجَاجٍ وَبَطٍّ أَهْلِيٍّ وَصَيْدُ سَمَكٍ وَعَلَيْهِ الْجَزَاءُ بِذَبْحِ حَمَامٍ مَسْرُولٍ أَوْ ظَبْيٍ مُسْتَأْنَسٍ. وَلَوْ ذَبَحَ صَيْداً فَهُوَ مَيْتَةٌ وَلَوْ أَكَلَ مِنْهُ فَعَلَيْهِ قِيمَةُ مَا أَكَلَ مَعَ الْجَزَاءِ بِخِلَافِ مُحْرِمٍ آخَرَ أَكَلَ مِنْهُ. وَيَحِلُّ لِلْمُحْرِمِ لَحْمُ صَيْدٍ صَادَهُ حَلَالٌ وَذَبَحَهُ إِنْ لَمْ يَدُلَّ عَلَيْهِ وَلَا أَمَرَهُ بِصَيْدِهِ وَلَا أَعَانَهُ وَمَنْ دَخَلَ الْحَرَمَ وَفِي يَدِهِ صَيْدٌ فَعَلَيْهِ إِرْسَالُهُ. فَإِنْ بَاعَهُ رُدَّ الْبَيْعُ إِنْ كَانَ بَاقِياً وَإِنْ فَاتَ لَزِمَهُ الْجَزَاءُ. وَمَنْ أَحْرَمَ وَفِي بَيْتِهِ أَوْ قَفَصِهِ صَيْدٌ لَا يَلْزَمُ إِرْسَالُهُ. وَإِنْ أَخَذَ صَيْداً ثُمَّ أَحْرَمَ فَأَرْسَلَهُ أَحَدٌ ضَمِنَ الْمُرْسِلُ بِخِلَافِ مَا أَخَذَهُ مُحْرِمٌ. فَإِنْ قَتَلَ مَا أَخَذَهُ الْمُحْرِمُ مُحْرِمٌ آخَرُ ضَمِنَا وَرَجَعَ آخِذُهُ عَلَى قَاتِلِهِ. وَإِنْ قَتَلَ الْحَلَالُ صَيْدَ الْحَرَمِ فَعَلَيْهِ قِيمَتُهُ وَإِنْ حَلَبَهُ فَقِيمَةُ لَبَنِهِ. وَمَنْ قَطَعَ حَشِيشَ الْحَرَمِ أَوْ شَجَرَهُ غَيْرَ مُنْبِتٍ وَلَا مِمَّا يُنْبِتُهُ النَّاسُ ضَمِنَ قِيمَتَهُ وَإِلَّا مَا جَفَّ. وَالتَّصَدُّقُ لَهُ مُتَعَيَّنٌ فِي هَذِهِ الْأَرْبَعَةِ وَلَا يُجْزِيءُ الصَّوْمُ. وَحَرُمَ رَعْيُ حَشِيشِهِ وَقَطْعُهُ إِلَّا الْإِذْخِرَ.

وَكُلُّ مَا عَلَى الْمُفْرِدِ بِهِ دَمٌ فَعَلَى الْقَارِنِ بِهِ دَمَانِ إِلَّا أَنْ يُجَاوِزَ الْمِيقَاتَ غَيْرَ مُحْرِمٍ. وَإِنْ قَتَلَ مُحْرِمَانِ صَيْداً فَعَلَى كُلٍّ مِنْهُمَا جَزَاءٌ كَامِلٌ وَإِنْ قَتَلَ حَلَالَانِ صَيْدَ الْحَرَمِ فَعَلَيْهِمَا جَزَاءٌ وَاحِدٌ.

وَيَبْطُلُ بَيْعُ الْمُحْرِمِ الصَّيْدَ وَشِرَاؤُهُ وَمَنْ أَخْرَجَ ظَبْيَةَ الْحَرَمِ فَوَلَدَتْ وَمَاتَا ضَمِنَهُمَا. وَإِنْ أَدَّى جَزَائَهَا ثُمَّ وَلَدَتْ لَا يَضْمَنُ الْوَلَدَ.

AV ÖLDÜRMEK

İhramlı bir kimse karada yaşayan bir av hayvanını öldürse, veya öldürmek isteyen kimseye onu gösterse üzerine ceza lâzımdır. Vereceği ceza, o hayvanı öldürdüğü yerde bulunan iki âdil kişinin biçtiği kıymete göre avın kıymetidir. Eğer onu öldürdüğü yerde kıymeti yoksa, oraya en yakın yerdeki kıymeti takdir edilir. Sonra, eğer kıymeti bir kurbanlık kıymeti kadar olursa, dilerse onunla bir kurban alır ve Harem dâhilinde keser. Dilerse onunla yiyecek alır ve onu her fakire buğdaydan yarım sa', hurma veya arpadan bir sa' tasadduk eder. Daha az tasadduk etmez. Dilerse, her fakire vereceği yemek yerine bir gün oruç tutar. Eğer bir fakire vereceği yiyecekten daha azı geride kalırsa onu tasadduk eder veya onun yerine tam bir gün oruç tutar.

İmam Muhammed'e göre ceza, eğer bir benzeri varsa, öldürülen av hayvanının cüssede benzeridir. İmdi:

Geyik öldürmenin cezası bir koyundur. Sırtlan öldürmenin cezası da bir koyundur. Tavşan öldürmenin cezası bir dişi oğlak, sıçan öldürmenin ise dört aylık oğlaktır. Deve kuşunun öldürülmesinde bir bedene, vahşi eşeğin öldürülmesinde bir öküzdür. Benzeri olmayan hayvanları öldürmenin cezası Ebû Hanife ile Ebû Yusuf'un dedikleri gibidir.

Kasten öldüren, unutarak öldüren, ikinci defa öldüren ve ilk defa öldüren bu konuda birdir. İhramlı kişi bir avı yaralasa veya bir uzvunu kesse, veya kılını yolsa eksilen kıymetini tazmin eder. Eğer av hayvanının kanadını yolsa, veya ayaklarını kesse ve böylece hayvan korunamaz duruma gelse kıymetini tam olarak ödemesi gerekir. Eğer onu sağarsa sütünün değerini vermesi gerekir. Yumurtasını kırarsa yumurtanın kıymetini ödemesi gerekir. Kırılan yumurtadan ölü bir yavru çıksa, yavrunun canlı iken taşıdığı kıymeti ödemesi gerekir.

Karga, çaylak, kurt, yılan, akrep, fare, kuduz köpek, sivrisinek, karınca, pire, kene ve kaplumbağa öldürmekte bir ceza yoktur. Bit veya çekirge öldürürse dilediğini tasadduk eder. Bir hurma bir çekirgeden daha hayırlıdır.

Yırtıcı hayvanları öldürmenin cezası bir koyunu geçmez. Eğer yırtıcı hayvan saldırırsa, onu öldürmekle bir şey gerekmez. İhramlı, öldürmek zorunda kalıp da av hayvanını öldürse, yine ceza gerekir.

İhramlı kişi koyun, sığır, deve, tavuk ve evcil kazı kesebilir, balık avlayabilir. Paçalı güvercin veya evcil geyiği kesmekle ceza gerekir. Bir av hayvanını keserse hayvan murdar olur. Eğer ondan yerse, ceza ile beraber yediğinin kıymetini vermelidir. Başka bir ihramlının ondan yemesi buna benzemez. Eğer av hayvanını göstermemiş, avlanmasını emretmemiş ve kendisine yardım etmemiş ise, ihramlı olmayanın avladığı ve kestiği avın eti ihramlıya helaldir.

Elinde bir av hayvanı olduğu halde Harem dâhiline girenin onu salıvermesi gerekir. Eğer onu satmış ise, hayvan aynen durduğu takdirde, alış-veriş geri çevrilir. Eğer alıcının elinden çıkmışsa ceza lâzım gelir. Evinde veya kafesinde bir av hayvanı olduğu halde ihrama girenin onu salıvermesi gerekmez. Bir kimse bir av alsa sonra ihrama girse ve bir başkası onu salıverse, salıveren tazmin eder. İhramlının aldığı hayvanın salıverilmesi buna benzemez. İhramlının aldığı avı bir başka ihramlı öldürse ikisi de tazmin eder. Avı alan, öldürene ödettirir. İhramlı olmayan kişi Harem dahilindeki bir avı öldürse kıymetini ödemesi lâzımdır. Sütünü sağarsa sütünün kıymetini verir.

Bir kimse Harem'in yeşil otunu veya dikilmiş olmayan ve insanların dikemeyeceği cinsten olan ağaçlarını kesse kıymetini tazmin eder. Eğer kurumuş ise bir şey gerekmez. İşte bu dört şeyde ihramsız için tasadduk belirlenmiştir. Oruç tutmak tasadduk etmenin yerini tutmaz. İzhîr dışında Harem'in yeşil otunu otlatmak ve kesmek haramdır.

Hacc-ı ifrad yapanın bir kurban kesmesi gereken her şey sebebiyle, hacc-ı kıran yapanın iki kurban kesmesi gerekir. Ancak mikatı ihramsız olarak geçmesi hariç. İki ihramlı kişi bir avı öldürseler, herbirine tam bir ceza lâzımdır. Eğer iki ihramsız, Harem'deki bir avı öldürseler, ikisine bir tek ceza lâzımdır.

İhramlının, Harem'in avını satması ve satın alması bâtıldır. Bir kimse Harem'in geyiğini dışarı çıkarsa, geyik doğursa, sonra ikisi de ölse, geyiği ve yavrusunu tazmin eder. Geyiğin cezasını ödedikten sonra geyik doğursa, yavruyu tazmin etmez.

İZAHI

İhramlı bir kişi kara av hayvanını öldürse veya öldürecek olan kimseye onu gösterse, o ihramlının üzerine ceza lâzım gelir.

Delili: يَا أَيُّهَا الَّذِينَ آمَنُوا لاَ تَقْتُلُوا الصَّيْدَ وَأَنْتُمْ حُرُمٌ وَمَنْ قَتَلَهُ مِنْكُمْ مُتَعَمِّداً فَجَزَاءٌ مِثْلُ مَا قَتَلَ مِنَ النَّعَمِ

"Ey iman edenler! Siz ihramlı iken av öldürmeyin. İçinizden kim onu bilerek öldürürse ona, öldürdüğü hayvanın benzeri bir hayvan kurban etmek cezası vardır"[54] âyetidir. Fakat, öldürecek olana sadece göstermekle cezanın lüzûmu istihsan yoluyladır. Kıyasa göre, ona ceza lâzım gelmemesi gerekirdi. Hatta İmâm Şâfî "Ceza lazım olmaz" görüşündedir. Zira av hayvanını öldürene ceza verileceği nass ile sâbittir. Hayvanı avcıya göstermek ise, öldürme manası taşımaz. Zira öldürme fiili, öldürenden öldürene bitişen bir iştir. Sadece göstermekte ise bu birleşme yoktur. Nass ile sâbit olmayanı, nass ile sâbit olanın mânasına getirmek câiz değildir. Bizim delilimiz:

هَلْ اَشَرْتُمْ هَلْ اَعَنْتُمْ هَلْ دَلَلْتُمْ

"İşaret ettiniz mi, yardım ettiniz mi, hayvanı avcıya gösterdiniz mi"[55] hadisidir. Buna göre hayvanı göstermek, işaret etmek ve avcıya yardım etmek ihramın mahzurlarından kılınmıştır. O takdirde, ihramın mahzurlarını irtikâp cezayı gerektirir. Vereceği ceza, hayvanı öldürdüğü yerde iki âdilin kıymet biçmesiyle, yani o avın bâhâsını takdir etmesiyle belirlenen kıymetidir. Eğer öldürdüğü yerde o avın kıymeti yoksa, oraya en yakın yerde iki âdilin takdiri ile belirlenen kıymetidir. Kıymeti takdir edildikten sonra, eğer kıymet kurban kıymetine ulaşırsa, onunla bir kurban satın alır ve Harem'de keser. Eğer dilerse o takdir olunan kıymet ile yiyecek satın alır ve ondan her fakire buğdaydan yarım sa', veya hurma ve arpadan bir sa' tasadduk eder. Bu zikredilenlerden daha az tasadduk etmez. Dilerse her fakire düşen yemek yerine bir gün oruç tutar. Eğer bir fakire düşen yemekten daha azı geriye kalırsa, o kalanı tasadduk eder veya onun için bir tam gün oruç tutar.

İmâm Muhammed'e göre, ceza, eğer mevcutsa, cüssede avın benzeri olmalıdır. Zira

فَجَزَاءٌ مِثْلُ مَا قَتَلَ مِنَ النَّعَمِ

"Öldürdüğü hayvanın benzeri bir hayvan kurban etmek cezası vardır"[56] âyeti, avın benzerinin ceza olarak verilmesi gerektiğine bir delildir. "Misil"den maksat suret ve mâna itibariyle benzerliktir. Şimdi: Geyiğin öldürülmesinde ceza bir koyundur. Sırtlanın öldürülmesinde de ceza bir koyundur. Zira Nebî (a.s.): اَلضَّبُعُ صَيْدٌ وَفِيهِ شَاةٌ

"Sırtlan bir av hayvanıdır. Onun öldürülmesinde ceza bir koyundur"

---

(54) el-Mâide, 5/95.
(55) Müslim, Hacc 61; Nesâî, Menâsik 81.
(56) el-Mâde, 5/95.

buyurmuştur. Tavşanın öldürülmesi halinde ceza bir dişi oğlaktır, sıçan öldürmenin cezası da dört aylık oğlaktır.

Deve kuşunu öldürmenin cezası bir bedene, vahşi eşeği öldürmenin ise bir öküzdür.

Benzeri olmayan hayvnaların öldürülmesi halinde ceza, Ebû hanife ve Ebû Yusuf'un kavli gibidir. Yani o zaman ceza, iki âdil kişinin takdir ettiği kıymettir. Güvercin, serçe ve benzeri hayvanlar gibi.

Kasten öldüren, unutarak öldüren, bir defa öldürüp ceza verdikten sonra yine öldüren veya ilk defa öldüren birdir.

İhramlı kişi bir av hayvanını yaralarsa, veya bir uzvunu keserse, veya kılını yolarsa eksilen kıymetini tazmin eder. Kul haklarında da durum aynıdır: Bir kimse diğerinin bütün malını telef ederse hepsini tazmin eder, bir kısmını telef ederse o kısmı öder.

Avın kanadını yolar, veya ayaklarını keser ve o hayvan kendini avcıdan korumaya, veya uçmaya, veya yürümeye muktedir olamazsa kıymetini tamamen ödemesi gerekir. Zira o avın emniyeti kalmamıştır. Kendisini koruyacak organlarını kaybedince cezanın tam ödenmesi lâzım gelir.

Hayvanı sağarsa cezası sütünün kıymetidir. Yumurtasını kırarsa ceza, yumurtanın kıymetidir. Yumurtayı kırdıktan sonra içinden ölü yavru çıkarsa, cezası yavrunun canlı halindeki kıymetidir. İstihsânen böyle hüküm verilir. Kıyasa göre cezanın, yavrunun değil de yumurtanın kıymeti olması gerekirdi. Burada istihsânen hüküm verilmesinin vechi, yumurtanın yavrunun diri olarak çıktığı mahal olmasıdır. Aksi sâbit oluncaya kadar asla sarılmak vacibtir. Yumurtayı vaktinden önce kırmak ise, yavrunun ölümüne sebeptir. Yumurtayı kırdıktan sonra ölüm hadisesi zâhir olduğundan, ölüm, ihtiyaten kırma işine nisbet edilir. Şu mesele de buna benzer:

İhramlı kişi bir geyiğin karnına vursa ve geyik ölü bir yavru doğursa, daha sonra kendisi de ölse, hem geyiğin hem de yavrunun kıymetini vermesi lâzım gelir. Zira ''vurmak'', ikisinin de ölümüne sebeptir. Fakat insanın durumu buna benzemez. Bir kimse bir kadının karnına vursa ve çocuğu düşüp kendisi de ölse, sadece aslın tazmini gerekir. Zira kadının karnındaki cenin bir bakıma onun bir cüz'ü, bir bakıma ayrı bir nefistir. Kullara ihtiyat için tazminat ödettirilmez. Buna göre, şüphe ile ceza lâzım gelmez.

Karga, çaylak, kurt, yılan, akrep, sıçan, kuduz köpek, sivri sinek, karınca, pire, kene ve kaplumbağa öldürmekle, öldürene bir ceza gerekmez. Bit veya çekirge öldürürse, ceza için dilediği şeyi tasadduk eder. Bir hurma bir çekirgeden daha hayırlıdır. "Dilediği şey"den maksat, bir avuç yiyecektir. Bir, iki, üç ve dört bit öldürünce, her birine bir avuç yiyecek vereceğine göre yarım sa' ya yakın olur. Bit, bedenden hâsıl olur. Her birini yok etmekle beden daha çok rahatlar. Çekirge kara av hayvanlarındandır. Çeşitli hilelerle yakalanabilir. O takdirde ceza lâzım gelir.

"Bir hurma bir çekirgeden daha hayırlıdır" sözü Hz. Ömer (r.a.)'indir. Bu sözün kıssası şudur: Humuslular ihramlı iken çok çekirgeye rastlar ve onları öldürürler sonra da her çekirge için bir dirhem tasadduk ederlerdi. Hz. Ömer (r.a.) onlara hitaben: "Yemin ederim ki sizin akçeniz çoktur. Bir hurma bir çekirgeden hayırlıdır" demiştir. Bu hesaba göre, bir çekirge karşılığında bir hurma ceza vermek câizdir.

Yırtıcı hayvanın öldürülmesinde verilecek olan ceza bir koyunu geçmez. Eğer yırtıcı hayvan saldırırsa, onu öldürdüğü takdirde ihramlı üzerine bir şey gerekmez.

İhramda bulunan kişi av hayvanını öldürmeye mecbur kalsa, yani açlıktan zayıf düşerek ölme haline gelse ve av hayvanını öldürse, üzerine ceza lâzım gelir.

İhramlının koyun, sığır, tavuk ve evcil kaz boğazlamasında, balık avlamasında bir ceza yoktur. Bunlar câizdir. أُحِلَّ لَكُمْ صَيْدُ الْبَحْرِ "**Deniz avı yapmak size helal kılındı**"(57) âyeti balığın helal olduğuna delildir. Paçalı güvercin veya evcil geyiği kesmekle ihramlıya ceza gerekir.

Eğer av hayvanını keserse, o hayvan meyte hükmünde olur. Gerçi hayvan kesmek meşru bir fiildir. Fakat ihramlının bu işi yapması haramdır. Onun kestiği hayvan mecûsinin kestiği hayvan gibi olur. Eğer ondan yerse, ceza ile birlikte, yediği miktarın tazmini gerekir. İmâmeyn'e göre, yediği miktarın kıymeti lâzım gelmez. Fakat İmâm Timurtâşî şöyle demiştir: "Eğer o hayvanı kesen ihramlı, cezayı eda ettikten sonra ondan yediyse yediğinin kıymeti vâcib olur. Cezayı eda etmeden önce yediyse ceza lâzım gelmez. Yediği şeyin kıymeti cezaya dâhil olmuş olur". Başka bir ihramlı o meyteden yerse, ittifakla bir şey lâzım gelmez.

Eğer ihramlı kişi bir avcıya av hayvanını göstermemiş, avlanmasını emretmemiş ve kendisine yardım etmemiş ise, ihramlı olmayan o avcının avladığı ve kestiği hayvanının etini yemesi kendine helal olur. Talha (r.a.)'dan riva-

---

(57) el-Mâide, 5/96.

HACC

yet edildiğine göre, o şöyle demiştir: Av hayvanının eti, ihramlı hakkında nasıldır? diye aramızda konuşuyorduk. Nebî (a.s.) hücre-i saadetlerinde idiler. Sesimizi duyarak: Ne konuşuyorsunuz diye sordular? Aynı sözleri tekrarladık. "Bir beis yoktur" buyurdular.

Bir kimse, elinde taşradan getirdiği bir av hayvanı olduğu halde Harem'e girse, elindeki avı salıvermesi lâzımdır. Eğer onu satmış ise, hayvan aynen durduğu takdirde, alış-verişi geri çevrilir. Aynen durmayıp elinden çıkmış ise, o kimseye ceza lâzım olur. İmâm Şâfiî der ki: Kulun ihtiyacı olduğundan dolayı, şeriatın hakkı kulun mülkünde zâhir olmaz. Harem'de insanların diktiği ağaçlar gibi. O ağaçlarda Harem-i Şerif'in hürmeti lâzım olmaz.

Bizim delilimiz:

Harem'e girince, oraya hürmet için, ona taarruzu terk vâcib olur. Yahut Harem'e girmekle, o hayvan Harem'den olmuş olur. Bu takdirde av, لَا يُنَفَّرُ صَيْدُهَا **"Onun avı ürkütülmez"** (58) hadisiyle emniyete müstehak olur.

Evinde veya kafesinde av olduğu halde ihrama girenin onu salıvermesi lâzım değildir. Zira ashab-ı kiram, evlerinde şahin, doğan ve geyik gibi avları olduğu halde ihrama girerlerdi.

İhramda bulunmayan bir kimse bir av tutup sonra ihrama girse ve o avı bir başkası salıverse, tazmin eder. Fakat ihramlı iken av tutanın avını salıvermek buna benzemez. Zira ihramlı iken av tutan, ona mâlik olmamış demektir. Salıverilen mal onun değildir ki tazminat gereksin.

Bir ihramlının tuttuğu avı, bir başka ihramlı öldürse ikisi de tazmin eder. Yani ikisi de ceza verir. Birincisi, avlanmaktan emniyette bulunan hayvanı tuttuğu için, ikincisi de, yani hayvanı öldüren de onun bu taarruzunu takrir ettiği için. Avı tutan ihramlı, tazmin ettiği ceza ile kâtil üzerine rücu eder, yani ona tazmin ettirir. İmâm Züfer'e göre, tazmin ettiremez. Çünkü o, kendi yaptığından dolayı cezalandırılmıştır.

İhramda olmayan kimse Harem'in avını öldürse, kâtil üzerine o avın kıymeti lâzım gelir. Eğer sütünü sağarsa, şütün bâhasını öder.

Bir kimse Harem'in yeşil otunu koparsa veya dikilmiş olmayan ve insanın dikebileceği cinsten olmayan ağacını kesse, kesilen şeyin kıymetini öder.

---

(58) Buharî, Hacc 43, Sayd 9; Müslim, Hacc 445, 447...

Bilindiği gibi, Harem'in ağaçları dört nevidir. Üç nev'in kesilmesi ve kendilerinden istifade edilmesi câiz ve helaldir. Bir nev'in kesilmesi ve ondan yararlanılması câiz değil, haramdır.

Helal olanlar:

1— Âdet itibarı ile insanın dikmiş olduğu cinsten olan ağaçlar.

2— İnsanın dikmiş olduğu, fakat âdet itibarı ile insanın yetiştirdiği cinsten olmayan ağaçlar.

3— Kendi kendine bitmiş olan, fakat âdet itibarı ile insanın yetiştirdiği censten olanlar.

Bunları kesmek ve kendilerinden yararlanmak helaldir.

Dördüncü nev'i teşkil eden ve haram olan ağaçlar, kendi kendine bitmiş ve âdet itibarı ile insanların yetiştirmediği ağaçlardır. Onları kesmek ve kendilerinden yararlanmak câiz değil, haramdır. Zira Hz. Peygamber (a.s.):

أَلَا، لَا يُخْتَلَى خَلَاهَا وَلَا يُعْضَدُ شَوْكُهَا

"Dikkat edin! Oranın yaş otları koparılmaz, dikeni kesilmez" [59] buyurarak onlardan nehyetmiştir. Ancak kurumuş iseler, koparıldıkları takdirde bir şey gerekmez.

Dört şeyde, ihramsız için ceza olarak "sadaka vermek" belirlenmiştir. Bunlarda oruç tutmak kifayet etmez. Dört şeyden murat şudur:

1— Av hayvanını boğazlamak.

2— Av hayvanını sağmak.

3— Harem'in yeşil otlarını koparmak.

4— Harem'in ağaçlarını kesmek.

Bu fiillerde ceza olarak sadaka verilmesinin, sadaka yerine oruç tutmanın kifayet etmemesinin sebebi, bu dört fiilin haramlığının Harem sebebi ile olmasıdır.

Harem'in izhir denilen otundan başka, yeşil otlarını otlatmak ve koparmak haramdır. Ebû Yusuf: "Harem'in yeşil otunun otlatılmasında bir beis yoktur. Zira bunda zaruret vardır" der. Ebû Hanife ile İmâm Muhammed'in delili, "Oranın yaş otları koparılmaz" hadisidir. Onlar şöyle derler: "Hilafına nass olmayan yerde zarurete itibar edilir. Burada ise, "oranın yaş otla:

---

(59) Buharî, Cenâiz 76, 77, İlim, 39, Sayd, 9-10; Müslim, Hacc, 445, 447, 464....

koparılmaz" kavl-i şerifi vardır. Zarurete itibar olunmaz. Zira Harem dışından yeşil ot nakli mümkündür".

Rivayet olunduğuna göre, Hz. Peygamber (a.s.): **"Oranın yaş otları koparılmaz, dikeni kesilmez"** buyurunca, Abbas (r.a.): "İzhir hariç, ya Rasûlallah! Zira izhiri kabirlerimize ve evlerimize koruz" dediğinde Nebî(a.s.): **"Evet, izhir hariç"** buyurmuştur. Bunun açıklaması şudur: Nebî (a.s.) bu lafzı istisna edecekti, fakat Abbas (r.a.) acele etti. Veya Allah Teâlâ o vakitte Abbas'ın dileğine ruhsat vermek için Hz. Peygamber (a.s.)'e vahy indirmiştir.

Hacc-ı ifrad yapanın üzerine bir kurban lâzım gelen her cinayette, hacc-ı kıran yapan için iki kurban lâzım olur. Bir kurban hacc için, bir kurban da umre için. Ancak mikatı ihramsız geçmiş ise, umre ve hacc için bir kurban lâzım olur. Zira cinayet birdir. Ceza da bir olur. Mikatın hakkı kaza edilmesidir. İmâm Züfer der ki: Diğer yasak fiillerde olduğu gibi, her ihram için bir kurban lâzım olur. Bizim delilimiz: Mikatta ihrama giren bir ihrama müstehaktır. Bir kimse umre için mikatta ihrama girse câiz olur, üzerine bir şey lâzım gelmez. Halbuki bu kimse hacc-ı kıran yapmaktadır. Bir vâcibi tehir ile bir ceza lâzım gelir.

İki ihramlı kişi bir avı öldürseler, herbirinin üzerine tam bir ceza lâzım gelir. Herbiri bir cinayette ortak olarak câni olmuşlardır. Bu cinayet, bir cinayete yol göstermekten daha açıktır. Bundan dolayı her birine tam bir ceza lâzım gelir.

İhramlı olmayan iki kişi Harem'deki bir av hayvanını öldürseler, ikisinin üzerine bir ceza lâzım gelir. Zira bu ceza, cinayet için değildir. Avın kıymeti tazmin edilir. Bu ceza, yapılan işten dolayı değil, işin yapıldığı yerden dolayıdır. Yer bir olduğu için ceza da bir olur. Nitekim iki kişi bir adamı hataen öldürseler, ikisine bir diyet lâzım olur. Lâkin her birine ayrı ayrı keffaret lâzımdır.

İhramlının Harem'deki av hayvanını satması ve satın alması bâtıldır. Eğer canlı olarak satarsa, emniyette olan ava taarruz etmiş olur. Öldürdükten sonra satarsa meyteyi satmış olur. Her iki durumda da hayvanı satması bâtıl olur.

Bir kimse Harem'in geyiğini oradan çıkarsa, geyik doğurduktan sonra yavrusu ile birlikte ölse, geyiği ve yavrusunun tazmin eder. Zira hayvan Harem'den çıkarıldıktan sonra, şer'an emniyet içinde olma hakkı bâkidir. Onun için avı emniyete geri çevirmek vâcibtir. Bu şer'î vasıf evlâdına da sirayet eder. Fakat, "gasbedilenin yavrusu buna benzemez" diye bu görüşe itiraz edilerek şöyle denilebilir: "Gasbedilen şeyin sahibine geri verilmesi vâcibtir. Bu da şer'î bir vasıftır. Lakin, bu şer'î vasıf yavrusuna sirayet etmez. Yani aynı özellik yavrusunda bulunmaz. Zira gasbedilenin yavrusu geri verilmez. Mesela, bir kimse diğerinin kısrağını gasbetse, bir müddet sonra kısrak bir tay doğursa, kısrağın sahibi dava ederek kısrağını alsa, tayı alamaz''. Buna şöyle cevap verilebilir:

Şer'î vasıf, eğer bir mâni yoksa yavruya sirayet eder. Gasbetme sıfatı bu sirayete mânidir. Zira Harem'in avında tazmin sebebi, hayvanın emniyetini izale idi. Bu emniyet yavrusunda da vardır. Gasbtaki tazminat sebebi ise yedi mülkü izaledir. Yavruda o sebep yoktur. Onun için, bu iki mesele birbirine kıyas edilemez.

Eğer geyiğin cezasını verdikten sonra hayvan doğursa ve ikisi de ölse yavruyu tazmin etmez. Zira cezayı ödedikten sonra, geyikte emniyette olma hakkı kalmaz. Halefin Mekke'ye ulaşması, aslın ulaşması gibidir. Yani Mekke fakirlerine avın kıymetinin ulaşmış olması, avın kendisinin Harem'e ulaşması gibidir. Bu, geyiğin Harem'e ulaşıp orada doğurmasına benzer. Yavru orada doğmuş ve orada ölmüş gibi olur. Bu sebeple, adam üzerine bir ceza gerekmez.

8. KISIM

بَابُ مُجَاوَزَةِ الْمِيقَاتِ بِلَا اِحْرَامٍ

مَنْ جَاوَزَ الْمِيقَاتَ غَيْرَ مُحْرِمٍ ثُمَّ اَحْرَمَ لَزِمَهُ دَمٌ. فَاِنْ عَادَ اِلَيْهِ مُحْرِماً مُلَبِّياً سَقَطَ الدَّمُ. وَعِنْدَهُمَا يَسْقُطُ بِعَوْدِهِ مُحْرِماً وَاِنْ لَمْ يُلَبِّ. وَاِنْ عَادَ قَبْلَ اَنْ يُحْرِمَ فَاَحْرَمَ مِنْهُ سَقَطَ. وَكَذَا لَوْ اَحْرَمَ بِعُمْرَةٍ ثُمَّ اَفْسَدَهَا وَقَضَاهَا. وَاِنْ عَادَ بَعْدَ مَا شَرَعَ فِى الطَّوَافِ لَا يَسْقُطُ. وَاِنْ دَخَلَ كُوفِيٌّ الْبُسْتَانَ لِحَاجَةٍ فَلَهُ دُخُولُ مَكَّةَ غَيْرَ مُحْرِمٍ وَمِيقَاتُهُ الْبُسْتَانُ. وَمَنْ دَخَلَ مَكَّةَ بِلَا اِحْرَامٍ لَزِمَهُ حَجٌّ اَوْ عُمْرَةٌ. فَلَوْ عَادَ وَاَحْرَمَ بِحَجَّةِ الْاِسْلَامِ فِى عَامِهِ سَقَطَ مَا لَزِمَهُ بِدُخُولِ مَكَّةَ اَيْضاً. وَاِنْ كَانَ بَعْدَ عَامِهِ لَا يَسْقُطُ. وَاِنْ جَاوَزَ مَكِّيٌّ اَوْ مُتَمَتِّعٌ الْحَرَمَ غَيْرَ مُحْرِمٍ فَهُوَ كَمَنْ جَاوَزَ الْمِيقَاتَ وَوُقُوفُهُ كَطَوَافِهِ.

MİKATI İHRAMSIZ GEÇME

Kim mikatı ihramsız geçer de sonra ihrama girerse, onun üzerine bir kurban lâzım gelir. Eğer ihramlı ve telbiye edici olarak mikata dönerse kurban sâkıt olur. İmâmeyn'e göre, telbiye yapmasa da, ihramlı olarak geri dönmekle kurban sâkıt olur. İhram giymeden geri dönüp mikattan ihram giyerse kurban yine sâkıt olur. Aynı şekilde, umre için ihram giyse, sonra umreyi bozup kaza etse yine sâkıt olur. Tavâfa başladıktan sonra mikata dönse sâkıt olmaz.

Bir Kûfeli bir ihtiyaç için Bostan'a girse, onun için ihramsız olarak Mekke'ye girmek vardır. Onun mikatı Bostan'dır. Kim Mekke'ye ihramsız girerse hacc veya umre yapması lâzımdır. Geri dönse ve o sene haccetü'l-islâm için ihram giyse, Mekke'ye ihramsız girmekle kendisi için lâzım olan şeyler sâkıt olur. Eğer geri dönüş ve ihram giyme o seneden sonra olursa sâkıt olmaz. Mekke'li birisi veya temettu haccı yapacak olan bir kimse ihramsız olarak Harem'e girse, o, mikatı geçen kimse gibidir. Vakfesi tavâfı gibidir.

İZAHI

Bu bölüm, ihramsız olarak mikatı geçmenin beyanına dâirdir.

Bir kimse mikatı ihramı olmadığı halde geçse, sonra ihram giyse, yasak olan bir şeyi yaptığı için bir kurban kesmesi gerekir. İhramlı olarak ve telbiye yaparak geri dönerse, kesmesi gerekli olan kurban sâkıt olur. İmâmeyn'e göre, telbiyede bulunmasa da, ihramlı olarak geri dönmekle üzerinden kurban sâkıt olur. İmâm Züfer der ki: "İster telbiyede bulunsun ister bulunmasın, kurban sâkıt olmaz. İşlemiş olduğu hac cinâyeti geri dönmekle kalkmaz. Mikatın hakkı, ihrama kendisinden girilmesi idi. Sadece geri dönmekle ihramı inşa edemez. Arafat'tan dönüp, güneş battıktan sonra yine oraya geri dönen kimse gibi olur".

Bizim delilimiz:

İhram giymeyi terkeden kimse, terkettiği şeyi vaktinde tedarik etmiştir. Bu dönüş, hac fiillerine başlamadan evvel terkedilen şeyi vaktinde yapmak demektir. Bu, keffareti düşürür. Arafat'tan inme ise buna benzemez. Çünkü güneş battıktan sonra Arafat'a geri dönmekle, terkedilen şey yerine getirilmiş olmaz. Onda terkedilen şey, güneş batıncaya kadar vakfedir. Güneş battıktan sonra geri dönmekle vakfe yapılmış olmaz.

Mikatı ihramsız geçen kimse ihram giymeden geri dönüp mikattan ihrama girerse, o kimseden kurban ittifakla sâkıt olur. Bir kimse umre için ihram giyse, ondan sonra umreyi bozup kaza etse, aynı şekilde yine kurban sâkıt olur. Tavâfa başladıktan sonra mikata geri dönerse, üzerine sürekli olan kurban sâkıt olmaz.

Sözün kısası, mikattan ihramsız geçip sonra geri dönmek üç nevidir:

1— Tavâfa başladıktan sonra geri dönerse, ittifakla kurban sâkıt olmaz.

2— İhram giymeden önce geri dönerse, ittifakla kurban sâkıt olur.

3— İhram giyip telbiye ederek geri dönerse, üzerinden kurbanın sâkıt olup olmaması ihtilaflıdır.

Bir Kûfeli herhangi bir ihtiyaç için Bostan'a yani Benî Âmir'in bostanına girse, o kimse ihramlı olmadığı halde Mekke'ye girer. Onun mikatı Benî Âmir Bostanı'na giren, oranın halkına dâhil olmuş olur. Oranın halkı ise Mekke'ye ihramsız girer.

Mekke'ye ihramsız girenin hac veya umre yapması gerekir. Bir kimse ihramsız olarak Mekke'ye girdikten sonra, mikata geri dönüp o sene haccetü'l-islâm için ihram giyse, Mekke'ye girmesi sebebiyle üzerine lâzım olan hac ve umra sâkıt olur. Kurban sâkıt olduğu gibi. Eğer geri dönüp ihrama girmeyi o seneden sonra yaparsa, Mekke'ye ihramsız girmekle yapması gereken hac ve umre sâkıt olmaz. Vakit geçmekle zimmetine borç olarak yüklenir.

Mekkeli birisi veya temettu haccı yapacak olan bir kimse Harem'i ihramsız olarak geçse, o kimse ihramsız olarak mikatı geçen kimse gibidir. Yani, üzerine kurban lâzım olur. Mekke'linin, yahut temettu haccı yapacak olan kişinin vakfesi, mikatı ihramsız geçenin tavâfı gibidir. Kurban sâkıt olmaz.

Kısacası:

Bir kimse mikatı ihramsız geçse, tavâftan sonra geri dönüp mikattan ihram giyse kurban sâkıt olmaz. Fakat tavâftan önce mikattan ihram giyse kurban sâkıt olur. Vakfeden sonra geri dönüp ihram giyse kurban sâkıt olmaz.

9. KISIM

بَابُ اِضَافَةِ اْلاِحْرَامِ اِلَى اْلاِحْرَامِ

مَكِّىٌّ طَافَ لِعُمْرَتِهِ شَوْطاً فَأَحْرَمَ بِالْحَجِّ رَفَضَهُ. وَعَلَيْهِ دَمٌ وَقَضَاءُ حَجٍّ وَعُمْرَةٍ. فَلَوْ أَتَمَّهُمَا صَحَّ وَعَلَيْهِ دَمٌ. وَمَنْ أَحْرَمَ بِحَجٍّ ثُمَّ بِآخَرَ يَوْمَ النَّحْرِ فَإِنْ كَانَ قَدْ حَلَقَ فِى اْلاَوَّلِ لَزِمَهُ الثَّانِى وَلاَ دَمَ عَلَيْهِ وَاِلاَّ لَزِمَهُ وَعَلَيْهِ دَمٌ سَوَاءٌ قَصَّرَ بَعْدَ اِحْرَامِهِ الثَّانِى اَوْ لَمْ يُقَصِّرْ. وَعِنْدَهُمَا اِنْ لَمْ يُقَصِّرْ فَلاَ دَمَ عَلَيْهِ. وَمَنْ فَرَغَ مِنْ عُمْرَتِهِ اِلاَّ التَّقْصِيرَ فَأَحْرَمَ بِأُخْرَى لَزِمَهُ دَمٌ. وَلَوْ اَحْرَمَ اَفَاقِىٌّ بِحَجٍّ ثُمَّ بِعُمْرَةٍ لَزِمَاهُ. فَاِنْ وَقَفَ بِعَرَفَةَ قَبْلَ أَفْعَالِ الْعُمْرَةِ فَقَدْ رَفَضَهَا لاَ لَوْ تَوَجَّهَ وَلَمْ يَقِفْ. فَاِنْ أَحْرَمَ بِهَا بَعْدَ طَوَافِهِ لِلْحَجِّ نُدِبَ رَفْضُهَا وَيَقْضِيهَا وَعَلَيْهِ دَمٌ. فَإِنْ مَضَى عَلَيْهِمَا صَحَّ وَلَزِمَهُ دَمٌ وَهُوَ دَمُ جَبْرٍ فِى الصَّحِيحِ. وَاِنْ اَهَلَّ الْحَاجُّ بِعُمْرَةٍ يَوْمَ النَّحْرِ وَاَيَّامَ التَّشْرِيقِ لَزِمَتْهُ وَلَزِمَهُ رَفْضُهَا وَقَضَاؤُهَا وَدَمٌ. فَاِنْ مَضَى عَلَيْهَا صَحَّ وَعَلَيْهِ دَمٌ. وَمَنْ فَاتَهُ الْحَجُّ فَأَحْرَمَ بِحَجٍّ اَوْ عُمْرَةٍ لَزِمَهُ الرَّفْضُ وَالْقَضَاءُ وَالدَّمُ.

İHRAMI İHRAMA KATMA

Bir Mekkeli, umresi için bir şavt tavâf etse ve sonra hac için ihram giyse haccı terkeder. Böyle bir kimsenin kurban kesmesi ve hac ile umreyi kaza etmesi lâzımdır. Eğer onları tamamlarsa sahih olur ve kurban kesmesi gerekir.

Bir kimse bir hacc için ihrama girse, sonra kurban bayramı günü bir başka hac için ihrama girse, eğer birinci ihramda tıraş olmuşsa ikinci ihrama girmesi gerekir, kurban kesmesi lâzım gelmez. Birinci ihramdan tıraş olmamışsa ikinci ihrama girmesi lâzımdır, bu durumda kurban kesmesi gerekir. İkinci ihramdan sonra ister saçlarını kısaltsın, ister kısaltmasın birdir. İmâmeyn'e göre, saçlarını kısaltmamışsa kurban kesmesi gerekmez.

Bir kimse, saç kısaltma dışında umresini tamamlasa ve bir başka umre için ihram giyse kurban kesmesi lâzımdır.

Harem dışından gelen bir kimse hac için ihram giyse, sonra da umre için ihram giyse, ikisini de yapması lâzım gelir. Umre fiillerinden önce Arafat'ta vakfe yapsa umreyi terketmiş olur. Eğer Arafat'a yönelir ve vakfe yapmazsa terketmiş olmaz. Hac için yaptığı tavâftan sonra umre için ihrama girse, umreyi terketmesi mendûp olur. Onu kaza eder ve kurban kesmesi gerekir. Eğer onları yapmaya devam ederse sahih olur ve kurban kesmesi gerekir. Sahih rivayete göre bu, "düzeltme kurbanı"dır.

Hac yapan kimse kurban bayramı günü veya teşrik günlerinde umre için telbiyede bulunursa umreyi yapması lâzımdır. Fakat terkedip de sonra kaza etmesi gerekir ve kurban kesmesi lâzımdır. Eğer terketmeyip devam ederse sahih olur ve kurban gerekir.

Bir kimse haccı kaçırsa, sonra hac veya umre için ihrama girse, terkedip sonra kaza etmesi ve kurban kesmesi lâzım gelir.

İZAHI

Bu bölüm, ihramı ihrama katmanın izahına dâirdir.

Mekkelilerin ve mekkeli manasında olan kişilerin ihramı ihrama katmaları bir hac cinayetidir. Mekke'ye dışardan gelenlerin umre ihramını hac ihramına bir cinayettir. Fakat hac ihramını umre ihramına katmak bunun gibi değildir.

Mekkeli bir kimse, umresi için bir şavt tavâf etse ve tavâfı tamamlamadan önce hac için ihram giyse, haccı terkeder. Kurban kesmesi ve hac ile umreyi kaza etmesi lâzımdır. Bu, Ebû Hanife'nin görüşüdür. Terketmesinin sebebi, Mekke'liye iki ihramın cem'inin yasak olmasıdır. Kurban kesmesinin lüzumu ise, ihramı terketmesinden dolayıdır. Bu kimse haccı terketmez ve ikisini de tamamlarsa sahih olur ve kurban kesmesi gerekir.

Bir kimse hac için ihram giyse, sonra kurban bayramı günü bir başka hac için ihram giyse, eğer birincisinde tıraş olmuş ise ikincisini yapması gerekir, kurban kesmesi gerekmez. Eğer ilk ihramda tıraş olmamış ve diğer hac için ihram giymişse ertesi yıl ikinci haccı yapması gerekir. Kurban kesmesi de gerekir. İkinci ihramından sonra, ister saçlarını kısaltsın ister kısaltmasın birdir. Ebû Hanife'ye göre kurban lâzım olması, o kimse ihramlı iken saçlarını kısaltmakla hac cinayeti işlediği içindir. Eğer saçını kısaltmamışsa, kısaltmayı tehir etmek cinayet olduğu için kurban lâzım olur. İmâmeyn'e göre, eğer saçını kısaltmamışsa kurban kesmesi gerekmez. Çünkü ihramlı iken cinâyet işlememiştir. Onlara gör, saçları kestirmeyi tehir etmek sebebiyle kurban lâzım gelmez. Ebû Hanife'ye göre, tehir sebebiyle kurban gerekir.

Bir kimse umresini bitirse, yani tavâf ve sa'yetse, fakat tıraş olmadan veya saçını kısaltmadan bir başka umre için ihram giyse, iki umre ihramını birleştirdiği için kurban kesmesi gerekir. Zira bu iki ihramı birleştirmek mekruhtur. Bu kurbana "düzeltme ve keffaret" kurbanı da derler.

Mekke dışından gelen bir kişi, hac için ihrama girse, sonra da umre için ihrama girse, ona hem hac hem de umre lâzım gelir. Zira onun hakkında, hac ile umreyi birleştirmek meşrudur. Lakin umreyi tehir etmekle sünnete muhalefet etmiş olur. Umre fiillerinden evvel Arafat'ta vakfe yaparsa umreyi terketmiş olur. Fakat Arafat'a yönelip vakfe yapmadan geri dönerse ve umre fiillerini eda ettikten sonra vakfe yaparsa sahih olur.

Hac için tavaf yaptıktan sonra umre için ihrama girse umreyi terketmesi mendup olur. Umreyi kaza eder ve üzerine kurban lâzım olur. Eğer bu ikisi üzerine geçerse, yani umre fiillerini hac fiilleri üzerine takdim etmekle geçerse sahih olur ve üzerine kurban gerekir. Sahih rivayete göre bu kurban, "düzeltme kurbanı"dır.

Bir hacı Kurban bayramı gününde veya teşrik günlerinde umre için tehlil eylese yani telbiye etse, başlamak sahih olduğu için, ona umre lâzım olur. Fakat umreyi terketmesi gerekir. Zira haccın rüknünü eda etmiştir. Onun için umre yaparsa, umre fiillerini hac fiilleri üzerine bina etmiş olur. Bu günlerde ise umre yapmak mekruhtur. Umreyi kaza etmesi lâzımdır. Zira umreye başlamakla onu kendisine gerekli kılmış oldu. Terketmek mecburiyetinde kaldığı için de kurban gerekir. Umreyi terketmeyip aynı şekilde devam etse sahih olur ve kurban kesmesi gerekir. Zira ihramda umre ile haccı birleştirmiş olmaktadır. Yahut haccın geri kalan fiillerinde umre yapmış olmaktadır. Bu iki sebepten dolayı kurban kesmesi gerekir.

Birisi:

"O kimse umre için ihrama girmemiş olduğu halde, sen onu hac ile umreyi bir ihramda yapmış gibi gösterdin. Bu ihram, hac için olan ihramdan çıktıktan sonra, tıraştan ve tavâf-ı ziyaretten sonra olmuştur" der ve "Buna ne cevap verirsiniz?" diye sorarsa, şöyle deriz: Haccın vaciplerinden biri yapılmamıştır. O da, teşrik günlerinde şeytan taşlamaktır. Onun için iki ihramı birleştirmiş olur ve üzerine kurban gerekir. Bir kimse haccı kaçırsa ve sonunda hac veya umre için ihram giyse, hangisi için ihrama girmiş olursa olsun, terketmesi gerekir. Lâkin haza etmesi ve kurban kesmesi lazımdır. Mesela, hac için ihram giymişse, haccın iki ihramını birleştirmiş olmamak için terketmesi gerekir. Kazasının lâzım olması, ihrama başlaması sahih olduğu içindir. Kurbanın lâzım olması ise, vaktinden evvel ihramdan çıkmayı terk ettiği içindir. Eğer umre için bir ihram giymiş ise, umre fiilleri ile ihram değişmeden ihramdan çıkmış olur. Bu takdirde iki umreyi birleştirmiş olur. Bu nedenle umreyi terketmesi gerekir. Ondan sonra kaza eder ve kurban keser.

10. KISIM

بَابُ الْاِحْصَارِ وَالْفَوَاتِ

اِنْ أُحْصِرَ الْمُحْرِمُ بِعَدُوٍّ اَوْ مَرَضٍ اَوْ عَدَمِ مَحْرَمٍ اَوْ ضِيَاعِ نَفَقَةٍ فَلَهُ اَنْ يَبْعَثَ شَاةً تُذْبَحُ عَنْهُ فِى الْحَرَمِ فِى وَقْتٍ مُعَيَّنٍ. وَيَتَحَلَّلُ بَعْدَ ذَبْحِهَا مِنْ غَيْرِ حَلْقٍ وَلَا تَقْصِيرٍ خِلَافاً لِاَبِى يُوسُفَ. وَاِنْ كَانَ قَارِناً يَبْعَثُ دَمَيْنِ وَيَجُوزُ ذَبْحُهَا قَبْلَ يَوْمِ النَّحْرِ لَا فِى الْحِلِّ. وَعِنْدَهُمَا لَا يَجُوزُ قَبْلَ يَوْمِ النَّحْرِ اِنْ كَانَ الْمُحْصَرُ مُحْرِماً بِالْحَجِّ. وَعَلَى الْمُحْصَرِ بِالْحَجِّ اِذَا تَحَلَّلَ قَضَاءُ حَجٍّ وَعُمْرَةٍ. وَعَلَى الْمُعْتَمِرِ قَضَاءُ عُمْرَةٍ. وَعَلَى الْقَارِنِ حَجَّةٌ وَعُمْرَتَانِ. فَاِنْ زَالَ الْاِحْصَارُ بَعْدَ بَعْثِ الدَّمِ وَاَمْكَنَهُ اِدْرَاكُهُ قَبْلَ ذَبْحِهِ وَاَمْكَنَ اِدْرَاكُ الْحَجِّ لَا يَجُوزُ لَهُ التَّحَلُّلُ وَلَزِمَهُ الْمُضِىُّ. وَاِنْ اَمْكَنَ اِدْرَاكُهُ الْهَدْىَ فَقَطْ تَحَلَّلَ. وَاِنْ اَمْكَنَ اِدْرَاكُ الْحَجِّ فَقَطْ جَازَ التَّحَلُّلُ اِسْتِحْسَاناً. وَمَنْ مُنِعَ بِمَكَّةَ عَنِ الرُّكْنَيْنِ فَهُوَ مُحْصَرٌ. وَاِنْ قَدَرَ عَلَى اَحَدِهِمَا فَلَيْسَ بِمُحْصَرٍ. وَمَنْ فَاتَهُ الْحَجُّ بِفَوَاتِ الْوُقُوفِ بِعَرَفَاتٍ فَلْيَتَحَلَّلْ بِاَفْعَالِ الْعُمْرَةِ وَعَلَيْهِ الْحَجُّ مِنْ قَابِلٍ وَلَا دَمَ عَلَيْهِ. وَلَا فَوْتَ لِلْعُمْرَةِ وَهِىَ اِحْرَامٌ وَطَوَافٌ وَسَعْىٌ. وَتَجُوزُ فِى كُلِّ السَّنَةِ وَتُكْرَهُ يَوْمَ عَرَفَةَ وَالنَّحْرِ وَاَيَّامَ التَّشْرِيقِ. وَيَقْطَعُ التَّلْبِيَةَ فِيهَا بِاَوَّلِ الطَّوَافِ.

İHSAR VE HACCI KAÇIRMA

Eğer ihramlı kişi bir düşman sebebiyle veya hastalık sebebiyle, veya mahremsiz kalma sebebiyle, veya nafakasını kaybetme sebebiyle hacc yapmaktan alıkonulursa, muayyen bir vakitte kendisi için Harem'de kesilmek üzere bir koyun göndermesi gerekir. Koyun kesildikten sonra, tıraş olmadan veya saçlarını kısaltmadan ihramdan çıkar. Ebû Yusuf buna muhaliftir. Eğer, hacc-ı kıran yapan bir kimse ise iki kurban gönderir. O kurbanın Kurban bayramı gününden evvel kesilmesi câizdir, fakat Hill'de kesilmesi câiz değildir. İmâmeyn'e göre, eğer men edilen kimse hac için ihrama girmiş ise, koyunun Kurban bayramı gününden evvel kesilmesi câiz olmaz. Hac için ihrama girip de hactan men edilen kimsenin, ihramdan çıktığı zaman, haccı ve umreyi kaza etmesi gerekir. Umre için ihrama girip de umreden men edilenin umreyi kaza etmesi gerekir. Hacc-ı kıran yapanın ise bir hac ve iki umre kaza etmesi gerekir.

Kurban gönderdikten sonra eğer engel ortadan kalkar ve kesilmeden önce ona ve hacca yetişmesi mümkün olursa ihramdan çıkması câiz olmaz, hacca devam etmesi gerekir. Fakat sadece kurbana yetişmesi mümkün olursa ihramdan çıkar. Sadece hacca yetişmesi mümkün olursa, istihsanen ihramdan çıkması câizdir.

Mekke'de iki rüknü yapmaktan men edilen kimse de muhsar sayılır. Eğer iki rükünden birini yapabilirse muhsar sayılmaz. Arafat'ta vakfeyi kaçırma sebebiyle haccı kaçıran kimse umre fiilleri ile ihramdan çıksın. Ertesi yıl haccını kaza etmesi lâzım gelir, kurban kesmesi gerekmez.

Umreyi kaçırmak diye bir şey yoktur. Umre: İhram, tavâf ve sa'yden ibarettir. Senenin her günü yapılması câizdir. Arefe günü, Kurban bayramı günü ve teşrik günlerinde yapılması mekruhtur. Umre yapan, ilk tavâfle birlikte telbiyeyi keser.

İZAHI

Bu bölüm, ihsar ve haccı kaçırmanın beyanına dâirdir.

İhsar, lügatte mutlak men manasınadır. Araplar, اَحْصَرَ الْعَدُوُّ وَاُحْصِرَ الْمَرِيضُ : "Düşman men etti, hasta men edildi" derler. Allah Teâlâ'nın, لِلْفُقَرَاءِ الَّذِينَ اُحْصِرُوا فِى سَبِيلِ اللَّهِ "Sadakalarınızı o kimselere verin ki, onlar Allah yolunda çalışmaya hasredilmişler (başka şeyden engellenmişler) dir" (60) âyetinde de bu mânayadır.

Şeriatte ise, kişinin vakfe ve tavâftan men edilmesine denilir. Kişi bu ikisinden birini yapabilse, ona "muhsar" yani "hactan men edilmiş kişi" denmez.

İhrama giren bir kimse herhangi bir düşman, veya bir hastalık, veya kadın ise mahreminin yok olması, veya nafakasını kaybetmesi sebebiyle "muhsar" olsa, yani hactan men edilse, muayyen bir vakitte kendisi için Harem'de kesilmek üzere bir koyun göndermesi lâzımdır. Gönderdiği koyun kesildikten sonra, tıraş olmadan ve saçını kırkmadan ihramdan çıkar. Ebû Yusuf buna muhaliftir. Nitekim Allah Teâlâ'nın, : فَإِنْ أُحْصِرْتُمْ فَمَا اسْتَيْسَرَ مِنَ الْهَدْيِ "Fakat herhangi bir sebeple bunlardan alıkonursanız, kurbandan (deve, sığır ve davardan) sizin için hangisi kolaysa o vâcib olur" (61) âyeti buna delildir. Hz. Peygamber (a.s.) ve ashab-ı kirâm Hudeybiye denilen yerde umre için ihrama girdiklerinde, müşrikler tarafından Mekke'ye girmeleri engellenmişti. Sulh yapılmış ve Nebî (a.s.) Mekke'ye bir koyun göndermiş, koyun kesildikten sonra tıraş olup ihramdan çıkmış ve ertesi sene kaza etmişlerdi.

Hactan men edilen kişi, hacc-ı kıran yapıyor idiyse iki koyun gönderir.

Mekke'ye gönderilen koyunun bayramı gününden evvel kesilmesi câizdir. Fakat Hill'de kesilmesi câiz değildir. Hacc-ı kıran yapan kişi ihramdan çıkmak için bir koyun gönderse, umre için olan ihram devam eder. Bu takdirde bir koyun ile iki ihramdan çıkmak mümkün değildir.

Muhsar durumda kalan kişi, hac için ihrama girmiş birisi ise, İmâmeyn'e göre, gönderdiği koyunun Kurban bayramı gününden önce kesilmesi câiz değildir. Eğer umre için ihrama girmiş birisi ise, koyunun kesilmesi için belirlenmiş bir vakit yoktur. Bayram gününden önce de kesilmesi câizdir. Fakat hac için ihrama girmiş kişinin gönderdiği kurbanın kesilmesi kurban bayramı gününe mahsustur, tıraş gibi. Daha önce olması câiz değildir.

Hac için ihrama girmiş olan muhsarın, ihramdan çıktığı vakit haccı ve umreyi kaza etmesi gerekir. İbn Abbas (r.a.) ile İbn Ömer (r.a.)'den rivayet edildiğine göre Hz. Peygamber (a.s.):

مَنْ فَاتَهُ عَرَفَةُ بِلَيْلٍ فَقَدْ فَاتَهُ الْحَجُّ. فَلْيَتَحَلَّلْ بِعُمْرَةٍ وَعَلَيْهِ الْحَجُّ مِنْ قَابِلٍ

---

(60) el-Bakara, 2/273.
(61) el-Bakara, 2/196.

"Kim geceye kalmak sureti ile Arafat'ı kaçırırsa haccı da kaçırmış demektir. Umre ile ihramdan çıksın. Ertesi yıl haccı kaza etmesi gerekir" buyurmuştur. Haccın kazası, başlamak sahih olduğu içindir. Umrenin kazası ise kendisinde haccı kaçırma manası bulunduğu içindir. Haccı kaçıran ise umre fiillerini yaparak ihramdan çıkar.

Umre için ihrama girmiş olan muhsarın umreyi kaza etmesi gerekir. Umreden engellenmiş olmak, bizim mezhebimizde söz konusudur. Fakat İmâm Mâlik: "Umrenin belli bir vakitte yapılması gerekmez. Onun için, umreden engellenmiş olmak söz konusu değildir" der. Bizim delilimiz, Hz. Peygamber (a.s.)'in ve ashabının, hepsi de ihramlı oldukları halde, Hudeybiye'de umreden men edilmiş olmalarıdır. İhramdan çıkmanın meşruluğu, zorluğu defetmek içindir. Bu zorluk, umre için giyilen ihramda da vardır. Men söz konusu olmasaydı güçlükten söz edilemezdi. Buna göre, her ne zaman ihramdan çıkılsa, hacta olduğu gibi umrede de kaza gerekir.

Hacc-ı kıran için ihrama girmiş olan muhsarın, hem haccı hem de iki umreyi kaza etmesi gerekir. Bir haccın ve bir umrenin kazası, haccı kaçıranın yapması gereken hac ve umre içindir. İkinci kaza edeceği umre ise hacc-ı kıran için başladığı ve çıktığı umre içindir.

Hactan men edilen ihramlı kurbanı gönderdikten sonra engel durumu ortadan kalksa ve kurban kesilmeden önce Mekke'ye yetişmesi ve haccı eda etmesi mümkün olsa, o kimsenin ihramdan çıkması câiz değildir. Hacc ve umre fiillerini edâ edip tamamlaması gerekir. Zira, halef ile maksat hâsıl olmadan, aslı yapabilme imkanı doğmuştur. Bu, teyemmümle namaz kılanın namaz kılarken suya, oruç tutarak keffaret ödeyenin orucu bitirmeden köle azat etmeye imkanı olduğu zaman, namaz ve orucun câiz olmamasına benzer. Sadece gönderdiği kurbana yetişmesi mümkün olsa, asl olan hactan âciz olduğu için ihramdan çıkar. Sadece hacca yetişmesi mümkün olsa, istihsanen ihramdan çıkması câiz olur. Kıyasa göre câiz olmaması gerekirdi.

Mekke'de bulunan bir kimse, haccın iki rüknünden, yani tavâftan ve Arafat'ta vakfeden men edilse, o kimse de muhsar sayılır. Eğer iki rükünden birini yapabilse muhsar olmaz. Meselâ, tavâfı yapabildiği halde vakfeyi yapamasa, o kimse haccı kaçırıncaya kadar sabreder, sonra tavâf ve sa'yederek ihramdan çıkar. Fakat vakfeyi yapabilir de tavâfı yapamazsa, kaçırmama ihtimalinden dolayı ihram devam eder, tavâf etmeden ihramdan çıkmaz.

Bir kimse, Arafat'ta vakfeyi kaçırması sebebiyle haccı kaçırırsa, umre yapıp ihramdan çıkar. Ertesi sene haccetmesi gerekir. Yani, haccı kaza etmesi lâzımdır. Kurban kesmesi gerekmez. Zira umre fiilleri hac olmaz.

Umrenin kaçırılması yoktur. Umre: İhram, tavâf ve sa'yden ibarettir. İhram, umrenin şartıdır. Tavâf ve sa'y rükünleridir. Umre sünnettir. İmâm Şâfiî'ye göre farzdır. Delili: اَلْعُمْرَةُ فَرِيضَةٌ كَفَرِيضَةِ الْحَجِّ

"**Umre, hacc farizası gibi bir farizadır**" hadisidir. Bizim delilimiz ise, Ebû İsa et-Tirmizî'nin-Câmi'inde, Muhammed b. Münkedir isnadı ile Câbir'den rivayet ettiği hadisdir. Hz. Peygamber (a.s.)'e: أَوَاجِبَةٌ هِيَ؟ "O vâcib midir?" diye umreden sorulmuş, O da: لاَ وَاَنْ تَعْتَمِرُوا هُوَ أَفْضَلُ : "**Hayır, fakat umre yapmanız faziletlidir**" (62) diye cevap vermiştir. Yine İbn Abbas (r.a.)'tan rivayet edildiğine göre, Peygamber Efendimiz (a.s.): اَلْحَجُّ جِهَادٌ وَالْعُمْرَةُ تَطَوُّعٌ : "**Hacc bir cihad, umre ise nâfiledir**" (63) buyurmuştur. Zira, nafile tavâfta olduğu gibi, umrenin belli bir vakti yoktur. Onun için vâcib olmaz.

Eğer bir kimse, وَأَتِمُّوا الْحَجَّ وَالْعُمْرَةَ لِلَّهِ : "**Haccı ve umreyi Allah için tamamlayın**" (64) âyetini umrenin vâcib olduğuna delil getirirse şöyle deriz:

Bu âyette umrenin vucûbuna delâlet edecek bir şey yoktur. "Tamamlayın" sözünden maksat, "noksan yapmayın" demektir. Aslen de vâcip olması gerekmez. Zira, "nafile umreyi ve nafile namazı tam yapın" demek sahihtir. Yahut, "tamamlamak" sözü, bir fiile başladıktan sonra kullanılan bir tabirdir. Biz ise, yapılmaya başlanılmadan önceki umreden söz ediyoruz. Âyette, yapılmaya başlanılmayan umrenin vâcib olduğuna bir delâlet yoktur.

Senenin tamamında umre yapmak câizdir. Selef, hac aylarında yapılması konusunda ihtilaf etmiştir. Hz. Ömer (r.a.), hac aylarında umre yapmayı yasaklamış ve: "Hacc aylarında hac, diğer aylarda umre yapmak haccınız ve umreniz için en mükemmeldir" demiştir. Fakat sahih olan, kerahetsiz olarak hac aylarında umrenin yapılmasıdır. Sahih-i Buharî'de Hz. Peygamber (a.s.)'in, hacta yaptığından başka Zilkade ayında dört umre yaptığı rivayet edilmiştir(65).

Arafe günü, kurban bayramı günü ve teşrik günlerinde umre yapmak mekrûhtur. Zira, Hz. Âişe (r.a.) bu günlerde umreyi kerih görmüştür. Bu günler, hac yapılan günlerdir.

Umre yapan kişi, ilk tavafta telbiyeyi keser.

---
(62) Tirmizî, Kitâbü'l-hacc, 88.
(63) İbn Mâce, Menâsik, 44.
(64) el-Bakara, 2/196.
(65) Buhari, Umre, 3 ; İbn Mâce, Menâsik, 50.

11. KISIM

بَابُ الْحَجِّ عَنِ الْغَيْرِ

تَجُوزُ النِّيَابَةُ فِي الْعِبَادَاتِ الْمَالِيَّةِ مُطْلَقاً. وَلاْ تَجُوزُ فِى الْبَدَنِيَّةِ بِحَالٍ. وَفِى الْمُرَكَّبِ مِنْهُمَا كَالْحَجِّ تَجُوزُ عِنْدَ الْعَجْزِ لَا عِنْدَ الْقُدْرَةِ. وَيُشْتَرَطُ الْمَوْتُ أَوِ الْعَجْزُ الدَّائِمُ اِلَى الْمَوْتِ. وَاِنَّمَا شَرْطَ الْعَجْزِ لِلْحَجِّ الْفَرْضِ لَا النَّفْلِ. فَمَنْ عَجَزَ فَأَحَجَّ صَحَّ وَيَقَعُ عَنْهُ. وَيَنْوِى النَّائِبُ عَنْهُ فَيَقُولُ: لَبَّيْكَ بِحَجَّةٍ عَنْ فُلَانٍ. وَيَرُدُّ مَا فَضَلَ مِنَ النَّفَقَةِ اِلَى اَلْوَصِىِّ اَوِ الْوَرَثَةِ. وَيَجُوزُ اِحْجَاجُ الصَّرْوَةِ وَالْمَرْأَةِ وَالْعَبْدِ وَغَيْرُهُمْ أَوْلَى. وَمَنْ أَمَرَهُ رَجُلَانِ فَأَحْرَمَ بِحَجَّةٍ عَنْهُمَا ضَمِنَ نَفَقَتَهُمَا وَالْحَجَّةُ لَهُ. وَاِنْ أَبْهَمَ اْلاِحْرَامَ ثُمَّ عَيَّنَ اَحَدَهُمَا قَبْلَ الْمُضِىِّ صَحَّ خِلَافاً لِاَبِى يُوسُفَ وَبَعْدَهُ لَا. وَدَمُ الْمُتْعَةِ وَالْقِرَانِ عَلَى الْمَأْمُورِ. وَكَذَا دَمُ الْجِنَايَةِ. وَدَمُ اْلاِحْصَارِ عَلَى اْلاٰمِرِ خِلَافاً لِاَبِى يُوسُفَ. وَاِنْ كَانَ مَيْتاً فَفِى مَالِهِ. وَاِنْ جَامَعَ قَبْلَ الْوُقُوفِ فَسَدَ وَضَمِنَ النَّفَقَةَ. وَاِنْ مَاتَ الْمَأْمُورُ فِى الطَّرِيقِ يَحُجُّ مِنْ مَنْزِلِ اٰمِرِهِ بِثُلُثِ مَا بَقِىَ مِنْ مَالِهِ. وَعِنْدَهُمَا مِنْ حَيْثُ مَاتَ الْمَأْمُورُ. لٰكِنْ عِنْدَ أَبِى يُوسُفَ يَحُجُّ بِمَا بَقِىَ مِنَ الثُّلُثِ. وَعِنْدَ مُحَمَّدٍ يَحُجُّ بِمَا بَقِىَ مِنَ الْمَالِ الْمَدْفُوعِ وَيَرُدُّ مَا فَضَلَ مِنَ النَّفَقَةِ اِلَى الْوَرَثَةِ اَوِ الْوَصِىِّ. وَمَنْ أَهَلَّ بِحَجَّةٍ عَنْ اَبَوَيْهِ ثُمَّ عَيَّنَ اَحَدَهُمَا جَازَ. وَلْلاِنْسَانِ اَنْ يَجْعَلَ ثَوَابَ عَمَلِهِ لِغَيْرِهِ فِى جَمِيعِ الْعِبَادَاتِ.

BEDEL HACCI

Mâlî ibadetlerde mutlak olarak vekâlet câizdir. Bedenî ibadetlerde ise hiçbir şekilde vekalet câiz olmaz. Hac gibi mâlî ve bedenî den mürekkep olan ibadetlerde, âcizlik halinde câiz olup kudret halinde câiz olmaz. Vekâlet için ölüm, veya ölüme kadar devam eden âcizlik şarttır. Âcizlik, farz olan hacc için vekalette şarttır, nâfile hacta şart değildir.

Bir kimse kendisi âciz olup yerine başkasını haccettirse, bu hac sahih olur ve kendisi yapmış sayılır. Vekil onun yerine niyet eder ve لَبَّيْكَ بِحَجَّةٍ عَنْ فُلَانٍ der. vekil olan kişi artan nafakayı vasî veya vârislere geri verir.

Haccetmemiş kişiyi, kadını ve köleyi başkasının yerine haccettirme câizdir. Bu üçü dışındakilere haccettirmek daha iyidir.

İki kişi, kendilerinin yerine haccetmesini bir kimseye emretseler, o da ikisi yerine bir hac için ihram giyse nafakalarını tazmin eder. Yaptığı hac kendisinin olur. Hangisini için olduğunu tayin etmeden ihram giyse, sonra diğer fiillere geçmeden önce ikisinden birisi için ihramı belirlese sahih olur. Ebû Yusuf buna muhaliftir. Diğer fiillere geçtikten sonra ihramı belirlerse sahih olmaz.

Hacc-ı temettu ve hacc-ı kıran kurbanı, kendisine hac emredilen (vekil) üzerinedir. Aynı şekilde cinayet kurbanı da vekil üzerine vâciptir. Hacc veya umreden men edilme kurbanı, haccı emreden kişi üzerine vâciptir. Ebû Yusuf buna muhaliftir. Eğer asıl olan kişi ölü ise bu kurban onun malından verilir.

Vekil, vakfe yapmadan önce cima yaparsa haccı fâsit olur ve nafakayı tazmin eder.

Vekil yolda ölürse, asıl olan ölünün malının üçte biri ile asilin ikamet ettiği yerden bir başka vekil hacceder. İmâmeyn'e göre, vekilin öldüğü yerden hacceder. Lâkin Ebû Yusuf'a göre, evvelki üçte birin geri kalanı ile hacceder. İmâm Muhammed'e göre vekile verilenden geri kalan ile hacceder. Nafakadan geri kalan ölünün vârislerine veya vasiye verilir.

Bir kimse, ebeveyni yerine haccetmek için (ihram giymek ve telbiyede sesini yükseltmekle) tehlilde bulunsa, sonra ikisinden birisi için haccı belirlese câizdir.

İnsan, bütün ibadetlerde, amelinin sevabını bir başkasına bağışlayabilir.

İZAHI

Bu bölüm, başkası için yapılan haccın beyanına dâirdir.

Ehl-i Sünnet vel Cemâat'a göre, insanın kendi amelinin sevabını başkasına bağışlaması câizdir. Bir amel, gerek namaz, oruç ve hac gibi olsun; gerek sadaka, Kur'an okuma, zikir ve diğer iyiliklerden olsun, onu işleyip başkasına hibe etmek câizdir. Sevabı ölüye ulaşır ve ölü ondan yararlanır.

Mutezile der ki:

Bunun aslı yoktur. Sevabın ölüye ulaşması ve ölünün ondan yararlanması mümkün değildir. Allah Teâlâ'nın وَاَنْ لَيْسَ لِلْاِنْسَانِ اِلَّا مَا سَعَى **"Hakikaten insan için kendi çalıştığından başkası yoktur"** (66) kavl-i şerifi buna delildir. Kulun, kendi amelinin sevabını başkasına vermeye gücü yoktur. Kendisine dahi veremez ki, başkasına nasıl versin?..

İmâm Mâlik ve İmâm Şâfiî derler ki:

Sevabı başkasına bağışlamak ancak sadaka, mâlî ibadetler ve hacta olur. Bunların dışında namaz, oruç ve Kur'an okuma gibi ibadetlerde câiz değildir.

Bizim delilimiz şu rivayettir:

Bir kimse Nebî (a.s.)'e: "Anam ve babam hayatta iken bana çok iyilik ediyorlar. Onlar öldükten sonra bizim de kendilerine iyilik etmemiz mümkün mü? diye sordu. Rasûlü Ekrem (a.s.) Efendimiz: "Kendileri için namaz kılman ve oruç tutman onlara iyiliktir" buyurdu. Dâra Kutnî'nin Ali (r.a.)'den rivayet ettiğine göre Hz. Peygamber (a.s.): Bir kimse mezarlıktan geçerken onbir kere ihlas suresini okuyup ecrini ölülere hibe etse, Allah o ölülerin sayısınca o kişiye ecir ihsan eder buyurmuştur. Enes (r.a.) Hz. Peygamber (a.s.)'e: "Ya Rasûlallah! Biz, ölülerimiz için sadaka verir, hacca gider ve dua ederiz. Bizim onlar için yaptığımız amellerin sevabı kendilerine ulaşır mı?" diye sormuş, o da:

نَعَمْ اِنَّهُ لَيَصِلُ وَيَفْرَحُونَ بِهِ كَمَا يَفْرَحُ اَحَدُكُمْ بِالطَّبَقِ اِذَا اُهْدِىَ اِلَيْهِ

"Evet, ulaşır. Ve onlar, sizden birinize bir tabak hediye getirildiği zaman sevindiği gibi, onunla sevinirler" diye cevap vermiştir. Ebû Dâvud, Nebî (a.s.)'nin iki koç kurban ettiğini, birini kendisi için, diğerini ümmeti için kes-

---

(66) en-Necm, 53/39.

tiğini rivayet etmiştir. Bu bize bir öğretmedir ve insanın, başkasının amelinden faydalanacağına bir işarettir.

İbn Abbas (r.a.)'tan rivayet edildiğine göre, "**hakikaten insan için kendi çalıştığından başkası yoktur**"(67) âyeti

وَالَّذِينَ اٰمَنُوا وَاتَّبَعَتْهُمْ ذُرِّيَّتُهُمْ بِاِيمَانٍ اَلْحَقْنَا بِهِمْ ذُرِّيَّتَهُمْ وَمَا اَلَتْنَاهُمْ مِنْ عَمَلِهِمْ مِنْ شَىْءٍ

"**(Dünyada) iman edenlere ve zürriyetleri de iman edip kendilerine uyanlara, (ahirette) zürriyetlerini kavuştururuz (onları da baba ve dedeleri gibi cennete koruz ve derecelerine yükseltiriz). Bununla beraber (baba ve dedelerinin) ammellerinden hiçbir şey eksiltmeyiz**" (68) âyeti ile neshedilmiştir.

Bazıları, "**insan için çalıştığından başkası yoktur**" âyeti, Musa (a.s.) ile İbrahim (a.s.)'in kavmine muhsustur. Zira onların suhuflarında:

اَمْ لَمْ يُنَبَّأْ بِمَا فِى صُحُفِ مُوسٰى. وَاِبْرَاهِيمَ الَّذِى وَفّٰى. اَلَّا تَزِرُ وَازِرَةٌ وِزْرَى اُخْرٰى وَاَنْ لَيْسَ لِلْاِنْسَانِ اِلَّا مَا سَعٰى

"**Yoksa şu gerçek haber verilmedi mi Musa'nın Tevratı ile. Ve çok vefâkar İbrahiminki ile: "Doğrusu hiçbir günahkâr, başkasının günahını çekmez. Hakikaten insan için kendi çalıştığından başkası yoktur**"(69) **diye hikaye edilmiştir**" demişlerdir.

Bazıları: "Birisinin başka bir kişinin amelinden yararlanması, adalet yolu değil, fazilet yoludur" demişlerdir.

Bazıları da: "Âyette geçen لِلْاِنْسَانِ kelimesindeki لِ ، عَلٰى mânâsınadır. Yani, insanın kendi yaptığından başka, aleyhine bir durum yoktur. Yapmadığı halde, lehine bazı şeyler olabilir. Nitekim, وَاِنْ اَسَأْتُمْ فَلَهَا "**Ve kötülük ederseniz, kendi aleyhinizedir**" (70) âyetinde geçen فَعَلْنَا ، فَلَهَا mânâsınadır. Ayrıca وَلَهُمُ اللَّعْنَةُ : "**Onlara lanet (Allah'ın rahmetinden uzaklık) vardır**"(71) âyetinde لَهُمْ ، عَلَيْهِمْ mânâsınadır" demişlerdir.

İbadetler bir kaç nevidir.

---

(67) en-Necm, 53/39.
(68) et-Tûr, 52/21.
(69) en-Necm, 53/36-39.
(70) İsra, 17/7.
(71) el-Ğâfir, 40/52.

1. Sadece mal ile yapılanlar. Zekat, öşür ve keffaretler gibi.

2. Sadece beden ile yapılanlar. Namaz, oruç, itikâf, Kur'an okuma ve zikir gibi.

3. Hem mal ve hem bedenle yapılanlar. Hac gibi.

Mal ile yapılan ibadetlerde, bir başkasını vekil yaparak ibadet ettirmek câizdir. İster kendisinin yapmaya gücü olsun, ister olmasın her halde câizdir. Bu ibadetlerdeki gaye, muhtaç durumda olan kişinin ihtiyacını ve zaruretini gidermektir. Bu ise, vekilin yapması ile de hasıl olur.

Her ne hal ile olursa olsun, bedenî ibadetlerde vekalet câiz değildir. Yani gerek âciz olsun, gerek olmasın, bu ibadetleri bir vekile yaptırmak câiz olmaz. Zira bu ibadetlerdeki gaye, Allah rızası için nefs-i emmâreyi yormaktır. Bu ise, bir vekilin yapmasıyla olmaz.

Hac gibi, hem mâlî hem bedenî olan ibadetlerde, eğer yapmaktan âciz olursa vekâlet câizdir, yapmaya kudreti varsa câiz olmaz. Zira hacta iki mânâ vardır. Biri malı eksiltmek, diğeri nefsi yormaktır. Kendisi yapamayınca, Allah rızası için malı eksiltmekle yetinilir.

Vekâlet yoluyla haccetmenin câiz olabilmesi için ölüm veya ölüme kadar devam eden âcizlik şart kılındı.

Hac ömürde bir defa yapılan farzdır. Hac, farz-ı ömrî olduğuna göre, önce yapmaktan âciz olduğu halde, daha sonra ölmeden haccı edâya gücü yeten, vaktinde aslına kadar olmuş olur. O zaman üzerine hac farz olur. Eğer vekili, o âciz iken onun yerine haccetmiş ise, iyileşip kendisi hacca kadir olduktan sonra, önceki hac sanki yapılmamış gibi olur. Meselâ, bir şeyh-i fâni, tutamadığı bir Ramazan orucu için fidye verdikten sonra oruç tutmaya muktedir olsa, oruç üzerine farz olur. Vekalette âcizlik şartı, farz olan hac içindir. Yoksa nâfile olan hac için değildir. Nâfile hacta, kudreti varken başkasına yaptırmak câizdir. Zira nâfile bâbı geniştir. Nâfile namazda da, kıyama ve yere inmeye gücü varken oturarak ve binerek kılmak câizdir.

Bütün bu anlatılanlardan sonra deriz ki: Bir kimse hactan âciz olup kendi yerine başkasını haccetirse o hac sahih olur. Ve âciz olan kimse yapmış olur. Vekil onun yerine niyet eder ve لَبَّيْكَ بِحَجَّةٍ عَنْ فُلَانٍ der. İki rek'at namaz kıldıktan sonra: اَللَّهُمَّ إِنِّى أُرِيدُ الْحَجَّ فَيَسِّرْهُ لِى وَتَقَبَّلْهُ مِنِّى وَمِنْ فُلَانٍ

"Allahım! Ben haccetmek istiyorum. Bana onu müyesser kıl. Yaptığım bu haccı benden ve ondan kabul et" der. Ameller niyetlere göredir. Bunu demese de câiz olur. Zira Allah Teâlâ kalplerdekileri bilendir.

Vekil olan kişi aldığı paradan artanı, vasisine veya veresesine iade eder. Zira verilen para hac masrafları içindir, ücret için değildir.

Hiç haccetmemiş kişiye vekâleten haccettirmek câizdir. Zira Nebî (a.s.) Has'ame'nin babası yerine haccetmesine cevaz vermiş, "**sen kendin için haccettin mi?**" diye sormamıştır. Eğer gerekli olsaydı, bize öğretmek için sorardı. Kadın ve köleye de haccettirmek câizdir. Zira bu ikisi de hac fiillerini yapabilir. Kadın ve köleden başkasına haccettirmek daha iyidir. Yani, tercih edilen: Akıllı, bülûğa ermiş haccetmiş ve hac fiillerinden haberdar olan bir adama haccettirmektir. Böyle bir adam bulunursa, en iyi şekilde vekil tayin edilmiş olur.

İki adam bir kişiye kendileri için haccetmesini emretseler ve o kimse ikisi için de ihram giyse, ikisinden de aldığı parayı ödemesi gerekir. Diğer hacılar gibi, kendisi için hacceder. Fakat o iki adamın uhdesinden hac sâkıt olmaz. Bu haccı ikisinden birisi için de yapmış olması mümkün değildir. Çünkü velâyeti yoktur. Bu takdirde onlardan aldığı nafakayı kendisi için harcamış olur. Onun için tazmin etmesi gerekir. Eğer ihramı müphem giyerse, yani hangisi için giydiğini belirtmezse, daha sonra hac fiillerine geçmeden hangisi için olduğunu belirlerse sahih olur. Bu Ebû Hanife ve İmâm Muhammed'e göredir. Zira ihram, maksat değil hac fiilleri için bir vesiledir. Mübhem ise, daha sonra ne için olduğu belirtilmek suretiyle vesile olmaya uygun düşer. Ebû Yusuf buna muhaliftir. Zira haccetmekle memur olan kişi, tayine de memurdur. Müphemlik ise tayine zıt bir şeydir. Böyle yapmasa, hac, vekilin kendisi için olmuş olur. Fakat hac fiillerini eda ettikten sonra, önce müphem olarak giydiği ihramın kimin için olduğunu belirlemesi, ittifakla sahih olmaz. Zira edâ edilen bir şeyin tayine ihtimali kalmaz.

Allah kendisini iki ibadeti birleştirmeye muvaffak kıldığı için, temettu ve kıran kurbanları vekil üzerine lâzımdır. Bu kurbanlar, şükür için onun üzerine lâzım olur. Böyle bir nimete nâil olan odur. Zira gerçek hac fiili ondan sâdır olmuştur. Cinâyet kurbanı da vekil üzerine lâzımdır. Zira, cinayeti işleyen kendisidir. Kurban da ona lâzım olur.

Vekil hac yapmaktan men edilirse, ihramdan çıkmak için Mekke'ye göndereceği kurban, vekil bırakan üzerine lazımdır. Zira memur, yani vekil âmirin uhdesindedir. Onu kurtarmak âmirin vazifesidir. Nitekim efendisinin izni ile ihrama giren kölenin, hactan men olunma kurbanı efendisinin üzerine lâzımdır. Ebû Yusuf buna muhalefet eder. Zira, ihramdan çıkacak olanın, ihramın uzamasının vereceği zararı def etmesi vâciptir. Bu zarar ise, hac yapana dokunur. Bu takdirde kurban da vekil üzerine lâzım gelir.

Eğer vekil, ölü bir kimsenin yerine haccediyorsa, ihramdan çıkmak için Mekke'ye göndereceği kurbanın, ölünün malından verilmesi lâzımdır. Bu İmâm Muhammed'e göredir. Ebû Yusuf'a göre, bu kurbanın ölünün malından verilmesi lâzım değildir. Denildi ki: Ölünün malının üçte birinden verilir. Zira hactan men edilme kurbanı, zekat ve fidyeye benzer. Asıl üzerine vâciptir. Fakat av hayvanı öldürmek, tıraş olmak, koku sürünmek ve dikişli elbise giymek gibi cinayetlerin cezası vekil üzerinedir. Zira kendi ihtiyarı ile câni olmuştur. Cinayetin cezası da kendi üzerine olur.

Eğer vekil vakfeden evvel cima ederse haccı fâsit olur. Kurban kesmesi gerekir ve parayı kendisini vekil edene öder. Zira memur olan, sahih ibadeti yapmaya memur edilmiştir, fasidi yapmaya değil. Bu takdirde hac masrafları için verilen parayı yerine sarfetmemekle tazminat lâzım olur. Ertesi yıl sahih bir şekilde haccı kaza etse, yapılan haccı vekil eda etmiş olur, ölünün yahut âmirin haccı yerine geçmez. Zira vekil, bir önceki yıl haccı ifsat etmek suretiyle âmire muhalefet etmekle ihramı kendi namına yapmış oldu. Gelecek sene kaza edeceği hac ile önceki haccı kaza etmiş olur. Bu takdirde yapılan hac, kendisi için olmuş olur.

Vekil yolda ölse ve onun yerine bir başkası vekil edilse, ikinci kişi vekil gönderenin evinden hacceder. Bu, İmâm Ebû Hanife'ye göredir. Kıyas da budur. zira yapılmış olan sefer dünya ahkamından sayıldığı için, hac için hiç sefer yapılmamış gibi olur. Yani yapılan sefer bâtıl olur. Hz. Peygamber (a.s.)'in

إِذَا مَاتَ ابْنُ آدَمَ انْقَطَعَ عَمَلُهُ إِلاَّ مِنْ ثَلاثٍ "**İnsan oğlu ölünce ameli kesilir. Ancak üç sınıf insanın ameli kesilmez**" (72) hadisi de buna delildir. Vasiyeti yerine getirmek de dünya ahkâmından olduğu için, güya hiç sefere çıkılmamış, vasiyet vatanda bâki kalmış olur. Ebû Hanife'ye göre, ikinci vekil, ölünün malının üçte birinin geri kalanı ile ölünün evinden çıkarak hacceder. İmâmeyn'e göre, birinci vekilin öldüğü yerden hacceder. Vekil edenin evinden haccetmesi lâzım değildir. Zira Allah Teâlâ'nın

وَمَنْ يَخْرُجْ مِنْ بَيْتِهِ مُهَاجِراً إِلَى اللَّهِ وَرَسُولِهِ ثُمَّ يُدْرِكْهُ الْمَوْتُ فَقَدْ وَقَعَ أَجْرُهُ عَلَى اللَّهِ

"**Kim Allah'a ve Rasûlüne itaatle hiret ederek evinden çıkar da sonra kendisine ölüm yetişirse, onun ecri (mükâfatı) gerçekten Allah'a düşmüş-**

---

(72) Müslim, Vasiyyet 14; Ebû Dâvûd, Vesâyâ 14; Nesâî, Vesâvâ 8.

tür'' (73) kavl-i şerifi ve Hz. Peygamber (a.s.)'in

$$\text{مَنْ مَاتَ فِى طَرِيقِ الْحَجِّ كُتِبَتْ لَهُ حَجَّةٌ مَبْرُورَةٌ فِى كُلِّ سَنَةٍ}$$

"**Kim hac yolunda ölürse, onun için her sene, kabul edilmiş bir hac sevabı yazılır**" hadis-i şerifi ile vekilin ameli bâtıl olmamış olur. Buna göre, birinci vekilin öldüğü yerden haccetmek câizdir. Lâkin Ebû Yusuf'a göre, ilk üçte birin geri kalanı ile hacceder. Zira vasiyet, malın üçte birine nüfûz eder. İmâm Muhammed'e göre, vekile verilen paranın geri kalanı ile hacceder. Eğer geriye para kalmamış ise vasiyet bâtıl olur.

Artan para ölünün veresesine veya vasisine geri verilir. Bu mesele ihtilaflıdır. Mesela, bir kimsenin dörtbin akçesi olsa, kendi yerine haccedilmesini vasiyet ettikten sonra ölse, hac masrafları da bin akçe olup bu para haccetmesi için bir kimseye verilse, fakat yolda çalınsa, Ebû Hanife'ye göre, geri kalan terekesinin 1/3'ünden bin akçe alınır, tekrar çalınsa geri kalan malından yine alınır. Üçüncü defa çalınırsa tekrar alınmaz. İmâm Muhammed'e göre, ilk verilen bin akçenin hepsi çalındı ise vasiyet bâtıl olur. Hepsi çalınmayıp bir şey kaldı ise onunla haccedilir. Başka akçe katılmaz. Vekil yolda ölürse de aynı şekilde hareket edilir.

Bir kimse anne ve babası için hacca niyet etse, daha sonra ikisinden birisi için haccı belirlese câizdir. Zira o kimsenin amelinin sevabından, ikisinden birine teberru edilmiş olur. Fakat iki kişinin bir adama hac için para vermeleri buna benzemez. Zira haccı vekâleten yapan vekil bırakanın emri ile yapar. Burada iki ayrı emir vardır. Emirlerine aykırı hareket etmiş olduğu için, hiçbiri yerine haccetmiş olmaz.

Anne ve baba için haccetmek müstehaptır. Hz. Peygamber (a.s.) buyurmuştur ki:

$$\text{مَنْ حَجَّ عَنْ أَبَوَيْهِ أَوْ قَضَى عَنْهُمَا مَغْرَماً بُعِثَ يَوْمَ الْقِيَامَةِ مَعَ الْأَبْرَارِ}$$

"**Kim anne ve babasının yerine hacceder veya onların borçlarını öderse, kıyamet günü iyilerle beraber hoşrolunur**". Yine Câbir'den rivayet edildiğine göre, Hz. Peygameber (a.s.):

$$\text{مَنْ حَجَّ عَنْ أَحَدِ أَبَوَيْهِ فَقَدْ قَضَى عَنْهُ حَجَّتَهُ وَكَانَ لَهُ فَضْلُ عَشْرِ حِجَجٍ}$$

---

(73) en-Nisâ, 4/100.

"**Kim anne ve babasından birisi yerine haccederse, onun haccını eda etmiş olur ve kendisi için de on hac fazileti vardır**" buyurmuştur. Zeyd b. Erkam'dan rivayet edildiğine göre: "Kişi anne ve babası yerine haccettiği zaman, bu hac o ikisinden ve haccı yapan kimseden kabul olunur." buyrulmuştur.

İnsanın bütün ibadetlerindeki sevabı, bir başka insana bağışlaması câizdir.

12. KISIM

بَابُ الْهَدْىِ

هُوَ مِنْ اِبِلٍ اَوْ بَقَرٍ اَوْ غَنَمٍ. وَاَقَلُّهُ شَاةٌ وَلَا يَجِبُ تَعْرِيفُهُ. وَيُجْزِىءُ فِيهِ مَا يُجْزِىءُ فِى الْاُضْحِيَّةِ. وَتُجْزِىءُ الشَّاةُ فِى كُلِّ مَوْضِعٍ اِلَّا اِذَا طَافَ لِلزِّيَارَةِ جُنُباً اَوْ جَامَعَ بَعْدَ وُقُوفِ عَرَفَةَ قَبْلَ الْحَلْقِ فَلَا يُجْزِىءُ فِيهِمَا اِلَّا الْبَدَنَةُ. وَيَأْكُلُ مِنْ هَدْىِ التَّطَوُّعِ وَالْمُتْعَةِ وَالْقِرَانِ لَا مِنْ غَيْرِهَا. وَخُصَّ ذَبْحُ هَدْىِ الْمُتْعَةِ وَالْقِرَانِ بِاَيَّامِ النَّحْرِ دُونَ غَيْرِهِمَا. وَالْكُلُّ بِالْحَرَمِ. وَيَجُوزُ اَنْ يَتَصَدَّقَ بِهِ عَلَى فَقِيرِ الْحَرَمِ وَغَيْرِهِ. وَيَتَصَدَّقُ بِجُلِّهِ وَخِطَامِهِ. وَلَا يُعْطِى اَجْرَ الْجَزَّارِ مِنْهُ. وَلَا يَرْكَبُهُ اِلَّا عِنْدَ الضَّرُورَةِ. فَاِنْ نَقَصَ بِرُكُوبِهِ ضَمِنَهُ. وَلَا يَحْلِبُهُ فَاِنْ حَلَبَهُ تَصَدَّقَ بِهِ. وَيُنْضَحُ ضَرْعَهُ بِالْمَاءِ الْبَارِدِ لِيَنْقَطِعَ لَبَنُهُ. فَاِنْ عَطِبَ الْهَدْىُ الْوَاجِبُ اَوْ تَعَيَّبَ فَاحِشاً اَقَامَ غَيْرُهُ مَقَامَهُ وَصَنَعَ بِالْمُعَيَّبِ مَا شَاءَ. وَاِنْ عَطِبَ هَدْىُ التَّطَوُّعِ نَحَرَهُ وَصَبَغَ نَعْلَهُ بِدَمِهِ وَضَرَبَ بِهِ صَفْحَتَهُ. وَلَا يَأْكُلُ مِنْهُ هُوَ وَلَا غَنِىٌّ. وَلَيْسَ عَلَيْهِ غَيْرُهُ. وَتَقَلُّدُ بَدَنَةِ التَّطَوُّعِ وَالْمُتْعَةِ وَالْقِرَانِ لَا غَيْرَهَا.

HEDY BABI

Hedy: Deve, veya sığır veya koyundan olur. En azı bir koyundur. Hedyi belirlemek vâcip değildir. Kurbanda yeterli olan hedy'de de yeterlidir. Her cinayet işlenen yerde koyun kifâyet eder. Ancak ziyaret tavâfını cünüp olarak yaptığı, veya Arafat'ta vakfeden sonra tıras olmadan önce cima yaptığı zaman, bu iki durumda bedeneden (deve veya sığırdan) başkası kifayet etmez.

Nâfile, temettu ve kıran hedyinin etinden yer. Başkalarından yiyemez. Hacc-ı temettu ve hacc-ı kıran hedylerinin kesilmesi bayram günlerine mahsustur. Bu ikisi dışındakilerin kesilmesi bayram günlerine mahsus değildir. Hepsinin kesilmesi Harem'e mahsustur.

Hedyi Harem'in ve diğer yerlerin fakirlerine tasadduk etmek câizdir. Çulunu ve yularını da tasadduk eder. Kasabın ücretini ondan vermez. Zaruret olmadıkça ona binmez. Binmesinden dolayı kıymeti eksilirse onu tazmin eder. Hedyi sağamaz, sağarsa onu tasadduk eder. Sütü kesilsin diye memesine soğuk su akıtır.

Vâcip olan hedy helak olsa, veya fâhiş bir şekilde kusurlansa, yerine başkasını getirir ve kusurlu duruma düşen hedye istediğini yapar.

Nâfile hedy helak olma durumuna düşse onu keser, kıladesini kanı ile boyar ve hörgücünün bir tarafına o kanı sürer. Ne kendisi, ne de bir başka zengin ondan yiyemez. Nâfile hedy helak olunca, yerine başkasını ikame etmez.

Nâfile hac, temettu haccı ve kıran haccı için olan bedeneler kılâdenelenir. Başkaları kılâdelenmez.

İZAHI

Bu bölüm, hedyin beyânına dâirdir.

Hedy, Allah'a yaklaşma gayesiyle Harem-i Şerif'e hediye edilen şeyin ismidir.

Hedy deve, öküz ve koyundan olur. En azı bir koyundur. Zira Hz. Peygamber (a.s.): **"Koyun, hedyin en azıdır"** buyurmuştur. Hedyin nişanlanıp belirlenmesi vâcip değildir. Kurbanlarda yeterli olan hayvan onda da yeterli olur. Zira hedy, Allah'a yakınlık ifade eder. Kurbanlarda olduğu gibi, kan akıtmakla ilgilidir. Onun için bütün ayıplardan sâlim olması gerekir.

Her hac cinayeti işlenen yerde bir koyun kifayet eder. Ancak bir kimse ziyaret tavâfını cünüp olarak yapsa, veya Arafat'ta vakfeden sonra tıraştan önce cima etse, bu iki durumda bedeneden başkası kifâyet etmez. Cima, tıraştan sonra olmuşsa bir koyun yeter.

Nâfile, temettu ve kıran haclarının hedylerinden yer. Zira hedy, Kurban bayramında kesilen kurbanlara benzer. Yenilmesi câizdir. Câbir (r.a.)'den rivayet edildiğine göre, Hz. Peygamber (a.s.) kendi mübarek elleriyle 63 deve boğazlamış, daha sonra Hz. Ali (r.a.)'ye emretmiş, o da boğazlamıştır. Sonra her bedeneden bir parça alınıp pişirilmiş ve ikisi beraberce yemişlerdir. Bu üç hedyden başkasından yemek câiz değildir.

Temettu ve kıran hedylerinin kesilmesi bayram günlerine mahsustur. Bu ikisinin dışındakilerin kesilmesi o günlere mahsus değildir. Eğer bir noksanlığı gidermek için kurban kesmek vâcip olursa, acele etmek evlâdır.

İster temettu, ister kıran, ister nâfile hacc için olsun, bütün hedylerin kesim yeri Harem'dir. Kesme işi oraya mahsustur. Kestikten sonra hedyi Harem'in fakirlerine vermek, veya diğer fakirlere tasadduk etmek câizdir. Zira sadaka kurbet manası taşır. Bu takdirde her fakire verilebilir.

Hedyin çulunu ve yularını tasadduk eder. Kasap ücretini ondan vermez. Hz. Peygamber (a.s.) Hz. Ali (r.a.)'ye bunları tasadduk etmesini emretmiştir.

Mecbur kalmadıkça hedye binmez. İmâm Şâfiî der ki: "İster zaruret olsun, ister olmasın hedye binmesi câizdir. Zira Nebî (a.s.), bir bedeneyi önünde sevkeden birisini gördüğü zaman: (ارْكَبْهَا وَيْلَكَ) "**Yazık sana, ona bin**" (74) buyurmuştur".

Bizim delilimiz: Hacı olan kimse, hedyi halis olarak Allah için kılmıştır. Layık olan, çok darda kalmadıkça hedyin zâtından ve vereceği faydadan yararlanmamaktır. Eğer binmesinden dolayı kıymeti eksilirse onu tazmin eder. Onu sağamaz. Eğer sağarsa, sağdığı sütü fakirlere tasadduk eder. Zira hedyin sütü onun bir parçasıdır. Zenginlerin ondan yararlanması câiz değildir. Sütü kesilsin diye memesine soğuk su dökülür. Bu, kesilme vakti yaklaşınca yapılır. Eğer kesilmesine daha çok vakit olup, sağılmadığı takdirde zarar göreceği kesin olursa sağılır. Sütü fakirlere tasadduk edilir. Eğer kendi ihtiyacı için sarf ederse, kıymetini tazmin eder, yani tasadduk eder.

Vâcip olan hedy helâk olsa, veya kurban edilmesinin cevazına mani bir ayıpla ayıplansa, onun yerine başkasını getirir ve kusurlu duruma gelen hedye dilediğini yapar. Zira kendisinin hâlis malıdır.

Nâfile hedy ölmek üzere olsa onu keser, kılâdesini kanı ile boyar. Hörgücünün bir tarafını da kanı ile boyar. Bunları, hedy bilinsin diye yapar. O hedyden sahibi yiyemez. zengin bir kişi de yiyemez. Ölen nâfile hedyi yerine başka bir hedy getirmesi gerekmez. Zira nâfiledir.

---

(74) Buhâri, Hacc 103; Ahmed b. Hanbel, 3/173.

Nâfile, temettu ve kıran bedeneleri kılâdelenir. Zira bunlar hac fiili için kesilen kurbanlardır. Bunlara işaret koymak ise, kurbanlık olduklarını göstermek içindir. Onun için kılâdelenmeleri evlâdır. Bunlardan başkası kılâdelenmez. Cinâyet, keffâret ve hactan men edilme durumlarında hedyin nişanlanmaması, setredilmesi evlâdır. Muhît'te zikrolunduğuna göre, nezir kurbanı da kılâdelenir (işaretlenir). Zira o da ibadet kurbanıdır.

13. KISIM

مَسَائِلُ مَنْثُورَةٌ

شَهِدُوا اَنَّ هَذَا الْيَوْمَ الَّذِى وُقِفَ فِيهِ يَوْمُ النَّحْرِ بَطَلَتْ. وَلَوْ شَهِدُوا اَنَّهُ يَوْمُ التَّرْوِيَةِ صَحَّتْ. وَمَنْ تَرَكَ الْجَمْرَةَ الْأُولٰى فِى يَوْمِ الثَّانِى فَاِنْ شَاءَ رَمَاهَا فَقَطْ. وَاَوْلٰى اَنْ يَرْمِى الْكُلَّ. وَمَنْ نَذَرَ اَنْ يَحُجَّ مَاشِياً يَمْشِى مِنْ بَيْتِهِ حَتَّى يَطُوفَ لِلزِّيَارَةِ. وَقِيلَ مِنْ حَيْثُ يُحْرِمُ. فَاِنْ رَكِبَ لَزِمَهُ دَمٌ. حَلَالٌ اِشْتَرٰى اَمَةً مُحْرِمَةً بِالْاِذْنِ فَلَهُ اَنْ يُحَلِّلَهَا. وَالْاَوْلٰى تَحْلِيلُهَا بِقَصِّ شَعْرٍ اَوْ ظُفْرٍ قَبْلَ الْجِمَاعِ.

ÇEŞİTLİ MESELELER

Bir topluluk, vakfe yapılan günün kurban bayramı günü olduğuna şehadet etse, şehadetleri kabul edilmez. O günün, Zilhiccenin sekizinci günü olduğuna şehadet etseler, şehadetleri kabul edilir. İkinci gündeki ilk cemreyi terkeden kimse, dilerse sadece onu atar. Evla olan, hepsini tekrar atmasıdır.

Yaya olarak haccetmeyi nezreden kimse, ziyaret tavafını yapıncaya kadar evinden yürür. Denildi ki: İhrama girdiği yerden itibaren yürür. Eğer bir bineğe binerse kurban kesmesi lâzımdır.

İhramlı olmayan bir kimse, izinle ihrama girmiş bir câriyeyi satın alsa, onu ihramdan çıkarabilir. Evlâ olan, cinsî münasebette bulunmadan önce saç veya tırnak kesmek suretiyle onu ihramdan çıkarmaktır.

İZAHI

Bu bölüm çeşitli meselelere dâirdir.

Bir topluluk: "Muhakkak, vakfe yapılan bu gün kurban bayramı günüdür" diye şehadet etseler, şehadetleri hükümsüz olur. Hac ise, istihsanen sahih olur. Onların bu şehadetten maksatları, müslümanların haclarını nefyetmektir. Haccın tekrar yapılmasını emretmekte zorluk vardır. Şüpheli anlarda, müslümanları korumak için yapılan vakfe ile yetinilir. Onların şehadetleri kabul olunmaz.

Arafat'ta vakfe yapılan günün, Zilhiccenin sekizinci günü olduğuna şehadet etseler şehadetleri sahih olur. Vaktinden sonra yapılan ibadetin caiz olduğunun benzeri vardır. Namaz ve orucun kazası gibi. Fakat vaktinden evvel yapılan ibadetin câiz olduğunun bir benzeri yoktur. Fakihler dediler ki: "Hakime lâyık olan, onların şehadetlerini dinlememektir".

Bir kimse ikinci gün ilk cemreyi terketse, dilerse sadece onu atar. Evlâ olan, hepsini atmaktır. Sünnet olan tertibe riayet için hepsini atmak daha iyidir.

Yürüyerek haccetmeyi nezreden kimse, evinden tavafı ziyareti yapıncaya kadar yürür. Bazıları: "İhram giydiği yerden yürür" dediler. Mebsut'ta: "Binmekle yürümek arasında serbest bırakılmıştır" diye yazılıdır. el-Câmiu's-Sağîr'de, yürümenin vâcip olduğuna işaret edilmiştir. Asıl olan da budur. Çünkü o, en mükemmel şekilde haccetmeyi kendisine gerekli kılmıştır. Zira yürümek bedene meşakkat verir. Buna göre, kendisine gerekli kıldığı şekilde haccetmesi lâzımdır. Ardarda oruç tutmayı kendine gerekli kılan kimse gibi. Yürüyerek haccetmek daha faziletlidir. Hz. Peygamber (a.s.):

مَنْ حَجَّ مَاشِياً كُتِبَ لَهُ بِكُلِّ خَطْوَةٍ حَسَنَةٌ مِنْ حَسَنَاتِ الْحَرَمِ

"**Kim yürüyerek haccederse, attığı her bir adım sebebiyle, kendisi için Harem iyiliklerinden bir iyilik yazılır**" buyurmuştur. Bu, yürüyerek haccetmenin daha faziletli olduğuna tam bir delildir. Hatta: "Harem'in iyilikleri nedir? Ya Rasûlallah!" diye sorduklarında: "Bir iyiliğe yediyüz sevap verilir" buyurmuştur. Lâkin zorluğu def etmek için, dinimiz binmeye ruhsat vermiştir.

Nezrettikten sonra binerse kurban kesmesi gerekir. Rivayet olunduğuna göre, Akabe b. Âmir el-Cühenî Hz. Peygamber (a.s.)'e gelip: "**Ya Rasûlallah! Benim kızkardeşim yalınayak yürüyerek haccetmeyi nezretti**" demiş, Peygamber Efendimiz (a.s.) de:

اِنَّ اللّهَ لَغَنِيٌّ عَنْ تَعْذِيبِ اُخْتِكَ فَلْتَرْكَبْ وَلْتَذْبَحْ لِرُكُوبِهَا شَاةً

"**Allah senin kızkardeşine azap etmekten müstağnidir. Hayvana binsin ve bindiği için bir koyun kessin**" buyurmuştur.

İhramlı olmayan bir kimse, efendisinin izniyle ihrama girmiş bir câriyeyi satın alsa, onu ihramdan çıkarabilir. İmâm Züfer der ki: "O cariyeyi ihramdan çıkaramaz. Zira ihram, müşteri o câriyeyi satın almadan önce gerçekleşmiş bir akittir. Bu nedenle, müşteri o akdi feshedemez. Nitekim bir kimse, nikahlı bir câriyeyi satın alsa onunla cinsî münasebette bulunamaz".

Bizim delilimiz şudur:

Câriyeyi satın alan satan makamına kâim olmuştur. Satanın ise, câriyeyi ihramdan çıkarmaya kudreti vardır. Fakat mekruhtur. Çünkü sözünü tutmamış, önce ihrama izin verip sonra bu izninden dönmüş olur. Ama satın alanın onu ihramdan çıkarması mekruh değildir.

Câriyenin, saçını kırkmak veya tırnağını kesmek suretiyle, cimadan evvel ihramdan çıkarılması evlâdır.

2. BÖLÜM

كِتَابُ النِّكَاحِ

هُوَ عَقْدٌ يَرِدُ عَلَى مِلْكِ الْمُتْعَةِ قَصْداً. يَجِبُ عِنْدَ التَّوَفَانِ وَيُكْرَهُ عِنْدَ خَوْفِ الْجَوْرِ. وَيُسَنُّ مُؤَكَّداً حَالَةَ الْاِعْتِدَالِ. وَيَنْعَقِدُ بِإيجَابٍ وَقَبُولٍ كِلَاهُمَا بِلَفْظِ الْمَاضِى أَوْ أَحَدُهُمَا كَزَوِّجْنِى فَقَالَ زَوَّجْتُ وَإِنْ لَمْ يَعْلَمَا مَعْنَاهُمَا. وَلَوْ قَالَ «دَادِى» أَوْ «يَذِ يَزْفَتِى» فَقَالَ «دَادْ» أَوْ يَذِيَرَفْتَ بِلَا مِيمٍ صَحَّ كَبَيْعٍ وَشِرَاءٍ. وَلَوْ قَالَ عِنْدَ الشُّهُودِ «مَا زَنْ وَشُوِيمْ، لَا يَنْعَقِدُ. وَإِنَّمَا يَصِحُّ بِلَفْظِ نِكَاحٍ وَتَزْوِيجٍ. وَمَا وُضِعَ لِتَمْلِيكِ الْعَيْنِ فِى الْحَالِ كَبَيْعٍ وَشِرَاءٍ وَهِبَةٍ وَصَدَقَةٍ وَتَمْلِيكٍ، لَا بِإجَارَةٍ وَإِبَاحَةٍ وَإِعَارَةٍ وَوَصِيَّةٍ. وَشُرِطَ سِمَاعُ كُلٍّ مِنَ الْعَاقِدَيْنِ لَفْظَ الْآخَرِ وَحُضُورُ حُرَّيْنِ أَوْ حُرٍّ وَحُرَّتَيْنِ مُكَلَّفَيْنِ مُسْلِمَيْنِ اِنْ كَانَتِ الزَّوْجَةُ مُسْلِمَةً سَامِعِينَ مَعاً لَفْظَهُمَا. فَلَا يَصِحُّ اِنْ سَمِعَا مُتَفَرِّقَيْنِ. وَجَازَ كَوْنُهُمَا فَاسِقَيْنِ أَوْ مَحْدُودَيْنِ فِى قَذْفٍ أَوْ أَعْمَيَيْنِ أَوْ اِبْنَى الْعَاقِدَيْنِ أَوْ اِبْنَىْ أَحَدِهِمَا. وَلَا يَظْهَرُ بِشَهَادَتِهِمَا عِنْدَ دَعْوَى الْقَرِيبِ. وَصَحَّ تَزَوُّجُ مُسْلِمٍ ذِمِّيَّةً عِنْدَ ذِمِّيَّيْنِ خِلَافاً لِمُحَمَّدٍ. وَلَا يَظْهَرُ بِشَهَادَتِهِمَا اِنِ ادَّعَتْ. وَمَنْ أَمَرَ رَجُلاً أَنْ يُزَوِّجَ صَغِيرَتَهُ فَزَوَّجَهَا عِنْدَ رَجُلٍ صَحَّ اِنْ كَانَ الْأَبُ حَاضِراً وَإِلَّا فَلَا. وَكَذَا لَوْ زَوَّجَ الْأَبُ بَالِغَةً عِنْدَ رَجُلٍ اِنْ حَضَرَتْ صَحَّ وَإِلَّا فَلَا.

NİKAH

Nikah, kasten yararlanma mülkiyeti üzerine yapılan bir akittir. Şiddetli cinsî arzu duyulduğunda vâcib olur. Zulmetmekten korkulduğu zaman mekruh olur. İtidal halinde (normal durumda) evlenmek sünnet-i müekkededir. Kadın ve erkek, kullandıkları lafızların mânâlarını bilmeseler dahi, her ikisi de mâzi veya birisi mâzi olarak kullanılan "icâb" ve "kabûl" lafızları ile nikah kıyılmış olur. Kadının: "Beni zevceliğe kabul et", erkeğin de: "seni zevceliğe kabul ettim" demeleri gibi.

Eğer erkek: "Verdin mi?" veya "kabul ettin mi?" der, öbürü de sonunda "m" kullanmadan "verdi" veya "kabul etti" derse, alış-veriş gibi, sahih olur.

Kadın ile erkek, şâhitlerin yanında: "Biz karı-kocayız" deseler nikah kıyılmış olmaz. Ancak nikah, tezvic ve alış-veriş, hibe, sadaka ve temlik gibi derhal bir şeye mâlik olmak için vaz edilen lafızlarla nikah kıymak sahih olur. İcâre, ibâha, iâre ve vasıyyet lafızları ile sahih olmaz.

Akdi yapanlardan herbirinin, diğerinin kullandığı lafzı işitmesi ve eğer evlenecek kadın müslüman ise müslüman, mükellef ve hür iki erkeğin veya bir hür erkekle iki hür kadının hazır bulunması ve onların da tarafların kullandığı lafzı beraberce işitmeleri şarttr. Eğer ayrı ayrı işitirlerse sahih olmaz.

Şâhitlerin fâsık olmaları, veya iffete iftiradan dolayı had cezasına çarptırılmış olmaları, veya kör olmaları, veya tarafların, veya taraflardan birinin oğulları olmaları câizdir. Yakının iddiası anında, iki oğlun şehadeti ile (hâkimler indinde) akit sâbit olmaz.

Bir müslümanın, iki zimmî erkek huzurunda zimmî bir kadınla evlenmesi sahih olur. İmâm Muhammed buna muhaliftir. Eğer zimmî kadın nikahlandığını iddia ederse, o iki zimmînin şehadeti ile akit sâbit olmaz.

Bir kimse bir adama, küçük kızını evlendirmesi için emir verse, o adam da o küçük kızı bir adamın yanında evlendirse, eğer kızın babası orada hazır bulunursa nikah sahih olur, bulunmazsa olmaz. Aynı şekilde bir baba, bülûğa ermiş kızını bir adamın yanında evlendirse, eğer kızı hazır bulunursa sahih olur, hazır bulunmazsa sahih olmaz.

İZAHI

Bu kitap, nikahın hükümlerinin açıklanması ile ilgilidir.

Musannif ibadetleri anlattıktan sonra muâmelâta başladı. Nikahı diğer muamelelerden öne aldı. Onu hactan hemen sonra anlatması, nikah ile hac arasında bir kaç vecihle ilgi bulunduğu içindir.

Birincisi: Hac, zâhirî olarak çoluk-çocuğu terktir, nikah ise almaktır. Aralarında bir zıtlık ilgisi vardır.

İkincisi: Nikah da hac gibi, mâlı ve bedenî bir ibadettir.

Nikah, toplayıcı bir şeydir. Bir yönden ibâdettir. Hatta bazıları: "Nikahla meşgul olmak, nâfile ibadetle meşgul olmaktan daha faziletlidir" demişlerdir. Muhakkikler dediler ki: Nikahta olan ittifak hiçbir hükümde yoktur. Zira nikahın yapılması için üç ayrı sebep vardır. Bunlar şer'î, aklî ve tabiî sebeplerdir.

1- Şer'î Sebep:

Allah Teâlâ'nın : فَانْكِحُوا مَا طَابَ لَكُمْ مِنَ النِّسَاءِ مَثْنَى وَثُلَاثَ وَرُبَاعَ "Size helal olan diğer kadınlardan ikişer ikişer, üçer üçer, dörder dörder nikah edin"(1) âyeti kerimesidir. Hz. Peygamber (a.s.) de:

تَنَاكَحُوا تَكَاثَرُوا فَإِنِّي مُبَاهٍ بِكُمُ الْأُمَمَ يَوْمَ الْقِيَامَةِ

"Evleniniz ki çoğalasınız. Çünkü ben, kıyamet günü diğer ümmetlere sizinle iftihar edeceğim" ve bir başka hadislerinde de:

النِّكَاحُ سُنَّتِي فَمَنْ رَغِبَ عَنْ سُنَّتِي فَلَيْسَ مِنِّي "Nikah benim sünnetimdir. Kim benim sünnetimden yüz çevirirse benden değildir"(2) buyurmuşlardır.

2. Aklî sebep:

Her akıllı kişi kendi ölümünü düşünür ve öldükten sonra adının devam etmesini, tamamen unutulmamasını ister. Bu ise, ancak neslin devamı ile olur. Neslin devam etme yolu da nikahtır. İnsanın tabiatında çocuk sevgisi vardır. Lâkin erkek çocuk sevgisinin kızdan daha çok olduğu güneşten daha çok açık-

---

(1) en-Nisâ, 4/3.
(2) İbn Mâce, Nikah 1 (az farkla).

tır. Hatta rivayet olunur ki, Harun Reşit bir oğlunun oğlunu, bir de kızının oğlunu huzuruna getirtmiş, oğlunun oğluna: "Sen kimin oğlusun?" diye sormuş, o da: "Ben Harun Reşit'in oğlu olan filan kimsenin oğluyum" demiş, kızının oğluna aynı soruyu sorduğu zaman o da: "Ben filancının oğlu olan filan kişinin oğluyum" demiştir. Harun Reşit, oğlunun oğlunun oğlunda isminin daha ziyade yaşatıldığını görünce: "Bizim çocuklarımız, oğullarımızın çocuklarıdır. Kızlarımıza gelince, onların oğulları yabancı adamların oğullarıdır" demiştir.

3. Tabiî sebep:

Erkek ve kadının tabiatında nefsî ve şehevî meyil vardır. Lâkin şeriatın emriyle olunca bu men edilmez. Aksine nefis onunla sevap kazanır.

Cima maddî lezzetlerin en sonudur. Onun üstünde maddî bir lezzet yoktur. Cimada tam lezzet bulunduğu için Allah ondan sonra temizlenmeyi emretmiştir. Bu temizlenmeye gusül denir. Zira cimâ lezzeti tam bir lezzet olduğu için, o anda Allah'tan tam mânâsıyle uzaklaşılmış olur. Allah'tan uzaklaşmak ise bir necâset ve bir cinayettir. Gerçek lezzet Allah ile bareber olmaktır. Cinsî yakınlık ise, Allah'tan başkasıyle bareber olmaktan alınan lezzettir. Kişi böyle yapmakla necis olmuş gibi olur. Onun için temizlenmesi vâcip olmuştur.

Nikahta yedi şeyin anlatılması lâzımdır: Lügat mânâsı, şer'î mânâsı, sebebi, şartı, rüknü, vasfı, hükmü.

1. Lügat mânâsı: Cinsî münasebette bulunmaktır. O, bu mânâ için vaz edilmiştir. Akid mânâsında kullanılması mecâzdır. Müsebbebin (neticenin) ismini sebebe vermek kabilindendir. Zira akid, cinsî münasebete götüren bir yoldur.

2. Şer'î mânâsı: Bu mânâ, "nikâh, icâb ve kabul ile mün'akid olur" sözünü açıklarken izah edilecektir.

3. Sebebi: Doğurmak ve üremekle insan neslinin devamı ile ilgilidir.

4. Şartı:

Nikahın şartı iki nevidir. Biri âmm, diğeri hâsstır. Umûmî şart, evlenmeğe bir engel bulunmaması, akıl ve bülûğ ehliyetidir. Husûsî şart ise, şâhit-

NİKÂH

lerin bulunmasıdır.

5. Rüknü: İcâb ve kabuldür.

6. Hükmü: Karı ile kocanın birbirlerinden faydalanmalarının helal olması, mehrin vâcip olması ve hürmet-i müsâherenin sâbit olmasıdır.

7. Vasfı: Vâcib. sünnet ve mekruh olmak üzere üçtür.

Tevekân halinde, yani cimaya son derece şiddetli bir arzu duyulması hâlinde vâcibtir. Fakat bu durumda nefsini koruyabilen ve sabredebilen hakkında ihtilaf edilmiştir. Hanefî imamlara göre, nikahla meşgul olmak nâfile ibadetlerle meşgul olmaktan efdaldir. Şâfiî'ye göre, nikahı terkederek nafile ibadetle meşgul olmak daha iyidir. Delili: Nikah muâmelattandır. Bu muamelede mü'min ve kâfir müşterektir. Bu iş, onların her birinden sahih olur. Onun için nikah, ibadete mahsus kılınmamıştır. Bizzat ibadet olan bir fiille meşgul olmak daha fazletli ve evlâdır. Bazı âlimler buna şöyle cevap vermişlerdir: Bazı müslümanlar hanımlarını boşayıp ibadetle meşgul olmak istediklerinde Hz. Peygamber (a.s.):

تَنَاكَحُوا تَوَالَدُوا : "**Evleniniz ki çocuk sahibi olasınız**" kavl-i şerifleri ile onları bu işten men etmiştir.

Sözün kısası:

Bir kimse, şehevî arzularına karşı sabredebilir, nikaha kudreti olduğu halde evlenmezse, bu münakaşa konusunun dışında kalır. Bu hadis-i şerif, görünüşte Şâfiî'nin kavlini reddetmektedir. Fakat hakikatte reddetmiş olması uygun düşmemektedir. Zira bu hadisin, islâmın başlangıcında mümin ve müslümanların az olmasına binâen söylenmiş olması câizdir. Hadisin, tamamen nikahı terkten men etmek için söylenmiş olma ihtimali de vardır.

Nikah, kasten yararlanma mülkiyeti üzerine vârid olan bir akiddir. "Yararlanma mülkiyeti"nden maksat, erkeğin kadından yararlanmasıdır. Böyle demekle alış-veriş akdinden ihtiraz edildi. Zira alış-veriş, bir malın bizzat kendisine mâlik olmak için yapılan bir akittir. Nikah akdinden maksat icâb ve kabuldür. Bu akitte dört illet vardır: İllet-i fâiliyye: Evlenecek olan kadın ve erkek, illet-i maddiyye: icâb ve kabûl, illet-i sûrî: aradaki irtibat, illet-i ğâiyye: işitme.

Şiddetli cinsî arzu duyulduğu zaman, zina suçu işlemekten korkulduğu için nikah vâcib olur. Zulüm korkusu olduğu zaman mekruh olur. Zulümden maksat, zevciyyet haklarına riâyet edememektir. Normal hallerde nikah, sünnet-i müekkededir.

Nikah, icâb ve kabul ile mün'akid olur, yani gerçekleşir. Metinde geçen بِإِيجَابٍ deki " بَاء " mülâbeset içindir. بَنَيْتُ الْبَيْتَ بِالْحَجَرِ "Evi, taşla bina ettim" deki بَاء gibidir. كَتَبْتُ بِالْقَلَمِ : "Kalem ile yazdım" cümlesinde olduğu gibi istianet için değildir. Zira " بَاء "yı bu manaya alarak: "Nikah, icâb ve kabul yardımı ile gerçekleşen bir akittir" dersek, icâb ve kabul ve akdin bir cüzü olmaktan çıkar. " بَاء "yı mülâbeset mânâsına aldığımız zaman, icâb ve kabul, bu akitten ayrılmayan birer cüz olurlar.

Taraflardan hangisi önce konuşursa onun sözü icâb, sonraki söz kabûl olur. Bu iki lafızdan her biri mazi sigasıyle söylenir, veya biri mâzi diğeri müstakbel siga ile söylenir. Müstakbel sigaya "emir sigası" da dâhildir. Meselâ, kadının: "Beni zevce olarak al" demesi, erkeğin de: "Seni zevce olarak aldım" demesi gibi. Bu söz ile bir mecliste nikah gerçekleşir. Zira kadının "beni zevce olarak al" sözü, erkeğin vekaletine izindir. Erkeğin "seni zevce olarak aldım" sözü de, hükmen hem icâb hem kabuldür. Zira bir kimsenin nikahta, hem zevce hem de zevceye vekil olması câizdir. Zevc ve zevce o iki lafzın mânâsını bilmeseler de, yine bu iki lafızla nikah gerçekleşir.

Sahib'l-Hızâne ve Şeyhulislâm: "Bu iki lafzın mânâsını bilemeyen kimselerin nikahları mün'akid olmaz" demişlerdir.

Bir kimse bir kadına, farsça ibarelerle: "Kendini filan erkeğe zevceliğe verdin mi?" veya "kabul ettin mi?" dese, kadın da "verdim, kabul ettim, demesi gerektiği halde, fiillerin sonuna "m" getirmeden, "verdi" veya "kabul etti" dese, o nikah sahih olur. Bu, alış-verişe benzer. Meselâ, bir kimseye: "Sattın mı?" denilse, o da: "Sattı" dese, veya "satın aldın mı?" denilse, o da: "Satın aldı" dese sahih olur. En doğrusu "sattım" veya "satın aldım" demesi idi. Fakat böyle de sahih olur.

Erkek ve kadın, şahitler huzurunda: "Biz karı-kocayız" deseler, böyle demekle nikah kıyılmış olmaz. Zira önceden akid yapılmış olmadığı için yalan söylemiş oldular. Aynı şekilde: "Bu benim zevcemdir, bu benim kocamdır" deseler, yine nikah kıyılmış olmaz. Zira bu da, vaki olmamış bir şeyi haber vermektir. Ancak, bu sözleriyle nikah kıyılmasını murad ederlerse, o zaman nikah kıyılmış olur.

İcâb ve kabul ile olan akdin, nikâh ve tezvîc lafızlarıyle olması sahihtir. Alış-veriş, hibe, sadaka ve temlik gibi derhal bir malın kendisini mülk edindirmek için vaz edilen lafızlarla da nikah sahih olur. Bu akitte kullanılacak lafızlar için "nikah" "tezvic" kayıtlarının getirilmesi, vasiyyetten ihtiraz içindir. Buna göre, şahitlerin huzurunda bir erkek bir kadına: نَكَحْتُ مِنْكِ "Seni kendime nikahladım" dese, kadın da: قَبِلْتُ : "kabul ettim" dese, veya erkek : زَوَّجْتُكِ "Seni zevce yaptım" dese, kadın da: قَبِلْتُ "Kabul ettim" dese, veya kadın: بِعْتُ نَفْسِى مِنْكَ "Nefsimi sana sattım" dese, erkek de: قَبِلْتُ "kabul ettim" veya : اِشْتَرَيْتُ "satın aldım" dese, veya kadın : وَهَبْتُ نَفْسِى مِنْكَ "Nefsimi sana hibe ettim" dese, erkek de قَبِلْتُ : "Kabul ettim" dese, veya kadın تَصَدَّقْتُ بِنَفْسِى عَلَيْكَ "Nefsimi sana tasadduk ettim" dese, erkek de قَبِلْتُ : "Kabul ettim" dese nikah sahih olur.

İcâre, iâre, ibâha ve vasiyyet lafızlarıyle nikah sahih olmaz. Meselâ, kadın: اَجَرْتُكَ نَفْسِى : "Nefsimi sana kiraladım" dese, erkek de قَبِلْتُ : "Kabul ettim" veya اِسْتَأْجَرْتُ : "Ben de kiraladım" dese, veya kadın اَبَحْتُ نَفْسِى لَكَ : "Nefsimi sana mübah kıldım" dese, erkek de قَبِلْتُ : "Kabul ettim" dese, veya kadın اَعَرْتُكَ نَفْسِى : "Nefsimi sana iâre olarak verdim" dese, erkek de قَبِلْتُ : "Kabul ettim" dese, veya: "Ben öldükten sonra câriyemi sana vasiyet ettim" dese, erkek de: "Kabul ettim" dese, bu lafızlarla nikah sahih olmaz. Zira icâre, bir malın kendisine sâhip olmayı gerektirmez. Vasiyet ise, derhal olmayıp ölümden sonra mâlik olmayı gerektirir. Onun için bu lafızlarla nikah sahih olmaz.

Taraflardan her birinin, diğerinin kullandığı lafzı işitmesi şarttır. Zira birbirlerinin sözünü işitmeyince, tarafların razı olup olmadığı anlaşılmaz. o takdirde de nikah kıyılmış olmaz. Hazır olan kimselerin konuşmayıp da yazmaları ile nikah kıyılmış olmaz.

Nikahın sahih olması için bir diğer şart da, iki hür ve mükellef erkeğin, veya hür bir erkekle hür iki kadının bulunması, evlenecek kadın müslümansa şâhitlerin müslüman olması ve şahitlerin, tarafların kullandığı lafızları beraberce işitmeleridir. Eğer onların kullandıkları lafızları ayrı ayrı işitirlerse nikah sahih olmaz.

Şâhitler fâsık olsalar da şehadetleri câizdir. İmâm Şâfiî'ye göre, fâsıkların şehadetleri câiz değildir. Zira şehâdet kerâmet bâbındandır. Fâsık ise, kendi nefsinde hıyânete ehildir. Bizim delilimiz: Fâsık, kendi nefsinde velâyete ehildir. Zira kendisini, kölelerini ve câriyelerini **nikahlayabilmektedir**. Onun için, şehadete ehil olanlardan sayılır.

Şâhitlerin iffete iftiradan dolayı had cezasına çarptırılmış olmaları, veya her ikisinin de kör olması, veya tarafların oğulları olmaları, veya taraflardan birinin oğulları olmaları câizdir. Bunların huzurunda nikah kıyılabilir. Hepsi velâyete ehil oldukları için şehâdete de ehildirler.

Yakın olan, nikahlı olduklarını iddia ettiği zaman, oğullarının şehadeti ile nikah zâhir olmaz. Mesela, zevcin iki oğlunun huzurunda nikah kıyılsa, sonra zevce bunu kabul etmeyip, zevc nikahlı olduklarını iddia etse, oğullarının şehadeti kabul olmaz. Eğer aynı iddiayı kadın yaparsa, zevcin oğullarının şahitliği kabul olunur. Kadının iki oğlu huzurunda nikah kıyılsa ve kadın aynı iddiada bulunsa, erkek kabul etmese, kadının oğullarının şahitliği kabul edilmez. Bu durumda zevc iddiada bulunursa şehadetleri kabul olur.

Ebû Hanife ve Ebû Yusuf'a göre, bir müslümanın iki zimmî erkek huzurunda bir zimmî kadını nikahlaması sahih olur. İmâm Muhammed'e göre sahih olmaz. Aynı muhalefeti İmâm Züfer de yapmıştır. Zira nikah kıyılırken, tarafların icâb ve kabul sözlerini duymak, bu nikaha şahitlik yapmak demektir. Kâfirin ise müslüman üzerine bu konudaki şehadeti ittifakla câiz değildir. Sanki şâhitler, zevcin sözünü işitmemiş gibidirler. Halbuki tarafların sözünün işitmenin şart olduğu yukarıda belirtilmişti. Ebû Hanife ve Ebû Yusuf'un delili: "Nikahta şahitlik, zevceden yararlanma mülkiyetini isbat için şart kılınmıştır. Yoksa mehrin vâcip olması için şart kılınmamıştır. Bu takdirde, zimmî olan erkeklerin, zimmî kadın üzerine şâhitlikleri câizdir". Ancak bu evlilik zimmî kadın tarafından iddia edilirse, zikredilen zimmî erkeklerin şâhitlikleri ile nikah kıyılmış olmaz. Zira kâfirlerin müslümanlar aleyhine şâhitlikleri kabul edilmez, câiz değildir. Eğer aynı iddiayı müslüman olan zevc yaparsa, zimmîlerin şâhitlikleri câiz olur.

Bir kimse, küçük kızını evlendirmesi için bir adama emir verse, o da bir adamın huzurnda o kızı evlendirse, eğer aynı mecliste kızın babası da hazır bulunursa nikah sahih olur, babası bulunmazsa sahih olmaz. Aynı şekilde babası, bülûğa ermiş bir kızını bir adamın huzurunda evlendirse, eğer kızı hazır bulunursa nikah sahih olur, hazır bulunmazsa sahih olmaz. Kız hazır bulunduğu zaman sanki kendisi hükmen taraflardan biri, babası ile öbür adam da şahit olmuş olur.

1. KISIM

بَابُ الْمُحَرَّمَاتِ

يَحْرُمُ عَلَى الرَّجُلِ أُمُّهُ وَجَدَّتُهُ وَإِنْ عَلَتْ وَبِنْتُهُ وَبِنْتُ وَلَدِهِ وَإِنْ سَفَلَتْ وَأُخْتُهُ وَبِنْتُهَا وَبِنْتُ أَخِيهِ وَإِنْ سَفَلَتَا وَعَمَّتُهُ وَخَالَتُهُ وَأُمُّ امْرَأَتِهِ مُطْلَقاً وَبِنْتُ امْرَأَةٍ دَخَلَ بِهَا وَامْرَأَةُ أَبِيهِ وَإِنْ عَلَا وَابْنِهِ وَإِنْ سَفَلَ وَالْكُلُّ رَضَاعاً وَالْجَمْعُ بَيْنَ الْأُخْتَيْنِ نِكَاحاً وَلَوْ فِى عِدَّةٍ مِنْ بَايِنٍ أَوْ رِجْعِىٍّ أَوْ وَطْأً بِمِلْكِ يَمِينٍ. فَلَوْ أُخْتَ اَمَتِهِ الَّتِى وَطَأَهَا لَا يَطَأُ وَاحِدَةً مِنْهُمَا حَتَّى تَحْرُمَ الْأُخْرَى. وَلَوْ تَزَوَّجَ أُخْتَيْنِ فِى عَقْدَيْنِ وَلَمْ تُعْلَمِ الْأُولَى فُرِّقَ بَيْنَهُ وَبَيْنَهُمَا وَلَهُمَا نِصْفُ الْمَهْرِ. وَالْجَمْعُ بَيْنَ امْرَأَتَيْنِ لَوْ فُرِضَتْ اِحْدَيْهُمَا ذَكَراً تَحْرُمُ عَلَى الْأُخْرَى. بِخِلَافِ الْجَمْعِ بَيْنَ مَرْأَةٍ وَبِنْتِ زَوْجِهَا لَا مِنْهَا. وَالزِّنَا يُوجِبُ حُرْمَةَ الْمُصَاهَرَةِ. وَكَذَا الْمَسُّ بِشَهْوَةٍ مِنْ أَحَدِ الْجَانِبَيْنِ وَنَظَرُهُ إِلَى فَرْجِهَا الدَّاخِلِ وَنَظَرُهَا إِلَى ذَكَرِهِ بِشَهْوَةٍ. وَمَا دُونَ تِسْعِ سِنِينَ غَيْرُ مُشْتَهَاةٍ وَبِهِ يُفْتَى. وَلَوْ أَنْزَلَ مَعَ الْمَسِّ لَا تَثْبُتُ الْحُرْمَةُ هُوَ الصَّحِيحُ. وَصَحَّ نِكَاحُ الْكِتَابِيَّةِ وَالصَّابِئِيَّةِ الْمُؤْمِنَةِ بِنَبِىٍّ الْمُقِرَّةِ بِكِتَابٍ لَا عَابِدَةِ كَوْكَبٍ. وَصَحَّ نِكَاحُ الْمُحْرِمِ وَالْمُحْرِمَةِ وَالْاَمَةِ الْمُسْلِمَةِ وَالْكِتَابِيَّةِ وَلَوْ مَعَ طَوْلِ الْحُرَّةِ وَالْحُرَّةِ عَلَى الْاَمَةِ. وَأَرْبَعٌ فَقَطْ لِلْحُرِّ مِنْ حَرَائِرَ وَاِمَاءٍ وَلِلْعَبْدِ ثِنْتَانِ وَحُبْلَى مِنْ زِنًى خِلَافاً لِأَبِى يُوسُفَ. وَلَا تُوطَأُ حَتَّى تَضَعَ وَمَوْطُوئَةَ سَيِّدِهَا أَوْ زَانٍ. وَلَوْ تَزَوَّجَ امْرَأَتَيْنِ بِعَقْدٍ وَاحِدٍ وَاِحْدَايهُمَا مُحَرَّمَةً صَحَّ نِكَاحُ الْأُخْرَى. وَالْمُسَمَّى كُلُّهُ لَهَا

وَعِنْدَهُمَا يُقْسَمُ عَلَى مَهْرِ مِثْلِهِمَا. وَلاٰ يَصِحُّ تَزَوُّجُ أَمَتِهِ وَسَيِّدَتِهِ أَوْ مَجُوسِيَّةٍ أَوْ وَثَنِيَّةٍ. وَلاٰ خَامِسَةٍ فِى عِدَّةٍ رَابِعَةٍ أَبَانَهَا. وَلاٰ نِكَاحُ أَمَةٍ عَلَى حُرَّةٍ أَوْ فِى عِدَّتِهَا خِلاٰفاً لَهُمَا فِيمَا إِذَا كَانَتْ عِدَّةَ الْبَائِنِ. وَلاٰ حَامِلٍ مِنْ سَبْىٍ أَوْ حَامِلٍ ثَبَتَ نَسَبُ حَمْلِهَا وَلَوْ مِنْ سَيِّدِهَا. وَلاٰ نِكَاحُ الْمُتْعَةِ وَالْمُوَقَّتِ.

NİKAHI HARAM OLANLAR

Erkeğe annesi ve ne kadar yukarı çıkarsa çıksın, nineleri haramdır. Kızı ve ne kadar aşağı inerse insin, çocuklarının kızları haramdır. Kız kardeşi ve ne kadar aşağı inerse insin, kızkardeşinin ve erkek kardeşinin kızları haramdır. Halası, teyzesi, mutlak olarak hanımının annesi,. karının kızı, her ne kadar yukarı çıkarsa çıksın babasının karısı, her ne kadar aşağı inerse insin oğlunun karısı haramdır.

Bunların hepsi, süt emme bakımından da haramdır.

Bâin veya ric'î talak iddeti içinde de olsa, iki kız kardeşi birden nikahlamak haramdır, veya nikahla değil de, milk-i yemin ile cimâ etmek suretiyle iki kız kardeşi bir nikah altında cem etmek haramdır. Onun için bir kimse, kendisiyle cimâ ettiği câriyesinin kızkardeşini nikahlarsa, diğeri kendisine haram olmadıkça onlardan biriyle cimâ edemez.

Bir kimse, birincisi bilinmeden iki nikahi kıyarak iki kız kardeşle evlense, o adamla kız kardeşlerin arası ayrılır ve kızkardeşlere mehrin yarısı verilir.

İkisinden biri erkek farzedildiği takdirde biri diğerine haram olan iki kadını bir nikahı altında toplamak da haramdır. Bir kadın ile kocasının ondan olmayan kızını bir nikah altında toplamak buna benzemez.

Zina, akrabalık haramlığını icabettirir. İki taraftan birinin şehvetle dokunması, erkeğin kadının iç fercine ve kadının da erkeğin zekerine şehvetle bakması aynı şekilde akrabalık haramlığını icabettirir. Dokuz yaşından küçük kızlar, erkeklik hissini tahrik edici değildir. Fetva da bununla verilir. Dokunmakla inzal vaki olsa haramlık sâbit olmaz. Sahih olan da budur.

Kitâbî bir kadının ve yıldızlara tapmayan, bir kitabı kabul eden ve bir peygambere inanan sâbiî bir kadının nikahı sahihtir. İhramlı bir erkeğin ve ihramlı bir kadının nikahı sahihtir. Hür bir kadını nikahlama imkanı olsa dahi, müslüman bir câriyeyi ve kitâbî bir kadını ve câriye üzerine hür bir kadını nikahlamak sahihtir.

Hür bir erkeğin hür kadınlardan ve câriyelerden sadece dördünü, kölenin ise ikisini nikahlaması sahihtir. Zinadan hamile kalan kadını nikahlamak da sahihtir. Ebû Yusuf buna muhalefet eder. Çocuğunu doğurmadıkça onunla cimâ yapılmaz. Cinsî yakınlıkta bulunduğu câriyesini, efendisinin nikahlaması, veya zina edenin zina ettiği kadını nikahlaması sahihtir.

Bir kimse, birisi mahremi olduğu halde, bir akitle iki kadını nikahlarsa diğerinin nikahı sahih olur. Konuşulan mehrin tamamı, nikahı sahih olan kadınındır. İmâmeyn'e göre, ikisinin mehr-i misli üzerine taksim edilir.

Bir kimsenin, kendi câriyesini nikahlaması, veya kölenin kendi hanımefendisini nikahlaması, veya bir mecûsî kadını, veya bir putpereset kadını, veya bâin talakla boşadığı dördüncü karısı iddetini beklerken beşinciyi nikahlamak sahih olmaz. Câriyenin, hür bir kadın üzerine veya iddet beklemekte olan hür bir kadın üzerine nikahlanması sahih değildir. İmâmeyn, bâin talakla boşanan kadının iddeti konusunda buna muhalefet ederler.

Esir alınan hâmile kadının veya, velevki efendisinden olsun, hamlinin nesebi sâbit olan kadının nikahı sahih değildir.

Mut'a nikahı ve muvakkat nikah sahih değildir.

İZAHI

Bu bölüm, kendileri ile cinsî münasebette bulunmanın haram olduğu kişilerin beyanına dâirdir.

Nikahı haram olanlar onbir kısımdır.

1. Karabet (yakınlık) cihetiyle haram olanlar. Bunlar yedi sınıftır.

a. Analar,

b. Kızlar,

c. Kızkardeşler,

d. Halalar,

e. Teyzeler,

f. Erkek kardeşlerin kızları,

g. Kız kardeşlerin kızları.

2. Sıhriyyet ciheytiyle haram olanlar. Bunlar da dört sınıftır.

a. Zevcenin annesi,

b. Zevcenin kızı,

c. Babasının zevcesi,

d. Oğlunun zevcesi

3. Emişme cihetiyle haram olanlar.

4. Gerek nikahla, gerek cima yoluyla iki kız kardeşi bir arada bulundurmak. Biri erkek farzedildiği takdirde, diğerini nikahlamak kendisine haram olan iki kadını bir arada bulundurmak da haramdır.

5. Musâhere cihetiyle haram olanlar. Musâhere cihetiyle haram olanlardan muradımız şudur: Karısının kızı kocası üzerine haramdır. Kocanın oğlu ve babası da karısına haramdır. Zina, dokunma ve şehvetle bakmak ile de, müsâhere cihetiyle olan hurmet sâbit olur.

6. Mülk ile nikahı bir arada bulundurmak. Efendinin câriyesini, hanımefendinin kölesini nikah etmesi haramdır.

7. Kâfir bir kadınla bir mecûsî kadını veya putperest kadını bir arada bulundurmak.

8. Takdim etmek. Meselâ, câriyeyi hür bir kadın üzerine takdim etmek, veya ikisini bir arada bulundurmak. Bunların birisi câiz değildir. Hür kadın iddet beklerken de câriyenin nikahı sahih olmaz.

9. Şeriatın takdir ettiğinden fazlasını almak. Mesela, kölenin ikiden çok, hür bir kimsenin dörtten çok kadın alması.

10. Başkasının zevcesini nikahlamak.

11. Nikahlıyken hamile kalan kadını nikahlamak.

Bunların hepsi haramdır.

Erkeğe annesi ve her ne kadar yukarı çıkarsa çıksın nineleri haramdır. Allah Teâlâ'nın حُرِّمَتْ عَلَيْكُمْ أُمَّهَاتُكُمْ "**Analarınız size haram kılındı**"[(3)] âyet-i kerimesi buna yeterli bir delildir. Nine, ister baba tarafında, ister anne

---

(3) en-Nisâ, 4/23.

tarafından olsun birdir. Ninenin nikahının haram olması da nass ile sâbittir. Nass ile sâbit olduğunu kabul etmeyenlere göre icmâ ile veya nassın delâletiyle, veya umâmî mecaz ile sâbittir. "Ümm" lügatte asıl mânâsınadır. Bint (kız) ise fer'dir. Ümmü'l-kitâb kitabın aslı, ümmü'l-kurâ beldelerin aslı demektir.

Erkeğe kızı ve ne kadar aşağı inerse insin, oğullarının kızları; kendi kız kardeşi ve ne kadar aşağı inerse insin, kız ve erkek kardeşlerinin kızları; halası ve teyzesi; gerek cinsî münâsebette bulunmuş gerek bulunmamış olsun, mutlak olarak karısının annesi haramdır. Zira kızlarla nikahlanmanın, onların anneleriyle nikahlanmayı haram kıldığı kati olarak açıktır.

Erkeğe, kendisiyle cinsî münasebette bulunduğu karısının kızı da haramdır. Fakat dühûl vaki olmadıysa haram değildir. Dühûl vaki olmadığı takdirde, boşama veya ölüm nedeniyle ayrılma durumu ortaya çıktığı zaman kızı almak haram olmaz.

Erkeğe, ne kadar yukarı çıkarsa çıksın, babasının karısı; ne kadar aşağı inerse insin oğlunun karısı haramdır. Babaların karıları hakkında

وَلَا تَنْكِحُوا مَا نَكَحَ آبَاؤُكُمْ : "**Babalarınızın nikahladığı kadınları kendinize nikâhlamayın**"(⁽⁴⁾) âyeti, oğulların karıları hakkında da وَحَلَائِلُ أَبْنَائِكُمُ الَّذِينَ مِنْ أَصْلَابِكُمْ : "**Öz oğullarınızın zevceleri ile evlenmeniz... haramdır**"(⁽⁵⁾) âyeti buna delildir.

Nikahlanmalarının haram olduğu anlatılan bu kişilerin hepsi, emişme cihetinden de haramdır. Bu haramlık Allah Teâlâ'nın,

وَأُمَّهَاتُكُمُ اللَّاتِي أَرْضَعْنَكُمْ وَأَخَوَاتُكُمْ مِنَ الرَّضَاعَةِ

"**Süt analarınız ve süt kızkardeşleriniz size haram kılındı**"(⁽⁶⁾) âyeti ve Hz. Peygamber (a.s.) Efendimiz'in " وَيَحْرُمُ مِنَ الرَّضَاعِ مَا يَحْرُمُ مِنَ النَّسَبِ **Neseb cihetinden haram olanlar emişmeden dolayı da haram olur**"(⁽⁷⁾) hadisi ile sâbit olmuştur.

Gerek neseb cihetinden, gerekse süt emme yoluyla olsun iki kız kardeşi, bâin veya ric'î talakın iddetini beklerken de olsa bir nikah altında toplamak haramdır. Allah Teâlâ'nın وَأَنْ تَجْمَعُوا بَيْنَ الْأُخْتَيْنِ : "**İki kız kardeşi birlikte**

---

(4) en-Nisâ, 4/22.
(5) en-Nisâ, 4/23.
(6) en-Nisâ, 4/23.
(7) Buhari, Nikah 20, 27, 117; Müslim, Rada 12.

nikahlamanız da haramdır" (8) âyeti ve Hz. Peygamber (a.s.)'in
": مَنْ كَانَ يُؤْمِنُ بِاللّٰهِ وَالْيَوْمِ الْاٰخِرِ فَلاَ يَجْمَعَنَّ مَاءَهُ فِى رَحْمِ اُخْتَيْنِ" **"Allah'a ve ahiret gününe inanan suyunu iki kız kardeşin rahminde toplamasın"** hadisi buna kat'î delildir. İcma-i ümmet dahi, bunun haram olması üzerinedir. Birisi iddet beklerken diğerinin nikahlanmasının haram olmasının sebebi ilk nikâhın bazı hükümleridir. Bu hükümler ise nafaka, evden çıkmaktan men edilmesi ve iddetin devam etmesidir. Nikah ile ilgili haklardan biri bulununca nikah aynen bulunmuş olur. Ric'i talakta cinsî münasebetin helal olacağı açıktır.

Câriye olan iki kız kardeşle cinsî münâsebette bulunmak suretiyle ikisini bir araya getirmek de haramdır. Fakat münasebette bulunmadan ikisini bir araya getirmek haram olmaz.

Bir kimse, kendisiyle cimâ ettiği câriyesinin kızkardeşini nikahlarsa, birini kendine haram etmedikçe öbürüyle cinsî münasebette bulunamaz. Birisini satmak, veya bir başkasına nikah etmek, veya bir kimseye hibe etmek suretiyle elinden çıkarmadıkça diğeriyle cimâ etmesi helal olmaz.

Bir kimse, iki kızkardeşle iki ayrı akitle evlense, hangisiyle daha evvel nikah akdi yapıldığı bilinmese, o kimse ile iki kızkardeşin arası ayrılır, ikisi için mehrin yarısının verilmesi lâzım gelir. Zira ikisinden birinin nikahı bâtıldır. Fakat hangisinin daha evvel nikahlandığı bilinmediği için, mehrin kime verileceğini tayin etmenin yolu da yoktur. Bu durumda, hangisinin tercih edileceği bilinmeden tercihte bulunmak câiz olmaz. Hangisine mehir verileceğini bilme imkanı olmadığı gibi, hangisine verilmeyeceğini söylemeye de imkan yoktur. Önce olan bilinmediği için, herhangi birini mehirden yararlandırma imkanı olmaz. O kişinin, onlardan birinden faydalanması câiz değildir. Böylece iki kızkardeş muallakta kalmış olurlar. Yani ne kocaları olur, ne de boşanmış olurlar. Böyle olunca ikisi de zarar görür. Onun için ayrılırlar ve ikisine yarım mehir verilir. Zira sonraki nikah bâtıldır, mehri gerektirmez. Önceki sahihtir, mehri gerektirir. Fakat dühulden evvel ayrılık vuku bulduğu için, yarım mehir ikisi arasında bölüştürülür.

İki kadından biri erkek farzedildiği takdirde diğeriyle evlenme haram oluyorsa, bu iki kadını da bir nikah altına almak haramdır. Meselâ, bir hala ile onun kardeşinin kızını, teyze ile teyzenin kızkardeşinin kızını bir nikah altında toplamak haramdır. Zira bunlardan birisi erkek farzedilse diğeri ile nika-

---
(8) en-Nisâ, 4/23.

hı câiz olmamaktadır. Fakat bir kadınla onu veya kızını bir nikah altında toplamak buna benzemez. O câizdir. Meselâ, bir kimse bir kadını nikahlasa ve kendisinin de başka bir kadından kızı olsa, o kimsenin ölümünden sonra, veya eşini boşamasından sonra, bir başka kimsenin o kadını ve adamın önceki karısından olan kızını bir nikah altında toplaması câizdir.

    Zina, akrabalık haramlığını gerektirir. İmâm Şâfiî'ye göre, gerektirmez. Zira müsâhere (akrabalık) bir nimettir. Yabancıları dahi mahremler arasına katar. Nimet olan şeylere haram yolla nâil olunmaz. Zina bir sebep, haramlık ise bir hükümdür. İkisi arasında vâcib olan bir münâsebet yoktur. Onun için, zina yoluyla doğan çocukla akrabalık haramlığı sâbit olmaz. Hanefilerin delili ise cinsî münâsebet, doğan çocuk vasıtasıyla, anne ve babadan bir cüz'ün meydana gelmesine sebep olmuştur. Zira çocuk, cimâ yapan ve yapılana nisbet edilir. Kadının usûl ve füruu erkeğin usul ve füruu gibidir. Buna göre, erkeğin kendi cüz'ünden faydalanması haram olur. Bu haramlığa sebep çocuktur. Çocuğa sebep de cinsî münâsebettir. Bu takdirde, akrabalık haramlığına sebep çocuğun kendisi olur, yoksa zina sebep olmuş olmaz. Fakat, cinsî yakınlık olan zina, çocuk yerine geçmiştir. Namazların kısaltılmasında, seferin meşakkat yerine geçmesi gibi. Kaide şudur ki: Bir şey diğerinin yerine geçse, o şey kendi sıfatı ile ifade edilmeyip, yerine geçtiği şeyin sıfatıyle ifade edilir. Teyemmümde toprak gibi. Gerçekte toprak temizleyici değildir. Lâkin suyun yerine geçmekle, suda olan temizleyicilik sıfatı ile sıfatlanmış olur. İmâm Şâfiî'nin tutunduğu اَلْحَرَامُ لَا يُحَرِّمُ الْحَلَالَ : **"Haram, helali haram kılmaz"** hadisi sahih değildir. Sahih olduğu takdirde, zahiri ile amel edilmez. Delil olarak kullanılmaz. Zira haram, helali haram eder. Görmez misin ki, bir damla şarap az bir suyun içine düşse hepsi haram olur. Ama Atâ'dan rivayet edilen bir hadis: **"Zina yoluyla yapılan cimâ, helal olan nikah akdini haram kılmaz"** mânâsına hamledilir. Yani önce zina etmiş olsa, daha sonra nikahlasa, bu zina, helal olan nikahı haram kılmaz demektir. Yoksa, başka mânâ ihtimali uzaktır.

    İki taraftan birinin şehvetle diğerine dokunması da akrabalık hürmetini gerektirir. Zira Nebî (a.s.)'nin مَنْ مَسَّ امْرَأَةً بِشَهْوَةٍ حَرُمَتْ عَلَيْهِ أُمُّهَا وَبِنْتُهَا : **"Kim bir kadına şehvetle dokunursa, o kadının annesi ve kızı kendisine haram olur"** hadisi, akrabalık hürmetine kat'î delildir. Fakat İmâm Şâfiî bu görüşü kabul etmez.

    Bir erkeğin kadının iç tenasül uzvuna, kadının da erkeğin zekerine şehvetle bakması akrabalık hürmetini gerektirir. Şâfiî der ki: Bakmak ve dokunmakta dühûl mânâsı yoktur. Onun içindir ki, bu durumlarda orucun ve ihramın bozulması, guslün vâcip olması gerekmez. Aynı şekilde akrabalık hürmeti de gerekmez. Bizim delilimiz: Dokunmak ve bakmak cimâya sebeptir. İmdi, ihtiyatlı davranarak sebebi müsebbeb (sonuç) yerine koyarız. Hz. Peygamber (a.s.)'in, nikahın haramlığı konusunda son derece titiz davranmasından dolayı, şüpheli durumlar hakikat makamına getirilir. Oruç ve ihramın bozulması, guslün vâcib olması nikahın haramlığına benzemez. Nikah konusunda sebepler, yani cimâya sebep olan şeyler cimâ makamına konulur.

Dokuz yaşından küçük olan çocuk şehvet celbedici değildir. Fetva da buna göre verilir. Bu takdirde, böyle bir kıza dokunmak ve bakmakla akrabalık hürmeti icap etmez. Fakat yaşlı kadın buna benzemez. Zira gönül eğlendirip aşk ve mahabbete griftar olma ihtimali vardır. Bu ihtimalden dolayı akrabalık hürmeti sâbit olur.

Dokunmakla beraber inzal vaki olsa, sahih olan kavle göre, bununla haramlık sâbit olmaz. Şemsü'l-eimme es-Serahsî ve Fahru'l-islâm'ın seçtikleri görüş de budur. Zira inzal ile beraber olan dokunma cimaya götürmez. Haram olan dokunma, cimâya götüren dokunmadır. İnâye Sahibi der ki: "Şehvetle dokunup inzal vaki olursa haramlığı gerektirmez" dedikleri şudur ki, önce dokunup boşalma vaki olunca hürmet sâbit olmaz. Eğer inzal olmazsa, haramlık sâbit olur. Yani haramlık, inzalin önce vaki olup olmamasına bağlıdır".

Ehl-i Kitab'tan olan kadının nikahlanması sahihtir. Allah Teâlâ'nın **"Sizden önce** وَالْمُحْصَنَاتُ مِنَ الَّذِينَ أُوتُوا الْكِتَابَ مِنْ قَبْلِكُمْ إِذَا اٰتَيْتُمُوهُنَّ أُجُورَهُنَّ : **kendilerine kitap verilenlerden (Hristiyan ve Yahudiler'den) hür ve iffetli kadınları, mehirlerini verip nikahlayınca, onlar size helaldir"**[(9)¹] âyetinin delâleti ile nikahı câiz olur.

Bir peygambere inanan, bir kitabı kabul eden Sâbiî bir kadının nikahı da sahihtir. İmâm A'zam'a göre, sâbiîler ehl-i kitaptır. Ancak, bizim kıbleye tazim ettiğimiz gibi yıldızlara tazim ederler. İmâmeyn'e göre sâbiîler, yıldızlara tapanlardır. Onun için ehl-i kitâp değildirler. Yıldızlara ibadet edenlerin nikahları sahih değildir.

İhramda bulunan erkek ile ihramda bulunan kadının nikahı sahihtir. Zira Nebî (a.s.) ihramlı iken Meymûne'yi nikahlamıştır.

---

(9) el-Mâide, 5/5.

Hür bir kadını nikahlamaya kudreti olsa, yani meh:. ve sadakasını temin edebilse dahi, müslüman bir câriye ile ve ehl-i kitap olan bir câriye ile evlenmek sahihtir. İmâm Şâfiî'ye göre, hür olan bir kimsenin böyle yapması câiz değildir. Câriyelerin nikahı zaruretten dolayıdır. Zira çocuk anneye tâbidir. Zaruret olmadıkça hürrü köleye karıştırmak câiz değildir. Bize göre câizdir. Zira Allah Teâlâ'nın فَانْكِحُوا مَا طَابَ لَكُمْ مِنَ النِّسَاءِ : **"Size helal olan diğer kadınlardan nikah edin"** (10) âyet-i kerimesi mutlaktır.

Hür bir kadının câriye üzerine nikahı sahih olur. Hz. Peygamber (a.s.) Efendimiz'in تُنْكَحُ الْحُرَّةُ عَلَى الْأَمَةِ : **"Hür bir kadın, nikahla câriye üzerine alınır"** hadis-i şerifi buna yeterli bir delildir.

Hür bir erkeğin, hür kadınlardan ve câriyelerden ancak dördünü nikah etmesi sahihtir. Dörtten fazlası sahih değildir. Allah Teâlâ'nın:

$$فَانْكِحُوا مَا طَابَ لَكُمْ مِنَ النِّسَاءِ مَثْنَى وَثُلَاثَ وَرُبَاعَ$$

"Size helal olan diğer kadınlardan ikişer ikişer, üçer üçer, dörder dörder nikah edin" (11)' âyeti, bu sayının en fazla dört olabileceğine dâir bir nasstır. Ziyadesi yasak edilmiştir. Kölenin ancak iki kadını nikahlaması sahih olur. İmâm Mâlik der ki: "Hürler gibi, kölelerin de dört kadını nikahlaması câizdir. Nikahlanma konusunda köle hür gibidir. Hatta, boşamaya izinsiz yetkili olduğu gibi, efendisinin izni olmadan nikah da yapabilir". Bizim delilimiz şudur: O, kölelikle vasıflandırılmıştır. Hürlüğün şerefli bir vasıf olduğunu göstermek için, köle ikiden fazla kadınla evlenemez.

Ebû Hanife ve İmâm Muhammed'e göre, zinadan hamile kalan kadını nikahlamak sahihtir. Zira, kadını nikahlamak mutlak olarak sahihtir. Nikahla hâmile kaldığında cinsî münâsebetin haram olması, meni sahibine hürmet ve tarlayı başkasının suyu ile sulamaktan korumak içindir. Zina ise, bu hürmete lâyık değildir. Öyle olduğu için, zinadan hâmile kalan kadının nikahı sahihtir. Ebû Yusuf buna muhalefet eder. Ona göre, hâmileyi nikahlamanın haram olması, hamileliğe hürmet içindir. Bunda ise nikahtan ve zinadan olan hâmilelik arasında bir fark yoktur. Zinadan olan hâmileliğe de hürmet gerekir. Zira burada çocuğun bir kusuru yok ki cinâyete müstehak olsun. Onun içindir ki düşürülmesi de câiz olmaz. Böyle olunca nikahı. da sahih olur.

---

(10) en-Nisâ, 4/3.
(11) Aynı âyet.

NİKÂH

Zinadan hâmile kalan kadın nikah edildiğinde, çocuğunu doğurmadıkça kendisiyle cimâ yapılmaz. Nebî (a.s.)'nin

مَنْ كَانَ يُؤْمِنُ بِاللَّهِ وَالْيَوْمِ الْآخِرِ فَلاَ يُسْقِيَنَّ مَاءَهُ زَرْعَ غَيْرِهِ

"Allah'a ve âhiret gününe inanan kişi, suyu ile asla başkasının tarlasını sulamasın" hadis-i şerifi, böyle bir kadınla cimâ yapılamayacağına yeterli bir delildir.

Efendinin, kendisiyle cinsî münasebette bulunduğu câriyesini başkası ile nikahlaması sahihtir. Zira câriyenin döşeği zayıftır. Hatta câriye bir çocuk doğursa, "çocuk benimdir" diye iddia edilmeyince nesebi sâbit olmaz. Fakat efendinin, câriyenin kendisinden hâmile kalmış olabileceği ihtimalini göz önünde bulundurarak suyunu koruması ve doğurmadan onu evlendirmemesi müstehaptır.

Bir kimsenin, zina yaptığı kadını nikahlaması sahihtir. Hamile kalıp kalmadığı belli olmadan onunla cimâ yapması câizdir.

Bir kimse, birisi mahremi olduğu halde iki kadını bir akitle nikahlasa, mahrem olanın nikahı bâtıl olduğu için mahrem olmayanın nikahı sahih olur. Ebû Hanife'ye göre, mehrin tamamı nikâhı sahih olan kadınındır. İmâmeyn'e göre mehir, ikisinin mehr-i misli üzerine taksim edilir.

Bir kimsenin, kendi câriyesini, veya kölenin hanımefendisini nikahlaması sahih olmaz. Zira nikah, iki taraf arasında ortak olan bazı menfaatler için meşru kılınmıştır. Meselâ, kocanın karısı üzerinde bazı hakları vardır ki bunlar, kocanın karısına mâlik olmasını gerektirir. Bu haklar: Onunla cinsî münâsebette bulunabilmek, evden dışarı çıkmasına mâni olmak, nâmahreme görünmesine ve buna benzer diğer şeylere engel olmak gibi haklardır. Aynı şekilde, zevcenin de kocası üzerinde bazı hakları vardır ki bu haklar da onun kocasına mâlik olmasını gerektirir. Bu haklar: Nafakasını, oturacağı yeri ve giyeceğini istemesi; azil yapmasına mâni olması ve diğer dinî ihtiyaçlarını temin etmesi gibi haklardır. Buna göre, zevc ve zevce kendi aralarında hem mâlik, hem de memlûk olurlar. Hal böyle olunca, kölelik ve efendilik durumu ile köle ve câriyelerin kendi efendileriyle evlenmeleri arasında bir zıtlık hasıl olur. Zira bir şeye mâlik olmak üstünlüğü, aksi ise ezilmiş olmayı gerektirir. Aralarında zıtlık bulunduğu için bunların nikahı sahih değildir. Zira köle, hanımefendisinin emri altındadır. Köle olduğu için efendisine üstün olması mümkün değildir. Câriye de bunun gibidir.

Mecûsî veya putperest olan bir kadını nikahlamak sahih değildir. Nikah konusunda mecûsî kadının hükmü, putperest kadının hükmü gibidir. وَلَا تَنْكِحُوا الْمُشْرِكَاتِ حَتَّى يُؤْمِنَّ : **"Allah'a ortak koşan (kâfir) kadınlarla, onlar iman etmedikçe evlenmeyin"** (12) âyet-i kerimesi bunların nikahının câiz olmadığına delildir. Putperest, puta tapan kimseye denir. Âyetin hükmü ise umûmîdir. Bütün müşrikleri içine alır. Bazı kimseler, her ikisi de put mânâsına gelen "sanem" ile "vesen"i birbirinden ayırmışlardır. Ağaç, altın ve gümüşten yapılana sanem, taştan yapılana vesen denir demişlerdir.

Bâin talakla boşadığı dördüncü hanımı iddet beklerken beşinciyi nikahlamak sahih olmaz. Meselâ, bir kimsenin dört karısı olup birini bâin talakla boşasa, iddet beklediği sürece beşinciyi nikahlaması sahih değildir. Zira iddet bitmeden beşinciyi nikah etse beş kadınla evlenmiş olur. Bir kimse karısını boşasa, iddeti içindeyken o kadının kızkardeşini nikahlaması câiz olmaz. Ric'î talak ile olursa, ittifakla câiz değildir.

Câriyenin, hür bir kadın üzerine nikahı sahih değildir. Hz. Peygamber (a.s.) Efendimiz'in لَا تُنْكَحُ الْأَمَةُ عَلَى الْحُرَّةِ : **"Câriye, hür olan kadın üzerine nikah edilmez"** hadisi böyle bir nikahın Sahih olmadığına delildir. Hür kadın iddet beklerken böyle bir nikahın sahih olmamasına sebep, nikahın bazı hükümleri bâkî olduğu için, bir bakıma nikahın da baki kalmış olmasıdır. Eğer söz konusu olan iddet bâin talaktaki iddet ise İmâmeyn muhalefet ederler. Onlara göre, bu iddette nikah sahih olur. Zira bâin talakta, hür kadının nikahtan bir şeyi kalmamıştır ve kocasına haramdır. Onun için bir kimse, o hür kadın üzerine evlenmemeye yemin etse, fakat bâin talakla iddetini beklerken bir başkası ile evlense, yeminini bozmuş olmaz. Fakat ric'î talakla boşama halinde, hür kadın iddetini beklerken onun üzerine câriyenin nikahlanması ittifakla câiz değildir.

Hamile iken esir alınmış kadının, çocuğunu doğuruncaya kadar nikahı sahih değildir. Zira nesebi, kocasından sâbittir. İmdi, onun suyu haramdır. Ondan korunmak gerekir. Ebû Hanife, böyle bir kadının nikahlanmasını câiz görür, lakin kendisiyle cimâ edilmesine cevaz vermez.

İsterse efendisinden hâmile kalsın, çocuğunun nesebi sâbit olan hâmile bir kadını nikahlamak sahih değildir. Zira efendisi, çocuğun kendinden olduğunu iddia etse, sonra da cariyesi hâmile olduğu halde onu başkasına nikah etse bâtıldır. Çünkü, efendisinin döşeği henüz bâkidir. Bu durumda yapılan nikah sahih olsa, iki döşeğin bir araya gelmesi gerekir. Bu ise sahih olmaz.

---

(12) el-Bakara, 2/221.

Bilindiği gibi, döşek üç nevidir:

a. Kuvvetli döşek. Bu nikahlı kadının döşeğidir. İkrar etmeden çocuğun nesebi sâbit olur. Lian dışında herhangi bir yolla, çocuğun nesebi kaldırılmaz.

b. Orta döşek. Bu, ümmü veledin döşeğidir. Çocuğun nesebi ikrarsız sâbit olur. Lian yapılmadan, "çocuk benim değildir" demekle, çocuğun nesebi kalkar.

c. Zayıf döşek. Bu, câriyenin döşeğidir. Bir iddiada bulunulmadan çocuğun nesebi sâbit olmaz.

Müt'a nikahı sahih değildir. Müt'a nikahı şudur: Bir kimsenin bir kadına: "Şu kadar mala karşılık, şu kadar müddet senden faydalanayım", "senden bir kaç gün faydalanmam için şu on lirayı al" veya "beni şu kadar gün veya on gün kendinden faydalandır" demesi, veya gün zikretmeden faydalanmayı istemesi ve iki tarafın razı olmasıyle fayda temin etmeleridir.

Müt'a nikahı bize göre bâtıldır. Rabî b. Sebratü'l-Cühenî'den rivayet edilmiştir: "Nebî (a.s.), fetih yılında müt'a nikahını üç güne kadar helal etmişti. Hatta ben ve amcam bir kadının kapısına vardık. Üzerimizde hırkalarımız vardı. Fakat amcamın hırkası benim hırkamdan iyice idi. Kadın içerden çıkarak ikimize de baktı. Dedi ki: "Bunun hırkası gibi hırka var mıdır?" Sonra, genç olduğu için beni seçerek: "Bunun gibi yiğit var mıdır?" dedi. Sabah olduğunda duydum ki, bazı kimseler nidâ ederek: "Allah ve Rasûlü, sizi müt'a nikahından men ve nehyetmişlerdir" diye halka tenbihte bulunuyorlar. Ondan sonra sahabe-i kirâm, müt'a nikahının Hz. Peygamber (a.s.)'in hayatında neshedildiğine icmâ etmiştir. Müt'a nikahı hadisle neshedilmiştir. İcma-i ümmet ise bu neshin zuhur yeri olmuştur. Zira kitap ve sünnet icmâ ile neshedilmez. Sahih olan mezheb de budur. İmâm Mâlik'e göre, müt'a nikahı sahihtir.

Muvakkat nikah da sahih değildir. Mesela, bir kadını iki şâhidin şehadetiyle on güne kadar nikah etmek gibi. Müt'a nikahı ile muvakkat nikah arasında fark vardır. Hidâye'nin ibaresinden anlaşılan iki farktır. Müt'a nikahında, müt'a (faydalanma) kökünden alınmış olan veya o mânâya gelen bir lafız kullanılır. Diğerinde ise "muvakkat nikah" tabiri kullanılır. İkinci fark, iki şâhidin bulunmasıdır. Muvakkat nikahta, tezevvüc ve nikah lafızları kullanılır. Buna göre, iki nikah arasında fark vardır.

İmâm Züfer der ki: Muvakkat nikah sahih ve lazımdır. nikah akdinin gereğine zıt olduğu için, nikahı belirli bir vakitle sınırlama şartı, fâsit yani geçersiz bir şarttır. Böyle bir şart geçersiz oluduğu için, nikah batıl olmaz, sıhhatine bir zarar vermez. Bizim delilimiz: Koca, nikah lafzı ile birlikte mut'a mânâsını ifade eden bir kelime kullanmıştır. O da, nikahın belli bir süre ile sınırlandırılmasıdır. Bunun mânâsı, geçici bir süre için kadından faydalanmaktır. Nikahın gayeleri arasında, muvakkat bir süre faydalanmak yoktur. Muvakkat nikahta, nikahın gayeleri gerçekleşmez. Zira bu gayeler belli bir sürede hasıl olmaz. Akitlerde mânâya itibar edilir, lafızlara değil.

2. KISIM

بَابُ الْاَوْلِيَاءِ وَالْاَكْفَاءِ

نَفَذَ نِكَاحُ حُرَّةٍ مُكَلَّفَةٍ بِلَا وَلِيٍّ. وَلَهُ الْاِعْتِرَاضُ فِي غَيْرِ الْكُفْءِ. وَرَوَى الْحَسَنُ عَنِ الْاِمَامِ عَدَمَ جَوَازِهِ. وَعَلَيْهِ فَتْوَى قَاضِيخَان. وَعِنْدَ مُحَمَّدٍ يَنْعَقِدُ مَوْقُوفاً وَلَوْ مِنْ كُفْوءٍ وَلَا يُجْبِرُ وَلِيٌّ بَالِغَةً وَلَوْ بِكْراً. فَاِنِ اسْتَأْذَنَ الْوَلِيُّ الْبِكْرَ فَسَكَتَتْ أَوْ ضَحِكَتْ أَوْ بَكَتْ بِلَا صَوْتٍ فَهُوَ اِذْنٌ وَمَعَ الصَّوْتِ رَدٌّ. وَكَذَا لَوْ زَوَّجَهَا فَبَلَغَ بِهَا الْخَبَرُ. وَشَرْطَ فِيهِمَا تَسْمِيَةَ الزَّوْجِ لَا الْمَهْرَ هُوَ الصَّحِيحُ. وَلَوِ اسْتَأْذَنَهَا غَيْرُ الْوَلِيِّ الْاَقْرَبِ فَلَا بُدَّ مِنَ الْقَوْلِ. وَكَذَا لَوِ اسْتَأْذَنَ الثَّيِّبَ. وَمَنْ زَالَتْ بِكَارَتُهَا بِوَثْبَةٍ أَوْ حَيْضَةٍ أَوْ جَرَاحَةٍ أَوْ تَعْنِيسٍ فَهِيَ بِكْرٌ. وَكَذَا لَوْ زَالَتْ بِزِناً خَفِيٍّ خِلَافاً لَهُمَا. وَلَوْ قَالَ لَهَا الزَّوْجُ «سَكَتَّ» وَقَالَتْ «رَدَدْتُ» وَلَا بَيِّنَةَ لَهُ فَالْقَوْلُ لَهَا. وَتُحَلَّفُ عِنْدَهُمَا لَا عِنْدَ الْاِمَامِ. وَلِلْوَلِيِّ اِنْكَاحُ الْمَجْنُونَةِ وَالصَّغِيرِ وَالصَّغِيرَةِ وَلَوْ ثَيِّباً. فَاِنْ كَانَ أَباً أَوْ جَدًّا لَزِمَ وَاِنْ كَانَ غَيْرُهُمَا فَلَهُمَا الْخِيَارُ اِذَا بَلَغَا أَوْ عَلِمَا بِالنِّكَاحِ بَعْدَ الْبُلُوغِ خِلَافاً لِاَبِي يُوسُفَ. وَسُكُوتُ الْبِكْرِ رِضاءٌ وَلَا يَمْتَدُّ خِيَارُهَا اِلَى آخِرِ الْمَجْلِسِ وَاِنْ جَهِلَتْ أَنَّ لَهَا الْخِيَارَ بِخِلَافِ الْمُعْتَقَةِ. وَخِيَارُ الْغُلَامِ وَالثَّيِّبِ لَا يَبْطُلُ وَلَوْ قَامَا عَنِ الْمَجْلِسِ مَا لَمْ يَرْضَيَا صَرِيحاً أَوْ دَلَالَةً. وَشَرْطُ الْقَضَاءِ لِلْفَسْخِ فِي خِيَارِ الْبُلُوغِ لَا فِي خِيَارِ الْعِتْقِ. فَاِنْ مَاتَ أَحَدُهُمَا قَبْلَ التَّفْرِيقِ وَرِثَهُ الْآخَرُ بَلَغَا أَوْ لَا. وَالْوَلِيُّ هُوَ الْعَصَبَةُ نَسَباً أَوْ سَبَباً عَلَى تَرْتِيبِ الْاِرْثِ. وَابْنُ الْمَجْنُونَةِ

مُقَدَّمٌ عَلَى أَبِيهَا خِلَافاً لِمُحَمَّدٍ. وَلَا وَلَايَةَ لِعَبْدٍ وَلَا صَغِيرٍ وَلَا مَجْنُونٍ وَلَا كَافِرٍ عَلَى وَلَدِهِ الْمُسْلِمِ. فَإِنْ لَمْ يَكُنْ عَصَبَةٌ فَلِلْأُمِّ ثُمَّ لِلْأُخْتِ لِأَبَوَيْنِ ثُمَّ لِلْأُخْتِ لِأَبٍ ثُمَّ لِوَلَدِ الْأُمِّ ثُمَّ لِذَوِى الْأَرْحَامِ الْأَقْرَبُ فَالْأَقْرَبُ اَلتَّزْوِيجِ عِنْدَ الْإِمَامِ خِلَافاً لِمُحَمَّدٍ. وَأَبُو يُوسُفَ مَعَهُ فِى الْأَشْهُرِ. ثُمَّ لِمَوْلَى الْمُوَالَاةِ ثُمَّ لِلْقَاضِى فِى مَنْشُورِهِ ذٰلِكَ. وَلِلْأَبْعَدِ التَّزْوِيجُ إِذَا كَانَ الْأَقْرَبُ غَائِباً بِحَيْثُ لَا يَنْتَظِرُ الْكُفْءُ الْخَاطِبُ جَوَابَهُ. وَقِيلَ مَسَافَةَ السَّفَرِ. وَقِيلَ بِحَيْثُ لَا تَصِلُ الْقَوَافِلُ إِلَيْهِ فِى السَّنَةِ إِلَّا مَرَّةً. وَلَا يَطْلُ بِعَوْدِهِ. وَلَوْ زَوَّجَهَا وَلِيَّانِ مُتَسَاوِيَانِ فَالْعِبْرَةُ لِلْأَسْبَقِ وَإِنْ كَانَا مَعاً بَطَلَا. وَيَصِحُّ كَوْنُ الْمَرْأَةِ وَكِيلَةً فِى النِّكَاحِ.

VELİLER VE DENKLER

Mükellef olan hür kadının, velisini izni olmadan nikahı geçerlidir. Kadının dengi olmayan bir kişiyle kıyılan nikahına velinin itiraz hakkı vardır. Hasan, İmam-ı Azam'dan, bunun câiz olmadığını rivayet etti. Kadıhan'ın fetvası da bunun üzerinedir. İmam Muhammed'e göre kadının dengi de olsa, velinin iznine bağlı olarak nikah kıyılır.

Bülûğa ermiş bir kızı, bakire de olsa, velisi zorlayamaz. Veli bakire kızdan izin ister de, kız susar, veya güler, veya sessizce ağlarsa, bu izin demektir. Eğer sesli olarak ağlarsa reddediyor demektir. Eğer veli bakire kızı nikahlar ve bu haber kıza ulaşırsa, durum yine aynıdır. Kızdan izin isterken ve kıza, nikahlandığı haberi verilirken kocanın ismini vermek şart kılınmıştır. Mehri belirtmek şart değildir. Sahih olan da budur.

Eğer bakire kızdan, en yakın velisinden başkası izin isterse, kızın sözlü olarak cevap vermesi gerekir. Dul kadından velisi izin isterse de durum aynıdır.

Sıçramak, veya çok hayız görmek, veya bir yara sebebiyle veya uzun müddet evde kalmakla bakireliği giden kız bakire sayılır. Gizli zina ile bakireliği giderse de durum aynıdır. İmameyn buna muhaliftir.

Kocası karısına "sen sustun" der, kadın da "reddettim" derse ve kocanın bir delili de bulunmazsa, söz kadınındır. İmameyn'e göre kadına yemin ettirilir. İmam-ı Azam'a göre ettirilmez.

Veli, delirmiş kızını, küçük oğulunu ve dul dahi olsa küçük kızını evlendirebilir. Eğer veli, baba veya dede ise, yaptıkları akit gerekli olur. Eğer baba veya dededen başka biri ise, küçük kız veya erkek bülûğa erdikleri zaman veya nikahlandıklarını bülûğdan sonra öğrendikleri zaman, kabul veya ret hususunda muhayyerdirler. Ebû Yusuf buna muhaliftir.

Bakirenin susması rızadır. Kız, her nekadar kendisi için muhayyerlik hakkı olduğunu bilmese de, muhayyerliği toplantı sonuna kadar devam etmez. Azad edilen bakirenin durumu buna benzemez. Toplantıdan kalksalar dahi, sarahaten veya delâleten rızaları olmadıkça, çocuğun ve dul kadının muhayyerliği bâtıl olmaz.

Bülûğa erenin muhayyerliğinde, fesih için mahkeme şarttır. Azat olunanın muhayyerliğinde mahkeme şart kılınmadı. Binaenaleyh, bunlardan biri ayrılmadan evvel ölürse, bülûğa ermiş olsalar da olmasalar da, diğeri ona vâris olur.

Veli, veraset tertibi üzere nesep veya sebep cihetinden asabe olanlardır. Mecnun olan kadının oğlu, kadının babası üzerine takdim edilir. İmam Muhammed buna muhalefet eder.

Kölenin, küçük çocuğun, delinin ve müslüman olan oğlu üzerine kâfirin velilik hakkı yoktur.

Eğer asabe bulunmazsa, İmam-ı Azam'a göre evlendirme hakkı annenindir, sonra anne baba bir kızkardeşindir, sonra baba bir kızkardeşindir, sonra annenin oğlunundur, sonra derece derece "zevil-erham"ındır. İmam Muhammed buna muhalefet eder. En meşhur rivayete göre, Ebû Yusuf'da onunla aynı görüştedir. Daha sonra, evlendirme hakkı "müvâlât" sahibinindir. Sonra, evlendirmesi için izin yazılan hâkimindir.

Kızı isteyen ve onun dengi olan kişinin, velinin cevabını beklememesi halinde, kızın yakın akrabası bulunmadığı zaman uzak akrabanın evlendirme hakkı vardır. Denildi ki: "Bu, yakın akrabanın sefer mesafesi kadar uzakta bulunduğu zaman olur". Bazılarına göre, "bu, kafilelerin, ancak senede bir defa o yakın akrabaya ulaşabilmeleri halinde olur". Yakın akrabanın dönmesiyle nikah bâtıl olmaz.

Küçük kızı, aynı mertebede bulunan iki veli evlendirseler, önce evlendirene itibar edilir. Eğer ikisi beraber evlendirmişlerse, ikisinin evlendirmesi de batıldır.

Kadının, nikahta vekil olması sahihtir.

İZAHI

Bu bölüm, "evliya" ve "ekfa"nın durumlarını açıklamaya dairdir.

Evliya, "veli" kelimesinin çoğulu olup "malikler" manasına gelir. Ekfa da "küfu"ün çoğuludur. Bu kelime de "benzerler" manasındadır. Gayetu'l-beyan'da yazıldığına göre veli, "mirasa ehil olan, akıllı ve bülûğa ermiş kişi²'dir. Akıllı ve baliğ olmadıkları için, sabi ve delinin velayeti sabit değildir. Mirasçı olmayacağı için, kafirin de müslüman üzerine velayeti sabit olmaz. Aynı şekilde kölenin de valeyeti yoktur.

Hür, bülûğa ermiş ve akıllı olan bir kadının, velisinden izinsiz nikahı geçerlidir. Ebû Hanife ve Ebû Yusuf'a göre, böyle bir kadın ister bakire olsun, ister dul olsun aynıdır. Fakat Ebû Yusuf'tan gelen başka bir rivayete göre, velinin izni olmadıkça nikah sahih olarak gerçekleşmez. İmam Malik ve İmam Şâfiî'ye göre, kadınların tabirleri ile nikah asla sahih olmaz.

Dengi olmayan birisiyle evlenen kızın nikahına, velisinin itiraz etme hakkı vardır. Eğer doğum yapmamış ise, velisi isterse nikahı fesheder, isterse izin verir. Doğum yapmış ise velinin, nikahı feshetme hakkı yoktur. Çünkü velisi bulunmadığı için çocuğun zayi olma ihtimali vardır. Hülasa-i Tatarhaniyye²-de de böyle yazılıdır. Fakat Şeyhulislam'ın "Mebsut"unda yazılı olduğuna göre, çocuk doğduktan sonra da velinin, ikisini ayırma hakkı vardır. Hasan bin Ziyad İmam-ı Azam'dan, "denk olandan başkasıyle nikahın câiz olmadığını" rivayet etmiştir. Zira pek çok şey vardır ki, vuku bulduktan sonra giderilmesi mümkün değildir. Kadıhan'ın fetvası da bunu üzerinedir. Yani, böyle biri nikahın câiz olmayacağına dairdir. İmam Muhammed'e göre, dengi dahi olsa, nikah velinin iznine bağlı olarak münakid olur. İmam Muhammed ile İmam Ebû Yusuf'un, İmam Ebû Hanife'nin görüşüne döndükleri rivayet edilmiştir. Gayetul-beyan'da, Reca b. Ebi Reca ile İmam Muhammed arasında şöyle bir konuşma geçtiği yazılıdır. Reca diyor ki: İmam Muhammed'e, velinin izni olmadan kıyılan nikahın durumunu sordum. "Câiz değildir." dedi.

— Veli olmayınca ne yapmalı? dedim.

— Kadı'nın izni gerekir.

— Kadı'nın bulunmadığ bir yer ise.

NİKÂH

— Süfyan'ın dediği gibi yapar.

— Süfyan ne diyor?

— Gidip bir müslümanla evlendirmesi için işini birisine havale eder.

Bundan anlaşıldığına göre, İmam Muhammed, "nikah, velinin iznine bağlıdır" görüşünden vazgeçmiştir.

Hanefi imamlara göre veli, bülûğa ermiş kızı, bakire de olsa, nikaha zorlayamaz. İmam Şâfiî'ye göre, zorlayabilir. Sözün kısası, bakire olan küçük kızı, velisi nikaha zorlar. Bunda ittifak vardır. Bülûğa ermiş dul kadını da, ittifakla nikaha zorlayamaz. Bülûğa ermiş bakire konusunda, Hanefi ve Şâfiî imamlar arasında ihtilaf vardır. Bize göre, her velinin zorlama hakkı vardır. Şâfiîlere göre, baba ve sahih dedelerden başkasının zorlama hakkı yoktur.

Velisi, bakire olan kızdan izin ister, kız da susar veya gülerse, veya ses çıkarmadan ağlarsa, bu hareketleri izin sayılır. Ağlaması sesli olursa, reddediyor demektir. Bakirenin susması rızadır. Zira hevesli olduğunu göstermekten utanır. Hz. Aişe: "Eğer alaylı bir şekilde gülmemişse, bakirenin gülmesi susmasından daha çok razı olduğunu gösterir" demiştir. Hz. Peygamber (a.s.) Fatıma'yı Ali'ye nikahlamak istediğinde yanına varmış ve اِنَّ عَلِيًّا يَذْكُرُكِ "**Ali seni istiyor**" dedikten sonra dışarı çıkıp nikahlarını kıymıştır.

Ebû Yusuf'a göre, ağlamak rızadır. İmam Muhammed'e göre rıza değildir, hoşuna gitmediğini gösterir. Bu, reddetmek gibidir. Fakat bazıları: "Gözyaşları sıcak olursa, rıza değildir. Zira sıcak göz yaşı, gam ve kederden olur. Eğer göz yaşları soğuk ise, rızadır. Zira bu sevinçten kaynaklanır demişlerdir. Fakih Ebû'l-Leys der ki: Bana göre sesli ağlama ret; sessiz ağlama izindir.

Velisi, bülûğ çağındaki kızı evlendirse ve bu haber kendisine ulaşınca kız sussa, yahut sessizce ağlasa, bu da rızadır. İzin isterken ve nikah haberini kıza ulaştırırken kocanın ismini zikretmek şarttır. Mehri belirtmek şart değildir. Sahih olan görüş budur. Zira kocanın ismi söylenmeden kızın onu isteyip istemediği anlaşılmaz.

En yakın velinin dışında birisi, kendisini evlendirmek için kızdan izin istese, kızın sözlü olarak cevap vermesi gerekir. Bundan susma ve ağlama rıza sayılmaz. Fakat Şemsu'l-eimme es-Serahsi şöyle der: "Yabancı biri izin istediği zaman susma rızadır. Zira bakire kız, yabancıdan daha çok utanır. Bundan dolayı onun susması rızadır". Eğer kızdan rıza talep eden kişi velinin elçisi ise, veli makamına geçer. O zaman kızın susması rızadır. Eğer velisi, dul kadından izin isterse, onun da sözlü cevap vermesi lâzımdır.

Sıçramakla, veya çok hayız görmekle, veya yara ile, yahut bülûğa erdikten sonra çok zaman geçmekle bekareti giden kadın bakire sayılır. Yani böyle bir kadına, bâkire hükümleri uygulanır. Gizli Zina'(13) ile bekareti giderse de durum aynıdır. Yani ona uygulanacak hükümler, bakireye uygulanan hükümler gibidir. Bu İmam-ı Azam'a göredir. İmameyn bu görüşte değildir. Onlara göre böyle bir kadın dul hükmündedir. bakirenin hükümleri ona uygulanmaz.

Eğer kocası eşine, "nikah için izin istenildiğinde sen sustun" dese, karısı da, "reddettim" dese ve kocanın bir delili de bulunmasa, söz kadınındır. Zira koca, nikahın olduğunu ve kadından faydalanabileceğini iddia etmekte, kadın ise bunu kabul etmeyip inkar etmektedir. Bu, birisine bir emanet bırakan kimsenin durumuna benzer. Kendisine bir şey emanet edilen kimse, onu geri verdiğini iddia etse, söz, onu emanet edenindir. Zira emaneti geri verdiğini söylemek, "bende böyle bir emanet yok" manasını taşır. Emanet eden ise malın, emanet edilenin elinde olduğunu iddia etmektedir. Bu takdirde söz, malı emanet bırakanındır. İmam-ı Züfer der ki: Söz kocanındır. Zira susma asıldır. Ret ise ârizi bir şeydir. İmameyn'e göre, kadına yemin ettirilir. İmam-ı azam'a göre ettirilmez.

Veli, delirmiş kızını, küçük oğlunu ve dul dahi olsa küçük kızını nikahlayabilir. Zira Hz. Peygamber (a.s.)

ألا لا يزوّج النساء إلا الأولياء ولا يُزوَّجن إلا من الأكفاء

"**Dikkat edin! Kadınları velilerden başkası evlendiremez, Kadınlar, ancak denkleri ile evlendirilirler**"(14) buyurmuştur. Hz. Ebubekir (r.a.) kızı Aişe'yi yedi yaşında iken Hz. Peygamber (a.s.)'le; Hz. Ali de kızı Ümmü Gülsüm'ü, küçük olduğu halde, Hz. Ömer (r.a.)'le nikahlamıştı.

---

(13) Tekrarlanmayan ve had uygulanmayan zina.
(14) Beyhaki, Sünen-i Kübra, 7/133; Darekutni, 3/245 (farklı lafızlarla).

NİKÂH

Eğer veli, baba veya sahih dede olursa yaptığı akit gerekli olur. Eğer veli, bu ikisinin dışında birisi ise küçük kız ve küçük erkeğin, bülûğa erdikleri zaman muhayyerlik hakları vardır. Bu, İmam-ı Azam ve İmam Muhammed'e göredir. Zira bu iki veliden başkasının yakınlığı noksandır. Noksan yakınlık, şefkatin de noksanlığını hissettirir. Bu takdirde, nikahtan beklenen gayelere hâlel gelebilir. Zira nikahta, denklik ve mehir dışında daha nice maksatlar vardır. Güzel ahlâk, kötü ahlâk, nezaket, kabalık, kerem, sohbet, nafaka bolluğu ve benzeri şeyler gibi. Bunlar, denklik ve mehirden daha önemlidir. Bunlara muvaffak olup ta yapabilmek, iyi bir gayret ve doğru bir görüşle olur. Baba ve dededen başkasında noksan yakınlık bulunduğu için, şefkat noksanlığı da görülür. Neticede o kadar faydalı olmakla, nikahtan beklenen gayelere halel gelebilir. Bu takdirde, bülûğa erdiklerinde onlara muhayyerlik vermek gerekir. ''Baba ve dededen başkası'' sözü ile ''ana'' ve ''kadı'' kastedilir. Sahih olan da budur. Ananın görüş noksanlığı, kadı'nın da şefkat noksanlığı olduğu için, bülûğa erdiklerinde muhayyer olurlar. Yahut bülûğa erdikten sonra, nikah edildiklerini öğrenseler yine muhayyer olurlar. Zira bülûğa erdiklerinde, nikahtan haberleri yoktu. Ebû Yusuf buna muhaliftir. O şöyle der: ''Yetim erkek ve kızın, gerek baliğ olduklarında, gerek daha önce nikah edildiklerini bülûğdan sonra öğrendiklerinde muhayyer olma hakları yoktur''.

Bakirenin, bülûğa erdikten sonra veya nikah edildiğini öğrendikten sonra, muhayyerlik hakkına sahip olduğunu bilmese dahi, susması rızadır. Muhayyerliği, bulunduğu meclisten kalkıncaya kadar devam etmez. Fakat, azat edilen bakirenin, muhayyerlik hakkına sahip olduğunu bilmemesi buna benzemez. Mesela:

Bülûğa ermemiş küçük bir kızı, babası ve dedesinin dışında bir velisi bir kimseye nikahlasa, kız kendisinin nikahlandığını bilsin veya bilmesin, bülûğa erince muhayyerlik hakkı vardır. Toplantı başında iken susarsa, bu susma rıza sayılır. Onun muhayyerliği toplantı sonuna kadar devam etmez. Hemen işittiği an dilerse reddeder, dilerse kabul eder. Fakat toplantı sonunda: ''ben razı değilim, bozuyorum'' demesine itibar edilmez. Azad edilen bakire böyle değildir. Mesela, bir kimse cariyesini başkasına nikahlayıp sonra azat etse, azat edildiği haberi cariyeye ulaştığı an susup, toplantı sonunda nikahı bozabilir. Zira bülûğa eren bakirenin muhayyerliği kendi elindedir. O toplantıda, bilmediği için, cariyenin susması özür sayılır. Bu sebeple, toplantı sonuna kadar muhayyerliği uzar. Fakat hür olan bakirelerin, toplantı sonuna kadar muhayyerliklerinin devam edip etmediğini bilmemeleri özür sayılmaz. Zira Hz. Peygamber (a.s.): طلب العلم فريضة على كل مسلم ومسلمة : **"İlim aramak, her müslüman erkek ve kadın üzerine bir farzdır"** buyurmuştur. Bu hadisin manası gereğince, öğrenmeleri gerekirdi. Bir başka hadiste de: وامروا صبيانكم بالصلاة إذا بلغوا سبعاً واضربوهم إذا بلغوا عشراً : **"Çocuklarınız yedi yaşına geldiklerinde onlara namaz kılmalarını emredin. On yaşına geldiklerinde namaz için onları dövün"** buyurmuştur. Bu nedenle, hür kadınların dini bir meseleyi bilmemeleri özür sayılmaz.

Toplantıdan ayrılmasalar dahi, delalet yoluyla veya açıkça, razı olduklarını gösteren bir şey yapmadıkları sürece, çocuğun ve dul kadının muhayyerliği bâtıl olmaz. Bunların razı olduklarını gösteren şeyler: Öpmek, yapışmak, erkeğin mehir vermesi ve dulun mehir kabul etmesi ve benzeri şeylerdir. Böyle fiilleri işlemedikçe, susmakla muhayyerlikleri bâtıl olmaz.

Bülûğa erenin muhayyerliğnde, nikahın bozulabilmesi için mahkeme şarttır. Azat olunan cariyenin muhayyerliğinde ise şart değildir. Bülûğa erenin muhayyerliğinde mahkeme kararının şart kılınmasının sebebi, zararın, şefkat noksanlığından ileri gelmiş olma ihtimalinin bulunmasıdır. Bu ise son derece gizlidir. Bu muhayyerlik hem erkeğe hem de kıza verilmiştir. Zira iki kişi arasındaki haklardan birini diğerine gerekli kılmak için kadı'nın hükmü gerekir. Zarar gizli olduğu için herkes anlayamaz. Bu nedenle hakimin hükmüne ihtiyaç vardır. Ancak azat edilen cariyenin muhayyerliğinde zarar açıktır. Hakimin hükmüne ihtiyaç yoktur. Zira azat edilen cariyenin kocası ona iki talakla sahipti, azat edilince üç talakla malik oldu. Bu gayet açık bir durumdur. İnkara imkan yok ki, ikisi arasındaki haklardan birini diğerine gerekli kılmaya ihtiyaç duyulsun. Kocanın, bir talak fazlasıyla kadına sahip olması, kadın aleyhine bir durumdur. Onun için, hakimin hükmü olmadan nikahı feshetme muhayyerliğine sahiptir.

Bülûğ çağından önce evlendirilen kız ile erkekten biri, ayrılmadan önce ölse, isterse bülûğa ermiş ister ermemiş olsunlar, diğeri ona mirasçı olur. Zira aralarındaki ayrılığın, hakimin hükmü ile olması şart idi. Burada o şart bulunmamıştır. Şart olmayınca meşrut ta olmaz. Bu takdirde nikah bakidir. Birbirlerine mirasçı olurlar. Cinsel ilişkiden önce de olsa, mehrin tamamı gerekli olur. Zeylai'de böyledir.

Veli, mirasçılık tertibi üzere nesep veya sebep cihetinden akraba olandır. Yani nikah kıyma hususunda velinin yakınlığının tertibi, mirastaki tertibi gibidir. İmdi, en yakın veli oğuldur. Ondan sonra, her ne kadar aşağı inilirse inilsin, oğlunun oğludur. Bu söz, bunamış ve çıldırmış olan kızlar için düşünülebilir. Yoksa, küçük olan kız çocukları için düşünülemez. Velilik hususunda daha sonra baba ve ne kadar yukarı çıkılırsa çıkılsın, sahih olan dede gelir. Daha sonra ana-baba bir kardeş oğul, sonra ana baba bir amcalar, sonra baba bir amcalar, sonra azat edilmiş cariyelerin efendileri gelir. Bunda erkek ve kadın aynıdır. Daha sonra, azat edilmiş cariye ve kölelerin efendilerinin akrabaları gelir.

Ebû Hanife ve Ebû Yusuf'a göre, deli olan kadının oğlu, kadının babası üzerine takdim edilir. Zira oğul, akrabalıkta daha önce gelir. Nikah konusundaki velilik ise bu yakınlığa dayanmaktadır. İmam Muhammed buna muhalefet eder. Zira baba, oğuldan daha şefkatlidir. Delili, babanın nefse ve mala velayetinin genel olmasıdır. Oğlun velayeti ise, ancak nefsedir, mala değildir.

Kölenin, küçük çocuğun ve delinin velayeti yoktur. Kendi nefislerine dahi velayetleri yoktur ki, başkalarına velayeti olsun. Kafirin de, müslüman olan oğlu üzerine velayeti yoktur. Yüce Allah'ın

ولن يجعل الله للكافرين على المؤمنين سبيلاً "**Allah inkarcılara, inananlar aleyhinde asla fırsat vermeyecektir**" (15) âyeti, kafirin, müslüman üzerine velayeti olamayacağına bir delildir. Bunun içindir ki, kafir bir kişinin müslüman olan oğlu üzerine şahitliği makbul olmaz. Bunlar birbirlerine mirasçı da olamazlar.

Yukarıda zikredilen veliler bulunmazsa, küçük kızı evlendirme hakkı annenindir. Anne yoksa, anne baba bir kızkardeşlerin, onlar bulunmazsa baba bir kızkardeşlerin, onlarda bulunmazsa ana bir kızkardeşlerinindir. Daha sonra Zevi'l-erham (akrabalar) ve derece itibariyle yakın olanlar tercih edilir. Ebû Hanife'ye göre, bunların evlendirme velayetleri vardır. İmam Muhammed buna muhaliftir. Ona göre velayet, asabe olanların hakkıdır. Başkalarının velayet hakkı yoktur. Hz. Peygamber (a.s.)'in; الانكاح الى العصبات "**Nikahlama, asabe olanların hakkıdır**" hadisinin, buna delil olduğu görüşündedir. En meşhur rivayete göre, ebû Yusuf da İmam Muhammed'le aynı görüştedir.

Bunlardan sonra evlendirme hakkı, müvâlat sahiplerinindir. Müvâlat sahibi şu demektir: Bir kimsenin nesebi bilinmese ve hiçbir mirasçısı bulunmasa, bu kimse birisine, "Sen benim mirasçım ol. Ben bir suç işlersem, suçumun cezasını ver" dese, o da kabul etse, böyle kimseye müvâlat sahibi denir.

Yakup Paşa, "Müvâlat sahibinin yabancı olması ve küçük erkek ve kız çocuğunun arasında bulunmasının doğru olup olmadığı düşünülüp tartışıl-

---

(15) Nisâ Suresi, 4/141.

ması gereken bir husustur. Ancak şu var ki, vasıtasız bir şekilde akraba olmak vâcip değildir. Belki böyle bir akrabalık, küçük kız ve erkek çocuğun babası tarafından gerçekleştirilebilir" demiştir.

Daha sonra evlendirme velayeti, evlendirme beraatların da velayetlerine izin yazılmış olan hakimlerin hakkıdır.

Yakın akraba hazır bulunmadığı zaman, uzak akrabanın evlendirme hakkı vardır. İmam Züfer'e göre, uzak akrabanın evlendirmesi câiz değildir. Zira yakın akrabanın velayeti devam etmektedir. Bir şahısla kaim olan hak, o şahıs hazır bulunmadı diye bâtıl olmaz. onun için yakın akraba nerede bulunursa bulunsun, küçük kızı nikahlaması câiz olur. O yok iken de velayeti bulunmaz. Bizim delilimiz şudur: Reyinden istifade edilemeyen kimseye velayet verilmez. Yolculukta bulunduğu için orada hazır olmayan veli ölü kimse gibidir. Bu sebeple evlendirme velayeti uzak akrabaya verilir. Yakın akraba, bulunduğu yerden küçük kızı nikahlasa, bunun câiz olması kabul edilemez. Bunun câiz olduğu kabul edildiği takdirde şöyle bir durum ortaya çıkar: Uzak akrabanın, akrabalık uzaklığı, bunun yanında iş yapma yakınlığı vardır. Yakın akrabanın akrabalık yakınlığı olmasına rağmen, iş yapma uzaklığı vardır. Bu durumda ikisi aynı derecede olan iki veli yerine konulurlar ve hangisi akit yaparsa geçerli olur.

Yakın olan veli uzak bir yerde iken, küçük kızı, dengi olan bir kişi istese ve yakın velinin cevabını beklemese, uzak velinin evlendirme hakkı vardır. Bazıları, "yakın akrabanın bulunduğu yer, bir sefer mesafesi kadar olmadır" demişlerdir. Bazıları ise, "Yakın veli, kafilelerin senede ancak bir kere ulaştıkları yerde olmalıdır. Böyle bir yerde olan kimseye "gâib" denir demişlerdir. Bu, Kuduri'nin tercih ettiği görüştür. Bazıları da, "bir aylık uzaklıkta bulunana gâib denir" demişlerdir. Bunlara benzer, mesafe konusunda birçok görüş yazılıdır.

Uzak akrabanın velayeti, yakın akrabanın gelmesiyle bozulmaz.

Küçük bir kızı, aynı mertebede olan iki veli, mesela ana baba bir iki kardeş nikahlasa, ilk önce nikahlayanın nikahlaması muteberdir. Zira Hz. Peygamber (a.s.)'in, إِذَا أَنْكَحَ الْوَلِيَّانِ فَالْأَوَّلُ أَوْلَى : "**İki veli nikah kıyarsa, önce kıyanın nikahı muteberdir**"(16) hadisi buna delildir. Eğer her iki veli, kızı,

---

(16) Ebu Davud, Nikah, 21; Ahmed b. Hanbel. IV, 149; V, 8, 11, 12, 18.

aynı anda birisiyle nikahlasa, yani öncelik ve sonralık olmayıp, her ikisinin nikahı aynı anda vuku bulsa, ikisi de bâtıl olur.

Kadının nikahta vekil olması sahihtir. Zira nikahta muteber olan akıl ve bülûğdur. Buna göre erkek üzerine lazım olan şeyler, kadın üzerine de lazım olur.

3. KISIM

– فصل –

تُعْتَبَرُ الْكَفَاءَةُ فِى النِّكَاحِ نَسَباً فَقُرَيْشٌ بَعْضُهُمْ اَكْفَاءُ بَعْضٍ وَغَيْرُهُمْ مِنَ الْعَرَبِ لَيْسَ كُفْواً لَهُمْ بَلْ بَعْضُهُمْ اَكْفَاءُ بَعْضٍ * وَبَنُو بَاهِلَةَ لَيْسُوا كُفْواً غَيْرُهُمْ مِنَ الْعَرَبِ * وَتُعْتَبَرُ فِى الْعَجَمِ اِسْلَاماً وَحُرِّيَةً فَمُسْلِمٌ اَوْ حُرٌّ اَبُوهُ كَافِرٌ اَوْ رَقِيقٌ غَيْرُ كُفْوٍ لِمَنْ لَهَا اَبٌ فِى اْلاِسْلَامِ اَوِ اْلحُرِّيَةِ * وَمَنْ لَهُ اَبٌ فِيهِ اَوْ فِيهَا غَيْرُ كُفْوٍ لِمَنْ لَهَا اَبَوَانِ خِلَافاً لِاَبِى يُوسُفَ * وَمَنْ لَهُ اَبَوَانِ كُفْوٌ لِمَنْ لَهَا آبَاءٌ وَتُعْتَبَرُ دِيَانَةً خِلَافاً لِمُحَمَّدٍ فَلَيْسَ فَاسِقٌ كُفْواً لِبِنْتِ صَالِحٍ وَاِنْ لَمْ يُعْلِنْ فِى اِخْتِيَارِ الْفَضْلِىِّ وَتُعْتَبَرُ مَالاً * فَالْعَاجِزُ عَنِ الْمَهْرِ الْمُعَجَّلِ اَوِ النَّفَقَةِ غَيْرُ كُفْوٍ لِلْفَقِيرَةِ وَالْقَادِرُ عَلَيْهِمَا كُفْوٌ لِذَاتِ اَمْوَالٍ عِظَامٍ عِنْدَ اَبِى يُوسُفَ خِلَافاً لَهُمَا * وَتُعْتَبَرُ حِرْفَةً عِنْدَهُمَا وَعَنِ اْلاِمَامِ رِوَايَتَانِ * فَحَائِكٌ اَوْ حَجَّامٌ اَوْ كَنَّاسٌ اَوْ دَبَّاغٌ غَيْرُ كُفْوٍ لِعَطَّارٍ اَوْ بَزَّارٍ اَوْ صَرَّافٍ وَبِهِ يُفْتَى * وَلَوْ تَزَوَّجَتْ غَيْرَ كُفْوٍ فَلِلْوَلِىِّ اَنْ يُفَرِّقَ * وَكَذَا لَوْ نَقَصَتْ عَنْ مَهْرِ مِثْلِهَا لَهُ اَنْ يُفَرِّقَ وَاِنْ لَمْ يُتِمَّ خِلَافاً لَهُمَا * وَقَبْضُهُ الْمَهْرَ وَتَجْهِيزُهُ اَوْ طَلَبُهُ بِالنَّفَقَةِ رِضًى لَا سُكُوتُهُ * وَاِنْ رَضِىَ اَحَدُ اْلاَوْلِيَاءِ فَلَيْسَ لِغَيْرِهِ اْلاِعْتِرَاضُ *

NİKAHTA MUTEBER OLAN DENKLİKLER

Nikahta, nesep yönünden denkliğe itibar edilir. Binaenaleyh Kureyş'in bazısı bazısına denktir. Diğer Araplar Kureyşlilere denk değildir. Bilakis onların bazısı bazısına denktir. Beni Bâhile diğer Araplara denk değildir. Arap olmayanlarda, müslümanlık ve hürlük yönünden denkliğe itibar olunur. Binaenaleyh babası kafir olan bir müslüman veya babası köle olan bir hür babası müslüman veya hür olan bir kadına denk değildir.

Babası müslüman veya hür olan kimse, hem dedesi hem babası müslüman ve hür olan kadına denk değildir. Ebû Yusuf buna muhalefet eder. Müslüman ve hür babası ve dedesi olan kimse, babaları ve dedeleri müslüman olan kadına denktir.

Dindarlık yönünden de denkliğe itibar olunur. İmam Muhammed buna muhaliftir. Binaenaleyh fâsık bir kimse, sâlih bir kimsenin kızına denk değildir. İsterse fâsıklığı açıkça yapmasın. Ebû'l-Fadl'ın ihtiyar'ında böyledir. Mal cihetinden de denkliğe itibar edilir. Binaenaleyh mehr-i muacceli veya nafakayı temin etmekten âciz olan fakir, bir kıza denk değildir. Bu ikisine gücü yeten, Ebû Yusuf'a göre, çok malı olan, kadına denktir. Diğer iki imam buna muhalefet eder.

İmameyn'e göre, sanat yönünden de denkliğe itibar edilir. Bu hususta İmam-ı Azam'dan iki ayrı rivayet vardır. Binaenaleyh çulhacı veya kan alıcı veya süpürgeci veya dibagatçı aktara veya kumaşçıya veya sarrafa denk değildir. Fetva da buna göre verilir.

Bir kız, dengi olmayanla evlense, velinin bu ikisinin arasını ayırma hakkı vardır. Aynı şekilde, kadının mehr-i misli noksan olur ve kocası bunu tamamlamazsa, velinin yine ayırma hakkı vardır. İmameyn buna muhalefet eder.

Velinin mehr-i misli veya çeyizi alması veya nafaka talep etmesi rızadır. Susması rıza sayılmaz.

Velilerden biri nikaha razı olsa, diğerlerinin itiraz hakkı yoktur.

İZAHI

Nikahta denklik, yani eşlerin nesep bakımından birbirlerine benzer olmaları muteberdir. Zira Hz. Peygamber (a.s.)'in,

أَلاَ لاَ يُزَوِّجُ النِّسَاءَ إِلاَّ الأَوْلِيَاءُ وَلاَ وَلاَ يُزَوَّجْنَ إِلاَّ مِنَ الأَكْفَاءِ

: **"Dikkat edin! Kadınları velilerden başkası evlendiremez. Kadınlar ancak denkleri ile evlendirilirler"**(17) buyurmuş olması, denkliğin gerekli olduğunu gösteren kuvvetli bir delildir. Fakat Süfyan-ı Sevri hazretleri: "Nikahta nesep yönünden denkliğe itibar edilmez. Zira insanlar birbirlerine denktir. Nitekim Peygamber Efendimiz (a.s.)'in

---

(17) Az önce geçti.

النَّاسُ سواسية كَأَسنان المشط لَافضل لِعَرَبِي عَلَى عَجمى إِنَّمَا الفضلُ بِالتَّقْوَى

: "**İnsanlar tarak dişleri gibi birbirlerine eşittir. Arabın, Arap olmayana bir üstünlüğü yoktur. Üstünlük ancak takva iledir**"(18) hadisi nikahta nesep denkliğinin aranmayacağına delildir. Yüce Allah'ın, " إِنَّ أَكْرَمَكُمْ عِنْدَ اَللَّهِ أَتْقَاكُمْ **Allah katında en değerliniz, ona karşı en çok takva sahibi olanınızdır**" (19) âyet-i kerimesi de bu görüşü destekler" demiştir.

Bizim delilimiz Hz. Peygamber (a.s.)'in şu hadis-i şerifidir:

قُرَيْشٌ بَعْضُهُمْ أَكْفَاءٌ لِبَعْضٍ بَطْنٌ بَعْدَ بَطْنٍ وَالْعَرَبُ بَعْضُهُمْ اكفاء لِبعضِ
قَبِيلَةٌ بقبيلة والموالي بَعْضهم أَكْفَاءٌ لِبَعْضٍ رجلٌ بِرَجُلٍ

"**Kureyşliler batın batın birbirlerinin dengidir. Araplar kabile kabile birbirlerinin dengidir. Mevâli de, kişi kişi birbirlerinin dengidir**"((20) Mevâliden maksat azatlılardır. Binaenaleyh Kureyş'in bazısı bazısına denktir. Kureyş dışında kalan kabileler Kureyş'e denk değildir. Bilakis Arabın bir kısmı bir kısmına denktir. Kureyş'lilerin kendi aralarında birbirlerine üstünlüklerine itibar edilmez. Hatta Haşimi olan birisi Kureyşli olan birisiyle evlense reddedilmez. Zira Hz. Osman (r.a.) Abdişems kabilesinden olduğu halde, Hz. Peygamber (a.s.) kızını onunla evlendirmiştir. Hz. Ali (r.a.) de kızı Ümmü Gülsüm'ü, Hz. Ömer (r.a.)'e vermişti. Hz. Ömer (r.a.) Kureyşli idi, Haşimi değildi.

Beni Bâhile diğer Arap kabilelerinin dengi değildir. Beni Bâhile bir kabile ismidir. Bâhile, aslen Hemedanlı bir kadının adıdır. Bu kabile cimrilik ve âdilikle meşhur idi. Artan yemeği defalarca yerlermiş. Ölünün kemiklerini pişirip yağını alırlarmış. Âriflerden biri şöyle demiştir: Kişinin nefsi Bâhile'den olduktan sonra, aslen Beni Haşim'den olmasının ona bir faydası yoktur.

Arap olmayanlarda, müslümanlık ve hürlük yönünden denkliğe itibar olunur. Yoksa nesep yönünden denkliğe itibar olunmaz. Hatta Ashab-ı Kiram nesepleri ile iftihar ettiklerinde Selman-ı Farisi,

أَنَا أَفْتَخِرُ بِالْإِسْلَامِ لَا أَبَ لِي سِوَاهُ Ben müslüman olmakla iftihar ediyorum. Benim islamdan başka babam yok" derdi. Binaenaleyh bir müslüman veya hür

---

(18) Hadisi birbirina yakın lafızlarla İbn Sa'd ve İbn Lâl rivayet etti.
(19) Hucurat Suresi, 49/13.
(20) Hadis farklı lafızlarla Hakim, Bezzar ve İbn Abdilber tarafından rivayet edilmiştir.

kişinin babası kâfir veya köle olsa, bu babası müslüman veya hür olan kadına denk değildir. Müslüman veya hür babası olan kişi, müslüman veya hür babası ve dedesi olan kadına denk değildir. Zira kölelik küfür eseridir. Küfürde ise aşağılık manası vardır. Denklik hükmünde nesebe itibar olunur. Ebû Yusuf'a göre müslüman veya hür babası olan kişi, müslüman veya hür baba ve dedesi olan kadına denktir. Zira ona göre şahitler, gaib yani o anda hazır bulunmayan bir kişinin ismini ve babasının ismini söyleseler tarif ve tanıtma hasıl olur. Dedesinin adını söylemeye ihtiyaç yoktur. Fakat İmam Ebû Hanife ve İmam Muhammed'e göre, tanıtmanın tam olması için, dedenin kim olduğunu anlamak gerekir.

Babası ve dedesi müslüman veya hür olan kimse, babası ve dedeleri müslüman olan kadına denktir. Zira baba ve dede ile tanıtma hasıl olur. Bunun dışında fazlası fazla, eksiği eksiktir.

Dindarlıkta da denkliğe itibar olunur. Dindarlıktan maksat takva sahibi ve salih kişi olmaktır. İmam Muhammed buna muhaliftir. Ona göre dindarlığa itibar edilmez. Zira dindarlık ahiretle ilgili bir iştir. Onun üzerine dünya hükümleri bina edilemez. Burada da aynı durum söz konusudur. İmam Muhammed'e şöyle cevap verilebilir: Şahitliğin kabulü dünya işlerindendir. Fakat dindarlık üzerine kurulur. Bu durumda, nikahta, dindarlık bakımından denklik de muteberdir. Binaenaleyh fâsık bir kişi, sâlih bir kişinin kızına denk değildir. Fâsıklığını açıkça yapmasa da denk olamaz. Ebû'l-fadl'ın ihtiyar'ın da böyledir. Fakat bazı alimlere göre, fâsık eğer fıskını alenî yapmazsa salih birinin kızına denk olur. Hatta İmam Ebû Yusuf'un, "fasık, eğer davranışlarını gizlerse, salih bir kişinin kızına denk olur. Zira fıskını alenî yapmadığı için hanımına unutma vesilesi olmaz" dediği rivayet edilmiştir.

Mal yönünden de denklik muteberdir. Mehir ve nafakaya malik olunmasına itibar edilir. Binaenaleyh mehr-i muaccel veya nafakadan aciz olan erkek, fakir bir kıza denk değildir. Zira mehir, kızdan yararlanmanın bedelidir. Ödenmesi gerekir. Nafaka da, evliliğin ayakta durup devam etmesine sebeptir. İmam Ebû Yusuf'a göre, erkeğin nafakaya gücü yetmesi yeterlidir. Nafakadan maksat, kadının her gün yiyeceği kadar bir şey kazanmasıdır. Bazılarına göre, bir senelik nafakadır. Diğer bazılarına göre, altı aylık nafakadır. Ebû yusuf'a göre, nafaka ve mehre gücü yeten erkek, çok malı olan kıza denktir. Zira mal, zamanla yok olabilen bir şey olduğu için zenginlik devam etmez. Çok mal yerilmiştir. Hz. Peygamber (a.s.)'in,

"**Çok malı olanlar helak** هَلَكَ الْمُكْثِرُونَ إِلَّا مَنْ قَالَ بِمَالِهِ هَكَذَا اى تَصَدَّقَ بِهِ

olmuştur. Ancak malını sadaka olarak verenler hariç" [21] hadisi, mala itibar edilmeyeceğine delildir. İmam-ı azam ile İmam Muhammed buna muhalefet ederler. Onlara göre, zenginlikte denklik muteberdir.

İmameyn'e göre, sahip olunan sanatın şerefinde de denkliğe itibar edilir. Bu hususta İmam-ı Azam'dan iki rivayet vardır. Bu rivayetlerden birine göre, sanata itibar edilir; diğerine göre itibar edilmez. Zira âdi bir sanatla meşgul olurken şerefli bir sanata geçmek mümkündür. Onun için, sanata itibar edilmez. Binaenaleyh İmameyn'e göre, çulhacı, kan alıcı, çöpçü ve dibagatçı aktara, sarrafa ve kumaşçıya denk değildir.

Bir kız, dengi olmayan biri ile evlense, velisinin bunları ayırma hakkı vardır. Aynı şekilde kadının mehr-i misli noksan olur ve kocası tamamlamazsa, velinin mehr-i misli tamamlatma hakkı vardır. Tamamlamazsa, veli bunları ayırabilir. İmameyn buna muhaliftir. Onlara göre, velinin mehr-i misle itiraz hakkı yoktur.

Velinin mehr-i misli veya çeyizleri olması veya nafaka talep etmesi rızadır. Susması rıza değildir.

Susmak, birkaç yerde konuşma yerine geçer.

1. Velisi, bakire kızı evlendirmek için ondan izin istediğinde kızın susması.

2. Mehr-ini aldığında susması.

3. Bülûğ çağındaki bir kıza, evlendirildiği haberi geldiğinde susması.

4. Bir kadın evlenmemeye yemin ettiği halde, babası kendisini nikahladığında susması. Bu durumda yeminini bozmuş olur.

5. Bir kimseye bir şey tasadduk edildiğinde susması kabuldür Bu susma konuşma yerine geçer. Fakat kendisine bir şey hibe edilenin susması, konuşma yerine geçmez.

6. Bir kimse bir mecliste birisine bir şey hibe etse, fakat hibe edilen şey o anda alınmayıp meclis uzasa ve başka bir mecliste, kendisine hibe edilen kişi o şeyi bir şey söylemeden asla, bu kabul yerine geçer.

7. Vekilin susması kabul yerine geçer. Mesela, bir kimse diğerine, "ben seni filan şeye vekil ettim" dediğinde, o kimsenin susması kabuldür. Fakat daha sonra reddedebilir.

---

(21) İbn Mace, Zûhd, 8; Ahmed b. Hanbel, II, 309.

NİKÂH   113

8. Kendisi için bir şey ikrar edilenin susması. Yani, bir kıza, "sen benim kızımsın" denildiğinde o kız sussa, kabul yerine geçer. Sonra reddedebilir.

9. Kendisine bir şeyin yapılması emredilen kişinin susması kabuldür. Bu da, sonra reddedebilir.

10. Kendisine bir şey vakfedilenin susması. Bu da, daha sonra reddedebilir. Bazıları, "daha sonra reddedemez" demişlerdir.

11. Bey'i telciyede taraflardan birinin susması. Mesela, birisi "aramızda alışverişle ilgili manayı sahihleştirelim" dediğinde diğeri sussa, bu susma da konuşma yerine geçer.

12. Eski mal sahibinin; malı alacaklılar arasında bölüştürülürken susması.

13. Muhayyer olarak köle satın alan kişinin, köleyi alışveriş yaparken gördüğü halde susması. Bu susma muhayyerliği kaldırır.

14. Müşteri malı aldığında satıcının susması izin sayılır. Alış veriş gerek sahih gerekse fasit olsun.

15. Şuf'a hakkı olanın susması.

16. Efendinin, kölesini alış-veriş yaparken gördüğü halde susması, kölenin ticaret yapmasına izin sayılır.

17. Efendi, kölesine ticaret yapma izni vermeyeceğine yemin etse, sonra onun alış veriş yaptığını gördüğü halde sussa, yeminini bozmuş olur. Susması konuşma yerine geçer.

18. Bir kimse kölesini satsa, veya rehin olarak verse veya cinayet için teslim etse, o kölenin susması, kendisinin köle olduğunu ikrar etmesi demektir. Eğer aklı başında biri ise. Fakat cariye, kendisini birine vermek için satışa arzedildiğinde veya birisiyle evlendirmek için kendisinden izin istenildiğinde sussa, bu ikrar demek değildir. Bu susma, yukarıda zikredilene benzemez, onun zıddıdır.

19. Bir kimse, "filancayı evime sokmayacağım" diye yemin etse, halbuki o adam onun evine girmiş olsa, bu durumda susarsa yeminini bozmuş olur. Fakat "evimden çık" der, sonra susarsa yeminini bozmuş olmaz.

20. Bir kimse bir şeyi satın almadan önce o şeyin kusuru kendisine bildirildiği halde susarsa, o kusura razı olmuş demektir. Eğer bunu bildiren âdil biri ise durum böyledir. Fâsık bir kişi ise İmam-ı Azam'a göre rıza sayılmaz.

İmameyn'e göre, bu kusuru bildiren kişi fâsık da olsa, razı olmuş sayılır.

21. Bir kimsenin, ümmü veledi doğurduğunda susması ikrardır.

22. Bir kimsenin, karısını veya yakınını, kendinin akarını satarken görüp susması, onun kendi malı olmadığını ikrardır.

23. Bir kimse, kumaşının vaya evinin satıldığını ve birinin onu alıp nice zaman tasarrufta bulunduğunu görse ve buna rağmen sussa, daha sonra "o mal benimdi" diye yaptığı iddia sâkıt olur. Bu kimsenin susması, o malın kendisine ait olmadığını ikrardır.

24. Şirket-i İnan'(22) ile ortak olan bir kimse diğer ortağa, "şu câriyeyi özellikle kendim için aldım" dese ve karşısındaki sussa, bu cariyenin yalnız ona ait olduğunu ikrardır.

25. Muayyen bir alış verişte, bir kimsenin vekili, "şu şeyi kendim için alıyorum" dese ve müvekkili sussa, bu izindir. O şey vekilin olur.

26. Aklı başında bir çocuk alış veriş yaptığında velisi görüp sussa, bu izin sayılır.

27. Bir kimse tulumu ile su alsa, bir diğeri tulumu yarıp suyunu dökse, sahibinin bunu gördüğü halde susması rızadır.

28. Bir kimse, kölesini kendisine hizmet ettirmemeye yemin etse, kölesi, izni olmadan ona hizmet etse, o da bunu görüp engel olmasa yeminini bozmuş olur.

29. Bir kadın, kızının çeyizi için babasının malından bir miktar verse, babası da orada hazır bulunduğu halde sussa, bu rıza sayılır. Babası o malı geri isteyemez.

30. Kadın, kızının çeyizinde âdet olan yemek için babasının malından harcasa, babasının susması izindir. Anasına ödettiremez.

31. Bir kimse bir cariyeyi satsa, cariyenin üzerinde birçok zinet ve kulaklarında küpe bulunsa, fakat alış veriş yaparken bunların çıkarılma şartı konulmasa, müşteri cariyeyi bu zikredilen zinetlerle alıp gitse, bu durumda satıcının susması, zinetleri teslim demektir. Onlar müşterinin olur.

32. Bir kimse bir alimden okusa, alim susup cevap vermese, susması cevap ve izin yerine geçer.

---

(22) Ortaklar arasında tam eşitlik şart edilmeksizin akt olunan şirket.

33. Şahitlerin tezkiyesi için birkaç kişiye sorulsa, onlar da cevap vermeyip sussalar, susmaları, şahitlerin âdil olduklarına delildir.

34. Bir kimse bir şeyi rehin bırakmak için başkasına söylese, o da kabul etmese, oradan birkaç saat geçtikten sonra, malı rehin bırakmak istediği kimse onu alsa ve rehin bırakan sussa, bu izindir.

Bu anlatılan meselelerin bir kısmı Hülasa'dan, bir kısmı Camiu'l-füsül'dan, bir kısmı Künyetu'l-fetâvâ'dan ve bir kısmı da Zahiriyye'den alınmıştır. Bu, el-eşbah ve'n-ne zair'de de böyle yazılıdır. Şüphesi olan oraya baksın.

Küçük kız çocuğunun birbirine denk olan velilerinden biri nikaha razı olup ona nikahlasa, diğerleri itiraz edemez. Yani nikah akdini feshedemezler. Fakat bu akdi yapan veliden daha yakın bir velisi varsa o feshedebilir.

4. KISIM

فصل

وَوُقِفَ تَزْوِيجُ فُضُولِيٍّ أَوْ فُضُولِيَّيْنِ عَلَى الْإِجَازَةِ وَيَتَوَلَّى طَرَفَى النِّكَاحِ وَاحِدٌ بِأَنْ كَانَ وَلِيًّا مِنَ الْجَانِبَيْنِ أَوْ وَكِيلاً مِنْهُمَا أَوْ وَلِيًّا وَأَصِيلاً أَوْ وَلِيًّا وَوَكِيلاً أَوْ وَكِيلاً وَأَصِيلاً وَلَا يَتَوَلَّاهُمَا فُضُولِيٌّ وَلَوْ مِنْ جَانِبٍ خِلَافًا لِأَبِى يُوسُفَ* وَلَوْ أَمَرَهُ أَنْ يُزَوِّجَهُ امْرَأَةً فَزَوَّجَهُ أَمَةً لَا يَصِحُّ عِنْدَهُمَا وَهُوَ الْاِسْتِحْسَانُ وَعِنْدَ الْإِمَامِ يَصِحُّ* وَلَوْ زَوَّجَهُ امْرَأَتَيْنِ فِى عَقْدَةٍ لَا يَلْزَمُ وَاحِدَةٌ مِنْهُمَا وَلَوْ زَوَّجَ الْأَبُ أَوِ الْجَدُّ الصَّغِيرَ أَوِ الصَّغِيرَةَ بِغَبْنٍ فَاحِشٍ فِى الْمَهْرِ أَوْ مِنْ غَيْرِ كُفْءٍ جَازَ خِلَافًا لَهُمَا وَلَيْسَ ذٰلِكَ لِغَيْرِ الْأَبِ وَالْجَدِّ*

BİR YABANCININ EVLENDİRMESİ

Taraflara yabancı (veli veya vekil olmayan) bir veya iki kimsenin kıydığı nikah tarafların iznine bağlıdır. Her iki tarafın velisi veya vekili olmak hasebiyle, nikahta her iki tarafa bir kişi vekil olabilir.

Bir kişi bir tarafa veli, öbür tarafa asil; veya bir tarafa asil olabilir. Sadece bir tarafa yabancılığı söz konusu olsa dahi, bir yabancı iki tarafın veliliğini üzerine alamaz. İmam Ebû Yusuf buna muhaliftir.

Bir adam diğer bir adama, kendisine bir kadın, nikahlamasını emretse, o da ona bir cariye nikahlasa, İmameyn'e göre bu sahih olmaz. İstihsan da budur. İmam-ı Azam'a göre sahih olur. Kendisine emir verilen adam, o adama bir akitle iki kadını nikahlasa, adamın, kadınlardan hiçbirini alması lazım gelmez.

Baba veya dede, küçük oğlanı veya küçük kızı, haddinden fazla mehir alarak veya dengi olmayan biriyle evlendirseler câizdir. İmameyn buna muhaliftir. Baba ve dededen başkası bu evlendirmeyi yapamaz.

NİKÂH

İZAHI

Taraflara yabancı bir veya iki kişinin kıydığı nikah tarafların iznine bağlıdır. Mesela, bir kimse bir adamı, haberi yok iken bir kadınla nikahlasa, veya kadının da haberi yok iken kadını bir adamla nikahlasa, ikisinin de nikahı izne bağlıdır.

Bir kimse iki tarafın da velisi olarak nikah kıyabilir. Mesela, bir kimse, kardeşininin kızını diğer kardeşinin oğluna nikahlamak için, iki tarafın da icab ve kabulüne veli olabilir, veya her iki tarafa vekil olarak nikahlayabilir. Veya bir tarafın velisi, diğer tarafın asili olarak iki tarafa veli olur. Mesela bir kimse, amcasının küçük kızını kendisine nikahlasa, kendi tarafından asil, kız tarafından vekil olmuş olur. Veya bir tarafa veli, öbür tarafa vekil olabilir. Mesela, kendi kızını, bir başkasına vekil olarak nikahlayabilir. Veya bir tarafa vekil, diğer tarafa asil olabilir. Mesela, bir hatuna vekil olarak onu kendisine nikahlayabilir.

Sadece bir taraftan yabancı olsa dahi, yabancı bir kişi iki tarafın veliliğini üzerine alamaz. Ebû Yusuf buna muhaliftir. Ona göre, tek taraftan yabancı olan kişi, iki tarafın nikahına veli olabilir. Sözün kısası, böyle bir kişi için altı mesele vardır. Bu altı meselenin üçü ittifakla izne bağlıdır. Bunlar:

1. Yabancı bir kimse, haberi olmayan bir kadın için "ben filan kadını filan erkeğe nikahladım" dese, başka bir yabancı da "kabul ettim" dese,

2. Yabancı bir kimse, haberi olmayan bir kadın için, "filan kadını zevceliğe aldım" dese, başka bir yabancı erkek de, "onu sana zevceliğe verdim" dese,

3. Bir kadın, haberi olmayan bir erkek için, "nefsimi filan adama zevceliğe verdim" dese, başka bir yabancı erkek de, "kabul ettim" dese, işte bu üç meselede, ittifakla nikah, söz konusu kişilerin iznine bağlıdır.

Şu üç mesele de ihtilaflıdır.

1. Yabancı bir erkek, "filan kadını filan erkeğe zevceliğe verdim" dese, halbuki o erkek ve kadın orada bulunmasalar ve "kabul ettim" diyen kimse de bulunmasa,

2. Veya, yabancı bir erkek, "ben filan kadını zevceliğe aldım" dese, halbuki kadın orada bulunmasa ve "kabul etim" diyen de olmasa,

3. Bir kadın, "kendimi filan kimseye zevceliğe verdim" dese, o adam da orada bulunmasa ve "kabul ettim" diyen biri olmasa, işte bu üç mesele Ebû Yusuf'a göre izne bağlıdır. Zira hazır olduklarında, izin ile tamam olur. İmam-ı Azam ve İmam Muhammed'e göre bu sözler geçersizdir. Ebû Yusuf şöyle bir kıyasta bulunur: Eğer bu nikahı kıyanlar, iki taraftan emir olarak kıymış olsalardı, nikah kıyılmış olurdu. Aynı şekilde habersiz kıyılırsa da nikah olur. Ancak şu var ki, izinleri alındıktan sonra tamamlanmış olur. İmam-ı Azam ile İmam Muhammed'in delilleri şudur: Bu durumda nikah akdinin yarısı mevcuttur. Karşı tarafın "kabul"ü olmadıkça geri dönülebilir. O yerden kalkmakla, nikahın mevcut olan yarısı da bâtıl olur. Diğer yerde devam etmez. Bey'de olduğu gibi. Ebû Yusuf'un, "İki taraftan emir aldıklarında nikah kıyılmış olur" sözü buna benzemez. Zira, iki tarafın izni ile yapılan akit, icab ve kabul bulunduğu için tamdır. Fakat konumuz olan mesele batıldır, izne bağlı değildir. Bir adam bir kimseye, "bana bir kadın nikahla" diye emretse, o kimse de ona bir başkasının cariyesini nikahlasa, İmameyn'e göre bu sahih değildir. İstihsan da budur. Zira mutlak olarak "kadın" zikredilince, örfteki mana anlaşılır ki, bu da dengi bir kadını nikahlamaktır. İmam-ı Azam'a göre, bu sahih olur. Zira "kadın" lafzı, mutlak olarak hür kadını ve cariyeyi kapsar. Hatta bir kimse "kadın almayacağım" diye yemin etse, kadın kelimesi her ikisini de içine aldığı için, hür bir kadın veya cariyeden hangisini nikahlasa yeminini bozmuş olur.

Eğer bir kimsenin, kendisine bir kadın nikahlaması için emir verdiği kişi, bir akitle ona iki kadını nikahlasa, kadınlardan hiçbirini alamaz. emir verenin emrine aykırı hareket ettiği için, ikisinin nikahını geçerli saymaya yol yoktur. Bilinmediği için, ikisinden birini geçerli saymak ve hangisinin evvel olduğu bilinememesi yüzünden birini belirlemek de mümkün değildir. Bu takdirde araları ayrılır ve hiçbirinin nikahı olmaz.

Babası veya dedesi küçük oğlunu aşırı derecede bir mehir vererek veya küçük kızını az bir mehirle evlendirse, veya dengi olmayana verse, Ebû Hanife'ye göre bu câizdir. İmameyn buna muhalefet eder. Velilik, çocuğun hakkını gözetme şartına bağlıdır. Şart bulunmayınca akit bâtıl olur. Zira, mehr-i misilden aşağı bir mehirle verilince, bu şart bulunmamış olur. Dengi olmayana vermek te büyük bir zarardır. Câiz olmaz.

Erkek çocuğunu fazla, kız çocuğunu az bir mehirle evlendirmek, veya dengi olmayana vermek, baba ve dedenin dışında hiç kimsenin hakkı değildir.

5. KISIM

– باب المهر –

يَصِحُّ النِّكَاحُ بِلَا ذِكْرِهِ وَمَعَ نَفْيِهِ وَأَقَلُّهُ عَشَرَةُ دَرَاهِمَ فَلَوْ سُمِّيَ دُونَهَا لَزِمَتِ الْعَشَرَةُ وَإِنْ سَمَّاهَا أَوْ أَكْثَرَ لَزِمَ الْمُسَمَّى بِالدُّخُولِ أَوْ مَوْتِ أَحَدِهِمَا وَنِصْفُهُ بِالطَّلَاقِ قَبْلَ الدُّخُولِ وَالْخَلْوَةِ الصَّحِيحَةِ* وَإِنْ سَكَتَ عَنْهُ أَوْ نَفَاهُ لَزِمَ مَهْرُ الْمِثْلِ بِالدُّخُولِ أَوِ الْمَوْتِ* وَبِالطَّلَاقِ قَبْلَ الدُّخُولِ وَالْخَلْوَةِ مُتْعَةٌ مُعْتَبَرَةٌ بِحَالِهِ فِى الصَّحِيحِ لَا تُنْقَصُ عَنْ خَمْسَةِ دَرَاهِمَ وَلَا تُزَادُ عَلَى نِصْفِ مَهْرِ الْمِثْلِ وَهِىَ دِرْعٌ وَخِمَارٌ وَمِلْحَفَةٌ* كَذَا الْحُكْمُ لَوْ تَزَوَّجَهَا بِخَمْرٍ أَوْ خِنْزِيرٍ أَوْ بِهٰذَا الدَّنِّ مِنَ الْخَلِّ فَاِذَا هُوَ خَمْرٌ خِلَافًا لَهُمَا* أَوْ بِهٰذَا الْعَبْدِ فَاِذَا هُوَ حُرٌّ خِلَافًا لِأَبِى يُوسُفَ أَوْ بِثَوْبِهِ أَوْ بِدَابَّةٍ لَمْ يُبَيَّنْ جِنْسُهُمَا أَوْ بِتَعْلِيمِ الْقُرْاٰنِ أَوْ بِخِدْمَةِ الزَّوْجِ الْحُرِّ لَهَا سَنَةً وَعِنْدَ مُحَمَّدٍ لَهَا قِيمَةُ الْخِدْمَةِ وَكَذَا يَجِبُ مَهْرُ الْمِثْلِ فِى الشِّغَارِ وَهُوَ أَنْ يُزَوِّجَهُ بِنْتَهُ أَوْ أُخْتَهُ مُعَاوَضَةً بِالْعَقْدَيْنِ* وَلَوْ تَزَوَّجَهَا عَلٰى خِدْمَتِهِ لَهَا سَنَةً وَهُوَ عَبْدٌ فَلَهَا الْخِدْمَةُ* وَلَوْ أَعْتَقَ أَمَتَهُ عَلٰى أَنْ يُزَوِّجَهَا فَعَتْقُهَا صَدَاقُهَا عِنْدَ أَبِى يُوسُفَ وَعِنْدَهُمَا لَهَا مَهْرُ الْمِثْلِ* وَلَوْ أَبَتْ أَنْ تَزَوَّجَهُ فَعَلَيْهَا قِيمَتُهَا لَهُ اِجْمَاعًا* وَلِلْمُفَوِّضَةِ مَا فُرِضَ لَهَا بَعْدَ الْعَقْدِ اِنْ دَخَلَ أَوْ مَاتَ وَالْمُتْعَةُ اِنْ طَلَّقَ قَبْلَ الدُّخُولِ وَعِنْدَ أَبِى يُوسُفَ نِصْفُ مَا فُرِضَ* وَإِنْ زَادَ فِى مَهْرِهَا بَعْدَ الْعَقْدِ لَزِمَتْ وَتَسْقُطُ بِالطَّلَاقِ قَبْلَ الدُّخُولِ وَعِنْدَ أَبِى يُوسُفَ تُنَصَّفُ أَيْضًا وَإِنْ حَطَّتْ عَنْهُ مِنَ الْمَهْرِ صَحَّ. وَاِذَا خَلَا بِهَا بِلَا مَانِعٍ مِنَ الْوَطْىءِ حِسًّا أَوْ شَرْعًا أَوْ طَبْعًا كَمَرَضٍ يَمْنَعُ الْوَطْىءَ وَرَتْقٍ

وَصَوْمِ رَمَضَانَ وَإِحْرَامٍ فَرْضٍ أَوْ نَفْلٍ وَحَيْضٍ وَنِفَاسٍ لَزِمَهُ تَمَامُ الْمَهْرِ وَلَوْ كَانَ خَصِيًّا أَوْ عِنِّيناً. وَكَذَا لَوْ كَانَ مَجْبُوباً خِلَافاً لَهُمَا وَصَوْمُ الْقَضَاءِ غَيْرُ مَانِعٍ فِى الْأَصَحِّ. وَكَذَا صَوْمُ النَّذْرِ فِى رِوَايَةٍ وَفَرْضُ الصَّلَاةِ مَانِعٌ. وَالْعِدَّةُ تَجِبُ بِالْخَلْوَةِ وَلَوْ مَعَ الْمَانِعِ احْتِيَاطاً. وَالْمُتْعَةُ وَاجِبَةٌ لِمُطَلَّقَةٍ قَبْلَ الدُّخُولِ مَا لَمْ يُسَمَّ لَهَا مَهْرٌ وَمُسْتَحَبَّةٌ لِمُطَلَّقَةٍ قَبْلَ الدُّخُولِ وَغَيْرُ مُسْتَحَبَّةٍ لِمُطَلَّقَةٍ قَبْلَهُ سُمِّيَ لَهَا مَهْرٌ. وَلَوْ سُمِّيَ لَهَا أَلْفاً وَقَبَضَتْهُ ثُمَّ وَهَبَتْهُ لَهُ ثُمَّ طَلَّقَهَا قَبْلَ الدُّخُولِ رَجَعَ عَلَيْهَا بِنِصْفِهِ وَكَذَا كُلُّ مَكِيلٍ وَمَوْزُونٍ وَلَوْ قَبَضَتِ النِّصْفَ ثُمَّ وَهَبَتِ الْكُلَّ أَوِ الْبَاقِيَ لَا يَرْجِعُ خِلَافاً لَهُمَا. وَلَوْ وَهَبَتْ أَقَلَّ مِنَ النِّصْفِ وَقَبَضَتِ الْبَاقِيَ رَجَعَ عَلَيْهَا إِلَى تَمَامِ النِّصْفِ وَعِنْدَهُمَا بِنِصْفِ الْمَقْبُوضِ وَلَوْ لَمْ تَقْبِضْ شَيْئاً فَوَهَبَتْهُ لَا يَرْجِعُ أَحَدُهُمَا عَلَى الْآخَرِ. وَكَذَا لَوْ كَانَ الْمَهْرُ عَرَضاً فَوَهَبَتْهُ قَبْلَ الْقَبْضِ أَوْ بَعْدَهُ. وَإِنْ تَزَوَّجَهَا بِأَلْفٍ عَلَى أَنْ لَا يُخْرِجَهَا مِنَ الْبَلَدِ أَوْ عَلَى أَنْ لَا يَتَزَوَّجَ عَلَيْهَا فَإِنْ وَفَى فَلَهَا الْأَلْفُ وَإِلَّا فَمَهْرُ الْمِثْلِ. وَلَوْ تَزَوَّجَهَا عَلَى أَلْفٍ إِنْ أَقَامَ بِهَا وَعَلَى أَلْفَيْنِ إِنْ أَخْرَجَهَا فَإِنْ أَقَامَ فَلَهَا الْأَلْفُ وَإِلَّا فَمَهْرُ الْمِثْلِ لَا يُزَادُ عَلَى أَلْفَيْنِ وَلَا يَنْقُصُ عَنْ أَلْفٍ. وَعِنْدَهُمَا لَهَا أَلْفَانِ إِنْ أَخْرَجَهَا. وَلَوْ تَزَوَّجَهَا بِهَذَا الْعَبْدِ أَوْ بِهَذَا الْعَبْدِ فَلَهَا الْأَعْلَى إِنْ كَانَ مِثْلُ مَهْرِ مِثْلِهَا أَوْ أَقَلَّ* وَالْأَدْنَى إِنْ كَانَ مِثْلَهُ أَوْ أَكْثَرَ وَمَهْرُ مِثْلِهَا إِنْ كَانَ بَيْنَهُمَا* وَعِنْدَهُمَا لَهَا الْأَدْنَى بِكُلِّ حَالٍ* وَإِنْ طَلَّقَهَا قَبْلَ الدُّخُولِ فَلَهَا نِصْفُ الْأَدْنَى إِجْمَاعاً* وَإِنْ تَزَوَّجَهَا بِهَذَيْنِ الْعَبْدَيْنِ فَإِذَا أَحَدُهُمَا حُرٌّ فَلَهَا الْعَبْدُ فَقَطْ عِنْدَ الْإِمَامِ إِنْ سَاوَى عَشَرَةً* وَعِنْدَ أَبِى يُوسُفَ الْعَبْدُ مَعَ قِيمَةِ الْحُرِّ لَوْ كَانَ عَبْداً* وَعِنْدَ مُحَمَّدٍ الْعَبْدُ وَتَمَامُ مَهْرِ الْمِثْلِ إِنْ هُوَ أَقَلُّ مِنْهُ* وَإِنْ تَزَوَّجَهَا عَلَى فَرَسٍ أَوْ ثَوْبٍ هِرَوِيٍّ بَالَغَ فِى وَصْفِهِ أَوْ لَا خُيِّرَ بَيْنَ دَفْعِ الْوَسَطِ أَوْ قِيمَتِهِ* وَكَذَا لَوْ تَزَوَّجَهَا عَلَى مَكِيلٍ أَوْ مَوْزُونٍ

بَيْنَ جِنْسُهُ لاَ صِفَتُهُ* وَاِنْ بُيِّنَ صِفَتُهُ اَيْضاً وَجَبَ وَهُوَ لاَ قِيمَتُهُ* وَقِيلَ الثَّوْبُ مِثْلِهِ اِنْ بُولِغَ فِى وَصْفِهِ* وَاِنْ شَرَطَ الْبَكَارَةَ فَوَجَدَهَا ثَيِّبًا لَزِمَهُ كُلُّ الْمَهْرِ* وَاِنِ اتَّفَقَا عَلَى قَدْرٍ فِى السِّرِّ وَاَعْلَنَا غَيْرَهُ عِنْدَ الْعَقْدِ فَالْمُعْتَبَرُ مَا اَعْلَنَاهُ وَعِنْدَ اَبِى يُوسُفَ رح مَا اَسَرَّاهُ وَلاَ يَجِبُ شَىْءٌ بِلاَ وَطْىءٍ فِى عَقْدٍ فَاسِدٍ وَاِنْ خَلاَ* فَاِنْ وَطِىءَ وَجَبَ مَهْرُ الْمِثْلِ لاَ يُزَادُ عَلَى الْمُسَمَّى وَعَلَيْهَا الْعِدَّةُ وَابْتِدَاؤُهَا مِنْ حِينِ التَّفْرِيقِ لاَ مِنْ آخِرِ الْوَطَآتِ هُوَ الصَّحِيحُ وَيَثْبُتُ فِيهِ النَّسَبُ وَمُدَّتُهُ مِنْ حِينِ الدُّخُولِ عِنْدَ مُحَمَّدٍ وَبِهِ يُفْتَى. وَمَهْرُ مِثْلِهَا يُعْتَبَرُ بِقَوْمِ اَبِيهَا اِنْ تَسَاوَيَا سِنًّا وَجَمَالاً وَمَالاً وَعَقْلاً وَدِينًا وَبَلَدًا وَعَصْرًا وَبَكَارَةً وَثَيَابَةً* فَاِنْ لَمْ يُوجَدْ مِنْهُمْ فَمِنَ الْاَجَانِبِ فَاِنْ لَمْ يُوجَدْ جَمِيعُ ذَلِكَ فَمَا يُوجَدُ مِنْهُ* وَلاَ يُعْتَبَرُ بِاُمِّهَا اَوْ خَالَتِهَا اِنْ لَمْ تَكُونَا مِنْ قَوْمِ اَبِيهَا* وَصَحَّ ضَمَانُ وَلِيِّهَا مَهْرَهَا وَتُطَالِبُ مَنْ شَاءَتْ مِنْهُ وَمِنَ الزَّوْجِ* وَيَرْجِعُ الْوَلِىُّ عَلَى الزَّوْجِ اِذَا اَدَّى اِنْ ضَمِنَ بِاَمْرِهِ وَاِلاَّ فَلاَ* وَلِلْمَرْاَةِ مَنْعُ نَفْسِهَا مِنَ الْوَطْىءِ وَالسَّفَرِ حَتَّى يُوفِيَهَا قَدْرَ مَا بَيْنَ تَعْجِيلُهُ مِنْ مَهْرِهَا كُلاًّ اَوْ بَعْضًا وَلَهَا السَّفَرُ وَالْخُرُوجُ مِنَ الْمَنْزِلِ اَيْضًا وَلَهَا النَّفَقَةُ لَوْ مَنَعَتْ لِذَلِكَ وَهَذَا قَبْلَ الدُّخُولِ وَكَذَا بَعْدَهُ خِلاَفًا لَهُمَا فِيمَا لَوْ كَانَ الدُّخُولُ بِرِضَاهَا غَيْرَ صَبِيَّةٍ وَلاَ مَجْنُونَةٍ* وَاِنْ لَمْ يُبَيَّنْ قَدْرُ الْمُعَجَّلِ فَقُدِّرَ مَا يُعَجَّلُ مِنْ مِثْلِهِ عُرْفًا غَيْرَ مُقَدَّرٍ بِرُبْعٍ وَنَحْوِهِ وَلَيْسَ لَهَا ذَلِكَ لَوْ اُجِّلَ كُلُّهُ خِلاَفًا لِاَبِى يُوسُفَ رح* وَاِذَا اَوْفَاهَا ذَلِكَ فَلَهُ نَقْلُهَا حَيْثُ شَاءَ مَادُونَ السَّفَرِ* وَقِيلَ لَهُ السَّفَرُ بِهَا فِى ظَاهِرِ الرِّوَايَةِ وَالْفَتْوَى عَلَى الْاَوَّلِ* وَاِنِ اخْتَلَفَا فِى قَدْرِ الْمَهْرِ فَالْقَوْلُ لَهَا اِنْ كَانَ مَهْرُ مِثْلِهَا كَمَا قَالَتْ اَوْ اَكْثَرَ* وَلَهُ اِنْ كَانَ كَمَا قَالَ اَوْ اَقَلَّ* وَاِنْ كَانَ بَيْنَهُمَا تَحَالَفَا وَلَزِمَ مَهْرُ الْمِثْلِ* وَفِى الطَّلاَقِ قَبْلَ الدُّخُولِ الْقَوْلُ لَهَا اِنْ كَانَتْ مُتْعَةُ الْمِثْلِ كَنِصْفِ مَا قَالَتْ اَوْ اَكْثَرَ* وَلَهُ اِنْ كَانَتْ كَنِصْفِ مَا قَالَ اَوْ اَقَلَّ*

الْمُتْعَةُ* وَعِنْدَ اَبِى يُوسُفَ رح اَلْقَوْلُ لَهُ قَبْلَ الدُّخُولِ وَبَعْدَهُ اِلَّا اَنْ يُذْكَرَ مَالاَ يَتَعَارَفُ مَهْراً لَهَا وَاَيُّهُمَا بَرْهَنَ قُبِلَ* وَاِنْ بَرْهَنَا فَبَيِّنَتُهُ اَوْلٰى حَيْثُ يَكُونُ الْقَوْلُ لَهَا وَبَيِّنَتُهَا اَوْلٰى حَيْثُ يَكُونُ الْقَوْلُ لَهُ* وَاِنِ اِخْتَلَفَا فِى اَصْلِهِ وَجَبَ مَهْرُ الْمِثْلِ وَمَوْتُ اَحَدِهِمَا كَحَيَاتِهِمَا* وَفِى مَوْتِهِمَا بَعْدَ الدُّخُولِ اِنِ اِخْتَلَفَ الْوَرَثَةُ فِى قَدْرِهِ فَالْقَوْلُ لِوَرَثَةِ الزَّوْجِ عِنْدَ الْاِمَامِ وَلاَ يُسْتَثْنَى الْقَلِيلُ وَعِنْدَ مُحَمَّدٍ كَالْحَيَاةِ وَاِنِ اخْتَلَفُوا فِى اَصْلِهِ يَجِبُ مَهْرُ الْمِثْلِ عِنْدَهُمَا وَبِهِ يُفْتٰى. وَعِنْدَ الْاِمَامِ الْقَوْلُ لِمُنْكِرِ التَّسْمِيَةِ وَلاَ يَجِبُ شَىْءٌ. وَاِنْ بَعَثَ اِلَيْهَا شَيْئاً فَقَالَتْ هُوَ هَدِيَّةٌ وَقَالَ هُوَ مَهْرٌ فَالْقَوْلُ لَهُ فِى غَيْرِ مَا هُيِّىءَ لِلْاَكْلِ. وَاِنْ نَكَحَ ذِمِّىٌّ اَوْ حَرْبِىٌّ حَرْبِيَّةً ثَمَّهُ عَلٰى مَيْتَةٍ اَوْ بِلَا مَهْرٍ وَذٰلِكَ جَائِزٌ فِى دِينِهِمْ فَلَا شَىْءَ لَهَا خِلَافاً لَهُمَا سَوَاءٌ وُطِئَتْ اَوْ طُلِّقَتْ قَبْلَهُ اَوْ مَاتَ اَحَدُهُمَا. وَاِنْ نَكَحَهَا بِخَمْرٍ اَوْ خِنْزِيرٍ مُعَيَّنٍ ثُمَّ اَسْلَمَا اَوْ اَسْلَمَ اَحَدُهُمَا قَبْلَ الْقَبْضِ فَلَهَا ذٰلِكَ. وَاِنْ كَانَ غَيْرَ مُعَيَّنٍ فَقِيمَةُ الْخَمْرِ وَمَهْرُ الْمِثْلِ فِى الْخِنْزِيرِ. وَعِنْدَ اَبِى يُوسُفَ مَهْرُ الْمِثْلِ فِى الْوَجْهَيْنِ. وَعِنْدَ مُحَمَّدٍ الْقِيمَةُ فِيهِمَا. وَفِى الطَّلَاقِ قَبْلَ الدُّخُولِ تَجِبُ الْمُتْعَةُ عِنْدَ مَنْ اَوْجَبَ مَهْرَ الْمِثْلِ وَنِصْفُ الْقِيمَةِ عِنْدَ مَنْ اَوْجَبَهَا.

NİKÂH

MEHİR

Mehir zikredilmek ve mehrin olmadığını söylemek suretiyle nikah sahih olur. Mehrin en az miktarı on dirhemdir. Dolayısıyla, on dirhemden az olarak söylense dahi on dirhem gerekir. Eğer on dirhem veya daha çok olarak söylenirse, zifafa girmekle veya karı-kocadan birinin ölmesiyle, belirlenen mehri vermek gerekir. Zifafa girmeden ve halvet-i sahiha vuku bulmadan önce boşanma olursa, mehrin yarısını vermek gerekir. Eğer koca mehri açıklamaz veya mehir yok derse, zifafa girmekle veya ölümle, mehr-i misil gerekir. Halvet-i sahihadan ve zifafa girmeden önce talak verilirse, sahih rivayete göre, adamın durumuna uygun muteber mut'a verilmesi gerekir. Bu mut'a da beş dirhemden az ve mehr-i mislin yarısından çok olmaz. Mut'a gömlek, baş örtüsü ve elbisedir. Eğer kadını şarap veya domuz karşılığında nikahlar, veya ''şu sirke küpüne karşılık'' der de, küp şarap dolu olursa hüküm yine aynıdır. İmameyn buna muhaliftir. Yahut ''şu köleye karşılık'' der de, köle denilen kişi hür çıkarsa, hüküm yine aynıdır. İmam Ebû Yusuf buna muhaliftir. Yahut cinslerini belirtmediği bir elbise veya hayvan karşılığı, veya Kur'an öğretme veya hür kocanın kadına bir sene hizmet etmesi karşılığı olarak nikahlarsa durum yine aynıdır. İmam Muhammed'e göre, kadına, bir yıllık hizmetin kıymetini vermek gerekir. Aynı şekilde "Şiğar da da mehr-i misil gerekir. Şiğar, bir adamın kendi kızını veya kızkardeşini, karşılıklı iki nikahla evlendirmesidir. Eğer bir kimse, köle olduğu halde, kadına bir sene hizmet etme karşılığında kadını nikahlarsa, bir sene hizmet etmesi gerekir. bir kimse, nikahlamak üzere cariyesini azat ederse, İmam Ebû Yusuf'a göre bu azat etme, kadının mehri sayılır. İmam-ı Azam ve İmam Muhammed'e göre, cariyenin mehr-i misil alma hakkı vardır. Eğer cariye azat edildikten sonra efendisi ile evlenmek istemezse, o takdirde ittifakla, cariyenin, efendisine azat kıymetini ödemesi gerekir. Mehirsiz olarak bir adamla evlenen kadın için, eğer kocası zifafa girer veya ölürse, nikahtan sonra ne takdir edilirse mehir olarak o vardır. Kocası, cinsel ilişkide bulunmadan önce onu boşarsa mut'a gerekir. İmam Ebû Yusuf'a göre, takdir olunan mehrin yarısı gerekir. Eğer koca, nikahtan sonra mehri artırırsa, bunun da verilmesi gerekir. Cinsel ilişkide bulunmadan boşarsa, ilave ettiği kısım düşer. İmam Ebû Yusuf'a göre, bu ilave edilenin de yarısının verilmesi gerekir. Eğer kadın, mehr hakkından efendisi için indirim yaparsa sahih olur.

Eğer erkek hissen veya şer'an veya tabii olarak cimâ etmeye engel bir şey olmaksızın kadınla bir odada yalnız kalırsa, mesela cinsel ilişkiye engel bir hastalık, fercin kapalılığı, Ramazan orucu, farz veya nafile ihram, hayız ve nifas gibi bir engel olmazsa, kocanın, mehrin tamamını vermesi gerekir. Erkeğin hayası burulmuş veya erkekliği kalmamış da olsa durum böyledir. Zekeri ve hayaları kesilmiş de olsa hüküm aynıdır. İmameyn buna muhaliftir. En doğru rivayete göre, kaza rucu halvet-i sahihaya engel değildir. Aynı şekilde, bir rivayete göre nezir orucu da halvet-i sahihaya engel değildir. Farz namaz ise engeldir. Halvet-i Sahihaya engel bir durumla da olsa, halvette kalındığı takdirde ihtiyat olarak iddet vâcip olur. Mehri konuşulmamış olan ve zifaftan önce boşanmış kadına mut'a vermek vâciptir. Zifaftan sonra boşanmış kadına mut'a vermek müstehaptır. Mehr-i konuşulmuş kadına, zifaftan önce talak verilmiş olursa, müt'a müstehap değildir.

Eğer kadına bin dirhem mehir vermek üzere konuşulsa, kadın da bu mehri aldıktan sonra kocasına hibe etse, daha sonra koca, zifaftan önce kadını boşasa, mehrin yarısını almak üzere kadına baş vurur. Tartılan ve ölçülen her şey böyledir. Kadın mehrin yarısını alır, sonra hepsini veya geri kalanını bağışlarsa, koca kadına başvurmaz. İmameyn buna muhalefet eder. Kadın mehrin yarısından azını bağışlar ve geri kalanını alırsa, koca mehrin yarısını tamamen almak üzere kadına başvurur. İmameyn'e göre, kadının aldığı mehrin yarısını almak üzere başvurur. kadın bir şey almamış ve bağışlamışsa, biri diğerine müracaat etmez. Mehrin bir mal olması ve kadının onu almadan önce veya sonra bağışlaması halinde de hüküm aynıdır.

Kocası kadını, bulunduğu beldeden çıkarmamak veya onun üzerine evlenmemek üzere bin dirhem mehirle nikahlasa; bu durumda sözünde durursa, kadının bin dirhem alma hakkı vardır. Aksi halde mehr-i misil alır. O beldede ikamet ettirdiği takdirde bin dirhem, oradan çıkardığı takdirde iki bin dirhem vermek şartıyle nikahlasa, eğer orada ikamet ederse kadının bin dirhem alma hakkı vardır. Aksi halde, iki bin dirhemden fazla ve bin dirhemden az olmamak üzere mehr-i misil alma hakkı vardır. İmameyn'e göre, kadını beldeden çıkarırsa, kadının ikibin dirhem alma hakkı vardır.

Eğer mehir olarak "Şu veya şu köle" karşılığı nikahlarsa, eğer köle kadının mehr-i misli kadar veya daha az kıymette ise kadın için en üstün köleyi alma hakkı vardır. Köle mehr-i misli kadar veya daha çok kıymete sahipse en düşüğünü alması gerekir. Eğer köle en üstün veya en düşük kıymete sahip olanlar arasında ise mehr-i misil alması gerekir. İmameyn'e göre, her halü karda, en düşük olanını alması gerekir. Eğer koca; zifafa girmeden önce kadını boşarsa, icmâ ile kadının en düşük kölenin yarı kıymetini alması gerekir.

Adam kadını "şu iki köle karşılığı" diyerek nikahlar ve o iki kişiden birinin hür olduğu anlaşılırsa, İmam Ebû Hanife'ye göre, eğer kölenin kıymeti on dirheme eşitse, kadının sadece o köleyi alma hakkı vardır. İmam Ebû Yusuf'a göre, hür olan adam köle olduğu takdirde ne kıymette olacak idiyse, o kıymetle birlikte köleyi alma hakkına sahiptir. İmam Muhammed'e göre ise köle olanın kıymeti kadının mehr-i mislinden az olursa, kadın köleyi ve mehr-i misli tamamlayan miktarı alır.

Bir kimse bir at veya bir Hirat elbisesi karşılığında bir kadını nikahlarsa, niteliğini açıklamada ister mübalağa etsin, ister etmesin, kıymetini veya orta olanı vermede muhayyerdir.

Aynı şekilde cinsi açıklanıp niteliği açıklanmayan tartılan veya ölçülen şeylere karşılık kadını nikahlarsa, kıymetini veya orta olanı vermede muhayyerdir. Eğer niteliği de açıklanırsa, kıymetini değil de bizzat onu vermesi vâciptir. Niteliği iyice belirtildiği takdirde, elbisenini de, ölçülen ve tartılan şeyler gibi olduğu söylendi. Eğer erkek kadının bâkire olmasını şart koşar da sonra onu dul bulursa, mehrin tamamını vermesi gerekir. Erkek ve kadın gizlice bir miktar üzerinde anlaşır da daha sonra nikah sırasında ondan başkasını açıklarsa, muteber olan, açıkladıkları miktardır. İmam Ebû Yusuf'a göre, gizlice anlaştıkları miktardır.

Halvet-i Sahiha vuku bulsa dahi, fasit olarak kıyılan nikahta, cimâ yapılmadıkça bir şey gerekmez. Eğer cinsel ilişkide bulunursa, konuşulan mehirden fazla olmamak üzere mehr-i misil gerekir. Bu durum da kadın da iddet beklemelidir. Bu iddet bekleme, son cinsel ilişkiden değil de ayrılma anından itibaren başlar. Sahih olan budur.

Fasit nikahta nesep sabit olur. İmam Muhammed'e göre nesebin müddetti, zifafa girme anından itibarendir. Fetva da buna göre verilir.

Kadının mehr-i mislinde, eğer yaş, güzellik, mal, akıl, din, memleket, zaman, bakirelik ve dulluk bakımlarından eşit iseler, kadının baba tarafından hısımları nazar-ı itibare alınır. Babasının hısımlarından böyle birisi bulunmazsa, uzak ve yabancı kadınlar nazar-ı itibara alınır. Eğer bu zikredilenlerin hepsi bulunmazsa, bulunana itibar edilir. Kadının babasının hısımları tarafından olmadıkları takdirde, mehr-i misil, kadının annesine veya teyzesine göre itibara alınmaz. Kadının velisi, mehrini tazmin etmeyi üzerine alırsa sahihtir. Kadın bu mehr-i, dilerse onu tazmin etmeyi üzerine olandan, dilerse kocadan ister. Eğer veli, kocanın emri ile mehri kadına ödemişse, almak üzere kocaya baş vurur. Şayet kocanın emri ile tazmin etmemişse kocaya başvurmaz.

Koca acele olarak verilmesi beyan olunan mehrin tamamını veya bir kısmını vermedikçe, kadın kocası ile cinsel ilişkide bulunmayabilir ve sefere çıkmayabilir. Aynı şekilde sefere gitme ve evden çıkmaya hakkı vardır. Bunun için kendini cinsel ilişkiden men etse de, kocasının ona nafaka vermesi gerekir. Bu, zifafa girmeden öncedir. İmam-ı Azam'a göre zifaftan sonra da böyledir. İmameyn, kadının çocuk ve deli olmaması ve kendi rızası ile cinsel ilişkide bulunulması durumunda buna muhalif görüştedirler.

Eğer mehr-i muaccelin miktarı açıklanmamışsa, âdet olarak mehr-i muaccelin misli takdir edilir. Ancak bu durumda, dörtte biri veya ona yakın miktar takdir edilmez. Mehrin hepsi sonraya bırakılırsa, kadının, kendisini kocasına teslim etmeme hakkı olmaz. Ebû Yusuf buna muhaliftir.

Kocası mehr-i muacceli karısına verince, seferilik müddetinden az olan, istediği yere onu götürebilir. Zahir rivayette, "kocanın, kadını sefere götürme hakkı yoktur" denildi. Fetva birinciye göre verilir.

Karı ile koca mehrin miktarında ihtilafa düşerlerse, kadının mehr-i misli, onun söylediği miktar kadar veya daha fazla olduğu takdirde, kadının dediği olur. Eğer kadının mehr-i misli, erkeğin iddia ettiği mehir kadar veya daha az ise bu durumda erkeğin dediği kabul edilir. Eğer kadının mehr-i misli, her ikisinin iddia ettiği miktarın arasında olursa, yemin ederler ve mehr-i misil gerekir. Mehrin miktarındaki bu ihtilaf, zifafa girmeden boşanma halinde iken olursa, bu durumda aynı özellikleri taşıyan benzeri bir kadına verilecek mut'a, kadının iddia ettiği miktarın yarısı veya daha çoğu kadar ise, kadının dediği olur. Eğer erkeğin iddia ettiği miktarın yarısı veya daha azı kadar ise söz erkeğindir. Eğer aynı özellikleri taşıyan benzeri bir kadına verilecek mut'anın miktarı, bu ikisinin iddia ettiği miktarın arasında olursa, yemin ederler ve mut'a gerekir. İmam Ebû Yusuf'a göre, zifaftan önce ve sonra söz erkeğindir. Ancak erkek, âdet itibariyle mehr olmayan bir şeyi söylerse, söz kadınındır. Kadın ile erkekten hangisi delil getirirse, onun dediği kabul edilir. Eğer her ikisi de delil getirirse, bu durumda, sözün kadına ait olduğu yerde erkeğin, erkeğe ait olduğu yerde de kadının delilini kabul etmek evlâdır. Karı ile koca, konuşulan mehrin aslında ihtilafa düşerlerse mehr-i misil gerekir.

Karı ve kocadan birisinin ölümü, hayatları gibidir. Zifaftan sonra ölmeleri halinde, mirasçılar mehrin miktarında ihtilafa düşerlerse, İmam Ebû Hanife'ye göre söz, kocanın mirasçılarınındır. Az olan şey dahi istisna edilmez.

İmam Muhammed'e göre, ölüm halindeki bu durum hayat halindeki durumla aynıdır.

Eğer mirasçılar mehrin aslında ihtilaf ederlerse, İmameyn'e göre mehr-i misil gerekir. Fetva da buna göre verilir. İmam Ebû Hanife'ye göre söz, mehrin konuşulduğunu inkar edenindir. Bu durumda bir şey gerekmez.

Erkek kadına bir şey gönderse, kadın "bu bir hediyedir" dese, erkek de "hayır bu bir mehirdir" dese, eğer gönderilen bu şey, yenilecek şeyler cinsinden değilse, söz erkeğindir.

Zimmi bir erkek zimmi bir kadını veya harbi bir erkek harbi bir kadını, bulundukları ülkede, bir lâşe karşılığı veya mehirsiz nikahlasa ve bu nikah onların dininden câiz olsa, kadın için mehir ve benzeri bir şey yoktur. İmameyn ister kadınla cinsel ilişkide bulunulsun, ister bundan önce talak verilmiş olsun, isterse karı ile kocadan biri ölmüş olsun, bu durumda İmam Ebû Hanife'ye muhaliftirler.

Bir zimmi bir zimmiyeyi şarap veya muayyen bir domuz karşılığı nikahlar, daha sonra bunu almadan ikisi veya birisi müslüman olursa, kadının bunu alma hakkı vardır. Eğer muayyen olmasza, bu durumda şarabın kıymeti ödenir. Domuzda ise mehr-i misl uygulanır. İmam Ebû Yusuf'a göre, her iki durumda da mehr-i misl uygulanır. İmam Muhammed'e göre, her ikisinde de kıymet tekdiri uygulanır. Zifaftan önce talak verme halinde, mehr-i mislin vâcip olduğunu söyleyen kimseye göre mut'a vâcip olur. "Kıymetinin verilmesi vâcitir" diyen kimseye göre ise kıymetin yarısı vâcip olur.

İZAHI

Mehrin birçok ismi vardır. Sadak, nıhle, ecr, farîza ve ukr.

Nikah kıyılırken mehr zikredilmese veya mehirsiz olsun denilse nikah sahih olur. Mehr zikredilmeden kıyılan nikahın sahih olduğu hususunda hiç kimsenin ihtilafı yokur. Zira yüce Allah'ın فانكحوا "**nikah ediniz**"(23) âyeti kerimesi bunu gösterir. "Nikah" kelimesi lügatte, birleşmeyi ve izdivacı ifade eder. Buna göre, mehr söylenmeden karı-koca arasında kıyılan nikah tamam olur.

Eğer bir kimse, "uygun olan, mehirsiz nikahın sahih olmamasıdır. Zira mehr vâciptir. Mehr, alış-verişte paraya benzer. Alış-verişte ücret zikredilmediği takdirde nasıl alış-veriş fasit olursa, nikahın da fasit olması gerekirdi" derse, şöyle cevap veririz: Mehrin vâcip olması, nikahın sahih olması için değildir. Bilakis, mahallin şerefinden dolayıdır. Buna göre, nikahın sahih olması için, mehrin zikredilmesine ihtiyaç yoktur.

Mehrin en az miktarı on dirhemdir. Peygamber (a.s.) Efendimizin, لا مَهْرَ اقلَّ مِنْ عَشْرَةِ دَرَاهِمَ "**On dirhemden az mehr olmaz**"(24) hadisi bunu göstermektedir. Zira mahallin şerefini göstermek için, mehr, vâcip olarak şer'i bir haktır. Eğer on dirhemden daha az mehir söylenirse yine on dirhem mehir söylemişse, cinsel ilişkide bulunmakla veya ikisinden birisinin ölümüyle, bu konuşulan mehri vermek gerekir. Zira, cinsel ilişkide bulunulan kadına bu ilişkinin bedeli olan mehrin verilmesi icap eder. Birinin ölmesi halinde de nikah sona ermiştir. Artık değiştirmeye imkan yoktur. Bir şey sona erince, onu gerektiren şeyler mevcut ve engeller yok olduğu için, o şey bütün lâzımlarıyla pekişmiş ve yerleşmiş olur.

Zifaftan ve halvet-i sahihadan önce kadına talak verme halinde, konuşulan mehrin yarısı gerekir. Yüce Allah'ın,

وان طلقتموهنّ من قبل ان تمسوهنّ وقد فرضتم هنّ فريضة فنصف ما فرضتم

: "**Eğer siz kadınlarınızı, onlara bir mehr tayin etmiş olduğunuz halde, kendileriyle cinsel ilişkide bulunmadan önce boşarsanız, tayin ettiğiniz mehrin**

---

(23) Nisâ Suresi, 4/3.
(24) Darekutni, III, 245.

yarısı gerekir"[25] âyet-i kerimesi buna kesin delildir. Hanefi imamlara göre, halvet-i sahiha da cinsel ilişki yerine geçer.

Eğer mehri söylemedi veya "mehr yok" diye nikah etti ise bu durumda, cinsel ilişkide bulunmak veya ölme halinde mehr-i misl gerekir.

Cinsel ilişkide bulunmadan ve halvet-i sahihadan önce boşama halinde, mut'a gerekir. Sahih olan rivayete göre, bu mut'a gerekir. sahih olan rivayete göre, bu mut'ada erkeğin durumuna itibar edilir. Müt'anın gerekli olduğunu, yüce Allah'ın şu ayet-i kerimesi gösterir:

ومتعوهن على الموسع قدره وعلى المقتر قدره

"Zengin olanınız kendi çapına, fakir olanınız da kendi çapına uygun olacak şekilde, o kadınları faydalandırın"[26]. Müt'a, beş dirhemden az ve mehr-i mislin yarısından çok olamaz.

Mut'a; dır', hımar ve milhafedir. Dir', bedeni örter. Hımar, baş örtüsüdür. Milhafe, dışarı çıktığında kadının bütün bedenini örten giysidir. Mut'anın en iyisi ipek, orta olanı yün, en aşağısı bezdir. Şarap veya domuz mehir olarak konuşulsa, yine mehr-i misil veya mut'a vâcip olur. Yahut "Şu sirke küpüne diyerek nikah kıysa, oysa ki, o sirke dediği şey şarap olsa, Ebû Hanife'ye göre mehr-i misl gerekir. Zira şart geçerli değildir. İmameyn buna muhalefet eder. Onlara göre, o şarap miktarı sirke vermesi gerekir, mehr-i misl gerekmez. İmam Ebû Hanife ve İmam Muhammed'e göre, "Şu köleyi mehr olarak verdim" dese, halbuki o köle dediği kişi hür biri olsa yine mehr-i misl gerekir. Ebû Yusuf buna muhalefet ederek şöyle der: Şarap miktarı sirke gerektiği gibi, burada da kölenin kıymetini vermek gerekir. İnâye yazarı şöyle der: "İmam Muhammed, birbirine benzer şeylerde İmam Ebû Yusuf'la aynı görüştedir. Zira hüküm, ismi söylenen şeye bağlıdır. Kıymeti takdir olunan şeylerde ise İmam Ebû Hanife ile aynı görüştedir.

Erkek, cinslerini belirtmediği bir elbise veya hayvana karşılık diyerek kadını nikahlasa, yine mehr-i misl gerekir. Zira mehr diye ortaya konan şeyin cinsi mechuldür. Adı geçen elbise ipekten, pamuktan veya ketenden olabilir. Bu bakımdan ihtilafın vukuu kesindir. Aynı şekilde hayvanlar da cins cinstir.

Kur'an öğretme karşılığında evlense, yine mehr-i misl gerekir. Zira Kur'an öğretme işi, kıymeti belirlenen bir mal değildir.

---

(25) Bakara Sûresi, 2/237.
(26) Bakara Sûresi, 2/236.

Yahut hür kocanın bir sene karısına hizmet etme karşılığı evlenmesi halinde yine mehr-i msl gerekir. İmam Ebû Hanife ve Ebû Yusuf bu görüştedir. Onlara göre, eğer hür kocanın hizmeti câiz olsa, kadın, hizmet isteyen bir malik, koca ise memluk yani köle olurdu. Bu ise şerriata aykırıdır. İmam Şâfiî şöyle der: Hizmet etmenin ve Kur'an öğretmenin mehr olması câizdir. İmam Muhammed'e göre ise kadına hizmetin kıymeti verilir. Yani o hizmetin ücreti ne olursa, kadın onu alır.

"Nikah-ı Şiğar"da da mehr-i misl gerekir. Nikah-ı Şigar, bir kimsenin, kızını veya kızkardeşini bir adama o adamın da, kendi kızını veya kızkardeşini karşılık olarak ona vermesi şeklinde kıyılan nikahtır. Bu takdirde, diğerine bedel olarak kıyılan nikah sahih olur. Fakat şart bâtıl olduğu için herbiri için mehr-i misl gerekir.

Bir kimse kendisi köle olduğu halde hanımına bir sene hizmet etme karşılığı onu nikahlasa, kadının kocasını kendi hizmetinde kullanması câizdir. Mehr-i misl gerekmez. Kölenin hizmeti mal ile istenmektedir. Fakat hür bunun gibi değildir.

Bir kimse cariyesini, kendisiyle evlenmek üzere azat etse, Ebû Yusuf'a göre bu azat, onun mehridir. Zira Hz. Peygamber (a.s.), Safiyye'yi, azat edip, "bu azat mehri olsun" buyurmuşlardır. İmam Ebû Hanife ve İmam Muhammed'e göre, mehr-i misl gerekir. Zira mehr, kesinlikle mal olmalıdır. Azat etme mal değildir. "Azat edilmesi mehri olur" demek bâtıl olup mehr-i misl gerekir. Eğer azat edilen cariye, kendisini azat eden efendisi ile evlenmek istemezse, icma ile, cariyenin, efendisine kendi kıymetini vermesi gerekir. Zira cariyenin sahibi, bu azat etme karşılığı bir menfaati şart koştu. Menfaat yok olunca, kıymetini vermek gerekir. Çünkü menfaat yok olduğu takdirde, azat etme işinin de bozulması gerekirdi. Fakat bu durum azat işinden sonra vuku bulduğu için, azat işi bozulmaz. Ancak bir nevi bozulma manası taşır. Bu yüzden kıymetini vermesi gerekir. Cariye artık hür olduğu için nikaha zorlanamaz. Eğer nikah işi velisine bırakılıp mehirden bahsedilmeyerek nikahı kıyılan kadın ile cinsel ilişkide bulunulur veya kocası ölürse, bu durumda kadın için, nikah kıyıldıktan sonra mehir olarak söylenen şey vardır. Yani başlangıçta mehirsiz nikah kıyılıp daha sonra aralarında bir mehir tesbit etseler, o belirlenen mehrin verilmesi gerekir.

Cinsel ilişkide bulunulmadan boşanırsa müt'a gerekir. Ebû Yusuf'a göre, nikah akdinden sonra söylenen mehrin yarısını vermek gerekir. Eğer koca nikahtan sonra kadının mehrini artırırsa, bu ziyadeyi de vermek lazımdır. İmam

Züfer buna muhalefet ederek şöyle der: Nikah kıyıldıktan sonra yapılan artırma hibedir. Nikahın aslına dahil olmaz. İmam Ebû Hanife ve İmam Muhammed'e göre, cinsel ilişkide bulunulmadan yapılan boşama ile mehre daha sonra yapılan fazlalık düşer. Ebû Yusuf'a göre, daha önceki gibi, nikahtan sonra ziyade edilen mehr ikiye bölünür.

Eğer bir kadın, mehrinden kocasına indirim yapsa sahih olur. Zira mehr, kadının baki hakkıdır. Yani hemen veya daha sonra verilen mehr, kadın için devamlı bir haktır. Bu indirim, baki olan hakkını kocasına vermesidir. Bu, geri kalan mehrin verilmesi söz konusu olduğunda ortaya çıkar.

Eğer koca, cinsel ilişkiye engel bir hastalık, kadının tenasül uzvunun, ustura ile kesilmedikçe cinsel ilişkide bulunmak mümkün olmayacak şekilde bitişik olması hissi bir özür, hayız ve nifas gibi tabiî bir özür veya Ramazan orucu, farz veya nafile hac için ihrama girmek için şer'î bir özür olmadan halvet halinde bulunsa mehrin tamamını vermek gerekir. Erkek hadım olsa veya cinsel organı bulunduğu halde cinsel ilişkide bulunamasa mehrin tamamı gerekir. Zira, halvet-i sahiha durumunda bulunmuşlardır ve âletleri desâlimdir. Binaenaleyh hüküm, aletin selameti üzerine geçerli olur. Yahut cinsel organı kesilmiş olan kişinin halveti de, İmam-ı Azam'a göre halvet-i sahihadır. Kadın üzerine müstehak olan, kendini, cinsel organı kesik olanın haline göre teslim etmektir. Cinsel organı kesik olanın hali, menisini getirmektir. Kadın bunu bile bile teslim olduktan sonra mehrin tamamı gerekir. İmameyn buna muhalefet ederek, "Cinsel organı kesik olanın, mehrin tamamını vermesi gerekmez, yarısını vermesi gerekir. Zira cinsel organı kesik olanın acizliği hastanın âcizliğinden daha fazladır. Hastanın, hastalıktan kurtulduktan sonra cinsel ilişkide bulunması mümkündür. Fakat bu mümkün değildir. Bunu, hadım ve cinsel ilişkide bulunmaya gücü yetmeyen kimseye benzetemek uygun olmaz. Zira onların âletleri sâlimdir fakat bunun aleti yoktur. İmam Ebû Hanife buna şöyle cevap verir: Aleti kesik olanın evlenmesi menisini akıtmak ve kadından yararlanmak içindir. Cinsel ilişkide bulunmak için değildir. Fakat hastanın evlenmesi, cinsel ilişkide bulunmak içindir. İmdi, cinsel organı kesik olanın halleri böyle olunca, onun halveti, halvet-i sahiha olur.

En sahih olan rivayete göre, Ramazan orucunun kazası halvet-i sahihaya engel değildir. Zira bu orucu bozunca keffaret gerekmez. Bir rivayete göre engeldir. Zira özürsüz bozulması sahih olmaz. Bu takdirde halvet-i sahihaya engel olur.

Bir rivayete göre, adak orucu da halvet-i sahihaya engel değildir. Zira bunun bozulması halinde de keffaret gerekmez. Bir rivayete göre engeldir. Zira şer'î bir özür bulunmadıkça bozulması doğru olmaz. Bu takdirde halvet-i sahihaya engel olur.

Farz namazı kılmak da halvet-i sahihaya engeldir. "Hidaye" yazarı şöyle der: Farz namaz oruç yerindedir. Farz namaz farz oruç gibi, nafile namaz da nafile oruç gibidir. "İhtiyar" yazarı da şöyle der: Sünnetler, halvet-i sahihaya engel olmaz. Ancak sabah namazının iki rekatı ile öğlen namazının ilk dört rekatı engel olur. Zira bunlar kuvvetli sünnetlerdir. Halvet-i sahiha, onların hallerini hiç kimsenin görüp bilmediği yerde olur. Onun içindir ki mescitte, hamamda veya yolda halvet-i sahiha olmaz. Aynı şekilde, kadının yanında kör, akıllı çocuk yahut deli bulunsa sahih olmaz. Kadının kudurmuş köpeği olsa bu da halvet-i sahihaya engeldir.

Bir engel olsa dahi, halvet-i sahiha ile ihtiyaten iddet vâcip olur. Yani büyük bir ihtimalle cinsel ilişkide bulunmuş olabilecekleri akla geldiği için iddet gerekir. İddet, şeriatın istediği bir haktır. Eşler, "biz bu iddeti düşürürüz" diyemezler. İddete şeriatın hakkı karışır. Mesela, "Kuduri" yazarı, şerhinde şöyle der: Halvet-i sahiha için şerî bir engel bulunursa, cinsel ilişki mümkün olacağı için iddet vâcip olur. Eğer hakiki, bir engel bulunursa, hastalık ve küçüklük gibi, cinsel ilişki mümkün olamayacağı için iddet vâcip olmaz. "Beyanniyye" yazarı da şöyle der: Cinsel ilişkinin mümkün olduğu her yerde, bir engel de bulunsa, iddet vâcip olur. Mesela, kadının cinsel organı bitişik de olsa, yarılmak suretiyle cinsel ilişki tasavvur edilebilir. Aynı şekilde cinsel organı kesik olan erkeğe de, sürtme suretiyle ilişkide bulunabilir. Fakat hasta, çok zayıf, küçük kız veya küçük erkek çocuk gibi, cinsel ilişkinin yapılamıyacağı her yerde, ittifakla iddet vâcip değildir.

Kendisi için bir mehir söylenmeden nikahı kıyılan kadın, eğer cinsel ilişkide bulunulmadan boşanırsa, bu kadına mut'a gerekir. Çünkü nikahtan yararlanmanın maldan ayrılması mümkün değildir. Kadın mehirden bir şey olmayınca, mücerret olarak nikah maldan ayrılmaması için müta lazım gelir.

Nikah kıyılırken mehir gerek söylensin gerek söylenmesin, cinsel ilişkide bulunulduktan sonra boşanan kadın için müt'a müstehabtır. Gerçi müt'a, mehirden sonra gelmektedir. Onun halefidir. Ama, mehir söylenmeden nikahı kıyılan kadında, asıl ile halef yani mehir ile müt'a bir araya gelmez. Yani vâcip olarak mut'a lazım gelmez. Müstehab olması, fazilet yoluyladır.

Nikah kıyılırken mehri söylenen kadın, cinsel ilişkide bulunulmadan boşanırsa, onun için mut'a müstehap değildir.

Özet olarak, boşanan kadınlar dört kısımdır:

1. Nikahı kıyılırken mehri söylenmeyen ve kendisiyle cinsel ilişkide bulunulmayan kadın. Buna ancak mut'a vâcip olur.

2. Mehri söylenen ve kendisiyle cinsel ilişkide bulunulan kadın. Buna, belirlenen mehri vermek vâciptir Fazla olarak mut'a vermek müstehaptır.

3. Mehri söylenmeyen ve kendisiyle cinsel ilişkide bulunulan kadın. Buna mehr-i mislinden fazla olarak müt'a vermek müstehaptır.

4. Mehri söylenip kendisiyle cinsel ilişkide bulunulmadan boşanan kadın. Buna mehrin yarısını verdikden sonra müt'a vermek müstehap değildir.

Bir adam nikah kıyılırken bir kadına mehir olarak bin akçe vereceğini söylese veya böyle söylense ve bu mehri kadın alsa ve bunu kocasına hibe etse, daha sonra adam, kadınla cinsel ilişkide bulunmadan karısını boşasa, adam o bin akçe mehrin yarısını kadından ister. Ölçü ve tartıya giren her şeyde de durum aynıdır.

Eğer kadın mehrin yarısını alsa, ondan sonra mehrin hepsini veya geri kalan yarısını hibe etse, daha sonra adam cinsel ilişkide bulunmadan kadını boşasa, bu durumda kadından bir şey talep edemez. İmameyn buna muhalefet eder. Onlara göre kadın, aldığı şeyin yarısını talep eder. Mesela, eğer hepsini alıp hibe etseydi, aldığının yarısını kocasından isteyecekti. İmdi, bir kısmını aldığında da, ilk aldığının yarısını ister. Zira mehrin alınmayan kısmının hibesi, mehirden indirim demektir. İndirim yapmak ise asıl nikah akdine katılmış olur. Sanki, nikah kıyılırken alınan beşyüz dirheme evlenmiş olur. İmam Ebû Hanife'nin delili şudur: Kocanın maksadı, mehrin, karşılıksız olarak hibe edilen yarısını, mehirden ayrı tutmaktır. Bu, boşamadan önce meydana gelmiş bir şeydir. Boşarken geri dönülmesi gerekmez. İmameyn, indirim yapmak asıl nikah akdine katılmış olur diyorlar. Halbuki nikah akdine daha sonra başka bir şey katılmaz. Mesela, akitten sonra mehrin üzerine ilave ettiği şey, asıl akde katılmaz ki ikiye bölünebilsin. Eğer kadın mehrinin yarısından azını hibe edip geri kalanını alsa, koca, mehrin tamamının kadından talep eder. Mesela bir kimse bin akçe üzerine evlense ve kadın ikiyüz akçesini hibe edip sekizyüz akçesini alsa, cinsel ilişkide bulunmadan boşama halinde erkek kadından üçyüz akçesini ister ki, böylece mehrin tamamının yarısını almış olsun. Zira kadının mehrinin yarısı beşyüz akçe idi. Üçyüz akçe verince, kendisinde olan sekizyüz akçe, beşyüze inmiş olur. İmameyn der ki: Adam, vermiş olduğu sekizyüz akçenin yarısı olan dörtyüz akçeyi ister. Zira kadının hibe ettiği ikiyüz akçe, asıldan yapılan bir indirimdir. Bu takdirde, alınan akçenin yarısını kadından ister.

Eğer kadın, mehrinden bir şey almayıp hepsini hibe etse, kadın ve koca birbirlerinden bir şey isteyemez.

Eğer mehir, para dışında bir mal olsa, kadın almadan önce veya aldıktan sonra onu kocasına hibe etse aynı durum söz konusudur.

Bir kimse bir kadını, oturdukları şehirden çıkarmamak veya üzerine bir başka kadın almamak üzere bin akçe mehirle nikahlasa, erkek sözünde durursa, mehir olarak kararlaştırılan o bin akçe kadının hakkıdır, verilmesi gerekir. Sözünde durmazsa, mehr-i misil verilir. Bu şart bozulmuş olsa da, nikah sahihtir. Sözünde durursa bin akçe; sözün de durmadığı ortaya çıkarsa, mehr-i misil; mehr-i misil bin akçeden az olursa, yine belirlenmiş olan bin akçenin verilmesi gerekir.

Kadını şehirde ikamet ettirirse bin akçe, ettirmeyip şehirden dışarı çıkarırsa ikibin akçe üzerine nikahlasa, bu durumda, eğer şehirde ikamet ederse, kadın için bin açke vardır. Eğer şehirde ikamet ettirmeyip taşraya çıkarırsa mehr-i misil gerekir. Bu mehr-i misil ikibin akçeden fazla ve bin akçeden az olmaz. İmameyn'e göre şartlar geçerlidir. İmam-ı Azam'a göre ilk şart geçerli, ikincisi geçersizdir. İmam Züfer de şöyle der: Şartların ikisi de geçersizdir. İster şehirde otursun, ister taşraya çıkarsın, mehr-i misil gerekir.

Bir kimse bir kadını, ''bu köle yahut şu köleyi vereceğim'' diye iki köleyi göstererek nikahlasa, fakat gösterilen kölelerin kıymetleri birbirinden farklı olsa bu durumda eğer daha üstün olanın kıymeti, kadının mehr-i misline veya ondan aşağı olursa, kadına o köleyi vermek gerekir. Kıymeti az olan köle, kadının mehr-i misline denk veya mehr-i mislinden fazla olursa, kadına o köle verilir. İmam-ı Azam'a göre, kadının mehr-i misli bu iki kölenin kıymetleri arasında bulunursa, mehr-i misil gerekir. İmameyn'e göre, kadın her halü karda, kıymeti az olan köleyi alır. Eğer erkek kadını, cinsel ilişkide bulunmadan boşarsa, ittifakla kıymeti az olanın yarısını alır.

Bir kimse bir kadına iki köleyi göstererek onları vermek üzere kadınla evlense, oysa ki gösterdiği kişilerden biri hür olsa, bu durumda, İmam-ı Azam'a göre, eğer kölenin kıymeti on dirheme eşitse, kadın için onu almak vardır. Kölenin kıymeti on dirheme eşit değilse, bunu ona tamamlamak gerekir. Zira mehir on dirhemden aşağı olmaz. Ebû Yusuf'a göre köle ile birlikte o hür kişi köle olmuş olsaydı kıymeti ne olacaksa o miktar para verilir. İmam Muhammed'e göre ise, eğer kölenin kıymeti kadının mehr-i misli mislinden az ise kadın köleyi, mehr-i mislini tamamlayacak kadar para alır.

Bir kimse bir kadını, bir at veya bir Hirat elbisesi vermek üzere nikahlasa, niteliklerini iyice açıklasın veya açıklamasın, koca, bunların orta derecede olanlarını veya kıymetlerini vermede serbesttir. Yani isterse orta derecede bir at verir, isterse bunun kıymetini verir. Hirat elbisesi de bunun gibidir. Aynı şekilde cinsini belirtip niteliklerini açıklamadan, ölçülen ve tartılan şeyler üzerine bir kadını nikahlasa, mesela "arpa, buğday ve zaferan üzerine" deyip te bunların niteliklerini belirtmese, bunların orta derecede olanlarını vermek ile kıymetlerini vermek arasında muhayyerdir. Eğer bu şeylerin niteliklerini de belirtmiş ise bizzat onları vermesi gerekir, kıymetlerini vermesi gerekmez. Zira ölçülen veya tartılan şeylerin nitelikleri de açıklanınca, gerek derhal gerek daha sonra verilmek üzere kendileri borç olarak sabit olur. Böyle olduğu için, bunların borç alınması ve selem yapılması sahih olur. Denildi ki: Nitelikleri iyice açıklandığı takdirde, elbise de ölçülen ve tartılan şeyler gibidir. Bu görüş İmam Züfer'e aittir.

Bir erkek, evlenirken kadının bakire olmasını şart koşsa, fakat evlendiğinde onu dul bulsa, bu şart geçersiz olduğu ve halvet-i sahiha ile akit sahih olduğu için mehrin tamamını vermesi gerekir.

Evlenecek kadın ve erkek, gizlice mehrin miktarında ittifak edip akit sırasında bu kararlaştırdıklarından başka bir miktarı söyleseler, yani gizli gizli "bin akçe olsun" diye anlaşıp ta, halk arasında iki bin akçe diye ilan etseler, İmam Ebû Hanife ve İmam Muhammed'e göre, geçerli ve muteber olan, ilan ettikleri miktardır. İmam Ebû Yusuf'a göre, gizlice kararlaştırdıkları miktar muteberdir.

Geçersiz ve fasit nikah akdinde, cinsel ilişkide bulunulmadığı takdirde bir şey gerekmez. Mesela, şahitsiz kıyılan nikah, karısını boşayıp onun iddeti bitmeden karısının kızkardeşini nikah, dördüncü nikahın iddetini beklerken beşinci karıyı nikah etmek gibi fasit akitlerde, cinsel ilişkide bulunulmadığı takdirde, halvet-i sahiha vuku bulsa dahi, bir şey vâcip olmaz. Bu akitler geçersiz olduğu için bunlarda mücerret akit ile mehr vâcip olmaz. Mehrin vâcip olması, cinsel ilişkinin faydalarını elde etmekle olur. Geçerli olmayan nikahta ise, sadece halvet halinde bulunmakla, cinsel ilişkiye imkan bulunmuş olmaz. Zira bunlarla cinsel ilişkide bulunmak haramdır. Bu takdirde böyle bir kadınla halvet-i sahihada bulunmak cinsel ilişki yerine geçmez. Hatta müsahara hurmeti yani evlenme yoluyla haram olma da sabit olmaz. Kadın iddet de beklemez. Böyle geçersiz bir akitten sonra cinsel ilişkide bulunursa mehr-i misil vâcip olur. Ancak belirlenen mehre ilave yapılmaz. İhtiyatlı davranılması gereken yer de gerçek bir şüphe bulunduğu için ve nesebin karışmasından korunma gayesiyle, o kadının iddet beklemesi gerekir. İddet, son cinsel ilişkiden itibaren değil de, aralarının ayrıldığı andan itibaren başlar. Sahih olan da budur. Zira iddet, nikah yani cinsel ilişki şüphesi itibariyle vâcip olur. Şöyle ki, nikahın rüknü icab ve kabul idi. Bu rükünler bulunduğu için, karı ile koca ayrılıncaya kadar ilişki şüphesi devam eder.

Geçersiz nikahta nesep sabit olur. Zira nesep sabit kılınmak suretiyle ihtiyatlı davranarak çocuğun hayatı korunmuş olur. İmam-ı Muhammed'e göre, çocuğun nesebinin müddeti zifafa girildiği andan itibarendir. Fetva da bu şekilde verilmiştir. Ebû Hanife ve Ebû Yusuf'a göre, sahih nikahta olduğu gibi nikahtan itibarendir. İmam-ı Muhammed'e göre geçersiz nikah, cinsel ilişkiye götüren bir sebep değildir. Nikahın, cinsel ilişki yerine geçmesi, cinsel ilişkiye götüren bir sebep olduğu içindir. Geçersiz nikahta ise bu özellik yoktur, o, cinsel ilişki yerine geçmez. Ebû Hanife ve Ebû Yusuf der ki, "eğer nikah kıyıldıktan sonra altı ay geçince doğum olursa, nesep sabit olur, eğer daha az süre geçmişse olmaz".

Kadının mehr-i mislinde, eğer yaş, güzellik, mal, akıl, din, belde, asır, bakirelik ve dulluk bakımından eşit iseler, kadının baba tarafından hısımları nazar-ı itibara alınır. Zira bir şeyin aslı, ancak cinsinin kıymetine bakılarak bilinir. Mehr-i misl, niteliklerin değişmesiyle değişir. Zira mehr-i misl, kadından faydalanmanın kıymetidir. Bazıları şöyle der: Ehl-i beyt şeref ve nesepte güzelliği nazar-ı itibara almamıştır. Güzellik insanlar arasında nazar-ı itibara alınır.

Babasının hısımlarından bu nitelikleri taşıyanlar bulunmazsa, onlara denk yabancılar nazar-ı itibara alınır. Ebû Hanife'den gelen bir rivayete göre, böyle uzak yabancılar itibara alınmaz. Zeylaî'de de böyledir. Hatta Zeylaî, denkliği gösteren özelliklere ilim, edeb ve güzel ahlâkı da katmıştır. Eğer bu anlatılan niteliklerin hepsi birden bulunmazsa, bulunanlara itibar edilir. Zira iki kadında bu kadar niteliğin beraberce bulunması güçtür. Hal böyle olunca, bu niteliklerden ne kadarı bulunursa onlara itibar edilir.

Kadının annesi ve teyzesi, eğer bunlar babasının kavminden değilse, mehr-i misil'de nazar-ı itibara alınmazlar. Fakat babası, amcasının kızını almışsa, yine babasının kavminden sayılır. O zaman annesi, mehr-i misilde bir ölçü olur. İbn Ebi Leyla şöyle der: Anasının kavmi itibare alınır. Zira mehr, kadından yararlanmanın kıymetidir. Bundan dolayı İbn Ebi Leyla, kadın tarafından olan akrabanın da nazar-ı itibara alınması görüşüne vardı.

Kadının velisinin mehre kefil olması sahih olur. Mesela, nikah kıyılırken veli, "senin mehrine ben kefilim" dese sahih olur. Diğer kefillik durumlarında olduğu gibi, kadın dilerse mehri ona kefil olandan, dilerse kocasından ister. Eğer veli, kocanın emri ile mehri kadına ödemişse, onu almak üzere kocaya baş vurur. Eğer kocadan emir almadan ödemişse, ona baş vuramaz. Diğer kefillik durumlarında da böyledir.

Kadın, mehirden hemen verileceği açıklanan miktarı, yani hepsini vermek şart koşulmuşsa hepsini; bir kısmını vermek şart koşulmuşsa bir kısmını alıncaya kadar kendini cinsel ilişki ve seferden men edebilir. Kocanın hakkı kadından yararlanmak, kadının hakkı da mehirdir. Bunlar belirlendiğine göre, bu bir alış-veriş gibi olmuştur. Satıcı parayı almadıkça, sattığı malı elinde tuttuğu gibi, kadın da mehrin tamamı veya bir kısmından her neyi şart kılmışlarsa onu almadan kendi mefsini, ki bu alış-verişte satılan mal yerine geçer, cinsel ilişki ve seferden men edebilir. Hatta bunları yapabildiği gibi, izinsiz yolculuğa gidebilir ve evden çıkabilir.

Eğer kadın mehr-i muaccelini almak gayesiyle, kendini cinsel ilişkiden men ederse, kocanın, onun nafakasını da vermesi gerekir. Eğer kadının böyle davranmasının sebebi mehr-i muaccel ise kadın itaatsizlik yapmamış olur, nafakasını vermek gerekir. Eğer mehr-i muacceli verdikten sonra kadın bu itaatsizliği yaparsa, nafaka gerekmez.

İmam-ı Azam'a göre kadın, mehrini almadıkça cinsel ilişkiden önce nefsini kocasından men edebilir, sefere gidebilir, evinden çıkabilir. Aynı şekilde, cinsel ilişkiden sonra da bunları yapabilir. İmam-ı Azam'a göre, bu ikisi arasında fark yoktur. İmameyn buna muhalefet ederek şöyle derler: Kız küçük veya çıldırmış değilse, kendi rızasıyle cinsel ilişkide bulunduğu takdirde, kendini kocasından men edemez.

Eğer mehr-i muaccel konuşulmamışsa, âdet itibariyle mehr-i muaccel olarak verilen miktar kadar verilir. Ancak bu durumda, mehr-i muaccelin dörtte biri veya ona benzer bir miktar takdir edilmez. Eğer mehrin hepsi sonra verilmek üzere nikah kıyılmışsa, kadın kendini men edemez. Alış-verişte olduğu gibi. Beyaniyye yazarı şöyle der: Mehrin belirli bir süre içinde verilmesi kararlaştırılmışsa, İmam-ı Azam ve İmam Muhammed'e göre, kadın nefsini men edemez. Eğer mehrin verileceği zaman, hasat ve harman zamanı gibi, tam bilinmeyen bir vakit olursa, kadın yine nefsini men edemez. Ebû Yusuf buna muhalefet ederek, "kadın nefsini men eder" der. Nihaye yazarı da şöyle der: el-Velvâlici'de "fetva Ebû Yusuf'un görüşüne göre verilir" diye yazılıdır.

Eğer erkek mehr-i muacceli kadına verirse, bu durumda onu, sefer mesafesi dışında, istediği yere götürebilir. Sefere götüremez. zahir rivayette, "erkek kadını sefere götürebilir" denilmiştir. Ama fetva birinci görüşe göredir. Yani sefere götüremez. Zira yüce Allah'ın,

أَسْكِنُوهُنَّ مِنْ حَيْثُ سَكَنْتُمْ مِنْ وُجْدِكُمْ "**Onları gücünüz nisbetinde, kendi oturduğunuz yerde oturtun**" (27) âyeti, kadınların sefere götürülemeyeceğine kesin delildir. Nihaye sahibi Tecnis ve Tuhfe'den naklederek, fetvanın, sefere götürmemek şeklinde olduğunu söylemiştir. Fakih Ebul Leys, Ebul Kasım es-Saffar'ın "kendi beldesinden dışarı çıkaramaz. Zira gurbette zahmet çeker" dediğini nakleder. Zahiru'd-din el-Mergunânî de şöyle der: Fakih Ebu'l-Leys'in görüşünü almaktan, yüce Allah'ın, "**onları gücünüz nisbetinde, kendi oturduğunuz yerde oturtun**" mealindeki ayeti ile amel etmek daha iyidir. Nihaye yazarı da der ki: Ebul Kasım es-Saffar'a: "Bir kimse hanımını şehirden köye, köyden şehire çıkarabilir mi? Bunun hakkında ne dersin?.. diye sorulduğunda, o şöyle cevap vermiştir. Bu sefer değildir. Yer değiştirmektir. Fakat bir beldeden başka bir beldeye çıkarmak, yer değiştirmek değil, seferdir. Tarsûsî "Enfau'l-vesâil" de imamların görüşlerini naklettikten sonra şöyle der: Hakime layık olan meseleyi iyice incelemektir. Eğer erkek, kadını, akrabalarının bulunduğu yerde nikahlayıp sonra başka bir beldeye nakletmek isterse, bunu yapamayacağına dair hüküm vermelidir. Eğer kadının bulunduğu yerde akrabaları yoksa ve erkek onu böyle bir yerde nikahladıysa, layık olan onu akrabalarının bulunduğu yere götürmekten men etmemektir.

Karı ile koca mehrin miktarında ihtilafa düşerlerse, bu durumda eğer kadının mehr-i misli, kadının söylediği kabul edilir. Eğer, "nikahta yemin yoktur. Niçin burada yemin isteniyor" denilirse, şöyle cevap verilir: Bu mehir meselesidir. Nikah değildir. Bunda yemin câizdir. Eğer kadının mehr-i misli, erkeğin dediği kadar veya daha az olursa, yeminiyle beraber erkeğin sözü kabul edilir. Eğer mehr-i mislin miktarı, karı ile kocanın söyledikleri miktarın arasında olursa ikisi de yemin eder. Hangisi yemin etmek istemezse, öbürünün sözü kabul edilir. ikisi de yemin ederse, mehr-i misl gerekir.

Kadınla cinsel ilişkide bulunmadan onu boşama halinde, eğer böyle bir kadının benzerine verilecek mut'a, kadının söylediği miktarın yarısı kadar veya

---

(27) Talak Suresi, 65/6.

daha çok ise kadının söylediği kabul edilir. Eğer mut'a, erkeğin iddia ettiği miktarın yarısı kadar veya daha az ise erkeğin dediği kabul edilir. Mesela, bir kimse bir kadını, onunla zifafa girmeden boşasa, erkek "elli dirhem mehir", kadın da "yüz dirhem mehir" konuşmuştuk diye iddia etse, İmam Ebû Hanife ve İmam Muhammed'e göre, hükmen müt'ay-ı misil (yani benzeri bir kadına verilen mut'a) gerekir. Eğer mut'a-i misil, kadının iddia ettiği yüz dirhemin yarısı veya yarısından daha çok olursa, yeminiyle beraber kadının dediği kabul edilir. Eğer mut'a-i misil, erkeğin iddia ettiği elli dirhemin yarısı veya yarısından az olursa, yeminiyle beraber erkeğin sözü kabul edilir. Çünkü mut'a, kadını boşadıktan sonra, mehr-i misl gibi nikah akdinin gereklerindendir. İmdi, mut'a da mehr-i misl gibi hükmolunur.

Eğer kadının müt'a-i misli, erkek ve kadının iddia ettikleri miktarın arasında olursa, yemin ederler ve mut'a lazım olur. Ama hangisi yemin etmekten çekinirse, öbürünün dediğini kabul etmek gerekir. Fıkıhçılar şöyle der: Önce hangisinin yemin edeceğine dair kura çekilmelidir. Böyle yazıldığı takdirde, birisi diğerine üstün tutulmamış olur. Kuduri de şöyle der: Önce koca yemin eder. Beyaniyye'de böyledir. Ebu Yusuf'a göre, cinsel ilişkiden önce de olsa sonra da olsa, kocanın dediği kabul edilir. Zira, fazlalığı kadın iddia eder. Bu durumda erkek inkar edicidir. Böyle olunca da, yemin etmesi halinde erkeğin sözü kabul edilir. Ancak erkek, âdet itibariyle mehir olmayacak bir şey iddia ederse, yani iddia ettiği az şey, âdet itibariyle mehir olmaya uygun değilse kadının dediği kabul edilir.

Karı ile kocadan hangisi bir delil getirirse, onun sözü kabul edilir. Her ikisi de delil getirirse, kadının sözünün kabul edileceği durumlarda erkeğin, sözünün kabul edileceği durumlarda ise kadının delilini kabul etmek evladır. Mesela koca "bin akçe" diye iddia etse, kadın da "ikibin akçe" dese ve kadının mehr-i misli de ikibin akçe veya daha çok olsa, bu durumda erkeğin "mehri bin akçe olarak konuşmuştuk" diye getirdiği delil kabul edilir. Zira deliller, ortada olanın aksini isbat içindir. Oysa yemin, aslen mevcut olan bir şeyi devam ettirmek için edilir. Nikahta da asl olan mehr-i misldir. Bu takdirde, bunun zıddını iddia edenin delili kabul edilir. Eğer mehrin aslında ihtilaf ederlerse "icma-ı mûrekkeb" ile mehr-i misl gerekir. İcma-i mürekkeb, hükmünde birleşmek, kaynakta ayrılmak demektir. Nitekim bu, usul ilminde böyle açıklanmıştır. Dürer yazarı der ki: Mehrin aslında ihtilaf ederlerse mehr-i misl gerekir. Mesela karı ile kocadan birisi, "nikah kıyılırken mehr konuşuldu" diğeri "konuşulmadı" dese, delil getirenin dediği kabul edilir. İnkar edene yemin ettirilir. Yemin etmekten çekinirse, "mehir konuşulup kararlaştırıldı" diyenin iddiası kabul edilir. Yemin ederse mehr-i misl vâcip olur.

Karı ile kocadan birinin ölmesi, her bakımdan, hayatta olmaları gibidir. Zira mehr-i misl, ikisinden birinin ölmesiyle düşmez. Her ikisinin de ölmesi halinde mirasçılar mehrin miktarında ihtilafa düşerlerse, bu durumda, İmam Ebû Hanife'ye göre, erkeğin mirasçılarının sözü kabul edilir. Zira mehr-i mislin nazar-ı itibara alınması, kadının ölümüyle düşer. Erkeğin mirasçıları mehir olarak çok az bir şey iddia etseler dahi kabul edilir. İmam Ebû Hanife'ye göre, burada az ile çok birdir. Ebû Yusuf'a göre, eğer az bir şey iddia etmezlerse, erkeğin mirasçılarının sözü kabul edilir. İmam Muhammed'e göre, ölüm hali hayat hali gibidir. Yani, hayatta iken nasıl hüküm veriliyorsa, ölmeleri halinde de aynı hüküm verilir.

Eğer mirasçılar mehrin aslında ihtilafa düşseler, yani mehir belirlenmiştir veya belirlenmemiştir şeklinde görüş ayrılığına düşseler, İmameyn'e göre, mehr-i misl vâcip olur. Fetva da bu şekilde verilir. İmam Ebû Hanife'ye göre, ise nikah kıyılırken mehrin konulmadığını iddia edenin sözü kabul edilir. Mehrin konulduğuna dair bir delil getirilmedikçe, bir şey gerekmez. Zira kadının ölümünden sonra mehr-i misle itibar edilmez.

Erkek kadına bir şey gönderse, kadın "bu bir hediyyedir", erkek de, "hayır, bu mehirdir" dese, bu durumda, gönderilen bu şey, yenilen şeyler cinsinden değilse, kocanın sözü kabul edilir.

Zimmi bir erkek zimmi bir kadını veya dar-ı harpte, müslüman olmayan bir erkek müslüman olmayan bir kadını, ölmüş bir hayvan karşılığı veya mehirsiz nikahlasa ve bu şekildeki bir nikah onların dininde câiz olsa, bu durumda iken daha sonra ikiside müslüman olurlarsa, Ebû Hanife'ye göre, kadına bir şey vermek gerekmez. İmameyn buna muhalefet eder. Onlara göre böyle bir erkek ile kadının evlenmesi halinde, ister cinsel ilişkide bulunmadan boşama olsun veya ikisinden birisi ölsün, bu durumlarda mehrin gerekliliği konusunda birdirler. Sözün akışı, İmameyn'in zimmi ve dar-ı harpte yaşayan kimse hakkında İmam Ebû Hanife'ye muhalif oldukları zan ve vehmini vermektedir. Oysa bunlar, sadece zimmi konusunda muhalefet ederler. Hatta Hidaye yazarı şöyle der: Hristiyan bir erkek, hristiyan bir kadını, ölmüş hayvan üzerine veya mehir olmadan nikahlasa ve bu nikah onların dininde câiz olsa, bu durumda erkek kadınla cinsel ilişkide bulunsa veya böyle bir ilişkiden önce kadını boşasa yahut ikisinden biri ölse, kadının mehir hakkı yoktur. Dar-ı harpte yaşayan gayr-ı müslimler hakkında da aynı hüküm vardır. Bu Ebû Hanife'nin görüşüdür. İmameyn'e göre, dar-ı harpte yaşayan gayr-i müslimler hakkında bu hüküm uygulanır. Fakat onlara göre zimmi kişi böyle bir evlilikten sonra müslüman olursa, mehr-i misl gerekir. Cinsel ilişkide bulunmadan kadını boşamışsa mut'a gerekir. İmam-ı Züfer'e göre, dar-ı harpte yaşayan gayr-i müslimlere de, müslüman olduklarında mehr-i misl gerekir. İmam Züfer'in delili şudur: Şeriat; nikahı, mal verilmesi şartıyle meşru kıldı. Yüce Allah'ın, '' ان تبتغوا باموالكم **Mallarınızla istemeniz size helal kılındı''** (28) âyeti buna delildir. Bu, genel bir kanundur ve bu hüküm, herkes hakkında sabittir. Zira nikah, dini muamelelerdendir. Kafirler de bu muameleye muhataptır. İmameyn'in delili ise şudur: Şu bir gerçek ki, zimmiler, oruç ve namaz gibi dini konularda bizim hükümlerimizi kabul etmemişlerdir. Domuz, içki ve alış-veriş gibi hususlarda, aksi hükümlerle akit yaparlar. Bunların hepsi zimmiler hakkında geçersizdir. Çünkü bu konuda onlarla zimmet akdi yapılmıştır. "Bize onları ve dinlerini terketmemiz emrolundu" sözünün ifade ettiği mana üzerine kendi dinlerinin hükümleri üzerine bırakıldılar. Buna göre onlar da, dini hükümleri yerine getirmede zorlanmamaları ve velayet hususlarında dar-ı harpte yaşayanlar gibi oldular. Zina bunlara benzemez. Zira zina, bütün dinlerde haramdır. Zina onların dinlerinde helal değildir ki, halleri üzerine bırakılsınlar. Faiz ise yapmış oldukları akitlerden istisna edilmiştir. Zira Hz. Peygamber (a.s.) şöyle buyurmuştur:

اَلَا مَنْ رَابٰى فَلَيْسَ بَيْنَنَا وَبَيْنَهُمْ عَهْدٌ **"Dikkat edin! Kim faizle iş yaparsa, bizimle onlar arasında anlaşma yoktur".** Bu hadis ile faiz diğer muamelelerinden istisna edilmiştir. Kenz yazarı der ki: Zimmi bir erkek zimmi bir kadını ölmüş hayvan üzerine ve mehir olmadan nikahlasa ve bu zimmilerin dinlerinde câiz olsa, bu durumda cinsel ilişkide bulunulsa veya cinsel ilişkiden önce boşansa veya ölse, zimmi kadın için mehir yoktur. Dar-ı harpte yaşayan gayr-i müslimin durumu da böyledir.

Kenz'i şerheden alimler de "Onun için mehr yoktur" dedikten sonra şöyle derler: "Bu Ebû Hanife'ye göredir. İmameyn der ki: Kadına mehr-i misl vermek gerekir. Ölüm halinde, cinsel ilişkide bulunduğunda ve cinsel ilişkiden evvel boşandığında mut'a gerekir. Dar-ı harpte yaşayan gayr-i mûslimlerin durumu da böyledir. Kenz'i şerheden alimler bunları söyledikten sonra şöyle derler: Eğer, dar-ı harpte yaşayan gayr-i müslim bir erkek yine kendisi gibi olan bir kadını nikahlasa, üç imama göre bunun hükmü, zimminin hükmü gibidir. Ancak İmam Züfer ayrı görüştedir. İmamların görüşlerinin böyle ol-

---

(28) Nisâ Suresi, 4/24.

duğu anlaşılınca, bilinmelidir ki musannif, görüşleri açıklarken bir nevi yanlışlık yapmıştır. Çünkü خلافًا لهما İmameyn buna muhalefet eder" sözü, sözün akışına göre "sadece zimmi konusunda muhalefet ederler" diye düşünülürse, sözde bir zayıflık göze çarpar. Yine Musannifin eserinde geçen " بلا مَهْر mehirsiz olarak" sözü de, mehir diye bir kanunun olmadığı veya mehir konusunun konuşulmadığı manalarına gelebilir.

Eğer zimmi bir erkek zimmi bir kadını muayyen bir şarap veya karşılığında nikahlasa, daha sonra ikisi de müslüman olsa, yahut ikisinden biri bu mehri almadan müslüman olsa, kadın muayyen olan şarabı veya domuzu alır. Bu İmam Ebû Hanife'nin görüşüdür. Çünkü şarap ve domuz, nikah akdi yapılırken belirlenmişti. İslam bu şekilde belirlenen şeyin alınmasına engel değildir Nitekim zimmi bir kadın müslüman olsa ve başka birisinde bu kadının şarabı ve domuzu bulunsa, kadın bunları alır.

Eğer nikah kıyılırken şarap veya domuz belirlenmemiş ise şarabın kıymetini vermek gerekir. Domuzda ise mehr-i mislini vermelidir. Bu Ebû Hanife'ye göredir. Şarabın kıymetini almanın lüzumu, ele geçirilmeden kendisine sahip olunan şeylerden olması sebebiyledir. Bu gibi şeyler borçlanıldığında misli ile ödenir. İslam, bizzat şarabın verilmesine karşıdır. Bu takdirde kıymetini vermek gerekir. Zira nikah yapılırken, mehir olarak şarabın söylenmesi sahih idi. Şarabın kıymetini almak, kendisini almak gibi değildir. Zira şarap misli şeylerdendir. Domuzda ise mehr-i misl vermek gerekir. Zira domuz kıyemî şeylerdendir. Kıymetini almak kendisini almak gibidir. Onun için bunda mehr-i misl gerekir. Ebû Yusuf'a göre, her iki halde de yani şarap veya domuz belirlenmiş olsun veya olmasın, bunların kıymetini almak gerekmez, mehr-i misl gerekir. İmam Muhammed'e göre, her iki şekilde de kıymetini vermek gerekir. Çünkü nikah kıyılırken bunları mehir olarak söylemek sahih idi. Onlara göre bunlar, mehir olmaya uygun maldır. İslama girildiğinde bunların alınması câiz olmadığı için, kıymetlerini vermek gerekir.

Mehr-i misl vâciptir diyene göre, cinsel ilişkiden önce boşama halinde müt'a lazımdır. Kıymeti vâciptir diyene göre, kıymetinin yarısı vâcip olur. Mehr-i Misl vâciptir diyen Ebû Yusuf, kıymeti vâciptir diyen İmam Muhammed'dir.

6. KISIM

– باب نكاح الرقيق –

نِكَاحُ الْعَبْدِ وَالْأَمَةِ وَالْمُدَبَّرِ وَالْمُكَاتَبِ وَأُمِّ الْوَلَدِ بِلَا اِذْنِ السَّيِّدِ مَوْقُوفٌ فَاِنْ اَجَازَ نَفَذَ وَاِنْ رَدَّ بَطَلَ* وَقَوْلُهُ طَلِّقْهَا رَجْعِيَّةً اِجَازَةٌ لَا طَلَّقْهَا اَوْ فَارِقْهَا* فَاِنْ نَكَحُوا بِاِذْنِهِ فَالْمَهْرُ عَلَيْهِمْ يُبَاعُ الْعَبْدُ فِيهِ* وَيَسْعَى الْمُدَبَّرُ وَالْمُكَاتَبُ وَلَا يُبَاعَانِ* وَاِذْنُهُ لِعَبْدِهِ بِالنِّكَاحِ يَشْمَلُ جَائِزَهُ وَفَاسِدَهُ فَيُبَاعُ فِي الْمَهْرِ لَوْ نَكَحَ فَاسِدًا فَوَطِىءَ وَيَتِمُّ الْاِذْنُ بِهِ حَتَّى لَوْ نَكَحَ بَعْدَهُ جَائِزًا تَوَقَّفَ عَلَى الْاِجَازَةِ* وَاِنْ زَوَّجَ عَبْدَهُ الْمَأْذُونَ الْمَدْيُونَ صَحَّ وَهِيَ اُسْوَةُ الْغُرَمَاءِ فِي مَهْرِ مِثْلِهَا* وَمَنْ زَوَّجَ اَمَتَهُ لَا يَلْزَمُهُ تَبْوِئَتُهَا وَيَطَأُ الزَّوْجُ مَتَى ظَفَرَ وَلَا نَفَقَةَ عَلَيْهِ اِلَّا بِالتَّبْوِئَةِ وَهُوَ اَنْ يُخَلَّى بَيْنَهَا وَبَيْنَ الزَّوْجِ فِي مَنْزِلِهِ وَلَا يَسْتَخْدِمَهَا* فَاِنْ بَوَّأَهَا ثُمَّ رَجَعَ صَحَّ وَسَقَطَتِ النَّفَقَةُ وَاِنْ خَدَمَتْهُ بِلَا اِسْتِخْدَامِهِ لَا تَسْقُطُ* وَاِنْ زَوَّجَ اَمَتَهُ ثُمَّ قَتَلَهَا قَبْلَ الدُّخُولِ سَقَطَ الْمَهْرُ بِخِلَافِ مَا لَوْ قَتَلَتِ الْحُرَّةُ نَفْسَهَا قَبْلَهُ* وَالْاِذْنُ فِي الْعَزْلِ عَنِ الْأَمَةِ لِلسَّيِّدِ وَعِنْدَهُمَا لَهَا* وَاِنْ تَزَوَّجَتْ اَمَةٌ اَوْ مُكَاتَبَةٌ بِالْاِذْنِ ثُمَّ عُتِقَتْ فَلَهَا الْخِيَارُ فِي الْفَسْخِ حُرًّا كَانَ زَوْجُهَا اَوْ عَبْدًا* وَاِنْ تَزَوَّجَتْ بِلَا اِذْنٍ فَعُتِقَتْ نَفَذَ* وَكَذَا الْعَبْدُ وَلَا خِيَارَ لَهَا* وَالْمُسَمَّى لِلسَّيِّدِ اِنْ وُطِئَتْ قَبْلَ الْعِتْقِ وَلَهَا اِنْ وُطِئَتْ بَعْدَهُ* وَمَنْ وَطِىءَ

اَمَةَ اِبْنِهِ فَوَلَدَتْ فَادَّعَاهُ ثَبَتَ نَسَبُهُ مِنْهُ وَلَزِمَهُ قِيمَتُهَا لاٰ مَهْرُهَا وَلاٰ قِيمَةُ وَلَدِهَا وَتَصِيرُ أُمَّ وَلَدِهِ. وَالْجَدُّ كَالْأَبِ بَعْدَ مَوْتِهِ لاٰ قَبْلَهُ. وَاِنْ زَوَّجَ أَمَتَهُ أَبَاهُ جَازَ وَعَلَيْهِ مَهْرُهَا لاٰ قِيمَتُهَا. فَاِنْ اَتَتْ بِوَلَدٍ لاٰ تَصِيرُ أُمَّ وَلَدٍ وَهُوَ حُرٌّ بِقَرَابَتِهِ. حُرَّةٌ قَالَتْ لِسَيِّدِ زَوْجِهَا اَعْتِقْهُ عَنّى بِأَلْفٍ فَفَعَلَ فَسَدَ النِّكَاحُ وَلَزِمَهَا الْأَلْفُ وَالْوَلَاءُ لَهَا. وَيَصِحُّ عَنْ كَفَّارَتِهَا لَوْ نَوَتْ بِهِ. وَاِنْ لَمْ تَقُلْ بِأَلْفٍ لاٰ يَفْسُدُ وَالْوَلَاءُ لَهُ خِلَافاً لِأَبِى يُوسُفَ. وَلِلْمَوْلَىٰ اِجْبَارُ عَبْدِهِ وَاَمَتِهِ عَلَى النِّكَاحِ دُونَ مُكَاتَبِهِ وَمُكَاتَبَتِهِ.

KÖLENİN NİKAHI

Kölenin, cariyenin, müdebberin, mükatebin ve ümmü veledin nikahı, efendinin izni olmadan yapılmaz. Efendi izin verirse nikah geçerli, reddederse bâtıl olur. Efendinin, "onu ric'î talakla boşa" sözü nikaha izindir. Fakat "onu boşa" veya "ondan ayrıl" sözü, izin değildir. Eğer bunlar efendinin izni ile nikahlanırlarsa, mehri vermek onlara aittir. Mehr için köle satılır. Müdebber ve mükateb çalışırlar, bunlar satılmaz.

Efendinin köleye nikahlanma izni vermesi, nikahın câiz ve fasit olanını kapsar. Eğer köle, fasit nikahla nikahlansa ve cinsel ilişkide bulunsa mehir için satılır ve bununla izin tamamlanmış olur. Hatta bundan sonra câiz nikahla nikahlansa, bu nikah efendisini iznine bağlı olur.

Efendi, borçlu ve alış-veriş yapmaya izinli kölesini evlendirirse nikah sahih olur. Kadın mehr-i mislini alma hususunda diğer alacaklılarla beraberdir. Cariyesini evlendiren kimsenin ona bir yer hazırlaması gerekmez. Cariyenin kocası fırsat buldukça onunla cinsel ilişkide bulunur. Kocanın nafaka vermesi gerekmez. Ancak karısına bir yer hazırladığı zaman nafaka da gerekir. Cariyeye yer hazırlamak demek, kocasının evinde onunla kocasını başbaşa bırakmak ve onu hizmette kullanmamak demektir. Eğer efendi cariyeye yer ve mesken hazırlar sonra cayarsa sahih olur ve bu durumda kocadan nafaka düşer. Efendisi istemeden cariye ona hizmet ederse kocanın üzerinden nafaka düşmez.

Efendi cariyesini evlendirse, sonra da zifafa girmeden önce onu öldürse mehir düşer. Hür bir kadının zifaftan önce kendisini öldürmesi buna benzemez.

Cariye ile cinsel ilişkide bulunurken azil yapma izni, efendiye aittir. İmameyn'e göre bu izin cariyeye aittir.

Eğer cariye veya mükatebe efendinin izni ile evlense, daha sonra hür olsa, kocası ister hür biri isterse köle olsun, cariyenin nikahı bozmadan muhayyerliği vardır. Eğer izinsiz evlense, sonra hürriyetine kavuşsa nikah sahih olur. Köle de böyledir. Karısı için, nikahı bozma muhayyerliği yoktur.

Azat edilmeden önce kendisiyle cinsel ilişkide bulunulduğu takdirde, nikah kıyılırken konuşulan mehir efendinindir. Azat edildikten sonra ise mehir cariyeye aittir.

Bir kimse oğlunun cariyesi ile cinsel ilişkide bulunsa ve cariye bir çocuk doğurduktan sonra, baba, o çocuğun kendinden olduğunu iddia etse çocuğun nesebi babadan sabit olur. Bu iddiada bulunana cariyenin kıymeti lazım olur. Cariyenin mehri ve oğlunun kıymeti lazım olmaz. Ve o cariye babanın ümmü veledi (çocuğunun annesi) olur. Dede de, babanın ölümünden sonra baba gibidir. Baba ölmeden, onun gibi olmaz.

Hür bir kadın, kocasının efendisine, "bin akçe karşılığında onu benim adıma azat et" dese, efendi de bunu yapsa nikah bozulur ve kadının bin akçeyi vermesi gerekir. Miras da kadına ait olur. Kadın verdiği parayı, keffareti niyetine verirse sahih olur. Eğer kadın "onu azat et" deyip de, "bin akçe karşılığında" demezse, nikah bozulmaz. Bu durumda miras da efendiye ait olur. Ebû Yusuf buna muhalefet eder.

Efendi, kölesini ve cariyesini evlenmeye zorlayabilir. Mükateb ve mükatebesini zorlayamaz.

İZAHI

Bu bölüm, kölenin nikahını açıklamaya dairdir.

Köle, cariye, müdebber, mükateb ve ümmü veledin evlenmeleri, efendilerinin iznine bağlıdır.

Kölenin nikahının, efendisinin iznine bağlı olması Hz. Peygamber (a.s)'ın

أَيَّمَا عَبْدٍ تَزَوَّجَ بِغَيْرِ اِذْنِ مَوْلَاهُ فَهُوَ عَاهِرٌ "Hangi köle efendisinden izin almadan evlenmişse, o zina edicidir" hadisi ile sabittir. İmam Malik buna muhalefet eder. Zira ona göre, köle nasıl boşamaya malikse nikaha da maliktir.

Cariyenin nikahının, efendisinin iznine bağlı olmasının sebebi şudur: Efendi cariyeden faydalanma imkanına sahiptir. Zira cariyenin mehri onun mülkü altındadır. Kendi izni olmadan başkası ona malik olamaz. Binaenaleyh, izinsiz nikahı sahih olmaz.

Müdebber ve mükatebede kölelik hükmü devam eder. ümmü veledde de mülkiyet vardır. Bu sebeple bunların nikahları izne bağlıdır. Buna göre, efendi izin verirse nikah geçerli, reddederse bâtıl olur.

Efendinin, kölesine, "ric'î talakla boşa" demesi nikaha izin sayılır. Zira ric'î talak, sahih nikahta olur. Bu takdirde, efendinin bu sözü, izin verme sözüdür. "Ona boşa" veya "ondan ayrıl" sözü izin sayılmaz. Çünkü bu söz, izin vermeme, reddetme manasına da gelebilir.

Eğer köle ve diğerleri, efendinin izni ile nikahlansalar, mehri, kendilerinin vermesi gerekir.

Mehri vermek için köle satılır. Zira mehr bir borçtur. Bunu ödemek köleye vâcip oldu. Borç durumunda olan bu mehir, efendinin izin vermesiyle önce onun üzerine sabit olmuş, sonra borçlulardan zararı savmak için kölenin üzerine geçmiştir.

Müdebber ve mükateb çalışır, mehri ödemek için satılmazlar. Çünkü bu ikisinin kitabet ve tedbiri varken, bir mülkten diğer mülke intikalleri ihtimali yoktur. Bu sebeple mehir, kendi kazançlarından ödenir, yoksa kendi nefislerinden ödenmez.

Efendinin köleye verdiği evlenme izni, nikahın câiz ve fasit olanını kapsar. Eğer köle, fasit yani geçersiz bir nikah yapıp cinsel ilişkide bulunsa, Ebû Hanife'ye göre mehri ödemek için satılır. Nikah izni hem câiz olan hem de câiz olmayan nikahı kapsadığı için, mehri ödemek efendiye ait olur. Böyle olunca da, köle satılarak mehir ödenir. İmameyn der ki; İzin, câiz olan nikahı kapsar. Bu takdirde mehir, efendi hakkında değil de köle hakkında sabit olur. Fakat bu mehir köleden, köle azat edildikten sonra alınır, daha önce istenmez. kölenin yaptığı geçersiz nikahla, efendinin ona verdiği nikah izni bitmiş olur. Hatta bundan sonra, câiz olan bir nikah da yapmış olsa, bu nikah efendinin yeniden izin vermesine bağlıdır. Zira efendisinin verdiği izin, yapmış olduğu geçersiz nikahla bitmiş idi. Ebû Hanife'ye göre tekrar izin almaya ihtiyaç vardır.

İmameyn'e göre, nikah geçersiz olduğu için izin bitmiş olmaz. Tekrar nikah yapsa sahih olur.

Eğer efendi, alış verişe izinli ve borçlu kölesini evlendirse nikah sahih olur. Karısı mehr-i misilde diğer alacaklılarla beraberdir. Köle satılınca, diğer alacaklılarla beraber kadın da ortak olur.

Bir kimse cariyesini evlendirse, kocasının o cariyeye yer hazırlaması gerekmez. Kocası, fırsat eline geçtikçe cariye ile cinsel ilişkide bulunur. Efendisinin, bu cariyeyi hizmetinde kullanma hakkı devam eder. Kocası cariyeyi için yer hazırlamış olursa, o zaman, efendinin cariyeyi hizmetinde kullanma hakkı düşer.

Kocanın, cariye olan karısına yer hazırlaması halinde nafakasını temin etmesi de gerekir. Zira nafaka, kadını evde tutmaya karşılıktır. Cariyeyi ayrı bir evde tutmayınca, nafakasını vermez. Cariyeye yer hazırlamak demek, onu kocasının evinde kocasıyla başbaşa bırakmak ve efendisinin, onu kendi hizmetinde kullanmaması demektir.

Efendi cariyeye yer hazırlar, sonra cayarsa sahih olur. Zira efendisinin cariyeye malik olma hakkı, nikah ile düşmediği gibi, cariyeye yer hazırlamakla da düşmez. Efendinin, cariyeye yer hazırlamaktan cayması ile kocasının üzerinden nafaka borcu düşer. Zira nafaka kadını evde tutmaya karşılık idi. Bu kalkınca nafaka da kalkar. Fakat efendisi cariye için yer hazırladıktan sonra, "bana hizmet et" diye emretmeden cariye ona kendiliğinden hizmet ederse, nafakası kocasının üzerinden düşmez.

Bir kimse cariyesini birisi ile evlendirse, sonra kocası ile cinsel ilişkide bulunmadan onu öldürse, İmam Azam'a göre, kocasından mehir düşer. Çünkü bu akitten maksat cinsel ilişki idi ki, koca bu arzusuna kavuşamadan cariye yok edildi. İmameyn'e göre mehir düşmez. Zira, ehl-i sünnet inancına göre, "öldürülen kendi eceli ile ölmüştür". Bundan dolayı öldürme olayı, mehri düşürmeye sebep değildir. Ancak İmam-ı Azam'a göre, hür kadının durumu cariyeye benzemez. Bu durumda ki hür kadın, cinsel ilişkide bulunmadan kendini öldürse mehir düşmez. İmam Züfer'e göre düşer. İmam Züfer der ki: Nikah yani cinsel ilişki, mehre bedel idi. Cinsel ilişki olmayınca, bedeli olan mehr de düşer. Öldürülen cariyenin mehri gibi, kendini öldüren hür kadının mehri de düşer. İmam Azam'ın delili de şudur: İnsanın kendini öldürmesi, dünya hükümlerinde asla muteber değildir. Hatta kendini öldüren kimse yıkanır ve namazı kılınır. Ama efendinin, cariyesini öldürmesi buna benzemez. Bunda dünya hükümleri muteberdir. Dolayısıyle efendi üzerine keffaret vacip olur.

Cariye ile cinsel ilişkide bulunurken azil yapma izni efendiye aittir. Zira cariyeden bir çocuk olsa, bu efendinin hakkı olacaktı. Bu takdirde onun rızası nazar-ı itibara alınır. İmameyn'e göre azile izin verme hakkı cariyenindir. Zira cinsel ilişki cariyenin hakkıdır. Hakkını arayabilir. Eğer azilde izin yetkisi olmasa hakkı yenmiş olur. Bu takdirde cariyenin rızasını nazar-ı itibara almak gerekir. Azil, erkeğin cinsel ilişki sırasında menisini kasten kadının o uzvunun dışına akıtmasıdır. İnaye yazarı der ki: Bu mesele azlin caiz olduğunu göstermektedir. Bu husus İbn Mesud'a sorulduğunda şöyle cevap vermiştir: "Bunda, bir sakınca yoktur. Yüce Allah var olacak bütün ruhlardan kesin teminat almıştır. Eğer o çocuk vücuda gelecekse, meni, sağır bir kayaya da atılsa yine yaratılır. Ebu Said el-Hudri'den de buna benzer bir söz rivayet edilmiştir.

Nihaye yazarı da Kerâhiyetu'l-Fetâvâ'da şöyle der: Bir kimse huysuz ve fasık bir çocuğu olacağından korksa, o kimsenin azil yapmasında bir sakınca yoktur. Yaratılışı ortaya çıkmadan önce, çocuk düşürmek için ilaç kullansalar günahkar olmazlar. Ama uzuvları belli olduktan sonra düşürmek caiz değildir.

Cariye veya mükatebe, efendinin izni ile evlense, ondan sonra cariye azat olsa, kocası ister hür ister köle olsun, cariyenin nikahı bozma serbestliği vardır. Eğer efendisinin izni olmadan evlenmiş idiyse, azat edildiğinde de nikahı geçerli olur. İzinsiz evlenen kölenin nikahı da bu şekilde geçerlidir. Karısının bu nikahı bozma hakkı yoktur. Mesela bir köle, efendisinin izni olmadan evlense, sonra azat edilse, yine nikahı eskisi gibi geçerlidir. Karısının bunu bozmu muhayyerliği yoktur.

Evlenen cariye azat edilmeden kendisiyle cinsel ilişkide bulunulmuşsa, cariye için belirlenen mehr efendisinindir. Azat edildikten sonra cinsel ilişkide bulunulmuşsa, mehir cariyenindir.

Bir kimse oğlunun cariyesi ile cinsel ilişkide bulunsa ve bu ilişkiden bir çocuk doğursa ve o kimse çocuğun kendisinden olduğunu iddia etse, çocuğun nesebi ondan sabit olur. Bu iddiada bulunana, cariyenin kıymeti lazım olur. Mehri ve çocuğun kıymeti lazım olmaz. Bu cariye, kendisiyle cinsel ilişkide bulunan kimsenin ümm-ü veledi olur. Çünkü babanın, oğlunun malına malik olma velâyeti vardır. Nitekim Hz. Peygamber (a.s):

وَلَدُ الرَّجُلِ مِنْ كَسْبِهِ فَكُلُوا مِنْ اَمْوَالِهِمْ

"Kişinin çocuğu kendi kazancıdır. Binaenaleyh onların mallarından yiyiniz" [29] buyur-

---

[29] Ebu Davud, Büyu, 77; Ahmed b. Hanbel. VII, 173, 202.

muştur. Bir başka hadislerinde de: "**Kuşkusuz çocuklarınız en temiz**

إِنَّ أَوْلَادَكُمْ مِنْ أَطْيَبِ كَسْبِكُمْ فَكُلُوا مِنْ كَسْبِ أَوْلَادِكُمْ

kazançlarınızdandır. Öyleyse çocuklarınızın kazançlarından yeyiniz"[30] buyurmuştur. Bunlar babanın, çocuğun malına malik olma velayetinin bulunduğunu gösterir. Nasıl bir kimsenin, kendi bekasına ihtiyacından dolayı oğlunun malına malik olma velayeti varsa, aynı şekilde aynı şekilde oğlu küçük iken, cariyesine dahi ihtiyaçtan dolayı malik olma velayeti vardır. Çünkü neslin devamına, olan ihtiyaç, nefsini devam ettirmeye olan ihtiyacından aşağıdır. İmdi, nesli devam ettirme ihtiyacı nefsi devam ettirme ihtiyacından aşağı olduğu için, baba, oğlunun cariyesine kıymet ile malik olur. Ama yiyeceği şeye kıymetsiz malik olur. Şimdi, oğlunun cariyesi ile cinsel ilişkide bulunan babanın, bu cariyenin kendisine mülkiyeti ne zaman sabit olur, ona bakalım. Bu mülkiyet, cariyeden bir çocuk olmadan sabit olur. Zira çocuk istemeyi ve çocuk sahibi olmayı sahih kılan şey, ya gerçekten malik olmak veya mülkiyet hakkını elde etmektir. Bu, söz konusu olan baba hakkında sabittir. Zira bu babanın o cariyeyle evlenmesi caizdir. İmdi, bu takdirde önce malik olması gerekir. Çocuk olduktan sonra babanın onu korumaya ihtiyacı vardır. Bu koruma, nesebin sabit olması ile olur. Nesebin sabit olması ise ona malik olmaktan başkasıyle olmaz. Babanın cinsel ilişkide bulunmadan ona malik olması gerekir ki, yaptığı iş haram olmasın. Önce malik olup sonra cinsel ilişkide bulunduğu için, çocuk babanın mülkü içersinde doğmuş olur. Bu takdirde çocuğun kıymetin vermek gerekmez. Zira çocuk, bu doğuma vesile olan cinsel ilişkiden önce babasının mülkü olan bir cariyeden doğmakla, hür olarak doğmuş olur.

Babanın ölümünden sonra, dede de baba gibidir. Ama babanın ölümünden önce baba gibi değildir. Onun içindir ki, baba var iken dede mirasçı olamaz.

Bir kimse cariyesini babası ile evlendirse caizdir. Fakat imam Şafiî şöyle der: "Oğlunun, babası ile cariyesini evlendirmesi caiz değildir. Çünkü çocuğun malında babanın mülkiyet hakkı vardır. Hatta bir kimse, haram olduğunu bile bile, oğlunun cariyesi ile cinsel lişkide bulunsa had gerekmez. Oğlu cariyesini babası ile evlendirse, cariyenin mehri babanın üzerinedir. Kıymeti değildir. Zira baba, cariyenin kendisine malik değildir. Eğer bu cariye çocuk doğursa, ümm-ü veled olmaz. Doğurduğu çocuk, cariyenin sahibine olan akrabalığından dolayı hürdür. Hz. Peygamber (a.s)'in:

---

[30] Nesai, Büyu, 1, İbn Mace, Ticaret, 64; Ebu Davud, Büyu, 77.

NİKÂH 153

"مَنْ مَلَكَ ذَا رَحِمٍ مَحْرَمٍ مِنْهُ عَتَقَ عَلَيْهِ" **"Kim, kendisiyle evlenmesi haram olan bir yakınına malik olursa, onu azat etmiş olur"**(31 hadisi şerifleri ile azat olmuş olur.

"Hür bir kadın, kocasının efendisine, kocamı benim adıma bin akçeye azat et" dese, efendisi de bunu yapsa nikah bozulur ve kadının velayeti yani mirası kadının olur. Kadın, üzerinde bulunan keffareti yerine, onun azat edilmesine niyet etse sahih olur. Eğer kadın, "Onu azat et" dediğinde "bin akçe karşılığında" demezse, nikah bozulmaz. Bu durumda miras da efendiye ait olur. Ebu Yusuf buna muhalefet eder.

Efendi, kölesini ve cariyesini evlenmeye zorlayabilir. İmam Şafii der ki: "Zorlanamazlar. Zira bunlar, mal cihetinden efendilerinin mülkü sayılırlar. Yoksa insan oldukları cihetten onun malı ve mülkü sayılmazlar. Nikah ise insanlıkla ilgili özelliklerdendir. Bundan dolayı efendi onları zorlayamaz." Hanefi fıkıhçılarının delili şudur: Efendi, mülkünü islah etmek için köle ve cariyesini evlendirir, ki zinaya tevessül etmesinler. Onlar bu kötü fiili işleyince, kendisi ayıplanır ve mülküne zarar gelir. Böyle olunca, islah gayesiyle onları nikaha zorlayabilir. Efendi cariyesinden faydalanmaya yetkili olduğu gibi, onu başkasına da verebilir. Bu nedenle cariyenin mehri efendiye aittir.

"Hakâyık" adlı kitapta şöyle yazılıdır: Efendi, köle ve cariye büyük oldukları zaman onları evlenmeye zorlayabilir. Küçük olsalar, İmam Şafii'ye göre de zorlayamaz. Efendi, mükateb ve mükatebeyi yani bedellerini tamamen ödedikleri zaman azad edilmek üzere bedele bağlanan köle ve cariyesini nikaha zorlayamaz. Çünkü onlar tasarrufta bulunma hususunda hürlere katılmışlardır. Bunlar hür kişi muamelesi görür. İşte bundan dolayıdır ki, mükatebenin mehri, efendisine ait olmayıp kendisine aittir.

((31) Müslim, Zikir, 92; Müsafirin, 251 de hadisin sonu, مَحْرَمٍ فَهُوَ حُرٌّ şeklindedir.

7. KISIM

باب نكاح الكافر

وَاِذَا تَزَوَّجَ كَافِرٌ بِلَا شُهُودٍ اَوْ فِى عِدَّةِ كَافِرٍ اٰخَرَ وَذٰلِكَ جَائِزٌ فِى دِينِهِمْ ثُمَّ اَسْلَمَا اُقِرَّا عَلَيْهِ خِلَافاً لَهُمَا فِى الْعِدَّةِ۰ وَلَوْ زَوَّجَ الْمَجُوسِىُّ مَحْرَمَهُ ثُمَّ اَسْلَمَا اَوْ اَحَدُهُمَا فُرِّقَ بَيْنَهُمَا۰ وَكَذَا لَوْ تَرَافَعَا اِلَيْنَا وَبِمُرَافَعَةِ اَحَدِهِمَا لَا يُفَرَّقُ خِلَافاً لَهُمَا۰ وَالطِّفْلُ مُسْلِمٌ وَاِنْ كَانَ اَحَدُ اَبَوَيْهِ مُسْلِماً اَوْ اَسْلَمَ اَحَدُهُمَا وَكِتَابِىٌّ اِنْ كَانَ بَيْنَ كِتَابِىٍّ وَمَجُوسِىٍّ۰ وَلَوْ اَسْلَمَتْ زَوْجَةُ الْكَافِرِ اَوْ زَوْجُ الْمَجُوسِيَّةِ عُرِضَ الْاِسْلَامُ عَلَى الْاٰخَرِ فَاِنْ اَسْلَمَ فَهِىَ لَهُ وَاِلَّا فُرِّقَ بَيْنَهُمَا۰ فَاِنْ اَبَى الزَّوْجُ فَالْفِرْقَةُ طَلَاقٌ خِلَافاً لِاَبِى يُوسُفَ لَا اَبَتْ هِىَ وَلَهَا الْمَهْرُ لَوْ بَعْدَ الدُّخُولِ وَاِلَّا فَنِصْفُهُ لَوْ اَبَى الزَّوْجُ وَلَا شَىْءَ لَوْ اَبَتْ۰ وَلَوْ كَانَ ذٰلِكَ فِى دَارِهِمْ لَا تَبِينُ حَتَّى تَحِيضَ ثَلٰثاً قَبْلَ اِسْلَامِ الْاٰخَرِ۰ وَاِنْ اَسْلَمَ زَوْجُ الْكِتَابِيَّةِ بَقِىَ نِكَاحُهَا۰ وَتَبَايُنُ الدَّارَيْنِ سَبَبُ الْفُرْقَةِ لَا السَّبْىِ۰ فَلَوْ خَرَجَ اَحَدُهُمَا اِلَيْنَا مُسْلِماً اَوْ اُخْرِجَ مَسْبِياً بَانَتْ وَاِنْ سُبِيَا مَعاً لَا۰ وَمَنْ هَاجَرَتْ اِلَيْنَا بَانَتْ وَلَا عِدَّةَ عَلَيْهَا خِلَافاً لَهُمَا۰ وَارْتِدَادُ اَحَدِ الزَّوْجَيْنِ فَسْخٌ فِى الْحَالِ وَعِنْدَ مُحَمَّدٍ اِرْتِدَادُ الرَّجُلِ طَلَاقٌ وَلِلْمَوْطُوئَةِ الْمَهْرُ وَلِغَيْرِهَا نِصْفُهُ اِنِ ارْتَدَّ وَلَا شَىْءَ لَهَا اِنِ ارْتَدَّتْ۰ وَاِنِ ارْتَدَّا مَعاً وَاَسْلَمَا مَعاً لَا تَبِينُ وَاِنْ اَسْلَمَا مُتَعَاقِباً بَانَتْ۰ وَلَا يَصِحُّ تَزَوُّجُ الْمُرْتَدِّ اَوِ الْمُرْتَدَّةِ اَحَداً۰

KAFİRİN NİKAHI

Kafir bir erkek, kafir bir kadınla, şahitsiz olarak veya kadın başka bir kafirin iddetini beklerken evlense ve onların dinine göre caiz olsa, daha sonra bu erkek ve kadın müslüman olsalar, eski nikah üzerine bırakılmaları caizdir. İmameyn, iddet halinde kıyılan nikah konusunda buna muhalefet ederler.

Bir mecusi mahremini nikahlasa, sonra her ikisi veya biri müslüman olsa, araları ayrılır. Keza her ikisi de davayı bize intikal ettirirlerse yani bizim mahkemelerimize müracaat ederlerse durum yine aynıdır. Sadece birinin müracatı ile araları ayrılmaz. İmameyn buna muhalefet eder.

Küçük çocuk, eğer anne ve babasından biri müslüman ise veya daha sonra biri müslüman olursa, kendisi de müslümandır. Eğer ehl-i kitab ve mecusi anne ve baba arasında ise çocuk da ehl-i kitaptır.

Eğer kafir bir erkeğin hanımı veya mecusi bir kadının kocası müslüman olsa, diğerine islam arzedilir. Eğer kafir koca islamı kabul ederse, karısı onundur, aksi halde araları ayrılır. Koca, müslüman olmaktan çekinirse, ayrılmaları boşanmadır. Ebu Yusuf buna muhalefet eder. Eğer kadın müslüman olmayı kabul etmezse, ittifakla boşanma olmaz. Cinsel ilişkiden sonra kadın müslüman olursa, mehir hakkı vardır. Şayet kadın cinsel ilişkiden önce müslüman olur ve koca da müslüman olmayı kabul etmezse, kadın mehrin yarısını alır. Eğer, cinsel ilişkiden önce kadın islamı kabul etmezse, bir şey gerekmez.

Eğer bu durum onların memleketlerinde meydana gelirse, diğerinin islama girmesinden önce kadın üç hayız görmedikçe aralarında ayrılık vuku bulmaz.

Ehl-i kitap olan kadının kocası müslüman olsa, nikahları devam eder. Memleketlerin ayrı olması, ayrılığa sebep olur, esirlik ayrılığa sebep olmaz. Eğer o ikisinden birisi, o memleketten çıkıp— müslüman olarak bize gelse veya esir olarak çıkarılsa, ayrılık vuku bulur. Şayet her ikisi birden esir edilseler, aralarında ayrılık vuku bulmaz.

Bir kadın bize hicret etse, aralarında ayrılık meydana gelir. Bu durumda kadının iddet beklemesi de gerekmez. İmameyn buna muhalefet eder.

Karı ile kocadan birinin dinden dönmesi, derhal nikahın bozulması demektir. İmam Muhammed'e göre, erkeğin dinden dönmesi, talak (boşama) yerine geçer. Cinsel ilişkide bulunulan kadın, mehrin tamamını alır. Onun dışındakilere, eğer erkek dinden dönerse mehrin yarısı vardır. Kadın dinden dönerse ona hiçbir şey vermek gerekmez.

Karı ile koca, her ikisi birlikte dinden dönerler ve beraber müslüman olurlarsa, araları ayrılmaz. Eğer biri diğerinden sonra müslüman olursa, aralarında ayrılık vuku bulur.

Dinden dönen erkek ve kadının, müslüman bir kimse ile nikahlanması sahih olmaz.

İZAHI

Kafir bir erkek, kafir bir kadını şahitsiz olarak veya bir kafir erkeğin iddetini beklerken nikahlasa ve bu onların dinine göre caiz olsa, daha sonra bunlar müslüman olsalar, daha önce dinlerinde kıyılan nikah üzerine bırakılmaları caizdir. Bu Ebu Hanife'nin görüşüdür. Musannıf,

"Bir kâfirin iddetini beklerken" kaydını koydu. Zira eğer kadın, müslüman bir erkekten ayrılmış da iddetini bekliyorsa, ittifakla önceki nikah bozulur. İddet konusunda İmameyn, İmam Azam'a muhalefet ederler. İmam Züfer der ki: Gerek şahitsiz, gerekse iddet beklerken yapılsın, böyle bir nikah fasittir. Zira hitap herkesi kapsar. Nitekim Hz. Peygamber (a.s): لا نكاح إلا بشهود

"Şahitsiz nikah olmaz" buyurmuştur(32) buyurmuştur. Bu, şahitsiz kıyılan nikahın sahih olmadığını gösterir. Onlar bizim mahkemelerimize baş vursalar, yahut müslüman olsalar, önceki haram olma durumu geçerlidir ve bunları ayırmak gerekir. Yüce Allah'ın

وان احكم بينهم بما انزل الله ولا تتبع اهواءهم "Aralarında, Allah'ın indirdiği ile hüküm ver, onların heveslerine uyma"(33) ayeti ile amel etmek için böyle yapmalıdır.

---

(32) Hadis, Buhari, Şehadat 8'de: " لا يجوز نكاح بغير شاهدين İki şahit olmadan nikah caiz olmaz"; Darekutni, 3/220'de: " لا نكاح الا بولي وبشهود ومهر Velisiz, şahitsiz ve mehirsiz nikah olmaz" şeklinde geçmektedir.

(33) Maide Suresi, 5/49.

İmameyn'in delil şudur: İddet bekleyen kadını nikahlamanın haram olması ittifakla sabittir. Kafirler ise, iddet bekleyen kadını nikahlamayı caiz görürler. Fakat şahitsiz kıyılan nikahın haram olup olmadığında ihtilaf edilmiştir. Zira İmam Malik ve İbn Ebi Leyla bunu caiz görerek şöyle demişlerdir: Kafirler bizim hükümlerimizi bütün ihtilafları ile kabul etmemişlerdir. Fakat zimmi oldukları için biz onlara dokunmayız. Eğer bizim mahkemelerimizde duruşmaya gelseler, yahut sadece birisi gelse, veya iddeti bitmediği halde biri müslüman olsa ve iddet bittikten ssonra mahkemeye başvursa ittifakla araları ayrılır.

Ebu Hanife'nin delili de şudur: Nikahın haram olması iddetten dolayıdır. Zira iddet bekleyen kadın nikahlı sayılır. Onu nikahlamak, bir bakıma nikahlı kadını nikahlamak demektir. İddetin sabit olması ya şeriat için olur, ya da koca için olur. Kafirin iddetinin şeriat için olmasına yol yoktur. Zira kafirler, şer'î hukuk ile muhatap değildir. Bu nedenle şarap ve domuz konusunda onlara dokunulmaz. iddetin koca için sabit olmasına da yol yoktur. Zira bu koca, iddet beklerken evlenmenin haram olduğuna inanmamaktadır. Bu takdirde, önce kıyılan nikah sahih olmuş olur. Çünkü nikahın rüknü olan ''icab ve kabul'', nikaha ehil olan kişiden yani akıllı ve bulûğa ermiş kişilerden meydana gelmiştir. Bu nedenle başlangıçta kıyılan nikah sahih olmuştur. Ama bir müslümanın nikahı altında iken iddet bekleyen kadını nikahlamak buna benzemez. Bu sahih değildir. Müslüman olmayanların önceden kıydıkları ve sahih olan nikah, müslüman olmakla veya bizim mahkemelerimiz de duruşma yapmakla kalkmaz. Kafirlerin nikahlarının sahih olması şahitlerin bulunmasına da bağlı değildir. İmdi, daha önceki gibi nikahları üzere kalırlar.

Bir mecusi, nikahı kendisine haram olan bir kadınla evlense, daha sonra ikisi veya ikisinden biri müslüman olsa, bu durumda araları ayrılır. Müslüman olmadıkları halde bizim mahkemelerimize baş vursalar yine ayrılırlar. Çünkü birbirlerine haram oldukları için başlangıçta nikah caiz olmaz. Ebu Hanife'ye göre, mecusilerden birisinin bizim mahkememize başvurmasıyla araları ayrılmaz. İmameyn buna muhalefet eder. Onlara göre, araları ayrılır.

Küçük çocuğun anne ve babası müslüman ise veya ikisinden birisi daha sonra müslüman olsa, bu çocuk müslümandır. Eğer: ''Böyle genel bir hüküm vermek nasıl sahih olur. Oysa ki müslüman bir kadının kafir ile nikahı mevcut değildir'' denilirse, şöyle cevap veririz: Bu genelleme, devamlılık durumuna hamledilir. Mesela, Zimmi bir kadın müslüman olsa ve kocasına müslümanlık arz edilmeden önce çocuk doğursa o çocuk müslümandır. ''Anne ve babasından biri" kaydını bu şekilde tashih edebiliriz.

Ehl-i kitap birisi ile bir mecusiden doğan çocuk ehl-i kitap sayılır. Hatta bu çocuk kız olsa, bunu müslüman birisiyle nikahlamak caiz olur. Kestiği helal olup yenir.

Beyaniyye yazarı, "mecusi, hristiyan ve yahudiden daha kötüdür" demiş, "hristiyan ve yahudi bir mecusiden daha hayırlıdır" dememiştir. Zira bunların dinlerinde hayır yoktur.

Kafir bir erkeğin karısı veya mecusi bir kadının kocası müslüman olsa, müslüman olmayana islama girmesi teklif edilir. Eğer müslüman olursa karı-koca olarak kalırlar. Yani önceki nikah devam eder, başka bir nikaha ihtiyaç duyulmaz. Müslüman olmazsa araları ayrılır. Eğer koca, müslüman olmayı kabul etmezse, bu ayrılık boşama demektir. Ebu Yusuf buna muhalefet eder. Ona göre bu ayrılma boşama değil, nikahın feshedilmesi demektir. Eğer kadın müslüman olmayı kabul etmezse, bu ayrılık ittifakla boşama sayılmaz. Hakimin boşama kararı vermesi gerekir. Kadın ile cinsel ilişkide bulunduktan sonra koca müslüman olursa, kadın için mehir gerekir. Eğer kadın cinsel ilişkiden önce müslüman olur, erkek islamı kabul etmezse, kadın için mehrin yarısı gerekir. Cinsel ilişkiden önce kadın müslüman olmayı kabul etmez ve hakim aralarını ayırırsa, bir şey gerekmez. Koca islamı kabul etmezse boşama, kadın kabul etmezse fesih vuku bulur. Çünkü boşama erkeklerin hakkıdır, kadınların değil. Bu takdirde, kadının müslüman olmaması neticesinde bozulan nikah akdinden dolayı kadının bir hakkı olmaz.

Eğer mecusi veya ehl-i kitap karı-kocadan birinin müslümanlığı dar-ı harpte vuku bulsa, diğeri müslüman olmadan kadın üç hayız görmedikçe kocasından ayrılmış olmaz. Kadın ile cinsel ilişkide bulunulsun veya bulunulmasın durum aynıdır. Bizzat müslümanlık, ayrılma sebebi olmaz. Dar-ı harpte bulundukları ve dolayısıyle üzerlerinde müslümanların velayeti olmadığı için, eşlerden müslüman olmayana islamı arzetmek de mümkün değildir. İşte bunları ayrılma sebebi kabul etmek mümkün olmayınca, şart yani üç hayız müddetinin geçmesi, sebeb yerine geçer. Nitekim bir kimse umumi bir yolda bir kuyu kazıp içine insan düşse, asıl budur ki, telef ve yok olma, düşen kimsenin ağırlığından dolayıdır. Fakat tabii bir şey olduğu için bunu sebep göstermek imkansızdır. Bu olmayınca, helake sebep olan şey, onun yolda yürümesi olur. Bunu da sebep göstermek imkansızdır. Çünkü herkese açık bir yolda yürümek mübah bir şeydir. Başkasının hakkına tecavüz söz konusu değildir. Geriye bir "şart" kalıyor ki, o da kuyuyu kazmaktır. Hüküm bu şarta bağlı olduğu için, kuyuyu kazmak, illete benzer. Bundan hakka tecavüz vardır. Zira kuyunun kazıldğı yer, kazanın mülkü değildir.

Eğer ehli kitap olan kadının kocası müslüman olsa, ikisinin nikahı devam eder. Çünkü müslüman bir erkeğin kitap ehli bir kadınla evlenmesi önceden caizdir. Bu cevazın devam etmesi de evladır. Zira bir şeyi eski halinde devam ettirmek, ilk defa yapmaktan daha kolaydır.

Memleketlerin ayrı olması ayrılığa sebep olur. Esirlik ayrılığa sebep değildir. İmdi, karı-kocadan biri müslüman olarak bize yani dar-ı islama gelse, yahut esaretle kaldığı yurttan çıkarılsa, ayrılık vuku bulur. Eğer ikisi birden esir olunsalar ayrılık vuku bulmaz. İmam Şafii'ye göre, beraberce esir edilmeleri de ayrılmalarına sebeptir. Hatta karı ile kocadan biri müslüman olarak dar-ı islama gelse, yahut zimmet akdi yaparak yani harac vermeyi kabul ederek gelse, esaret bulunmadığı için, aralarında ayrılık meydana gelmez. Biri esir edilse ittifakla ayrılık meydana gelir. Hanefi imamlara göre ayrılık sebebi, iki memleketin ayrı olmasıdır. İmam Şafii'ye göre sebep esirliktir. Karı koca birlikte esir olunsalar, bize göre ayrılık vuku bulmaz. İmam Şafii'ye göre vuku bulur. Şafii'nin delili şudur:

Mekke fethedilmeden önce Hz. Peygamber (a.s)'in kızı Zeyneb (r.a), kocası Ebu'l-As'ı Mekke'de bırakıp Medine'ye hicret etmişti. Hz. Peygamber (a.s), Ebu'l-As müslüman olunca, kızı Zeyneb'i Mekke'i Mükerreme'de ilk nikah ile ona gönderdi. Buradan anlaşılıyor ki, memleketlerin ayrı olması, ayrılık sebebi değildir. İki memleketin ayrı olması ile karı-kocanın birbirine sahip olma durumları kesilir, yoksa bu nikahın kesilmesine sebep olmaz. Onun içindir ki, kafir emân alarak dar-ı islama girse, yahut bir müslüman eman alarak dar-ı harbe gitse, iki ülke birbirine zıt olduğu halde, bu durumda karı-koca arasında ayrılık vuku bulmaz. Bu mesele şunu da gösteriyor ki, hükümete itaat edenle isyan eden arasında nikah devam eder. Halbuki bu durumda karı ile kocanın birbirlerine velayeti kalmamıştır. Fakat esirlik bunun gibi değildir. Zira esir edilen, esir edenin mülkü olur.

Hanefilerin delili, yüce Allah'ın şu ayet-i kerimesidir:

يَا أَيُّهَا الَّذِينَ آمَنُوا إِذَا جَاءَكُمُ الْمُؤْمِنَاتُ مُهَاجِرَاتٍ فَامْتَحِنُوهُنَّ اللَّهُ أَعْلَمُ بِإِيمَانِهِنَّ فَإِنْ عَلِمْتُمُوهُنَّ مُؤْمِنَاتٍ فَلَا تَرْجِعُوهُنَّ إِلَى الْكُفَّارِ

"**Ey iman edenler! inanmış kadınlar hicret ederek size gelirlerse onları deneyin. Allah onların imanlarını çok iyi bilir. Onların mümin kadınlar ol-**

NİKÂH / 161

duğunu öğrenirseniz, inkarcılara geri çevirmeyin"(34).

Tefsirciler bu ayetin nüzul sebebini açıklarken şöyle der: Hudeybiye'de Mekkeli müşriklerle Hz. Peygamber (a.s) arasında sulh yapıldı. Buna göre, Mekkelilerden her kim Hz. Peygamber (a.s)'e gelse, onlara geri çevrilecek, müslümanlardan Mekke'ye dönen olursa geri verilmeyecekti. Bu şekilde anlaşma yapılıp imzalandıktan sonra, Hz. Peygamber (a.s) Hudeybiye'de iken, Sebia binti Haris müslüman olarak Mekke'den kaçıp geldi. Kafir kocası da onun ardından gelip: Ey Muhammed! Karımı bana geri ver. Zira bizden gelenleri vermek üzere şart koymuştunuz. Yapılan anlaşmanın henüz mürekkebi kurumadı" demiş, bunun üzerine bu ayet inmiştir. Bundan anlaşılıyor ki, iki memleketin ayrı olması, ayrılığa sebeptir. Yine yüce Allah'ın bundan sonra gelen, وَلَا جُنَاحَ عَلَيْكُمْ اَنْ تَنْكِحُوهُنَّ **"Onları nikahlamanızda size bir vebal yoktur"**(35) ayet-i kerimesi, iki memleketin farklı olmasının, nikahı kesmeye sebep olduğuna kesin delildir.

Ebu Hanife'ye göre, bir kadın bizim memlekete hicret ederse, kocasından ayrılır ve hamile değilse iddet beklemesi de gerekmez. Hamile ise doğum yapıncaya kadar nikah edilmesi caiz değildir. İmameyn buna muhalefet eder. Onlara göre kadının iddet beklemesi gerekir. Zira ayrılık dar-ı islama girdikten sonra vuku bulmuştur. Bu takdirde ona islam hükmünü uygulamak gerekir.

Karı-kocadan birinin dinden dönmesi derhal fesihtir. boşama değildir. İmam Muhammed'e göre, kocanın dinden dönmesi talaktır. Yani bu durumda kadın boş olur. Kadınla cinsel ilişkide bulunulmuşsa, ister koca ister kadın dinden dönmüş olsun, mehrin tamamını vermek gerekir. Cinsel ilişkide bulunulmamış ve erkek dinden dönmüşse mehrin yarısı gerekir. Eğer kadın dinden dönmüşse bir hakkı yoktur. Zira ayrılma kadın tarafından olduğu için masiyet de onun tarafından işlenmiş olur. Bu masiyet ise mehrin düşmesini gerektirir.

Karı ile koca beraberce dinden çıkıp beraberce tekrar islama girseler nikahları bozulmaz. Ama kıyasa göre bozulur. Bu görüş İmam Züfer'indir. İmam Şafii de buna göre hüküm verir. Bizim delilimiz şudur:

---

(34) Mümtehine Suresi, 60/10.
(35) Mümtehine Suresi 60/10.

Araplardan Hanif Oğulları kabilesinin tamamı, zekat vermemek için dinden döndüler. Hz. Ebubekir (r.a), üzerlerine asker gönderince hepsi müslüman oldu. Fakat nikah tazelemeleri emredilmedi. Hiçbir sahabi, nikah tazelemeyi emretmemişti. Eğer beraber değil de peşpeşe müslüman olurlarsa nikahları bozulur. Zira bu durumda birisi müslüman iken, diğeri mürted olmuş olur. Bu takdirde ayrılık mukadderdir.

Mürted olan kadın ve erkek, müslüman olmadıkça müslüman biriyle evlenemezler. Bu sahih olmaz.

8. KISIM

بَابُ الْقِسْمِ

يَجِبُ الْعَدْلُ فِيهِ بَيْتُوتَةً لاَ وَطْئاً* وَالْبِكْرُ وَالثَّتِّبُ وَالثَّيِّبُ وَالْجَدِيدَةُ وَالْقَدِيمَةُ وَالْمُسْلِمَةُ وَالْكِتَابِيَّةُ فِيهِ سَوَاءٌ* وَلِلاَمَةِ وَالْمُكَاتَبَةِ وَالْمُدَبَّرَةِ نِصْفُ الْحُرَّةِ* وَلاَ قَسْمَ فِى السَّفَرِ فَيُسَافِرُ بِمَنْ شَاءَ* وَالْقُرْعَةُ اَحَبُّ وَاِنْ وَهَبَ قَسْمَهَا لِضَرَّتِهَا صَحَّ وَلَهَا اَنْ تَرْجِعَ*

ZEVCELER ARASINDA ADALET

Kocanın, zevceleri arasında, gecelemek suretiyle adalet yapması gerekir. Yoksa cinsel ilişkide eşitlik şart değildir. Bunda bakire, dul, yeni, eski, müslüman ve ehl-i kitap kadın birdir.

Cariye, mükatebe, müdebbere ve ümmü veled için, hür kadının hakkının yarısı vardır.

Sefere gitme konusunda eşitlik yoktur. Koca, istediği ile yolculuk yapar.

kura çekmek daha iyidir. Eğer kadın, kumasına sıra ve nöbetini bağışlarsa sahih olur. İsterse sözünden dönebilir.

İZAHI

Burada kasm ve kısm kelimesinden maksat, bir kocanın, nikahı altında bulunan kadınların hakkını eşit bir şekilde vermesidir.

Kasm'de, kadınların yanında gece kalma bakımından adalet vaciptir. Fakat cinsel ilişkide adalet vacip değildir. Yenilecek ve giyilecek şeyler hususunda da adalet vaciptir. Herhangi bir şeyde birini diğerine tercih etmek caiz değildir. Zira yüce Allah: فَإِنْ خِفْتُمْ أَلاَّ تَعْدِلُوا فَوَاحِدَةً

أَوْ مَا مَلَكَتْ أَيْمَانُكُمْ "Şayet aralarında adaletsizlik yapmaktan korkarsanız bir tane almalısınız veya sahip olduğunuz ile yetinmelisiniz"(36) buyurmuştur. Bu ayet, kadınlar arasında eşitliğin vacip olduğunu gösterir. Hz. Peygamber (a.s) de:

مَنْ كَانَ لَهُ امْرَأَتَانِ فَمَالَ إِلَى اِحْدَاهُمَا جَاءَ يَوْمَ الْقِيَامَةِ وَشِقُّهُ مَائِلٌ

"Bir kimsenin iki karısı olur da birisine meylederse, kıyamet günü bir tarafı meyilli ve eğik olarak gelir"(37) buyurmuştur. Bu hadis tehditi kapsadığı için, eşitliğin vacip olduğuna kuvvetli bir delildir.

Hz. Aişe (r.a)'den rivayet edildiğine göre, Hz. Peygamber (a.s) hanımları arasında adalet yapar ve: اَللَّهُمَّ هَذَا قَسْمِى فِيمَا أَمْلِكُ

وَلاَ تُوَاخِذْنِى فِيمَا لاَ أَمْلِكُ "Allah'ım malik olduğum hususlarda bu benim adaletimdir. Malik olmadığım hususta beni cezalandırma"(38) diye dua ederdi.

Kadınlar arasında vacip olan adalet; gece yanlarında kalma, yiyilecek ve giyilecek şeyler ile onlarla beraber bulunup sohbet etme hususlarındadır. Yoksa cinsel ilişkide adalet vacip değildir. Zira cinsel ilişki şevk ve neşeye bağlı bir iş olup bunda eşitlik mümkün olmaz.

Eşitlikte kız, dul, yeni hanım, eski hanım, müslüman ve kitap ehli olan hanımların hepsi birdir. Zira adalet, nikahla ilgili haklardandır. Bu takdirde, hanımlar arasında fark yoktur. Eğer hanımlar arasında yenilecek, giyilecek ve diğer şeylerde eşitlik sağladıktan sonra, birini diğerine üstün tutmak caiz olsaydı, eski hanımını üstün tutup hürmet etmesi daha uygun olurdu. Nitekim, "Yeni olan her şeyin bir lezzeti, eski olan her şeyin bir bıkkınlığı, vardır" denilmiştir. İmam Şafii der ki: Yeni evlenilen hanım dul ise yanında üç gece kalmak gerekir. Bakire ise yedi gece kalmalıdır. Ondan sonra eşit şekilde sıraya koymalıdır. Enes'ten rivayet edildiğine göre, Hz. Peygamber (a.s) bakire ile evlendiklerinde yedi gece; dul ile evlendiklerinde ise üç gece yanında kalırdı. Yine Enes, Hz. Peygamber (a.s)'in,

---

(36) Nisa Suresi, 4/3.
(37) Ebu Davud, Nikah, 39; Tirmizi, Nikah, 42; Darimi, Nikah. 24
(38) Ebu Davud, Nikah, 38, Darimi, Nikah, 25.

NİKÂH / 165

لِلْبِكْرِ سَبْعٌ وَلِلثَّيِّبِ ثَلَاثٌ "Bakire için yedi, dul için üç gece vardır"[39] buyurduğunu işittim diye rivayet etmiştir.

Hz. Peygamber (a.s) ümmü Seleme ile evlendiklerinde, yanında üç gece kalıp gitmek istediği zaman, Ümmü Seleme razı olmayıp Hırka-i Şeriflerini tutunca, Hz. Peygamber (as.) şöyle buyurmuştur.

اِنَّهُ لَيْسَ بِكَ عَلَى اَهْلِكِ هَوَانٌ: اِنْ شِئْتِ سَبَّعْتُ لَكِ وَسَبَّعْتُ لِنِسَائِى وَاِلاَّ فَثَلَّثْتُ ثُمَّ اَدُورُ

"**Gerçek şu ki, senin sebebinle ailen üzerine bir aşağılık yoktur. Bu, sana rağbet etmediğimden değildir. İstersen yedi gece senin yanında, yedi gece de diğer hanımlarımın yanında kalayım. Yok, eğer bunu istemezsen, üç gece kalayım, sonra sırayla devam edeyim**"[40]. Hanımları da buna razı olmuşlardır.

Cariye, mükatebe, müdebbere ve ümmü veled için, hür kadının hakkının yarısı vardır. Hz. Ali, "Hür kadın için üçte iki adalet, cariye için ise üçte bir adalet vardır" demiştir. Hiç kimseden bunun aksine bir görüş rivayet edilmemiştir.

Yolculuk ve seferde kadınlar arasında eşitlik gözetilmez. Koca, dilediği hanımı ile yolculuk eder. Kura çekmek müstehaptır. Kuradan maksat, sadece kalpleri hoş etmektir. Bundan dolayı kura çekmek müstehap görülmüştür. Zira yolculuk sırasında kadının kocası üzerinde bir hakkı yoktur.

Musannifin,

لا قسم في السفر yolculukta eşitlik gözetilmez" sözü, hastalık halinde de eşitlik gözetilmeyeceği şeklinde bir anlayışın önüne geçmek içindir. Hastalık halinde, hanımları yanına davet etme hakkı düşmez. Hz. Aişe (r.a)'den rivayet edildiğine göre, Hz. Peygamber (a.s) hastalığı sırasında hanımlarını huzuruna davet ederek: Adalet hususunda hepinizin arasında nöbetleşe dolaşmaya gücüm yoktur. Eğer caiz görüp izin verirseniz Aişe'nin yanında kalayım" dediklerinde hepsi de izin vermiştir. Eğer hastalık halinde, zevceler arasında adalet düşseydi, Hz. Peygamber (a.s) bunun için zevcelerinden izin istemezdi. Beyaniyye'de de böyle yazılıdır.

---

(39) Darimi, Nikâh, 27; Muvatta, Nikah, 15.
(40) Müslim, Radâ, 41/42; Ebu Davud, Nikah, 34; İbn Mace, Nikah, 26; Darimi, Nikah, 27; Muvatta, Nikah. 14; İbn Hanbel; VI/292,295...

Bir kadın nöbetini kumasına bağışlarsa sahih olur. Zira Ümmül müminin Sevde binti Zem'a hasta olup Hz. Peygamber onu boşama niyetiyle "İddetini Say" deyince, Sevde, bundan dönmesini rica etti ve nöbetini Hz. Aişe'ye hibe etti. Hz. Sevde, kıyamet günü Hz. Peygamber (a.s)'in zevceleri arasında haşr olunmak için bu ricada bulunmuştu. Bunun üzerine Yüce Allah'ın,

إِنِ امْرَأَةٌ خَافَتْ مِنْ بَعْلِهَا نُشُوزاً أَوْ اِعْرَاضاً فَلاَ جُنَاحَ عَلَيْهِمَا أَنْ يُصْلِحَا بَيْنَهُمَا صُلْحاً وَالصُّلْحُ خَيْراً

"Eğer kadın, kocasının serkeşliğinden veya aldırmamızlığından endişe ederse, aralarında anlaşmaya çalışmalarında kendilerine bir vebal yoktur. Anlaşmak daha hayırlıdır"(627) ayeti indi.

Nöbetini kumasına hibe eden kadın bundan cayabilir. En iyisini Allah bilir.

---

(36) Nisa Suresi, 4/128.

3. BÖLÜM

كِتَابُ الرَّضَاعِ

هُوَ مَصُّ الرَّضِيعِ مِنْ ثَدْيِ الْآدَمِيَّةِ فِى وَقْتٍ مَخْصُوصٍ وَيَثْبُتُ حُكْمُهُ بِقَلِيلِهِ وَكَثِيرِهِ فِى مُدَّتِهِ لَا بَعْدَهَا* وَهِىَ حَوْلَانِ وَنِصْفٌ وَعِنْدَهُمَا حَوْلَانِ* فَيَحْرُمُ بِهِ مَا يَحْرُمُ مِنَ النَّسَبِ اِلَّا جَدَّةَ وَلَدِهِ وَأُخْتَ وَلَدِهِ وَعَمَّةَ وَلَدِهِ وَأُمَّ أَخِيهِ أَوْ أُخْتِهِ وَأُمَّ عَمِّهِ أَوْ عَمَّتِهِ أَوْ خَالِهِ أَوْ خَالَتِهِ وَاِلَّا أَخَا اِبْنِ الْمَرْأَةِ لَهَا وَقِسْ عَلَيْهِ* وَتَحِلُّ أُخْتُ الْأَخِ رَضَاعاً وَنَسَباً كَأَخٍ مِنَ الْأَبِ لَهُ أُخْتٌ مِنْ أُمِّهِ تَحِلُّ لِأَخِيهِ مِنْ أَبِيهِ* وَلَا حِلَّ بَيْنَ رَضِيعَىْ ثَدْىٍ وَاِنِ اخْتَلَفَ زَمَانُهُمَا* وَلَا بَيْنَ رَضِيعٍ وَوَلَدِ مُرْضِعَتِهِ وَاِنْ سَفَلَ* وَوَلَدُ زَوْجٍ لَبَنُهَا مِنْهُ فَهُوَ أَبٌ لِلرَّضِيعِ وَاِبْنُهُ أَخٌ وَبِنْتُهُ أُخْتٌ وَأَخُوهُ عَمٌّ وَأُخْتُهُ عَمَّةٌ* وَلَا حُرْمَةَ لَوْ رَضِعَا مِنْ شَاةٍ أَوْ مِنْ رَجُلٍ وَلَا فِى الْاِحْتِقَانِ بِلَبَنِ الْمَرْأَةِ* وَلَبَنُ الْبِكْرِ وَالْمَيْتَةِ مُحَرَّمٌ وَكَذَا الْاِسْتِعَاطُ* وَاللَّبَنُ الْمَخْلُوطُ بِالطَّعَامِ لَا يُحَرِّمُ خِلَافاً لَهُمَا عِنْدَ غَلَبَةِ اللَّبَنِ* وَيُعْتَبَرُ الْغَالِبُ لَوْ خُلِطَ بِمَاءٍ أَوْ دَوَاءٍ أَوْ لَبَنِ شَاةٍ* وَكَذَا لَوْ خُلِطَ بِلَبَنِ اِمْرَأَةٍ أُخْرَى* وَعِنْدَ مُحَمَّدٍ تَتَعَلَّقُ الْحُرْمَةُ بِهِمَا* وَاِنْ أَرْضَعَتْ ضَرَّتَهَا حَرُمَتَا وَلَا مَهْرَ لِلْكَبِيرَةِ اِنْ لَمْ تُوطَأْ وَلِلصَّغِيرَةِ نِصْفُهُ وَيَرْجِعُ بِهِ عَلَى الْكَبِيرَةِ اِنْ عَلِمَتْ بِالنِّكَاحِ وَقَصَدَتِ الْفَسَادَ لَا اِنْ لَمْ تَعْلَمْ بِهِ أَوْ قَصَدَتْ دَفْعَ الْجُوعِ وَالْهَلَاكِ أَوْ لَمْ تَعْلَمْ أَنَّهُ مُفْسِدٌ وَالْقَوْلُ قَوْلُهَا فِيهِ* وَاِنَّمَا يَثْبُتُ الرَّضَاعُ بِمَا يَثْبُتُ بِهِ الْمَالُ* وَلَوْ قَالَ هَذِهِ أُخْتِى مِنَ الرَّضَاعِ ثُمَّ ادَّعَى الْخَطَأَ صُدِّقَ*

SÜT EMME

Rada, çocuğun, belirli bir zamanda kadının memelerinden emmesidir. Bu belirli zaman içerisinde az ve çok emmekle emmenin hükmü sabit olur. Bu müddetten sonra emme ile emme hükmü sabit olmaz.

Emme süresi ikibuçuk yıldır. İmameyn'e göre iki yıldır.

Nesep cihetinden haram olan şeyler, emişme ile de haram olur. Ancak süt oğlunun ninesi, kız kardeşi, halası ve süt oğlan kardeşinin veya kız kardeşinin annesi veya süt amcasının annesi, veya süt halasının annesi, veya süt dayasının annesi veya süt teyzesinin annesi haram olmaz. Kadının oğlunun süt kardeşi kadına haram değildir. Diğerlerini buna kıyas et.

Bir adama süt oğlan kardeşinin, emişme ve neseb yoluyla olan kız kardeşini nikahlamak helal olur. Nitekim baba bir erkek kardeşin ana bir kız kardeşini almak da helaldir.

Emme zamanları ayrı da olsa, bir memeden emen iki kişi arasında helallık olmaz yani evlenemezler. Emenle, emzirenin çocukları arasında da, velev ki batın batın aşağı olsun, böyle bir helallık olmaz.

Kadının sütü kendisinden olan kocasının çocuğu ile kadından emen çocuğu arasında nikah helal olmaz. Böyle bir koca, süt emenin babası; oğlu onun erkek kardeşi; kızı onun kızkardeşi; erkek kardeşi o çocuğun amcası; kızkardeşi de o çocuğun halasıdır.

Erkek ve kız, bir koyundan veya bir adamdan emseler birbirlerine haram olmazlar. Kadının sütü aşağıdan şırınga ile verilse de, birbirlerine haram olmazlar.

Bakirenin ve ölü kadının sütü de haram kılıcıdır. Burundan süt damlatılıp yutturulursa da durum aynıdır.

Yemekle karıştırılmış süt haram kılıcı olmaz. Sütün yemekten daha çok olması halinde, İmameyn buna muhalefet ederler.

Kadının sütü su, veya ilaç, veya koyun sütüyle karıştırılırsa, çok olana itibar edilir. Başka bir kadının sütüyle karıştırılmış ise bu durumda da yine çok olana itibara alınır. İmam Muhammed'e göre, haramlık her ikisine de taalluk eder.

SÜT EMME / 171

Eğer bir kadın, kumasını emme zamanı emzirmişse, ikisi de kocaya haram olur. Eğer kendisiyle cinsel ilişkide bulunulmamış ise büyük eşin mehir hakkı yoktur. Küçük eş için mehrin yarısı vardır. Büyük eş, küçük eşin nikahlı olduğunu bildiği halde, nikahı bozmak için küçük eşi emzirmişse, koca, küçük eşe verdiği mehri almak için büyük eşe müracaat eder. Eğer nikahlı olduğunu bilmeden, yahut aclık ve helaki gidermek maksadıyla, yahut bunun nikahı bozacağını bilmeden küçük eşi emzirmişse, bu durumda büyük eşin sözü kabul edilir.

Malın sabit olduğu şeylerle emişme de sabit olur.

Bir kimse, "şu kadın benim süt kızkardeşimdir" dese, sonra hata ettiğini iddia etse, sözü tasdik edilir.

İZAHI

Radâ ve rıdâ, memedeki çocuğun, belirli zaman içersinde bir kadının memesinden emmesidir. Az veya çok emmekle, bize göre emme hükmü sabit olur.

İmam Şafii'ye göre, baş emme ile, emme hürmeti sabit olur. Hz. Peygamber (a.s):

لاَ تُحَرِّمُ الْمَصَّةُ وَالْمَصَّتَانِ وَلاَ الْإِمْلاَجَةُ وَالْإِمْلاَجَتَانِ

"Bir iki defa emmek haram kılmaz. Bir iki defa emzirmek de haram kılmaz"[1] buyurmuşlardır. Bu görüş Şafii mezhebine göredir. Bizim delilimiz Yüce Allah'ın, وَأُمَّهَاتُكُمُ اللَّاتِي أَرْضَعْنَكُمْ "Sizi emziren süt analarınız size haram kılındı"[2] ayet-i kerimesidir. Burada "emzirme" mutlak olarak söylenmiş olup azı ile çoğu arasında bir ayırım yapılmamıştır. Haber-i vahid ile kitabta bulunan bir hüküm üzerine ilavede bulunmak caiz değildir. Nitekim bu, usül ilimde bilinen bir hususutur. İmam Şafii'nin rivayet ettiği delil, Kitap ile reddedilmiş yahut neshedilmiştir. İbn Ömer: "Allah'ın hükmü, İbn Zübeyr'in hükmünden evladır" diyerek bu görüşü reddetmiş ve bunun, أَرْضَعْتَكُمْ "sizi emziren, ayetinin ifade ettiği mutlak manaya aykırı olduğunu söylemiştir.

---

(1) Müslim, Rada, 17,18; Nesai, Nikah, 51; Darimi, Nikah, 49; İbn Hanbel, VI/340.
(2) Nisa Suresi, 4/23.

Emme süresi içinde emmekle, emmenin hükmü sabit olur. Bu süre iki buçuk yıldır. İmameyn'e göre, iki yıldır. İmam Züfer'e göre üç yıldır. Çünkü " حَوْلَ " kelimesinde, bir halden diğer hale dönme manası vardır. Bu takdirde iki senenin üzerine ilavede bulunmak gerekir. Zira kemikler, iki seneden sonra birden meydana gelmeyip yavaş yavaş olur. İmdi, çocuğun yeme içmeye alışması ve sütü aklından çıkarması için bir müddet gerekir. Böyle olunca da üç sene lazımdır.

İmameyn'in delili, Yüce Allah'ın, وَحَمْلُهُ وَفِصَالُهُ ثَلَاثُونَ شَهْرًا "Onun ana karnında taşınması ve sütten kesilmesi otuz aydır"[2] ayet-i kerimesidir. Gebeliğin en az süresi altı aydır. Geriye, sütten ayrılmak için iki yıl kalır. Hz. Peygamber (a.s)'in, لَا رِضَاعَ بَعْدَ حَوْلَيْنِ "İki seneden sonra emme yoktur"[3] hadisi de buna delildir.

Ebu Hanife'nin delili de aynı ayet-i kerimedir. Zira Yüce Allah bu ayette iki şey zikretti ve bu iki şey için bir müddet tayin etti. İmdi, bir müddet içersinde o iki şeyin tam olarak olması lazımdır. İki borç için bir vakit tayin edilmesi gibi. Mesela, bir kimse, "Filan kimsenin bende, iki aya kadar alınmak üzere bin akçe ve beş kile buğday alacağı var" dese, bu takdirde zikredilen iki ay, iki borç için tam olarak tayin edilmiş bir vakit olur. Ancak şu var ki, Hz. Aişe (r.a)'den gebelik hakkında,

لَا يَبْقَى الْوَلَدُ فِى بَطْنِ أُمِّهِ اَكْثَرَ مِنْ سَنَتَيْنِ وَلَوْ بِفَلْكَةِ مَغْزَلٍ

Çocuk, bir el iğinin devri kadar da olsa, annesinin karnında iki seneden fazla kalmaz" sözü varit olmuştur. Bu hadisle, çocuğun ana karnında kalma süresi otuz aydan iki yıla indirilmiş, fakat sütten ayrılma süresi olan "otuz ay" eski hali üzerine kalmış olur.

Süt ile meydana gelen etin, gıda ile değişmesi için elbette uzun zaman gerekir. İmameyn'in rivayet ettiği لَا رِضَاعَ بعد حَوْلَيْنِ "iki seneden sonra emme yoktur"[5] hadisi, ücretin müddeti üzerine hamledilir. Yani bu hadisten maksat, babanın iki seneden fazla emzirme ücreti ödemeyeceğidir. Zira emzirme sûresi, ittifakla iki sene olarak takdir edilmiştir. Boşanmış olan kadın, ittifakla iki seneden sonra emzirme ücreti talep edemez. Buna hakkı yoktur.

---

(3) Ahkaf Suresi, ... /15.
(4) Buhari, Nikah, 21.
(5) Buhari, Nikah, 21.

Emme süresi geçtikten sonra, çocuk sütten kesilsin veya kesilmesin bundan sonra bir kadından emmesiyle hürmet sabit olmaz. Ama emzirme süresi geçmeden çocuk sütten kesilse dahi, bir kadının onu emzirmesi halinde süt hürmeti sabit olur. İnaye yazarı şöyle der: Bazılarına göre onbeş seneye kadar, bazılarına göre kırk seneye kadar, bazılarına göre bütün ömür boyu emme hürmeti sabit olur.

Nesep cihetinden haram olanlar, emişme ile de haram olur. Ancak süt oğlunun ninesi haram olmaz. Nesep cihetinden oğlun, yani öz oğlun ninesi, kişinin ya annesi ya kaynanası olur. Bunlar ise haramdır. Fakat süt oğlun ninesi böyle değildir.

Süt oğlunun kız kardeşi de haram olmaz. Yani bir adamın öz oğlu, başka birisinin kızıyle süt kardeşi olsa, o babaya öz oğlunun süt kardeşi olan kız haram değildir. Oğlunun nesep cihetinden kız kardeşi ise, ya kendi kızıdır veya karısının kızıdır. Bunlar ise haramdır. Fakat öz oğlunun süt kardeşi haram olmaz.

Süt oğlunun halası da haram olmaz. Nesep cihetinden oğlunun halası, kişinin kendisinin kız kardeşidir. Bu ise ebediyyen haramdır. Ama süt oğlunun halası böyle değildir.

Süt erkek kardeşin veya süt kız kardeşin annesi de haram olmaz. Nesep bakımından erkek ve kız kardeşin annesi, kişinin kendisinin annesidir. Bu ise ebediyen haramdır.

Anne ve Babaları ayrı bir erkek ve kız, başka bir kadından emseler ve kızın başka bir süt annesi daha olsa, bu kadın, kızın süt erkek kardeşine helal olur.

Süt erkek kardeşin amcasının veya halasının annesi haram olmaz. Nesep cihetinden amca ve halanın annesi, babanın öz veya üvey annesi olacağından ebediyyen haramdır. Emzirme yoluyla olursa böyle değildir.

Emzirme yoluyla dayı ve teyzenin annesi de haram olmaz. nesep bakımından böyle olmayıp bunlarla evlenmek ebediyen haramdır.

Kadının oğlunun süt erkek kardeşi, o kadına haram değildir. Bu ibare tekrar edilmiştir. Zira yukarda, وَأُمُّ أَخِيهِ "süt erkek kardeşin annesi haram olmaz" denilmişti. Bu da aynen, "kadının oğlunun süt kardeşi kadına haram değildir" demektir. Bu takdirde lafızlar değişik mana aynıdır. Hatta Sadru'ş-Şeria da bunun tekrar edildiğini söylemiştir. Şarihlerden Şeyh İsmail

Efendi, "Feraidi Mülteka'l-Ebhur" adlı kitabında, "Keşke musannıfın, bu lafzı için zikrettiğini anlamış olsaydım" demektedir. Özellikle Sadru'ş-Şeria'da, اِعْلَمْ اَنَّ هَذَا مُكَرَّر "bil ki, bu ibare tekrar edilmiştir" sözünü görüp okumuştur.

Nesep itibariyle haram olup, süt emme yönünden haram olmayan diğer meseleleri buna kıyas ederek anla.

Bir adama, süt oğlan kardeşinin emişme ve nesep yoluyla olan kız kardeşini nikahlamak helal olur. Nitekim baba bir erkek kardeşin, ona bir kız kardeşini almak helal olur. Nesep bakımından böyle olunca, süt kardeşin emişme ve nesep bakımından kız kardeşini almanın helal olacağı açık bir şekilde bellidir.

Bir kadından emme iki kimsenin arasını birleştirmek helal değildir. Emme zamanları farklı da olsa durum değişmez. Çünkü emme yoluyla kardeş ve kız kardeş olurlar.

İnaye yazarı şöyle der: Memeden maksat bir kadının memesidir. İki çocuk bir hayvanın memesinden emseler haramlık sabit olmaz. Zira bu hürmetin sübutu, keramet yani değer verme yoluyladır. Böyle olunca da ancak insan sütüne mahsus kılınmıştır.

Emenle emzirenin çocuklarının arasını, velev ki batın batın aşağı gidilsin, birleştirmek caiz ve helal olmaz.

Emenle, kadının sütü kendisinden olan kocasının çocuklarının arasını birleştirmek de helal olmaz. Yani bir kadından emen bir çocukla, o kadınla cinsel ilişkide bulunup çocuk doğurtması sebebiyle sütünûn gelmesini sağlayan kocanın çocukları birleştirilmez. İmdi, böyle olunca o erkek, emen çocuğun süt babası olur. Adamın oğlu o çocuğun erkek kardeşi, kızı kız kardeşidir. Adamın erkek kardeşi çocuğun amcası, kız kardeşi halasıdır.

Bir erkek ve bir kız çocuk bir koyundan emseler süt hürmeti sabit olmaz. Zira daha önce zikrettiğimiz gibi bu keramet ve saygı, insanadır, hayvana değil. İnaye yazarı şöyle der: Mebsut'ta Muhammed b. İsmail el-Buhari'den hikaye olunduğuna göre, o, "hayvandan emme suretiyle de, emme hürmeti sabit olur" dermiş. Şeyh Ebu Hafs-ı Kebir o zaman Buhara'ya gittiğinde, Muhammed b. İsmail el-Buhari, hayvandan emme suretiyle emme hürmeti sabit olur diye fetva vermiş. Şeyh Ebu Hafs ona nasihat edip "böyle söz söyleme" diye tembih etmiş. Lakin o bu nasihatı kabul etmediği için halk toplanıp onu Buhara'dan çıkarmışlar.

Bir erkekten iki çocuk emse, süt emme hürmeti olmaz. Zira erkeğin sütü, gerçekte süt değildir.

Bir kadının sütü aşağıdan şırınga ile verilse, hürmet sabit olmaz. Süt kardeşliği gerçekleşmez.

Bakirenin ve ölmüş bir kadının sütü haram kılıcıdır. Yani bunların sütleriyle haramlık sabit olur. Zira gerçekte bunlar süttür ve bunlardan et ve kemik hasıl olur. Çocuk bunlardan gıda aldığı için, onlardan bir cüz olduğu şüphesi doğar. Zira Hz. Peygamber (a.s), süt hürmetinin, sütün kemik ve et meydana, getirmiş olmasına bağlıyarak الرَّضَاعُ مَا أَنْشَأَ الْعَظْمَ وَأَنْبَتَ اللَّحْمَ "Emmek, kemik meydana getirir ve eti bitirir"(6) buyurmuştur.

Kadının sütünü çocuğun burnuna akıtmakla da hürmet sabit olur. Zira süt, burundan mideye ulaşır ve çocuk bundan gelişip büyür. İhtiyar yazarı der ki: Bir kadın, memesinin ucunu bir çocuğun ağzına soksa, fakat sütünün çocuğun boğazına gidip gitmediğinde şüphe ederek işin gerçeğini bilmese, haramlık durumu sabit olmaz. Bir kız çocuğunu bir yöre halkından birisi emzirse, fakat kimin emzirdiği bilinmese ve o yöre halkından bir erkek bu kızla evlense caizdir. Zira nikahın mübah olması asıldır. Bu mübahlık şüphe ile yok olmaz.

Ebu Hanife'ye göre, yemek ile karıştırılmış süt haram kılıcı değildir. Sütün daha çok olması halinde, İmameyn buna muhalefet eder. Zira çok olan, nazar-ı itibara alınır.

Eğer süt su ile veya ilaç ile veya koyun sütü ile karıştırılmış olsa, çok olana itibar edilir.

Bir kadının sütü, başka bir kadının sütü ile karıştırılmış olsa, yine çok olana itibar edilir. Ebu Yusuf'a göre, hepsi bir şey hükmünde olur. Az olan da çok olan hükmünde kılınır. İmam Muhammed'e göre, ikisine de hürmet taalluk eder. Cins cinse galip olmaz. Maksat bir olduğu ve bir şey kendi cinsinde yok edilemeyeceği için ikisiyle de hürmet sabit olur. Ebu Hanife'den bu maddede iki rivayet vardır. Bir rivayete göre, haram kılma işe daha çok olana taalluk eder. Şafii de bununla hüküm vermiştir. Bir rivayete göre ise ikisine de taalluk eder. İmam Muhammed ile İmam Züfer'in görüşleri de budur.

---

(6) Ebu Davud, Nikah, 8; İbn Mace, Nikah, 37 (az farklı lafızla)

Bir kadın, kuması olan küçük kızı emzirirse, ikisi de kocaya haram olur. Zira süt anne ve kızını bir nikah altında toplamak gerekir ki, bu haramdır. Beyaniye yazarı der ki: Büyük olan kadını alması ebediyyen caiz değildir. Fakat, eğer büyüğü ile cinsel ilişkide bulunmamışsa küçüğü alabilir. Eğer büyüğü ile cinsel ilişkide bulunmuşsa, küçüğü de alması caiz olmaz.

Büyük kadın ile cinsel ilişkide bulunulmamışsa, ona mehir lazım gelmez. Zira ayrılma onun tarafından vuku bulmuştur. Eğer büyük kadın, küçük kadının nikahlı olduğunu bilipte nikahı bozmak kastıyle böyle yapmışsa koca, küçük kadına verdiği mehrin yarısını büyük kadından ister. Mehrin yarısını küçük kadına verir.

Eğer büyük kadın küçük kadının nikahlı olduğunu bilmeden, yahut onun açlığını ve helakini gidermek maksadıyla, yahut da emzirmenin nikahı bozacağını bilmeden onu emzirse, bu durumda kocası, küçük hanımına verdiği mehrin yarısını büyük hanımından isteyemez. Zira emme nikahın bozulmasına illet değildir. Emzirme nikahı bozmak için yapılmamıştır. Sebep olma cezası, kasten başkasının hakkına tecavüz edilme şartına bağlıdır. Kasıt bulunursa tazminat gerekir, bulunmazsa gerekmez. Nitekim birisi, bir yol üzerine kuyu kazıp ona birisi düşse, o kuyuyu kazan, hakkı olmayan bir şeyi yapmış olur. Fakat bu kuyuyu kendi mülkünde kazsa böyle olmaz. O zaman tazminat da gerekmez. Ona göre, bu hususta büyük karısının sözü kabul edilir. Yani büyük karısı, "ben bunun nikahı bozacağını bilmiyordum" veya "açlığını gidermek için böyle yaptım" dese, yeminiyle söyledikleri tasdik olunur.

Malın sabit olduğu şeylerle emzirme de sabit olur. Mesela, mal, iki erkeğin veya bir erkekle iki kadının şehadetiyle sabit olduğu gibi, emzirme de böyle bir şahitlikle sabit olur. İmam Malik der ki: Âdil bir kadının şahitliği ile sabit olur. Zira bu, şer'î haklardan bir haktır ve haber-i vahid ile sabit olur. Nitekim bir kimse et satın alsa ve bir kimse de o hayvanı bir mecusinin kestiğini haber verse, o et, alan kimseye haram olur.

Bir adam, "Şu kadın benim süt kız kardeşimdir" dese, sonra hata ettiğini iddia etse tasdik olunur. Mesela, bir adam, kendisiyle bir kadın arasında süt kardeşliği bulunduğu zannetse, araştırıp soruşturduktan sonra gerçek durumu öğrenip böyle bir şey olmadığını anlasa, özrü kabul edilir ve sözü tasdik olunur.

4. BÖLÜM

كتاب الطَّلاَقِ

هُوَ رَفْعُ الْقَيْدِ الثَّابِتِ شَرْعاً بِالنِّكَاحِ ۞ أَحْسَنُهُ تَطْلِيقُهَا وَاحِدَةً فِى طُهْرٍ لاَ جِمَاعَ فِيهِ وَتَرْكُهَا حَتَّى تَمْضِىَ عِدَّتُهَا ۞ وَحَسَنُهُ وَهُوَ سُنِّىٌّ تَطْلِيقُهَا ثَلاَثاً فِى ثَلاَثَةِ أَطْهَارٍ لاَ جِمَاعَ فِيهَا إِنْ كَانَتْ مَدْخُولاً بِهَا وَلِغَيْرِهَا طَلْقَةٌ وَلَوْ فِى الْحَيْضِ وَالْآيِسَةُ وَالصَّغِيرَةُ وَالْحَامِلُ يُطَلَّقْنَ لِلسُّنَّةِ عِنْدَ كُلِّ شَهْرٍ وَاحِدَةً ۞ وَعِنْدَ مُحَمَّدٍ لاَ تُطَلَّقُ الْحَامِلُ لِلسُّنَّةِ إِلاَّ وَاحِدَةً ةَجَازَ طَلاَقُهُنَّ عَقِيبَ الْجِمَاعِ ۞ وَبِدْعِيُّهُ تَطْلِيقُهَا ثَلاَثاً أَوْ ثِنْتَيْنِ بِكَلِمَةٍ وَاحِدَةٍ أَوْ فِى طُهْرٍ وَاحِدٍ لاَ رِجْعَةَ فِيهِ إِنْ كَانَتْ مَدْخُولاً بِهَا أَوْ فِى طُهْرٍ جَامَعَهَا فِيهِ ۞ وَكَذَا تَطْلِيقُهَا فِى الْحَيْضِ وَيَجِبُ مُرَاجَعَتُهَا فِى الْأَصَحِّ وَقِيلَ تُسْتَحَبُّ ۞ فَإِذَا طَهُرَتْ ثُمَّ حَاضَتْ ثُمَّ طَهُرَتْ طَلَّقَهَا إِنْ شَاءَ ۞ وَقِيلَ يَجُوزُ أَنْ يُطَلِّقَهَا فِى الطُّهْرِ الَّذِى يَلِى تِلْكَ الْحَيْضَةَ ۞ وَلَوْ قَالَ لِلْمَوْطُوءَةِ أَنْتِ طَالِقٌ ثَلاَثاً لِلسُّنَّةِ وَقَعَ عِنْدَ كُلِّ طُهْرٍ وَاحِدَةٌ وَإِنْ نَوَى الْوُقُوعَ جُمْلَةً صَحَّتْ نِيَّتُهُ ۞ وَيَقَعُ طَلاَقُ كُلِّ زَوْجٍ عَاقِلٍ بَالِغٍ وَلَوْ مُكْرَهاً أَوْ سَكْرَانَ أَوْ أَخْرَسَ بِإِشَارَتِهِ الْمَعْهُودَةِ ۞ لاَ طَلاَقُ صَبِىٍّ وَمَجْنُونٍ وَنَائِمٍ وَسَيِّدٍ عَلَى زَوْجَةِ عَبْدِهِ وَاعْتِبَارُهُ بِالنِّسَاءِ ۞ فَطَلاَقُ الْحُرِّ ثَلاَثٌ وَلَوْ تَحْتَ عَبْدٍ وَطَلاَقُ الْأَمَةِ ثِنْتَانِ وَلَوْ تَحْتَ حُرٍّ ۞

BOŞAMA

Talak, şer'an nikahla sabit olan kaydı kaldırmaktır. Talak'ın en güzeli: cinsel ilişkide bulunulmayan bir temizlik halinde kadını bir talakla boşamak ve iddeti bitene kadar terketmektir.

Talak'ın, sûnni talak denilen güzel şekli ise kadınla cinsel ilişkide bulunulmuş ise, cinsel ilişkide bulunulmamış olan üç temizlik halinde üç talakla boşamaktır.

Kendisiyle cinsel ilişkide bulunulmamış olan kadını boşamanın sûnni talak denilen güzel şekli ise hayız halinde de olsa, onu bir talakla boşamaktır.

Hayızdan kesilmiş yaşlı kadın, küçük kız ve hamile kadın, sünni talak için her ayda bir talak ile boşanırlar. İmam Muhammed'e göre, hamile kadın sünni talakla boşanmaz, bir talakla boşanır. Cinsel ilişki akebinde bunları boşamak caizdir.

Bid'î talak, bir kelime ile kadını üç veya iki talakla boşamaktır. Yahut kendisiyle cinsel ilişkide bulunulmuş ise, ric'at olmadan bir temizlik halinde üç veya iki talakla kadını boşamaktır. Yahut kadını, kendisiyle cinsel ilişkide bulunduğu bir temizlik halinde iken boşamaktır. Keza, cinsel ilişkide bulunulmuş olan kadını, hayız halinde iken boşamak da bid'i talak olur. En sahih olan hükme göre, kadına müracaatı vaciptir. Bunun müstehap olduğuda söylendi.

Hayız halinde iken boşanan kadın temizlenir, sonra hayız görür, sonra yine temizlenirse, kocası dilerse onu boşar. Denildi ki: O hayzı takip eden temizlik halinde boşaması caiz olur.

Bir erkek, cinsel ilişki de bulunmuş olduğu karısına: "Sen talak-ı Sünni ile üç talakla boş ol" dese, her temizlik zamanında bir talak vaki olur. Eğer böyle demekle talakın hepsinin vukuuna niyet ederse, niyeti sahih olur.

Her âkıl baliğ kocanın talakı, zorlanarak da olsa, sarhoş da olsa, yahut dilsiz olup da dilsiz işareti ile boşasa, talak vaki olur. Küçük çocuğun, delinin, uyuyanın ve ağanın, kölesinin zevcesi üzerine söylediği italak vaki olmaz.

Talakın nazar-ı itibara alınması, kadınlara göredir. Binaenaleyh, bir kölenin nikahı altında da bulunsa, hür kadının talakı üçtür. Cariyenin talakı ise cariye bir hür erkeğin nikahı altında da bulunsa, ikidir.

İZAHI

Nasıl ki "selam" kelimesi, selam verme manasına bir isimse, "talâk" da boşama manasına bir isimdir.

Talak, Lügatte, mutlak olarak bir bağı kaldırmak demektir. Nitekim, اَطْلَقْتُ الْفَرَسَ "atı salıverdim", طَلَقْتُ لِأَسِيرَ "Esiri serbest bıraktım" denir. Bu kelime, nikahta, طَلَقْتُ "boşadım" ve تَطْلِيق "boşamak" şeklinde kullanılır. Onun içindir ki, bir kimse karısına, اَنْتِ مُطَلَّقَةً "Sen boşsun" dese, ayrıca niyete ihtiyaç duyulmaz. Fakat, atın ve esirin salıverildiğini ifade eden cümlelerdeki şekliyle kullansa, ayrıca niyete ihtiyaç duyulur.

Aslında talak haramdır. Zira bu, peygamberlerin sünneti olan nikaha son vermektir. Nitekim Hz. Peygamber (a.s) اَبْغَضُ الْمُبَاحَاتِ عِنْدَ اللّٰهِ الطَّلَاقُ "Allah katında mübah olan şeylerin en buğz edileni boşamadır"[1] buyurmuştur. Fakat kadınların çirkin fiillerinden kurtulmak için meşru kılınmıştır. Zira kadınların çoğunun görüşü ve aklı kısır, sefahata düşkün, bilgisi az, yönetimi kötü, kocalarının nimetlerine karşı nankör olup kıymetli malları yok etme, namus ve şerefi yıkma, gizli sırları açığa çıkarma gibi kötü sıfatları vardır. Eğer boşama meşru kılınmasaydı, erkeklerin ebedi üzüntü içinde kalmaları gerekir ve böyle belalara müptela olanları kurtarmak mümkün olmazdı.

Talak; şer'an nikah ile sabit olan bağı kaldırmaktır. Boşayan kimsenin akıllı ve ergenlik çağına ulaşmış olması şarttır. Tabi kadının da nikah altında olması veya boşamaya mahal olacak bir iddet içinde bulunması şarttır. Müsannifin söylediği شَرْعاً " şer'an" kaydı ile herhangi bir bağı çözmek gibi, maddi bağlar; بِالنِّكَاحِ "nikahla" kaydı ile de, kölelik v.b. şeylerle sabit olan bağlar tarifin dışında bırakıldı.

Bazıları şöyle demiştir: Kadın boşamak, ancak zaruri durumlarda mübahtır. Nitekim Hz. Peygamber (a.s): لَعَنَ اللّٰهُ كُلَّ زَوَّاقٍ مِطْلَاقٍ "**Allah her tadıcı ve boşayıcı kimseye lanet etsin**" buyurmuştur. Genel olarak alimler, Yüce Allah'ın, لَا جُنَاحَ عَلَيْكُمْ اِنْ طَلَّقْتُمُ النِّسَاءَ "**Kadınları boşadığınız takdirde, size bir vebal yoktur**" ve

---
(1) Bakara Suresi, 2/236.

يَا أَيُّهَا النَّبِيُّ اِذَا طَلَّقْتُمُ النِّسَاءَ فَطَلِّقُوهُنَّ لِعِدَّتِهِنَّ "**Ey Peygamber! Kadınları boşadığınız zaman, onları iddetleri içinde boşayın**"[3] ayetlerinde ifadesini bulan boşamayı, mutlak manada alarak, boşamanın mübah olduğu görüşüne varmışlardır.

Talak üç kısımdır:

1- Ahsen (en güzel)

2- Hasen (güzel)

3- Bid'î

1. Talakın en güzeli, cinsel ilişkide bulunulmayan bir temizlik halinde kadını bir talakla boşamak ve iddeti bitene kadar onu terketmektir. Zira Sahabe-i kiram, boşamanın birden fazla olmamasını güzel görmüşlerdir. Böyle olursa, daha sonra kadına dönmek mümkün olur ve pişmanlık çekilmez.

2. Talakın güzeli, sünni olan talaktır. Bu, boşayacağı kadın, kendisiyle cinsel ilişkide bulunmuş olduğu bir kadın ise, içinde cinsel ilişki bulunmadığı üç temizlik halinde, kadını birer talakla boşamaktır. İmam Malik der ki: Üç temizlik halinde birer talakla boşamak talak-ı bid'îdir. Mübah olan bir talakla boşamaktır. Talakta asıl olan onun haram olmasıdır. Mubahlığı, bir ihtiyacı gidermek içindir. Bu ise bir talakla hasıl olur.

Bizim delilimiz şu hadis-i şeriftir: İbn Ömer, karısını hayız halinde iken boşadığında, Hz. Peygamber Efendimiz (a.s):

مَا هٰكَذَا أَمَرَكَ اللّٰهُ تَعَالَى اِنَّمَا السُّنَّةُ اَنْ تَسْتَقْبِلَ الطُّهْرَ اسْتِقْبَالَةً فَتُطَلِّقَهَا لِكُلِّ قُرْءٍ تَطْلِيقَةً

"**Yüce Allah sana böyle emretmedi. Talakta sünnet kadının temiz olmasını beklemendir. Onu her temizlik devresinde birer defa boşarsın**" buyurmuştur.

Kendisiyle cinsi yakınlıkta bulunulmayan kadını, âdet halindeyken dahi olsa, bir talakla boşamak, talak-ı hasendir.

Âdetten kesilmiş, küçük olup âdet görmeyen ve gebe kadınları her ayda bir defa boşamak sünni talaktır. Bunlar hakkında her ay, bir hayız yerine geçer. Nitekim Allah'ın,

---

(3) Talak Suresi, 65/4.

BOŞAMA ve BOŞANMA / 183

وَاللَّائِي يَئِسْنَ مِنَ الْمَحِيضِ مِنْ نِسَائِكُمْ إِنِ ارْتَبْتُمْ فَعِدَّتُهُنَّ ثَلَاثَةُ اَشْهُرٍ وَاللَّائِي لَمْ يَحِضْنَ

"**Kadınlarınız içinde ay hali görmekten kesilenler ile henüz ay hali görmemiş olanların iddetleri hususunda şüphe ederseniz, bilin ki onların iddet beklemesi üç aydır'** ayet-i kerimesi buna delildir.

İmam Muhammed'e göre, gebe kadın sünni talakla boşanmaz, ancak bir talakla boşanır.

Âdet kesilen kadının, küçük kızın ve gebe kadının cinsel ilişki akebinde boşanılması caizdir. Zira cinsel ilişkiden sonra boşamanın mekruh olması, hamile kalma ihtimalinden dolayıdır. Bunlarda ise bu durum yoktur.

3. Bid'î talak. Bu, kadını bir defada üç veya iki talakla boşamaktır. Mesela, "Sen üç talakla boşsun" veya "Sen iki talakla boşsun" demektir. Bu, Hanefi imamlara göre haram değildir. Fakat erkek böyle yaparsa, karısı boş olup kendisine haram olur.

Bid'î talak, adet ve vakit cihetinden olmak üzere iki kısımdır. Bir defada üç veya iki talakla boşamak, adet cihetinden olan bid'î talaktır.

Boşanacak kadınla cinsel ilişkide bulunulmuş ise kendisine dönüş yapmadan bir temizlik devresinde, önce bir talakla, beş on gün sonra bir talakla daha boşaümak da bid'î talaktır. Cinsel ilişkide bulunduğu temizlik devresinde bir talakla boşamak da bid'î talaktır.

Aynı şekilde, cinsel ilişkide bulunulmuş olan kadını, hayız halinde iken boşamak ta bid'i talak olur. En sahih rivayete göre, bu kadına dönmek vaciptir. Bazıları bunun müstehap olduğunu söylemişlerdir. O kadına dönmek vaciptir diyenlerin delili şudur: Hz. Peygamber (a.s) zamanında, İbn Ömer karısını boşamıştı. Babası Hz. Ömer bu durumu Peygamber Efendimiz (a.s)'e sorunca, Hz. Peygamber (a.s) şöyle buyururdu:

مُرْ ابْنَكَ فَلْيُرَاجِعْهَا ثُمَّ لِيُمْسِكْهَا حَتَّى تَطْهُرَ مِنَ الْحَيْضِ ثُمَّ اِنْ شَاءَ اَمْسَكَ بَعْدُ وَاِنْ شَاءَ طَلَّقَهَا قَبْلَ اَنْ يَمَسَّهَا

"**Oğluna emret, karısına dönsün. Sonra karısı hayızdan temizleninceye kadar onu yanında tutsun. Bundan sonra artık ister yanında tutar. İster kendisiyle cinsel ilişkide bulunmadan onu boşar**".

Adet halinde iken boşayıp ta döndüğü karısı temizlense, sonra hayızlı olsa, sonra yine temizlense, koca isterse onu yanında tutar, isterse boşar. Zira iki talakın arasını tam bir hayız ile ayırmak sünnettir.

Bazıları der ki: Hayız halinde boşayıp ta döndüğü karısını, o zikredilen hayzı takibeden temizlik halinde iken boşamak caizdir. Zira âdet halinde iken verdiği talak, ona dönüş yaptığında yok olup, sanki boşamamış gibi olur. Daha sonra gelen temizlik halinde verdiği talak sünnet olur. Bu görüş Tahavi'nindir.

"Bir erkek, kendisiyle zifafa girerek cinsel ilişkide bulunduğu eşine, "Sen sünnet üzere üç talakla boşsun" dese, ama boşama niyeti olmasa, her temizlik halinde bir talakla boş olur. Niyet de etse, yine her temizlik halinde bir talak vaki olur. Zira لِلسُّنَّةِ "sözünün başındaki lâm, vakit bildirir. Yani, boşamanın sünnet olduğu, cinsel ilişkide bulunmadığı temizlik vaktinde" demektir.

İbn Hümam der ki: Buradaki "lam", bir şeye ait olmayı bildirir. Yani "sünnete ait talak" demektir. Sünnet ise mutlaktır. Bu takdirde, "adet ve vakit bakımından sünnete uygun talak" demek olur. Buna göre, kendisiyle cinsel ilişkide bulunulan kadın, âdet gören kadınlardan ise her temizlik halinde bir talakla boş olur. Âdet görenlerden değilse, yani âdetten kesilmiş, küçük kız veya hâmile ise, her ayda bir talakla baş olur. Eğer kendisine böyle söylenen kadınla zifafa girilmemiş, cinsel ilişkide bulunulmamış ise hemen bir talakla boş olur. Bundan sonra kadın üzerine bir şey vaki olmaz. Bu takdirde kocası: "Sen, sünnet vaktinde üç talakla boşsun" demiş olur. Bu kadın iddet beklemeyeceğinden sünnet için vakit kalmamıştır. Ama cinsel ilişkide bulunulan kadın böyle değildir.

Bir kimse, kendisiyle zifafa girerek cinsel ilişkide bulunduğu karısına, "sünnet vechi üzere üç talakla boş ol" dese, bununla, üç talakla birden boş olmasına niyet etse, niyeti sahih olur. Yani üç talak birden vaki olur.

Zorla dahi yaptırılsa, her akıllı ve ergenlik çağına ermiş kocanın yaptığı boşama sahih olur. Yani karısı boş olur.

İmam Şafii der ki: Zorla karısı boşattırılan adamın karısı boş olmaz. Zira boşama kastı, kişinin kendi istek ve ihtiyarına bağlıdır. Zorlanan kimsede ise bu istek ve kasıt yoktur. Ama şaka ile boşayanın durumu buna benzemez. Zira şakayla boşayan, boşama lafzını kendi istek ve ihtiyarı ile söyler.

BOŞAMA ve BOŞANMA

Biz deriz ki: Karısını boşamaya zorlanan kimse bu durumda karısını boşamış olur. Çünkü zorlanan kimse, boşama ile öldürülmekten hangisinin daha kötü olduğunu bilmiş ve daha az kötü olan (ehven-i şer) boşamayı kastetmiştir. Bu gayet açıktır.

Sarhoş bir kimse karısını boşasa karısı boş olur. Kölesini azat etse, kölesi azat olur. Kerhi ve Tahavi'nin de tercihi olan, İmam Şafii'nin iki görüşünden biri şöyledir: Sarhoş, karısını boşarsa, karısı boş olmaz. Zira boşama, sahih bir kasıtla gerçekleşir. Sarhoşun ise sahih bir kasıt ve niyeti yoktur. Bu takdirde sarhoş, uyuyan kimse durumunda olmuş olur. Hatta durumu, uyuyandan daha kötüdür. Zira uyuyan, uyandırılsa uyanır. Ama sarhoş uyanmaz.

Hanefilerin delili şudur: Sarhoş, hurma suyu ve şarap gibi, haram olan bir şeyle sarhoş olmuştur. Aklının gitmesine, yapılması günah olan bir şey sebep olmuştur. İmdi, onu bundan men etmek için, aklı var hükmünde sayılmıştır.

Dilsizin de, bilinen işareti ile karısı boş olur. Zira, dilsizin bilinen işareti, ihtiyacı giderme hususunda, söz söyleme yerine geçer.

Küçük çocuğun, delinin ve uyuyanın boşaması, boşama yerine geçmez. Zira Hz. Peygamber (a.s):

$$ كُلُّ طَلَاقٍ جَائِزٌ اِلاَّ طَلَاقَ الصَّبِيِّ وَالْمَجْنُونِ $$

"Her talak caizdir. Ancak küçük çocuk ile delinin boşaması caiz değildir" buyurmuştur. Bu, onların boşamalarının geçerli olmadığına kesin delildir. Uyuyanın boşamasının geçerli olmaması ise konuşmada kasıt ve ihtiyarı olmadığı içindir.

Efendi, kölesinin karısını boşasa, kadın boşanmış olmaz. İbn Abbas'tan rivayet edildiğine göre, bir adam Peygamber (a.s)'e gelip: **"Ey Allah'ın Rasûlü! Efendimiz beni cariyesi ile evlendirmişti. Şimdi bizi ayırmak istiyor"** demiş, bunun üzerine Hz. Peygamber (a.s) minbere çıkarak şöyle buyurmuştur:

$$ يَا أَيُّهَا النَّاسُ! مَا بَالُ أَحَدِكُمْ يُزَوِّجُ عَبْدَهُ مِنْ أَمَتِهِ ثُمَّ يُرِيدُ أَنْ يُفَرِّقَ بَيْنَهُمَا. إِنَّمَا الطَّلَاقُ لِمَنْ أَخَذَ بِالسَّاقِ $$

"Ey insanlar! Sizden birinizin hali nedir ki, önce kölesini cariyesi ile evlendiriyor, sonra onları ayırmak istiyor?! Boşamak, ancak kadını baldırından tutanın hakkıdır".

Bu hadiş, efendinin, kölesinin karısını boşayamayacağına delildir.

Boşama, kadınlara göre nazar-ı itibara alınır. İmdi, hür olan kadının talakı, bu kadın bir kölenin nikahı altında dahi bulunsa, üçtür. Cariyenin talakı ise bu cariye hür bir erkeğin nikahı altında da bulunsa, ikidir. İmam Şafii şöyle der: Talakın sayısı, erkeğe göredir. Zira Hz. Peygamber (a.s) : اَلطَّلَاقُ بِالرِّجَالِ وَالْعِدَّةُ بِالنِّسَاءِ **"Talak erkeklere, iddet bekleme ise kadınlara aittir"** buyurmuştur. Çünkü malik olma sıfatında bir değer ve saygınlık vardır. İnsanlık, saygınlık ve değeri gerektirir. Bu ise en mükemmel şekliyle, hür olan erkekte vardır. Öyle olunca, malik olma hususunda da üstünlüğü vardır.

Bize göre, talakın sayısı kadınlara bağlıdır. Zira hür kadının talakı üçtür. Cariyenin talakı ise kocası ister hür, ister köle olsun, ikidir. Hatta Hz. Aişe (r.a), Hz. Peygamber (as.)'in şöyle buyurduğunu rivayet etmiştir: طَلَاقُ الْأَمَةِ ثِنْتَانِ وَعِدَّتُهَا حَيْضَتَانِ **"Cariyenin talakı ikidir. İddeti de iki hayız görmesidir"**.

1. KISIM

باب ايقاع الطلاق

صَرِيحُهُ مَا اسْتُعْمِلَ فِيهِ خَاصَّةً وَلاَ يَحْتَاجُ إِلَى نِيَّةٍ* وَهُوَ أَنْتِ طَالِقٌ وَمُطَلَّقَةٌ وَطَلَّقْتُكِ وَتَقَعُ بِكُلٍّ مِنْهَا وَاحِدَةٌ رَجْعِيَّةٌ وَإِنْ نَوَى اَكْثَرَ اَوْ بَائِنَةً* وَقَوْلُهُ اَنْتِ الطَّلاَقُ اَوْ اَنْتِ طَالِقُ الطَّلاَقِ اَوْ اَنْتِ طَالِقٌ طَلاَقاً يَقَعُ بِكُلٍّ مِنْهَا وَاحِدَةٌ رَجْعِيَّةٌ وَإِنْ نَوَى ثِنْتَيْنِ اَوْ بَائِنَةً* وَإِنْ نَوَى بِاَنْتِ طَالِقٌ وَاحِدَةً وَبِطَلاَقٍ اُخْرَى وَقَعَتَا وَإِنْ نَوَى الثَّلاَثَ وَقَعْنَ* وَيَقَعُ بِاِضَافَتِهِ اِلَى جُمْلَتِهَا كَمَا مَرَّ* اَوْ اِلَى مَا يُعَبَّرُ بِهِ عَنِ الْجُمْلَةِ كَالرَّقَبَةِ وَالْعُنُقِ وَالرَّأْسِ وَالْوَجْهِ وَالرُّوحِ وَالْبَدَنِ وَالْجَسَدِ وَالْفَرْجِ* اَوْ اِلَى جُزْءٍ شَائِعٍ مِنْهَا كَنِصْفِهَا وَثُلْثِهَا اِلاَّ بِاِضَافَتِهِ اِلَى يَدِهَا اَوْ رِجْلِهَا اَوْ ظَهْرِهَا اَوْ بَطْنِهَا* وَلَوْ طَلَّقَهَا نِصْفَ تَطْلِيقَةٍ اَوْ سُدْسَهَا اَوْ رُبْعَهَا طَلَّقْتُ* وَيَقَعُ فِى اَنْتِ طَالِقٌ ثَلَثَةَ اَنْصَافِ تَطْلِيقَتَيْنِ ثَلاَثٌ وَفِى ثَلَثَةِ اَنْصَافِ تَطْلِيقَةٍ ثِنْتَانِ وَقِيلَ ثَلاَثٌ وَفِى مِنْ وَاحِدَةٍ اِلَى ثِنْتَيْنِ اَوْ مَا بَيْنَ وَاحِدَةٍ اِلَى ثِنْتَيْنِ وَاحِدَةٌ وَعِنْدَهُمَا ثِنْتَانِ ثِنْتَانِ* وَفِى اِلَى ثَلاَثٍ ثِنْتَانِ وَعِنْدَهُمَا ثَلاَثٌ* وَفِى وَاحِدَةٍ فِى ثِنْتَيْنِ وَاحِدَةٌ اِنْ لَمْ يَنْوِ شَيْئاً اَوْ نَوَى الضَّرْبَ وَالْحِسَابَ* وَإِنْ نَوَى وَاحِدَةً وَثِنْتَيْنِ اَوْ مَعَ ثِنْتَيْنِ ثِنْتَانِ فَثَلاَثٌ* وَفِى غَيْرِ الْمَوْطُوئَةِ وَاحِدَةٌ مِثْلَ وَاحِدَةٍ وَثِنْتَيْنِ* وَإِنْ نَوَى مَعَ ثِنْتَيْنِ فَثَلاَثٌ فِيهَا اَيْضاً* وَفِى ثِنْتَيْنِ فِى ثِنْتَيْنِ ثِنْتَانِ وَإِنْ نَوَى الضَّرْبَ* وَفِى اَنْتِ طَالِقٌ مِنْ هُنَا اِلَى الشَّامِ فَوَاحِدَةٌ رَجْعِيَّةٌ* وَفِى اَنْتِ طَالِقٌ بِمَكَّةَ اَوْ فِى مَكَّةَ تُطَلَّقُ لِلْحَالِ حَيْثُ كَانَتْ* وَلَوْ قَالَ اِذَا دَخَلْتِ مَكَّةَ اَوْ فِى دُخُولِكِ لاَ يَقَعُ مَا لَمْ تَدْخُلْهَا وَكَذَا الدَّارُ*

BOŞANMANIN VUKUU

Sarih talak, niyete ihtiyaç duyulmadan hassaten talakta kullanılan lafızlarla yapılan talaktır. Bu da اَنْتِ طَالِقٌ "sen boşsun" طَلَّقْتُكِ "Sen boşandın" ve اَنْتِ مُطَلَّقَةٌ "seni boşadım" lafızlarıdır. Bunların herbiri ile ric'î bir talak vaki olur. Ric'î bir talakta daha çoğuna veya bâin talaka da niyet etse, yine ric'î bir talak olur.

Kocanın karısına, أَنْتِ طَالِقُ الطَّلَاقِ "sen talaksın" "sen talakla boşsun" ve اَنْتِ طَالِقٌ طَلَاقاً "sen bir talakla boşsun" dese, bu sözlerin herbiriyle ric'î bir talak vaki olur. Bunlarla iki talaka veya bâin talaka niyet etse de, böyledir. Şayet "sen boşsun" sözüyle bir talaka, "bir talakla" sözü ile de başka bir talaka niyet ederse, her iki talak da vaki olur. Bu sözlerle üç talaka niyet ederse, üç talak vaki olur.

Talak, kadının vücudunun tamamına nisbet edilirse, yukarda geçtiği gibi, talak vaki olur. Veya talak, kadının boyun, baş, yüz, ruh, beden, vücud ve tenasül uzvu gibi, vücudun tamamı için kullanılan kelimelere nisbet edilirse, ya da kadının vücudunun yarısı ve üçte biri gibi, bedeninin bir cüz'üne nisbet edilirse talak yine vaki olur.

Talak lafzı kadının eline, veya ayağına, veya sırtına, veya karnına nisbet edilirse, talak olmaz.

Eğer erkek, karısını yarım talakla, veya altıda bir, veya dörtte bir talakla boşarsa, kadın boşanmış olur.

"Sen iki talakın üç yarısı ile boşsun" sözüyle üç talak vaki olur. "Bir talakın üç yarısı ile boşsun" sözüyle de iki talak vaki olur. Bu durumda üç talak vaki olur da denildi.

"Sen bir talaktan iki talaka kadar boşsun" veya "bir talak arasından iki talaka kadar boşsun" sözüyle, bir talak vaki olur. İmameyn'e göre bu, iki talak olur. "Üç talaka kadar boşsun" sözünde iki talak vaki olur. İmameyn'e göre, üç talak olur.

Hiçbir şeye niyet etmeden veya çarpma ve hesaba niyet ederek, "iki kere bir boşsun" sözüyle bir talak vaki olur. Eğer bununla bir ve iki talaka, veya iki talakla beraber bir talaka niyet ederse, üç talak vaki olur.

BOŞAMA ve BOŞANMA / 189

"Sen bir ve iki talakla boşsun" gibi boşamalarda, eğer kadınla daha önce zifafa girilmemiş, cinsel ilişkide bulunulmamış ise bir talak vaki olur. Eğer iki talakla beraber bir talak niyet ederse, bunda da üç talak vaki olur. "İki kere iki boşsun" dese, bununla çarpmaya niyet etse dahi, iki talakla boş olur.

"Sen buradan Şam'a kadar boşsun" sözü ile bir ric'î talak vaki olur.

"Sen Mekke'de boşsun" sözü ile kadın nerede olursa olsun, derhal boş olur. "Mekke'ye girdiğin takdirde" veya "Mekke'ye girdiğinde boşsun" derse, oraya girmedikçe talak vaki olmaz. ev de böyledir.

İZAHI

Musannıf talakın aslını ve niteliklerini anlattıktan sonra nevilerini anlatmaya başladı.

Boşamada kullanılan lafızlar "sarih" ve "kinaye" olmak üzere iki nevidir.

Fıkıh usulcülerine göre sarih lafız, "ister hakikat ister mecaz olsun dinleyenin o lafızla ne anlatılmak istediğini hemen anladığı lafız"dır.

Boşamada kullanılan sarih lafızlar ise sadece boşamada kullanılan ve ayrıca bir niyete muhtaç olmayan lafızlardır. Bunlar, "Sen boşsun", "sen boş oldun" ve "seni boşadım" sözleridir. Bu lafızlardan herbiri ile bir ric'i talak vaki olur. Bunlar sarih lafızlar olup talak dışında bir yerde kullanılmazlar. Yüce Allah'ın,

"Boşama iki defadır. Ondan sonra ya iyilikle tutmak veya güzellikle salıvermek vardır"[4] ayeti kerimesinde sarih talak lafzından sonra ric'i talak zikredilir. Zira bu ayet, sarih talak lafzından sonra, kocanın geri dönmeye malik olduğunu gösterir. Çünkü alimler, فَإِمْسَاكٌ بِمَعْرُوفٍ "İyilikle tutmak"tan maksat geri dönüş, أَوْ تَسْرِيحٌ بِإِحْسَانٍ güzellikle salıvermek"ten maksat da terketmektir demişlerdir. Yüce Allah, "kadına tekrar dönme" ye, "imsak" yani tutma ismini verdi. Zira imsak, bir şeyi eski hali üzerine tutmaktır. Binaenaleyh, iddet devam ettiği sürece, evlilik devam ediyor demektir.

Sarih talakla yapılan boşamada, nikahın devam ettiğine Yüce Allah'ın,

---

(4) Bakara Suresi, 2/229.

وَبُعُولَتُهُنَّ أَحَقُّ بِرَدِّهِنَّ "**Kocaları onları geri almaya daha layıktır**"(5) ayeti delildir. Zira "boşama"dan sonra yine "kocaları" tabiri kullanıldı. Bundan, ric'i talakın, karı-kocalığı iptal etmediği anlaşılmaktadır.

Bir ric'i talaktan daha fazlasına veya bain talaka niyet etse de yine ric'i bir talak vaki olur.

"Sen talaksın", "Sen talakla boşsun" ve "Sen bir talakla boşsun" sözleri ile iki talaka veye bâin talake niyet etse de, bir ric'i talak vaki olur. Zira bunlarda talak lafzı sarih olarak zikredildi. Sarih lafızlarla yapılan boşamada ise ric'i talak vaki olur. İster buna niyet etsin, ister etmesin. Bazan mastar zikredilerek isim murat edilir. Mesela رَجُلٌ عَدْلٌ "adalet adam" demek, "âdil demektir. Yine, فلانٌ علم "Fûlan ilimdir" demek, fûlan âlimdir demektir. Burada da "sen talaksın" demek, "sen boşsun" manasına gelir.

"Sen boşsun" sözü ile bir talaka, "bir talakla" sözü ile başka bir talaka niyet ederse ve kadınla daha evvel zifafa girilerek cinsel ilişkide bulunulmuş ise iki talak vaki olur. Hidaye'de şöyle yazılıdır: "Sen boşsun" sözüyle bir talaka, "bir talakla" sözüyle de başka bir talaka niyet etse, eğer kadın, cinsel ilişki de bulunulan bir kadın ise iki ric'i talak vaki olur. Zira bunların herbiri bir talakın vaki olmasına uygundur. İnaye yazarı da şöyle der: Bir kimse karısına "sen bir talakla boşsun" dese, ve "boşsun" sözüyle bir talaka, "talakla" sözüyle de, başka bir talaka niyet etse, eğer eşiyle daha önce cinsel ilişkide bulunmamış ise ikinci talak boşa gider. Cinsel ilişkide bulunmuş ise iki ric'i talak vaki olur.

"Sen talaksın" veya "sen talakla boşsun" sözleriyle üç talaka niyet ederse, üç talak vaki olur. Zira mastar cinse delalet eder. Bir bütünün tamamını kapsama ihtimali vardır.

Boşama, kadının bütün vücuduna nisbet edilmekle, yani yukarda geçtiği gibi, "sen boşsun" demekle, talak vaki olur. Kadının bütün vücudu yerine söylenen boyun, baş, yüz, ruh, beden, vücud, tenasül uzvu gibi, kelimelere nisbet edilerek yapılan boşamalarda da talak vaki olur. Mesela Yüce Allah'ın, أَوْ تَحْرِيرُ رَقَبَةٍ "**veya bir boyun azat etmek**"(6) ve فَظَلَّتْ أَعْنَاقُهُمْ لَهَا خَاضِعِينَ "**Boyunlarını eğip kalırlar**"(7) ayetlerinde "boyun"dan maksa-

---
(5) Bakara Suresi, 2/228.
(6) Maide Suresi, 5/89.
(7) Şuara Suresi, 26/4.

dın, o boyunların sahipleri olduğu kesindir. Yine, فلان رأس القوم "Filan kişi, kavmin başıdır" ve بِحَيَاةِ رَأسِكَ "başının hayatı için" sözlerinde, bütün nefis ve zat kastedilmektedir. Yine Yüce Allah'ın " وَيَبْقَى وَجْهُ رَبِّكَ Rabbinnin yüzü baki kalır" ayetinde "yüz"'den maksat, "zât"tır. وَأَمْرِي حَسَنٌ مَا دَامَ وَجْهُكَ سَالِماً Araplar Senin yüzün (zatın) iyi olduğu sürece, benim işim iyidir" derler. Yine Arapçada هَلَكَ وَجْهُهُ "yüzü helak oldu" tabiri kullanılır ki bu da "nefsi ve zatı helak oldu" demektir. "Beden ve vücut" kelimeleri ve kadının zatının kastedildiği ise gayet açıktır. Tenasül uzvunun, zât yerine kullanıldığına mibal, Hz. Peygamber (a.s)'in şu hadis-i şerifleridir: لَعَنَّ اَللّٰهُ الفُرُوجَ عَلَى السُّرُوجِ "Allah eyer üzerindeki tenasül uzuvlarına lanet etsin."Burda maksat kadınlardır. Binaenalyh bir kimse karısına, "boynun boş olsun", "yüzün boş olsun", "ruhun boş olsun", "bedenin boş olsun", "vücudun boş olsun", "tenasül uzvun boş olsun", "tenasül uzvun boş olsun", dese, talak vaki olur. Fakat "baş senden boş olsun" dese, talak olmaz. Beyaniyye'de de böyledir.

Bir kimse, karısının yarısı, üçte biri gibi yaygın olan yani bütününe yayılan bir parçasını boşarsa talak vaki olur. Çünkü bu kısımda vaki olan talak, tamamına yayılır. Alış-veriş muamelelerinde de buna benzer durumlar vardır. Ancak şu var ki, talak bölünmeyi kabul etmediği için bütünde vaki olur. Fakat kadının elini, ayağını, sırtını veya karnını boşamak talak olmaz. Zira bunların herhangi birisi söylenerek, boyun, yüz ve benzerlerinde olduğu gibi, o zatın kendisi kastedilmez.

Eğer birisi:

Sen böyle diyorsun ama, Yüce Allah'ın, تَبَّتْ يَدَا أَبِي لَهَبٍ "Ebuleheb'in iki eli kurusun"[9] ve Hz. Peygamber (a.s)'in عَلَى الْيَدِ مَا أَخَذَتْ "elin yaptığı kendisinedir" sözlerine ne dersin? Yine Yüce Allah'ın kalple ilgili فَإِنَّهُ آثِمٌ قَلْبُهُ "Muhakkak onun kalbi günah işlemiştir"[10] مَا أَلَّفْتَ بَيْنَ قُلُوبِهِمْ "kalplerini uzlaştıramazdın"[11] ayetlerine ne dersin? derse, şöyle cevap veririz: El ile kalbin bütün vücut yerine kullanılması örfen bilinmemektedir. Bunların bütün beden için kullanılması enderdir. Bu sebeple,

---
(8) Rahman Suresi, .../27.
(9) Tebbet Suresi, 111/1.
(10) Bakara Suresi, 2/283.
(11) Enfal Suresi, 8/63.

اَلنَّادِرُ كَالْمَعْدُوم "nadir olan şey, yok gibidir" sözüyle de ifade edildiği gibi, bunlar bütün vücut için kullanılmıyor sayılır. Eğer bir toplum içersinde el ve kalp de, yukarda sayılan diğer uzuvlar gibi, bütün beden için kullanılıyorsa, o toplumda bunlarla da talak vaki olur.

Eğer koca, karısını yarım talakla, veya dörtte bir, ya da altıda bir talakla boşarsa, bir talakla boşanmış olur. Çünkü talak bölünmez. Bölünme kabul etmeyen şeyin bir parçasını söylemek, tamamını söylemek gibidir. Kısasın bir kısmını affetmekte bunun gibidir. Akıllı bir kimsenin sözünü, boş söz olmaktan korumak ve haram kılan bir şeyi, mübah kılan bir şeyden üstün tutmak için, parça söylenen yerde söz bütün için söylenmiş sayılır. Parçalanmayı kabul etmeyen şeyin bir parçası üzerine delil getirilirse, bu delille getirilen hükmün, bütün için geçerli olması gerekir. Böyle olmadığı takdirde, delilin iptal edilmesi lazım gelir.

"Sen iki talakın üç yarısı ile boşsun" sözüyle üç talak vaki olur. Zira iki talakın yarısı bir talaktır. Buna göre iki talakın üç yarısının, üç talak olması gerekir. İnaye yazarı der ki: Bazıları, "bu söz, boş bir sözdür. Bundan dolayı bir şey olmaz" der. Bazıları da şöyle der: "Bu sözle bir talak vaki olur. Sayı, boşu boşuna zikredilmiş olup, sadece "sen boşsun" demiş sayılır. Böyle olunca da bir talak vaki olur.

Birisi şöyle diyebilir: "Bu söz ya hakikat, ya da mecaz olmalıdır. Hakikat olamaz. Zira lafız, vaz' edildiğ manada kullanılmadı. Mecaz da değildir. Zira hakikatte böyle bir şeyin varlığı tasavvur edilemez, böyle parçalar bir araya getirilemez". Buna şöyle cevap veririz: Bu söz mecazdır. Ebu Hanife'ye göre, bunun caiz olabilmesi için, hakikatte böyle bir şeyin tasavvur edilebilmesi şart değildir. Bu zikr-i cüz irede-i küll (bir parçayı zikredip bütünü kastetme) kabilindendir.

"Sen bir talakın üç yarısı ile boşsun" sözüyle de iki talak vaki olur. Bu görüş İmam Muhammed'den naklediimiştir. Natifi "Ecnas"ta ve (Attabi) İyani Camiu's-sağir şerhinde bu görüşte olduklarını belirtmişlerdir. Zira, bir talakın üç yarısı demek birbuçuk talak demektir. Talak parçalanmayı kabul etmediği için iki talak vaki olur. Bazıları; bu durumda üç talak vaki olur. Zira, üç yarımın herbiri, talak bölünmeyi kabul etmediği için, bir talak olur" demişlerdir.

Bir kimse karısına, "sen bir talaktan iki talaka kadar boşsun" veya "bir talakla iki talak arasında boşsun" dese, Ebu Hanife'ye göre, bir talak vaki olur. İmameyn'e göre iki talak vaki olur.

İmam Azam'a göre, bir kimse karısına, "sen bir talaktan üç talaka boşsun" veya "bir ile üç arası talakla boşsun" dese iki talak vaki olur. Burada üçe, birinci talak dahil olup ikincisi dahil değildir. Yani iki talak dahildir. İmameyn'e göre bu durumda üç talak vaki olur. Onlara göre ilk iki talak, üçe dahildir. İmam Züfer'e göre, "birden üçe" sözüyle, bir ve üçte bir şey gerekmez. Aradaki "iki" sözüyle bir talak vaki olur. Kıyas ta bunu gerektirir. Zira bir kimse, "bu duvardan şu duvara kadar sattım" dese, satılan, iki duvarın arası olmuş olur. İmameyn'in görüşleri, istihsan (güzel bulma)'a yorumlanır. Örfte böyle bir söz söylense, bundan "bütün" kastedilir. Nitekim sen birisine: "Benim malımdan, bir dirhemden yüz dirheme kadar al" demekle, hepsini almasına rıza göstermiş olursun. Zira mutlak olarak söylenen bir söz, örf ve âdete göre yorumlanır. Ebu Hanife'nin akli delili şudur: Örfte, bu ve benzeri sözlerle "azdan çok, çoktan az" anlaşılır. Buna göre, murat edilen, "birden çok, üçten az"dır, yani ikidir. Mesela, سِنِّى مِنْ سِتِّينَ اِلَى سَبْعِينَ Benim yaşım altmıştan yetmişe kadardır" veya, سِنِّى مَا بَيْنَ سِتِّينَ اِلَى سَبْعِينَ yaşım altmış ile yetmiş arasıdır" demek, altmıştan çok, yetmişten az demektir.

Talak konusunda İmam Züfer'in yukarda zikredilen görüşünden ve getirdiği "iki duvar arasının satılışı" misalinden dolayı, Asmaî, Harun reşit'in kapısında İmam züfer'le şöyle der: Ne dersin? Bir adam, kendisine "kaç yaşındasın?" diye sorulduğunda, "altmış ile yetmiş arasındayım" dese, bu adam dokuz yaşında mı olur? Yoksa daha fazla yaşta mı olur? Bunu duyan İmam Züfer, şaşırıp kalır.

Eğer hiçbir şeye niyet etmeden veya çarpma ve hesap niyetiyle, "iki kere bir boşsun" dese, bir talak vaki olur. Zira çarpma, çarpılanı artırmaz. Çarpmanın tesiri, parçaları çoğaltmada kendini gösterir. Yoksa çarpılanda bir etkisi olmaz. Bu takdirde, çarpma çarpılanın bir kaç tane olmasını gerektirmez. Kafi yazarı şöyle der: Eğer çarpılan şey, çarpma ile artsaydı, dünyada hiç kimse fakir olmazdı.

İmam Züfer ve İmam Şafii der ki: İki talak vaki olur. Çarpma ile amel ederiz. Zira biri iki ile çarparsak iki olur. Burda da böyledir.

Eğer "iki kere bir boşsun" sözüyle, hem iki hem bir talaka veya iki ile beraber bir talaka niyet ederse üç talak vaki olur. Zira bu kimse, toplanma ve bir araya getirilme ihtimali olan bir söze niyet etmiştir. Aradaki "ve" manasına gelen "vav" bir ve ikiyi toplar. وَاحِدَةٍ فِى ثِنْتَيْنِ iki kerebir" sözündeki "fi" kelimesi, beraber manasına da gelir. Nitekim Yüce Allah'ın " فَادْخُلِى فِى عِبَادِى "**Kullarımla beraber gir**"(12) demektir. Bu takdirde üç talak vaki olur.

"Sen, bir ve iki talakla boşsun" gibi talaklarda, eğer kadınla daha önce zifafa girilmemiş ise bir talak vaki olur. Zira daha önce zifafa girilmemiş, kendisiyle cinsel ilişkide bulunulmamış bir kadın boşanırken, bir talak vaki olduktan sonra başka talaka mahal kalmaz. Eğer bir talakla beraber iki talakın da bulunmasına niyet ederse, cinsel ilişkide bulunulan kadında olduğu gibi, cinsel ilişkide bulunulmayanda da üç talak vaki olur.

Çarpmaya da niyet etse, "iki kere iki boşsun" sözüyle iki talak vaki olur. Zira çarpma, çarpılanın parçalarını arttırır. Yoksa çarpılanın kendisini artırmaz.

"Sen buradan Şam'a kada boşsun" sözüyle bir ric'i talak vaki olur. İmam Züfer şöyle der: Bu durumda bain talak vaki olur. Zira talakı "tûl" yani uzunlukla niteledi. Uzunluk ise kuvvette kullanılır. Bir şeyin kuvveti, kolay bozulmaması ile ortaya çıkar. Bu ise ric'i talak değil, bâin talaktır. Fakat birisi şöyle diyebilir. Talak, açık bir şekilde uzunluk sıfatı ile nitelense, mesela' "sen uzun bir talakla boşsun" dense, İmam Züfer'e göre ric'i talak olur. "Uzunluk ile kinayede bain talak olur" demesi nasıl sahih olur? Buna şöyle cevap verebiliriz: Şam'a kadar diyerek uzunluğu kinaye olarak kullanmak, açık olarak sürmekten daha kuvvetlidir.

Bizim imamlarımızın delili: Talakın, hakiki manada kısalığa ihtimali yoktur. zira talak bir cisim değil ki, bizatihi kısa olma ihtimali olsun. Bilakis maksat, hükmünün kısalığıdır. Bu ise ric'i talaktır.

Kadın hangi yerde veya şehirde olursa olsun, "Sen Mekke'de boşsun" sözüyle derhal talak vaki olur. Çünkü talakın vaki olması bir yere mahsus değildir.

Bir kimse karısına, "Mekke'ye girdiğin takdirde boşsun" veya "Mekke'ye girdiğinde boşsun" dese, oraya girmedikçe talak vaki olmaz. Ev de böyledir. Yani eve girersen veya girdiğinde boşsun dese, eve girmedikçe talak vaki olmaz.

---

(12) Fecr Suresi, .../29.

2. KISIM

فصل

قَالَ اَنْتِ طَالِقٌ غَداً اَوْ فِى غَدٍ يَقَعُ عِنْدَ الصُّبْحِ. وَاِنْ نَوَى الْوُقُوعَ وَقْتَ الْعَصْرِ صَحَّتْ دِيَانَةً وَفِى الثَّانِى قَضَاءً اَيْضاً خِلَافاً لَهُمَا. وَلَوْ قَالَ اَنْتِ طَالِقٌ الْيَوْمَ غَداً اَوْ غَداً الْيَوْمَ يُعْتَبَرُ الْاَوَّلُ ذِكْراً. وَلَوْ قَالَ اَنْتِ طَالِقٌ قَبْلَ اَنْ تَزَوَّجَكِ فَهُوَ لَغْوٌ. وَكَذَا اَنْتِ طَالِقٌ اَمْسِ وَقَدْ نَكَحَهَا الْيَوْمَ وَاِنْ نَكَحَهَا قَبْلَ اَمْسِ وَقَعَ الْآنَ. وَلَوْ قَالَ اَنْتِ طَالِقٌ مَا لَمْ اُطَلِّقْكِ اَوْ مَتَى لَمْ اُطَلِّقْكِ اَوْ مَتَى مَا لَمْ اُطَلِّقْكِ وَسَكَتَ طُلِّقَتْ لِلْحَالِ حَتَّى لَوْ عَلَّقَ الثَّلَاثَ وَقَعْنَ بِسُكُوتِهِ. وَاِنْ وَصَلَ اَنْتِ طَالِقٌ وَقَعَ وَاحِدَةٌ. وَلَوْ قَالَ اِنْ لَمْ اُطَلِّقْكِ فَاَنْتِ طَالِقٌ لَا يَقَعُ مَا لَمْ يَمُتْ اَحَدُهُمَا وَاِذَا بِلَانِيَّةٍ مِثْلُ اِنْ وَعِنْدَهُمَا مِثْلُ مَتَى وَمَعَ نِيَّةِ الشَّرْطِ اَوِ الْوَقْتِ فَمَا نَوَى وَالْيَوْمِ لِلنَّهَارِ مَعَ فِعْلٍ مُمْتَدٍّ وَلِمُطْلَقِ الْوَقْتِ مَعَ فِعْلٍ لَا يَمْتَدُّ فَلَوْ قَالَ اَمْرُكِ بِيَدِكِ يَوْمَ يَقْدِمُ زَيْدٌ فَقَدِمَ لَيْلاً لَا تَتَخَيَّرُ. وَقَالَ يَوْمَ اَتَزَوَّجُكِ فَاَنْتِ طَالِقٌ فَنَكَحَهَا لَيْلاً وَقَعَ. وَلَوْ قَالَ اَنَا مِنْكِ طَالِقٌ فَهُوَ لَغْوٌ وَاِنْ نَوَى. وَلَوْ قَالَ اَنَا مِنْكِ بَائِنٌ اَوْ اَنَا عَلَيْكِ حَرَامٌ بَانَتْ اِنْ نَوَى. وَلَوْ قَالَ اَنْتِ طَالِقٌ مَعَ مَوْتِى اَوْ مَعَ مَوْتِكِ فَهُوَ لَغْوٌ. وَكَذَا لَوْ قَالَ اَنْتِ طَالِقٌ وَاحِدَةً اَوَّلاً خِلَافاً لِمُحَمَّدٍ فِى رِوَايَةٍ. وَاِنْ مَلَكَ اِمْرَاَتَهُ اَوْ شِقْصَهَا اَوْ مَلَكَتْهُ اَوْ شِقْصَهُ بَطَلَ الْعَقْدُ فَلَوْ طَلَّقَهَا بَعْدَ ذَلِكَ لَغَا. وَلَوْ قَالَ لَهَا وَهِىَ اَمَةٌ اَنْتِ طَالِقٌ ثِنْتَيْنِ مَعَ اِعْتَاقِ سَيِّدِكِ اِيَّاكِ فَاَعْتَقَهَا مَلَكَ الرَّجْعَةَ. وَاِنْ عَلَّقَ طَلْقَيْتَهَا بِمَجِىءِ الْغَدِ وَعَلَّقَ مَوْلَاهَا عِتْقَهَا بِهِ فَجَاءَ لَا تَحِلُّ لَهُ اِلَّا بَعْدَ زَوْجٍ آخَرَ وَعِنْدَ مُحَمَّدٍ يَمْلِكُ الرَّجْعَةَ وَتَعْتَدُّ كَالْحُرَّةِ اِجْمَاعاً.

ZAMANA BAĞLI BOŞAMA

Bir kimse karısına "sen yarın boşsun" veya "yarın içinde boşsun" dese, sabah vakti talak vaki olur. Eğer bu birinci sözle, ertesi gün ikindi vaktini kastederse, diyaneten sahih olur. İkinci sözle, kazâen de sahih olur. İmameyn buna muhalefet eder.

Eğer "sen bugün yarın" veya "yarın bugün boş ol" dese, önce zikredilene itibar edilir.

"Ben seninle evlenmeden boşsun" dese, bu sözün bir anlamı yoktur, boş bir sözdür. Aynı şekilde "sen dünden boşsun dese, oysa onu bugün nikahlamış olsa, bu söz de boştur. Eğer onu dünden önce nikahlamış ise o an talak vaki olur.

Bir kimse karısına, "ben seni boşamadıkça boşsun", seni ne zaman boşamazsam boşsun" veya "seni boşamadığım müddetçe boşsun" dese ve sussa, kadın derhal boş olur. Hatta bu susmayla boşamayı üç talaka bağlarsa, üç talak vaki olur. Eğer yukardaki sözlerin birini söyledikten sonra, susmadan, "sen boşsun" sözünü söylerse, bir talakla boş olur.

"Ben seni boşamazsam sen boşsun" dese, ikisinden biri ölmedikçe talak vaki olmaz. إذا "zaman" lafzı, niyetsiz söylenirse إنْ "ise" lafzı gibidir. İmameyn'e göre إذا "lafzı", متى lafzı gibidir. Bunlar şart veya vakit niyetiyle söylenirse, hangisine niyet etmişse olur.

"Bugün" sözü, devam eden fiille beraber söylenirse "gündüz" için, devamlı olmayan bir fiille kullanılırsa "mutlak vakit" içindir. Dolayısıyla, adam karısına: "Zeyd geldiği gün, boşanma işin elindedir" dese, Zeyd de gece gelse, kadın muhayyer olamaz. "Seni nikahladığım gün boşsun" dese ve onu gece nikahlasa, talak vaki olur.

Koca, karısına, "ben senden boşum" dese, bu sözün bir anlamı olmaz. Niyet etse dahi manasızdır.

Koca, bain talaka niyet ederek: "Ben senden bainim" veya "ben sana haramım dese, bain talak olur.

"Benim ölümümle beraber boşsun" veya "ölümünle beraber boşsun" dese, bu manasız bir sözdür. Sen bir talakla boşsun veya değil dese, bu da manasızdır. İmam Muhammed bir rivayette buna muhaliftir.

Eğer erkek kadının tamamına veya bir cüzüne malik olur, veya kadın erkeğe veya erkeğin bir cüzüne malik olursa, nikah batıl olur. Daha sonra karısını boşasa, anlamsız bir şey yapmış olur.

Koca, başkasının cariyesi olan zevcesine, "sen, efendinin seni azat etmesiyle, iki talakla boş ol" dese ve efendisi onu azat etse, ric'ate (karısına dönmeye) malik olur. Eğer koca bu iki talakı, yarının gelmesine; efendisi de cariyenin azat edilmesini yine yarının gelmesine bağlarsa, yarın da olursa, kocanın o cariyeye dönmesi helal olmaz. Ancak başka bir kocadan sonra helal olur. İmam Muhammed'e göre koca, dönmeye malik olur.

Boşanan cariye de hür kadın gibi, icma ile iddet bekler.

İZAHI

Musannıf talak bahsi ile ilgili birkaç fasıl zikretmiştir. Bu fasıl, şart edatını kullanmadan, talakı zamana bağlama ile ilgilidir. Talakı zamana bağlamaktan yani zamana bağlı boşamadan maksat, talakın hükmünü konuşma anından sonraya bırakmaktır.

Bir kimse karısına, "sen yarın boşsun, ertesi gün sabahleyin talak vaki olur. Zira o kadın, yarının tamamında boşanmakla vasıflanmış oldu. "Yarın", bu sözü söylediği günden sonra gelen günün tamamının ismidir. Bu takdirde kadın, o günün tamamında boştur. O günün ilk kısmı sabah vaktidir. Talak bu vakitte vaki olur. "Sen yarın içinde boşsun" dediği zamanda, ertesi günün sabahında boş olur. Ancak bunun ilk sözden farkı, kadının, o günün tamamında boşanmakla vasıflandırılmış olmamasıdır. Bu sözle boşanılmak isteyen kadın, ertesi günün bir cüzünde boş olur. Böyle olunca da, ilk cüz yani sabah vakti, diğer cüzlerden önce geldiği için, onlardan evlâdır.

Erkek "sen yarın boşsun" sözüyle, ertesi günün ikindi vaktine niyet ederse, diyaneten sahih olur, kazaen olmaz. zira koca umum olan lafızla yani "yarın" kelimesiyle, tahsise yani ikindi vaktine niyet etmiştir. Tahsis ise muhtemeldir. Muhtemel olan bir şeyde niyet, diyaneten tasdik olunur. Lakin bu zahire muhaliftir. Çünkü "yarın" sözü, o günün bütün cüzlerinin ismidir. Onun için kazaen tasdik olunmaz. İkinciyle, yani "sen yarın içinde boşsun" sözüyle ertesi günün ikindi vaktine niyet ederse, Ebu Hanife'ye göre, diyaneten tasdik olunduğu gibi kazaen de tasdik olunur. İmameyn buna muhalefet ederek şöyle der: Bunda da, birincide olduğu gibi diyaneten tasdik olunur, kazaen tasdik olunmaz. Zira o kimse talakı, ertesi günün hepsinde olmakla vasıflandırmıştır. Bu takdirde bu söz de "yarın" sözü gibi olur. Böylece talak, niyet etmeden söylediği sözdeki gibi, günün ilk cüz'ünde yani sabahleyin vaki olur. Zira "içinde, de, da;" manalarına gelen "fî" kelimesinin söylenmesi ile sözlenmemesi arasında fark yoktur. Her iki halde de غَدًا "yarın" kelimesi zarftır.

Ebu Hanife'nin delili şudur: 'Koca, bu sözün hakikatına niyet etmiştir. "Fî" kelimesi "içinde, de, da" anlamlarını ifade etmekte olup zarf için kullanılmaktadır. "Yarının içinde" demek, bütün yarını kaplamayı gerektirmez.

İnaye yazarı şöyle der: Sözün kısası, niyeti sözün hakikatına tesadüf etmedikçe, zahire zıt olan şey kazaen tasdik olunmaz. Bu sözde ise niyet sözün hakikatına tesadüf etmiştir. Bu takdirde kazaen tasdik olunur. Görmez misin ki, bir kimse, "kadınlarla evlenmeyeceğim" diye yemin etse, fakat bu sözle bütün kadınlara niyet etmese, bu söz zahire muhalif te olsa, kazaen ve diyaneten tasdik olunur. Çünkü niyeti, sözünün hakikatına tesadüf etmiştir.

Hidaye sahibi de şöyle der: Bir kimse وَاللّٰهِ لَأَصُومَنَّ عُمْرِى "Vallahi ömrümü oruçlu geçireceğim" yahut وَاللّٰهِ لَأَصُومَنَّ فِى عُمْرِى "Vallahi, ömrüm içinde oruç tutacağım" diye yemin etse, "fi" zarfını zikretmediği birinci yeminine göre, bütün ömrünü oruçla geçirmesi gerekir. Fakat ikincide "içinde" manasına gelen "fi" edatı zikredilmiştir. Ömrün de bir gün oruç tutmakla yeminini bozmuş olmaz, yemininde durmuş olur. Bu, لَأَصُومَنَّ "Bütün zamanı oruçlu geçireceğim" ve لَأَصُومَنَّ فِى الدَّهْرِ "Zaman içinde oruç tutacağım" sözlerine kıyas edilmiştir. Mecaz gibi ihtimalli sözlerde niyete ihtiyaç duyulur. Yoksa hakiki manada kullanılan sözlerde niyete ihtiyaç yoktur. فِى غَدٍ "Yarının içinde" sözünün bütün yarını kaplamadığı; غَدًا "yarın" sözünün ise bütün yarını kapladığı bir hakikattır. Durum böyle olduğu halde, birisi kalkıp da Yüce Allah'ın,

انا لننصر رسلنا والذين آمنوا فى الحياة الدنيا ويوم يقوم الأشهاد

"Doğrusu biz, peygamberlerimize ve inananlara dünya hayatında ve şahitlerin kalkacağı günde yardım ederiz"[13] ayetini delil getirerek itiraz ederse, şöyle

---

(13) Mü'min Suresi, 40/51.

cevap veririz: Buradaki " فِى " edatının da "bütün dünya hayatında yardımı" kapsamadığı sabittir. Yüce Allah'ın dünyadaki yardımı bu edatla, ahiretteki yardımı ise bu edatı kullanmadan ifade etmesinin sebebi şudur: Yüce Allah'ın ahirette tasarruf ve yardımı daimidir. Fakat dünyada bazan vaki olur. Zira bu dünya, imtihan yurdudur. Bir şeyin hakikatına niyet etmek, olan bir şeyi açıklama babındandır. Bu ise mecaz ihtimalini ortadan kaldıracak şeyleri söyleyerek, sözü vurgulamak demektir.

Sözün kısası, "fî" ile söylenen söz, bütün zamanı kaplamaz. Bu edat kullanılmamışsa, bütün zamanı kaplar.

Eğer bir koca karısına, "sen bugün yarın boşsun" veya "yarın bugün boşsun" dese, önce zikredilen nazar-ı itibara alınır, ikinci söylenen boşuna söylenmiş sayılır.

Bir kimse karısına, "ben seni boşamadıkça boşsun", "seni ne zaman boşamazsam boşsun" veya "seni boşamadığım sürece boşsun" dese ve bir an sussa, o anda kadın boş olur. Zira bu kimse boşamayı, boşamanın bulunmadığı bir zamana nisbet etmiştir. İşte bu zaman, sustuğu andır. " مَا " ve " مَتَى " kelimeleri, sarih bir şekilde "zaman" manasını ifade ederler. Zira bunlar zaman zarfıdır. " مَا "nın açık bir şekilde "zaman" manasını ifade ettiğine delil, Yüce Allah'ın Hz. İsa (a.s)'dan hikaye ile anlattığı مَادُمْتُ حَيًّا **hayatta olduğum sürece**"(14) ayet-i kerimesidir. Hatta bu susmasıyla, boşamayı üç talaka bağlasa, mesela; "seni boşamadığım sürece, üç talakla boşsun" dese, üç talak vaki olur. Eğer bu söylediği sözün peşinden susmayıp hemen, "sen boşsun" dese, bir talak vaki olur. Mesela: "Seni boşamadığım sürece sen boşsun. Sen boşsun" demesi gibi.

Bir kimse karısına, "ben seni boşamazsam sen boşsun" dese, ikisinden biri ölmedikçe talak vaki olmaz. Zira اِنْ "ise, se, sa" kelimesi, hakiki manada şart içindir. Koca boşamanın meydana gelmesini, boşamama şartına bağlamıştır. Bu şart insanlar içinde geçerlidir. İnsan yaşadığı sürece, şartın gerçekleşmesi veya aksinin olması ihtimal dahilindedir. Bu sebeple nikahları, ölünceye kadar devam eder.

Niyetsiz söylendiği takdirde, "zaman" manasına gelen " إِذَا " lafzı, "ise" manasına gelen " إِنْ " lafzı gibidir. Bu Ebu Hanife'nin görüşüdür. İmameyn buna muhalefet ederler. Onlara göre " إِذَا " lafzı, " مَتَى " lafzı

---
(14) Meryem Suresi, 19/31.

gibidir. Mesela, "boşamadığım zaman boşsun" deyip te, bunu "boşamazsam boşsun" manasında kullanırsa, ölünceye kadar talak vaki olmaz. Ama bununla şartı değil de zamanı kastederse, bu sözü söyledikten sonra sustuğu an talak vaki olur. Yani şart veya zamandan hangisine niyet ederse, o manaya gelir ona göre talak vaki olur.

"Bugün" sözü devam eden bir fiille kullanılırsa, Mesela, Zeyd geldiği gün, boşanma işin elindedir" gibi, bu durumda "bugün" kelimesi "gündüz" manasına kullanılır. Dolayısıyle Zeyd, gece gelse kadın muhayyer olmaz, yani boşanma işi elinde olmaz. Eğer "bugün" kelimesi devamlı olmayan, yani çok kısa sürüp biten boşanma, evlenme, köle azat etme, bir söz söyleme gibi, bu durumda mutlak vakit manasında kullanılır.

Vakit, "gündüz, gece ve gün" olmak üzere üç kısımdır. Gündüz sadece aydınlık, gece de sadece karanlık için kullanılır. Bu ikisinin gerçek lügat manaları budur. Ama "gün" kelimesi, gündüzün aydınlığı ve mutlak vakit anlamında müşterek olarak kullanılır. Bazılarının ve çoğunluğun görüşü budur. Mutlak vakit anlamında kullanılması mecazdır. İki anlamda müşterek olarak yorumlamadan, sadece mecaz manasını almak daha iyidir. Nitekim Yüce Allah'ın,

"وَمَنْ يُوَلِّهِمْ يَوْمَئِذٍ دُبُرَهُ اِلاَّ مُتَحَرِّفاً لِقِتَالٍ" "**Tekrar savaşmak için bir tarafa çekilme dışında, o gün arkasını düşmana dönen kimse...**"(15) ayetinde "gün", mutlak vakit anlamında kullanılmıştır. Zira savaştan kaçan, ister gündüz ister gece kaçsın, ayetin devamında anlatılan "Allah'ın gazabına uğrama" tehdidine muhatap olur. Alimler, Yüce Allah'ın, "وَذَكِّرْهُمْ بِأَيَّامِ اللهِ **Allah'ın günlerini onlara hatırlat**"(16) ayetinde "Allah'ın günlerin"den maksadın, Allah'ın nimet ve bela verdiği günler olduğunu söylemişlerdir" فَيَوْمٌ لَنَا وَيَوْمٌ عَلَيْنَا — يَوْمَ نُسَرُّ وَيَوْمَ نُسَاءُ "**Bir gün lehimize, bir gün aleyhimize. Bir gün sevinir, bir gün üzülürüz**" diyen şairin bu sözünde de gün kelimesinin mutlak vakit için olduğu muhakkaktır.

Yüce Allah'ın, "اِذَا نُودِيَ لِلصَّلاَةِ مِنْ يَوْمِ الْجُمُعَةِ **Cuma günü namaz için çağrıldığınız zaman**"(17) ayet-i kerimesinde, gün kelimesi, gündüzün aydınlığı manasında kullanılmıştır. İmdi, bunların herbirinde, yaygın olarak

---

(15) Enfal Suresi, 8/16.
(16) İbrahim Suresi, 14/5.
(17) Cuma Suresi, 62/9

hangi manaya kullanıldıklarını gösteren bir zabıt olmalıdır ki, bir kullanılış diğerinden ayrılabilsin. Eğer gün ile beraber, devam eden bir fiil kullanılırsa, onunla gündüzün beyazlığı murat edilir. Mesela oruç tutmak, giymek, binmek gibi. Bu fiiller, uzun bir vakitle sınırlamayı kabul eder. "Bir gün bindim" bir gün oruç tuttum, bir gün giydim, bir gün işim elimdedir" demek sahih olur. Boşamak, evlenmek, köle azat etmek gibi, uzun bir vakitte yapılmayan fiillerle söylenildiğinde "gün" kelimesi mutlak vakit manasında kullanılır. Zira "bir ay boşadım" diyerek bununla, boşamanın bir ay boyu sürdüğünü murat etmek mümkün değildir. "Bir gün evlendim" deyip te, evlenmenin bir gün boyu sürdüğünü kastetmek de mümkün değildir. Layık olan budur ki, devam eden fiillerle kullanılan "gün" kelimesi "gündüz" manasına, devam etmeyen fiillerle kullanıldığında ise mutlak vakit manasında kullanılmalıdır.

Bir kimse karısına, niyet ederken dahi söylemiş olsa, "ben sendon boşum" dese, bunun bir hükmü yoktur. Çünkü o kimse talakı, boşamaya mahal olmayan bir yere nisbet etmiştir. Zira erkek, boşamaya mahal olmaz, boşanmaz. Halbuki talak, bir bağı kaldırmak içindir. Bu bağ kadında bulunur, dolayısıyla boşama mahalli, yani bu bağın çözüldüğü yer, kadındır. Bundan, dolayıdır ki, Yüce Allah'ın,

إِذَا طَلَّقْتُمُ النِّسَاءَ فَطَلِّقُوهُنَّ لِعِدَّتِهِنَّ **'Kadınları boşayacağınızda onları, iddetlerini gözeterek boşayın''**[18] ayet-i kerimesinde, kadınların erkekler tarafından boşanacağı bildirilmiştir. Koca, "ben senden boşum" demekle, kendini boşayıp meşru olanı değiştirdiği için, sözü hükümsüzdür.

Bir kimse karısına, bâin talaka niyet ederek, "ben senden bâinim" veya "ben sana haramım" dese, bâin talak vaki olur. Zira "ben senden bâinim (yani ayrıyım)" ve "ben sana haramım" demek, ikisi arasındaki beraberliği gidermek içindir. İmdi, bu iki lafızdan herbiri karı-koca arasında müşterektir. Bunlar, erkeğin "ben senden boşum" demesine benzemez. Bunlar ikisi arasında müşterek olduğu için, kocanın bunları söylemesi, boşamanın gerçekleşmesinde sahih olur.

Bir kimse karısına, "sen, benim ölümümle boşsun" veya "kendi ölümünle boşsun" dese, bu hükümsüz ve boş sözdür. Zira bu kimse talakı, kendisi dışında birine nisbet etmiştir. Ölmekle, boşama ehliyeti kalmamış olur. İkisinden birinin ölümü, nikahın yok olma halidir. Oysa, nikah varken boşama yapılabilir. Onun içindir ki, kocanın bu sözü hükümsüzdür. Bir kimse ka-

---

(18) Talak Suresi, 65/1

rısına, "sen bir talakla boşsun veya değil" dese, bunun da hükmü yoktur. Zira, metinde geçen "وَاحِدَةٌ bir" lafzı, zikredilmeyen mastarın sıfatıdır. Buna göre söz, " أَنْتِ طَالِقٌ طَالِقَةً وَاحِدَةً أَوْ لَا " şeklinde olur. Böyle olunca da, bu cümle, "sen bir talakla boşsun veya boş değilsin" anlamına geldiği gibi, "sen bir talakla veya birkaç talakla boşsun" anlamına da gelebilir. İmam Muhammed'den gelen rivayetlerin birine göre, bu durumda ric'i talak vaki olur.

Bir kimse karısına veya onun bir cüzüne, ya da bir kadın kocasına veya onun bir cüz'üne malik olsa, nikah geçersiz olur. Buna göre, bu özelliklerden biri bulunduktan sonra bir kimse karısını boşasa, hükmü olmaz. Çünkü ikisinden birinin diğerine malik olması, daha başlangıçta nikahın bulunmasına engel teşkil eder. Dolayısıyle boşamaya mahal kalmaz.

Bir kimse karısı ve aynı zamanda da başkasının cariyesi olan bir kadına: "Sen, efendinin seni azat etmesiyle beraber iki talakla boşsun" dese, efendisi de bu cariyeyi azat etse, koca, karısına dönmeye malik olur. kıyasa göre şöyle olmalıydı: Hür olan kadın üç talakla, cariye ise iki talakla boşandığında kocasına haram olur. Buna göre bu cariyenin kocasına haram olması, kocanın ona dönme hakkının bulunmaması gerekirdi. Fakat bu boşama, efendinin, cariyesini azat etme şartına bağlı kılınmıştır. Şart, şart kılınan şeyden önce meydana gelir. Buna göre, efendinin cariyeyi azat etmesi şartı, boşamadan önce gerçekleşmiştir. Bu durumda cariye, boşanmadan önce hür kadın durumuna gelmiş oldu. Böyle olunca da koca, bir talak hakkına daha malik olur, yani karısına dönebilir.

Eğer birisi, "bu sözde geçen " مَعَ " kelimesi, beraberlik ifade eder. Böyle olunca da, azat etme işi boşama işinden önce olur demek nasıl sahih olur?" diye sorarsa şöyle deriz: Bu kelime, "sonra" manasına da kullanılır. Nitekim Yüce Allah'ın, إِنَّ مَعَ الْعُسْرِ يُسْرًا "Gerçekten güçlükle beraber (güçlükten sonra, onun peşinden) bir kolaylık vardır"[18] ayetinde bu manada kullanılmıştır. Yine Belkis'tan hikaye yoluyla söylenen, أَسْلَمْتُ مَعَ سُلَيْمَانَ

"Ben Süleyman'la beraber (ondan sonra) Allah'a teslim oldum"[9] ayetinde de bu manada kullanılmıştır.

---

(18) İnşirah Suresi, 94/6

Eğer koca, az önce sözü eden cariyeyi iki talakla boşamayı yarının gelmesine; aynı şekilde efendisi de onu azat etmeyi yarının gelmesine bağlarsa, ertesi gün olunca, bu kadın kocasına helal olmaz. Ancak başka birisiyle evlendikten sonra o kocası boşarsa helal olur. Mesela, adam karısına, "yarın olunca iki talakla boşsun" dese, efendisi de "yarın olunca hürsün" dese, Ebu Hanife ve Ebu Yusuf'a göre, koca ric'i talaka malik olmaz, karısına dönemez. Zira koca da, efendi de talakı aynı şeye bağladılar. Bu takdirde ikisinin de ileri sürdüğü şart, kadının cariye olduğu zamana tesadüf etmiş olur. İki illet aynı zamanda bulununca, bunların neticesi de aynı zamanda olur. Böyle olunca da, azat etme ile boşama aynı anda meydana gelir.

İmam Muhammed'e göre, koca, karısına dönmeye malik olur. Gerçi azat etme ve boşama bir vakitle meydana gelmiştir. Lakin azat etme daha önce ve çabuk vuku bulur. Zira azat etme mendup olup boşama ise sakınılması gereken bir iştir. Hükümde, sakınılması gereken şey daha sonra yapılır.

Boşanan bu cariye de, hür kadın gibi, ihtiyat olarak ittifakla iddet bekler.

3. KISIM

فصل

قَالَ لَهَا اَنْتِ طَالِقٌ هٰكَذَا مُشِيراً بَاَصَابِعِهِ وَقَعَ بِعَدَدِهَا فَاِنْ اَشَارَ بِبُطُونِهَا تُعْتَبَرُ الْمَنْشُورَةُ وَاِنْ بِظُهُورِهَا تُعْتَبَرُ الْمَضْمُومَةُ * وَلَوْ وَصَفَ الطَّلَاقَ بِضَرْبٍ مِنَ الشِّدَّةِ بِاَنْ قَالَ اَنْتِ طَالِقٌ بَائِنٌ اَوْ اَلْبَتَّةَ اَوْ اَفْحَشَ الطَّلَاقِ اَوْ اَخْبَثَهُ اَوْ اَشَدَّهُ اَوْ طَلَاقَ الشَّيْطَانِ اَوِ الْبِدْعَةِ اَوْ كَالْجَبَلِ اَوْ كَاَلْفٍ اَوْ مِلَا الْبَيْتِ اَوْ تَطْلِيقَةً شَدِيدَةً اَوْ طَوِيلَةً اَوْ عَرِيضَةً وَقَعَ وَاحِدَةٌ بَائِنَةٌ بِلَانِيَّةٍ* وَكَذَا اِنْ نَوٰى الثِّنْتَيْنِ اِلَّا اِذَا نَوٰى بِقَوْلِهِ طَالِقٌ وَاحِدَةً وَبِقَوْلِهِ بَائِنٌ اَوْ اَلْبَتَّةَ اُخْرٰى فَيَقَعُ بَائِنَتَانِ * وَصَحَّتْ نِيَّةُ الثَّلَاثِ فِى الْكُلِّ *

İŞARET VE ŞİDDET İFADE EDEN SÖZLE BOŞAMA

Bir kimse, parmakları ile işaret ederek, karısına "sen şu kadar boş ol" dese, parmakların sayısınca, talak vaki olur. Eğer parmakların içleriyle işaret ederse açık olan parmaklar; dışlarıyle işaret ederse kapalı olanlar nazar-ı itibara alınır.

Eğer talakı, bir nevi şiddet ifade eden bir lafızla nitelese, mesela, "sen bain talakla boşsun", "elbette boşsun", "en şiddetli talakla boşsun", "şeytan talakı ile boşsun", "bid'i talakla boşsun", "dağ gibi talakla boşsun", "bin kadar talakla boşsun", "ev dolusu talakla boşsun", "şiddetli bir boşama ile boşsun", "uzun bir boşama ile boşsun" veya "geniş bir boşama ile boşsun" demek suretiyle, boşamanın şiddetini vurgulasa, fakat herhangi bir sayıya niyet etmese, bir bain talak vaki olur. İki talaka niyet etse de yine bir bain talak vaki olur. Ancak "boşsun" sözüyle bir talak, "bain' sözüyle veya "elbette" sözüyle de başka bir talaka niyet ederse, iki bain talak vaki olur.

Bu söylenen lafızların hepsiyle üç talaka niyet etmek sahih olur.

İZAHI

Eğer koca, karısına, parmakları ile işaret ederek, "sen şu kadar boşsun" dese, parmakların sayısınca talak vaki olur. Parmakların içi ile işaret ederse, açık olan parmaklara itibar edilir. Zira işaret etmek, söylemek yerine geçer. Nitekim Hz. Peygamber (a.s) Efendimiz: الشهر هكذا هكذا "**Ay böyle böyledir**" buyurarak, mübarek parmakları açık iken işaret etmişlerdir. İkinci bir defada da baş parmaklarını açmadan yine aynı sözleri söylemiştir. Bundan murat, ayın otuz ve yirmidokuz gün olmasına işarettir. Buradan anlaşılıyor ki, açık olan parmaklara itibar olunur, kapalı olana itibar edilmez. bu konuda örf haline gelen uygulamaya göre, elin iç kısmı muhatap tarafına çevrilerek sayıya işaret edilir. Eğer parmakların dışı ile işaret ederse, kapalı olanlara itibar edilir.

Eğer talakı şiddet ifade eden lafızlarla vurgular ve yukarda metin kısmının tercemesinde söylenen lafızları veya benzerlerini kullanırsa, herhangi bir sayıya da niyet etmezse, bir bain talak vaki olur. İmam Şafii'ye göre, bu durumda bir ric'i talak vaki olur. İki talaka niyet etse dahi, hür kadın hakkında bir bain talak vaki olur. Ancak "boş ol" sözüyle bir talaka ve "bâin" sıfatıyle de başka bir talaka niyet ederse; yahut "boş ol" sözüyle bir talaka, "elbette" sözüyle başka bir talaka niyet ederse, bu takdirde iki bâin talak vaki olur. Zira bu özelliklerle söze başlanarak talak yapılabilir. Nitekim bir kimse, "sen bainsin" veya "elbette sen..." sözleriyle, talaka niyet etse talak vaki olur. Önce "sen boşsun" deyip te daha sonra bunlarla bir başka talaka niyet etse, "sen boşsun, sen bainsin..." demiş gibi olur.

Bunların hepsinde, yani yukarda söylenen, "sen bain talakla boşsun" sözünden itibaren "sen geniş bir boşama ile boşsun" sözüne kadar, arada söylenen bütün sözlerde, üç talaka niyet etmek sahih olur.

4. KISIM

فصل

طُلِّقَ غَيْرُ الْمَدْخُولِ بِهَا ثَلاثاً وَقَعْنَ وَاِنْ فَرَّقَ بَانَتْ بِالْاُولَى وَلاٰ تَقَعُ الثَّانِيَةُ* وَلَوْ قَالَ اَنْتِ طَالِقٌ وَاحِدَةً وَوَاحِدَةً وَقَعَ وَاحِدَةٌ* وَكَذَا لَوْ قَالَ وَاحِدَةً قَبْلَ وَاحِدَةٍ اَوْ بَعْدَهَا وَاحِدَةٌ* وَلَوْ قَالَ بَعْدَ وَاحِدَةٍ اَوْ قَبْلَهَا وَاحِدَةٌ اَوْ مَعَ وَاحِدَةٍ اَوْ مَعَهَا وَاحِدَةٌ فَثِنْتَانِ وَفِى الْمَوْطُوئَةِ ثِنْتَانِ فِى الْكُلِّ* وَلَوْ قَالَ اِنْ دَخَلْتِ الدَّارَ فَاَنْتِ طَالِقٌ وَاحِدَةً وَوَاحِدَةً فَدَخَلَتْ يَقَعُ وَاحِدَةً وَعِنْدَهُمَا ثِنْتَانِ* وَلَوْ اَخَّرَ الشَّرْطَ فَثِنْتَانِ اِتِّفَاقاً وَيَقَعُ بِعَدَدٍ قُرِنَ بِالطَّلَاقِ لَابِهِ* فَلَوْ مَاتَتْ قَبْلَ ذِكْرِ الْعَدَدِ فِى قَوْلِهِ اَنْتِ طَالِقٌ وَاحِدَةً لَا تُطَلَّقُ*

GERDEĞE GİRMEDEN BOŞAMA

Kendisiyle gerdeğe girilmeyen kadın, "üç" lafzı ile boşanır. Bu sözle üç talak vaki olur. Eğer üç talakı ayrı ayrı söylese, birincisi ile bain talak vaki olur. İkinci talak vaki olmaz.

Eğer "sen bir talakla ve bir talakla boşsun" dese bir talak vaki olur. Aynı şekilde, "sen bir talaktan evvel gelen bir talakla boşsun" dese, durum aynı olur, yani bir talak vaki olur.

Eğer, "sen, bir talaktan sonra bir talakla boşsun" veya "kendisinden evvel bir talak bulunan talakla boşsun" veya "bir talakla beraber bir talakla boşsun" veya "kendisiyle bareber bir talak bulunan talakla boşsun" dese iki talak vaki olur. Kendisiyle gerdeğe girilen kadına, yukardakilerden hangisi söylense iki talak vaki olur.

Bir kimse karısına, "eve girersen bir ve bir talakla boş ol" dese, karısı da eve girse bir talak vaki olur. İmameyn'e göre, bu durumda iki talak vaki olur. Eğer şartı tehir ederse ittifakla iki talak vaki olur.

Talak, talakla beraber söylenen sayı ile vaki olur, sadece talak lafzıyla vaki olmaz. Binaenaleyh koca, أنت طالقٌ وَاحِدَة "Sen boşsun, bir talakla" sözünü söylerken, "sen boşsun" dedikten sonra, "bir talakla" diyemeden karısı ölse, boşanmış olmaz.

İZAHI

Bir kimse kendisiyle gerdeğe girmediği karısına, "sen üç talakla boşsun" dese, üç talak vaki olur. Araya "ve" ve "sonra" gibi atıf harfi kullanmadan, ayrı ayrı "أنت طالقٌ طالقٌ طالقٌ Sen boş boş boşsun" dese, veya yine aynı şekilde "sen boşsun sen boşsun sen boşsun" dese, kadın ilk "boşsun" sözüyle bain talakla boş olur. İkinci talak vaki olmaz. İlk "boşsun" sözüyle, iddet beklemeden boş olacağı için, ikinci defa boşamaya mahal kalmaz.

"Sen bir ve bir talakla boşsun" dese, bir talak vaki olur. Zira kadınla zifafa girilmediği için, ilk talakla erkeğe yabancı olur, ikinci talaka mahal kalmaz.

Bir kimse karısına, "sen bir talaktan önce gelen bir talakla boşsun" veya "kendisinden sonra bir talak bulunan bir talakla boşsun" dese, yine bir talak vaki olur. Görüldüğü gibi, bu cümlelerde iki talaktan söz edilmektir. Sözü edilen talaklardan birincileri ile talak vaki olduğu için, ikincilere mahal kalmamış olur.

Bir kimse karısına, "sen bir talaktan sonra bir talakla boşsun" veya "kendisinden evvel bir talak bulunan bir talakla boşsun" veya "bir talakla beraber bir talakla boşsun" veya "kendisiyle beraber bir talak bulunan talakla boşsun" dese iki talak vaki olur. Zira ilk iki cümlede, talaklardan birinin önce diğerinin sonra olduğu söyleniyor. Konuşma anından önceki bir zamanda boşamaya gücü yetmeyeceği için, derhal ikisi aynı anda beraber meydana gelir. Son iki boşama ifadesinde ise zaten "beraber" kelimesi kullanılarak bu iki talakın aynı anda olduğu ifade edilmektedir. Ebu Yusuf'tan gelen bir rivayete göre, "kendisiyle beraber bir talak bulunan talakla boşsun" sözüyle bir talak vaki olur. Zira bu bir kinayeli ifadedir. Böyle ifadelerde, kendisinden kinaye edilen şeyin, daha önce meydana gelmiş olması gerekir. Dolayısıyle, daha önce gelen talak ile boşama vuku bulduğu için, ikinciye mahal kalmaz.

Kendisiyle gerdeğe girilen kadın hakkında, bu lafızların hepsiyle iki talak vaki olur. Zira birinci talak vuku bulduktan sonra, ikinci talaka mahal vardır. Çünkü, kendisiyle cinsel ilişkide bulunulan kadın iddet bekler. İddet beklerken nikah devam ettiğinden ikinci talaka mehal olur.

Bir koca karısına, "eve girirsen bir ve bir talakla boşsun" dese ve karısı da eve girse bir talak vaki olur. imameyn'e göre iki talak vaki olur. Zira, "bir ve bir talakla" diyerek önce talakları bir araya getirdi, sonra bu iki talakın meydana gelmesini "eve girme" şartına bağladı. Şart meydana gelince, iki talak da vuku bulmuş oldu. Araya "ve" getirerek iki veya daha fazla şeyi bir araya toplamakla, bunların çoğullarını söylemek arasında fark yoktur. Bir kimse, kendisiyle gerdeğe girmediği karısına "sen üç talakla boşsun" dese üç talak vaki olur. "Sen bir talak ve bir talak ve bir talakla boşsun" dese, yine üç talak vaki olur.

Ebu Hanife'nin delili şudur: "Ve" kelimesi, mutlak olarak bir araya toplamak içindir. Ancak bu kelime kullanılarak yapılan toplamalarda, toplanan şeylerin aynı anda bir araya getirilmiş olma ihtimali bulunduğu gibi, sırayla biraraya getirilmiş olma ihtimali de vardır. Yani bu şekilde toplama yapılırken, mutlaka bu iki ihtimalden biri bulunur. Eğer bu talakların aynı anda beraberce bulunmaları murat edilmişse, şart meydana geldiğinde iki talak vaki olur. Eğer bir tertiple, ardarda bir araya gelmeleri murat edilmişse, şart meydana geldiğinde, sadece bir talak vaki olur. Şart önce söylendiğinde, yani önce "eve girirsen" denildiğinde, şüphe ile ikinci talak vaki olmaz. Ama şart cümlesi, sonra söylenirse, yani "sen bir ve bir talakla boşsun, eğer eve girirsen" denirse, bunun aksi olur. Yani ittifakla iki talak vaki olur. Çünkü şart sonra söylenince, önce zikredilen talakların ikisini de kapsamı içine alır ve iki talak vaki olur.

Talak, talakla beraber söylenen sayı ile vaki olur. Yoksa "boşsun" sözüyle vaki olmaz. Mesela, bir kimse karısına "sen bir boşsun" dese, bununla talak vaki olur. Yoksa "boşsun" sözüyle değil.

Adam karısına, "sen boşsun bir talakla" sözünü söylerken, "bir talakla" diye sözünü tamamlamadan kadın ölse, boşanmış olmaz. Zira "boşsun" sözüyle beraber sayı zikredilmemiştir[20].

---

(20) Ama, "Sen boşsun, üç talakla" demek istediği halde, sayıyı söyleyemeden koca ölse, veya biri onun ağzını kapatarak söyletmese, bir talak vaki olur. (Bkz, Damad Şerhi, Cilt. I, S. 402, İst, 1309)

5. KISIM

فصل فى الطلاق بالكنايات

وَكِنَايَتُهُ مَا احْتَمَلَهُ وَغَيْرَهُ وَلاَ يَقَعُ بِهَا اِلاَّ بِنِيَّةٍ أَوْدَلاَلَةِ حَالٍ فَمِنْهَا اِعْتَدِّى وَاسْتَبْرِئِى رَحْمَكِ وَأَنْتِ وَاحِدَةٌ يَقَعُ بِكُلٍّ مِنْهَا وَاحِدَةٌ رَجْعِيَّةٌ وَمَا سِوَاهَا تَقَعُ بِهَا وَاحِدَةٌ بَائِنَةٌ اِلاَّ اَنْ يَنْوِىَ ثَلثاً فَيَقَعْنَ * وَلاَ تَصِحُّ نِيَّةُ الثِّنْتَيْنِ وَهِىَ بَائِنٌ بَتَّةٌ بَتْلَةٌ حَرَامٌ خَلِيَّةٌ بَرِيَّةٌ حَبْلُكِ عَلَى غَارِبكِ الْحَقِى بِاَهْلِكِ وَهَبْتُكِ لِاَهْلِكِ سَرَحْتُكِ فَارَقْتُكِ أَمْرُكِ بِيَدِكِ اِخْتَارِى أَنْتِ حُرَّةٌ تَقَنَّعِى تَخَمَّرِى اِسْتَتَرِى اُغْرُبِى اُخْرُجِى اِذْهَبِى قُومِى اِبْتَغِى اْلاَزْوَاجَ فَلَوْ أَنْكَرَ النِّيَّةَ صُدِّقَ مُطْلَقاً حَالَةَ الرِّضَاء* وَلاَ يُصَدَّقُ قَضَاءً عِنْدَ مُذَاكَرَةِ الطَّلاَقِ فِيمَا يَصْلَحُ لِلْجَوَابِ دُونَ الرَّدِّ* وَلاَ عِنْدَ الْغَضَبِ فِيمَا يَصْلَحُ لِلطَّلاَقِ دُونَ الرَّدِّ وَالشَّتْمِ وَيُصَدَّقُ دِيَانَةً فِى الْكُلِّ* وَلَوْ قَالَ ثَلْثَ مَرَّاتٍ اِعْتَدِّى وَنَوَى بِالْأُولَى طَلاقاً وَبِالْبَاقِى حَيْضاً صُدِّقَ* وَإِنْ لَمْ يَنْوِ بِالْبَاقِى شَيْئاً وَقَعَ الثَّلاَثُ* وَتُطَلَّقُ بِلَسْتِ لِى بِامْرَأَةٍ أَوْ لَسْتُ لَكِ بِزَوْجٍ اِنْ نَوَى الطَّلاَقَ* وَالصَّرِيحُ يَلْحَقُ وَالْبَائِنَ* وَالْبَائِنُ يَلْحَقُ الصَّرِيحَ بِالصَّرِيحِ لاَ الْبَائِنَ اِلاَّ اِذَا كَانَ مُعَلَّقاً بِالشَّرْطِ*

KİNAYE SÖZLERLE BOŞAMA

Boşamada kullanılan kinaye söz, hem boşamaya hem de başka manaya ihtimali olan sözdür. Niyet veya hal ve durumun delaleti olmadan, bu lafızlarla talak vaki olmaz.

"Sen say, rahmini temizle, sen birsin" gibi sözler, bu kinaye sözlerden bazılarıdır. Bunların her biri ile bir ric'i talak vaki olur. Bunların dışındaki sözlerle bir bain talak vaki olur. Ancak üç talaka niyet ederse, üç talak vaki olur. Bunlarla iki talaka niyet etmek sahih olmaz. Bu sözler, yani yukarda geçen üç kinaye sözün dışında kalan kinaye sözler şunlardır: Sen bâinsin, sen kesilmişsin, sen haramsın, sen hâlisin, sen berisin, istediğin yere git, ailene katıl, seni ailene hibe ettim, seni salıverdim, senden ayrıldım, işin elinde, tercihini yap, sen hürsün, yüzünü ört, baş örtünü çek, gizlen, gurbete çık, çık, git, kalk, eş ara. Binaenaleyh, bu sözlerle boşama niyetinde olduğunu inkar ederse, bu inkarın rıza ile olması halinde, inkarı mutlak olarak doğru söylediği kabul edilir. Talak tartışılırken, redde değil de cevaba elverişli olan lafızlarda, boşama niyetini inkar ederse, mahkeme hükmüyle tasdik olunmaz.

Öfke halinde, talaka elverişli olup redde ve tekdire elverişli olmayan lafızlardan birini söylese ve talaka niyeti olduğunu inkar etse, yine tasdik olunmaz. Ama kinaye lafızların hepsi din açısından tasdik olunur.

Bir kimse karısına üç kere "sen say" dese, birincisi ile boşamaya, diğerleriyle âdet haline niyet etmiş olsa, tasdik edilir. Birincisi ile boşamaya niyet edip diğerleriyle bir şeye niyet etmese üç talak vaki olur.

"Sen benim karım değilsin" veya "ben senin kocan değilim" sözleriyle talaka niyet ederse, karısı boş olur.

Sarih talak, sarih ve bâin talaka lâhik olur. Bâin talak ise sadece sarih talaka lahik olur. Ancak bir şarta bağlanırsa, bu takdirde bâin talaka da lâhık olur.

İZAHI

Bu fasıl, kinaye lafızların açıklanmasına dairdir.

Talakta kinaye lafızlar, hem talak manası, hem de başka manalar taşıyan lafızlardır. Niyet yahut halin delaleti bulunmadıkça bu sözlerle talak vaki olmaz. Bu tür lafızlar, hem talaka hem de başka manalara kullanılabilen lafızlar olduğundan, birini diğerine tercihi sağlayan bir unsurun bulunması gerekir.

İmam Şafii der ki: Halin delaletine itibar edilmez. Mutlaka niyet lazımdır. Zira karısını boşayan kimse, bütün hallerinde serbesttir. Görünenin zıddını içinde gizlemesi uzak ve olmayacak bir şey değildir.

Bize göre, halin delaleti niyetten daha kuvvetlidir. Çünkü halin delaleti dışta olup görünmektedir. Niyet ise içtedir. Görmez misin ki bir kimse, şaka işlerinde birisine kılıç çekip üzerine saldırsa, bu durum onun şaka ve oyun yaptığını gösterir. Dolayısıyle böyle bir kimsenin öldürülmesi caiz olmaz. Öldürme ihtimali ciddiye alınmaz. Ama durumu ciddi olduğunu gösterirse, öldürülmesi caizdir. Karşısındaki kendini korumak için onu öldürebilir.

İmdi, bir kimse niyet etmeden karısına, "sen boşsun" deyip te daha sonra, "benim niyetim ipten salıvermekti" dese, bu, mahkeme hükmüyle tasdik olunmaz. Bir kimse diğerine, "benim sende bin liram var" dese, o da "evet" dese, o kimsenin bu bin lirayı ödemesi gerekir. Yine bir kimse başkasına "köleni azat ettin mi?" dese, o da "evet" dese, bu ikrar ile köle azat olur. Halin delaletinin niyetten daha kuvvetli olduğu kesin olarak açıktır.

Kinaye lafızlardan bazıları:

"Sen say": Çünkü bu söz iki manaya gelir. Biri, "ben seni boşadım, iddetini say", diğeri de, "Allah'ın nimetlerini say" veya "Allah'ın sana verdiği nimetleri say" manasınadır. Eğer koca "iddetini say" manasına niyet ederse, sözdeki kapalılık kalkar ve kadın bir ric'i talakla boş olur. Sanki koca "seni boşadım" yahut "sen boşsun", iddetini bekle" demiş olur. Zira Hz. Peygamber (a.s) pâk zevcelerinden Sevde binti Zem'a'ya "sen say" demiş, sonra dönmüştü. Bu sözün, kendisiyle cinsel ilişkide bulunulmayan kadına söylenmesi halinde, bunun "iddetini say" anlamına gelmesi mümkün değildir. Fakat bu lafız, hükmün sebep yerine müstear olması gibi, talak yerine müstear olur. Her ne kadar, böyle bir kadın hakkında kullanılması, talak için sebep olmasa da, istiare olması caizdir. Yüce Allah'ın, اني اراني اعصر خمراً "Rüyamda kendimi şarap sıkıyor gördüm"(21) ayetinde olan mecaz gibi, bu da sarih talaktan mecaz olur.

"Sen rahmini temizle": Bu lafız, "seni boşadım. İddetini bekleyerek rahmini temizle" manasına gelebileceği gibi, boşanmak için rahmin temizlenmesi manasına da gelebilir. Sanki koca, karısına: "Rahminin çocuktan temiz olduğunu bil. Seni boşamak istiyorum" demiş olmaktadır. Dolayısıyle bu lafız iki manaya geldiği için niyetsiz ve karinesiz talak vaki olmaz.

"Sen birsin: buradaki "bir" kelimesinin, sözde zikredilmeyen bir kelimenin sıfatı olma ihtimali vardır, Yani, انتِ طالقٌ طلقةً واحدةً "Sen bir talakla boşsun" anlamına gelebilir. Bu "bir" kelimesi, kadının da sıfatı olabilir. Yani bu söz, "sen akrabaların arasında veya bana göre, güzellik ve

---
(21) Yusuf Suresi, 12/36.

olgunlukta" yahut "çirkinlik ve kötü huyluluklukta teksin" manalarına gelebilir. Niyet ile yahut halin delaleti karinesiyle, sözün kapalılığı gidip manası anlaşılınca sarih talak yani ric'i talak vaki olmuş olur. Alimlerin çoğuna göre, وانتِ واحدة sözünde geçen, " واحدة " lafzının sonunun nasıl okunacağına itibar edilmez. Bazıları şöyle der: Koca, talaka niyet dahi etmemiş olsa, bu kelimenin sonu üstün okunursa talak vaki olur. Zira zikredilmeyen bir mastarın sıfatı olur. انتِ طالق طلقةً واحدةً gibi. Eğer bu kelimenin sonunu ötre okursa, niyet de etmiş olsa bir şey gerekmez. Zira bu takdirde " واحدةٌ " lafzı kadının sıfatı olur. Yani "sen tek kadınsın" demiş olur. واحدة kelimesinin sonu sakin okunursa, bu iki manaya da ihtimali olduğu için niyete ihtiyaç duyulur. Ama sahih olan birincisidir. Yani üstün okunma halidir. Zira halk, irab nedir bilmez. واحدة, kelimesinin sonunu ötre okumak, zikredilmemiş bir mastarın sıfatı olmasına zıt değildir. "Âdil adam" terkibinde رجل عدلٌ 'mastarı, mübalağa maksadıyle'' عَادِلٌ " manasında kullanıldığı gibi, انتِ طلقةً واحدةً "Sen bir talakla boşsun" sözünde de, طَلْقَةٌ "mastarı طالق boş" anlamında kullanılabilir. Bu takdirde " وَاحِدَةٌ " kelimesinin sonu ötre okununca da talak vaki olur.

İşte bu üç lafızdan herbiri ile bir ric'i talak vaki olur. Böyle hükmedilmesinin sebebi, bu lafızların talak manasında istiare olarak kullanılmalarıdır.

Bu zikredilen üç lafzın dışındaki sözlerle, bir bain talak vaki olur. Ancak üç talaka niyet ederse üç talak vaki olur. Zira aded, itibaridir. İki talaka niyet ederse sahih olmaz. Ancak cariye hakkında olursa, bu sözle, iki talaka niyet edilmesi sahih olur. İmam Züfer buna muhalefet eder.

Bu üç lafzın dışındaki kinaye lafızlar şunlardır:

"Sen bainsin": Beynunet, yani "uzaklık" birkaç şekilde olur. Nikahtan uzak olmak, kötülüklerden uzak olmak, hayırdan uzak olmak gibi.

"Sen kesilmişsin": Bu kelimenin arapçası olan " بتلةً " Yüce Allah'ın, " وتبتل اليه تبتيلاً " ayetinde geçmektedir. Bu söz, hem nikahtan, hem akrabalardan kesilme anlamını ifade eder. Yukarıda metinde geçen " بتة " kelimesi de, bu kelimenin taşıdığı bütün manaları taşır. Bunlar talak ihtimali taşıyan lafızlardır diyerek, bunlarla talak vaki olmuştur denilmez. Ancak niyet ile veya halin delaleti ile bu mana anlaşılırsa talak vaki olur.

"Sen haramsın": Bu söz ile talakın vaki olacağı açık bir şeydir. Bu, bundan önce geçen iki sözün taşıdığı manaları da taşır.

"Sen hâlisin" sözü, "sen nikahtan hâlisin" veya "sen hayırdan hâlisin" manalarına gelme ihtimali vardır.

"sen berîsin" sözü de, "nikahtan berîsin" veya "güzel övgüden berîsin" manalarına gelebilir.

"İstediğin yere git" ifadesi, "izin verdim, istediğin yere git" veya "boşadım, istediğin yere git" manalarına gelir. Bu şekilde türkçeye çevrilen " حبلك على غاربك " sözünde geçen " غارب " kelimesi, devenin hörgücü ile boynu arası için kullanılan bir kelimedir. Arap, deveyi otlağına salıverdiğin, elinde olan yularını, devenin adı geçen yerine bırakırdı. Bu ibare, "salıvermek"ten kinayedir.

"Ailene katıl sözü, talak ve izin manasını taşır. "Sana izin verdim" veya "seni boşadım, ehline katıl" demektir.

"Seni ailene hibe ettim" sözü, "seni boşadım" ve "akrabaların için senin suçlarını affettim" manalarına gelir.

"Seni salıverdim" sözü, "seni nikahtan" veya "zor ve meşakkatli yükümlülüklerden kurtardım" manalarına gelir.

"Senden ayrıldım" sözü, "senden talakla ayrıldım" veya "sureten ayrıldım" demektir. İmam Şafii der ki: "Bu iki lafız açıktır. Niyete ihtiyaç yoktur". Biz deriz ki: Sarih lafız, kadınlar hakkında kullanılması belirlenmiş olan lafızdır. Bu lafızların ise kadınlar hakkında kullanılması belirlenmemiştir. Zira فرقت مالى وأصحابى , سرحت إبلى "develerimi saldım", malım ve arkadaşlarımdan ayrı düştüm" denilir. Bu takdirde bu iki lafız da sarih olmayıp diğer kinaye lafızlar gibi olmuştur.

"İşin elindedir" demek, amelin yani yapacağın iş sana aittir" demektir. Bu sözün arapçasında geçen " أمر "den maksat "iş"tir. Nitekim Yüce Allah'ın,[22] وما أمر فرعون برشيد "Firavun'un emri hak değildi" ayetinde geçen "emr" kelimesi, iş ve fiil anlamlarında kullanılmıştır. Dolayısıyle bu sözle, talakla ilgili bir iş murat edilmiş olabilir. Bu takdirde boşama işi kadına bırakılmış olur. Ya da talak dışında bir işi yapmak kadına bırakılmış olabilir.

---

(22) Hud Suresi, II/97.

"Tercihini yap" sözü, "kendi nefsini nikah bağından kurtarmayı tercih et" veya "nefsinden başka bir şeyi tercih et" manalarına gelir. Bu iki sözle, talak niyeti kinaye olmaz. Zira bu lafızlar, bir işi başkasına bırakma babında kullanılan lafızlardır.

"Sen hürsün" lafzı, ya gerçek kölelikten azat etme, veya nikah bağından kurtarma manalarını ifade eder.

"Yüzünü ört" manasına gelen تقنعى fiili ya قناعة "kanaat etmek" kökündendir. Bu takdirde, "Allah'ın sana rızık olarak verdiği geçimlikle yetin, kanaat et" manasına gelir. Yahut örtmek fiilinden türemiş olup "yüzünü ört" anlamına gelir.

"Baş örtünü çek, örtün" sözleri hem "seni boşadım", hem de "örtüyle örtün, sen mesturesin" manalarına gelir.

"Gurbete çık" sözü, "benden uzak ol, seni boşadım" ve "akrabalarını ziyaret için benim yanımdan uzaklaş" manasını ifade eder. "Filan kimse benden uzak oldu" manasına " غرب عنى فلان " denilir.

"Çık", "git" ve "kalk" lafızları da, bir önceki sözle aynı manaları ifade ederler. "Eş ara" sözüne gelince, bu cümlede geçen "ezvac" kelimesi hem karı, hem de koca kelimesi için kullanılır. Böyle olunca da, "koca ara, zira seni boşadım" demiş olabileceği gibi; "bana rehber ol, bir zevce buluver de onunla evleneyim" demiş olabilir.

Musannif daha önce, "kinaye ile talak vaki olmaz. Ancak niyet ile veya halin delaleti ile vaki olur" demiştir.

Kinaye lafızların kullanıldığı haller üçtür.

1. Rıza hali

2. Öfke hali

3. Talakı karşılıklı konuşma hali.

Kinaye lafızları da üç kısımdır.

1. Sadece talak isteyen kadının, isteğine cevap olmaya elverişli olup, sözün reddine ve tekdire ihtimali bulunmayan lafızlar. "İddetini bekle", "işin elindedir", "tercihini yap" lafızları ile bunlarla eş anlamlı olan sözler gibi.

2. Talak isteyen kadının istemesine cevap olmaya ve tekdire elverişli olup, sözün reddine ihtimali bulunmayan lafızlar. "Sen hâlisin", "sen berisin", "sen

kesilmişsin", "sen haramsın" lafızları ve bunların eş anlamlıları gibi.

3. Talak isteyen kadının istemesine cevap olmaya elverişli olduğu gibi sözün reddine de ihtimalleri bulunan, fakat tekdire elverişli olmayan lafızlar. "Çık", "git", "kalk", "benden uzaklaş", "yüzünü ört" lafızlarıyla bunlarla aynı manayı ifade eden sözler gibi. Rıza halinde bu lafızlarla talak vaki olmaz. Ancak niyet vaki olur.

Eğer koca rıza halinde niyeti inkar etse, mutlak olarak, diyaneten ve hükmen tasdik olunur. "Mutlak olarak" kaydı, "kinaye lafızların her üç kısmında da tasdik olunur" manasını ifade etmek için konulmuştur. Talak tartışılırken, redde değil de cevaba elverişli olan lafızlarda, koca niyeti inkar etse, mahkeme hükmüyle tasdik olunmaz.

Öfke anında, talaka elverişli olup redde ve tekdire elverişli olmayan lafızlardan birini söylese ve niyetini inkar etse yine tasdik olunmaz. "İddetini say", "tercihini yap", "işin elindedir" gibi lafızlarda, öfke hali, talak istediğini gösterir.

Kinaye lafızlarının hepsinde diyaneten tasdik olunur.

Sözün kısası, koca rıza halinde, kinaye lafızlarının üç kısmında niyeti inkar da etse, diyaneten ve mahkeme hükmüyle tasdik olunur.

Talakı tartışma halinde, kinaye tasdik olunur. Hem cevaba hem redde ihtimali bulunanlarda, koca niyetini inkar ederse tasdik olunur.

Gazap ve öfke halinde, kinaye lafızlarının hepsinde tasdik olunur. Ancak talaka elverişli olup redde ve tekdire elverişli olmayan lafızlarda tasdik olunmaz. Amma, diyaneten hepsinde tasdik olunur. İşin gerçeğini en iyi Allah bilir.

Bir kimse karısına üç kere "sen say" dese ve bunlardan ilki ile talaka, diğerleri ile kadının âdet görmesine niyet etse, açık olan halin delaletiyle hükmen tasdik olunur. Koca böyle demekle, sözün hakikatına niyet etmiştir. Zira talaktan sonra kocanın karısına "iddeti say" diye emretmesi âdet haline gelmiştir. Eğer ilki ile talaka niyet edip diğerleriyle bir şeye niyet etmezse üç talak vaki olur. Zira o kimse birinciyle talaka niyet etmiştir. Hal, talakı tartışma hali olduğundan, diğerleri de halin delaletiyle talak için belirlenmiş olur. Fakat "hepsinden bir şeye niyet ettim" dese, bir şey vaki olmaz. Zira onu yalancı çıkaracak bir durum yoktur. Bu sebeple talak vaki olmaz.

"Sen benim karım değilsin" veya "ben senin kocan değilim" sözleriyle, koca, talaka niyet ederse karısı boş olur. İmameyn'e göre talak vaki olmaz. Zira erkek bu lafızlarla, kadının nikahının bulunmadığını söylemiş oldu. Bu ise talak olmaz, yalan olur. İmam Ebu Hanife der ki: Bu lafızlar nikahı inkara ve talaka elverişlidir. Niyet ile talak vaki olur.

Sarih talak, sarih ve bain talaka lâhik olur. Mesela bir kimse karısına, "sen boşsun" dedikten sonra, yine iddet içersindeyken "sen boşsun" dese, ikinci talak vaki olur. "Sen bainsin" dedikten sonra, iddet içinde, "sen boşsun" dese ikinci talak vaki olur. Zira bir kadının bain talakla boşanmış olması, iddet içinde sarih talakla boşanmasına engel değildir.

İmam Şafii der ki: Sarih talak, bain talaka lâhik olmaz. Bir kimse karısına "sen bâinsin" dese veya mal karşılığı talak-ı hul' ile boşasa, ondan sonra "sen boşsun" dese, ikinci talak vaki olmaz. Zira talak, nikaha sahip olmayı gidermek için meşru olmuştur. Nikah mülkü de hulu' ile veya mal karşılığında kaldırılmıştır. Binaenaleyh, daha sonra söylenen "sen boşsun" sözü, yerini bulmayıp, iddet bittikten sonra olan talak gibi olmuş olur. Biz Hanefilerin delili, Yüce Allah'ın, فلا جناح عليها فيما افتدت به "**O zaman kadının fidye vermesinde ikisine de günah yoktur**"(36) ayet-i kerimesidir. Bununla murat hulu' olup bundan sonra Yüce Allah'ın,

فَإِنْ طَلَّقَهَا فَلَا تَحِلُّ لَهُ مِنْ بَعْدُ حَتَّى تَنْكِحَ زَوْجاً غَيْرَهُ "**Bundan sonra kadını (üçüncü kez) boşarsa, kadın bir başkasıyle evlenmedikçe artık ona helal olmaz**"(24) sözü, takip ifade eden "fâ" ile gelmiştir. İmdi bu ayet-i kerime, huludan sonra üçüncü talakın vuku bulacağına delildir. Ayrıca Hz. Peygamber (a.s)'in de bu konuda,

الْمُخْتَلِفَةَ بَلْحَقْهَا صَرِيحُ الطَّلَاقِ مادامت في العدة "**Mal karşılığında boşanan kadın, iddet beklediği sürece, sarih talakla boşanabilir**" buyurduğu rivayet edilmiştir. Kadın iddet beklerken, nikahla ilgili hükümler bakidir. Ancak kadından faydalanmak yasaktır. Yoksa mahalde tasarruf men edilmez.

---

(23) el-Bakara, 2/229.
(24) el-Bakara, 2/230.

Bain talak sarih talaka katılır fakat bain talaka katılmaz. Mesela bir kimse, cinsel ilişkide bulunduğu karısına "sen boşsun" dedikten sonra, iddet beklerken "sen bainsin" dese, ikinci talak vaki olur. Fakat "sen haramsın" dedikten sonra, iddet içinde "sen bainsin" dese, ikinci talak vaki olmaz. Ancak bir şarta bağlanmışsa, bain talak bain talaka katılır. Mesela bir kimse karısına, "eve girersen bâinsin" dese, daha sonra "sen bainsin" iddet beklerken eve girse, kadın bir bain talakla daha boş olur. Bain talak bain talaka katılmış olur.

Bain talakın sarih talaka katılacağı gayet açıktır. Zira iddet devam ederken, nikah hükmü de devam etmektedir.

6. KISIM

باب تفويض الطلاق

وَاِذَا قَالَ لَهَا اِخْتَارِى يَنْوِى الطَّلَاقَ فَاخْتَارَتْ نَفْسَهَا فِى مَجْلِسِهَا الَّذِى عَلِمَتْ بِهِ فِيهِ بَانَتْ بِوَاحِدَةٍ* وَلَا تَصِحُّ نِيَّةُ الثَّلَاثِ وَاِنْ قَامَتْ مِنْهُ اَوْ اَخَذَتْ فِى عَمَلٍ اٰخَرَ بَطَلَ وَلَا بُدَّ مِنْ ذِكْرِ النَّفْسِ اَوِ الْاِخْتِيَارَةِ فِى اَحَدِ كَلَامَيْهِمَا* وَاِنْ قَالَ لَهَا اِخْتَارِى فَقَالَتْ اَنَا اَخْتَارُ نَفْسِى اَوْ اِخْتَرْتُ نَفْسِى تُطَلَّقُ وَاِنْ قَالَ لَهَا ثَلٰثَ مَرَّاتٍ اِخْتَارِى فَقَالَتْ اِخْتَرْتُ الْاُولٰى اَوِ الْوُسْطٰى اَوِ الْاَخِيرَةَ يَقَعُ الثَّلَاثُ بِلَا نِيَّةٍ وَعِنْدَهُمَا وَاحِدَةٌ بَائِنَةٌ* وَلَوْ قَالَتْ اِخْتَرْتُ اِخْتِيَارَةً وَقَعَ الثَّلَاثُ اِتِّفَاقاً وَلَوْ قَالَتْ طَلَّقْتُ نَفْسِى اَوِ اِخْتَرْتُ نَفْسِى بِتَطْلِيقَةٍ بَانَتْ بِوَاحِدَةٍ فِى الْاَصَحِّ وَقِيلَ يَمْلِكُ الرَّجْعَةَ* وَلَوْ قَالَ اَمْرُكِ بِيَدِكِ فِى تَطْلِيقَةٍ اَوِ اِخْتَارِى تَطْلِيقَةً فَاخْتَارَتْ نَفْسَهَا وَقَعَ وَاحِدَةٌ رَجْعِيَّةٌ* وَلَوْ قَالَ اَمْرُكِ بِيَدِكِ يَنْوِى ثَلٰثاً فَقَالَتْ اِخْتَرْتُ نَفْسِى بِوٰحِدَةٍ اَوْ بِمَرَّةٍ وٰاحِدَةٍ وَقَعَ الثَّلَاثُ* وَاِنْ قَالَتْ طَلَّقْتُ نَفْسِى وٰاحِدَةً اَوِ اِخْتَرْتُ نَفْسِى بِتَطْلِيقَةٍ فَوٰاحِدَةٌ بَائِنَةٌ* وَلَوْ قَالَ اَمْرُكِ بِيَدِكِ الْيَوْمَ وَبَعْدَ غَدٍ لَا يَدْخُلُ اللَّيْلُ فِيهِ وَاِنْ رَدَّتْهُ الْيَوْمَ لَا يُرْتَدُّ بَعْدَ غَدٍ* وَاِنْ قَالَ الْيَوْمَ وَغَداً يَدْخُلُ اللَّيْلُ وَاِنْ رَدَّتْهُ الْيَوْمَ لَا يَبْقَى غَداً* وَلَوْ مَكَثَتْ بَعْدَ التَّفْوِيضِ يَوْماً وَلَمْ تَقُمْ اَوْ كَانَتْ قَائِمَةً فَجَلَسَتْ اَوْ جَالِسَةً فَانْكَأَتْ اَوْ مُتَّكِئَةً فَقَعَدَتْ اَوْ عَلٰى دَابَّةٍ فَوَقَفَتْ اَوْ دَعَتْ اَبَاهَا لِلْمَشْوَرَةِ اَوْ شُهُوداً لِلْاِشْهَادِ

لاَ يَبْطُلُ خِيَارُهَا* وَإِنْ سَارَتْ دَابَّتُهَا بَطَلَ لاَ بِسَيْرِ فُلْكٍ هِيَ فِيهِ* وَلَوْ قَالَ لَهَا طَلِّقِى نَفْسَكِ وَلَمْ يَنْوِ بِهِ أَوْ نَوَى وَاحِدَةً فَطَلَّقَتْ وَقَعَتْ رَجْعِيَّةٌ وَكَذَا لَوْ قَالَتْ اَبَنْتُ نَفْسِى* وَإِنْ طَلَّقَتْ ثَلاَثاً وَنَوَاهُ وَقَعْنَ وَلَغَتْ نِيَّةُ الثِّنْتَيْنِ* وَلَوْ قَالَتْ اِخْتَرْتُ نَفْسِى لاَ تُطَلَّقُ وَلاَ يَمْلِكُ الرُّجُوعَ بَعْدَ قَوْلِهِ طَلِّقِى نَفْسَكِ* وَيَتَقَيَّدُ بِالْمَجْلِسِ اِلاَّ اِذَا قَالَ مَتَى شِئْتِ* وَلَوْ قَالَ لَهَا طَلِّقِى ضَرَّتَكِ أَوْ لآخَرَ طَلِّقْ اِمْرَأَتِى يَمْلِكُ الرُّجُوعَ وَلاَ يَتَقَيَّدُ بِالْمَجْلِسِ اِلاَّ اِذَا زَادَ اِنْ شِئْتِ* وَلَوْ قَالَ لَهَا طَلِّقِى نَفْسَكِ ثَلاثاً فَطَلَّقَتْ وَاحِدَةً وَقَعَ وَاحِدَةٌ وَفِى عَكْسِهِ لاَ يَقَعُ شَىْءٌ وَعِنْدَهُمَا يَقَعُ وَاحِدَةٌ* وَفِى طَلِّقِى نَفْسَكِ ثَلَاثاً اِنْ شِئْتِ فَطَلَّقَتْ وَاحِدَةً لاَ يَقَعُ شَىْءٌ* وَكَذَا فِى عَكْسِهِ وَعِنْدَهُمَا يَقَعُ وَاحِدَةٌ* وَلَوْ اَمَرَهَا بِالْبَائِنِ أَوِ الرَّجْعِى فَعَكَسَتْ وَقَعَ مَا اَمَرَ* وَلَوْ قَالَ اَنْتِ طَالِقٌ اِنْ شِئْتِ فَقَالَتْ شِئْتُ اِنْ شِئْتَ فَقَالَ شِئْتُ يَنْوِى الطَّلَاقَ لاَ يَقَعُ شَىْءٌ* وَكَذَا لَوْ عَلَّقَتِ الْمَشِيَّةَ بِمَعْدُومٍ. وَاِنْ عَلَّقَتْ بِمَوْجُودٍ وَقَعَ* وَلَوْ قَالَ اَنْتِ طَالِقٌ مَتَى شِئْتِ أَوْ مَتَى مَا شِئْتِ أَوْ اِذَا شِئْتِ أَوْ اِذَا مَا شِئْتِ فَرَدَّتِ الْاَمْرَ لاَ يَرْتَدُّ وَلَهَا اَنْ تُطَلِّقَ وَاحِدَةً مَتَى شَائَتْ وَلاَ مُرِيدُ* وَلَوْ قَالَ لَهَا اَنْتِ طَالِقٌ كُلَّمَا شِئْتِ فَلَهَا اَنْ تُطَلِّقَ ثَلاثاً مُتَفَرِّقاً لاَ مَجْمُوعاً وَلاَ بَعْدَ زَوْجٍ آخَرَ* وَلَوْ قَالَ اَنْتِ طَالِقٌ حَيْثُ شِئْتِ أَوْ أَيْنَ شِئْتِ لاَ تُطَلَّقُ مَا لَمْ تَشَأْ فِى مَجْلِسِهَا* وَلَوْ قَالَ اَنْتِ طَالِقٌ كَيْفَ شِئْتِ فَاِنْ شَائَتْ مُوَافَقَةً لِنِيَّتِهِ رِجْعِيَّةً أَوْ بَائِنَةً أَوْ ثَلاثاً وَقَعَ كَذَلِكَ وَاِنْ تَخَالَفَا يَقَعُ رَجْعِيَّةً* وَكَذَا اِنْ لَمْ تَشَأْ وَعِنْدَ مُحَمَّدٍ لاَ يَقَعُ شَىْءٌ* وَاِنْ لَمْ يَكُنْ لَهُ نِيَّةٌ يَقَعُ مَا شَائَتْ* وَلَوْ قَالَ اَنْتِ طَالِقٌ كَمْ شِئْتِ أَوْ مَا شِئْتِ طَلَّقَتْ مَا شَائَتْ فِى الْمَجْلِسِ لاَ بَعْدَهُ* وَاِنْ قَالَ طَلِّقِى نَفْسَكِ مِنْ ثَلَاثٍ مَا شِئْتِ فَلَهَا اَنْ تُطَلِّقَ مَا دُونَ الثَّلاَثِ لاَ الثَّلاَثَ خِلَافاً لَهُمَا*

BOŞAMAYI BAŞKASINA DEVRETME

Koca, karısına "kendini tercih et" dese ve bunu talak niyetiyle söylese, karısı da bu sözle talak vaki olduğunu bildiği halde o mecliste nefsini tercih etse, bir bain talakla boş olur. Üç talaka niyet sahih olmaz. Eğer kadın o meclisten kalkar veya başka bir işe başlarsa, kadının muhayyerliği batıl olur.

Karı ile kocanın sözlerinden birinde "nefis" veya "seçmek" kelimelerinden birinin zikredilmesi gerekir. Koca, karısına "tercihini yap" dese, kadın da "ben nefsimi tercih ederim" dese veya "nefsimi tercih ettim" dese boşanmış olur.

Adam karısına, üç defa "sen tercihini yap" der, kadın da, "birinciyi" veya "ikinciyi" veya "üçüncüyü tercih ettim" derse, niyetsiz üç talak vaki olur. İmameyn'e göre bir bain talak vaki olur. Üç defa "tercihini yap" sözüne karşılık kadın, "ben tam tercihimi yaptım" dese ittifakla üç talak vaki olur. Eğer "nefsimi boşadım" veya "bir talakla nefsimi tercih ettim" derse, en sahih rivayete göre, bir bain talakla boş olur. Bazıları, "bu durumda erkek karısına dönebilir" demişlerdir.

Bir kimse karısına, "talak konusunda işin elindedir" veya "bir talakla kendini seç" dese, kadın da nefsini tercih etse, bir ric'i talak vaki olur. Koca, üç talak niyetiyle, "işin elindedir" dese, kadın da, "ben birle nefsimi seçtim" veya "nefsimi bir defa seçtim" dese, üç talak vaki olur. Eğer "nefsimi bir boşadım" veya "bir talakla nefsimi seçtim" derse bir bain talak vaki olur.

Koca, karısına "bugün ve yarından sonra işin elindedir" dese buna "gece" dahil olmaz. Eğer kadın "bugün"ü reddetse, bu sözle "yarından sonra" reddedilmiş olmaz.

Eğer koca karısına, "bugün ve yarın işin elindedir" derse, buna "gece" de dahil olur. Eğer kadın "bugün"ü reddederse, "yarın" boşama muhayyerliği kalmaz.

Kadın, boşama işi kendisine havale edildikten sonra bir gün durur ve meclisten kalkmasa, veya ayakta iken otursa, veya otururken yaslansa, veya yaslanırken otursa, veya hayvan üzerinde iken onu durdurup inse, veya danışmak için babasını veya şahitlik için şahitleri davet etse, kadının muhayyerliği batıl olmaz. Eğer hayvanı yürürse, muhayyerliği batıl olur. İçinde bulunduğu geminin yürümesiyle muhayyerliği batıl olmaz. Eğer koca, talaka niyet etmeden veya bir talaka niyet ederek, karısına "nefsini boşa" dese, kadın da kendini boşasa bir ric'i talak vaki olur. Aynı şekilde kadın "ben nefsimi ayırdım" dese yine bir ric'i talak vaki olur. Kadın muhayyer bırakılınca kendini üç talakla boşar ve kocası da üç talaka niyet ederse üç talak vaki olur. Kocanın iki talaka niyeti hükümsüz ve boş olur.

Kocası karısına, "sen nefsini boşa" dediğinde kadın, "ben nefsimi seçtim" dese boşanmış olmaz. Koca, "kendini boşa" dedikten sonra bu sözden dönemez. Bu söz, o mecliste bulunma kaydıyle geçerlidir. Ancak, "dilediğin zaman" derse, mecliste bulunma kaydı ortadan kalkmış olur.

Koca karısına "ortağını boşa" dese, veya bir başkasına "karımı boşa" dese, bu sözünden dönebilir. Bu söz, mecliste bulunma kaydına bağlı olmaz. Ancak koca, "eğer dilersen" sözünü ilave ederse, bu sözünden dönme hakkına sahip olamaz.

Bir kimse karısına, "kendini üç talakla boşa" dese, kadın da bir talakla boşasa, bir talak vaki olur. Bunun aksine bir durumda bir şey vaki olmaz. İmameyn'e göre bir talak vaki olur. İstersen kendini üç talakla boşa" sözüne karşılık kadın bir talakla kendini boşasa bir şey vaki olmaz. Bunun aksinde de bir şey vaki olmaz. İmameyn'e göre bir talak vaki olur.

Koca karısına "bain" veya "ric'i" talakla kendisini boşamasını emretse, kadın da aksini yapsa, kocanın emrettiği talak vaki olur. Koca karısına "istersen boşsun" dese, kadın; "sen istediysen bende istedim" dese, koca da talaka niyet ederek "ben istedim" dese, bir şey vaki olmaz. Aynı şekilde dilemeyi olmayan bir şeye bağlarsa, yine bir şey vaki olmaz. Eğer var olan bir şeye bağlarsa, bir talak vaki olur.

Bir kimse karısına, "istediğin zaman boş ol", veya "her ne zaman dilersen boş ol" veya "istediğin vakit boş ol" dese, kadın da bu işi reddetse, bu muhayyerlik emri reddedilmiş olmaz. Kadın dilediği zaman kendini bir talakla boşayabilir. Bir talaktan fazlasına malik olamaz.

Bir kimse karısına, "dilediğin her vakitte boş ol" dese, kadın, ayrı ayrı üç talakla kendini boşayabilir. Fakat üç talak birden boşayamaz. Bir başka kocaya vardıktan sonra da boşama hakkı olmaz.

Koca karısına, "istediğin yerde" veya "istediğin mekanda boşsun" dese, bulunduğu mecliste bunu dilemedikçe boşanmış olmaz.

Bir kimse karısına, "nasıl istersen boşsun" dese, kadın da kocasının niyetine uygun olarak ric'i, veya bain veya üç talak, dilerse, o şekilde vaki olur. Koca ile karının diledikleri birbirine muhalif olursa bir ric'i talak vaki olur. Kadın bir şey dilemezse yine bir ric'i talak vaki olur. İmam Muhammed'e göre, bir şey vaki olmaz. Kocanın bir niyeti olmazsa, kadının dilediği olur.

Koca karısına, "kaç adet dilersen" veya "ne kadar dilersen boş ol" dese, o mecliste, dilediği kadar kendini boşar, ondan sonra boşayamaz.

Bir kimse karısına, "sen kendini üç talaktan dilediğin kadar boşa" dese, kadın kendisini üç talaktan aşağısı ile boşayabilir, üç talakla boşayamaz. İmameyn buna muhalefet ederler.

İZAHI

Bu bölüm, talakın olmasını bir başkasına havale etme hakkındadır.

Bir kimse karısına, "sen nefsini seç" dese ve bunu talak niyetiyle söylese, kadın da, bir bain talakla boşanacağını, yani kocası bunu söylediğinde bunun boşanma demek olduğunu bildiği o mecliste, "nefsimi seçtim" dese, bir bain talakla boş olur.

İnâye yazarı der ki: Kıyas bu idi ki, böyle demekle talaka dahi niyet etse bir şey olmamalıydı. Zira boşamak isteyen kimse, bu lafızlarla boşamaya sahip olmaz. Hatta niyet dahi ederek, "ben, seni nefsimden seçtim" veya "nefsimi senden seçtim dese kadın boş olmaz. Çünkü bu sözlerle kendisi karısını boşamaya malik olmayınca, başkasına boşama işini havale etmeye hiç malik olamaz. Fakat fıkıhçılar, ashabın icmaı bulunduğu için, kıyası terketmeyi güzel görmüşlerdir.

Ashab-ı kiram şöyle demişlerdir: Bir kimse karısını muhayyer bıraksa, kadın bulunduğu yerden ayrılmadıkça muhayyerdir. O meclisten ayrıldıktan sonra kadının muhayyerliği kalmaz.

Bu hususta başkalarının muhalefeti bulunmadığı için icma gibi olmuştur.

Müellif, "talak niyetiyle" kaydını koydu. Zira "kendi nefsini tercih et" sözü, talakta kullanılan kinaye lafızlardandır. Niyet olmadan bununla amel edilmez. Yine müellif "bulunduğu mecliste" kaydını koydu. Zira, başka bir mecliste bunu söylese ve kadın bu sözü duymasa, nazar-ı itibara alınmaz. Ama kadının bulunduğu mecliste, bu havale işini kadın duyunca, tercihini yapsa talak vaki olur.

Üç talaka niyet sahih olmaz. Yani bir koca karısına " nefsini seç" deyip "üç talaka niyet ettim" dese sahih olmaz. Zira bu söz, nevilere ayrılmayı kabul etmez. Ancak kurtulmayı haber verir. Kurtulmanın ise "ağır" ve "hafif" diye nevileri olmaz. "Ayırmak" ise buna benzemez. Bunun ağır ve hafif nevileri vardır. Hangisine niyet ederse o olur.

Kadın o meclisten kalksa veya başka bir işe başlasa muhayyerliği batıl olur . Zira meclisten kalkmak bu isteği kabul etmediğine delildir. Eğer bu muhayyerliğin kendisine verildiğini duyduğunda farz veya vitir namazı kılmakta ise bunu duyduktan sonra namazı tamamlayıp nafile kılmaya başlasa meclis değişmiş olur. Eğer nafile namaz kılarken bunu duysa ve iki rekatı tamamladıktan sonra üçüncü rekata başlasa muhayyerliği batıl olur.

Karı ile kocanın sözlerinden birinde "nefis" ve "seçmek" kelimelerinden birinin mutlaka zikredilmesi gerekir. Mesela koca, "nefsini seç" dese kadın da "seçtim" dese; veya koca "seç" dediğinde kadın "nefsimi seçtim" dese talak vaki olur. Adam karısına, "sen tam seç" dediğinde kadın "seçtim" dese; yahut adam "seç" dediğinde karısı "ben tam seçtim" dese talak vaki olur. "Seçmek" lafzı "nefis" lafzı gibidir. Ama koca "seç" dese, kadın da "seçtim" dese, bu söz geçersizdir. Bir şey vaki olmaz. zira talakın bu sözlerle vaki olması icma ile örf haline gelmiştir. Sadece "seç" sözü kinaye lafızlardandır. İki manaya gelir. Elbette hangi manada kullanıldığını belirlemek gerekir. Her iki lafız da zikredilmeyince bir şey vaki olmaz.

Koca karısına, talak niyetiyle, "tercihini yap" dese, karısı da geniş zaman kipiyle "ben nefsimi tercih ederim" dese, yahut geçmiş zaman kipiyle, "nefsimi tercih ettim" dese, talak vaki olur. Kıyas bu idi ki, "ben nefsimi tercih ederim" sözüyle talak vaki olmamalıydı. Çünkü bu sözle kadın gelecek zaman murat ederse, bu mücerret bir vaad olur. Gelecek zamanı murat etmese de, bu sözün vaad manasına gelme ihtimali vardır. İmdi böyle olunca, sanki kocası karısına, "nefsini boşa" dediğinde, kadın da "ben nefsimi boşayacağım" demiş oldu. Bu sözle talak vaki olmaz. Kocanın karısına "tercihini yap" dediğinde, kadının, "ben nefsimi tercih ederim" demesiyle talak'ın vuku bulması istihsan yoluyladır. Bu istihsanın izahı şudur: Yüce Allah'ın

يَا أَيُّهَا النَّبِيُّ قل لأَزْوَاجِكَ إِن كُنتنَّ تردن الحياة الدنيا وزينتها فتعالين أُمتعكن

BOŞAMA ve BOŞANMA / 229

$$واسرّحكن جميلاً$$

Ey Peygamber! Hanımlarına de ki: "— Eğer siz dünya hayatını ve onun süsünü arzu ediyorsanız, haydi gelin size boşanma bedellerini vereyim ve sizi güzel bir şekilde boşayayım"(25) ayeti inince Hz. Peygamber (a.s) Hz. Aişe' (r.a)ye hitap ederek,

$$إنى مخيّركِ بشىء فلا تجيبينى حتى تَسْتَأْمِرى ابويك$$

"Kuşkusuz ben seni bir şeyle muhayyer kıldım. Annen ve babandan emir almadan bana cevap verme"(26) buyurdu ve bu muhayyerlik ayetini ona okudu. Hz. Aişe (r.a) de,

$$ألهذا أستأمر أبوَىّ بل اختار الله تعالى ورسوله والدار الآخرة$$

"Bunun için mi anne ve babamdan emir alacağım. Bilakis ben Allah'ı, rasulünü ve ahiret yurdunu tercih ederim" diye cevap verdi. Bunun üzerine Hz. Peygamber (a.s), onun geniş zaman kipiyle söylediği bu sözü derhal cevap olarak kabul etmişti. Her nekadar bu cevap, vaad ihtimali olan geniş zaman kipiyle de söylenmiş olsa, Peygamber Efendimiz (a.s) bunu, sorusuna cevap kabul etmişti. Bir delilimiz de şudur: Geniş zaman kipinin şimdiki zaman da kullanılması hakikat gelecek zamanda kullanılması mecazdır. Bunada hakikatın murat edilmesi mümkündür. Hakikatın murat edilmesi mümkün olan yerde mecaza gidilmez. Nitekim aynı durum kelime-i şehadette de vardır. Mesela bir kimse, geniş zaman kipiyle

$$اشهد ان لا اله الا الله واشهد ان محمداً عبده ورسوله$$

"Ben şehadet ederim ki, Allah'tan başka ilah yoktur. Yine şehadet ederim ki, Muhammed (a.s) onun kulu ve elçisidir" dese, o kimse bunu güzel söylemekle mümin olur. Yoksa mümin olacağına söz vermiş olmaz. Derhal Allah'a ve rasulüne iman ettim demiş olur. İlerde iman edeceğim diye vaâdde bulunmuş olmaz. Bir şahidin "Şöyle şöyle olduğuna şehadet ederim" demesi, "şimdi şehadet ediyorum" manasına gelir. Yoksa bu, gelecekte şahitlik yapacağına söz vermek demek değildir.

İmdi, "ben nefsimi tercih ederim" cevabı, geniş zaman kipiyle verilmiş-

---

(25) Ahzab Suresi, 33/28.
(26) Buhari, Mezalim, 25; Nesai, Nikah, 2; Talak 26; İbn Mace, Talak, 20 (değişik lafızlarla rivayet edilmiştir).

ti. Kıyasa göre talak vaki olmamalıydı. Lakin hakikata hamledilmesi mümkün olduğu için, mecazî mana vermeye ihtiyaç kalmamıştır. Sanki, böyle demekle kadın, "şimdi, derhal kendi nefsimi tercih ettim" demiş oldu.

Bir kimse karısına, üç kere "sen seç, sen seç, sen seç" dese; kadın da "birinciyi seçtim", veya "ikinciyi seçtim", veya "sonuncuyu seçtim" dese, Ebu Hanife'ye göre, "sen seç" sözünün tekrarı, talaka delalet ettiği için, niyetsiz üç talak vaki olur. Zira "sen seç" sözü, talak hakkında tekrarlanan bir şeydir. İmdi talak belirlenip kapalılık kalmadığı için "nefis" kelimesini söylemeye ihtiyaç kalmaz.

Beyaniyye sahibi der ki: "Burada" "niyetsiz" sözünün söylenmiş olması tenkit edilebilir. Zira, İmam Muhammed Mebsut ve Camiussağir'de "niyete ihtiyaç yoktur. Sözünü zikretmediği için, Fahru'l-islam da Camiussağir Şerhi'nde bunu zikretmemiştir. Fakat Sadruşşehid ve İnaye yazarı Camiussağir'e yaptıkları şerhlerde niyeti zikredip şöyle demişlerdir: Zahir olan budur ki niyet şarttır. "Sen seç" sözü ise sarih talak lafızlarından değildir. Tekrar söylemek talak üzerine delalet etmez, ancak vurgu ifade eder. Böyle olduğu için İmam Muhammed, Cami-i Kebir'in mukaddimesinde niyeti şart kılmıştır. Ebu'l-Muin en-Nesefi ve diğer bazı alimler Cami-i Kebir şerhinde, "sen seç" lafzı tekrar söylenmişken niyetin şart oluduğunu açıklamışlardır." İbn Melek, "Mecmau'l-bahr" inde şöyle zikretmiştir: Bedayi, Muhit ve Ziyât'ta mezkurdur ki, niyet şöhretinden dolayı bilindiği için zikredilmemiştir. Yoksa şart olmadığı için değil.

İmameyn'e göre, bir kimse karısına üç kere "sen seç", "sen seç", "sen seç" dese, karısı da, "birinciyi seçtim", veya "ikinciyi seçtim", veya "sonuncuyu seçtim" dese, bir bain talak vaki olur. Zira birinci, ikinci ve üçüncü, bir tek şeyin ismidir. Bunlar, tertip ifade eden bir yerde kullanılmamışlardır. Böyle olunca da tertip hükümsüz olur. Sadece bir tanesi kalır. Sanki kadın, "ilk boşamayı seçtim" demiş gibi olur. Çünkü "birinciyi seçtim" demek, ben "ilk" kelimesi ile bana söylenen şeyi seçtim demektir. Ona bu kelime ile söylenen şey de "talak"tan başka bir şey değildir. O böyle demekle, konuyu açık hale getirmiş oldu. "İkinciyi" veya "üçüncüyü seçtim" demekle de aynı şeyi söylemiş olmaktadır.

Ebu Hanife'nin delili şudur: İlk, orta ve son lafızları hükümsüz birer vasıftır. Mesela bir yerde bir grup insan toplansa, "bu birincidir, bu ikincidir, bu sonuncudur" denmez. Orda bulunanların zatında bir tertip olmaz. Ancak fiillerinde bir tertip olabilir. Mesela, "şu kimse ilk olarak geldi" denilir. Nerede tertip olmazsa, orada tertiple ilgili söz hükümsüz olur. Bu nedenle, "ben seçtim" sözü hepsine cevap olacağından üç talak vaki olur. İster birinciyi, ister ortancayı, ister sonuncuyu tercih etsin hepsi birdir. Asla fark yoktur.

Koca karısına üç defa "sen seç, sen seç, sen seç" dedikten sonra kadın, "ben tam seçtim" dese, ittifakla üç talak vaki olur. Çünkü "tam" sözü, önceki sözü açıklar mahiyette olup vurgu için söylenmiştir. İmdi, "üç" kelimesinin vurgulanmasıyla, vukuu da evlâ hale gelmiş olur.

Yine, üç defa "sen seç" sözüne karşılık, kadın kocasına cevap olarak "kendimi boşadım", veya rivayete göre bir bain talak vaki olur.

Bazıları şöyle demişlerdir: Kadının, "nefsimi boşadım" veya "bir talakla nefsimi tercih ettim" sözüyle erkek kadına dönebilir. Bu lafızlar, iddet bittikten sonra beynuneti gerektirir. Zira bunlar açık lafızlardandır. İddet bitince beynunet gerektiren şeyin vuku bulmasıyla, ric'i talak vaki olur. İmdi, bu lafız, ric'i talakı gerektirir. Eğer, "bu takdirde, kadının verdiği cevap, ona verilen boşama yetkisine uygun düşmez. Çünkü, kendisine bu yetki verilen kadın, ihtiyar sahibidir. Sizin dediğinize göre kadına bu tercih hakkı verilmemiş olur. Zira bu beynunet ifade eder" denilirse, şöyle cevap veririz: Kadın, iddet bittikten sonra, nefsini tercih etmiş gibi olur. Böyle olunca da, verdiği cevap, kendisine verilen yetkiye uygun olur. Zira iddet bittikten sonra onda tercih yetkisi bulunmuş olur. Kocanın, bu durumda karısına dönebileceği görüşünü savunanlardan biri de Hidaye yazarıdır. Lakin inaye yazarı, Hidaye Şerhi'nden naklen şöyle der: "Geri dönebilir" sözü hatadır. Herhalde yazanın bir kalem hatasıdır. Zira Mebsut'ta ve Ziyadat nüshalarında böyle değildir. Sadru'l-islam'ın Cami-us Sağiri'nde, Hidaye'de zikredildiği gibi zikredilmiştir. Dürre'de şöyle yazılıdır: Bu hususta iki rivayet vardır. Birisi, bir ric'i talakın vuku bulacağıdır. Zira, "nefsimi boşadım" ve "bir talakla nefsimi tercih ettim" lafızları, açık lafızlardır. Bunu, Sadrul-İslam Cami-i Sağirinde zikretmiştir. Diğerleri, bain talakın vuku bulacağı görüşünü savunmuşlardır. En sahih olan görüş budur. Hidaye yazarı, Sadrulislam'ın rivayetini tercih etmiştir. Böyle olunca, "onda yazılana kalem hatasıdır" demek yerine, "Sadru'l-islam'dan böyle rivayet etmiştir" demek daha iyi olurdu. Hidaye Sahibine hatayı nasıl yüklersin? O, "erkek karısına dönebilir" kadını, illetini göstererek yazmıştır. Bundan sonra, "hata katipten oldu" demek nasıl doğru olur?

Bir kimse karısına, "talak hususunda işin elindedir" veya "bir talakla kendini seç" dese, kadın da nefsini seçse, bir ric'i talak vaki olur. Zira koca, geri dönmeyi gerektirecek talak ile kendi kendini boşama işini karısına vermiştir. Açık lafız, ric'i talak gerektirir.

Koca karısına, "işin elindedir" deyip bununla üç talaka niyet etse, kadın da, "ben birle nefsimi seçtim" veya "nefsimi bir defa seçtim" dese üç talak vaki olur Zira "nefsimi seçtim" sözünün, "işin elindedir" sözüne cevap olması uygundur. "Üç" üzerine nasıl delalet ettiğine gelince, sebebi şudur: "Bir" kelimesi tercih bildiren bir sıfattır. Sanki kadın, "nefsimi bir defa seçtim" demiştir. Yani tek bir defa tercih kullandım, demektir. Bu da, "bana havale edilen yetkilerin hepsini bir tek tercihle tercih ettim", anlamına gelir ki, böylece, kocanın niyeti ne ise onları tercih etmiş olur.

Kocasının, "işin elindedir" sözüne cevap olarak kadın, "nefsimi bir boşadım" veya "bir talakla nefsimi seçtim" dese, bir bain talak vaki olur. Muteber olan kocanın, boşama işini karısına havale etmesidir. Yoksa karının boşaması değildir. Metinde geçen bir sözü, zikredilmeyen bir mastarın sıfatıdır. طلقت نفسي طلقة واحدة "Nefsimi bir talakla boşadım" demektir. "İşin elindedir" sözüne cevap verilirken, "nefis" kelimesinin zikredilmesi şarttır. Hatta "işin elindedir" denildiğinde kadın "nefis" kelimesini zikretmeden, "ben boşadım" dese bir şey vaki olmaz. Muhit'te böyle yazılıdır.

Koca, karısına "bugün ve yarından sonra işin elindedir" dese, buna "gece" dahil olmaz. Hatta geceleyin kadının muhayyerliği olmaz. Çünkü gün tekil zikredilmiştir. Gün tek olunca geceyi içine almaz. İmam Züfer'e göre, bu söz, geceyi de içine alır. Bu, "sen bugün ve yarından sonra boşsun" demek gibidir. Eğer kadın işi o gün reddederse, yalnız o günü reddetmiş olur. Ama yarından sonraki günde işi elindedir. O gün tercihi reddetmekle, o günkü muhayyerliği düşer fakat yarından sonraki günde muhayyerliği devam eder.

Eğer bir kimse karısına, "bugün ve yarın işin elindedir" dese, buna gece de dahildir. Kadın bugün boşamayı reddetse, ertesi gün muhayyerliği kalmaz. Hepsini reddetmiş olur. Çünkü gece ile gündüz bir zaman hükmündedir. Gece ayrı olsa, iki günün arasına yabancı bir şey girmiş olur. Bazan istişare, hiç kesilmeden gecenin sonuna kadar uzayıp devam eder de, yine "bu gün istişare yaptım" denilir.

Kendisine boşama işi verilen kadın bir gün kalıp ta o meclisten kalkmasa, veya ayakta iken bu sözü işitip otursa, veya otururken işitip bir şeye dayansa, veya dayanmış iken işitip otursa, veya hayvan üzerindeyken işitip hayvanını durdursa veya istişare için babasını çağırsa, veya şahitlik yapmak üzere şahitler davet etse kadının muhayyerliği kalkmaz. Hayvanını yürütse muhayyerliği batıl olur. Ama içinde bulunduğu geminin yürümesiyle batıl olmaz.

Bir kimse karısına, talaka niyet etmeden veya bir talaka niyet ederek "nefsini boşa" dese, kadın da "nefsimi boşadım" dese bir ric'i talak vaki olur. Kocanın bu sözüne karşılık kadın, "ben nefsimi ayırdım" dese yine bir ric'i talak vaki olur. Çünkü erkek kadına boşama işini bain talak olarak vermemiştir. Bu sebeple, iddet bitince o talak ile beynunet (ayrılma) vaki olmaz. Kadın acele edip bunun derhal olmasını istemiştir. Kadına ise bu yetki verilmemişti. Bu takdirde iradesi hükümsüz olup mutlak talak kalır. Bunun da ric'i talak olacağı açıktır.

Koca, "nefsini boşa" dedikten sonra, kadın kendini üç talakla boşasa ve erkek de üç talaka niyet etmiş olsa, üç talak vaki olur. Zira "nefsini boşa" demek, "boşama işini yap" demektir. Talak cins isimdir. Diğer cins isimler gibi, tam bir ihtimalle en küçük cüzlere şamil olur. Onun için burada üç talakı da içine alır. İki talaka niyet hükümsüzdür. Ancak karısı cariye ise olur.

Kocasının, "nefsini boşa" sözüne karşılık kadın, "nefsimi tercih ettim" dese talak vaki olmaz. Zira, "tercih ettim" sözü, talak lafızlarından değildir. Koca, karısına "sen nefsini boşa" dedikten sonra, kocanın bu sözden dönme hakkı yoktur. Bu söz ile ancak bulunduğu yerde kadını boşayabilir. Zira bunda yemin manası vardır. Ancak kadın o meclisten kalktıktan sonra boşama hakkı gider. Zira "nefsini boşa" sözü bir nevi temliktir. Sözün söylendiği meclise münhasır olur. Fakat koca karısına, "dilediğin zaman nefsini boşa" derse, o mecliste ve o meclisten kalktıktan sonra kadının muhayyerliği devam eder. Zira "ne zaman dilersen" sözü, bütün zamanları kapsar. Sanki koca karısına, "istediğin herhangi bir zamanda nefsini boşa" demiş gibi olur.

Bir kimse karısına "ortağını" yeni kumanı boşa" dese, veya başka birisine, "benim karımı boşa" dese, koca bu sözden dönebilir. Bu sözün geçerliliği, sözün söylendiği meclisle kayıtlı değildir. Ancak karısına, "dilersen ortağını boşa" dese, yahut başkasına, "dilersen benim karımı boşa" dese, kadın ve başkası, bu sözün söylendiği mecliste boşama işini gerçekleştirebilirler. Koca o mecliste sözünden dönemez. Zira "dilersen" sözü ile bu iş onların dilemesine bağlı kılınmış ve o meclisle kayıtlanmıştır. Karısı ve bir başkası "dilersen" sözü ile onun adına iş yapan kişi durumuna gelmişlerdir. "Bir kimse ancak vekil yapılırsa başkası adına iş yapabilir" denilmesin, çünkü bunlar "dilersen" sözü ile kendi istekleri ile iş yapan kişi durumuna gelmişlerdir. Alış-verişte vekil yapma durumu buna benzemez.

Bir kimse karısına "kendini üç talakla boşa" dese, karısı da kendini bir talakla boşasa, bir talak vaki olur. Zira kadın, kendine verilen bu yetkiyle üç talakla boşamaya malik olunca, zaruri olarak bir talakla boşamaya da malik olur. Zira bir bütüne malik olan onun parçalarına da malik olur. Aksi durumda bir şey vaki olmaz. Yani koca karısına, "nefsini bir talakla boşa" dese, o da "üç talakla boşadım" dese, bir şey vaki olmaz. Zira kadın kendisine havale edilmeyen bir şeyi yapmış olur. Bu takdirde Ebu Hanife'ye göre bir şey vaki olmaz. İmameyn'e göre bir talak vaki olur. Zira kadın bir talaka malik idi. Bu hakkı kullanmış oldu. Buna iki talak daha ekledi. Sahip olduğu bir talak vaki olup, ziyade ettiği iki talak geçersiz olur. Böyle olunca da karısını bin talakla boşayan erkek gibi olur. Bu bin talaktan sadece üç geçerli olup, diğerleri lüzumsuz olur ve boşa gider. Ebu Hanife'nin delili şudur: Kadın, kendisine verilmeyen bir hakkı kullanmış oldu. Mesela bir kimse karısına, "nefsini boşa" dese, kadın da ortağını boşasa olmaz. Boşama izne bağlıdır. Eğer, "Hak mezhebimizde sabit olmuştur ki, "bir" "on"un ne aynısıdır, ne de ondan başka bir şeydir. Bu ikisinin birbirinden başka başka şeyler olduğunu nasıl açıklarsınız? denilirse, şöyle cevap veririz: Eğer "on" mevcutsa, "bir" ona dahildir. Burada ise "üç"mevcut değil ki, "bir" ona dahil olsun. İmameyn'e göre, vaki olan bir talak mevcuttur ve bu, olmayan üç'ten ayrıdır.

"İstersen nefsini üç talakla boşa" sözüne karşılık, kadın kendini bir talakla boşarsa bir şey vaki olmaz. Çünkü bu, "eğer üç talakı istersen" demektir. Kadın ise bir talakla boşamak suretiyle üçü istememiş oldu. Şartı gerçekleştirmediği için bir şey vaki olmaz. Zira şart olarak ileri sürülen bir şeyin, bazı parçalarını yerine getirmekle şart yerine getirilmiş olmaz. Aksi halde de durum aynıdır. Yani koca, "dilersen kendini bir talakla boşa" dese, kadın da kendini üç talakla boşasa Ebu Hanife'ye göre bir şey vaki olmaz. Ona göre, "dilersen kendini üç talakla boşa" sözü, "dilersen kendini bir talakla boşa" sözü ile aynı değildir. İmameyn'e göre bir talak vaki olur.

Bir kimse karısına, "bain" veya "ric'i" talakla kendisini boşamasını emretse, kadın da aksini yapsa, kocanın emrettiği talak vaki olur. Mesela koca karısına, "nefsini bir bain talakla boşa" dese, kadın da "kendimi bir ric'i talakla boşadım" dese, bir bain talak vaki olur. Kadının "ben kendimi bir ric'i talakla boşadım" sözü geçersiz olur. Zira koca, kadına verdiği boşama hakkının niteliğini belirledi. İmdi bundan sonra kadına gerekli olan, kendisine verilen asıl hakkı gerçekleştirmesidir. Zira ona sadece "kendini boşa" denilmemiştir ki o, bu boşamanın niteliğini belirleyerek "ben kendimi ric'i talakla boşadım" desin. Aynı şekilde koca, "kendini bir ric'i talakla boşa" dese, kadın da, "kendimi bir bain talakla boşadım" dese, ric'i talak vaki olur. Kadının ilave ettiği "bain" vasfı geçersiz olur.

Kocası karısına, "istersen boşsun" dese, kadın da "sen istediysen ben de istedim" dese, koca da talaka niyet ederek "istedim" dese bir şey vaki olmaz. Zira koca kadının boşanmasını onun dilemesine bağladı, fakat kadın buna muhalefet ederek, lüzumsuz bir şeyle meşgul oldu. Yani, doğrudan doğruya "boşamayı istiyorum" demedi de, "sen dilersen" dedi. Böyle deyince de, kocanın ortaya koyduğu şart gerçekleşmemiş oldu. Şart bulunmayınca da, muhayyerlik işi kadının elinden çıkmış oldu. Neticede kocanın, niyet dahi etmiş olsa sadece "diledim" demesiyle talak vaki olmadı. Çünkü boşama" lafzı kadının verdiği cevapta geçmiyor ki, kocanın "diledim" demesiyle vaki olsun. Ama "senin boşanmanı diledim" deseydi, niyet ettiği takdirde talak vaki olurdu.

Aynı şekilde kadın "dileme"yi, olmayan bir şeye bağlarsa, mesela, henüz babası dilemediği veya istediği iş olmadığı halde "babam dilerse" veya "şu iş şöyle olursa" derse, bu sözle de talak vaki olmaz. Eğer "dileme"yi, var olan bir şeye bağlar, mesela, "eğer gök yerin üzerinde ise, boşanmayı diledim" derse talak vaki olur. Zira bu kadın dilemeyi, varlığı gerçekleşmiş olan bir şeye bağlamakla, işi hemen neticelendirmiş olur ve derhal talak gerçekleşir.

Koca karısına, "istediğin zaman boş ol", veya "her ne zaman dilersen boş ol" veya "istediğin vakit boş ol" dese, kadın da o mecliste bu işi reddetse, yine de muhayyerliği devam eder ve kendisini boşama hakkını elinden kaçırmış olmaz. Dilediği zaman kendini bir talakla boşayabilir. Birden fazla talakla boşayamaz. Bu dileme hakkı, sadece o an içinde bulunduğu meclise bağlı kalmaz. Zira "istediğin zaman, ne zaman istersen" gibi sözler, bütün vakitleri kapsayan ifadelerdir. Bundan dolayı o mecliste reddetmekle bu hakkı reddetmiş olmaz. Yani orada "ben istemem" dese, daha sonra yine isteme hakkı vardır. Zira koca boşama hakkını kadına, kadın istediği zaman vermiş oldu. Bu hak ona, o istemedikçe verilmiş olmaz. Dolayısıyle "ben istemiyorum" demekle o an istememiş olur. İstediği anda da bu hakka sahip olur. İmameyn'e göre, yukardaki ifadeler, mutlak vakit için "hakikat", şart için kullanıldıklarında ise "mecaz" olurlar. Mutlak vakit anlamında kullanıldıklarında, hakiki manaları kastedilir ve bütün vakitleri kapsarlar. Ebu Hanife'ye göre bunlar hem "şart" hem de "vakit" manasını ifade ederler. Şart için kullanılırsa, yani "eğer istersen" manasına kullanılırsa, o meclisten çıkmakla kadının muhayyerliği kalkar. Eğer "vakit" manasına yani "istediğin vakit" anlamına kullanılırlarsa, o meclisten kalkmakla muhayyerlik hakkı yok olmaz. Dilediği zaman bir talakla kendini boşayabilir.

Koca karısına, "dileğim her vakitte boş ol" dese, kadın üç talak birden değil de, ayrı ayrı üç talakla kendini boşayabilir. Bir başka kocaya vardıktan sonra da boşama hakkı olmaz. Ebu Hanife'ye göre, üç talak birden boşarsa bir şey vaki olmaz. İmameyn'e göre bir talak vaki olur. Çünkü "her vakitte" anlamına gelen " كلّما " lafzı, bir bütünün ayrı ayrı zamanlarda yapılarak tamamlanacağını ifade eder, yoksa bir anda yapılarak tamamlanacağını ifade eder, yoksa bir anda yapılarak tamamlanacağını ifade etmez.

Adam karısına, "istediğin yerde" veya "istediğin mekanda boşsun" dese, o mecliste dilemedikçe kendini boşamış olmaz. O meclisten kalkarsa, dileme hakkını kaybeder. Çünkü boşamanın, yer ve mekanla ilgisi yoktur. Böyle olunca da, o meclisten kalkmakla dileme hakkını kaybeder. İmdi, böyle olunca boşama isteği sadece o içinde bulunduğu meclis için geçerli olur. Meclisten kalkmakla dileme hakkı kalmaz. Ama "zaman", "mekan"a benzemez.

Bir kimse karısına, "nasıl dilersen boşsun" dese, kadın da kocasının niyetine uygun olarak ric'i, bâin veya üç talakla boşanmayı dilese, dilediği talak vaki olur. Yani koca, "nasıl istersen boşsun" dedikten sonra ric'i talaka niyet etse, kadın da ric'i talakı dilese, kocanın niyeti ile karının niyeti uygun düşmekle ric'i talak vaki olur. Karı ile kocanın dilemeleri birbirine zıt olsa veya kadın dilemese yine bir ric'i talak vaki olur. Zira "nasıl dilersen" sözü, "nasıl bir boşanma istersen öyle boş ol" anlamında talep ifade eder. Yoksa bu, "boşanmak istersen boş ol" anlamına gelmez. Zira koca karısını boşamak istemekte ve bu işi onun yapmasını isteyerek, "ne tür bir boşanma ile boşanmak istersen öyle boş ol" demektedir. Bu durumda kadın bir şey dilemese de ric'i talak vaki olur. İmameyn'e göre bir şey vaki olmaz. Kocanın bir niyeti olmazsa kadının dilediği olur.

koca karısına, "kaç adet dilersen" veya "ne kadar sayıda dilersen o kadar boş ol" dese, kadın o mecliste dilediği kadar kendini boşar, ama o meclisten kalksa, daha sonra boşamak istese olmaz.

Bir kimse karısına, "üç talaktan dilediğin kadarıyle kendini boşa" dese, Ebu Hanife'ye göre, kadın kendini üç talaktan aşağısı ile boşayabilir, üç talakla boşayamaz. İmameyn buna muhalefet ederek "üç talakla da boşayabilir" demişlerdir. Zira metinde geçen " ما " kelimesi "şey" manasında genel mana ifade eden bir kelimedir. Ondan sonra gelen " من " kelimesi, onu açıklar mahiyette gelir.

7. KISIM

باب التعليق

اِنَّمَا يَصِحُّ فِى الْمِلْكِ كَقَوْلِهِ لِمَنْكُوحَتِهِ اِنْ زُرْتِ فَاَنْتِ طَالِقٌ اَوْ مُضَافاً اِلَى الْمِلْكِ كَقَوْلِهِ لِاَجْنَبِيَّةٍ اِنْ نَكَحْتُكِ فَاَنْتِ طَالِقٌ فَيَقَعُ اِنْ نَكَحَهَا* وَلَوْ قَالَ لِاَجْنَبِيَّةٍ اِنْ زُرْتِ فَاَنْتِ طَالِقٌ فَنَكَحَهَا فَزَارَتْ لَا تُطَلَّقُ* وَالْفَاظُ الشَّرْطِ اِنْ وَاِذَا مَا وَكُلّ وَكُلَّمَا وَمَتَى وَمَتَى مَا فَفِى جَمِيعِهَا اِذَا وُجِدَ الشَّرْطُ اِنْتَهَتِ الْيَمِينُ اِلَّا فِى كُلَّمَا فَاِنَّهَا تَنْتَهِى فِيهَا بَعْدَ الثَّلَاثِ مَا لَمْ تَدْخُلْ عَلَى التَّزَوُّجِ* فَلَوْ قَالَ كُلَّمَا تَزَوَّجْتُ اِمْرَاَةً فَهِىَ طَالِقٌ تُطَلَّقُ بِكُلِّ تَزَوُّجٍ وَلَوْ بَعْدَ زَوْجٍ آخَرَ* وَاِنْ قَالَ كُلَّمَا دَخَلْتِ الدَّارَ فَاَنْتِ طَالِقٌ لَا تُطَلَّقُ بَعْدَ الثَّلَاثِ وَزَوْجٍ آخَرَ* وَزَوَالُ الْمِلْكِ لَا يُبْطِلُ الْيَمِينَ وَالْمِلْكُ شَرْطٌ لِوُقُوعِ الطَّلَاقِ لَا لِاِنْحِلَالِ الْيَمِينِ فَاِنْ وُجِدَ الشَّرْطُ فِيهِ اِنْحَلَّتِ الْيَمِينُ وَوَقَعَ الطَّلَاقُ وَاِلَّا اِنْحَلَّتْ وَلَا يَقَعُ* وَاِنْ اِخْتَلَفَا فِى وُجُودِ الشَّرْطِ فَالْقَوْلُ لَهُ اِلَّا اِذَا بَرْهَنَتْ* وَفِى مَا لَا يَعْلَمُ اِلَّا مِنْهَا الْقَوْلُ لَهَا فِى حَقِّ نَفْسِهَا لَا فِى حَقِّ غَيْرِهَا* فَلَوْ قَالَ اِنْ حِضْتِ فَاَنْتِ طَالِقٌ وَفُلَانَةٌ فَقَالَتْ حِضْتُ طُلِّقَتْ هِىَ لَا فُلَانَةٌ* وَكَذَا لَوْ قَالَ اِنْ كُنْتِ تُحِبِّينَ عَذَابَ اللهِ فَاَنْتِ طَالِقٌ وَعِنْدِى حُرٌّ فَقَالَتْ اُحِبُّ طُلِّقَتْ وَلَا يُعْتَقُ* وَلَا يَقَعُ فِى اِنْ حِضْتِ مَا لَمْ يَسْتَمِرَّ الدَّمُ ثَلَاثاً فَاِذَا اسْتَمَرَّ وَقَعَ مِنْ اِبْتِدَائِهِ* وَلَوْ قَالَ اِنْ حِضْتِ حَيْضَةً يَقَعُ اِذَا طَهُرَتْ* وَلَوْ قَالَ اِنْ وَلَدْتِ ذَكَراً فَاَنْتِ طَالِقٌ وَاحِدَةً وَاِنْ وَلَدْتِ اُنْثَى فَاَنْتِ طَالِقٌ ثِنْتَيْنِ فَوَلَدَتْهُمَا

وَلَمْ يُدْرَ ٱلْاَوَّلُ تُطَلَّقُ وَاحِدَةً قَضَاءً وَثِنْتَيْنِ تَنَزُّهاً وَتَنْقَضِى الْعِدَّةُ* وَلَوْ عَلَّقَ بِشَرْطَيْنِ شُرِطَ لِلْوُقُوعِ وُجُودُ الْمِلْكِ عِنْدَ آخِرِهِمَا فَاِنْ وُجِدَا اَوْ آخِرُهُمَا فِيهِ وَقَعَ* وَاِنْ وُجِدَا اَوْ آخِرُهُمَا فِيهِ لَا فِيهِ لَا يَقَعُ* وَيُبْطِلُ تَنْجِيزُ الثَّلَاثِ تَعْلِيقَهُ فَلَوْ عَلَّقَهَا بِشَرْطٍ ثُمَّ نَجَزَهَا قَبْلَ وُجُودِهِ ثُمَّ تَزَوَّجَهَا بَعْدَ التَّحْلِيلِ فَوُجِدَ لَا يَقَعُ شَىْءٌ* وَلَوْ عَلَّقَ الثَّلَاثَ اَوِ الْعِتْقَ بِالْوَطْىءِ لَا يَجِبُ الْعُقْرُ بِالْبَثِّ بَعْدَ الْاِيلَاجِ وَلَا يَصِيرُ بِهِ مُرَاجِعاً فِى الرَّجْعِى مَا لَمْ يَنْزِعْ ثُمَّ يُولِجْ خِلَافاً لِاَبِى يُوسُفَ* وَلَوْ قَالَ اِنْ نَكَحْتُهَا عَلَيْكِ فَهِىَ طَالِقٌ فَنَكَحَهَا عَلَيْهَا فِى عِدَّةِ الْبَائِنِ لَا تُطَلَّقُ* وَاِنْ وَصَلَ بِقَوْلِهِ اَنْتِ طَالِقٌ قَوْلَهُ اِنْ شَاءَ اللَّهُ اَوْ اِنْ لَمْ يَشَأِ اللَّهُ اَوْ مَا شَاءَ اللَّهُ اَوْ مَا لَمْ يَشَأِ اللَّهُ اَوْ اِلَّا اَنْ يَشَاءَ اللَّهُ لَا تُطَلَّقُ وَكَذَا لَوْ مَاتَتْ قَبْلَ قَوْلِهِ اِنْ شَاءَ اللَّهِ* وَاِنْ مَاتَ هُوَ يَقَعُ* فَفِى اَنْتِ طَالِقٌ ثَلَاثاً اِلَّا وَاحِدَةً يَقَعُ ثِنْتَانِ* وَفِى اِلَّا ثِنْتَيْنِ وَاحِدَةً وَفِى اِلَّا ثَلَاثاً ثَلَاثٌ*

TALAKIN OLMASINI BAŞKA BİR ŞEYİN OLMASINA BAĞLAMAK

Talakı şarta bağlamak, ancak kişi bir zevceye malik iken sahih olur. Mesela, bir erkeğin, nikahı altında bulunan karısına, "falancayı ziyaret edersen boşsun" demesi gibi. Veya boşamayı, kadına sahip olmaya bağladığı zaman olur. Mesela, bir erkeğin yabancı bir kadına, "eğer seni nikahlarsam sen boşsun" demesi gibi. Bu durumda o kadını nikahlarsa talak vaki olur.

Bir erkek yabancı bir kadına, "eğer ziyaret edersen sen boşsun" dese, daha sonra kadını nikahlasa ve o da ziyaret etse boş olmaz.

Şart lafızları şunlardır: in, iza, izâma, küll, küllema, metâ ve metâma. Bunların hepsinde şart mevcut olunca yemin sona erer. Ancak "her nezaman" anlamına gelen "küllemâ" da sona ermez. Bu kelime, "her evlendiğimde" şeklinde kullanılarak "evlenme" sözünden önce getirilmediği takdirde yemin ancak üç talaktan sonra sona erer. Binaenaleyh bir erkek, "her nezaman bir kadını niksahlasam o boş olsun" derse, kadın, bir başka erkekle evlendikten sonra dahi onunla evlense, her evlilikte boş olur.

Bir kimse karısına "her nezaman eve girersen boşsun" dese, kadın üçüncü talaktan sonra bir başka erkekle evlenip (tekrar onunla evlenirse, daha sonra o eve girerse) boş olmaz.

Karı ile koca şartın varlığında ihtilaf ederlerse, erkeğin sözü kabul edilir. Ancak kadın delil getirirse onun sözü kabul edilir. Sadece kadının bilebileceği konular da, söyledikleri sadece kendisi hakkında kabul edilir, başkası hakkında kabul edilmez. Binaenaleyh bir kimse karısına, "eğer hayız görürsem sen ve filan kadın boş olsun" dese, kadın da "ben hayız oldum" dese, kadın kendisi boş olur, öbür kadın boş olmaz. Aynı şekilde karısına, "eğer Allah'ın azabını seversen sen boşsun ve kölem hürdür" dese, kadın da "seviyorum" dese, kendisi boş olur, köle azat olmaz.

Hayız kanı üç gün devam etmedikçe, "eğer hayız görürsen boşsun" demekle talak vaki olmaz. üç gün devam ederse, kanın başladığı andan itibaren boş olur.

Bir kimse karısına, "tam bir hayız görürsen boşsun" dese, kadın temizlenince talak vaki olur.

Bir kimse karısına, eğer erkek doğurursan bir talakla; kız doğurursan iki talakla boşsun" dese ve kadın ikisini de doğursa, ancak hangisinin önce doğduğu bilinmese, mahkeme hükmüyle bir talakla boş olur. Fakat haramdan korunma gayesiyle, iki talakla boş olur. İddeti, ikinci çocukla biter.

Bir kimse talakı iki şarta bağlarsa, talakın vaki olması için, iki şartın sonuncusunda, nikaha malik olmanın mevcudiyeti şart kılındı. Eğer nikaha malik olma anında iki şart veya şartlardan sonuncusu bulunursa talak vaki olur. İki şart veya sonuncusu, nikaha malik değilken bulunsa talak vaki olmaz.

Üç talakı gerçekleştirmek, talakı bir şarta bağlamayı iptal eder. Binaenaleyh bir kimse üç talakı bir şarta bağlasa, sonra o şart meydana gelmeden üç talakı gerçekleştirse, sonra kadın bir başka erkekle evlenip te kadını tekrar nikahlasa, bundan sonra da daha önce ileri sürdüğü şart meydana gelse bir şey vaki olmaz.

Bir kimse üç talakı veya azat etmeyi, cinsel ilişkide bulunma şartına bağlasa, cinsel organını soktuktan sonra beklemekle mehr-i misil vacip olmaz. Tenasül uzvunu çekip tekrar sokmadıkça, böyle beklemekle, ric'i talakı beklemekte iken karısına dönmüş olmaz. Ebu Yusuf buna muhalefet eder.

Bir kimse karısına, "eğer o kadını senin üzerine nikahlarsam o boş olsun" dese, sonra karısı bain talak içinde iddetini beklerken o kadını, karısı üzerine nikahlasa, yeni karısı boş olmaz.

Koca "sen boşsun" sözünün hemen ardından, "Allah dilerse", veya "Allah dilemezse", veya "Allah dilemedikçe", veya "ancak Allah dilerse" sözünü söylerse kadın boş olmaz. Veya koca "Allah dilerse" demeden karısı ölürse yine boş olmaz. Eğer koca bu sözü söylemeden evvel kendisi ölürse talak vaki olur.

"Biri hariç, üç talakla boşsun" sözüyle iki talak vaki olur. "İkisi hariç üç talakla boşsun" sözüyle bir talak vaki olur. "Üçü hariç üç talakla boşsun" sözüyle de üç talak vaki olur.

İZAHI

Şarta bağlamak, ancak kişi bir şeye hakiki manada sahip olduğu zaman olur. Mesela kişinin, kölesine "şöyle yaparsan hürsün" demesi gibi. Yine kişinin, nikahlı karısına "Filanı ziyaret edersen boşsun" demesi gibi. Bu, hükmen bir şeye sahip iken veya bir şeye malik olacağını söylediği zaman olur. Mesela bir kimse yabancı bir kadına, "seni nikahlarsam boşsun" dese, talakı bu şekilde şarta bağlamak sahih olup, kadını nikahladığı takdirde kadın boş olur.

Bir kimse yabancı bir kadına, "filanı ziyaret edersen sen boşsun" dese, bu sözü söyledikten sonra kadını nikahlasa ve bu kadın filanı ziyaret etse, boş olmaz. Zira erkek bu sözü söylediği anda o kadına ne hakiki manada sahiptir, ne de "seninle evlenirsem" gibi bir söz söyleyerek ona sahip olacağını söylemiştir. Bu sebeple talak vaki olmaz. Talakın vaki olması için mutlaka bu iki durumdan birinin bulunması gerekir.

Malumdur ki, dilcilere ve fakihlere göre yemin, Allah'ın isimleriyle olur. Ama şarta bağlı yemin fakihlere göre yemin olup dilcilere göre yemin değildir.

Şart edatları şunlardır: in, iza, izama, küll, küllema, meta, metâma. Lev, eyyü, eyyâne, men, eyne ve ennâ lafızları da şart edatlarındandır. Bunlardan "lev" gelecek zaman için şart manasında kullanılır. Geçmiş zaman için kullanıldığında, bir şeyin meydana gelmesi imkansız olduğu için diğer şeyin de meydana gelmediğini ifade eder. Bu edat manen amel eder, lafzan amel etmez. Diğerleri manen ve lafzan amel ederler. "in" şart harfi olup bunda zaman manası yoktur. Bunun dışındakiler "eyne" gibidir. "Küll" kelimesi ise, hakiki manada şart değildir. Çünkü bundan sonra isim gelir. Halbuki fiil gelmesi gerekir. Ancak şu varki, bundan sonra gelen isim de şarta bağlandığı için, bu da şart edatlarından sayıldı. كل عبد أشتريه فهو حر Satın alacağım her köle hürdür" sözü gibi.

Bu lafızlarla kurulan şartı cümlelerin hepsinde şart gerçekleşince yemin sona erer. Mesela bir kimse karısına, "eğer eve girersen sen boşsun" dese, kadın da eve girse boş olur. Bundan sonra adam kadınla evlense ve kadın tekrar eve girse bir şey gerekmez. Şart gerçekleşince yemin sona ermiş olur. Ancak "her nezaman" anlamına gelen " كُلَّمَا " ile kurulan şart cümlelerin de yemin hemen sona ermez. Bunda şart üç defa gerçekleştikten sonra yemin sona erer Yani "eve" her girdiğinde boşsun" dese, yemin, kadın üçüncü defa eve girdikten sonra sona erer ve kadın boş olur. Ancak bu kelime, "seninle her evlendiğimde" şeklinde, "evlenme" sözünden önce getirilirse, üç defadan sonra da sona ermez. Binaenaleyh bir kimse, "her ne zaman bir kadın nikahlasam o boş olsun" dese, her evlendiğinde kadın boş olur, isterse bir başka koca ile evlendikten sonra olsun.

Bir kimse karısına "eve her girdiğinde boşsun" dese, üçüncü defa girip boş olduktan ve bir başka erkekle evlendikten sonra yine o kadını alırsa, kadın eve girdiğinde artık boş olmaz.

Bir şeye mesela zevceye malik olma durumunun ortadan kalkması yeminini iptal etmez. Mesela bir kimse karısına, "eve girersen bir bain talakla boşsun" dese, kadın eve girmeden onu boşasa ve daha sonra kadınla tekrar evlense, evlendikten sonra kadın eve girse boş olur. Zira mülkün ortadan kalkması yemini bozmaz. Kadına malik olmak talakın vuku bulması için şarttır. Yoksa yeminin çözülmesi için şart değildir. Şart, erkek kadına malik iken gerçekleşirse yemin çözülüp talak vaki olur. Aksi halde yemin çözülür, talak vaki olmaz. Burada özetle şöyle diyebiliriz: Bir kimse karısına "eve girersen boşsun" dese ve kadın eve girmeden onu boşasa ve tekrar evlense, kadın da bundan sonra eve girse yemin çözülür ve talak vaki olur. Ama "eve girersen boşsun" dese ve sonra kadını boşasa, kadın boş iken eve girse yemin çözülür. Ondan sonra tekrar kadınla evlense ve kadın eve girse bir şey vaki olmaz. Çünkü daha önce boş iken eve girmekle yemin çözülmüştür.

Karı ile koca şartın varlığında ihtilaf ederlerse, yemin ettirilerek kocanın sözü kabul edilir. Mesela erkek, "şart gerçekleşmedi" dese, kadın da "gerçekleşti' dese, kocanın sözü kabul edilir. Koca "asıl" olanı söylemektedir. Asıl olan da şartın gerçekleşmediğidir. Şart gerçekleşmiş olsa, gösterilmesi gerekir. Koca, talakın vuku bulmadığını, mülkün devam ettiğini söylemektedir. Asıl olan da budur. Eğer kadın, iddiasına delil getirirse onun sözü kabul edilir. Bir de mesela, sadece kadın tarafından bilinebilecek bir mesele ise sözü kendisi hakkında kabul edilir, başkası hakkında kabul edilmez. Mesela bir erkek karısına, "eğer hayız olursan, sen ve filan kadın boş olun" dese, kadın da "ben hayız oldum dese kendisi boş olur, öbür kalın boş olmaz.

Bir kimse karısına, "Allah'ın azabını seviyorsan sen boşsun, kölem de hürdür" dese, kadın da "ben Allah'ın azabını seviyorum" dese, kendisi boş olur, ama köle azat olmaz. Çünkü bu, başkası hakkında bir şahitlik olur ki, kabul edilemez.

Kan üç gün devam etmedikçe, "eğer hayz görürsen" sözüyle talak vaki olmaz. Üç gün devam ederse, talak, kanın başlamasından itibaren vaki olur.

Bir kimse karısına, "tam bir hayız görürsen boşsun" dese, kadın temizlendiğinde talak vaki olur. Çünkü tam bir hayz, ancak kadın temizlendikten sonra gerçekleşmiş olur.

Koca karısına, "erkek doğurursan bir talakla, kız doğurursan iki talakla boşsun, dese, kadın ikisini de doğursa ve hangisinin önce doğduğu bilinmese, mahkemece bir talak ile boş olur. Fakat ihtiyaten, iki talak boş olur. İddet, son doğan çocukla sona erer.

Koca talakı iki şarta bağlasa, mesela, "Amr'ın babasıyla ve Yusuf'un babasıyle konuşursam boşsun" dese, talakın vuku bulması için, bu iki şarttan sonuncusu meydana gelirken, kadının, erkeğin mülkünde bulunması şarttır. Eğer her iki şart veya sonuncu şart, kadın erkeğin mülkünde iken gerçekleşirse talak vaki olur. Mesela, kadın erkeğin mülkünde iken erkek, Amr'ın ve Yusuf'un babasıyla konuşsa, veya kadını boşasa ve iddeti bittikten sonra Amr'ın babasıyla konuşsa, sonra kadınla evlense ve bundan sonra Yusuf'un babasıyla konuşsa, her iki durumda da talak vaki olur. Eğer şartın ikisi, kadının iddeti bittikten sonra meydana gelse veya son şart, kadın erkeğin mülkünde değilken meydana gelse, bu iki durumda talak vaki olmaz. Mesela, o iki kişiyle konuşmadan önce kadını boşasa ve kadının iddeti bitse, ondan sonra adam, Amr'ın ve Yusuf'un babasıyla konuşsa veya kadınla evliyken Amr'ın babasıyla konuşsa ondan sonra kadını boşayıp iddeti bitince Yusuf'un babasıyle konuşsa, bu iki durumda talak vaki olmaz.

Bir kimse üç talakı bir şarta bağlasa, ondan sonra bu şart gerçekleşmeden üç talakı yerine getirse, daha sonra hulle yapıp kadınla tekrar evlense ve bu evlilik sırasında, daha önce söylediği şart gerçekleşse kadın boş olmaz. Mesela, bir kimse karısına, "eğer sen eve girersen üç talak boşsun" dese, kadın eve girmeden önce onu üç talakla boşasa, kadın bir başka kocaya varsa, ondan sonra boşayan ilk koca onunla tekrar evlense ve bundan sonra kadın o eve girse bir şey vaki olmaz. Zira üç talakı yerine getirmek, daha önce üç talakla boşama için ileri sürülen şartı iptal eder.

Bir kimse üç talakı veya azat etmeyi, cinsel ilişkide bulunma şartına bağlasa, cinsel organını kadının cinsel organına soktuktan sonra beklemekle mehr-i misil veya ücret miktarı vacip olmaz. Ric'i talak yapan kimse de bu şekilde beklemekle ailesine dönmüş olmaz. Ancak çıkarıp tekrar sokarsa mehr-i misil gerekir ve ric'i talak yapan erkek de karısına dönmüş olur. Ebu Yusuf buna muhalefet eder. Ona göre, sokup beklemekle mehr-i misil vacip olur. Ric'i talak ile karısını boşayan kimse de karısına dönmüş olur.

Bir kimse karısına, "eğer senin üzerine bir kadın alırsam o kadın boş olsun" dese ve eski karısını boşasa, bu kadın bain talakın iddetini beklerken bir kadınla evlense, yeni karısı boş olmaz. Zira şart bulunmamıştır. Ama ric'i talakın iddetini beklerken yeni bir karı alsa, nikah devam ettiği için yeni karısı boş olur.

Bir kimse "sen boşsun" sözünün hemen peşinden "Allah dilerse" ve yukarda metinde geçen benzeri sözleri söylerse kadın boş olmaz.Zira Hz. Peygamber (a.s):

مَنْ حَلَفَ بِطَلَاقٍ أَوْ اِعْتَاقٍ وَقَالَ إِنْ شَاءَ اللهُ مُتَّصِلاً بِهِ فَلَا حِنْثَ عَلَيْهِ

"Her kim talaka veya azat etmeye yemin edip hemen peşinden "inşallah" derse, yemini bozmuş olmaz" buyurmuştur. "İnşallah" sözü hemen söylenirse, bu, diğer şartlar gibi olur. Ancak bunda şart malum değildir. Zira Yüce Allah'ın ne dileyip ne dilemediğini kullar kendileri bilemez. O'nun için bu şart, yokmuş gibi sayılır.

Erkek "sen boşsun" deyip te "inşaallah" demeden kadın ölürse talak vaki olmaz. "İnşallah" demeden, erkek ölürse kadın boş olur.

Bir kimse karısına, "biri hariç üç talakla boşsun" dese kadın iki talakla; "ikisi hariç üç talakla boşsun" bir talakla; "üçü hariç üç talakla boşsun" dese üç talakla boş olur. İstisnada asl olan, geri kalanlarla konuşmaktır. Buna göre, "biri hariç" dediğinde geriye kalan iki talaktır. "İkisi hariç" dediğinde geriye kalan bir talaktır. Ama "üçü hariç" dediğinde istisna edecek bir şey bırakılmamış olur. Buna göre kadın üç talakla boş olur.

8. KISIM

باب طَلَاقِ الْمَرِيضِ

اَلْحَالَةُ الَّتِى يَصِيرُ بِهَا الرَّجُلُ فَارًّا بِالطَّلَاقِ وَلَا يَنْفُذُ تَبَرُّعُهُ فِيهَا اِلَّا مِنَ الثُّلُثِ مَا يَغْلِبُ فِيهَا الْهَلَاكُ كَمَرَضٍ يَمْنَعُهُ عَنْ اِقَامَةِ مَصَالِحِهِ خَارِجَ الْبَيْتِ وَمُبَارَزَتِهِ رَجُلًا وَتَقْدِيمِهِ لِيُقْتَلَ فِى قِصَاصٍ أَوْ رَحْمٍ * فَلَوْ اَبَانَ اِمْرَأَتَهُ وَهُوَ بِتِلْكَ الْحَالَةِ ثُمَّ مَاتَ عَلَيْهَا بِذٰلِكَ السَّبَبِ أَوْ بِغَيْرِهِ وَهِىَ فِى الْعِدَّةِ وَرِثَتْ * وَكَذَا لَوْ طَلَبَتْ رِجْعِيَّةً فَطَلَّقَهَا ثَلَاثًا * وَمُبَانَةٌ قَبَّلَتْ اِبْنَهُ بِشَهْوَةٍ * وَلَوْ اَبَانَهَا وَهُوَ مَحْصُورًا أَوْ فِى صَفِّ الْقِتَالِ أَوْ مَحْبُوسٌ لِقِصَاصٍ أَوْ رَحْمٍ أَوْ يَقْدِرُ عَلَى الْقِيَامِ بِمَصَالِحِهِ خَارِجَ الْبَيْتِ لٰكِنَّهُ مُتَشَكٍّ أَوْ مَحْمُومٌ لَا تَرِثُ * وَكَذَا الْمُخْتَلِعَةُ وَمُخَيَّرَةٌ اِخْتَارَتْ نَفْسَهَا * وَمَنْ طُلِّقَتْ ثَلَاثًا بِأَمْرِهَا أَوْ بِغَيْرِ أَمْرِهَا لٰكِنْ صَحَّ ثُمَّ مَاتَ * وَلَوْ اِرْتَدَّتْ بَعْدَمَا اَبَانَهَا ثُمَّ اَسْلَمَتْ * وَكَذَا مُفَرَّقَةٌ بِسَبَبِ الْجَبِّ أَوِ الْعُنَّةِ أَوِ خِيَارِ الْبُلُوغِ أَوِ الْعِتْقِ وَلَوْ فَعَلَتْ ذٰلِكَ وَهِىَ مَرِيضَةٌ لَا تَقْدِرُ عَلَى الْقِيَامِ بِمَصَالِحِ بَيْتِهَا ثُمَّ مَاتَتْ وَهِىَ فِى الْعِدَّةِ وَرِثَهَا * وَلَوْ اَبَانَهَا بِأَمْرِهَا فِى مَرَضِهِ أَوْ تَصَادَقَا أَنَّهَا كَانَتْ حَصَلَتْ فِى صِحَّتِهِ وَمَضَتِ الْعِدَّةُ ثُمَّ أَوْصَى لَهَا أَوْ اَقَرَّ بِدَيْنٍ فَلَهَا الْاَقَلُّ مِنْ اِرْثِهَا وَمِمَّا أَوْصَى أَوْ اَقَرَّ * وَاِنْ عَلَّقَ الطَّلَاقَ بِفِعْلٍ اَجْنَبِىٍّ أَوْ بِمَجِىءِ الْوَقْتِ فَوُجِدَ فَإِنْ كَانَ التَّعْلِيقُ وَالشَّرْطُ فِى مَرَضِهِ وَرِثَتْ * وَاِنْ كَانَ اَحَدُهُمَا وَاِنْ عَلَّقَ بِفِعْلِ نَفْسِهِ وَهُمَا فِى الْمَرَضِ

اَوِ الشَّرْطِ فَقَطْ وَرِثَتْ* وَكَذَا لَوْ عَلَّقَ بِفِعْلِهَا وَلاَ بُدَّ لَهَا مِنْهُ وَهُمَا فِى مَرَضِهِ وَكَذَا لَوْ كَانَ الشَّرْطُ فَقَطْ فِيهِ خِلاَفاً لِمُحَمَّدٍ* وَاِنْ كَانَ لَهَا مِنْهُ بُدٌّ لاَ تَرِثُ عَلَى كُلِّ حَالٍ* وَاِنْ قَذَفَهَا وَلاَ عَنَ وَهُوَ مَرِيضٌ وَرِثَتْ* وَكَذَا لَوْ كَانَ الْقَذْفُ فِى الصِّحَّةِ وَاللِّعَانُ فِى الْمَرَضِ خِلاَفاً لِمُحَمَّدٍ* وَاِنْ اَلَى مِنْهَا وَبَانَتْ بِهِ فَاِنْ كَانَا فِى الْمَرَضِ وَرِثَتْ وَاِنْ كَانَ الْاِيلاَءُ فِى الصِّحَّةِ لاَ* وَفِى الرَّجْعِى تَرِثُ فِى جَمِيعِ الْوُجُوهِ اِنْ مَاتَ وَهِىَ فِى الْعِدَّةِ وَاِلَّا لاَ*

HASTANIN BOŞAMASI

Bu öyle bir haldir ki, bu hal ile koca, karısını boşamak suretiyle onun mirasçı olmasından kaçmış olur[27]. Bu durumda kocanın teberruda bulunması, sadece malın üçte birinde geçerlidir. Bu durumda çoğu zaman ölüm bulunur. Bunlar, kişinin ev dışında ihtiyaçlarını gidermesine engel olacak derecede hasta olması veya bir adamla ölesiye çarpışmak üzere ortaya çıkması veya kısas yada recim yoluyla öldürülmek üzere meydana çıkarılması gibi durumlardır.

Bir kimse bu haldeyken karısını boşasa, sonra karısı iddet beklediği sırada, şu veya bu sebeple o haldeyken ölse, karısı mirasçı olur. Keza kadın ric'i talak talep etse, kocası da onu üç talakla boşasa yine mirasçı olur. Bain talakla boşanmış olan kadın, kocasının oğlunu şehvetle öpse yine kocasına mirasçı olur.

Bir kimse düşmanlar tarafından kuşatılmış olsa, veya savaş saflarında bulunsa, veya kısas ya da recim uygulanmak üzere hapsedilmiş olsa, veya ev dışında ihtiyaçlarını giderebilirken hasta olduğundan şikayetçi olsa, veya sıtmaya yakalanmış olsa ve böyle bir durumda iken karısını boşasa kadın mirasçı olmaz.

Talak-ı hulu ile boşanmış olan ve kocası tarafından kendisine boşama izni verilen ve böylece kendisini boşayan kadın da mirasçı olamaz.

Bir kadın, kocası hastayken kendi emriyle veya emri olmadan üç talakla boşansa, lakin kocası iyileşip sıhhat bulsa daha sonra ölse, yine mirasçı olamaz.

---

(27) Buna daha genel anlamda talak-ı fârr yani "kaçan kimsenin boşaması" denir ki, hasta dışında, ölmek üzere olan herkesin boşaması bunu kapsamına girer.

Bir kadın, kocası kendisini bâin talakla boşadıktan sonra dinden çıksa, sonra müslüman olsa yine mirasçı olamaz.

Keza, kocasının cinsel organının kesik olması veya innin hastalığı sebebiyle, yahut kız küçükken evlendirilmiş olup erginlik çağına girince nikâhı bozma muhayyerliğine sahip olması sebebiyle veya cariyenin azat edilip hür olunca kocasından ayrılma muhayyerliği olması sebebiyle kocalarından ayrılmış olan kadınlar da mirasçı olamaz. Böyle bir kadın, evinin işini yapamayacak derecede hasta olduğu halde kocasından ayrılsa, sonra iddet beklerken ölse, kocası ona mirasçı olur.

Bir kimse hasta iken, karısının emriyle onu bain talakla boşasa veya karı ile koca, "talak, erkek sıhhatli iken olmuş ve iddet bitmiştir" diye ittifak etseler sonra adam karısına vasiyette bulunsa veya ona bir borcu olduğunu söylese kadın için, miras ve kocasının vasiyeti ile ona olan borcu karşılaştırıldığında hangisi az ise onu alma hakkı vardır.

Koca talakı, yabancı birinin yapacağı bir işe veya bir vaktin gelmesine bağlasa ve bu şart da bulunsa, bakılır, eğer bu şarta bağlama ve şart, kocanın hastalığında meydana gelirse kadın kocasına mirasçı olur. Yoksa eğer bunlardan biri koca sıhhatliyken meydana gelirse mirasçı olamaz.

Koca, talakı kendi işine bağlasa ve bu bağlama işi ile şarttan her ikisi veya sadece şart, koca hasta iken meydana gelse, kadın mirasçı olur.

Keza koca talakı kadının fiiline bağlasa ve bu fiil de, kadının mutlaka yapması gereken bir iş olsa ve bu bağlama ve şart, koca hasta iken meydana gelse kadın yine mirasçı olur. Sadece şart erkek hasta iken meydana gelse de durum aynıdır. İmam Muhammed buna muhalefet eder. Eğer koca talakı, kadının mutlaka yapması gerekmeyen bir işe bağlarsa, ne olursa olsun, kadın mirasçı olamaz.

Koca hasta iken, karısına zina isnadında bulunsa ve karşılıklı lanetleşseler, kadın mirasçı olur. Keza zina isnadı, erkek sıhhatte iken olup lanetleşmeleri hasta iken olsa yine kadın mirasçı olur. İmam Muhammed buna muhalefet eder.

Kocası karısını ilâ etse ve zevce de bu ilâ sebebiyle, bir bain talakla boş olsa, bakılır, eğer her iki durum da kocanın hastalığında olmuşsa mirasçı olur. Eğer ilâ, kocanın sıhhatli halindeyken olmuşsa, mirasçı olamaz.

Ric'i talakla boşanan kadın, yukardaki vecihlerin hepsinde, eğer iddet beklerken kocası ölürse ona mirascı olur. İddet bittikten sonra kocası ölürse, mirasçı olamaz.

İZAHI

Kocanın, karısını boşamak suretiyle, onu mirasçı yapmaktan kaçtığı ve sadece malının üçte birinden teberruda bulunması geçerli olan haller, içinde genellikle ölüm bulunan hallerdir. Bu haller, kişinin, ev dışında ihtiyaçlarını gidermesine engel olacak derecede hasta olması, bir başka adamla ölmek veya öldürmek üzere düello yapması veya kısas ve recim yoluyla öldürülmek üzere meydana çıkarılması gibi hallerdir, ki bu hallerde, büyük bir ihtimalle ölüm vuku bulur. Böyle olunca da bu hallerin hükmü, hastalık hükmü gibidir.

Bir kimse bu haldeyken, karısının rızası olmadan onu boşasa, sonra bu haldeyken, zikredilen sebeplerle yani hastalık, savaş ve benzeri sebeplerle helak olsa veya bunların dışında bir sebeple ölse ve bu sırada karısı iddet beklemekte olsa, kadın mirasçı olur.

Keza kadın, hasta olan kocasından kendisini ric'i talakla boşamasını talep etse, kocası da onu üç talakla boşasa yine mirasçı olur.

Bain talakla boşanmış olan bir kadın, kocasının oğlunu şehvetle öpse yine ona mirasçı olur. Zira kadının kocasından ayrılması, onun kendisini bain talakla boşaması ile olmuştur. Kadının, kocasının oğlunu öpmesiyle olmamıştır. Fakat kocasının oğlunu şehvetle öpmesiyle kocasından ayrılmış olan kadının durumu böyle değildir. Bu kadın kocasına mirasçı olamaz.

Bir kadının kocası bir kalede mahsur olsa, veya savaş saflarında bulunsa, veya kısas ve recim için hapsedilmiş olsa veya dışarda ev işlerini yapabilse ancak bunu yaparken hastalıktan şikayetçi olsa veya sıtmaya yakalanmış olsa ve bu haldeyken karısını bain talakla boşasa, bu şekilde bir ayrılıkta kadın kocasına mirasçı olamaz. Çünkü bu durumlarda kocanın sıhhatli olma ihtimali daha çoktur.

Kocası hasta iken talak-ı hulu ile boşanan ve kocası tarafından kendisine boşanma izni verilipte kendini boşayan kadın mirasçı olamaz.

Bir kadın kendi emriyle veya emri olmadan üç talakla boşansa, fakat boşandıktan sonra kocası iyileşse ve kadın iddet içindeyken kocası ölse yine mirasçı olamaz. İmam Züfer'e göre mirasçı olur.

Bir kadın, kocası kendisini bain talakla boşadıktan sonra mürted olup dinden çıkar, sonra yine İslâm'a görerse, kocasına mirasçı olamaz. Çünkü kadın dinden çıkmakla, mirasçı olma ehliyetini kaybetmiş oldu. Sonra müslüman olmakla, mirasçı olma sebebinin geri dönmesi mümkün değildir.

Kocasının cinsel organı kesik olması veya innin olması sebebiyle yahut kız bûluğ çağına gelmeden evlendirilmiş olup, ergenlik çağına gelince sahip olduğu muhayyerlik sayesinde nikahını bozması sebebiyle veya cariyenin, azat edilerek nikahını bozması sebebiyle kocalarından ayrılan kadınlar, kocalarına mirasçı olamazlar. Zira ayrılma sebepleri, kendi istek ve talepleri ile olmuştur.

Bir kadın, evinin işini yapamıyacak derecede hasta olduğu halde, böyle bir muhayyerliği kullanarak kocasından ayrılsa, sonra iddet beklerken ölse, kocası kadına mirasçı olur.

Bir kimse hasta iken, karısının emriyle yani onun talebiyle karısını bain talakla boşasa veya karı ile koca bu bain talakın, erkek sıhhatliyken yapıldığında ve iddetin bittiğinde ittifak etseler, bundan sonra koca, karısına bir vasiyette bulunsa veya ona borcu olduğunu açıklasa, kadın; miras, vasiyet ve kocasının ona olan borcundan hangisi az ise onu alabilir. Mesela, mirası, vasiyetinden az ise mirası alır. Eğer vasiyeti veya borcu miras olarak ona kalan maldan daha az ise vasiyeti veya alacağını alabilir. Metinde geçen مِنْ إِرْثِهَا "mirası ndan" terkibinde bulunan "min" edatı, ism-i tafdilli cümlelerde bulunan ve mukayese ifade eden "min" değildir. Böyle olsaydı mana bozulurdu "Min" kelimesi burada, açıklama ifade etmek için gelmiştir. " وَمِمَّا " terkibinde bulunan "vav" harfi, "ev" yani "veya" manasınadır.

Bir kimse talakı, yabancı bir kimsenin yapacağı bir işe veya bir vaktin gelmesine bağlasa ve bu şart da bulunsa bakılır, eğer bu şarta bağlama ve şart, kocanın hastalığında meydana gelirse, kadın mirasçı olur. Mesela koca, "filan kimse öğle namazını kıldığında" veya "aybaşı geldiğinde sen boşsun" dese, bu şarta bağlama ve şart, kocanın hastalığında olursa, kadın ona mirasçı olur. Bunlardan birisi, kocanın sıhhatli halindeyken olursa, kadın mirasçı olmaz.

Koca talakı kendi yapacağı bir işe bağlasa, mesela, "eve girersem" veya "öğle namazını kılarsam" sen boşsun" dese, bu şarta bağlama işi ile şarttan her ikisi, veya sadece şart, koca hasta iken meydana gelse, kadın mirasçı olur.

Keza koca talakı, kadının yapacağı bir işe bağlasa ve bu iş, kadının mutlaka yapması gereken bir iş olsa ve bu şarta bağlama ve şart, kocanın hastalığı sırasında meydana gelmiş olsa, kadın kocasına mirasçı olur. Mesela, adam karısına, "eğer yemek yersen, su içersen, baban ve annenle konuşursan veya borcunu ödersen boşsun" dese, yine mirasçı olur. Zira bunlar mutlaka yapılması gereken işlerdendir. Keza sadece şart, kocanın hastalığı sırasında olursa, Ebu Hanife ve Ebu Yusuf'a göre kadın yine mirasçı olur. İmam Muhammed buna muhalefet ederek "mirasçı olmaz" der. Ebu Hanife ve Ebu Yusuf'un delili şudur: Koca, kadının mutlaka yapacağı bir şeyi şart koşmakla, onu boşanmaya mecbur etmiş oldu. Böylece işi kocası yapmış, kadın onun aleti durumuna gelmiş oldu. Nitekim Zayd Amr'ı bir başkasının malını telef etmeye zorlasa, Amr da o malı telef etse, Amr'ı o işi yapmaya zorlayan Zeyd zararı tazmin eder. Burada Amr, Zeyd'in o işi yapmak için kullandığı bir alet gibi oldu. Bu takdirde, Amr'ın yaptığı işi Zeyd yapmış olur.

Bir kimse talakı, karısının, mutlaka yapması gerekmeyen bir işe bağlarsa, her iki halde de mirasçı olmaz. Şarta bağlama ile şart, ister kocanın hastalığı halinde bulunsun, ister bulunmasın. Mesela "Zeyd ile konuşursan sen boşsun" dese, kadın Zeyd'le konuştuğu takdirde kocasına mirasçı olamaz. Zira kadının Zeyd'le konuşması zaruri değildir. Bunun için, eğer şart gerçekleşirse, yani kadın Zeyd'le konuşursa mirasçı olamaz.

Koca hasta iken, karısının zina yaptığını idda etse ve karşılıklı lanetleşseler, kadın mirasçı olur. Bu mesele, kadının mutlaka yapması gereken işlere katıldı. Çünkü bu husumet, zina ayıbını kaldırmak için yapılmış olup buna da koca sebep olmuştur.

Keza zina iddiası kocanın sıhhatli halinde, lanetleşme de hasta halinde olsa, kadın yine mirasçı olur. İmam Muhammed buna muhalefet eder.

Kocası karısını ilâ eylese, zevce de bu ilâ sebebiyle bir bain talakla boş olsa, mesela; adam karısına, "dört ay seninle cinsel ilişkide bulunmayacağım' dese, bakılır, eğer ilâ ile ayrılık kocanın hastalığı halinde olursa, kadın mirasçı olur. Eğer ila; adam sıhhatte iken olursa, kadın mirasçı olamaz.

Ric'i talakla boşanan kadın, yukarda anlatılan bütün durumlarda, eğer iddet beklerken kocası ölürse ona mirasçı olur. Zira bu tür talakta nikah henüz devam etmektedir. Koca kadın iddet beklerken ölmez, daha sonra ölürse, yukarda anlatılan durumların hiçbirinde kocasına mirasçı olamaz.

9. KISIM

بَابُ الرِّجْعَةِ

هِيَ اسْتِدَامَةُ النِّكَاحِ الْقَائِمِ فِى الْعِدَّةِ* فَمَنْ طَلَّقَ مَا دُونَ الثَّلَاثِ بِصَرِيحِ الطَّلَاقِ أَوْ بِالثَّلَاثِ الْأَوَّلِ مِنْ كِنَايَاتِهِ وَلَمْ يَصِفْهُ بِضَرْبٍ مِنَ الشِّدَّةِ وَلَمْ يَكُنْ بِمُقَابَلَةِ مَالٍ فَلَهُ أَنْ يُرَاجِعَ وَإِنْ أَبَتْ مَا دَامَتْ فِى الْعِدَّةِ بِقَوْلِهِ رَاجَعْتُكِ أَوْ رَاجَعْتُ امْرَأَتِى أَوْ بِفِعْلٍ مَا يُوجِبُ حُرْمَةَ الْمُصَاهَرَةِ مِنْ وَطْىءٍ وَمَسٍّ وَنَحْوِهِ مِنْ أَحَدِ الْجَانِبَيْنِ* وَنُدِبَ الْاِشْهَادُ عَلَيْهَا وَاِعْلَامُهَا بِهَا* وَلَوْ قَالَ بَعْدَ الْعِدَّةِ كُنْتُ رَاجَعْتُكِ فِيهَا فَصَدَّقَتْهُ صَحَّتْ وَاِلَّا فَلَا وَلَوْ قَالَ رَاجَعْتُكِ فَقَالَتْ مُجِيبَةً لَهُ اِنْقَضَتْ عِدَّتِى فَالْقَوْلُ لَهَا وَلَا تَصِحُّ الرَّجْعَةُ خِلَافاً لَهُمَا* وَإِنْ قَالَ زَوْجُ الْأَمَةِ بَعْدَ الْعِدَّةِ كُنْتُ رَاجَعْتُ فِيهَا فَصَدَّقَهُ سَيِّدُهَا وَكَذَّبَتْهُ فَالْقَوْلُ لَهَا* وَعِنْدَهُمَا لِلسَّيِّدِ وَفِى عَكْسِهِ الْقَوْلُ لِلسَّيِّدِ اِتِّفَاقاً فِى الصَّحِيحِ* وَإِنْ قَالَ رَاجَعْتُكِ فَقَالَتْ مَضَتْ عِدَّتِى وَأَنْكَرَا فَالْقَوْلُ لَهَا وَإِذَا طَهُرَتْ مِنَ الْحَيْضِ الْأَخِيرِ لِعَشَرَةٍ اِنْقَطَعَتِ الرَّجْعَةُ وَإِنْ لَمْ تَغْتَسِلْ* وَإِنْ اِنْقَطَعَ لِأَقَلَّ لَا مَا لَمْ تَغْتَسِلْ أَوْ يَمْضِىَ عَلَيْهَا وَقْتُ صَلَاةٍ أَوْ تَيَمَّمَ وَتُصَلِّى وَعِنْدَ مُحَمَّدٍ تَنْقَطِعُ بِالتَّيَمُّمِ وَإِنْ لَمْ تُصَلِّ* وَفِى الْكِتَابِيَّةِ بِمُجَرَّدِ الْاِنْقِطَاعِ اِتِّفَاقاً* وَلَوْ اِغْتَسَلَتْ وَنَسِيَتْ أَقَلَّ مِنْ عُضْوٍ اِنْقَطَعَتْ وَإِنْ نَسِيَتْ عُضْواً لَا* وَكُلٌّ مِنَ الْمَضْمَضَةِ وَالْاِسْتِنْشَاقِ كَالْأَقَلِّ وَفِى رِوَايَةٍ عَنْ أَبِى يُوسُفَ كَتَمَامِ الْعُضْوِ* وَلَوْ طَلَّقَ

BOŞAMA ve BOŞANMA

حَامِلاً أَوْ مَنْ وَلَدَتْ مِنْهُ وَأَنْكَرَ وَطْئَهَا لَهُ أَنْ يُرَاجِعَ* وَإِنْ طَلَّقَ مَنْ خَلاَ بِهَا وَأَنْكَرَ وَطْئَهَا فَلَيْسَ لَهُ أَنْ يُرَاجِعَ فَإِنْ رَاجَعَهَا ثُمَّ وَلَدَتْ بَعْدَ الرَّجْعَةِ لِأَقَلَّ مِنْ عَامَيْنِ صَحَّتِ الرَّجْعَةُ* وَلَوْ قَالَ لِامْرَأَتِهِ إِنْ وَلَدْتِ فَأَنْتِ طَالِقٌ فَوَلَدَتْ وَلَداً ثُمَّ اخر من بَطْنٍ آخَرَ فَهُوَ رَجْعَةٌ* وَإِنْ قَالَ كُلَّمَا وَلَدْتِ فَأَنْتِ طَالِقٌ فَوَلَدَتْ ثَلَثَةً فِى بُطُونٍ قَالَثَّانِى وَالثَّالِثُ رَجْعَةٌ وَتَتِمُّ الثَّلَاثُ بِوِلاَدَةِ الثَّالِثِ

وَعَلَيْهَا الْعِدَّةُ بِالْأَقْرَاءِ* وَالْمُطَلَّقَةُ الرَّجْعِيَّةُ تَتَشَوَّفُ وَتَتَزَيَّنُ* وَنُدِبَ أَنْ لاَ يَدْخُلَ عَلَيْهَا حَتَّى يُعْلِمَهَا إِنْ لَمْ يَقْصِدْ رِجْعَتَهَا* وَلَيْسَ لَهُ أَنْ يُسَافِرَ بِهَا حَتَّى يُرَاجِعَهَا* وَالطَّلَاقُ الرَّجْعِى لاَ يُحَرِّمُ الْوُطْىءَ* وَلَهُ أَنْ يَتَزَوَّجَ مُبَانَتَهُ بِمَا دُونَ الثَّلَاثِ فِى الْعِدَّةِ وَبَعْدَهَا وَلاَ تَحِلُّ الْحُرَّةُ بَعْدَ الثَّلَاثِ وَلاَ الْأَمَةُ بَعْدَ الثِّنْتَيْنِ إِلاَّ بَعْدَ وَطْىءِ زَوْجٍ آخَرَ بِنِكَاحٍ صَحِيحٍ وَمُضِىِّ عِدَّتِهِ وَلاَ تَحِلُّ لَهُ بِمِلْكِ يَمِينٍ وَيُحَلِّلُهَا وَطْىءُ الْمُرَاهِقِ لاَ السَّيِّدُ وَالشَّرْطُ الْإِيلاَجُ دُونَ الْإِنْزَالِ* فَإِنْ تَزَوَّجَهَا بِشَرْطِ التَّحْلِيلِ كُرِهَ* وَتَحِلُّ لِلْأَوَّلِ وَعَنْ أَبِى يُوسُفَ أَنَّ النِّكَاحَ فَاسِدٌ وَلاَ تَحِلُّ لِلْأَوَّلِ وَعَنْ مُحَمَّدٍ أَنَّهُ صَحِيحٌ وَلاَ تَحِلُّ لِلْأَوَّلِ* وَالزَّوْجُ الثَّانِى يَهْدِمُ مَا دُونَ الثَّلَاثِ أَيْضاً خِلاَفاً لِمُحَمَّدٍ فَمَنْ طُلِّقَتْ دُونَهَا وَعَادَتْ إِلَيْهِ بَعْدَ آخَرَ عَادَتْ بِثَلَاثٍ وَعِنْدَهُ بِمَا بَقِىَ* وَلَوْ قَالَتْ مُطَلَّقَةُ الثَّلَاثِ انْقَضَتْ عِدَّتِى مِنْكَ وَتَحَلَّلْتُ وَانْقَضَتْ عِدَّتِى وَالْمُدَّةُ تَحْتَمِلُ ذَلِكَ فَلَهُ تَصْدِيقُهَا إِنْ غَلَبَ عَلَى ظَنِّهِ صِدْقُهَا*

RİC'İ TALAK

Ric'i talak, mevcut nikahın, iddet içinde devamını istemektir. Bir kimse karısını, sarih talakla veya talakta kullanılan kinaye lafızlardan ilk üçünden birini kullanarak üçten az talakla boşar ve bu talakı, vurgu ifade eden bir nevi vasıfla nitelemezse ve yine bu talak mal karşılığında olmazsa, kadın istemese dahi, o iddet beklerken kocası "ben sana döndüm" veya "ben karıma döndüm" diyerek karısına dönebilir. Veya akrabalık haramlığını gerektiren cinsel ilişki, dokunma veya iki taraftan birinin yaptığı benzeri işlerle karısına dönebilir. Ric'i talakla dönüldüğüne dair şahit getirmek ve bunu kadına duyurmak menduptur.

Bir kimse karısına, "sen iddet beklerken ben sana dönmüştüm" dese, kadın da onu doğrulasa bu dönüş sahih olur. Kadın kocasını doğrulamazsa sahih olmaz.

Bir kimse karısına, "ben sana döndüm" dese, karısı da cevap olarak "iddetim bitti" dese, karının sözü kabul edilir ve dönüş sahih olmaz. İmameyn buna muhalefet eder.

Cariyenin kocası, iddetten sonra, "ben sana iddet beklerken dönmüştüm" dese, cariyenin kendisi yalanladığı halde efendisi, onun kocasını doğrulasa, cariyenin sözü kabul edilir. İmameyn'e göre, efendinin sözü kabul edilir. Bunun aksinde ise sahih olan görüşe göre, ittifakla efendinin sözü kabul edilir.

Bir kimse cariyesine, "sana döndüm" dese, cariye de "iddetim bitti" dese, kocası ve efendisi iddetin bittiğini inkar etseler, söz cariyenindir.

Kadın son hayzından onuncu günde temizlendiği zaman, gusletmemiş de olsa, "dönüş hakkı" bitmiş olur. Şayet hayız on günden daha az bir vakitte kesilmişse, kadın gusletmedikçe veya üzerinden bir namaz vakti geçmedikçe veya teyemmüm edip namaz kılmadıkça, talaktan geri dönüş hakkı kesilmiş olmaz. İmam Muhammed'e göre, namaz kılmamış da olsa teyemmün etmekle dönüş sona erer. Ehl-i kitap kadında ise mücerret olarak hayzın kesilmesiyle, ittifakla geri dönüş hakkı kesilir.

Hayız kesildikten sonra kadın gusletse ve bir uzuvdan daha az bir yeri yıkamayı unutsa, kocasının dönme hakkı bitmiş olur. Eğer bir uzvu unutmuşsa, kocanın hakkı bitmiş olmaz.

Mazmaza ile istinşaktan her biri, bir uzuvdan daha azını unutmak gibidir. Ebu Yusuf'tan gelen bir rivayete göre, bunlardan herbiri bir azanın tamamı gibidir.

Bir kimse hamile veya kendinden çocuk doğuran hanımını boşasa ve onunla cinsel ilişkide bulunduğunu inkar etse, hanımına dönme hakkı vardır.

Bir kimse halvet-i Sahihada kaldığı karısını boşasa ve onunla cinsel ilişkide bulunduğunu inkar etse, artık karısına dönme hakkı yoktur. Eğer döner de, döndükten sonra iki yıldan daha az bir zamanda kadın bir çocuk doğurursa, dönüş sahih olur.

Bir kimse karısına, "eğer çocuk doğurursan sen boşsun" dese, kadın bir çocuk doğursa, daha sonra başka batından bir başka çocuk doğursa, bu son çocuğun doğması, erkeğin karısına dönmesi demektir.

Bir koca karısına, "her çocuk doğurduğunda boşsun" dese ve kadın ayrı ayrı batınlarda üç çocuk doğursa, ikinci ve üçüncü çocuk, kocanın karısına dönmesi anlamına gelir. Üçüncü çocuğun doğmasıyle üç talak tamam olur. Kadının, hayız görerek iddetini beklemesi gerekir.

Ric'i talakla boşanan kadın, yüzünü ve bedenini süsler.

Koca eğer karısına geri dönme niyetinde değilse, geldiğini duyurmadan yanına girmemesi menduptur. Karısına dönmedikçe koca, karısıyle yolculuğa çıkamaz.

Ric'i talak cinsel ilişkiyi haram kılmaz.

Bir kimsenin, üç talaktan aşağısı ile boşanan karısını, iddet içinde ve iddetten sonra alması caizdir.

Hür kadın üç talaktan, cariye kadın da iki talaktan sonra helal olmaz. Ancak sahih bir nikahla evlendiği ikinci kocayla cinsel ilişkide bulunduktan ve ondan boşanıp iddeti bittikten sonra ilk kocasına helal olur.

Bir kimse, iki talakla boşamış olduğu cariyesini satın almakla cariye ona helal olmaz. Mürahik bir çocuğun, kendisiyle cinsel ilişkide bulunması boşanmış kadını ilk kocasına helal kılar ama efendinin bunu yapması, cariyeyi ilk kocasına helal kılmaz. Kadının, ilk kocasına dönebilmesinin şartı, erkeğin cinsel organını kadınınkine sokmasıdır. İnzal şart değildir.

Bir kimse üç talakla boşanmış bir kadını hülle yapmak şartıyle alsa, mekruh olur. Ancak bu mekruh da olsa, kadın ilk kocaya helal olur. Ebu Yusuf'tan rivayet olunduğuna göre, bu nikah geçersizdir ve kadın ilk kocasına helal olmaz. İmam Muhammed'den gelen rivayete göre, hulle şartıyla kıyılan bu nikah sahihtir, fakat kadın ilk kocasına helal olmaz.

İkinci koca, üç talaktan az olan talakları da yok eder. İmam Muhammed buna muhalefet eder. Binaenaleyh bir kadın üçten az talakla boşansa ve bir başkasıyla evlendikten sonra ilk kocasına dönse, üç talakla dönmüş olur. İmam Muhammed'e göre, geri kalan talaklarla dönmüş olur.

Üç talakla boşanmış bir kadın, ilk kocasına gelip "senden iddetim bitti, hülle yaptım, ondan da iddetim bitti" dese ve geçen zamanın bunları içine alma ihtimali olsa, eğer karısının doğru söylediğine dair zann-ı galibe sahip olursa, koca onu tasdik edebilir.

İZAHI

Ric'at, var olan nikahın iddet içinde devamını istemektir. " فِى الْعِدَّةِ iddet içinde" terkibinde geçen " فى " kelimesinin, الْقَائِم veya استدامة kelimeleriyle ilgili olmasına göre, cümleye, yukarda geçen şekliyle mana verilebileceği gibi, "iddet içinde var olan nikahın devamını istemektir" şeklinde de mana verilebilmektedir.

Talakın ric'i olabilmesi için bazı şartlar vardır:

1. Sarih talak lafızlarıyle veya kinaye lafızlarla olmalıdır.
2. Talak, mal karşılığı yapılmış olmamalıdır.
3. Üç talak olmamalıdır.
4. Kadınla cinsel ilişkide bulunulmuş olmalıdır.
5. İddet devam ediyor olmalıdır.
6. Talak, vurgu ifade eden bir lafızla nitelenmemiş olmalıdır.

Ric'i talakta mutlaka bu şartlara uyulmalıdır.

Buna göre bir kimse karısını talakta kullanılan açık lafızlarla, mesela "sen boşsun", "seni boşadım" gibi ifadelerle üçten az talakla boşasa veya talakta kullanılan kinaye lafızlardan ilk üçünden birini söyleyerek boşasa, mesela, "say", "rahmini temizle", "sen birsin" dese ve talakı vurgu ifade eden bir sıfatla nitelemese, mesela, "sen tam bir talakla boşsun" veya "geniş bir talakla boşsun" demese ve bu talak, mal karşılığında olmazsa, mesela koca, "seni, bin lira karşılığında boşadım" gibi bir söz söylemezse, kadın istemese de, iddet içersindeyken kocası ona dönebilir.

Kadın orada hazır bulunuyorsa, erkek "sana döndüm" diyerek veya yanında değilse, "karıma döndüm" diyerek karısına dönebilir. Yahut, "seni tuttum, sen daha önce olduğu gibi benim yanımdasın" veya "sen benim karımsın" diyerek dönebilir. Veya akrabalık haramlığını gerektiren bir iş yaparak dönebilir. Mesela, cinsel ilişkide bulunma, şehvetle dokunma, öpme ve kadının cinsel organına bakma gibi. Bunlar karı ile kocadan hangisi tarafından yapılırsa yapılsın, dönmek ancak kocaya aittir.

Ric'i talakla kadına dönüldüğüne dair şahit getirmek ve bunu kadına duyurmak menduptur.

Bir kimse, iddetten sonra karısına, "ben sana iddet içinde dönmüştüm" dese, kadın da kocasını doğrulasa, kocanın karısına dönmesi sahih olur. Zira nikah, karşılıklı doğrulama ile sabit olduğuna göre, dönüşün sabit olması daha evladır. Eğer kadın kocasını doğrulamazsa dönüş sahih olmaz.

Bir kimse karısına, "sana dönmek istiyorum" manasını kastederek "sana döndüm" dese, kadın da cevap olarak "iddetim geçti" dese, yemin ettiği takdirde onun sözü kabul edilir ve Ebu Hanife'ye göre, dönüş sahih olmaz. İmameyn buna muhalefet ederler. Onlara göre dönüş sahih olur.

Cariyenin kocası iddetten sonra, "iddet içinde ben sana dönmüştüm" dese, imdi, cariyenin efendisi kocayı tasdik edip cariye yalanlarsa, söz cariyenindir. Onun dediği kabul edilir. İmameyn'e göre, efendinin sözü kabul edilir. Zira cariye, efendisinin mülküdür. Efendi, kendi hakkında ikrarda bulunmuş olacağından, onun sözü kabul edilir. Aksi halde yani kocasını cariye tasdik edip efendisi yalanlarsa, imamların ittifakıyle söz efendinin olup onun sözü kabul edilir, dönüş sahih olmaz.

Bir kimse cariyesine dönmek isteyerek, "sana döndüm" dese cariye "iddetim bitti" diye cevap verse ve kocası ile efendisi iddetin bittiğini inkar eyleseler, cariyenin sözü kabul edilir. Çünkü cariye müddetin geçtiğinden emin olup iddetin sona erdiğini bilmektedir. Metinde geçen فَقَالَتْ dese" sözünün başındaki "fâ", takip ifade eder. Binaenaleyh, kocası "sana döndüm" dedikten sonra, cariye biraz susup ta "iddetim bitti" dese, sözüne itibar edilmez ve ittifakla dönüş sahih olur.

Ric'i talakla boşanmış olan kadın, son hayzından yani üçüncü hayzından, onuncu günün sonunda temizlendiği zaman, gusletmemiş de olsa, kocanın geri dönüş hakkı sona ermiş olur. Eğer kan on günden daha az bir zamanda kesilmişse, kadın gusletmedikçe veya üzerinden bir namaz vakti geçmedikçe veya teyemmüm edip namaz kılmadıkça kocasının dönme hakkı vardır. İmdi, bunları yapacak kadar bir zamanın üzerinden bir miktar geçince, dönüş sahih olmaz. İmam Muhammed'e göre, kadın namaz kılmasa da teyemmüm etmesiyle kocasının dönme hakkı sona erer. Zira su bulunmadığı zaman teyemmüm, gusül yerine geçer.

Kitap ehlinden olan bir kadın, mücerret olarak hayız kanı kesilince, kocasının dönme hakkı sona ermiş olur.

Ric'i talakla boşanmış kadın, üçüncü hayızdan on günden önce temizlense, gusletse fakat bir uzuvdan daha az bir yerini yıkamayı unutsa, kocasının dönme hakkı bitmiş olur. Bir uzvu yıkamayı unutsa, kocasının dönme hakkı olur.

Mazmaza ile istinşaktan herbiri, bir uzuvdan daha azı gibi sayılır. Binaenaleyh, bir uzuvdan daha az bir yeri yıkamayı unutunca kocasının dönme hakkı sona erdiği gibi, mazmaza ve istinşaktan birini unutunca da dönme hakkı sona ermiş olur. İmam Ebu Yusuf'tan gelen bir rivayete göre, bunlar bir aza gibi sayılır. Yani, kadın bunlardan birini yapmayı unutursa, kocası ona dönebilir.

Bir kimse hamile karısını veya kendisinden çocuk doğuran karısını boşasa ve kadınla cinsel ilişkide bulunduğunu inkar etse, karısına dönebilir. Yani dönmesi sahih olur. Kâfi yazarı şöyle der: "Bir kimse hamile karısını boşasa ve "cinsel ilişkide bulunmadım" diye inkar etse kocası ona dönebilir. Kadın, boşama anında hamile olsa ve çocuk altı aydan daha az bir sürede doğsa, nesebi sabit olur. Zira Hz. Peygamber (a.s): الولد للفراش "**Çocuk, döşeğe aittir**"(28) buyurmuştur.

Bir kimse, halvet-i sahihada bulunduğu karısını boşasa ve cinsel ilişkide bulunduğunu inkar etse, karısına dönemez. İnkardan sonra geri dönüş sahih olmaz. Şeriat onu yalanlamaz. İnkarı kendi üzerine delil olur. Bu şekilde halvette bulunup cinsel ilişkiyi inkar ettikten sonra karısına döner de, bundan sonra kadın iki yıldan daha az bir zamanda çocuk doğurursa, geri dönüş sahih olur.

Bir koca karısına, "eğer doğurursan boşsun" dese, kadın da bir çocuk doğursa, daha sonra başka batında yani altı aydan bir çocuk daha doğursa, sonra doğurduğu çocuk ricat yani dönüş sayılır. Zira kadın, ilk çocuk doğmakla boşanmış oldu ve iddet de vacip oldu. İddet içinde doğan ikinci çocuk başka bir ilişkiden doğmuştur. "Bir başka batında" kaydı olmasaydı aynı batında doğmuş olurlardı ki o zaman da geri dönüş olmazdı.

Bir kimse karısına, "her ne zaman doğursan boşsun" dese, kadın da ayrı ayrı batınlardan üç çocuk doğursa, ikinci ve üçüncü çocuklar geri dönüştür. Ayrı ayrı batınlardan maksat, her çocuk arasında altı ay veya daha çok bir zaman olmasıdır. Bir seneden sonra da doğmuş olsa, kadın, iddetin bittiğini ikrar etmedikçe, ilk çocuğun doğmasıyla talak vaki olup kadın iddetini bekler. İkinci çocuğun doğmasıyla, erkek karısına dönmüş olur. Yukarda açıklandığı gibi, üçüncü çocukla da karısına dönmüş olur. Üçüncü çocuğun doğ-

---

(28) Buhari, Büyu', 3,100; Husumet, 6; Müslim; Rada, 36,37.

masıyle üç talak tamam olur ve kadın kocasına haram olur. Artık tekrar kocasına dönebilmesi için, bir başka kocaya gitmeye muhtaçtır. Boşandıktan sonra, hayız gören kadınlardan olmakla, âdet görerek iddetini bekler.

Ric'i talakla boşanan kadın, yüzünü ve bedenini süsler. Çünkü henüz karı-koca arasında nikah vardır. Teşevvüş, sadece yüzü süslemeyi ifade eder. Tezeyyün ise genel anlamda süslenmektir.

Eğer karısına dönme niyetinde değilse, rici talakla boşadığı karısının bulunduğu yere girerken, kocanın, geldiğini karıya duyurması menduptur. Habersiz yanına girdiğinde belki de kadını çıplak bulacak ve avret mahallini tesadüfen görmekle ona dönmüş olacak. Böylece tekrar boşadığında, kadının iddetinin uzaması gerekir ki bu da ona zarar vermek demektir.

Bir kimse ric'i talakla boşadığı karısına dönmedikçe, onunla sefere çıkamaz. Zira Yüce Allah'ın لا تخرجوهن من بيوتهن "Onları evlerinden çıkarmayın"(29) ayeti, ric'i talakla boşanıp ta iddet bekleyen kadınlar hakkında inmiştir.

Ric'i talak cinsel ilişkiyi haram kılmaz. İmam Şafii ve İmam Melik'e göre, ric'i talakla boşanmış kadınla cinsel ilişkide bulunmak haramdır. Zira nikah mülkü şarttır. Bu şart da talak ile yok olmuştur. Bizim delilimiz, Yüce Allah'ın, وبعولتهن أحق بردهن "Kocaları onları geri almaya daha layıktır"(30) ayet-i kerimesidir. Burada, "onların kocaları" denildiğine göre, hakiki manada kocalıkları henüz devam ediyor demektir. Bu ise evliliğin var olmasını gerektirir. İcma ile evlilik bulununca, cinsel ilişki de helal olur.

Bir kimse üçten az talakla boşadığı karısını iddet içinde ve iddetten sonra alabilir. Zira iddet içinde başkasıyle evlenmenin yasak olması, erkeğin suyunu korumak içindir. Ama kadınla evlenen, kendi kocası olunca bu sakınca ortadan kalkmış olmaktadır.

Üç talaktan sonra hür kadın, iki talaktan sonra da cariye kocasına helal olmaz. Ancak bir başka kocanın sahih nikahla onu alıp kendisiyle cinsel ilişkide bulunduktan ve iddeti geçtikten sonra helal olur. Bu şekilde boşanan kadın, kocası tarafından satın alınmakla ona helal olmaz. Mesela, bir kimse cariye olan karısını iki talakla boşasa, daha sonra efendisi sattığında onu satın alsa, başka kocaya varmadıkça kendisine helal olmaz. Yahut hür olan ka-

---

(29) Talak Suresi, 65/1.
(30) Bakara Suresi, 2/228.

rısını üç talakla boşadıktan sonra kadın dinden çıkıp dar-ı harbe girse, daha sonra esir alınıp kocası onu satın alsa, başka bir kocaya varmadan, kadın ona helal olmaz.

Kendisiyle mürahik bir çocuğun cinsel ilişkide bulunması kadını ilk kocasına helal kılar. Ama efendisinin cariyeyle cinsel ilişkide bulunması, onu kocasına helal kılmaz. Zira efendiye "koca" ismi verilmez. Mürahik, ergenlik çağına yaklaşan ve aleti hareket edip cinsel ilişki isteği duyan erkek çocuktur. Ama kadının cinsel organı çok büyük olup dübürü ile bir olsa ve ikinci kocası onunla cinsel ilişkide bulunsa, hamile kalmadıkça ilk eşine helal olmaz.

Kadının ilk kocasına helal olmasının şartı, ikinci koca ile evlendikten sonra, bu kocanın, cinsel organını kadının cinsel organına sokmasıdır. Meninin gelmesi şart değildir.

Bir kimse, üç talakla boşanmış bir kadını hülle şartıyla nikahlaması mekruhtur. Zira Hz. Peygamber (a.s): لَعَنَ اَللّٰهُ الْمُحِلَّ وَالْمُحَلَّلَ لَهُ **Allah, hulle yapana ve kendisi için hulle yapılana lanet etsin**"(31) buyurmuştur. Hidaye yazarı ve İmam Muhammed: Hadis bu işin mekruh olduğunu ifade eder. Yoksa böyle bir nikahın fâsit olduğunu göstermez demişlerdir. İbn Melek de "Menâr Şerhi"nde şöyle der: Hûll yapana lanet edilmesinin sebebi, ayrılmak maksadıyla evlenmesidir. Zira nikah, devamlı olması için meşru kılınmıştır. Ayrılmak için olursa, ödünç elbise gibi olur. Kendisine hûlle yapılana lanet edilmesi de böyle bir nikaha sebep olduğundandır. Burada lanetten maksat, bunların aşağılıklarını ortaya koymaktır. Çünkü insan tabii olarak böyle bir işten nefret eder. Yoksa bu, gerçek manada lanet değildir. Zira Hz. Peygamber (a.s) lanet edici ve ayıplayıcı olarak gönderilmedi. Bezzâziye'de şöyle yazılıdır: Hülleci sevaba nail olur. Buradaki lanet, "ücret şart kılındığı zaman lanet edilir" şeklinde yorumlanır. Hülle mekruh da olsa, bununla kadın ilk kocaya helal olur.

Ebu Yusuf'tan gelen bir rivayete göre, hülle şartıyle kılınan nikahta, muvakkat nikah manası vardır. Muvakkat nikah ise geçersizdir. Bununla, kadın birinci kocaya helal olmaz.

İmam Muhammed'den gelen rivayete göre ise, hülle şartıyla nikah sahihtir. Ama kadın, ilk kocasına helal olmaz. Zira ilk koca, şeriatın tehir etti-

---

(31) Ebu Davud, Nikah, 15.(Tirmizi, Nikah, 28 de, لَعَنَ رسولُ الله ﷺ المُحِلَّ والمُحَلَّلَ له şeklinde rivayet edilmiştir).

ği şeyde aceleci olmuştur. Nikah ahdi bir ömür boyu beraberlik gayeseyli yapılır. Hülle şartı ise buna aykırıdır. Böyle olduğu için, gayesinin zıddı kendisine uygulanmak suretiyle cezalandırılır. Öldürenin, mirastan mahrum kılınması gibi. İkinci koca, daha önce kadına verilen üç talakı yok ettiği gibi, üçten aşağı talakları da yok eder. Mesela, bir kimse bir kadını bir veya iki talakla boşasa, kadının iddeti bitip bir başka kocaya varsa, daha sonra ilk koca bu kadınla evlense, üç talakla kadına sahip olur. Tekrar bir talakla boşasa, "daha önce iki talakla boşamıştı, şimdi bununla üç olur" denmez. Çünkü ilk kocası, yeni üç talakla kadına sahip olur. İmam Muhammed buna muhalefet eder. Ona göre, üç talakla sahip olmaz.

Bir kadın üçten az talakla boşansa ve ikinci kocadan sonra ilk kocasına dönse, üç talakla döner. İmam Muhammed'e göre, geri kalan talaklarla döner. Mesela, önceden bir talak vermişse, sonra evlendiğinde iki talak ile malik olur. Önce iki talak vermişse, bir talak ile malik olur. Yeniden evlenince bir talak daha verse, önceki iki talak ile beraber hesap edilerek üç talak olur. Tekrar evlenebilmesi için bir başka kocaya ihtiyaç duyulur. İmam Muhammed'in diğer hesapları da bu kıyas üzeredir.

Üç talakla boşanmış kadın ilk kocasına gelerek: Senden iddetim bitti. Bir başkasıyle evlenip ayrıldım. Ondan da iddetim bitti" dese ve arada geçen müddetin, onun söylediği zamanı kapsama ihtimali olsa, eğer kadının doğru söylediğine dâir zannı galibi varsa, onu tasdik edebilir. Metinde geçen " تَحَلَّلْتُ " sözü, "çıktım" demektir. Yani, "ikinci kocanın karılığından çıktım" demektir. Mağrib'te böyle yazılıdır.

باب الْاِيلَاءِ

هُوَ الْحَلِفُ عَلَى تَرْكِ وَطْىءِ الزَّوْجَةِ مُدَّتَهُ وَهِىَ أَرْبَعَةُ أَشْهُرٍ لِلْحُرَّةِ وَشَهْرَانِ لِلْأَمَةِ فَلَا اِيلَاءَ لَوْ حَلِفَ عَلَى اَقَلَّ مِنْهَا* وَحُكْمُهُ وُقُوعُ طَلْقَةٍ بَائِنَةٍ اِنْ بَرَّ وَلُزُومُ الْكَفَّارَةِ اَوِ الْجَزَاءِ اِنْ حَنَثَ* فَلَوْ قَالَ لِزَوْجَتِهِ وَاللّٰهِ لَا اَقْرَبُكِ اَوْ وَاللّٰهِ لَا اَقْرَبُكِ اَرْبَعَةَ اَشْهُرٍ كَانَ مُولِياً* وَكَذَا لَوْ قَالَ اِنْ قَرَبْتُكِ فَعَلَىَّ حَجٌّ اَوْ صَوْمٌ اَوْ صَدَقَةٌ اَوْ فَانْتِ طَالِقٌ اَوْ عَبْدُهُ حُرٌّ فَاِنْ قَرِبَهَا فِى الْمُدَّةِ حَنِثَ وَسَقَطَ الْإِيلَاءُ وَاِلَّا بَانَتْ بِمُضِيِّهَا وَسَقَطَ الْيَمِينُ اِنْ حَلِفَ عَلَى اَرْبَعَةِ اَشْهُرٍ وَبَقِيَتْ اِنْ اَطْلَقَ* فَلَوْ نَكَحَهَا ثَانِياً عَادَ الْإِيلَاءُ فَاِنْ مَضَتْ مُدَّةٌ اُخْرَى بِلَا وَطْىءٍ بَانَتْ بِاُخْرَى* فَاِنْ نَكَحَ ثَالِثاً فَكَذٰلِكَ فَاِنْ تَزَوَّجَهَا بَعْدَ زَوْجٍ آخَرَ فَلَا اِيلَاءَ وَالْيَمِينُ بَاقِيَةٌ* فَاِنْ وَطِئَ لَزِمَتِ الْكَفَّارَةُ اَوِ الْجَزَاءُ وَلَا تَبِيَنُ بِمُضِىِّ الْمُدَّةِ وَاِنْ لَمْ يَطَأْ* وَكَذَا لَوْ آلَى مِنْ اَجْنَبِيَّةٍ اَوْ مِنْ مُبَانَتِهِ اَمَّا الرَّجْعِيَّةُ فَكَالزَّوْجَةِ* وَلَا اِيلَاءَ فِيمَا دُونَ اَرْبَعَةِ اَشْهُرٍ* فَلَوْ قَالَ وَاللّٰهِ لَا اَقْرَبُكِ شَهْرَيْنِ وَشَهْرَيْنِ بَعْدَهُمَا كَانَ اِيلَاءً وَلَوْ مَكَثَ يَوْماً ثُمَّ قَالَ لَا اَقْرَبُكِ شَهْرَيْنِ بَعْدَ الشَّهْرَيْنِ الْأَوَّلَيْنِ فَلَيْسَ بِاِيلَاءٍ* وَكَذَا لَوْ قَالَ لَا اَقْرَبُكِ سَنَةً اِلَّا يَوْماً فَاِنْ قَرِبَهَا وَقَدْ بَقِىَ مِنَ السَّنَةِ اَرْبَعَةُ اَشْهُرٍ صَارَ اِيلَاءً* وَلَوْ قَالَ لَا اَدْخُلُ الْبَصْرَةَ وَامْرَاَتُهُ

فِيهَا لَا يَكُونُ مُولِياً وَاِنْ عَجَزَ الْمُولى عَنْ وَطْئِهَا بِمَرَضِهِ اَوْ مَرَضِهَا اَوْرَتْقِهَا اَوْ صِغَرِهَا اَوْجِبه اَوْ لِاَنَّ بَيْنَهَا وَبَيْنَهُ مَسَافَةُ اَرْبَعَةِ اَشْهُرٍ فَفِيْهُ اَنْ يَقُولَ فِئْتُ اِلَيْهَا اِنِ اسْتَمَرَ الْعُذْرُ مِنْ وَقْتِ الْحَلِفِ اِلَى آخِرِ الْمُدَّةِ* فَلَوْ زَالَ فِى الْمُدَّةِ تَعَيَّنَ الْفَىْءُ بِالْوَطْىءِ* وَاِنْ قَالَ لَهَا اَنْتِ عَلَىَّ حَرَامٌ كَانَ مُولِياً اِنْ نَوَى التَّحْرِيمَ اَوْ لَمْ يَنْوِ شَيْئاً* وَاِنْ نَوَى ظِهَاراً فَظِهَارٌ* وَاِنْ نَوَى الْكِذْبَ فَكِذْبٌ* وَاِنْ نَوَى الطَّلَاقَ فَبَائِنٌ* وَاِنْ نَوَى الثَّلَاثَ فَثَلْثٌ وَالْفَتْوَى عَلَى وُقُوعِ الطَّلَاقِ بِهِ وَاِنْ لَمْ يَنْوِ* وَكَذَا بِقَوْلِهِ كُلُّ حَلٍّ عَلَىَّ حَرَامٌ وَهَرْجِيَّهِ بَدَسْتِ رَاسْتِ كِيرَمْ بَرْوَىْ حَرَامٌ لِلْعُرْفِ*

İLÂ

İlâ; ila için belirlenen süre içinde, erkeğin karısı ile cinsel ilişkide bulunmamaya yemin etmesidir. Bu süre de, hür kadın için dört ay, cariye için iki aydır. Bundan daha az bir süre için yemin etse ila olmaz.

İlanın hükmü: Koca, yeminini yerine getirdiği takdirde bir bâin talakın vuku bulması; yeminini bozduğu takdirde keffaretin veya cezanın lüzumudur.

Bir kimse karısına, "vallahi sana yaklaşmayacağım", veya "vallahi dört ay sana yaklaşmayacağım" dese ila yapmış olur. Keza, "eğer sana yaklaşırsam benim üzerime hac" veya "oruç" veya "sadaka lazımdır", veya "sen boşsun", "kölem hürdür" dese ve ila müddeti içinde karısına yaklaşsa yeminini bozmuş olur ve ila düşer. Eğer yeminini bozmazsa, ila müddetinin çıkmasıyla, kadın bir bain talakla boş olur ve dört ay üzerine yemin etmişse yemin düşer. Süre belirtmeden mutlak olarak yemin etmişse, yemin devam eder. Binaenaleyh, kadınla tekrar evlenirse ila da geri döner. Bundan sonra, karısıyle cinsel ilişkide bulunmadan bir ila müddeti daha geçerse, kadın tekrar bir bain talakla boş olur. Üçüncü defa nikahlasa ve yine cinsel ilişkide bulunmadan ila süresi dolsa, tekrar bir bain talakla boş olur. Bu şekilde üç talakla boş olan karısını, bir başka koca ile evlendikten sonra nikahlasa, artık ila olmaz, ancak yemin devam eder. Binaenaleyh, karısıyle cinsel ilişkide bulunsa keffaret veya ceza gerekir. Cinsel ilişkide bulunmasa da, ila müddetinin geçmesiyle, artık bain talakla boş olmaz.

Keza bir kimse, yabancı bir kadına veya bain talakla boşadığı karısına ila yapsa, bain talak vuku bulmaz. Ric'i talaka gelince, böyle bir talakla boşanmış kadın, kocanın zevcesi gibidir.

Dört aydan aşağı sürede ila olmaz. Bir kimse karısına, "vallahi sana iki ay ve o iki aydan sonra iki ay yaklaşmayacağım" dese ila olur. Fakat bir gün durduktan sonra "vallahi sana, önce söylediğim iki aydan sonra iki ay daha yaklaşmayacağım" dese ilâ olmaz.

Keza bir kimse karısına, "vallahi bir gün hariç sana bir yıl yaklaşmayacağım" dese ila olmaz. Eğer senenin bitmesine dört ay kalmışken karısına yaklaşsa ila olur.

Bir kimse, karısı Basra'da iken, "vallahi Basra'ya girmeyeceğim" dese ila yapmış olmaz.

İla yapan kimse, kendi hastalığı veya karısının hastalığı veya cinsel organının bitişik olması veya karısının küçüklüğü veya kendi cinsel organının kesik olması veya kendisiyle karısı arasında dört aylık bir mesafe bulunması sebebiyle karısı ile cinsel ilişkide bulunmaktan aciz olsa ve bu özür, yemin vaktinden müddetin bitmesine kadar devam etse, bu kişinin ila'dan dönmesi, "ben ona döndüm" demekle olur. Binaenaleyh, müddet içersinde özür sona ererse, iladan dönüş cinsel ilişkide bulunmakla olur.

Bir kimse karısına, "sen bana haramsın" dese ve bununla, karısını kendine haram kılmaya niyet etse veya hiçbir şeye niyet etmese ila yapmış olur. Bu sözle zıhara niyet ederse, bu zıhar olur. Eğer bununla yalana niyet ederse, yalan olur. Talaka niyet ederse, bain talak olur. Fetva, niyet etmemiş de olsa, bu sözle talakın vuku bulacağına dairdir.

Keza, "bütün helaller bana haram olsun" veya "sağ elimde tuttuğum her şey bana haram olsun" sözüyle, örfe göre talak vaki olur.

İZAHI

İla; lügatte yemin etmek demektir. Istılahta, bir kimsenin ila müddetince, karısıyle cinsel ilişkide bulunmamaya yemin etmesidir.

İla müddeti, hür kadınlar için dört ay; cariyeler için iki aydır. Buna göre, bir kimse, hür olan karısı ile dört aydan, cariye olan karısı ile de iki aydan az bir süre için cinsel ilişkiyi terkedeceğine yemin etse ila olmaz.

İlânın hükmü: Koca yeminini tuttuğu, yani ila süresi olan dört ay içinde karısına yaklaşmadığı takdirde bir bain talakın vuku bulması; yeminini bozduğu takdirde keffaret veya cezanın lüzumudur.

Bir kimse karısına, herhangi bir süre belirtmeden, "vallahi sana yaklaşmayacağım" dese, "vallahi sana dört ay yaklaşmayacağım" dese ilâ yapmış olur. Aynı şekilde, "eğer sana yaklaşırsam benim üzerime haccetmek" veya "oruç tutmak" veya "sadaka vermek borç olsun" veya "sen boşsun" veya "kölem hürdür" dese yine ila yapmış olur. Eğer ila süresinde yani dört ay içinde hanımına yaklaşırsa yeminini bozmuş olur. Yani "üzerime borç olsun" dediği şeyler üzerine borç olur ve ila düşer. Aksi halde, yani hanımına yaklaşmaması halinde, bu müddetin geçmesiyle karısı bir bâin talakla boş olur ve eğer "dört ay cinsel ilişkide bulunmayacağım" diye yemin etmişse, süre dolunca yemin sakıt olur. Çünkü belli bir süre için yemin edilmiştir. Bu süre bitince yemin de sona erer. Mutlak olarak yemin ederse, mesela süre vermeden "vallahi sana yaklaşmayacağım" derse, dört ayın sonunda karısı boş olduğu gibi yemin de devam eder. Binaenaleyh, bu bain talaktan sonra, koca, ikinci defa karısını nikahlasa ila da geri döner. Bu nikahtan sonra, cinsel ilişkide bulunulmadan bir dört ay daha geçerse, kadın yine bir bain talakla boş olur. Üçüncü defa nikahlasa, yine cinsel ilişkide bulunmadan bir dört ay geçse, kadın tekrar yani üçüncü defa bain talakla boş olur ve artık kocasına haram olur. Tekrar evlenebilmesi için bir başka kocaya varması gerekir. Bir kimse bir başka erkekle evlenen bu kadını, ikinci kocası boşadıktan sonra tekrar nikahlasa, artık ila geri gelmez. Ancak yemin devam eder. Binaenaleyh, karısı ile cinsel ilişkide bulunsa keffaret veya ceza yani "üzerime borç olsun" dediği şeyleri yapması gerekir. Cinsel ilişkide bulunmasa da, sürenin dolmasıyle artık kadın boş olmaz. Yani, ikinci kocadan sonra onu nikahlayıp ta dört ay cinsel ilişkide bulunmasa ila vaki olmaz.

BOŞAMA ve BOŞANMA

Keza, bir kimse yabancı yani nikahı altında bulunmayan bir kadına veya bain talakla boşadığı karısına, bu şekilde "yaklaşmayacağım" diye yemin etse ila yapmış olmaz. Zira bu iki kadın onun karısı hükmünde olmadıkları için bunlar üzerinde ila cereyan etmez. Ama ric'i talakla boşadığı kadın, karısı gibidir. Bunda ila sahih olur. Zira ric'i talakta henüz aralarında karı-kocalık devam etmektedir.

Dört aydan aşağısında ila yoktur. İmdi, bir kimse karısına, "vallahi ben iki ay ve ondan sonra iki ay daha yaklaşmayacağım" dese ila olur. "Ve ondan sonra" kaydı, bu iki süreyi birleştirmek içindir, ayırmak için değildir. Zira ifade ettikleri hüküm farklı değildir. Fakat bir gün durduktan sonra, "vallahi ben sana evvelki iki aydan sonra iki ay daha yaklaşmayacağım" dese, bu söz ila olmaz. Zira bu yeni bir sözdür. Sanki ayrı ayrı iki ay için yemin etmiş gibi olur ki, bunlar bir toplam ve bütün teşkil etmeyecekleri için ila yapmış olmaz.

Keza bir kimse karısına, "vallahi bir gün hariç, seninle bir yıl cinsel ilişkide bulunmayacağım" dese bununla da ila yapmış olmaz. Zira istisna edilen bu "bir gün" ün hangi gün olduğu belli değildir. İla yapan kimse, istediği günü istisna edebilir. Böyle olunca da ila yapmış olmaz. Buna göre senenin bitmesine dört ay veya daha fazla bir süre varken karısına yaklaşsa ila olur. Çünkü istisna edilen bir gün düşmüş olup geriye ila yapacak kadar bir müddet kalmıştır.

Bir kimse karısı Basra'da iken, "Vallahi Basra'ya girmeyeceğim" diye yemin etse ila yapmış olmaz. Çünkü karısını şehirden çıkartıp onunla cinsel ilişkide bulunması mümkündür.

İla yapan kimse kendi hastalığı sebebiyle, veya karısının hastalığı ve cinsel organının bitişik olması veya karısının küçüklüğü veya kendi cinsel organının kesik olması veya karı-koca arasında dört aylık bir mesafe bulunması gibi bir sebeple karısı ile cinsel ilişkide bulunmaktan aciz olsa ve bu özür ve acizlik, yemin ettiği andan sürenin bitimine kadar devam ederse, bu adamın karısına dönmesi, "ben karıma döndüm" demesiyle olur. Yani böyle demesi, karısına dönmesi demektir. Eğer bu müddet içinde kalkarsa, dönüş cinsel ilişki ile olur. Maksat hasıl olmadan asılı yapmaya kadir olunca, onun yerini tutan şey hükümsüz olur. Teyemmüm yapan kimse suyu gördüğünde teyemmümün bozulması gibi.

Bir kimse karısını kendisine haram kılmaya niyet ederek veya hiçbir şeye niyet etmeden, "sen bana haramsın" dese, ila yapmış olur. Bize göre, helalı haram kılmakta asıl olan yemindir. Zira Yüce Allah'ın,

يَا أَيُّهَا النَّبِيُّ لِمَ تُحَرِّمُ مَا أَحَلَّ اللهُ لَكَ تَبْتَغِي مَرْضَاتَ أَزْوَاجِكَ وَاللهُ غَفُورٌ رَحِيمٌ

"**Ey Peygamber! Zevcelerinin gönül hoşnutluklarını arayarak, Allah'ın sana helal kıldığını niçin haram kılarsın. Allah'ın mağfireti bol, rahmeti engindir**"[32] ayet-i kerimesi buna delildir. Bir şeye niyet etmeden, böyle demekle ila yapmış olmasına sebep şudur: Yemin ile sabit olan haram, haramların en aşağısıdır. Zira ila'da keffaret vermeden cinsel ilişkide bulunmak helaldır. Zıhar'da helal değildir. Çünkü ila ile meydana gelen haramlık, dört ay geçmeden sabit olmaz. Fakat zıhar'da derhal sabit olur.

Bir kimse zıhara niyet ederek, karısına "sen bana haramsın" dese Ebu Hanife ve Ebu Yusuf'a göre zıhar olur. İmam Muhammed'e göre zıhar olmaz. Şemsu'l-eimme es-Serahsi, Nevadir'inde şöyle nakleder: Helalı harama benzetmek zıharın rüknüdür. "Sen bana haramsın" sözünde ise bir tesbih ve benzetme yoktur. Bu takdirde bu söz, zıhar olmamış olur. Ebu Hanife ile Ebu Yusuf'un delilleri ise şudur: Bu kimse haramı bir şeyle kayıtlamadan mutlak olarak söyledi. Böyle olunca da bütün haram nevilerini kapsamış olur. Zıhar da haram nevilerinden biri olduğuna göre, ihtimali olan bir şeye niyet etmesi sahih ve tasdik olunur.

Bir kimse karısına, yalan söyleme niyetiyle "sen bana haramsın" dese, bu sözüyle yalan söylemiş olur. Çünkü karısının kendisine helal olduğunu bilerek, bir yalan söyleyeyim niyetiyle böyle demiştir. Böyle demekle gerçeğe uygun olmayan bir şeyi haber vermiş oldu. Niyeti gerçeği söylememek olduğu için haber verdiği şey de yalan olmuştur.

Bir kimse karısına, talak niyetiyle, "sen bana haramsın" dese, kadın bir bain talakla boş olur. Üç talaka niyet ederek böyle dese, üç talakla boş olur. "Sen bana haramsın" sözüyle ilgili olarak verilen fetva, bununla niyetsiz bir talakın vuku bulacağı şeklindedir.

Keza bir kimsenin, "bütün helaller bana haramdır" demesiyle niyetsiz bir talak vaki olur. Yahut bir kimse, "sağ elimde tuttuğum her şey benim üzerime haramdır" dese, bu sözle de örfe göre talak vaki olur. Hidaye yazarı ve meşayihten bazıları, "sen bana haramsın" sözüyle, örfe göre niyetsiz talak vaki olacağını söylemişlerdir.

---

(32) Talak Suresi, 66/1.

Rivayet olunduğuna göre, Ebu, Cafer el-Hinduvanî zamanında, "sen bana haramsın" sözüyle kadının boş olması bir vakıa haline gelmişti. Ona göre, bu müşkil bir mesele olup, kendi kendine şöyle derdi: Layık olan şu ki, bununla talak vaki olmamalı. Hep bu sözü söyler, günlerce üzülüp düşünürdü. Bir gün küçük kızı: "Babacığım, seni üzüntülü görüyorum. Sebebi nedir?" diye sormuş, o da meseleyi tafsilatıyla kızına anlatmış. Kızı: "Babacığım, insanların örfüne göre bununla talak vaki olur. Zira bu sözü söyleyerek yemin edenler erkeklerdir. Kadınlar bu sözle yemin etmiyorlar. Talak olmasa kadınlar da yemin ederlerdi" demiş.

İbn Hümam ve Pezdevi Mebsut'unda, "bununla niyetsiz talak vaki olmaz" demişlerdir.

11. KISIM

باب الخُلْعِ

هُوَ الْفَصْلُ عَنِ النِّكَاحِ وَقِيلَ اَنْ تَفْتَدِىَ الْمَرْاَةُ نَفْسَهَا بِمَالٍ لِيَخْلَعَهَا بِهِ* وَلَا بَأْسَ بِهِ عِنْدَ الْحَاجَةِ* وَكَرِهَ لَهُ اَخْذَ شَيْءٍ اِنْ نَشَزَ وَاَخْذَ اَكْثَرَ مِمَّا اَعْطَاهَا اِنْ نَشَزَتْ* وَالْوَاقِعُ بِهِ وَبِالطَّلَاقِ عَلٰى مَالٍ بَائِنٍ وَيَلْزَمُ الْمَالُ الْمُسَمَّى وَمَا صَلُحَ مَهْرًا صَلُحَ بَدَلًا لِلْخُلْعِ* وَاِنْ بَطَلَ الْعِوَضُ فِيهِ تَقَعُ بَائِنًا* وَالطَّلَاقُ يَقَعُ رَجْعِيًّا بِلَا شَيْءٍ كَمَا اِذَا خَالَعَهَا اَوْ طَلَّقَهَا وَهُوَ مُسْلِمٌ عَلٰى خَمْرٍ اَوْ خِنْزِيرٍ اَوْ مَيْتَةٍ* اَوْ قَالَتْ خَالِعْنِى عَلٰى مَا فِى يَدِى وَلَا شَيْءَ فِى يَدِهَا* وَاِنْ قَالَتْ عَلٰى مَا فِى يَدِى مِنْ دَرَاهِمَ وَلَا شَيْءَ فِيهَا لَزِمَهَا ثَلٰثَةُ دَرَاهِمَ وَاِنْ قَالَتْ مِنْ مَالٍ لَزِمَهَا رَدُّ مَهْرِهَا وَاِنْ خَالَعَهَا عَلٰى عَبْدِهَا الْاٰبِقِ عَلٰى اَنَّهَا بَرِيئَةٌ مِنْ ضَمَانِهِ لَاتَبْرَأُ وَلَزِمَهَا تَسْلِيمُهُ اِنْ اَمْكَنَ وَاِلَّا فَقِيمَتُهُ* وَلَوْ قَالَتْ طَلِّقِى ثَلٰثًا بِاَلْفٍ فَطَلَّقَ وَاحِدَةً فَلَهُ ثُلُثُ الْاَلْفِ وَبَانَتْ* وَفِى عَلٰى اَلْفٍ يَقَعُ رَجْعِيًّا بِلَا شَيْءٍ وَعِنْدَهُمَا كَالْبَاءِ* وَلَوْ قَالَ لَهَا طَلِّقِى نَفْسَكِ ثَلٰثًا بِاَلْفٍ اَوْ عَلٰى اَلْفٍ فَطَلَّقَتْ وَاحِدَةً لَا يَقَعُ شَيْءٌ وَلَوْ قَالَ اَنْتِ طَالِقٌ بِاَلْفٍ اَوْ عَلٰى اَلْفٍ فَقَبِلَتْ بَانَتْ وَلَزِمَهَا الْمَالُ وَلَوْ قَالَ اَنْتِ طَالِقٌ وَعَلَيْكِ اَلْفٌ اَوْ قَالَ لِعَبْدِهِ اَنْتَ حُرٌّ وَعَلَيْكَ اَلْفٌ طُلِّقَتْ وَعُتِقَ مَجَّانًا وَاِنْ لَمْ يَقْبَلَا وَعِنْدَهُمَا لَا مَا لَمْ يَقْبَلَا وَاِذَا قَبِلَا لَزِمَ الْمَالُ* وَالْخُلْعُ مُعَاوَضَةٌ فِى حَقِّهَا فَيَصِحُّ رُجُوعُهَا قَبْلَ قَبُولِهِ بَعْدَ مَا اَوْجَبَتْ وَشَرْطُ الْخِيَارِ لَهَا* وَيَبْطُلُ بِالْقِيَامِ عَنِ الْمَجْلِسِ قَبْلَ قَبُولِهِ وَيَمِينٌ

فِى حَقِّهِ فَلَا يَرْجِعُ بَعْدَ مَا أَوْجَبَ* وَلَا يَصِحُّ شَرْطُ الْخِيَارِ لَهُ وَلَا يَبْطُلُ بِالْقِيَامِ عَنِ الْمَجْلِسِ قَبْلَ قَبُولِهَا* وَجَانِبُ الْعَبْدِ فِى الْعِتْقِ عَلَى مَالٍ كَجَانِبِهَا* وَلَوْ قَالَ لَهَا طَلَّقْتُكِ أَمْسِ بِأَلْفٍ فَلَمْ تَقْبَلِى فَقَالَتْ بَلْ قَبِلْتُ فَالْقَوْلُ لَهُ* وَلَوْ قَالَ الْبَائِعُ كَذٰلِكَ فَالْقَوْلُ لِلْمُشْتَرِى* وَالْمُبَارَأَةُ كَالْخُلْعِ وَيَسْقُطُ كُلٌّ مِنْهُمَا كُلَّ حَقٍّ لِكُلِّ وَاحِدٍ مِنَ الزَّوْجَيْنِ عَلَى الْآخَرِ مِمَّا يَتَعَلَّقُ بِالنِّكَاحِ فَلَا تُطَالِبُ هِىَ بِمَهْرٍ وَلَا نَفَقَةٍ مَاضِيَةٍ مَفْرُوضَةٍ وَلَا هُوَ بِنَفَقَةٍ عَجَّلَهَا وَلَمْ تَمْضِ مُدَّتُهَا وَلَا بِمَهْرٍ سَلَّمَهُ وَخَلَعَ قَبْلَ الدُّخُولِ* وَعِنْدَ مُحَمَّدٍ لَا يَسْقُطُ إِلَّا مَا سَمَّيَاهُ فِيهِمَا وَأَبُوا يُوسُفَ مَعَ الْإِمَامِ فِى الْمُبَارَأَةِ وَمَعَ مُحَمَّدٍ فِى الْخُلْعِ* وَلَوْ خَلَعَ صَغِيرَتَهُ مِنْ زَوْجِهَا بِمَالٍ لَا يَلْزَمُ الْمَالُ وَلَا يَسْقُطُ مَهْرُهَا وَطُلِّقَتْ فِى الْأَصَحِّ* وَفِى الْكَبِيرَةِ يَتَوَقَّفُ عَلَى قَبُولِهَا وَلَوْ عَلَى أَنَّهُ ضَامِنٌ لَزِمَهُ الْمَالَ وَطُلِّقَتْ* وَلَوْ شَرَطَ الْمَالَ عَلَيْهَا طُلِّقَتْ بِلَا شَىْءٍ إِنْ قَبِلَتْ وَإِلَّا فَلَا تُطَلَّقُ* وَخُلْعُ الْمَرِيضَةِ مَرَضَ الْمَوْتِ مُعْتَبَرٌ مِنَ الثُّلُثِ*

HUL'

Hul', nikahtan ayrılmaktır. Bazıları şöyle der: Hul'; kendisini boşamak üzere bir malı kocasına fidye vermek suretiyle, kadının kendisini nikah bağından kurtarmasıdır. İhtiyaç duyulduğunda böyle bir şey yapılmasında bir beis yoktur.

Geçimsizliği erkek çıkarırsa, boşanmak için kadından bir şey alması mekruh olur. Eğer kadın geçimsizlik yapıyorsa erkeğin, ona verdiğinden fazlasını alması mekruh olur.

Hul' ile ve mal karşılığı talakla vaki olan, bain talaktır. Konuşulan malı vermek gerekir. Mehir için uygun olan şeyin, hul' karşılığı verilmesi de uygun olur.

Eğer hul'da talak karşılığı verilen mal batıl olursa, bir bain talak vaki olur. Talakta ise karşılık olarak bir şey alınmadan bir ric'i talak vaki olur. Keza bir kimse, kendisi müslüman olduğu halde, şarap veya domuz veya lâşe üzerine karısı ile hul' yapsa veya onu boşasa, bir şey alıp vermeden talak vaki olur.

Bir kadın, elinde hiçbir şey olmadığı halde, "beni, elimdeki şey üzerine boşa" dese, bir ric'i talak vaki olur. Elinde hiçbir şey olmadığı halde, "elimdeki dirhemler üzerine beni boşa" dese, üç dirhem vermesi gerekir.

Bir kadın kocasına, "beni mal karşılığı boşa" dese, mehrini vermesi gerekir.

Bir kimse karısını, karısının kaçak kölesine karşılık boşasa ve "kadın, köle bulunmazsa onun tazminatını ödemeyecektir" denilse; kadın, köleyi tazmin etmekten kurtulamaz. Mümkünse onu kocasına teslim etmesi, değilse, kıymetini vermesi gerekir.

Bir kadın kocasına, "beni bin lira mukabilinde boşa" dese, kocası da bir talakla boşasa; koca, bin liranın üçte birini alır ve kadın bir bain talakla boş olur. "Bin lira üzerine beni üç talakla boşa" dese, bir şey vermeden bir ric'i talak vaki olur. İmameyn'e göre, "bin lira üzerine" sözü, "bin lira mukabilinde" sözü gibidir.

Bir kimse karısına, "kendini bin lira mukabilinde" veya "bin lira üzerine üç talakla boşa" dese, kadın da bir talakla boşasa, bir şey vaki olmaz.

Eğer, "sen bin lira mukabilinde" veya "bin lira üzerine boşsun" dese, kadın da kabul etse, bain talakla boş olur ve malı kocasına vermesi gerekir.

Bir kimse karısına, "sen boşsun ve bin lira vermen gerekir" dese, veya kölesine, "sen hürsün ve bin lira vermen gerekir" dese, kadın ve köle kabul etmeseler de, hiç parasız kadın boş ve köle de hür olur. İmameyn'e göre, kabul etmedikleri sürece boş ve hür olmazlar. Kabul ederlerse malı vermeleri gerekir.

Hul', kadın hakkında bir karşılıktır. "Beni mal karşılığı boşa" demek suretiyle onu kendisine vacip kıldıktan sonra, kocası kabul etmeden bundan dönmesi sahih olur. Kadının muhayyerlik şartı da sahih olur. Kocası kabul etmeden, kadının o meclisten çıkmasıyle hul' batıl olur.

Hul', koca hakkında bir yemin hükmündedir. Binaenaleyh onu kabul ettikten sonra artık dönemez. Kocanın muhayyerlik şartı da sahih olmaz. Kadın kabul etmeden önce, kocanın o meclisten çıkmasıyle batıl olmaz.

Köle; malı karşılığında azat edilirken, onun, efendisine karşı konumu; kadının, kocasına karşı konumu gibidir.

Bir kimse karısına, "dün seni bin lira karşılığında boşamıştım. Sen ise bunu kabul etmemiştin" dese, karısı da, "bilakis kabul etmiştim" dese, kocanın sözü kabul edilir. Satıcı alıcıya böyle bir söz söylese, müşterinin sözü kabul edilir.

Mübaree hul' gibidir. Hul ve mübareeden herbiri, karı ile kocadan herbirinin, birbirleri üzerinde bulunan nikahla ilgili hakları düşürür. Binaenaleyh kadın mehri ve geçmişte takdir edilen nafakayı isteyemez. Koca da, müddeti geçmemiş bile olsa, karıya peşin olarak verdiği nafakayı ve kendisiyle cinsel ilişkide bulunmadan hul' ettiği eşine verdiği mehri isteyemez. İmam Muhammed'e göre, hul' ve mübaree'den herbiri, ancak karı ile kocanın bunlar hakkında konuştukları hakları düşürür. Ebu Yusuf, mübaree konusunda Ebu Hanife ile; hul' konusunda ise İmam Muhammed'le aynı görüştedir.

Bir baba küçük kızını, malı karşılığı kocasından hul' edip ayırsa, kızın malı vermesi gerekmez. Mehri düşmez ve en sahih rivayete göre, küçük kız boş olur. Büyük kızda ise kızın kabulüne bağlıdır. Baba, küçük kızın hul' bedelini vereceğini söylese, malı vermesi gerekir ve kız boş olur. Eğer baba, kızın mal vermesini şart koşar da, kız da kabul ederse, hiçbir şeysiz boş olur. Kabul etmezse boş olmaz.

Ölüm hastalığında hasta olan kadının hul'u, malının üçte birinden muteberdir.

İZAHI

Hul; çıkarmak demektir. Bir kimse üzerindeki elbise veya ayağındaki ayakkabıyı çıkardığı zaman, خَلَعَ ثَوْبَهُ وَنَعْلَهُ denir. Hul' kelimesi ile, "evlilik elbisesini üzerinden atmak" manası kastedilir.

Hul', ıstılahta, bu kelimeyi kullanarak nikah mülkünü gidermek ve karşılığında mal almaktan ibarettir. Şartı, talakın şartı gibi olup hükmü, bir bain talakın vuku bulmasıdır. Zira Hz. Peygamber (a.s): اَلْخُلْعُ تَطْلِيقَةٌ بَائِنَةٌ "hul', bir bain talakla boşamaktır" buyurmuştur. Hul', erkek tarafından bir yemin; kadın tarafından ise bir "karşılık verme" demektir.

Hul', nikahtan ayrılmaktır. Bu, bir tarif değil, bir açıklamadır. Tarif olsa, bain talak da bu kelimenin kapsamı içine girerdi. Çünkü bain talak da, "nikahtan ayrılmak" demektir.

Bir görüşe göre hul'; bir kadının, kendisini boşasın diye kocasına bir malı fidye vererek kendini nikah bağından kurtarmasıdır. Bu tarif; "Muhtar" yazarının tarifidir. Allah için, çok güzel tarif etmiş.

İhtiyaç duyulduğunda hul' yapılmasında bir beis yoktur. Zira Yüce Allah'ın, فَلاَ جُنَاحَ عَلَيْهِمَا فِيمَا افْتَدَتْ بِهِ "Artık kadının fidye olarak verdiği şeyde, karı ile koca üzerine bir vebal yoktur"(33) ayeti, hul'de bir beis olmadığına delildir. Yüce Allah, esirlerin fidye vermesi gibi, bir fidyeden bahsetti. Zira kadınlar, kocalarının yanında esir gibidir. Hz. Peygamber (a.s):" اتقوا الله فى النساء فإنهن عوانٍ عندكم "Kadınlar hakkında Allah'tan korkun. Çünkü onlar size bırakılmış zelil ve zayıf yaratıklardır"(34) buyurmuştur.

Geçimsizliği erkek çıkarırsa, kadını boşamak için ondan bir şey alması mekruhtur. Yüce Allah'ın فَلاَ تَأْخُذُوا مِنْهُ "O verdiğinizden bir şey almayın"(35) ayetinin delâletiyle, kadından bir şey alması mekruhtur. Eğer kadın geçimsizlik yapıyorsa, boşanmak için, daha önce ona verdiğinden fazlasını alması mekruhtur.

---

(33) Bakara Suresi, 2/229.
(34) Hadis İbn Mâce, Nikah, 3'te, az farklı lafızla rivayet edilmiştir.
(35) Nisa Suresi, 4/20.

Hul' ile ve mal vermek üzere yapılan sarih talakla, kadın boş olur ve bu iki boşama şeklinde, belirlenen malı vermek gerekir.

Mehir olarak verilmesi uygun olan şeyin, hul' karşılığı verilmesi de uygun olur. Eğer hul'da, talak karşılığı verilecek şey batıl ve hükümsüz olursa, yine bir bain talak vaki olur. Mesela şarap ve domuz vermek üzere hul' yapılsa, bu karşılıklar batıl ve geçersizdir. O zaman burada kinaye olarak hul' yapılmış olur ve bain talak vaki olur. Ancak şarap ve domuz üzerine yapılan talakta, bir şey vermeden bir ric'i talak vaki olur. Mesela, kocanın karısına, "bir şişe şarap karşılığı seni boşadım" demesi halinde, bir şey almadan bir ric'i talak vaki olur.

Keza bir kimse, kendisi müslüman olduğu halde, karısını şarap, veya domuz veya lâşe üzerine hul' yapsa veya boşasa, bu karşılıklardan bir şey vermesi gerekmez.

Bir kadın, elinde bir şey olmadığı halde, kocasına, "beni elimde olan şey üzerine boşa" dese, oysa elinde bir şey olmasa, yine bir şey vermeden bir talak vaki olur. Elinde hiçbir şey olmadığı halde, "beni elimdeki dirhemler üzerine boşa" dese, üç dirhem vermesi gerekir. Çünkü kadın, çoğul kipini kullanarak "dirhemler" dedi. Arapçada çoğul için kullanılan en küçük sayı üçtür. Elinde bir şey olsun veya olmasın, üç dirhem vermesi gerekir. Zira metinde geçen " من دراهم " terkibinin başındaki " من ", kadının elinde bulunan şeyin ne olduğunu açıklamak için getirilmiştir. Yani bu kelime, kadının elinde bulunan şeylerin, başka bir şey değil, sadece para olduğunu açıklamaktadır. Bunun da en az sayısı üçtür. Yoksa bu " من " kelimesi, "elimde olanların bir kısmını" manasını vermez. Zira bu kelime olmasa cümlenin manası bozulur. Hidaye'de böyle yazılıdır.

Bir kadın kocasına, "beni mal karşılığı boşa" dese, mehrini vermesi gerekir. Zira "mal karşılığı" dediği için, bunun nasıl bir mal olduğunu ve kıymetinin ne olduğunu belirlemek mümkün değildir. Zira ikisi de bilinmemektedir. "Mehr-i mislini vermeli" demenin de bir tutanağı yoktur. Bu takdirde kocasına mehrini vermesi gerekir.

Bir kimse karısını, onun kaçak kölesine karşılık boşasa, ancak köle bulunmazsa, kadın onun bedelini ödemekten berî olacak denilse, böyle demekle kadın, kölenin bedelini tazmin etmekten kurtulamaz. Mümkünse köleyi teslim etmesi, değilse kıymetini vermelidir. Zira hul', bir karşılık verme anlaşmasıdır. Karşılığın teslim edilmesi gerekir. Böyle olunca da, "kölenin bedelini ödememe" şartı geçersiz olur. Çünkü böyle bir şart, bu akdin yapılmış olmasını gerektirmez. Dolayısıyla şart bulunmamış olur. Ama hul' fasit ve geçersiz olmaz. Zira hul', fasit şartlarla batıl olmayan akitlerdendir.

Bir kadın kocasına, "beni bin lira karşılığında üç talakla boşa" dese, kocası da bir talak verse, kocanın, bin liranın üçte birini almaya hakkı olur. Çünkü "bin liraya karşılık üç talak" denilince, bin liranın üç talaka bölünmesi gerekir. Buna göre, bir talakla, bin liranın üçte biri gerekir. Kadın bu durumda bir bain talakla boş olur.

Bir kadın kocasına, "beni bin lira üzerine üç talakla boşa" dese, koca da bir talak verse, Ebu Hanife'ye göre hiçbir şey vermeden bir ric'i talak vaki olur. Çünkü bu cümlede geçen "üzerine" sözü, şart ifade eder. Yani "bin lira verme şartıyle" demektir. İmdi, şarta bağlamakla talak sahih olur. Şartın cüzleri (yani burada bin liranın parçaları' şart kılınanın (yani burada üç talakın) cüzleri üzerine dağılmaz. Dolayısıyla bin liranın tamamı şart koşulduğu için, bin lira verilmeden üç talak vaki olmaz. Ancak koca "boşadım" deyince, bu sözün neticesinde bir rici talak vuku bulur. İmameyn'e göre, bununla da bir bain talak meydana gelir. Çünkü onlara göre "karşılığında" sözü ile "üzerine" sözü arasında fark yoktur. "Bu yemeği bir lira karşılığında yaparım" sözü ile "bin lira şartıyle yaparım" aynı manadadır. Buna göre, bu sözle de bir bain talak vaki olur.

Bir kimse karısına, "kendini bin akçe karşılığında" veya "bin akçe üzerine üç talakla boşa" dese, kadın da kendini bir talakla boşasa bir şey vaki olmaz. Eğer, "sen bin akçe karşılığında" veya "bin akçe üzerine boşsun" dese, kadın da kabul etse, bir bain talakla boş olur ve kadının o malı vermesi gerekir.

Bir kimse karısına, "sen boşsun ve bin akçe vermen gerekir" dese, veya kölesine, "sen hürsün ve bin akçe vermen gerekir" dese, bunların ikisi de bin akçeyi kabul etmeseler dahi, hiç ücret ödemeden kadın boş ve köle hür olur. Zira kocanın bunlara söylediği ikinci cümle, müstakil bir cümle olup, önceki ile bir irtibatı yoktur. Kadın ve köle bu bin akçeyi vermeyi kabul etmedikçe, İmameyn'e göre kadın boş ve köle hür olmaz. Kabul ederlerse bu malı vermeleri gerekir. Çünkü bu söz, karşılıklı mal alıp vermelerde kullanılır. Bu takdirde bu söz, "sen bin akçe karşılığında boşsun" anlamına gelir.

Hul', kadın hakkında bir "karşılık"tır. İmdi, icâb'ı yani bir sözleşmede ilk söylenen sözü -ki burada "beni mal karşılığı boşa" sözüdür.- Söylendikten sonra kocası bunu kabul etmeden bundan dönmesi sahih olur. Diğer değiş tokuşlu muamelelerde olduğu gibi, kadının muhayyerlik şartını koyması da sahih olur. Kocası bunu kabul etmeden, kadının o meclisten çıkmasıyla hul' batıl olur.

Koca hakkında hul', bir yemindir. Binaenaleyh, kabulden sonra dönemez. Kocanın muhayyerlik şartı da sahih olmaz. Mesela, "ben muhayyer olmak şartıyle sen boşsun" diyemez. Kadın kabul etmeden kocanın meclisten çıkmasıyle hul' batıl olmaz. Zira kocanın muhayyerliği sahih olmaz.

Kölenin mal karşılığı azat edilirken efendisine karşı durumu ne ise hul'da da kadının kocasına karşı durumu odur. Binaenaleyh bu azat işi, köle için bir "karşılık", efendi için bir yemindir.

Bir kimse karısına; "dün, bin akçe karşılığında seni boşamıştım, sen ise kabul etmemiştin" dese, kadın da "kabul etmiştim" dese kocanın sözü kabul edilir. Eğer satıcı, yukarda zikredildiği gibi dese, alıcı da "kabul etmiştim" dese, alıcının sözü kabul edilir.

Mübaree, yani eşlerin karşılıklı birbirlerini beraat ettirmeleri de, yukarda anlatılan hallerin hepsinde hul' gibidir. Hul' ile mübaree'den her biri, karı ile cocadan her birinin, birbirleri üzerinde bulunan, mehir ve geçmiş nafaka gibi, nikahla ilgili hakları düşürür. Binaenaleyh kadın, mehri ve geçmişte takdir edilen nafakayı isteyemez. İster cinsel ilişkiden önce olsun, ister sonra olsun, isteyemez. Koca da müddeti geçmemiş bile olsa, daha önce kadına verdiği nafakayı isteyemez. Cinsel ilişkide bulunmadan hul' ettiği karısına verdiği mehri de isteyemez.

İmam Muhammed'e göre hul' ve mübaree, sadece bunlar yapılırken karı ile kocanın belirledikleri şeyleri düşürürler. Ebu Yusuf, mübaree konusunda Ebu Hanife ile; hul' konusunda ise İmam Muhammed'le aynı görüştedir. Ebu Hanife'ye göre, belirtilmemiş de olsa, mübaree'de, nikahla ilgili olan şeyler düşer. İmam Muhammed şöyle der: İkisinde de, belirtilmemiş olan bir şey sakıt olmaz.

Bir baba küçük kızını, kızın kendi malı karşılığında hul' edip kocasından ayırsa, kız çocuğunun o malı vermesi gerekmez. Küçük kızın mehri düşmez ve en sahih rivayete göre boş olur. Çünkü kocası talakı, babanın kabülüne bağlamıştır. Bu da hasıl olmuştur. Çünkü babanın sözü, küçük kızın sözüdür. Büyük kızda ise hul', kızın kendi kabulüne bağlıdır. Babanın, büyük kız üzerine velayeti yoktur. Onun hakkında konuşması fuzuli olur.

Baba, küçük kızını, onun hul' bedelini vereceğini söyleyerek hul' etse, malı vermesi gerekir ve kız boş olur. Babası bunun üzerine aldığı için, küçük kıza gerekli olmasa da babasına gerekli olur. Zira bu bedeli ödemeyi üzerine almak, bir yabancı ile sulh yapılırken dahi sahihtir. Baba için sahih olması daha layıktır. Hul'ü kabul ederse, büyük kız da boş olur. Eğer baba, küçük kızın daha sonra mal vermesini şart koşar da, o da aklı başında bir çocuk olup bunu kabul ederse, bir şey vermeden boş olur. İlerde mal vermeyi kabul etmezse boş olmaz.

Ölüm derecesinde hasta olan kadının hul'u, malının üçte birinden muteberdir. Bu hul' bir teberrudur.

12. KISIM

بَابُ الظِّهَارِ

هُوَ تَشْبِيهُ زَوْجَتِهِ أَوْ عُضْوٍ مِنْهَا يُعَبَّرُ بِهِ عَنْ جُمْلَتِهَا أَوْ جُزْءٍ شَائِعٍ مِنْهَا بِعُضْوٍ يَحْرُمُ عَلَيْهِ النَّظَرُ إِلَيْهِ مِنْ مَحَارِمِهِ وَلَوْ رَضَاعاً* فَلَوْ قَالَ لَهَا أَنْتِ عَلَيَّ كَظَهْرِ أُمِّي أَوْ رَأْسِكِ وَنَحْوِهِ أَوْ نِصْفُكِ وَشِبْهُهُ أَوْ كَبَطْنِهَا أَوْ فَخِذِهَا أَوْ كَظَهْرِ أُخْتِي أَوْ عَمَّتِي وَنَحْوِهِمَا حَرُمَ عَلَيْهِ وَطْؤُهَا وَدَوَاعِيهِ حَتَّى يُكَفِّرَ* فَلَوْ وَطِىءَ قَبْلَ التَّكْفِيرِ فَلَيْسَ عَلَيْهِ غَيْرُ الِاسْتِغْفَارِ وَالْكَفَّارَةِ الْأُولَى وَلَا يَعُودُ حَتَّى يُكَفِّرَ* وَالْعَوْدُ الْمُوجِبُ لِلْكَفَّارَةِ عَزْمُهُ عَلَى وَطْئِهَا* وَيَنْبَغِي لَهَا أَنْ تَمْنَعَ نَفْسَهَا مِنْهُ وَتُطَالِبَهُ بِالْكَفَّارَةِ وَيُجْبِرُهُ الْقَاضِي عَلَيْهَا وَاللَّفْظُ الْمَذْكُورُ لَايَحْتَمِلُ غَيْرَ الظِّهَارِ* وَلَوْ قَالَ أَنْتِ عَلَيَّ مِثْلُ أُمِّي أَوْ كَأُمِّي فَإِنْ نَوَى الْكَرَامَةَ صَدَّقَ أَوِ الظِّهَارَ فَظِهَارٌ أَوِ الطَّلَاقَ فَبَائِنٌ فَإِنْ لَمْ يَنْوِ شَيْئاً فَلَيْسَ بِشَيْءٍ* وَلَوْ قَالَ أَنْتِ عَلَيَّ حَرَامٌ كَأُمِّي وَنَوَى ظِهَاراً أَوْ طَلَاقاً فَكَمَا نَوَى* وَلَوْ قَالَ حَرَامٌ كَظَهْرِ أُمِّي وَنَوَى طَلَاقاً أَوْ إِيلَاءً فَهُوَ ظِهَارٌ وَعِنْدَهُمَا مَا نَوَى* وَلَا ظِهَارَ إِلَّا مِنَ الزَّوْجَةِ فَلَا ظِهَارَ مِنْ أَمَتِهِ وَلَا مِمَّنْ نَكَحَهَا بِلَا أَمْرِهَا وَظَاهَرَ مِنْهَا فَأَجَازَتِ النِّكَاحَ* وَلَوْ قَالَ لِنِسَائِهِ أَنْتُنَّ عَلَيَّ كَظَهْرِ أُمِّي كَانَ مُظَاهِراً مِنْهُنَّ وَعَلَيْهِ لِكُلِّ وَاحِدَةٍ كَفَّارَةٌ* وَإِنْ ظَاهَرَ مِنْ وَاحِدَةٍ مِرَاراً فِي مَجْلِسٍ أَوْ مَجَالِسَ فَعَلَيْهِ لِكُلِّ ظِهَارٍ كَفَّارَةٌ* وَهِيَ عِتْقُ رَقَبَةٍ يَجُوزُ فِيهَا الْمُسْلِمُ وَالْكَافِرُ وَالذَّكَرُ وَالْأُنْثَى وَالصَّغِيرُ وَالْكَبِيرُ وَالْأَعْوَرُ وَالْأَصَمُّ الَّذِي إِذَا صِيحَ يَسْمَعُ وَمَقْطُوعُ إِحْدَى الْيَدَيْنِ وَإِحْدَى الرِّجْلَيْنِ مِنْ خِلَافٍ وَمُكَاتَبٌ لَمْ يُؤَدِّ شَيْئاً*

وَلاَ يَجُوزُ الْأَعْمَى وَالْأَصَمُّ الَّذِى لاَ يَسْمَعُ أَصْلاً وَالْأَخْرَسُ وَمَقْطُوعُ الْيَدَيْنِ أَوِ اِبْهَامَيْهِمَا أَوِ الرِّجْلَيْنِ أَوْ يَدٍ وَرِجْلٍ مِنْ جَانِبٍ وَاحِدٍ وَمَجْنُونٌ مُطْبِقٌ وَمُدَبَّرٌ وَأُمُّ وَلَدٍ وَمُكَاتَبٌ أَدَّى بَعْضاً وَمُعْتَقٌ بَعْضُهُ* وَلَوِ اشْتَرَى قَرِيبَهُ بِنِيَّتِهَا صَحَّ* وَكَذَا لَوْ حَرَّرَ نِصْفَ عَبْدِهِ عَنْهَا ثُمَّ بَاقِيَهِ قَبْلَ وَطْءٍ مَنْ ظَاهَرَ مِنْهَا وَلَوْ حَرَّرَ نِصْفَ عَبْدٍ مُشْتَرَكٍ وَضَمِنَ بَاقِيَهِ لاَ يَجُوزُ خِلَافاً لَهُمَا* وَكَذَا لَوْ حَرَّرَ نِصْفَ عَبْدِهِ ثُمَّ جَامَعَ الْمُظَاهَرَ مِنْهَا ثُمَّ حَرَّرَ بَاقِيَهُ* فَاِنْ لَمْ يَجِدْ مَا يُعْتِقُ صَامَ شَهْرَيْنِ مُتَتَابِعَيْنِ لَيْسَ فِيهِمَا رَمَضَانُ وَلاَ شَىْءٌ مِنَ الْأَيَّامِ الْمَنْهِيَّةِ* فَاِنْ وَطِئَهَا فِيهِمَا لَيْلاً عَامِداً نَهَاراً نَاسِياً اِسْتَأْنَفَ خِلَافاً لِأَبِى يُوسُفَ* وَاِنْ أَفْطَرَ بِعُذْرٍ أَوْ بِغَيْرِ عُذْرٍ اِسْتَأْنَفَ اِجْمَاعاً* فَاِنْ لَمْ يَسْتَطِعِ الصَّوْمَ أَطْعَمَ هُوَ أَوْ نَائِبُهُ سِتِّينَ مِسْكِيناً كُلَّ مِسْكِينٍ كَالْفِطْرَةِ أَوْ قِيمَةَ ذَلِكَ وَيَصِحُّ اِعْطَاءُ مَنٍّ مِنْ بُرٍّ مَعَ مَنَوَى شَعِيرٍ أَوْ تَمْرٍ* وَتَصِحُّ الْإِبَاحَةُ فِى الْكَفَّارَاتِ وَالْفِدْيَةِ دُونَ الصَّدَقَاتِ وَالْعُشْرِ* فَلَوْ غَدَّاهُمْ وَعَشَّاهُمْ أَوْ غَدَّاهُمْ غَدَائَيْنِ أَوْ عَشَّاهُمْ عَشَائَيْنِ وَأَشْبَعَهُمْ جَازَ وَاِنْ قَلَّ مَا أَكَلُوا وَلاَ بُدَّ مِنَ الْإِدَامِ فِى خُبْزِ الشَّعِيرِ دُونَ الْحِنْطَةِ* وَلَوْ أَطْعَمَ فَقِيراً وَاحِداً سِتِّينَ يَوْماً أَجْزَأَهُ* وَاِنْ أَعْطَاهُ طَعَامَ الشَّهْرَيْنِ فِى يَوْمٍ لاَ يُجْزِى اِلاَّ عَنْ يَوْمٍ وَاحِدٍ* فَاِنْ جَامَعَهَا فِى خِلَالِ الْإِطْعَامِ لاَ يَسْتَأْنِفُ* وَلَوْ أَطْعَمَ سِتِّينَ فَقِيراً كُلَّ فَقِيرٍ صَاعاً عَنْ ظِهَارَيْنِ لاَ يَصِحُّ اِلاَّ عَنْ وَاحِدٍ وَلَوْ عَنْ ظِهَارٍ وَاِفْطَارٍ صَحَّ عَنْهُمَا* وَكَذَا لَوْ حَرَّرَ عَبْدَيْنِ عَنْ ظِهَارَيْنِ أَوْ صَامَ عَنْهُمَا أَرْبَعَةَ أَشْهُرٍ أَوْ أَطْعَمَ مِائَةً وَعِشْرِينَ فَقِيراً صَحَّ عَنْهُمَا وَاِنْ لَمْ يُعَيِّنْ* وَاِنْ حَرَّرَ عَنْهُمَا رَقَبَةً وَاحِدَةً أَوْ صَامَ شَهْرَيْنِ ثُمَّ عَيَّنَ عَنْ أَحَدِهِمَا صَحَّ وَلَوْ عَنْ ظِهَارٍ وَقَتْلٍ لاَ* وَاِنْ ظَاهَرَ الْعَبْدُ لاَ يُجْزِئُهُ اِلاَّ الصَّوْمُ وَاِنْ اُعْتِقَ عَنْهُ سَيِّدُهُ أَوْ أَطْعَمَ*

ilgili bir şey söylememesidir". Kadına yakışan, kendisini kocasıyle cinsel ilişkide bulunmaktan men etmek ve ondan keffaret istemektir. Zira keffaret verilmeden cinsel ilişkide bulunmak haramdır. Kadın zarar görmesin diye, hakim, kocayı keffaret vermeye mecbur eder.

Yukarda geçen "sen bana anamın sırtı gibisin" sözünün, zıhardan başka bir manaya ihtimali yoktur. Ama bir kimse karısına, "sen bana anam gibisin" der de, bununla karısının anası gibi değerli olduğuna niyet ederse, tasdik edilir. Bu sözle zıhara niyet ederse zıhar; talaka niyet ederse bâin talak olur. Hiçbir şeye niyet etmeden böyle söylerse bir şey olmaz.

Bir kimse karısına, "sen bana anam gibi haramsın" dese, bununla zıhara veya talaka niyet etse, neye niyet etmişse o olur. Zira bu söz, benzetme itibariyle zıhara şamil olup haram itibariyle de talaka ihtimali vardır. Böyle olunca yapmış olduğu niyet, ihtimal dahilinde olan iki şeyden birini belirlemiş olur. Talak olursa bain talak olur. Zira "haram", talakta kullanılan kinaye lafızlardandır. Haramı tasrih etmekle, yani bunu boşama gayesiyle söylediğini belirtmekle, bu sözü "annem gibi değerlisin" anlamında kullanmadığı sabit olur. Eğer niyet olmazsa, haramın en aşağı derecesi olan zıhar sabit olur. İmam Ebu Yusuf'a göre "ilâ" olur.

Bir kimse karısına, "sen bana anamın sırtı gibi haramsın" dese ve bununla talaka veya ilâ'ya niyet ederse, İmam Ebu Hanife'ye göre bu yine de zıhar olur. Zira "sırt" tabirinin kullanılması, zıhar yönünün tercih edilmesini gerektirir. İmameyn'e göre, neye niyet etmişse o olur.

Sadece zevceye zıhar yapılır. Cariyeye zıhar yapılmaz. Zira Yüce Allah, "والذين يظاهرون من نسائهم" **"zevceleriyle zıhar yapanlar"**(36) buyurmuştur. Cariye ile cinsel ilişkide bulunmak, onu mülkü altında bulundurmaya bağlı olarak yapılan bir iştir. Zıhar ise talaktan nakledilmiştir. Yani bir nevi talak gibidir. Talak ise cariye için düşünülemez.

Bir kimse bir kadını onun izni olmadan nikahlasa, yani fuzuli nikah yapsa, sonra bu fuzuli nikahla nikahladığı kadına zıhar yapsa, zıhardan sonra kadın nikaha izin verse, daha önce yapılan zıhar sahih olmaz. Zira zıhar yaptığı sırada kadın onun nikahı altında değildi. Bu nedenle, yabancı kadın hükmünde olmuş olur.

Bir koca karılarına, "siz bana anamın sırtı gibisiniz" dese hepsine zıhar yapmış olur. Herbir kadın için bir keffaret vermesi gerekir. Zira zıhar talak

---

(36) Mücadele Suresi, 58/3.

gibidir. Bir kimse bütün karılarına "siz boşsunuz" dediğinde nasıl hepsi boş olursa, zıhar da bunun gibidir. Hepsine zıhar yapmış olur. Bir karısına bir mecliste defalarca veya ayrı ayrı meclislerde zıhar yapsa her zıhar için bir keffaret vermesi gerekir.

Zıhar keffareti bir köle azat etmektir. Azat edilecek kölenin müslüman, kafir, erkek, kadın, küçük, büyük, tek gözlü, seslenildiğinde işitecek derecede sağır, el ve ayakları çaprazlamasına kesik ve hiçbir şey ödememiş mükateb olması caizdir. Kör, hiç işitmeyecek derecede sağır, iki eli veya iki baş parmağı veya iki ayağı veya aynı taraftan bir eli ve bir ayağı kesik ayılmayan deli, müdebber, ümmü veled, parasının bir kısmını ödemiş mükateb ve bir kısmı azat edilmiş köle olması caiz değildir. Yani bunları keffaret için azat etmek caiz olmaz.

Bir kimse keffaret niyetiyle, akrabası olan köleyi satın alsa ve onu keffaret olarak azat etse caizdir. Keza bir kimse keffaret için kölesinin yarısını azat etse, daha sonra diğer yarısını, zıhar ettiği karısıyle cinsel ilişkide bulunmadan evvel azat etse sahih olur.

Bir kimse başkasıyle ortak olduğu kölesinin yarısını, eşiyle cinsel ilişkide bulunmadan önce azat etse, sonra geri kalan kısmının kıymetini tazmin etse, Ebu Hanife'ye göre bu, keffarette caiz olmaz. İmameyn buna muhalefet ederek, bunun caiz olacağı görüşünü benimsemişlerdir.Keza bir kimse, kölesinin yarısını azat etse, sonra zıhar yaptığı eşiyle cinsel ilişkide bulunsa, daha sonra kölesinin diğer yarısını azat etse bu da İmam Ebu Hanife'ye göre caiz değil; İmameyn'e göre caizdir.

Bir kimse keffaret için azat edecek bir köle bulamazsa, içinde Ramazan'ın ve oruç tutmak yasak olan diğer günlerin bulunmadığı peşpeşe iki ay oruç tutar. Oruç tutulması yasak olan günler Ramazan bayramının ilk günü ile Kurban bayramının dört günüdür.

Zıhar keffareti olarak oruç tutan bir kimse, oruç tutarken geceleyin kasten veya gündüzleyin unutarak eşiyle cinsel ilişkide bulunursa orucuna yeniden baştan başlar. Ebu Yusuf buna muhalefet eder. Ona göre yeniden başlamaz. Eğer yolculuk ve hastalık gibi bir özür sebebiyle veya hiçbir özrü olmadan orucunu bozarsa, ittifakla baştan tutar.

Eğer zıhar yapan kimse bunun keffareti olarak oruç ta tutamazsa kendisi veya vekili altmış fakiri doyurur. Her fakire fitre veya kıymetini verir. Fitre buğdaydan yarım sa' (1667 gr), hurma ve arpadan bir sa'dır. Bir batman buğday ile iki batman hurma vermek sahih olur. Bir batman buğday çeyrek sa' yapar. İki batman arpa olursa yine yarım sa' olur.

Keffaretlerde ve fidyede ibaha yani, altmış fakiri getirip "doyasıya yiyin" deyip onları doyurmak sahih olur. Fakat zekat ve öşürlerde bu sahih olmaz. Altmış fakiri sabahlı akşamlı doyursa, veya altmış fakiri iki sabah veya iki akşam doyursa, yedikleri yemek az da olsa caizdir. Zira gerekli olan, fakirlerin doymasıdır. Yoksa yedikleri miktar önemli değildir. Arpa ekmeğinin yanında mutlaka katık bulunması gerekir. Buğday ekmeğinin yanında gerekmez.

Zıhar yapan kimse keffaret olarak bir fakiri altmış gün sabahlı akşamlı doyursa yeter. Zira maksat, fakirin ihtiyacını gidermektir. İhtiyaç ise her gün yenilenmektedir. Böyle olunca da, ikinci gün aynı fakire vermek, başka bir fakire vermek gibi olur. Bir günde, iki aylık yiyeceği bir fakire verse yeterli olmaz. Bu sadece, bir günlük yiyecek yerine geçer. Farz olan, altmış fakiri doyurmak veya bir fakiri altmış ayrı günde doyurmaktı. Bu olmayınca yeterli olmaz. Yedirme devam ederken karısı ile cinsel ilişkide bulunsa, yedirmeye tekrar baştan başlaması gerekmez.

Bir kimse iki zıhar keffareti olarak, her fakire bir sa' olmak üzere altmış fakiri doyursa sahih olmaz. Ancak bunu bir zıharın keffaretini vermiş olur. Fakat bunu, biri oruç bozma diğeri zıhar olmak üzere iki ayrı keffaret için yapsa sahih olur.

Keza bir kimse iki zıhar keffareti için iki köle azat etse veya bunlar için dört ay oruç tutsa veya yüzyirmi fakiri doyursa, hangisinin hangi keffaret için olduğunu belirlememiş dahi olsa, sahih olur. Zira keffaretlerin cinsi aynıdır. Yani ikisi de zıhar keffaretidir. Onun için, hangi zıharın keffareti olarak yapıldığını belirlemeye ihtiyaç kalmaz. Eğer iki zıhar için bir köle azat eder veya iki ay oruç tutar da hangisi için olduğunu daha sonra belirlerse sahih olur. Ancak keffaretlerin biri zıhar, biri adam öldürmekten dolayı ise daha sonra belirlemek sahih olmaz.

Bir köle zıhar yaparsa, keffaret olarak sadece oruç tutması yeterli olur. Efendisi onun için köle azat etse de, altmış fakiri sabahlı akşamlı doyursa da bu yeterli ve geçerli olmaz. Çünkü köle ve kölenin sahih olduğu şeylerin hepsi efendisine aittir. Keffaret ise bir nevi ibadettir. Başkasının yaptığı işle bir kimse kendi ibadetini yapmış olmaz. Bu takdirde efendisinin onun yerine köle azat etmesi veya altmış fakiri doyurması caiz olmaz. Dürer'de Zeylai'den naklen, "cezalara kıyasla, köle bir ay oruç tutar" diye yazılıdır.

BOŞAMA ve BOŞANMA

بَابُ اللِّعَانِ

هُوَ شَهَادَاتٌ مُؤَكَّدَةٌ بِالْاِيمَانِ مَقْرُونَةٌ بِاللَّعْنِ قَائِمَةٌ مَقَامَ حَدِّ الْقَذْفِ فِى حَقِّ الزَّوْجِ وَمَقَامَ حَدِّ الزِّنَا فِى حَقِّهَا* فَلَوْ قَذَفَ زَوْجَتَهُ بِالزِّنَا وَكُلُّ مِنْهُمَا اَهْلٌ لِلشَّهَادَةِ وَهِىَ مِمَّنْ يُحَدُّ قَاذِفُهَا* اَوْ نَفىٰ نَسَبَ وَلَدِهَا وَطَالَبَتْهُ بِمُوجِبِهِ وَجَبَ عَلَيْهِ اللِّعَانُ* فَاِنْ اَبىٰ حُبِسَ حَتّىٰ يُلَاعِنَ اَوْ يُكَذِّبَ نَفْسَهُ فَيُحَدُّ* فَاِنْ لَاعَنَ وَجَبَ اللِّعَانُ عَلَيْهَا* فَاِنْ اَبَتْ حُبِسَتْ حَتّىٰ تُلَاعِنَ اَوْ تُصَدِّقَهُ* فَاِنْ لَمْ يَكُنِ الزَّوْجُ مِنْ اَهْلِ الشَّهَادَةِ بِاَنْ كَانَ عَبْدًا اَوْ كَافِرًا اَوْ مَحْدُودًا فِى قَذْفٍ وَهِىَ مِنْ اَهْلِهَا حُدَّ* وَاِنْ كَانَ اَهْلًا وَهِىَ اَمَةٌ اَوْ صَغِيرَةٌ اَوْ مَجْنُونَةٌ اَوْ مَحْدُودَةٌ فِى قَذْفٍ اَوْ كَافِرَةٌ اَوْ مِمَّنْ لَا يُحَدُّ قَاذِفُهَا فَلَا حَدَّ وَلَا لِعَانَ* وَصِفَتُهُ اَنْ يَبْدَاَ بِالزَّوْجِ فَيَقُولُ اَرْبَعَ مَرَّاتٍ* اَشْهَدُ بِاللّٰهِ اَنِّى صَادِقٌ فِيمَا رَمَيْتُهَا بِهِ مِنَ الزِّنَا* وَفِى الْخَامِسَةِ* لَعْنَةُ اللّٰهِ عَلَيْهِ اِنْ كَانَ كَاذِبًا فِيمَا رَمَيْتُهَا بِهِ مِنَ الزِّنَا* يُشِيرُ اِلَيْهَا فِى جَمِيعِ ذٰلِكَ ثُمَّ تَقُولُ هِىَ اَرْبَعَ مَرَّاتٍ* اَشْهَدُ بِاللّٰهِ اِنَّهُ كَاذِبٌ فِيمَا رَمَانِى بِهِ مِنَ الزِّنَا* وَفِى الْخَامِسَةِ* غَضَبُ اللّٰهِ عَلَيْهَا اِنْ كَانَ صَادِقًا فِيمَا رَمَانِى بِهِ مِنَ الزِّنَا* تُشِيرُ اِلَيْهِ فِى جَمِيعِ ذٰلِكَ* وَاِنْ كَانَ الْقَذْفُ بِنَفْىِ الْوَلَدِ ذَكَرَاهُ عِوَضَ ذِكْرِ الزِّنَا وَاِنْ كَانَ بِالزِّنَا وَنَفْىِ الْوَلَدِ ذَكَرَاهُمَا* فَاِذَا تَلَاعَنَا فَرَّقَ الْحَاكِمُ بَيْنَهُمَا وَهُوَ طَلْقَةٌ بَائِنَةٌ وَيَنْفِى نَسَبَ الْوَلَدِ اِنْ كَانَ الْقَذْفُ بِهِ وَيَلْحَقُهُ بِاُمِّهِ* فَاِنْ اَكْذَبَ نَفْسَهُ بَعْدَ ذٰلِكَ حُدَّ وَحَلَّ لَهُ اَنْ يَتَزَوَّجَهَا خِلَافًا لِاَبِى يُوسُفَ* وَكَذٰلِكَ اِنْ قَذَفَ غَيْرَهَا بَعْدَ التَّلَاعُنِ فَحُدَّ اَوْ زَنَتْ فَحُدَّتْ*

وَلاَ لِعَانَ بِقَذْفِ الْأَخْرَسِ وَلاَ بِنَفْىِ الْحَمْلِ وَعِنْدَهُمَا يُلاَعِنُ اِنْ اَتَتْ بِهِ لَاَقَلَّ مِنْ سِتَّةِ اَشْهُرٍ* وَلَوْ قَالَ زَنَيْتِ وَهٰذَا الْحَمْلَ مِنْهُ لَاعَنَ اِتِّفَاقاً وَلاَ يَنْفِى الْقَاضِى الْحَمْلَ* وَلَوْ نَفَى الْوَلَدَ عِنْدَ التَّهْنِئَةِ وَاِبْتِيَاعِ آلَةِ الْوِلاَدَةِ صَحَّ وَلاَعَنَ* وَاِنْ نَفَى بَعْدَ ذٰلِكَ لاَ عَنَ وَلاَ يَنْتَفِى وَعِنْدَهُمَا يَصِحُّ النَّفْىُ فِى مُدَّةِ النِّفَاسِ* وَاِنْ كَانَ غَائِباً فَحَالُ عِلْمِهِ كَحَالِ وِلاَدَتِهَا* وَاِنْ نَفَى اَوَّلَ تَوْاَمَيْنِ وَاَقَرَّ بِالْآخَرِ حُدَّ وَاِنْ عَكَسَ لَاعَنَ وَيَثْبُتُ نَسَبُهُمَا فِيهِمَا*

LİAN

Lian, koca hakkında iffete iftira, karı hakkında zina haddi makamına geçen; lanetleme ile birlikte söylenen, yeminlerle pekiştirilmiş şehadetlerdir.

Binaenaleyh bir kimse karısına zina iftirasında bulunsa, zevc ile zevceden herbiri şehadete ehil olsa ve kadın, kendisine iftira edenlerin had cezasına çarptırılacağı kadınlardan olsa veya kocası, karısının çocuğunun kendisinden olmadığını söylese ve kadın ondan bu iftiranın gereğini talep etse, kocası üzerine lian vacip olur. Koca bunu kabul etmezse lian yapıncaya kadar veya kendisinin yalan söylediğini ikrar edip cezalandırılıncaya kadar hapsedilir.

Koca lian yaparsa, kadına da lian vacip olur. Kadın lianı kabul etmezse, lian yapıncaya veya kocasını tasdik edinceye kadar hapsedilir.

Kadın şehadete ehil olduğu halde, kocası köle veya kâfir veya iftiradan dolayı kendisine had uygulanmış birisi olması sebebiyle şehadete ehil olmazsa, kocaya had uygulanır.

Kadın cariye veya küçük veya deli veya iffete iftiradan dolayı cezaya çarptırılmış veya kafir ve kendisine iftira edenin cezalandırılmayacağı kimselerden olduğu halde, koca şehadete ehil ise ne had uygulanır ne de lian yapılır.

"Lianın yapılışı: Önce koca başlar. Dört defa, Allah'a şehadet ederim ki ben, onun hakkında söylediğim zina iddiasında doğru sözlüyüm" der. Beşincisin de, "eğer onun hakkında söylediğim zina iddiasında yalancı isem, Allah'ın laneti üzerime olsun" der. Bütün bunları yaparken hep karısını gösterir.

Bundan sonra kadın, dört defa, "Allah'a şehadet ederim ki o, bana zina isnadında yalancıdır" der. Beşinci olarak da, "eğer benim hakkımda söylediği zina iddiasında doğru sözlü ise Allah'ın gazabı benim üzerime olsun" der. Bütün bunlarda kocasını gösterir.

Eğer kocanın yaptığı iftira, "Çocuk benden değil" şeklinde ise, lian yaparken, "zina" yerine bunu zikrederler. Eğer iftira, her ikisi ile yapılmışsa, lianda bunları zikrederler.

Karı ile koca lian yaptıkları zaman, hakim aralarını ayırır. Bu bir bain talak olur. Eğer iftira "Çocuk benden değil" şeklinde ise hakim, çocuğun ondan olmadığına karar verir ve onu anasına verir.

Koca, lian yapıldıktan sonra, yalan söylemiş olduğunu söylerse, had uygulanır ve karısıyle tekrar evlenmek ona helal olur. Ebu Yusuf buna muhalefet eder. Keza bir kimse, karısından başka birisine zina isnat edip liandan sonra kendisine had uygulansa veya karısı zina edip karısına had uygulansa, yine karısıyle evlenmesi helal olur.

Dilsizin yaptığı iffete iftira ile lian yapılmaz. "Karnındaki çocuk benden değil" demekle de lian olmaz. İmameyn'e göre, kadın karnındakini altı aydan daha az bir sürede doğurursa, kocası lian yapar.

Bir kimse karısına, "zina ettin ve bu karnında taşıdığın da o zinanın ürünüdür" derse, ittifakla lian yapar. Hakim, kadının karnındaki çocuğun kocasından olmadığını söyleyemez.

Bir kimse, "gözün aydın, çocuğun olmuş" diye tebrik edilirken veya doğumla ilgili aletler satın alınırken, "Çocuk benden değil" dese sahih olur ve lian yapar. Bundan sonra çocuğun kendisinden olmadığını söylerse lian yapar fakat çocuğun ondan olmadığı kabul edilmez. İmameyn'e göre, lohusalık süresinde, çocuğun kendisinden olmadığını söylemesi sahih olur. Eğer doğum sırasında koca orada bulunmazsa, bunu öğrendiği an, kadının doğum yaptığı anmış gibi kabul edilir.

Bir kimse ikizlerden ilkinin kendinden olmadığını söyler de, diğerini kabul ederse, had uygulanır. Aksi halde ise lian yapar ve her iki durumda da çocukların nesebi sabit olur.

İZAHI

Bu bölüm, lianla ilgili hükümlerin açıklanması ile ilgilidir.

Lian; lügatte, kovmak ve uzuklaştırmak manasına gelir.

Bir fıkıh terimi olarak lian, yeminle pekiştirilmiş ve lanetle birlikte söylenmiş şehadetlerden ibaret olup da şehadetler koca hakkında iffete iftira cezası yerine geçer. Karı hakkında da zina cezası yerine kaim olur.

İmdi, bir kimse iffetli ve namuslu karısını zina etmekle suçlayarak "zina ettin" diye iftirada bulunsa, karı ile kocadan herbiri şehadete ehil kişilerden olsalar - zira kafir ile müslüman arasında lian olmaz - ve kadın da mükellef ve müslüman olması sebebiyle, kendisine iftira edenlerin cezalandırılacağı kimselerden olsa kocanın üzerine lian vacip olur. Veya koca, kadının çocuğunun kendisinden olmadığını söylese ve kadın kocasından bu iftiranın gereğini, yani haddi talep etse, koca üzerine lian vacip olur. Zina kendisine utanç veren bu çamuru üzerinden atmak için, kadının lian talep etmesi hakkıdır. Koca liana yanaşmazsa, lian yapıncaya veya kendini yalanlayıp daha önce yalan söylediğini açıklayıncaya kadar hapsedilir. Kendini yalanlar yani yalan söylemiş olduğunu söylerse, iffete iftira cezası gibi ceza görür. Affedilmesi, aklanması ve sulh yapılması caiz olmaz.

Koca lian yaparsa, kadın üzerine de lian yapmak vacip olur. Eğer bu durumda kadın lianı kabul etmezse, lian yapıncaya kadar veya iddia ettiği hususta kocasının doğru söylediğini tasdik edinceye kadar hapsedilir.

Kadın şehadete ehil olduğu halde kocası köle, veya kafir, veya iftiradan dolayı kendisine had uygulanmış birisi olması sebebiyle şehadete ehil olmazsa kocaya had uygulanır. Eğer koca şehadet ehlinden olsa, oysa karısı cariye, veya küçük, veya deli, veya iffete iftiradan dolayı had cezasına çarptırılmış, veya kafir veya zani kadınlar gibi, kendisine iftira edenlerin hadde uğratılmayacağı kadınlardan olsa, kocaya had uygulanmaz, aralarında lian da yapılmaz.

Lian şu şekilde yapılır:

Önce koca başlar ve dört defa, "Allah şahit, ben onun hakkında söylediğim zina iddiasında doğruyu söylüyorum" der. Beşinci defada: 'Eğer onun hakkında söylediğim zina iddiasında yalan söylüyorsam, Allah'ın laneti benim üzerime olsun" der. Bu şehadetlerin hepsinde karısını gösterir. Bundan sonra kadın dört defa, "Allah şahit, o bana zina isnadında yalancıdır" der. Beşincisinde, "eğer benim hakkımda söylediği zina isnadında kocam doğru söylüyorsa, Allah'ın gazabı üzerime olsun" der ve her defasında kocasına işaret eder.

Eğer kocanın yaptığı iftira, "çocuk benden değil" şeklinde ise lian yapılırken "zina" kelimesi yerine bu ifade kullanılır. Hem "zina yaptın", hem de "çocuk benden değil" şeklinde iftirada bulunursa, karı ile koca lian yaparken ikisini de zikrederler. Mesela koca, dört defa, "Allah şahit, ben onun hakkında söylediğim zina isnadında ve çocuğun benden olmadığı hususunda doğru söylüyorum..." der.

Karı ile koca lian yaptıkları zaman, hakim bunların arasını ayırır. Zira Hz. Peygamber (a.s) zamanında bir adam karısı ile lian yaptı. Peygamber Efendimiz (a.s) aralarını ayırıp çocuğu annesine verdi. Hakim ayırmadan, karı ile koca ayrılmış olmazlar. Ayrılmadan önce biri ölse, diğeri ona mirasçı olur. Hakimin verdiği ayırma kararı, bir bain talak hükmündedir. Kocanın iftirası "çocuk benden değil" şeklinde ise çocuğun ondan olmadığına hükmedilir. Hakim çocuğu anasına verir.

Koca liandan sonra, karısı hakkında söylediklerinin doğru olmadığını söyleyerek kendini yalanlarsa, had cezasına çarptırılır. Zira böyle yapmakla, haddi gerektiren şeyi ikrar etmiş oldu. Lian yapılmadan önce de yalan söylediğini ikrar etse yine had cezası uygulanır. Ama önce bain talakla boşasa, ne had uygulanır, ne de lian yapılır. Mesela: "Ey zaniye! Sen boşsun" ey zaniye!" derse had vurulur. Zira iffete iftira, onu boşadıktan sonra yapılmıştır.

Koca liandan sonra kendini yalanlarsa kendisine had vurulur ve kadınla tekrar evlenmesi helal olur. Ebu Yusuf buna muhalefet eder.

Ona göre, liandan sonra o kadınla tekrar evlenmesi helal olmaz. Zira Ebu Yusuf, Hz. Peygamber (a.s)'in " المتلاعنان لا يجتمعان ابدا **lian yapan karı ile koca asla bir araya gelemezler**" hadisini delil olarak gösterip, bu görüşü benimsemiştir. İmam Ebu Hanife ve İmam Muhammed de şöyle derler: "Lian yapan karı ile koca, kendilerini yalanlamadıkça yani lianları devam ettiği sürece birleşmezler. Ama koca kendisini yalanlayınca lian baki kalmaz. Zira koca, daha önce söylediği sözünden dönmekle, ona had vacip olmuştur. Bu durumda had cezası zaruri olarak uygulanacağı için, lian batıl ve geçersiz olur. Zira hem asıl, hem de onun yerine geçen halefi bir yerde toplanamaz."

Koca kendisini yalanlayıp had cezasına çarptırıldıktan sonra, lian yaptığı karısı ile evlenmesi helal olduğu gibi, karısından başka bir kadına iftira etse ve kendisine had uygulansa, veya karısı zina yapsa ve ona had vurulsa, tekrar evlenmesi halal olur. Had vurulmakla lian ehliyeti batıl olur. Zira karı-koca arasında lian, ömürde bir' defa meşrudur. Tekrar lian yapılması meşru olmaz. Kadının zinası da onun iffetini giderir ve lian yapma ehliyeti de batıl olur. Musannif merhumun metinde geçen '' فَحُدَّتْ ve had vurulursa'' sözü, kayd-ı ittifakidir. Zira kadının zina yapması, kendisine celde uygulanmasa da iffetini düşürür. ''Ve kendisine had uygulansa'' diye ayrıca tekrar zikredilmesine ihtiyaç yoktu. Ama iffete iftira buna benzemez. Zira, had uygulanmadıkça, iffete iftira ile iffet sakıt olmaz. Fakih Mekkî şöyle der: Metinde geçen, '' اَوْ زَنَتْ veya zina ederse'' sözü, '' اَوْ زَنَّتْ şeklinde okunursa ''başkasına zina isnadında bulunursa'' anlamına gelir ki, o takdirde '' فحدت ve had uygulanırsa'' sözünün zikredilmesi şart olur.

Dilsizin iffete iftirası ile lian yapılmaz. Zira dilsizin işaretle yapacağı iffete iftira, şüpheden hali olmaz. Şüphe ile ise had düşer.

Bir kimse karısına, ''karnında taşıdığın benden değil'' dese bundan dolayı lian yapılmaz. Zira ihtimaldir ki, karnındaki, bir şişlik olup çocuk değildir. Böyle olunca da iffete iftira etmiş olmaz. Eğer kadın, kocasının, ''benden değil'' dediği çocuğu altı aydan daha az bir süre içinde doğurursa, İmameyn'e göre lian yapar.

Bir kimse karısına, ''zina ettin ve bu karnındaki zinadandır'' dese ittifakla lian yaparlar. Zira ''zina ettin'' sözü açıktır. Bunu söylemekle karısının iffetine iftira etmiş oldu. Fakat hakim, kadının karnındaki çocuğun nesebini, kocasından kesmez. Çünkü lian, ''çocuk benden değildir'' sözünden dolayı değil de ''Zina ettin'' sözünden dolayı yapılmıştır.

Bir kimse, doğumdan sonra yedi gün süren tebrik günlerinde ''gözün aydın, çocuğun olmuş'' diye tebrik edilirken veya doğum eşya ve aletleri satın alınırken ''Çocuk benden değil'' dese, çocuğun ondan olmaması sahih olur ve lian yaparlar. Bundan sonra, yani tebrik günlerinden ve çocuk eşyaları alındıktan sonra ''çocuk benden değil'' dese lian yaparlar fakat ocuğun nesebi o adamdan kesilmez. Zira tebrik günlerinde ve çocuk eşyaları alınırken susmak, çocuğun kendinden olduğunu ikrar demek olur. Bu durumda lian vacip olur fakat çocuğun nesebi babadan kesilmez. İmameyn'e göre, lohusalık müddeti sona erinceye kadar, çocuğun kendisinden olmadığını söylemesi sahih olur.

Bir kimse karısı doğum yaptığı sırada orada bulunmayıp daha sonra durumdan haberdar olsa, bunu öğrendiği an, kadının doğum yaptığı an gibi kabul edilir.

Bir kimse ikiz olarak doğan iki çocuğundan ilk doğan çocuk için "bu benden değil" dese, sonra doğanın kendinden olduğunu ikrar etse had vurulur. Zira ikincisini kabul etmekle kendisini yalanlamış oldu. Aksi halde, yani birinci çocuğun kendisinden olduğunu söylemesi, ikincinin kendisinden olmadığını söylemesi halinde lian yaparlar. Zira beşincisini ikrar etmekle, karısının iffetini ikrar etmiş oldu. İkincisini "benden değil" demekle iftira etmiş oldu. Her iki halde de çocuğun nesebi sabit olur. Zira çocukların ikisi de aynı sudan yaratılmışlardır. Dolayısıyla, birinin nesebi sabit olunca zaruri olarak diğerinin nesebi de sabit olur.

14. KISIM

باب العِنِّينِ

هُوَ مَنْ لَا يَقْدِرُ عَلَى الْجِمَاعِ أَوْ يَقْدِرُ عَلَى الثَّيِّبِ دُونَ الْبِكْرِ* فَلَوْ اَقَرَّ اَنَّهُ لَمْ يَصِلْ زَوْجَتَهُ يُؤَجِّلُهُ الْحَاكِمُ سَنَةً قَمَرِيَّةً هُوَ الصَّحِيحُ* وَيُحْتَسَبُ مِنْهَا رَمَضَانُ وَاَيَّامُ حَيْضِهَا لَا مُدَّةُ مَرَضِهِ اَوْ مَرَضِهَا* فَاِنْ لَمْ يَصِلْ فِيهَا فُرِّقَ بَيْنَهُمَا اِنْ طَلَبَتْهُ وَهُوَ طَلْقَةٌ بَائِنَةٌ* فَلَوْ قَالَ وَطِئْتُ وَاَنْكَرَتْ اِنْ كَانَ قَبْلَ التَّأْجِيلِ فَاِنْ كَانَتْ ثَيِّباً اَوْ بِكْراً فَنَظَرْنَ اِلَيْهَا فَقُلْنَ هِيَ ثَيِّبٌ فَالْقَوْلُ لَهُ مَعَ يَمِينِهِ وَاِنْ قُلْنَ هِيَ بِكْرٌ اُجِّلَ* وَكَذَا اِنْ نَكَلَ وَاِنْ كَانَ بَعْدَ التَّأْجِيلِ وَهِيَ ثَيِّبٌ اَوْ بِكْرٌ وَقُلْنَ ثَيِّبٌ فَالْقَوْلُ لَهُ وَاِنْ قُلْنَ بِكْرٌ خُيِّرَتْ* وَكَذَا اِنْ نَكَلَ وَمَتَى اِخْتَارَتْهُ بَطَلَ خِيَارُهَا وَالْخَصِيُّ كَالْعِنِّينِ وَالْمَجْبُوبُ يُفَرَّقُ لِلْحَالِ* وَحَقُّ التَّفْرِيقِ فِى الْاَمَةِ لِلْمَوْلَى عِنْدَ الْاِمَامِ وَلَهَا عِنْدَ اَبِى يُوسُفَ* وَلَا خِيَارَ لَهَا اِنْ وَجَدَتْ بِهِ جُنُوناً اَوْ جُذَاماً اَوْ بَرْصاً خِلَافاً لِمُحَمَّدٍ وَلَا خِيَارَ لَهُ لَوْ وَجَدَ بِهَا ذٰلِكَ اَوْ رَتْقاً اَوْ قَرْناً*

İNNİN BÖLÜMÜ

İnnin, cinsel ilişkide bulunmaya gücü yetmeyen veya dul bir kadınla cinsel ilişkide bulunabilip te bakire ile bulunamayan kimsedir.

İmdi; bir kimse zevcesine yaklaşmadığını ikrar ederse, hakim ona bir ay senesi mühlet verir. Sahih olan da budur. Ramazan ayı ve kadının hayız günleri bu bir yıldan sayılır. Kocanın veya karının hastalık süresi, bu yıla dahil edilmez.

Erkek, hakimin verdiği bir yıl süre içinde karısına yaklaşamazsa, kadının talep etmesi halinde hakim aralarını ayırır. Bu bir bain talak olur. Erkek "ben cinsel ilişkide bulundum" der, kadın da bunu inkar ederse, eğer bu ihtilaf, erkeğe bir yıl süre verilmeden evvel ise karısı ister dul ister bakire olsun, diğer kadınlar ona bakar ve "duldur" derlerse, edeceği yeminle beraber kocanın sözü kabul edilir. Eğer kadınlar, "bu bakiredir" derlerse, bir yıl süre verilir. Keza, erkek yeminden çekinirse, dava yine bir yıl ertelenir.

Eğer bu durum, verilen bir yıl süreden sonra ortaya çıkarsa, kadın ister dul ister bakire olsun, ona bakan kadınlar "bu duldur" derlerse, erkeğin sözü kabul edilir."Bakiredir" derlerse, kadın muhayyer bırakılır. Keza erkek bu durumda yemin etmekten çekinirse, yine kadın muhayyer bırakılır. Kadın, ne zaman kocasını tercih ederse, muhayyerliği batıl olur.

Hadım, innin gibidir. Erkeklik uzvu kesik olan derhal, hakim kararıyle ayrılır.

Cariyeyi ayırma hakkı, İmam Ebu Hanife'ye göre efendiye aittir. Ebu Yusuf'a göre cariyeye aittir.

Kadın kocasından delilik, veya cüzzam veya alaca hastalığı bulursa muhayyerlik hakkı olmaz. İmam Muhammed buna muhalefet eder. Eğer koca bu hastalıkları karısında görür, veya onun tenasül uzvunu bitişik veya kemikle kapanmış bulursa, kocanın muhayyerlik hakkı yoktur.

İZAHI

Bu bölüm, innin'in açıklanması ile ilgilidir.

İnnin, cinsel ilişkide bulunmaya gücü yetmeyen veya sadece bekareti gitmiş kadınlarla cinsel ilişkide bulunabilip bakirelere yaklaşamayan kimsedir. Kadın böyle bir iddiada bulunduktan sonra, koca, karısına yaklaşamadığını ikrar etse, hakim kendi huzurunda dava görüldüğü andan itibaren kocaya bir Ay yılı mühlet verir. Sahih olan da budur. Ay yılı, üçyüz ellidört gün sekiz saat kırksekiz dakikadır. Hasan b. Ziyad, "İmam-ı Azam Hazretleri, kendi zamanlarında, güneş yılı ile bir yıl süre tanımıştır" diye rivayet etmiştir. Güneş yılı 365 gün 5 saat 55 dakika 12 saniyedir.

Davanın bir sene geri bırakılmasının sebebi şudur: Eğer hastalığın gitmesi mümkün ise bu dört mevsimden birinde olur. Zira hastalık şu dört şeyden dolayı olabilir: Soğukluk, sıcaklık, kuruluk ve rutubet. Senenin mevsimleri ise bunları kapsar. İmdi, ilkbahar sıcak ve rutubetli; yaz sıcak ve kuru; sonbahar soğuk ve kuru; kış soğuk ve rutubetlidir. Bu bir sene içinde söz konusu hastalık iyileşmeyince, artık tedavisi imkansız olur. Ramazan ayı ve kadının hayız gördüğü günler bu yıldan sayılır. Fakat kocanın veya karının hastalık halleri bu bir yıldan sayılmaz.

Koca, hakimin verdiği bu bir yıl süre içinde karısına yaklaşamaz yani onunla cinsel ilişkide bulunamazsa, kadının talebi halinde, hakim aralarını ayırır. Bu ayırma bir fesih olmayıp bain talaktır. Zira hakimin yaptığı bu ayırma işi, koca ile ilgili bir durumdan dolayı olduğu için, sanki koca kendisi boşamış gibi olur. Çünkü hakimin bu işten maksadı kadından zulmü gidermektir.

Erkek, "ben cinsel ilişkide bulundum" der, kadın bunu inkar ederse, bu ihtilafın, erkeğe bir yıl süre verilmesinden önce olması halinde, karısı ister dul ister bakire olsun, diğer kadınlar bu kadının cinsel organına bakarlar. İmdi, eğer bu kadınlar "kadın duldur" derlerse, edeceği yeminle birlikte kocanın sözü kabul edilir. Zira kadın, kocasından ayrılmaya hakkı olduğunu iddia etmekte koca ise bunu inkar etmektedir. Böyle durumlarda, yeminle beraber inkarda bulunanın sözüne itibar edilir. Zira koca asl olana tutunmuştur. Bu da kendisinin hasta olmama halidir. Bekaret, cinsel ilişkide bulunulmadan da giderilebilir. Öyle de olsa, bu işi, cinsel ilişkide bulunarak kocanın yapmış olma ihtimali vardır. Bu sebeple kocanın sözü kabul edilir. Eğer kadınlar, "bu kadın bâkiredir" derlerse, bir yıl süre verilir. Kocanın yemin etmekten çekinmesi halinde de yine bir yıl ertelenir.

Kadın dul olsun bakire olsun, eğer karı-koca arasında bu anlaşmazlık, kocaya bir yıl süre verdikten sonra olursa, yani bu süre verildikten sonra koca, "ben onunla cinsel ilişkide bulundum" der, kadın inkar edrese, onun cinsel organına bakan kadınlar "bu duldur" dedikleri takdirde, yemini ile beraber kocanın sözü kabul edilir.

Kadının bakire olup olmadığını anlamak için fıkıhçılar bazı denemelerin yapılmasını uygun görmüşlerdir. Fıkıhçılar şöyle der: Tavuğun küçük yumurtası kadının cinsel organına sokulur. Yumurta kolayca, zorlanmadan girerse kadın duldur, girmezse bakiredir. Bazıları da şöyle der: Kadın duvara işetilir. Eğer sidiği duvara ulaşırsa kadın bakire, ulaşmazsa duldur. Bazıları da şöyle der: Güvercin yumurtası pişirilip kadının cinsel organına sokulur. Girerse kadın duldur, girmezse bakiredir.

Kadının cinsel organına bakan kadınlar, onun bakire olduğunu söylerse kadın muhayyer bırakılır. Aynı şekilde, cinsel ilişkide bulunduğunu iddia eden koca, yemin etmek istemezse kadın yine muhayyer bırakılır. Bu muhayyerlikten sonra her ne zaman kadın, kocasıyla beraber olmayı tercih ederse, artık bir daha, ayrılma talebinde bulunduğu zaman muhayyerliği kalmaz.

Hasiy, bütün hükümlerde innin gibidir. Hasiy, erkeklik uzvu bulunduğu halde husyeleri çıkarılmış olan kimsedir ki biz buna hadım diyoruz. Erkeklik uzvu kesilmiş olan kimse ise karısının istemesi halinde derhal araları ayrılır.

İmam Ebu Hanife'ye göre, cariyeyi ayırma hakkı efendisine aittir. Ebu Yusuf'a göre bu hak, cariyenindir. Zira cinsel ilişkide bulunmak cariyenin hakkıdır.

Kadın, evlendiği kocasında bir delilik, veya cüzzam veya alaca gibi bir hastalık bulursa, muhayyerlik hakkı yoktur. İmam Muhammed buna muhalefet eder. Ona göre kadın, ayrılıp ayrılmamakta serbesttir.

Koca, evlendiği karısında bu hastalıkları bulsa veya ratak yani kadının cinsel organını, ilişkide bulunulamayacak şekilde etle kapanmış bulsa, veya karn yani kadının cinsel organında, ilişkiye engel bir kemiğin bulunduğunu görse, kısacası, evlendiği kadında bu hastalıkların bulunduğunu anlasa, kocanın muhayyerlik hakkı yoktur.

15. KISIM

بَابُ الْعِدَّةِ

هِىَ تَرَبُّصٌ يَلْزَمُ الْمَرْأَةَ* عِدَّةُ الْحُرَّةِ لِلطَّلَاقِ اَوِ الْفَسْخِ ثَلَثَةُ قُرُوءٍ اَىْ حَيْضٍ وَكَذَا مَنْ وُطِئَتْ بِشُبْهَةٍ اَوْ نِكَاحٍ فَاسِدٍ وَفُرِّقَتْ اَوْ مَاتَ عَنْهَا وَاُمُّ وَلَدٍ عُتِقَتْ اَوْ مَاتَ مَوْلَاهَا* وَلَا يُحْسَبُ حَيْضٌ طُلِّقَتْ فِيهِ وَاِنْ كَانَتْ لَا تَحِيضُ لِكِبَرٍ اَوْ صِغَرٍ اَوْ بَلَغَتْ بِالسِّنِّ وَلَمْ تَحِضْ فَثَلَثَةُ اَشْهُرٍ وَلِلْمَوْتِ فِى نِكَاحٍ صَحِيحٍ اَرْبَعَةُ اَشْهُرٍ وَعَشْرَةُ اَيَّامٍ* وَعِدَّةُ الْاَمَةِ حَيْضَتَانِ وَفِى الْمَوْتِ وَعَدَمِ الْحَيْضِ نِصْفُ مَا لِلْحُرَّةِ* وَعِدَّةُ الْحَامِلِ وَضْعُ الْحَمْلِ مُطْلَقاً* وَلَوْ مَاتَ عَنْهَا صَبِىٌّ وَعِنْدَ اَبِى يُوسُفَ اِنْ مَاتَ عَنْهَا صَبِىٌّ فَعِدَّتُهَا بِالْاَشْهُرِ وَاِنْ حَمَلَتْ بَعْدَ مَوْتِ الصَّبِىِّ فَعِدَّتُهَا بِالْاَشْهُرِ اِجْمَاعاً وَلَا نَسَبَ فِى الْوَجْهَيْنِ وَمَنْ طُلِّقَتْ فِى مَرَضٍ رَجْعِيّاً كَالزَّوْجَةِ* وَاِنْ بَايِناً تَعْتَدُّ بِاَبْعَدِ الْاَجَلَيْنِ وَعِنْدَ اَبِى يُوسُفَ كَالرَّجْعِىِّ* وَمَنْ عُتِقَتْ فِى عِدَّةِ رَجْعِىٍّ تُتِمُّ عِدَّتَهَا كَالْحُرَّةِ وَاِنْ فِى عِدَّةِ بَايِنٍ اَوْ مَوْتٍ فَكَالْاَمَةِ* وَاِنِ اعْتَدَّتِ الْآيِسَةُ بِالْاَشْهُرِ ثُمَّ عَادَ دَمُهَا عَلَى عَادَتِهَا بَطَلَتْ عِدَّتُهَا وَتَسْتَأْنِفُ بِالْحَيْضِ وَهُوَ الصَّحِيحُ* وَكَذَا تَسْتَأْنِفُ الصَّغِيرَةُ اِذَا حَاضَتْ فِى خِلَالِ الْاَشْهُرِ* وَمَنِ اعْتَدَّتِ الْبَعْضَ بِالْحَيْضِ ثُمَّ آيِسَتْ تَعْتَدُّ بِالْاَشْهُرِ* وَاِذَا وُطِئَتِ الْمُعْتَدَّةُ بِشُبْهَةٍ وَجَبَتْ عَلَيْهَا عِدَّةٌ اُخْرَى وَتَدَاخَلَتَا وَمَا تَرَاهُ يُحْتَسَبُ مِنْهُمَا وَتُتِمُّ الثَّانِيَةَ اِنْ تَمَّتِ الْاُولَى قَبْلَ تَمَامِهَا* وَابْتِدَاءُ الْعِدَّةِ فِى الطَّلَاقِ وَالْمَوْتِ عَقِيبَهُمَا وَاِنْ لَمْ تَعْلَمْ بِهِمَا* وَفِى النِّكَاحِ

Mülteka c. 2, Forma: 20

الْفَاسِدِ عَقِيبَ التَّفْرِيقِ أَوِ الْعَزْمِ عَلَى تَرْكِ الْوَطْىءِ* وَمَنْ قَالَتِ انْقَضَّتْ عِدَّتِي بِالْحَيْضِ فَالْقَوْلُ لَهَا مَعَ الْيَمِينِ اِنْ مَضَى عَلَيْهَا سِتُّونَ يَوْماً وَعِنْدَهُمَا اِنْ مَضَى تِسْعَةٌ وَثَلَثُونَ يَوْماً وَثَلَاثُ سَاعَاتٍ* وَإِنْ نَكَحَ مُعْتَدَّتَهُ مِنْ بَائِنٍ ثُمَّ طَلَّقَهَا قَبْلَ الدُّخُولِ لَزِمَ مَهْرٌ كَامِلٌ وَعِدَّةٌ مُسْتَأْنِفَةٌ وَعِنْدَ مُحَمَّدٍ نِصْفُ مَهْرٍ وَاِتْمَامُ الْأُولَى* وَلَا عِدَّةَ فِى طَلَاقٍ قَبْلَ الدُّخُولِ وَلَا عَلَى ذِمِّيَّةٍ طَلَّقَهَا ذِمِّىٌّ أَوْ حَرْبِيَّةٍ خَرَجَتْ اِلَيْنَا مُسْلِمَةً خِلَافاً لَهُمَا*

İDDET

İddet, kadın için gerekli olan bekleme süresidir.

Hür kadının, talak veya nikahın feshedilmesinden dolayı bekleyeceği süre üç hayızdır. Keza bir şüphe ile veya fasit bir nikahla kendisiyle cinsel ilişkide bulunulan kadın, hakim kararıyla kocasından ayrılsa veya bu ilişkiden sonra kocası ölse yine üç hayız bekler. Azat edilen ve efendisi ölen ümmü veled de üç hayız bekler.

Hayız görürken boşanan kadının bu hayzı, iddetten sayılmaz. Eğer kadın yaşlılık veya küçüklükten dolayı hayız görmüyor veya büluğ çağına girdiği halde hayız görmüyorsa iddeti üç aydır.

Sahih nikahta, kocanın ölümü halinde iddet, dört ay on gündür.

Cariyenin iddeti iki hayızdır. Kocasının ölümü ve hayız görmeme halinde hür kadının yarısı kadardır.

Hamile kadının iddeti, ölen kocası bir çocukta olsa mutlak olarak, çocuğunu doğuruncaya kadardır. Ebu Yusuf'a göre, ölen kocası bir çocuk ise iddeti aylar ile hesaplanır.

Kadın, çocuk yaştaki kocasının ölümünden sonra hamile olursa, ittifakla iddeti aylar ile hesaplanır. Her iki şekilde de nesep sabit olmaz.

Kocasının ölüm hastalığında ric'i talakla boşanmış olan kadın, evli kadın gibidir. Eğer bu durumda bain talakla boşanırsa, iki iddet müddetinin en uzunu ile iddet bekler. İmam Ebu Yusuf'a göre, bu da ric'i talak gibidir.

Ric'i talakla iddet beklerken azat edilen cariye, iddetini hür kadın gibi tamamlar. Bain talak veya kocasının ölümü dolayısıyla iddet beklerken azat edilirse, cariye gibi iddetini tamamlar.

Hayızdan kesilmiş bir kadın ay hesabıyle iddet beklese, daha sonra eskiden olduğu gibi hayız kanı geri gelse, beklediği iddet batıl olur ve hayızla iddet beklemeye yeniden başlar. Sahih olan da budur. Keza küçük kız da ay hesabıyle iddet beklerken hayız görmeye başlasa, iddet beklemeye baştan başlar.

Bir kadın iddetin bir kısmını hayızla beklese, sonra hayızdan kesilse, ay hesabıyle iddet bekler.

İddet bekleyen bir kadınla, şüphe üzerine cinsel ilişkide bulunulsa başka bir iddet beklemek vacip olur ve böylece iki iddet birbirine karışır. Görece âdetler iki iddetten sayılır. İkinci iddet tamamlanmadan birinci iddet tamamlanırsa, ikinciyi de tamamlar.

Talak ve ölüm halinde, kadın bu iki durumu bilmese dahi, iddetin başlaması, talak ve ölümün hemen akabindedir. Fasit nikahta ise iddetin başlangıcı, hakimin ayırma kararı vermesinin veya kocanın cinsel ilişkiyi terketmeye azmetmesinin hemen akabindedir.

Bir kadın, "hayız görerek iddetim sona erdi" derse, aradan altmış gün geçtiği takdirde, yeminle beraber kadının sözü kabul edilir. İmameyn'e göre aradan otuzdokuz gün üç saat geçmişse kadının sözü kabul edilir.

Bir kimse bain talakla iddet bekleyen karısını nikahlasa, sonra cinsel ilişkide bulunmadan önce onu tekrar boşasa, tam bir mehir ve yeni baştan iddet beklemek gerekir. İmam Muhammed'e göre yarım mehir ve ilk iddetin tamamlanması gerekir.

Cinsel ilişkide bulunulmadan yapılan talakta ve bir zimminin boşadığı zimmi kadın üzerine veya bize müslüman olarak gelen dar-ı harpteki bir kadın üzerine iddet beklemek yoktur. İmameyn buna muhalefet ederler.

İZAHI

Bu bölüm, iddetin hükümlerine dairdir.

İddet kadın için gerekli olan bekleme süresidir.

Kendisiyle cinsel ilişkide veya halvet-i sahihada bulunulan kadın boşandığı veya nikah feshedildiği takdirde iddet lâzım olur. Nikahın feshi şu durumlarda olur: Erginlik çağında olmayan bir kızı evlendirip kız erginlik çağına girince veya efendisi tarafından evlendirilen cariye azad edilince muhayyerlik haklarını kullanarak nikahı bozmaları halinde, veya dengi olmayan biriyle evlenme halinde velinin nikahı bozmasıyla, veya karı-kocadan biri köle olup diğeri ona malik olarak nikahı bozmasıyle, veya kadının, kocasının oğlunu şehvetle öpmesiyle veya karı-kocadan birinin mürted olmasıyle fesih meydana gelir. İşte bütün bu durumlarda iddet beklemek gerekir.

Üç hayız müddeti iddet beklemek gerekir. İlk hayız kocasından ayrıldığı için, ikincisi nikahın hürmeti için, üçüncüsü ise hürriyetin fazileti içindir.

Keza, şüphe ile kendisiyle cinsel ilişkide bulunulan kadın üç hayız iddet bekler. Mesela, bir kimse karısı zannederek bir kadınla ilişkide bulunsa, bu kadın üç hayız müddeti iddet sayar. Veya bir kadınla, fasit nikah kıyılmak suretiyle cinsel ilişkide bulunulsa, mesela muvakkat nikah veya şahitsiz nikah kıyılarak bu iş yapılsa, bu kadının, kocasından ayrılması veya kocasının ölmesi halinde üç hayız müddeti iddet beklemesi gerekir. Ümmü veled azat edilse veya efendisi ölse, o da üç hayız bekler.

Hayız görürken boşanan kadının bu hayzı, iddetten sayılmaz.

Bir kadın yaşlılık veya küçüklükten dolayı hayız görmezse veya erginlik çağına ulaştığı halde henüz hayız görmeye başlamamışsa, imdi, bunların iddeti üç aydır. Yüce Allah, âdetten kesilen kadınlar hakkında, her ayı bir hayız yerine koyarak şöyle buyurmuştur:

"واللّائي يئسن من المحيض من نسائكم إن ارتبتم فعدّتهن ثلاثة أشهر" **"Adetten kesilmiş kadınlarınızın (iddetinden) şüphe ederseniz, onların iddeti üç aydır"**[37]. Bunun ardından, küçük yaştaki kadınlar hakkında da واللّائي لم يحضن **"ha yız görmeyen küçükler de (öyle)"**[38] buyurmuştur.

---

(37) Talak Suresi, 65/4.
(38) Talak Suresi, 65/4.

Sahih nikahta, hür kadının kocasının ölümü halinde iddeti dört ay on gündür. Bu durumda, koca ister kadınla cinsel ilişkide bulunmuş olsun ister olmasın; kadın ister küçük ister büyük olsun, ister müslüman ister ehl-i kitap olsun, aynıdır. Hepsi dört ay on gün bekler.

Cariyenin iddeti iki hayızdır. Zira Hz. Peygamber (a.s) Efendimiz, طلاق الأمة تطليقتان وعدّتها حَيْضَتَان "Cariyenin talakı iki talakla olur. İddeti ise iki hayızdır"(39) buyurmuşlardır. Kocasının ölümü ve hayız görmeme hallerinde cariyenin iddeti, hür kadının iddetinin yarısıdır.

Mutlak olarak hamile olan kadınların iddeti, doğum yapmalarıdır. "Mutlak olarak" kaydından anlaşıldığına göre bu kadınların boşanmış olmaları, kocalarının ölmüş olması, hür veya cariye olmaları durumu değiştirmez. Ne olurlarsa olsunlar, bunların iddetleri doğum yapmalarıdır. İmam Ebu Hanife ve İmam Muhammed'e göre, ölen koca çocuk yaşta da olsa, kadının iddeti doğum yapmasıdır. Ebu Yusuf'a göre bu durumda kadının iddeti ay iledir. Yani dört ay on gündür.

Kocası çocuk olan kadın, onun ölümünden sonra hamile kalsa, mesela, kocasının ölümünden sonra altı ay içinde veya daha fazla bir müddet içinde doğum yapmakla hamile olsa, iddeti, ittifakla ay hesabıyledir. Zira bu kadın, kocasının ölümü anında hamile olmamıştır. Her iki şekilde de çocuğun nesebi sabit olmaz. Yani, gerek kocasının ölümünden evvel, gerekse ölümünden sonra hamile kalsın, çocuğun nesebi sabit olmaz. Çünkü çocuk olan kocanın suyu yoktur ki, çocuğu olacağı düşünülebilsin. Eğer bir kimse, "Nikah, suyun yerine geçer. Zira Hz. Peygamber (a.s) الولد للفراش :"Çocuk yatağa aittir"(40) buyurmuştur" derse şöyle cevap veririz: Erlik suyunun bulunduğu durumda nikah su yerine geçer. Çocukta ise bu mümkün değildir.

Kocasının ölüm hastalığı sırasında bir ric'i talakla boşanmış olan kadının iddeti, evli kadının iddeti gibidir. Eğer bu durumda bain talakla boşanmışsa, iki iddet müddetinin en uzunu ile iddet sayar. Bu, İmam Ebu Hanife ve İmam Muhammed'e göre böyledir. Mesela, bain talakla boşanan kadının iddeti üç hayızdır. Bu iddet içindeyken kadının kocası ölse, fakat kadının hayzı, ölüm iddeti olan 4 ay 10 günü geçecek kadar uzun olsa, yani ayda bir hayız görmeyip elli günde bir hayız görmekle, ölüm iddeti tamamlandığı halde boşanma iddeti tamamlanmasa, bu durumda en uzun iddet talak iddeti olur

---

(39) İbn-i Mace, Talak 30.
(40) Buhari, Büyu', 3,100; Husumat 6, Vesaya, 4, Feraiz 18, 28; Müslim, Rada 36,37; Ebu Davud, Talak 34.

ki, kadın onu bekler. Ama ayda bir hayız görse, iddet gitmeden kocası, ölse, bu durumda en uzun müddetler batıl olur ve iddet, kocanın vefatından itibaren sayılır. İmam Ebu Yusuf'a göre, bain talakla boşanan kadının iddeti, ric'i talakla boşanan kadının iddeti gibidir. Üç âdetle iddet bekler.

Ric'i talakla boşanıp iddet sayarken azat edilen cariye hür kadın gibi iddeti tamamlar. Cariyenin iddeti hür kadının iddetine çevrilir. Zira ric'i talakta henüz nikah devam etmektedir. Eğer bain talakla boşandığı veya kocası öldüğü için iddet beklediği sırada azat edilirse, bu iki durumda da cariye gibi iddet bekler; iddeti hür kadın iddetine çevrilmez. Zira bain talak ve ölüm ile nikah ortadan kalkmıştır.

Hayızdan kesilmiş bir kadın, ay hesabıyla iddet beklerken, eskiden olduğu gibi hayız görmeye başlasa, bu kadının ay hesabıyla çektiği iddet batıl olur ve hayız hesabıyla baştan iddet beklemeye başlar. Sahih olan da budur. Hayızdan kesilme yaşı ellibeştir. Fetva da bunun üzerinedir. Aynı şekilde küçük kadın da ay hesabıyla iddet beklerken hayız görmeye başlasa, hayız hesabıyla yeniden başlar.

Bir kadın, iddetinin bir kısmını hayızla saysa, daha sonra hayızdan kesilse, ay hesabıyla iddet bekler. Bedel ile kendisinden bedel olunan şeyin bir arada bulunmaması için böyle yapılır. Mesela, bir kadın üç hayız ile talak iddetini beklerken iki aydan az bir zamanda iki hayız görse, daha sonra kanı durup âdetten kesilse, bir ay daha geçmekle iddeti tamam olmaz. Aksine baştan başlayıp üç ay daha iddet bekler. Daha önce geçen günler sayılmaz. Sayıldığı takdirde bedel ile kendisinden bedel yapılan şeyin birleştirilmesi gerekir ki, bu yasaktır. "İslâhu'l İzah"ta böyle yazılıdır.

Bir kadın iddet beklerken, yanlışlıkla kendisi ile cinsel ilişkide bulunulsa, başka bir iddet beklemesi vacip olur ve iki iddet birbirine karışır. Kadının bundan sonra göreceği hayız, iki iddetten sayılır. İkinci iddet bitmeden ilk iddet sona ererse, daha sonra ikinci iddeti tamamlar. Kuşkusuz ilk hayız ilk iddet içindir. Daha sonra olan iki hayız, iki iddet için olup dört hayız yerine geçer. İkisi ilk iddet, ikisi de ikinci iddet içindir. Bununla ilk iddet tamamlanmış olur. Zira önce de bir hayız görmüştü. Ancak dördüncü bir hayız daha görmeli ki, ikinci iddet tamam olsun.

Ölüm ve talak halinde, kadın bu durumları bilmese dahi iddet, bunların hemen akabinde başlar. Mesela, bir kadının kocası seferde iken ölse veya seferdeyken kadını boşasa ve kadın bunun haberini dört ay on günün sonra alsa, haber geldiği an başkasıyla evlenmesi caizdir. Zira iddeti bitmiştir. Fasit nikahta iddetin başlangıcı, hakimin ayırma kararı vermesinden itibaren veya kocanın, "seni terkettim" veya "yolunu boşalttım" ve benzeri sözler söylemek, suretiyle karısıyle cinsel ilişkide bulunmamaya azmetmesinden itibaren olur.

Bir kadın, "hayız görmek suretiyle iddetim bitti" dese, iddet üzerinden 60 gün geçmiş ise, yeminle beraber kadının sözü kabul edilir. İmameyn'e göre, iddet üzerinden 39 gün 3 saat geçmişse, kadının sözü kabul edilir.

Bir kimse bain talakla boşadığı karısını nikahlasa, daha sonra, cinsel ilişkide bulunmadan onu boşasa, Ebu Hanife ve Ebu Yusuf'a göre, tam bir mehir ve yeni baştan iddet beklemek gerekir. İmam Muhammed'e göre ise yarım mehir ve ilk iddetin tamamlanması gerekir. Zira cinsi yakınlıkta bulunulmamıştır.

Bir kadın nikah edilipte kendisiyle cinsel ilişkide bulunulmadan veya halvet-i sahihada bulunulmadan boşansa, bu kadının iddet beklemesi gerekmez. Zira iddetin sebebi, cinsi birleşme ile pekiştirilmiş nikah veya cinsel ilişki yerine geçen halvet-i sahihadır. Burada her ikisi de bulunmadığı için iddet beklemek gerekmez.

Zimmi olan bir erkek zimmi olan karısını boşasa, eğer iddete inanmıyorlarsa, zimmi kadın üzerine iddet gerekmez. Zira bunlar şeriatın füruu ile muhatap değillerdir. İddet, Şeriatın hakkı için vacip değildir. Zira bunların inançları yoktur. Eğer inançları olursa, ittifakla zimmi kadının iddet beklemesi gerekir. Zira iddet kocanın hakkıdır. Kafir dahi kul hakkıyle muhataptır.

Kafir ülkesinden müslüman olarak dar-ı islama gelen kadının da iddet beklemesi gerekmez. İmameyn buna muhalefet eder. Onlara göre bu kadın da iddet bekler. Hamile ise, çocuğunu doğuruncaya kadar iddet bekler. Zira karnındaki çocuğun nesebi sabittir.

16. KISIM

فصل

تَحِدُّ مُعْتَدَّةُ الْبَائِنِ وَالْمَوْتِ اِنْ كَانَتْ مُكَلَّفَةً مُسْلِمَةً بِتَرْكِ الزِّينَةِ وَلُبْسِ الْمُزَعْفَرِ وَالْمُعَصْفَرِ وَالطِّيبِ وَالدُّهْنِ وَالْكُحْلِ وَالْحِنَّاءِ اِلَّا مِنْ عُذْرٍ وَلَا مُعْتَدَّةُ الْعِتْقِ وَالنِّكَاحِ الْفَاسِدِ* وَلَا تُخْطَبُ الْمُعْتَدَّةُ وَلَا بَأْسَ بِالتَّعْرِيضِ* وَلَا تَخْرُجُ مُعْتَدَّةُ الطَّلَاقِ مِنْ بَيْتِهَا أَصْلاً وَمُعْتَدَّةُ الْمَوْتِ تَخْرُجُ نَهَاراً وَبَعْضَ اللَّيْلِ وَلَا تَبِيتُ فِى غَيْرِ مَنْزِلِهَا* وَالْأَمَةُ تَخْرُجُ فِى حَاجَةِ الْمَوْلَى* وَتَعْتَدُّ الْمُعْتَدَّةُ فِى مَنْزِلٍ يُضَافُ اِلَيْهَا وَقْتَ الْفُرْقَةِ وَالْمَوْتِ اِلَّا أَنْ تَخْرُجَ جَبْراً أَوْ خَافَتْ عَلَى مَالِهَا أَوِ انْهِدَامِ الْمَنْزِلِ أَوْ لَمْ تَقْدِرْ عَلَى كِرَائِهِ وَلَا بَأْسَ بِكَيْنُونَتِهِمَا مَعاً بِمَنْزِلٍ وَاِنْ كَانَ الطَّلَاقُ بَائِناً اِذَا كَانَ بَيْنَهُمَا سُتْرَةٌ اِلَّا أَنْ يَكُونَ فَاسِقاً* وَاِنْ كَانَ فَاسِقاً أَوِ الْبَيْتُ ضَيِّقاً خَرَجَتْ وَالْأَوْلَى خُرُوجُهُ وَاِنْ جَعَلَا بَيْنَهُمَا امْرَأَةً ثِقَةً تَقْدِرُ عَلَى الْحَيْلُولَةِ فَحَسَنٌ* وَلَوْ أَبَانَهَا أَوْ مَاتَ عَنْهَا فِى سَفَرٍ وَبَيْنَهَا وَبَيْنَ مِصْرِهَا أَقَلَّ مِنْ مُدَّتِهِ رَجَعَتْ وَاِنْ كَانَتْ مَسَافَتُهُ مِنْ كُلِّ جَانِبٍ تَخَيَّرَتْ مَعَهَا وَلِىٌّ أَوْلَا وَالْعَوْدُ أَحْمَدُ* وَاِنْ كَانَ ذٰلِكَ فِى مِصْرٍ لَا تَخْرُجُ مِنْهُ مَا لَمْ تَعْتَدَّ ثُمَّ تَخْرُجُ اِنْ كَانَ لَهَا مَحْرَمٌ وَقَالَا اِنْ كَانَ مَعَهَا مَحْرَمٌ جَازَ الْخُرُوجُ قَبْلَ الِاعْتِدَادِ*

YAS TUTMA

Bain talakla boşandığı ve kocası öldüğü için iddet bekleyen kadın, eğer mükellef ve müslüman ise süslenmeyi, zaferan ve safranla boyanmış elbiseler giymeyi, güzel koku sürünmeyi, yağ sürmeyi, sürme çekmeyi, kına sürmeyi bırakır. Ancak bir özürden dolayı bunları yapabilir. Azat olunan cariyenin ve fasit nikahla evlenen kadının iddet beklerken, böyle yaparak yas tutması gerekmez.

İddet bekleyen kadına dünür olanmaz. İma yoluyla evlenme isteğinde bulunmada bir beis yoktur.

Boşandığı için iddet bekleyen kadın asla evinden çıkamaz. Ölüm iddeti bekleyen gündüzleri ve gecenin bir kısmında evinden çıkabilir. Ancak evinden başka bir yerde geceleyemez.

İddet bekleyen kadına dünür olunmaz. İma yoluyla evlenme isteğinde

Bain talakla boşanmış dahi olsa, karı ile koca arasında bir perde olduğu takdirde, ikisinin aynı evde beraberce bulunmalarında bir beis yoktur. Ancak koca, fâsık bir kimse ise aynı evde bulunamazlar. Koca fasık veya ev dar olursa kadın evden çıkar. Evlâ olan, kocanın çıkmasıdır. Eğer aralarında, engel olabilecek güvenilir bir kadın bulundururlarsa, bu güzel olur.

Bir kimse seferde iken karısını bain talakla boşasa veya ölse ve karı ile oturduğu şehir arası sefer müddetinden az olsa, kadın kendi şehrine döner. Eğer bulunduğu yerin kendi şehrine uzaklığı her taraftan bir sefer müddeti kadar olursa, beraberinde bir veli bulunsun veya bulunmasın, dönüp dönmemekte serbesttir. Kendi şehrine dönmesi daha iyidir.

Bain talakla boşama veya kocanın ölmesi bir şehirde vuku bulursa, iddetini bitirmedikçe oradan çıkmaz. Daha sonra, yanında bir mahremi bulunursa çıkar, İmameyn şöyle der: Eğer mahremi bulunursa, iddetini bitirmeden de çıkması câizdir.

İZAHI

Kadın, nikah nimetinden mahrum kaldığı, onu kaybettiği için yas tutar. Aslında men etmek, engel olmak manasına gelen ihdâd, kocası vefat eden kadının, süslenmeyi terketmesi anlamında kullanılır.

Kocası tarafından bain talakla boşanan veya kocası ölen kadın, mükellef ve müslüman bir kadın ise iddet beklerken süslenmeyi terkeder. Fakat ric'i talakla boşanan kadın iddet beklediği süre, süslenmeyi terketmez. Zira bu durumda nikah henüz devam etmektedir.

Bir özürden dolayı kullanılmaları dışında güzel koku sürünmek; yağ, sürme ve kına ile süslenmek, zaferan ve safranla boyanmış elbiseler giymekten de men edilir. İlaç için olursa, bunların hepsini kullanmak caizdir.

Azat edilen cariye ve fasit nikahtan boşanıp ta iddet bekleyen kadın, iddet süresince süslenmekten men edilmezler. Zira bu ikisi, nikah nimetini kaybetmediler ki üzülsünler. "Azat edilip iddet bekleyen kadın" sözünden maksat, efendisi tarafından azat edileni ve efendisi ölen ümm-ü veled'dir. Böyle bir kadın süslenmeyi terkederek yas tutmaz.

İddet bekleyen kadına evlenme teklifi yapılmaz. Laf çıtlatarak evlenme isteğinde olduğunu ima etmekte bir beis yoktur. İbn Abbas tarizi şöyle yorumlar: "Tariz, bir kimsenin, iddet bekleyen kadına, "seninle evlenmek istiyorum. Zira sen güzel ve salihasın" şeklinde yumuşak ifadeler kullanmasıdır." Bu anlatılan tariz, bain talak sebebiyle veya kocası öldüğü için iddet bekleyen kadın hakkındadır. Ric'i talakla boşananlar hakkında bu mümkün olmaz. Zira bu talakla henüz nikah devam etmektedir. İbn Melek şöyle der: Tariz, ancak kocasının vefatı nedeniyle iddet bekleyen kadınlar hakkında olur. Bain talakla boşanan kadınlar hakkında olmaz. Zira onlara tarizde bulunmak, kocasıyle düşmanlığa sebep olur.

Gece olsun, gündüz olsun, talaktan dolayı iddet bekleyen kadın asla evinden dışarı çıkamaz. Zira Yüce Allah'ın, ولا تخرجوهن من بيوتهن ولا يخرجن "**Onları evlerinden çıkarmayın ve onlar da çıkmasınlar**"[41] ayet-i kerimesi buna kesin delildir.

---

(41) Talak Suresi, 65/1.

Kocası öldüğü için iddet bekleyen kadın, gündüz evinden dışarı çıkabilir. Gecenin bir kısmında da çıkabilir. Zira ölüm iddeti bekleyen kadın için nafaka yoktur. Böyle olduğu için, geçimlik arama gayesiyle gündüz vakti dışarı çıkmasına izin verilmiştir. Bazan işi uzayıp geceye kalabilir. Onun için "gecenin bir kısmında da dışarda kalabilir" denilmiştir. Ama kendi evinden başka bir yerde geceyi geçiremez. Boşanıp da iddet bekleyen kadın bunun gibi değildir. Zira onun nafakasını temin etmek kocasına aittir. Onun için dışarı çıkmasına ihtiyaç yoktur.

İddet bekleyen cariye, efendisinin ihtiyacı için evinden dışarı çıkabilir.

İddet bekleyen kadın, kocasından ayrıldığı veya kocası öldüğü zaman, "bu senindir" diye kendisine ayrılan evde oturur. Zira tefsirciler, Yüce Allah'ın " لَا تُخْرِجُوهُنَّ مِنْ بُيُوتِهِنَّ‎ Onları evlerinden çıkarmayın"(42) ayetinde geçen " بيوت " kelimesini "oturdukları evler" diye tefsir etmişlerdir. Ancak mirasçılar onu zorla çıkarırlarsa veya malından endişe ederse, mesela, kocasından ayrıldığı veya kocası öldüğü vakit bulunduğu evde kaldığı takdirde malının kaybolmasından korkarsa, o evden çıkabilir. Veya bulunduğu evin yıkılmasından korkar veya kirasını ödeyemezse, iddet beklerken o evden çıkabilir. Zira bunların hepsi özür sayılır.

Karı ile kocanın arasında bir sütre yani bir perde bulunduğu takdirde, kadın bain talakla da boşanmış olsa, ikisinin aynı evde beraberce kalmalarında bir beis yoktur. Ancak kocası fasık olursa, o zaman aynı evde bu şekilde kalmaları caiz olmaz.

Karının kocası fasık veya ev dar olursa, kadın o evden çıkar. İkisinin bir yerde bulunması uygun olmaz. Kadının çıkması gerekir Ancak en iyisi, kocanın çıkmasıdır. Çünkü kadının, kocasının evinde kalması vaciptir. Kocanın kalması ise mübahtır. İmdi vacibe riayet etmek, mûbaha riayet etmekten daha iyidir.

Fasık koca ile iddet bekleyen kadın, aralarında engel olabilecek güvenilir bir kadın bulundursalar güzel olur. Kafi yazarı şöyle der: İmkan nisbetinde vacip olan şeyle amel edebilmiş olmak için, hakimin, karı ile koca arasına güvenilir bir kadın koyması güzeldir.

Bir kimse seferde bulunduğu bir sırada karısını bain talakla boşasa veya seferde iken kocası ölse ve kadınını kendi şehri ile, birlikte sefer ederlerken

---

(42) Talak Suresi, 65/1.

kocasının öldüğü şehir arasındaki mesafe bir sefer müddetinden daha az olsa, ister yanında bir mahremi bulunsun ister bulunmasın, kadın kendi şehrine döner. Bulunduğu şehir ile kendi şehri arasında, hangi yönden giderse gitsin, bir sefer müddeti kadar mesafe olursa, yanında velisi olsun veya olmasın, muhayyerdir. İddetini kocasının evinde tamamlamak için imkanı varsa dönmesi daha iyidir.

Kocanın ölümü veya karısını bain talakla boşaması yolculukta iken değil de, şehirde vuku bulursa, kadın iddetini tamamlamadan o şehirden çıkamaz. Yanında mahremi bulunursa, iddetini tamamladıktan sonra çıkabilir. İmameyn şöyle der: Kadının yanında mahremi bulunduğu takdirde, iddeti bitmeden de o şehirden çıkması caiz olur.

17. KISIM

باب ثبوت النَّسَب

اَقَلُّ مُدَّةِ الْحَمْلِ سِتَّةُ اَشْهُرٍ وَاَكْثَرُهَا سَنَتَانِ* وَمَنْ قَالَ اِنْ نَكَحْتُ فُلَانَةً فَهِيَ طَالِقٌ فَنَكَحَهَا فَوَلَدَتْ لِسِتَّةِ اَشْهُرٍ مُنْذُ نَكَحَهَا لَزِمَهُ نَسَبُهُ وَمَهْرُهَا* وَاِذَا اَقَرَّتِ الْمُطَلَّقَةُ بِانْقِضَاءِ الْعِدَّةِ ثُمَّ وَلَدَتْ لِاَقَلَّ مِنْ سِتَّةِ اَشْهُرٍ مِنْ وَقْتِ الْاِقْرَارِ ثَبَتَ نَسَبُهُ وَاِنْ لِسِتَّةٍ لَا* وَاِنْ لَمْ تُقِرَّ يَثْبُتُ اِنْ وَلَدَتْ لِاَقَلَّ مِنْ سَنَتَيْنِ وَاِنْ لِسَنَتَيْنِ اَوْ اَكْثَرَ وَلَا اِلَّا فِى الرَّجْعِىِّ وَيَكُونُ رَجْعَةً بِخِلَافِ الْبَائِنِ اِلَّا اَنْ يَدَّعِيَهُ فَيَثْبُتُ فِيهِ اَيْضاً وَيُحْمَلُ عَلَى الْوَطْىءِ بِشُبْهَةٍ فِى الْعِدَّةِ* وَاِنْ كَانَتِ الْمُبَانَةُ مُرَاهِقَةً فَاِنْ اَتَتْ بِهِ لِاَقَلَّ مِنْ تِسْعَةِ اَشْهُرٍ ثَبَتَ وَاِلَّا فَلَا* وَعِنْدَ اَبِى يُوسُفَ يَثْبُتُ فِيمَا دُونَ سَنَتَيْنِ* وَمَنْ مَاتَ عَنْهَا اِنْ اَتَتْ بِهِ لِاَقَلَّ مِنْ سَنَتَيْنِ وَاِنْ كَانَتْ مُرَاهِقَةً فَلِاَقَلَّ مِنْ عَشَرَةِ اَشْهُرٍ وَعَشَرَةِ اَيَّامٍ وَاِلَّا فَلَا* وَلَا يَثْبُتُ وِلَادَةُ الْمُعْتَدَّةِ اِلَّا بِشَهَادَةِ رَجُلَيْنِ اَوْ رَجُلٍ وَامْرَأَتَيْنِ* وَعِنْدَهُمَا يَكْفِى شَهَادَةُ امْرَأَةٍ وَاحِدَةٍ* وَاِنْ كَانَ حَبَلٌ ظَاهِرٌ اَوِ اعْتَرَفَ الزَّوْجُ بِهِ يَثْبُتُ بِمُجَرَّدِ قَوْلِهَا وَعِنْدَهُمَا لَا بُدَّ مِنْ شَهَادَةِ امْرَأَةٍ* وَاِنِ ادَّعَتْهَا بَعْدَ مَوْتِهِ لِاَقَلَّ مِنْ سَنَتَيْنِ فَصَدَّقَهَا الْوَرَثَةُ صَحَّ فِى حَقِّ الْاِرْثِ وَالنَّسَبُ هُوَ الْمُخْتَارُ* وَمَنْ نَكَحَ فَاَتَتْ بِوَلَدٍ لِسِتَّةِ اَشْهُرٍ فَصَاعِداً ثَبَتَ مِنْهُ اِنْ اَقَرَّ بِالْوِلَادَةِ اَوْ سَكَتَ وَاِنْ جَحَدَ فَبِشَهَادَةِ امْرَأَةٍ فَاِنْ نَفَاهُ لَاعَنَ وَاِنْ لِاَقَلَّ مِنْ سِتَّةِ اَشْهُرٍ لَا يَثْبُتُ فَاِنِ ادَّعَتْ نِكَاحَهَا مُنْذُ سِتَّةِ اَشْهُرٍ وَادَّعَى الْاَقَلَّ فَالْقَوْلُ لَهَا مَعَ الْيَمِينِ وَعِنْدَ الْاِمَامِ بِلَا يَمِينٍ* وَاِنْ عَلَّقَ طَلَاقَهَا بِالْوِلَادَةِ فَشَهِدَتْ بِهَا امْرَأَةٌ لَا تُطَلَّقُ خِلَافاً لَهُمَا

وَانِ اعْتَرَفَ بِالْحَبَلِ تُطَلَّقُ بِمُجَرَّدِ قَوْلِهَا وَعِنْدَهُمَا لَا بُدَّ مِنْ شَهَادَةِ امْرَأَةٍ* وَمَنْ نَكَحَ اَمَةً فَطَلَّقَهَا فَاشْتَرَاهَا فَوَلَدَتْ لِاَقَلَّ مِنْ سِتَّةِ اَشْهُرٍ مُنْذُ شِرَاهَا لَزِمَهُ وَالَّا فَلَا* وَمَنْ قَالَ لِاَمَتِهِ اِنْ كَانَ فِى بَطْنِكِ وَلَدٌ فَهُوَ مِنِّى فَشَهِدَتْ امْرَأَةٌ بِالْوِلَادَةِ فَهِىَ اُمُّ وَلَدِهِ* وَمَنْ قَالَ لِغُلَامٍ هُوَ ابْنِى وَمَاتَ فَقَالَتْ اُمُّهُ اَنَا امْرَأَتُهُ وَهُوَ ابْنُهُ يَرِثَانِهِ فَانْ جُهِلَتْ حُرِّيَّتُهَا وَقَالَتِ الْوَرَثَةُ اَنْتِ اُمُّ وَلَدِهِ فَلَا مِيرَاثَ لَهَا*

NESEBİN SABİT OLMASI

Hamilelik müddetinin en azı altı ay, en çoğu iki senedir.

Bir kimse, "filan kadını nikahlarsam o boş olsun" dese, sonra o kadını nikahlasa ve kadın, evlendikten altı ay sonra bir çocuk doğursa, çocuğun nesebi ve kadının mehri o adama gerekli olur.

Boşanmış kadın iddetinin bittiğini ikrar etse, sonra bu ikrar üzerinden altı ay geçmeden bir çocuk doğursa, çocuğun nesebi sabit olur; altı ay sonra doğurursa sabit olmaz.

Bir kadın iddetinin bittiğini ikrar etmez de iki seneden az bir süre içinde çocuk doğurursa, çocuğun nesebi sabit olur. İki sene veya iki seneden daha çok bir sene geçtikten sonra doğurursa sabit olmaz. Ancak ric'i talakta çocuğun nesebi bu durumda sabit olur ve bu doğum nesebi bu durumda sabit olur ve bu doğum bir ric'i talak olur. Bain talak bunun hilafınadır. Ancak koca, "Çocuk bendendir" diye iddiada bulunursa, bu takdirde bain talakta da nesep sabit olur ve bu, kadın iddet beklerken bir yanlışlık eseri kendisiyle cinsel ilişkide bulunulmuş olabilir şeklinde yorumlanır.

Bain talakla boşanan kadın mürahika ise, dokuz aydan daha az bir zaman içinde doğurduğu takdirde çocuğun nesebi sabit olur, aksi halde olmaz. İmam Ebu Yusuf'a göre, iki seneden az bir zamanda doğurursa çocuğun nesebi sabit olur.

Kocası ölen kadın iki seneden daha az bir süre içinde doğurursa neseb sabit olur. Eğer kocası ölen kadın mürahika ise on ay on günden daha az bir zamanda doğurduğu takdirde çocuğun nesebi sabit olur, aksi halde olmaz.

şandığında gebe kalmış olma ihtimali vardır. İki sene veya daha uzun bir zaman geçtikten sonra doğurursa, nesebi sabit olmaz. Çünkü gebeliğin, boşandıktan sonraki haram bir ilişkiden meydana gelmiş olan ihtimali vardır. Ancak ric'i talakta, çocuğun nesebi sabit olur ve çocuğun doğumu ric'at yani adamın, karısına dönme hali sayılır. Bain talak buna benzemez. Zira gebeliğin talaktan sonra meydana gelmiş olma ihtimali vardır. Eğer koca, "çocuk bendendir" diye iddia ederse, çocuğun nesebi bain talakta da sabit olur. Kocanın bu iddiası, kadın bain talakla iddet beklerken, bir yanlışlık eseri kocasının onunla cinsel ilişkide bulunmuş olabileceği şeklinde yorumlanır.

Bain talakla boşanmış olan kadın mürahika olsa, yani küçük fakat kendisiyle cinsel ilişki kurulabilecek cinsten olsa, bu kadın dokuz aydan önce doğurduğu takdirde, doğan çocuğun nesebi sabit olur. Ancak dokuz ayda veya daha uzun bir müddet geçtikten sonra doğursa çocuğun nesebi sabit olmaz. Ebu Yusuf'a göre, iki seneden önce doğarsa, çocuğun nesebi sabit olur.

Kocası ölen kadın, iki seneden az bir sürede doğursa çocuğun nesebi sabit olur. Eğer kocası ölen kadın mürahika ise, on ay on günden daha az bir sürede doğurduğu takdirde, çocuğun nesebi sabit olur. Çünkü ölüm iddeti 4 ay 10 gündür. En az gebelik süresi de 6 aydır. Toplam olarak hepsi 10 ay 10 gün eder. Eğer bu sûreden daha çok bir zaman geçtikten sonra doğurursa, nesep sabit olmaz.

İddet bekleyen kadının "ben doğurdum" demesiyle doğum sabit olmaz. Ancak iki erkeğin veya bir erkekle iki kadının şahitliğiyle sabit olur. İmameyn'e göre, bir kadının şahitliği yeterli olur. Eğer gebelik belli ve açık olur veya koca bunu itiraf ederse, sadece kadının "doğurdum" demesiyle doğum sabit olur. İmameyn'e göre, bir kadının şahitliği gereklidir.

Bir kadın, kocasının ölümünden iki sene geçmeden doğum yaptığını iddia eder ve mirasçılar da bu kadını tasdik eder, doğru söylediğini kabul ederlerse, doğan çocuğun mirasçı olması ve nesebinin sabit olması hususunda mirasçıların bu tasdiki sahih olur. Tercih edilen görüş de budur.

Bir kimse bir kadınla evlense ve kadın, evlendikten altı ay sonra veya daha uzun bir zaman geçtikten sonra doğursa, koca bu doğumu ikrar eder veya ikrar etmeyip susarsa, çocuğun nesebi ondan sabit olur. Eğer o kişi doğumu inkar eder ve kadının doğurmadığını söylerse, bir kadının şahitliği ile çocuğun nesebi sabit olur. Eğer "çocuk benim değil" derse lian yaparlar. Zira nesep, çocuk kimin yatağında doğmuşsa onunla sabit olur. Evli bir kadından doğan çocuğun nesebi, iddiasız sabit olur. Böyle bir çocuğun, ancak karı ile koca arasında yapılan liandan sonra o kocaya ait olmadığı söylenebilir.

Bir kimse bir kadını nikahlasa ve kadın, evlendikten sonra altı ay geçmeden doğursa, çocuğun nesebi sabit olmaz. Kadın altı aydan beri nikahlı olduğunu, adam da daha altı ay geçmediğini iddia ederse, yeminiyle beraber kadının sözü kabul edilir. İmam Ebu Hanife'ye göre, yemin etmese de kadının sözü kabul edilir. Bu çocuk nikah mahsulüdür, zina mahsulü değildir.

Bir kimse karısını boşamayı onun doğum yapmasına bağlarsa, yani "doğurursan boş ol" derse ve başka bir kadın da o kadının doğum yaptığına şahitlik ederse, İmam Ebu Hanife'ye göre karısı boş olmaz. İmameyn buna muhalefet eder. Onlara göre talak vaki olur. Eğer koca, karısının hamile olduğunu itiraf ederse, sadece, karısının "doğurdum" demesiyle kadın boş olur. İmameyn'e göre, bir kadının buna şahitlik etmesi gerekir.

Bir kimse bir cariyeyi nikahlayıp onunla cinsel ilişkide bulunduktan sonra bain talakla boşasa, bu cariye iddet beklerken onu satın alsa, satın aldıktan sonra altı ay geçmeden cariye bir çocuk doğursa, hiçbir iddiada bulunmadan çocuğun nesebi ondan sabit olur. O kimse, bu çocuğun kendisinden olduğunu ister ikrar etsin, ister "benden değil" desin. Eğer altı ayda veya daha fazla zamanda doğurursa, adam iddia etmeden çocuğun nesebi ondan sabit olmaz. Mesela, o cariyeyi aldıktan sonra altı ay geçmeden cariye bir çocuk doğursa, hamilelik, cariye satın alınmadan, iddet beklerken vuku bulmuş olur. Zira hükmen döşek vardır. Ama altı ayda veya daha sonra doğarsa, çocuk köle olur Kölenin nesebi ise koca "bu çocuk benimdir" demedikçe sabit olmaz. Bu babta talak ister ric'i, ister bain olsun, isterse kadın hul' yoluyla boşanmış olsun birdir.

Bir kimse cariyesine, "eğer karnında çocuk varsa, o bendendir" dese ve ebe, o cariyenin doğum yaptığına şahitlik etse, cariye o kimsenin ümmü veledi olur. Çocuğun nesebi de o kimsenin iddiasıyla sabit olur. Doğum ise, ebenin şahitliği ile sabit olur. Doğum altı aydan önce de olsa durum aynıdır.

Bir kimse bir köle hakkında, "O benim oğlumdur" dese ve ölse, çocuğun anası da, "ben o adamın karısıydım bu da onun oğludur" dese, çocuk o adamın oğlu olur ve anasıyla birlikte ona mirasçı olurlar. Fakat bu kadının hür olup olmadığı bilinmese ve mirasçılar, "sen ölen adamın ümmü veledi idin" deseler, kadın, ölen adama mirasçı olmaz. Fakat çocuk mirasçı olur.

18. KISIM

باب الحِضانة

اَلْأُمُّ اَحَقُّ بِحِضَانَةِ وَلَدِهَا قَبْلَ الْفُرْقَةِ وَبَعْدَهَا ثُمَّ اُمُّهَا وَاِنْ عَلَتْ ثُمَّ اُمُّ الْاَبِ ثُمَّ اُخْتُ الْوَلَدِ لِاَبَوَيْنِ ثُمَّ لِاُمٍّ ثُمَّ لِاَبٍ ثُمَّ خَالَتُهُ كَذلِكَ ثُمَّ عَمَّتُهُ كَذلِكَ* وَبَنَاتُ الْاُخْتِ اَوْلَى مِنْ بَنَاتِ الْاَخِ وَهُنَّ اَوْلَى مِنَ الْعَمَّاتِ* وَمَنْ نَكَحَتْ غَيْرَ مَحْرَمِهِ سَقَطَ حَقُّهَا لَا مَنْ نَكَحَتْ مَحْرَمَهُ كَاُمٍّ نَكَحَتْ عَمَّهُ وَجَدَّةٍ نَكَحَتْ وَيَعُودُ الْحَقُّ بِزَوَالِ نِكَاحٍ سَقَطَ بِهِ وَالْقَوْلُ قَوْلُهَا فِى نَفْىِ الزَّوْجِ* وَيَكُونُ الْغُلَامُ عِنْدَهُنَّ حَتَّى يَسْتَغْنِىَ بِاَنْ يَأْكُلَ وَيَشْرَبَ وَيَلْبَسَ وَيَسْتَنْجِىَ وَحْدَهُ وَقُدِّرَ بِتِسْعٍ اَوْ سَبْعٍ ثُمَّ يُجْبَرُ الْاَبُ عَلَى اَخْذِهِ وَالْجَارِيَةُ عِنْدَ الْاُمِّ اَوِ الْجَدَّةِ حَتَّى تَحِيضَ* وَعِنْدَ مُحَمَّدٍ حَتَّى تَشْتَهِىَ كَمَا عِنْدَ غَيْرِهِمَا وَبِهِ يُفْتَى لِفَسَادِ الزَّمَانِ* وَمَنْ لَهَا الْحِضَانَةُ لَا تُجْبَرُ عَلَيْهَا* فَاِنْ لَمْ تَكُنِ امْرَأَةٌ فَالْحَقُّ لِلْعَصَبَاتِ عَلَى تَرْتِيبِهِمْ لكِنْ لَا تُدْفَعُ صَبِيَّةٌ اِلَى عَصَبَةٍ غَيْرِ مَحْرَمٍ كَابْنِ الْعَمِّ وَمَوْلَا الْعَتَاقَةِ وَلَا اِلَى فَاسِقٍ مَاجِنٍ* وَاِنِ اجْتَمَعُوا فِى دَرَجَةٍ فَاَوْرَعُهُمْ اَوْلَى ثُمَّ اَسَنُّهُمْ* وَلَا حَقَّ لِاَمَةٍ وَاُمِّ وَلَدٍ فِى الْحِضَانَةِ قَبْلَ الْعِتْقِ* وَالذِّمِّيَّةُ اَحَقُّ بِوَلَدِهَا الْمُسْلِمِ مَا لَمْ يَخَفْ عَلَيْهِ اِلْفُ الْكُفْرِ* وَلَيْسَ لِلْاَبِ اَنْ يُسَافِرَ بِوَلَدِهِ حَتَّى يَبْلُغَ حَدَّ الْاِسْتِغْنَاءِ وَلَا لِلْاُمِّ اِلَّا اِلَى وَطَنِهَا وَقَدْ تَزَوَّجَهَا فِيهِ اِنْ لَمْ يَكُنْ دَارَ الْحَرْبِ وَلَيْسَ ذلِكَ لِغَيْرِ الْاُمِّ* وَاِنْ كَانَ بَيْنَ الْمِصْرَيْنِ اَوِ الْقَرْيَتَيْنِ مَا يُمْكِنُ لِلْاَبِ اَنْ يَطَّلِعَ عَلَيْهِ وَيَبِيتَ فِى مَنْزِلِهِ فَلَا بَأْسَ بِهِ وَكَذَا النُّقْلَةُ مِنَ الْقَرْيَةِ اِلَى الْمِصْرِ بِخِلَافِ الْعَكْسِ وَلَا خِيَارَ لِلْوَلَدِ*

HİDANE

Anne, kocasından ayrılmadan önce ve sonra, çocuğunun bakımına ve onu himayeye en layık olandır. Bundan sonra yukarı doğru ne kadar yükselse de, annenin annesi gelir. Sonra babanın annesi, sonra çocuğun ana baba bir kızkardeşi, sonra ana bir kız kardeşi, sonra baba bir kızkardeşi gelir. Sonra teyzesi böyledir. Daha sonra halası böyledir.

Kızkardeşinin kızları, erkek kardeşin kızlarından daha layıktır. Erkek kardeşin kızları da halalardan daha layıktır.

Bir kadın, çocuğun mahreminden başkasıyle evlenirse, kadının hakkı düşer. Çocuğun mahremiyle nikahlanırsa düşmez. Mesela bir anne, çocuğunun amcası ile ve bir nine, çocuğun dedesiyle evlenirse, bunların çocuğa bakma hakları düşmez. Bakma hakkını düşüren nikah kalkınca, bakma hakkı avdet eder. Başka bir evliliğin yapılıp yapılmadığı konusunda, kadının sözü kabul edilir.

Çocuk, kendisine bakma hakkına sahip olan bu kadınların yanında tek başına yeme, içme, giyinme ve istinca yapmak suretiyle başkasına muhtaç olmayacak duruma gelinceye kadar durur. Bu süre 9 veya 7 yıl olarak takdir edilmiştir. Sonra baba, oğlunu almaya mecbur edilir.

Kız çocuğu ise anne ve ninesinden başkasının yanında kaldığı gibi, hayız görünceye kadar bu ikinin yanında durur. İmam Muhammed'e göre, şehvet sahibi oluncaya kadar, himaye edenlerin yanında durur. Zaman bozulduğu için, fetva da buna göre verilir.

Bakma ve himaye etme hakkı olan kadın, bu işi yapmaya zorlanamaz. Bu hakka sahip bir kadın bulunmazsa, bakma hakkı tertip üzere asabelerindir. Fakat kız çocuğu, amca oğlu gibi veya azat edilen cariyenin efendisi gibi, kendisine mahrem olmayan asabeye verilmez. Lâubali ve arsız fasığa da verilmez. Asabe aynı derece de olurlarsa, en mütteki olanları, sonra en yaşlıları bu işe en layık olanlardır.

Cariye ve ümmü veled azat edilmeden, çocuğa bakma hakkına sahip olamazlar. Zimmi kadın, çocuğunun kalbinin kafirliğe ısınmasından korkulmadığı sürece, müslüman olan çocuğuna bakmaya daha layıktır.

Çocuk, başkasına muhtaç olmayacak duruma gelmedikçe, babası onu yanına alarak yolculuk yapamaz. Annesinin de buna hakkı yoktur. Ancak annesi onu, eğer dar-ı harp değilse, içinde evlenmiş olduğu vatanına götürebilir. Buna anadan başkasının hakkı yoktur. Eğer iki şehir veya iki köy arasında, babanın gidip çocuğunu görerek sonra dönüp evinde geceleyebileceği kadar bir uzaklık olursa, ananın böyle bir yere oğluyla gitmesinde bir beis yoktur. Şehirden köye götürme bunun aksinedir.

Çocuğun bakımı ve himaye edilmesi konusunda, kendisinin bir muhayyerliği söz konusu değildir.

İZAHI

Bu bölüm hidanenin hükümleriyle ilgilidir.

Hidane, küçük erkek ve kız çocuklarını, analarının, kocalarından ayrılmadan önce veya sonra terbiye etmeleridir. Kocalarından ayrılmadan önce veya sonra çocukların bakım veya himayesine en layık olanlar analardır. Mahreminden başka biriyle evlenmedikçe bu hak devam eder.

Anadan sonra, her ne kadar yukarı olursa olsun, çocuğun bakım ve himayesine layık olan, ananın anasıdır. Sonra babanın anası gelir. Bundan sonra ana baba bir kızkardeşi; daha sonra ana bir kızkardeş ve baba bir kızkardeş gelir. Daha sonra teyzesi de böyledir. Yani annesi gibidir. Teyze kızkardeşlerden daha layıktır. Zira ana tarafından olan akrabalar çocuğa bakma hususunda baba tarafından olan akrabalardan daha layıktır. Anne baba bir teyze çocuğa bakmaya daha layıktır. Sonra ana bir teyze, daha sonra baba bir teyze gelir. Yani ana baba bir teyze varsa, bu diğer teyzelerden daha layık olur. Daha sonra çocuğun halası da böyledir.

Kızkardeş kızları, çocuğa bakmada, erkek kardeş kızlarından daha layıktır. Erkek kardeş kızları da halalardan daha layıktır. Kızkardeş, hala ve teyze için hidane yoktur. Yani bunların bakım ve himayesi söz konusu değildir. Zira bunlar mahrem değildir. Hidane'de asl olan şudur: Hidane velayeti ana tarafına verilmiştir. Böyle olunca, ana tarafı bu hususta baba tarafından önce gelir.

Bir kadın, çocuğunun mahreminden başkasıyla evlenirse, kadının hidane hakkı düşer. Çocuğun mahremiyle evlenirse düşmez. Mesela, bir anne çocuğunun amcası ile veya bir anne çocuğun baba tarafından dedesiyle evlenirse, bu kadınların çocuğa bakma hakları düşmez. Zira bu kadınların evlendikleri erkekler baba yerine geçer. Bakma hakkını düşüren nikah ortadan kalkınca, bu hak tekrar avdet eder. Yani bir kadın hidane hakkına sahip iken, çocuğun mahremi olmayan biriyle evlense, sonra kocanın ölümü sebebiyle veya boşama yoluyla bu nikah ortadan kalksa, çocuğa bakma ve onu himaye hakkı kadın avdet eder. Başka bir evliliğin yapılıp yapılmadığı konusunda ihtilaf olursa, kadının sözü kabul edilir. Mesela, çocuğa bakma hakkı olan bir kadına, "sen başkasıyla evlendin" deseler, o da "hayır evlenmedim" diye inkar etse, kadının sözü kabul edilir.

Çocuk, kendisine bakma hakkına sahip olan bu kadınların yanında tek başına yeme, içme giyinme ve istinca yapma suretiyle, başkasına muhtaç olmayacak duruma gelinceye kadar kalır. Zira erkek çocuk bu duruma gelip başkasına muhtaç olmaktan kurtulunca, erkeklerin edep ve ahlâkıyla edeplenme ve ahlâklanma ihtiyacını duyar. Baba ise çocuğun bu şekilde edeplenmesini sağlamaya ve işlerini düzeltmeye, kadınlardan daha layıktır. Çocuğun başkasına muhtaç olmayacak duruma gelme süresi 9 ve 7 yıl olarak takdir edilmiştir. Bu süre sona erince, baba çocuğu almaya zorlanır. Çocuğun nafakası babanın üzerine vacip olduğu için, baba çocuğu almaya mecbur edilir.

Kız çocuğu hayz görünceye İmam Muhammed'e göre, şehvet sahibi oluncaya kadar başkasının yanında kaldığı gibi, ana ve ninesinin yanında kalır. Zaman bozuk olduğu için bu şekilde fetva verilmiştir.

Çocuğa bakma ve himaye hakkına sahip olan kadın bu işi yapmaya mecbur edilemez. Çünkü bunu yapmaktan âciz olma ihtimali vardır. Ancak çocuk başka kadının memesini emmezse veya çocuğun bu kadından başka yakın mahremi bulunmazsa, o zaman kadın çocuğa bakmaya mecbur edilir. Çocuğa bakıp terbiye edecek bir kadın bulunmazsa, bu hak tertip üzere asabeye aittir. Asabede tertip şöyledir: Önce baba, sonra sırasıyle, ne kadar yukarı çıkarsa çıksın dede, anababa bir erkek kardeş, baba bir erkek kardeş, anababa bir erkek kardeşin oğlu, baba bir erkek kardeşin oğlu, ana baba bir amca, ana baba bir amca oğlu, baba bir amca oğlu. Fakat kız çocuğu bir amcaoğlu gibi, veya azat edilen cariyenin efendisi gibi mahremi olmayan asabeye verilmez. Zira bunlar o kızların mahremi değildir. Kız çocuğu laubali ve utanmaz, arsız kimseye de verilmez. Çocuğa bakma hakkına sahip olan asabeler aynı derecede olurlarsa, önce en müttaki olanları, sonra en yaşlıları bu işe daha layıktır.

Azat edilmeden önce cariyenin ve ümmü veledin çocuğa bakma hakkı yoktur.

Zimmi bir kadın müslüman olan oğluna bakabilir. Ancak çocuğunun kalbinin küfre ısınmasından korkulmadığı sürece bu hakka sahip olur. Bu korku hissedilirse bakmaya layık olmaz.

Çocuk başkasına muhtaç olmayacak duruma gelmedikçe, babası onu yanına alarak yolculuk yapamaz. Zira bunda, çocuğa bakma hakkına sahip olan kadının hakkını iptal vardır. Anne de çocuğu yanına alıp yolculuğa çıkamaz. Zira bunda da babanın zararı söz konusudur. Ancak kadın, eğer evlenmiş olduğu yer dar-ı harp değilse, oraya gitmek için oğlunu yanında yolculuğa götürebilir. Çocuğu anasından başkası, mesela kızkardeşi, babasının izni olmadan oraya götüremez. Eğer evlendikleri yer iki şehir veya iki köy arasında olur ve baba gidip çocuğu görüp akşam evine dönebilecek bir mesafede bulunursa, ananın çocuğu ile böyle bir yere yolculuk yapmasında bir sakınca ve beis yoktur. Aynı şekilde köyden şehire nakilde de bir beis yoktur. Ancak şehirden köye nakil caiz değildir. Zira bu nakilde, şehir dışındaki âdet ve davranışlarla ahlâklanıp şehirdeki ilim ve sanattan mahrum olma ihtimali bulunduğu için çocuğun zararı söz konusudur.

Çocuğun bakım ve terbiyesi hususunda, kendi tercih hakkı yoktur. İmam Şafii'ye göre, çocuğun seçme ve tercih hakkı vardır.

19. KISIM

باب النفقة

تَجِبُ النَّفَقَةُ وَالْكِسْوَةُ وَالسُّكْنَى لِلزَّوْجَةِ عَلَى زَوْجِهَا وَلَوْ صَغِيرًا مُسْلِمَةً كَانَتْ اَوْ كَافِرَةً كَبِيرَةً اَوْ صَغِيرَةً تُوطَأُ اِذَا سَلَّمَتْ اِلَيْهِ نَفْسَهَا فِى مَنْزِلِهِ اَوْ لَمْ تُسَلَّمْ لِحَقٍّ لَهَا اَوْ لِعَدَمِ طَلَبِهِ وَتُفْرَضُ النَّفَقَةُ كُلَّ شَهْرٍ وَتُسَلَّمُ اِلَيْهَا* وَالْكِسْوَةُ كُلَّ سِتَّةِ اَشْهُرٍ وَتُقَدَّرُ بِكِفَايَتِهَا بِلَا اِسْرَافٍ وَلَا تَقْتِيرٍ وَيُعْتَبَرُ فِى ذٰلِكَ حَالُهُمَا فَفِى الْمُوسِرَيْنِ حَالُ الْيَسَارِ وَفِى الْمُعْسِرَيْنِ حَالُ الْاِعْسَارِ وَفِى الْمُخْتَلِفَيْنِ بَيْنَ ذٰلِكَ وَقِيلَ يُعْتَبَرُ حَالُهُ فَقَطْ* وَالْقَوْلُ لَهُ فِى اِعْسَارِهِ فِى حَقِّ النَّفَقَةِ وَالْبَيِّنَةُ لَهَا وَتُفْرَضُ عَلَيْهِ نَفَقَةُ خَادِمٍ وَاحِدٍ لَهَا لَوْ مُوسِرًا وَعِنْدَ اَبِى يُوسُفَ نَفَقَةُ خَادِمَيْنِ وَلَوْ مُعْسِرًا لَا تَلْزَمُهُ نَفَقَةُ الْخَادِمِ فِى الْاَصَحِّ* وَلَوْ فُرِضَتْ لِعَسَارِهِ ثُمَّ اَيْسَرَ فَخَاصَمَتْهُ تَمَّمَ لَهَا نَفَقَةَ الْيَسَارِ وَبِالْعَكْسِ تَلْزَمُ نَفَقَةُ الْعَسَارِ* وَلَا نَفَقَةَ لِنَاشِزَةٍ خَرَجَتْ مِنْ بَيْتِهِ بِغَيْرِ حَقٍّ وَمَحْبُوسَةٍ بِدَيْنٍ وَمَرِيضَةٍ لَمْ تُزَفَّ وَمَغْصُوبَةٍ وَصَغِيرَةٍ لَا تُوطَأُ وَحَاجَّةٍ لَا مَعَهُ وَلَوْ حَجَّتْ مَعَهُ فَلَهَا نَفَقَةُ الْحَضَرِ لَا السَّفَرِ وَلَا الْكِرَاءِ* وَلَوْ مَرِضَتْ فِى مَنْزِلِهِ فَلَهَا النَّفَقَةُ لَا لَوْ مَرِضَتْ فِى بَيْتِهَا وَزُفَّتْ مَرِيضَةً* وَلَا يُفَرَّقُ لِعَجْزِهِ عَنِ النَّفَقَةِ وَتُؤْمَرُ بِالْاِسْتِدَانَةِ لِتُحِيلَ عَلَيْهِ* وَلَا تَجِبُ نَفَقَةُ مُدَّةٍ مَضَتْ اِلَّا اَنْ تَكُونَ قُضِىَ بِهَا اَوْ تَرَاضَيَا عَلَى مِقْدَارِهَا* وَلَوْ مَاتَ اَحَدُهُمَا اَوْ طُلِّقَتْ بَعْدَ الْقَضَاءِ اَوِ التَّرَاضِى قَبْلَ قَبْضِهَا سَقَطَتْ اِلَّا اَنْ تَكُونَ اسْتَدَانَتْ بِاَمْرِ قَاضٍ وَلَوْ عَجَّلَ لَهَا النَّفَقَةَ اَوِ الْكِسْوَةَ لِمُدَّةٍ ثُمَّ مَاتَ اَحَدُهُمَا قَبْلَ تَمَامِهَا فَلَا رُجُوعَ خِلَافًا لِمُحَمَّدٍ* وَاِذَا تَزَوَّجَ الْعَبْدُ بِالْاِذْنِ فَنَفَقَتُهَا دَيْنٌ عَلَيْهِ يُبَاعُ فِيهِ مَرَّةً بَعْدَ اُخْرَى وَلَا يُبَاعُ

فِى دَيْنٍ غَيْرَهَا اِلَّا مَرَّةً* وَعَلَى الزَّوْجِ اَنْ يُسْكِنَهَا فِى بَيْتٍ خَالٍ عَنْ اَهْلِهِ وَاَهْلِهَا وَلَوْ وَلَدَهُ مِنْ غَيْرِهَا* وَيَكْفِيهَا بَيْتٌ مُفْرَدٌ مِنْ دَارٍ اِذَا كَانَ لَهُ غَلَقٌ* وَلَهُ مَنْعُ اَهْلِهَا وَلَوْ وَلَدِهَا مِنْ غَيْرِهِ عَنِ الدُّخُولِ عَلَيْهَا لَا مِنَ النَّظَرِ اِلَيْهَا وَالْكَلَامِ مَعَهَا مَتَى شَاؤُا* وَالصَّحِيحُ اَنَّهُ لَا يَمْنَعُهَا مِنَ الْخُرُوجِ اِلَى الْوَالِدَيْنِ وَدُخُولِهِمَا عَلَيْهَا فِى الْجُمُعَةِ مَرَّةً وَفِى غَيْرِهِمَا فِى السَّنَةِ مَرَّةً* وَتَفْرِضُ نَفَقَةُ زَوْجَةِ الْغَائِبِ وَطِفْلِهِ وَاَبَوَيْهِ فِى مَالٍ لَهُ مِنْ جِنْسِ حَقِّهِمْ عِنْدَ مُودَعٍ اَوْ مُضَارَبٍ اَوْ مَدْيُونٍ يُقِرُّ بِهِ وَبِالزَّوْجِيَّةِ اَوْ يَعْلَمُ الْقَاضِى ذٰلِكَ* وَيُحَلِّفُهَا اَنَّهُ لَمْ يُعْطِهَا النَّفَقَةَ وَيَأْخُذُ مِنْهَا كَفِيلًا* فَلَوْ لَمْ يُقِرُّوا بِالزَّوْجِيَّةِ وَلَمْ يَعْلَمِ الْقَاضِى بِهَا فَاَقَامَتْ بَيِّنَةً لَا يَقْضِى الْقَاضِى بِهَا* وَكَذَا لَوْ لَمْ يُخَلِّفْ مَالًا فَاَقَامَتِ الْبَيِّنَةَ عَلَى الزَّوْجِيَّةِ لِيَفْرِضَ لَهَا النَّفَقَةَ وَيَأْمُرَهَا بِالْاِسْتِدَانَةِ عَلَيْهِ لَا يَسْمَعُ بَيِّنَتَهَا وَعِنْدَ زُفَرَ يَسْمَعُهَا لِيَفْرِضَ النَّفَقَةَ لَا لِثُبُوتِ الزَّوْجِيَّةِ وَهُوَ الْمَعْمُولُ بِهِ الْيَوْمَ وَالْمُخْتَارُ* وَتَجِبُ النَّفَقَةُ وَالسُّكْنَى لِمُعْتَدَّةِ الطَّلَاقِ وَلَوْ بَايِنًا وَالْمُفَرَّقَةِ بِلَا مَعْصِيَةٍ كَخِيَارِ الْعِتْقِ وَالْبُلُوغِ وَالتَّفْرِيقِ لِعَدَمِ الْكَفَائَةِ لَا لِمُعْتَدَّةِ الْمَوْتِ وَالْمُفَرَّقَةِ بِمَعْصِيَةٍ كَالرِّدَّةِ وَتَقْبِيلِ اِبْنِ الزَّوْجِ* وَلَوْ اِرْتَدَّتْ مُطَلَّقَةُ الثَّلَاثِ تَسْقُطُ نَفَقَتُهَا لَا لَوْ مَكَّنَتِ اِبْنَهُ*

NAFAKA

Koca küçük çocuk bile olsa, karısının nafakasını temin etmek, giydirmek ve oturacağı yeri sağlamak koca üzerine vaciptir. Kadın müslüman veya kafir olsun, büyük veya kendisiyle cinsel ilişkide bulunulabilecek derecede küçük olsun, kocasının evinde kendini kocasına teslim etse de, yahut bir haktan dolayı veya kocası istemediği için kendini teslim etmese de nafakası, giydirilmesi ve oturacağı evin temini kocası üzerine vaciptir.

Nafaka her ay takdir edilir ve kadına teslim edilir.

Giyimini sağlamak ise her altı ayda bir olur.

Nafaka ne az ne de çok, kadına yetecek derecede takdir olunur. Bu hususta karı ile kocanın durumları göz önünde tutulur. Zenginler hakkında zenginlik haline, fakirler hakkında fakirlik haline, birisi zengin diğeri fakir ise, ikisi arası bir duruma itibar edilir. Bazıları, "sadece kocanın durumuna itibar edilir" demişlerdir.

Koca, "ben fakirim" dese, nafaka hakkında onun sözüne itibar edilir. Bu konuda delil getirmek kadına aittir. Eğer koca zengin ise, karısının bir hizmetçisinin nafakasını temin etmek de kocaya farzdır. Ebu Yusuf'a göre, iki hizmetçi nafakası vermesi gerekir. Eğer koca fakir ise en sahih rivayete göre, karısı için hizmetçi nafakası vermek kocaya gerekli değildir.

Kocanın fakirlik durumuna göre nafaka takdir olunsa, sonra koca zengin olsa ve kadın onu dava etse, hakim, kadın için zengin nafakasını tamamlar. Bunun aksi olması halinde, fakirlik halindeki nafakayı vermesi gerekir.

Haksız yere kocasının evinden çıkan asi kadın, borcundan dolayı hapsedilmiş olan kadın, kendisiyle zifafa girilmemiş hasta kadın, gasbedilen kadın, kendisiyle cinsel ilişkide bulunulamıyacak kadar küçük olan kadın ve kocası yanında olmadığı halde hacceden kadın için nafaka yoktur. Eğer kadın, kocasıyle haccederse, kadın; ikamet halindeki nafakayı alır, sefer nafakası veya kira almaz.

Kadın, kocasının evinde hastalansa, nafaka almak kadının hakkıdır. Kadın kendi evinde hastalansa ve hasta hasta zifafa girse nafaka hakkı olmaz. Koca nafaka vermekten aciz diye, hakim karı ile kocayı ayıramaz. Kadının borç alıp bunu kocanın üzerine havale etmesi emredilir.

İddet bekleyen kadının yaptığı doğum ancak iki erkeğin veya bir erkekle iki kadının şahitliğiyle sabit olur. İmameyn'e göre, bir kadının şahitliği yeter. Eğer kadının hamileliği açık olur veya koca bunu itiraf ederse sadece kadının "doğurdum" demesiyle doğum sabit olur. İmameyn'e göre, bu durumda da bir kadının şahitliği gereklidir. Kadın, kocasının ölümünden sonra iki seneden az bir süre içinde doğum yaptığını idda eder ve mirasçılar onu doğrularsa, veraset ve nesep konusunda bu tasdik sahih olur. Tercih edilen de budur.

Bir kimse bir kadını nikahlar ve o kadın altı ay veya daha çok bir süre içinde bir çocuk doğurursa, kocanın doğumu ikrar etmesi veya susması halinde, çocuğun nesebi o adamdan sabit olur. Koca, doğumu inkar ederse, bir kadının şahitliğiyle sabit olur. Eğer çocuğu kendinden kabul etmezse lian yaparlar.

Bir kimse bir kadını nikahlar ve bu kadın altı aydan daha az bir zamanda doğum yaparsa, nesebi sabit olmaz. Kadın altı aydan beri nikahlı olduğunu iddia eder, koca da daha az bir zamandan beri nikahlı olduklarını iddia ederse, yeminle beraber kadının sözü kabul edilir. İmam Ebu Hanife'ye göre, yeminsiz kadının sözü kabul edilir.

Bir kimse karısını boşamayı onun doğum yapmasına bağlar ve bir kadın onun doğum yaptığına şahitlik yaparsa, kadın boş olmaz. İmameyn buna muhalefet eder. Kocası kadının hamile olduğunu itiraf ederse, sadece kadının "doğurdum" demesiyle kadın boş olur. İmameyn'e göre, bir kadının şahitliği gerekir.

Bir kimse bir cariyeyi nikahlayıp boşasa sonra onu satın alsa ve kadın, adamın satın almasından sonra altı aydan daha az bir zamanda doğursa, çocuğun nesebi o adama gerekli olur, aksi halde olmaz.

Bir kimse cariyesine, "eğer karnında bir çocuk varsa o bendendir" dese ve bir kadın bu cariyenin doğum yaptığına şahitlik etse, cariye, o kimsenin ümmü veledidir.

Bir kimse bir köleye, "o benim oğlumdur" dese ve ölse, daha sonra çocuğun annesi, "ben o adamın karısıyım, bu da oğludur" dese, ikisi de adama mirasçı olurlar. Fakat kadının hür olup olmadığı bilinmese ve mirasçılar, "sen o adamın ümmü veledisin" deseler, kadın mirasçı olamaz.

İZAHI

Bu bölüm, çocuğun nesebinin sabit olmasının hükümlerine dairdir.

Hamilelik müddetinin en az süresi altı aydır. Yüce Allah'ın " حَمْلُهُ وَفِصَالُهُ ثَلَاثُونَ شَهْرًا **Çocuğun ana karnında taşınması ve sütten ayrılması 30 aydır**"[43] ayetinden sonra, وَفِصَالُهُ فِى عَامَيْنِ **"Çocuğun sütten kesilmesi iki yıldır"**[44] ayetinin gelmesi, gebeliğin en az süresinin altı ay olduğuna kesin delildir. Bu görüş Hz. Ali ve İbn Abbas'tan nakledilmiştir. Biz Hanefilere göre, gebelik müddeti ençok iki yıldır. İmam Şafii'ye göre bu süre en çok dört yıldır. Meşhur olan görüş budur. İmam Malik bu sürenin beş yıl olduğunu söyler. Bir rivayette ise, yedi sene olduğu görüşünü benimsediği nakledilir.

Rivayete göre, Dahhak dört sene anasının karnında kalmış, dişleri çıkmış olarak doğmuş ve doğduğunda gülmüştür. Bu sebeple ona Dahhak (çok gülen) ismi verilmiştir. İbn Aclân ve Rabia da analarının karnında dört yıl kalmışlardır. İbn Aclan'dan, "çocuk, anasının karnında dört yıl, bazan yedi yıl kalır, sonra doğar" diye rivayet edilmiştir. Fakat biz Hanefilerin delili, Hz. Aişe'den rivayet edilen şu hadistir:

لَا يَبْقَى الْوَلَدُ فِى بَطْنِ أُمِّهِ أَكْثَرَ مِنْ سَنَتَيْنِ وَلَوْ بِفَلْكَةِ وَمِغْزَلٍ "Çocuk anasının karnında, iğ'in gölgesi kadar da olsa, iki seneden fazla kalmaz". Bizim mezhebimize göre, gebelik müddeti en çok iki yıldır.

Bir kimse, "eğer filan kadını nikahlarsam, o kadın boştur" dese ve o kadını nikahlasa; kadın, nikah vaktinin üzerinden altı ay geçince doğursa, çocuğun nesebi sabit olur ve o kadının mehri o kocaya gerekli olur.

Boşanan bir kadın, iddetinin bittiğini söylese, bundan sonra altı ay geçmeden bir çocuk doğursa, kadının yalan söylediği kesin olarak anlaşıldığı için, çocuğun nesebi, boşayan adamdan sabit olur. Eğer, "iddetim bitti" dedikten sonra altı ay geçince çocuk doğurursa, çocuğun nesebi sabit olmaz.

Boşanmış bir kadın, iddetinin bittiğini ikrar etmez ve iki seneden daha az bir süre içinde bir çocuk doğurursa, çocuğun nesebi sabit olur. Çünkü bo-

---
(43) Ahkaf Suresi, 46/15.
(44) Lokman Suresi, 31/14.

Geçen müddetin nafakası vacip olmaz. Ancak o nafaka için daha önce hüküm verilmiş ise veya nafaka miktarında iki taraf anlaşmışlarsa bu durumda, geçen sürenin nafakası da koca üzerine vacip olur.

Nafaka hükmedildikten veya karı ile koca nafaka hususunda anlaştıktan sonra kadın nafakayı almadan, karı ile kocadan biri ölse veya kadın boşansa, nafaka düşer. Ancak bir hakimin emriyle kadın bir başkasından borç talep edip almışsa, nafaka düşmez.

Koca nafaka veya giyim masrafını bir müddet için karısına peşin olarak vermiş olsa, sonra bu müddet tamamlanmadan karı ile kocadan biri ölse, verilen geri alınmaz. İmam Muhammed buna muhalefet eder.

Köle, efendisinin izniyle evlendiği zaman, karısının nafakasını vermek köle üzerine bir borçtur. Köle bunun için defalarca satılabilir. Köle, bunun dışında bir borç için sadece bir defa satılabilir.

Kocanın, karısını, başka hanımından olan çocuğu da olsa kendi tarafının ve karısı tarafının bulunmadığı bir evde oturtması gerekir. Kadın için, bir evin, kilitli olduğu takdirde bir tek odası yeter.

Koca karısının tarafını, başkasından olma oğlu da olsa, karısının yanına girmekten men edebilir. Ancak diledikleri zaman karısıyla görüşüp konuşmaktan menedemez.

Sahih olan şudur ki koca, karısının cuma günü bir defa anne ve babasına gitmesine ve onların, karısının yanına gelmesine engel olamaz. Anne ve babası dışındaki akrabalarına da senede bir kez engel olamaz.

Seferde olan adamın karısının, çocuğunun ve ebeveyninin nafakası, bu kişilerin hakkı cinsinden, kocanın emenatçide veya ortakçıda veya borçluda bulunan malından takdir edilir. Ancak bu malı yanında bulunduranların bunu ve ikisi arasında bulunan evlilik bağını ikrar etmeleri gerekir. Veya hakim durumu bilirse, nafaka takdir edilir. Hakim kadına, seferde bulunan kocasının kendisine daha önce nafaka vermediğine dair yemin ettirir ve kadından bir kefil alır. Eğer, malı elinden bulunduran kişiler, karı ile koca arasındaki evliliği ikrar etmezler, hakim de bu evliliği bilmezse, kadın delil getirse bile hakim nafakaya hükmedemez.

Keza koca bir mal bırakmamış olsa, kadın da hakimin kendisine nafaka takdir etmesi veya kocasına havala edilmek üzere borç istemesini emretmesi için, evliliklerine dair delil getirse, hakim kadının delilini dinlemez. İmam Züfer'e göre, hakim nafaka takdir etmek için onun delilini dinler, fakat bunu evliliğin sübutu için dinlemez. Bugün amel edilen ve tercih olunan görüş de budur.

Bain talakla da olsa, boşanma iddeti bekleyen kadın ile masiyetsiz kocasından ayrılan kadın için nafaka ve oturacak yer temin etmek kocaya borçtur. Masiyetsiz yani şer'an günah sayılmadan kocalarından ayrılan kadınlara şunları misal gösterebiliriz: Evli olup ta azat edilince kocasından nikahı bozarak ayrılma muhayyerliği bulunan cariye, küçük iken evlenip büluğa erince nikahı bozan kadın ve dengi olmayan bir erkekle evlendiği için nikahı bozdurulan kadın.

Kocası öldüğü için iddet bekleyen kadın ile dinden çıkmak ve kocasının oğlunu öpmek gibi bir masiyetten dolayı kocası ile arası açılan kadının nafaka ve oturacak ev isteme hakkı yoktur. Üç talakla boşanan kadın dinden çıksa nafakası sakıt olur. Fakat bu şekilde boşanan bir kadın kocasının oğlunu öperse nafaka sakıt olmaz.

İZAHI

Bu bölüm nafaka ile ilgilidir. Nafaka, bir malı bir yere sarfetmek, harcamak manasına gelen "infak"tan isimdir.

Koca küçük çocuk bile olsa, karısının nafakasını, giyim ihtiyaçlarını ve oturacağı yeri temin etmek koca üzerine vaciptir. Kocanın küçük olmasının bunları temine engel olmamasının sebebi, cinsel ilişkiyi kadının engellememiş olmasıdır.

Kadın müslüman olsun, kafir olsun, büyük olsun veya cinsel ilişki kurulabilecek derecede gelişmiş küçük kız olsun, kocanın, karısının nafakasını temin etmesi vaciptir. Fakat cinsel ilişki kurulamıyacak derecede küçük olursa nafaka vacip olmaz. Böyle bir kız ister kendi evinde olsun, ister kocasının evinde olsun fark etmez. Müslüman, kafir, yaşlı veya kendisiyle cinsel ilişki yapılabilecek kadar gelişmiş küçük kız kocasının evinde kendini ona teslim eder, yahut bir haktan dolayı, mesela, acele verilecek mehri kocası vermediği için kocasına teslim olmazsa, yahut kocası istemediği için nefsini teslim etmezse, bu durumların hepsinde nafaka, giydirme ve oturacak yer temini koca üzerine vaciptir.

Kadının nafakası her ay takdir edilerek kadına verilir. Mebsut'ta şöyle yazılıdır: "Nafakanın takdiri hususunda kocanın haline itibar edilir. Mesela koca sanaat ehli ise her gün nafaka vermelidir. Tüccar ise aydan aya, ziraatçı olursa seneden seneye vermesi gerekir. Zira bunların hallerine en uygun olan budur." Giydirme işi her altı ayda bir takdir olunur. Soğuk ve sıcağın değişmesi, altı ayda bir böyle yapılmasını gerektirir.

Nafaka çok az olmadan, kadına yetecek kadar takdir edilir. Zira Hz. Peygamber (a.s), Ebu Süfyan'ın karısı Hind'e:

خُذِي مِنْ مَالِ زوجكِ ما يكفيكِ وَوَلَدِكِ بِالمَعروف "**Kocanın malından, örfe göre, sana ve oğluna yetecek kadar al**"(45) buyurmuştur. Nafakanın takdiri hususunda belli bir ölçü yoktur. Zira zaman ve mevsimin değişikliğine göre fiatlar ucuz ve pahalı olabilir. Ayrıca insanların karakter ve tabiatlarının değişik olması da bunda rol oynar. Böyle olunca, nafakanın takdirinde orta bir yol bulunur ve bu hususta karı-kocanın hallerine itibar edilir. Zenginler hakkında zenginlik, fakirler hakkında da fakirlik hali göz önünde

---

(45) Buhari, Nafakat, 14 (Farklı lafızlarla).

bulundurulur. Muhammed Vâni şöyle der: "Fakirlik manasına gelen " الاعسار "
İ'sar"ın zıddı, " الايسار "dır. Fakat Arapçada bunun yerine " الْيَسَار "
kullanıldığı için metinde de öyle gelmiştir". Karı ile kocanın halleri değişik olsa, yani koca zengin kadın fakir, ya da kadın zengin koca fakir olsa ikisinin arasına itibar edilir. Bazılarına göre, sadece kocanın haline itibar edilir.

Nafaka hususunda, eğer erkek fakir olduğunu ileri sürerse onun sözü kabul edilir. Kadının, bunun aksine bir delil getirmesi istenir. Çünkü, kadın kocasının zengin olduğunu iddia etmektedir. Böyle olunca da delil ve şahit getirmesi gerekir.

Koca eğer zengin ise kadının ve kadına layık bir hizmetçinin nafakasını vermesi takdir edilir. Ebu Yusuf'a göre, iki hizmetçi nafakası takdir edilir. Eğer koca fakir ise en sahih rivayete göre, üzerine hizmetçi nafakası gerekmez. Koca fakir iken nafaka takdir edilse, sonra koca zenginleşse ve kadın onu dava etse, hakim, kadın için takdir edilen nafakayı zengin nafakasına tamamlar. Çünkü önce, bir özürden dolayı fakirlik nafakası takdir edilmişti. Fakirlik ortadan kalkınca önceki takdir de hükümsüz kalır. Bunun aksi bir durumda, kocaya fakirlik nafakası takdir edilir. Mesela, koca zengin iken zenginlik nafakası takdir edilse, daha sonra adam fakir düşse, fakirlik nafakası lazım olur.

Haksız yere kocasının evinden çıkan asi kadın için kocasının nafaka vermesi gerekmez. Ama evden çıkmayıp içerde kalan asi kadının durumu böyle değildir. Yani kocasının ona nafaka vermesi gerekir. Zira koca tatlılıkla onunla cinsel ilişkide bulunamasa da zorla bunu yapabilir. Ayrıca bir borç sebebiyle hapsedilmiş olan bir kadın için, zifafa girilemiyecek kadar hasta olan kadın için, başka bir erkek tarafından zorla alıp götürülen bir kadın için, cinsel ilişkide bulunmak mümkün olmayan küçük kız için ve kocası yanında olmadan hacca giden kadın için kocanın nafaka vermesi gerekli değildir. İmam Ebu Yusuf'a göre, hacca giden kadına nafaka vermek gerekir. Zira farzı yerine getirmek özür yerine geçer. Yani bu durumdaki kadın özürlü sayılır. Eğer kadın kocası ile haccederse, kadın için ikamet halindeki nafaka vardır. Ne yolculuk nafakası ne de kira vacip olur.

Kadın kocasının evinde hastalansa, kadınının nafaka almak hakkıdır. Kadın kendi evinde hastalansa ve hasta olduğu halde zifaf yapılsa nafaka vacip olmaz. Zâhidi, el-Bahru'l-Muhit'ten naklen şöyle der: Kadın kendini gündüz teslim edip gece etmese veya gece teslim edip gündüz etmese nafaka almayı hak edemez. Zira teslimiyeti eksiktir. Böyle olduğu için nafakaya müstehak olamaz.

"Koca nafaka vermekten acizdir" diye, karı ile kocanın arası ayrılmaz. Kadının borç alıp bunu kocasının üzerine havale etmesi istenir. mesela, hakim, koca nafaka vermekten aciz olduğu için kadını ayıramaz. Bilakis, "veresiye yiyecek satın al ve parasını kocanın üzerine havale et" diye emreder.

Kadına geçen sürenin nafakasını vermek vacip değildir. Ancak daha önce, geçen o sürenin nafakası kadına verilecek diye hüküm verilmişse veya o nafakanın miktarı üzerinde iki taraf anlaşmışsa, kocanın bunu vermesi vaciptir. Zira anlaşma da hüküm gibidir. Belki de daha kuvvetlidir. Bu nafakanın verilmesine hükmedildikten veya iki taraf bir anlaşmaya vardıktan sonra, nafaka alınmadan önce iki taraftan biri ölse veya kadın boşansa, bu geçen süreye ait alınmamış nafaka sakıt olur. Zira bu hediye ve ihsan kabilindendir. Bu ise ölümle sakıt olur. Ölümle sakıt olup düştüğü gibi talak ile de düşer. Kadıhan'da, talak ile nafakanın sakıt olup olmayacağı hususunda alimlerin ihtilaf ettikleri yazılıdır. İsteyen oraya baksın. Ancak, hakimin emri ile kadın borç bulup bunu kocasına havale etmiş ise bu sakıt olmaz. Zira hakimin emri ile yapılan borçlanma, ölüm ve talak ile düşmez.

Bir kimse karısının nafakasını veya giyecek masrafını bir müddet için peşin verse, bundan sonra ikisinden biri, peşin verilen müddet tamamlanmadan evvel ölse, geri dönüş olmaz. Yani verilen mal geri istenmez. İmam Muhammed buna muhalefet eder. Ona göre geri kalan hesap edilir.

Köle efendisinin izniyle evlense, kadının nafakası köleye borçtur. Köle bu borç için tekrar tekrar satılır. Mesela, bir köle efendisinin izniyle evlense ve üzerine bin dirhem nafaka toplanmış olsa, bir kimse bu kölenin bu kadar borçlu olduğunu bilse ve onu beşyüz dirheme satın alsa, geri kalan beşyüz dirhem için köle tekrar satılır. Köle bundan sonra tekrar nafaka için borçlansa, üç defa, dört defa satılır. Nafaka dışında bir borç için köle sadece bir defa satılır.

Kocanın, karısını, kendi yakınlarının ve karısının yakınlarının bulunmadığı bir evde oturtması vaciptir. Zira ev de nafaka gibi kadının zaruri ihtiyaçlarındandır. Zira Yüce Allah, kadının oturacağı evi, onun nafakasıyla birlikte zikrederek onu ayrı evde oturtmayı vacip kılmıştır. İbn Mesud Talak sûresi altıncı ayetini:

أَسْكِنُوهُنَّ مِنْ حَيْثُ سَكَنتُم مِّن وُجْدِكُمْ «وَأَنْفِقُوا عَلَيْهِنَّ مِن وجدكم

"Boşadığınız fakat iddeti dolmamış kadınları, gücünüz nisbetinde kendi oturduğunuz yerde oturtun ve gücünüz yettiği kadar onlara nafaka verin" şeklinde okumuştur. Eğer kocanın, başka kadından bir oğlu varsa, evde onun da bulunmaması gerekir. Ancak karısı buna rıza gösterirse olur. Eğer kaldığı odanın kilidi varsa, kadın için bir evin bir odası yeterli olur. Zira bununla maksat hasıl olur.

Koca, karısı tarafını, hatta onun başkasından olan oğlunu karısının yanına girmekten menedebilir. Ancak kadın tarafını ve onun oğlunu, ne zaman isterlerse kadına bakmaktan ve onunla konuşmaktan menedemez. Eğer menederse sıla-i rahme engel olmuş olur. Onun için görüşüp konuşmalarına engel olamaz. Ben bu fakir der ki: Açık olan budur. Kadına bakıp onunla konuşmaktan men edilmeyenler onun nâmahremleridir. Fıkıh kitaplarında buna karşı çıkılmamıştır. Murat böyle olmasa, namahrem olanlardan başkasının kadına bakması ve konuşması caiz olurdu. Bu ise meşru değildir.

Sahih olan şudur ki koca, her cuma günü bir defa, karısının anne ve babasına gitmesine ve onların karısının yanına gelmesine engel olamaz. Bu ikisinin dışında kalan mahremlerine de senede bir defa gitmesine ve onların da aynı şekilde senede bir defa karısının yanına gelmelerine engel olmaz. Kadıhan'da şöyle yazılıdır: "Koca, karısını her cuma günü anne ve babasını ziyaretten men edemez. Menedilen, karının anne ve babası yanında gecelemesidir." Bütün alimler de bu görüşü benimsemişlerdir. Fetva da buna göre verilir.

Seferde olan adamın para, yiyecek ve giyecek gibi nafaka cinsinden olan malı bir emanetçi, ortakçı veya borçlunun yanında olsa ve bu kimseler bu malın seferde olan kimseye ait olduğunu ve kadının da o adamın karısı olduğunu ikrar etseler veya hakim bütün bunları bilse, hakim nafaka takdir eder. Zira hakimin bilmesi delil yerine geçer. Buna dayanarak hüküm vermek caiz olur. Hakim kadına, kocasının kendisine nafaka vermediğine dair yemin ettirir ve kadından kefil ister. Eğer kocanın malını elinde bulunduran kimseler, kadının onunla evli olduğunu ikrar etmeseler ve hakim de bu konuda bilgi sahibi olmasa, kadın bu hususta delil ve şahit getirse dahi nafaka ile hükmedilmez. Zira orada hazır bulunmayan kimse üzerine hüküm vermek caiz değildir.

Aynı şekilde bir kimse yola çıkarken geride mal bırakmasa, bu kimsenin karısı, hakimin kendisine nafaka takdir etmesi veya kocasına havale etmek üzere borç istemesini emretmesi için, o kimsenin karısı olduğuna dair şahit getirse, hakim kadının şahitlerini dinlemez. İmam Züfer'e göre, nafaka takdir etmek için kadının delil ve şahitlerini dinler fakat kadının, o kimsenin karısı olduğunu isbat için şahitleri dinlemez. Bugün kendisiyle amel edilen ve tercih edilen görüş, İmam Züfer'in bu görüşüdür.

Bain talakla da boşanmış olsa, boşanma iddeti bekleyen kadına nafaka ve oturacak yer temin etmek kocaya vaciptir. Zira nafaka kadını tutmanın karşılığıdır. Bu ise iddet halinde iken devam etmektedir. Bir masiyeti olmadan kocasından ayrılan kadın için de nafaka ve oturacak yer temin etmek gerekir. Mesela evli olup da azat edilince nikahı bozarak kocasından ayrılan câriye, babası ile dedesi dışında bir velisinin ergenlik çağına girmeden yaptığı nikahı erginlik çağına girince bozan kadın ve dengi olmayan bir erkekle evlenip nikahı bozulan kadın. İşte bu suretle vuku bulan ayrılmalar şer'an günah değildir. İşte bu kadınlar iddet beklerken, kocalarının, onların nafakalarını ve kalacakları yeri temin etmeleri gerekir.

Kocası öldüğü için iddet bekleyen kadın ile dinden dönmek, kocasının oğlunu öpmek gibi bir masiyet sebebiyle kocalarından ayrılıp da iddet bekleyen kadınlar için nafaka yoktur. Kocası öldüğü için iddet bekleyen kadına nafaka vacip olmamasının sebebi, kadını bekletmenin erkeğin hakkı değil de şeriatın hakkı olmasıdır. Dinden çıkan kadına nafaka vermenin sakıt olması hususunda Şeyhulislam Mebsut'unda şunları yazıyor: ''Mürted olan kadın kocanın hapsinden dışarı çıkarsa nafakası sakıt olur. Eğer ondan çıkmayıp, iddeti evinde geçirirse nafakası sakıt olmaz'' İnaye'de de böyle yazılıdır.

Üç talakla boşanan kadın mürted olup dinden çıkarsa nafakası düşer. Fakat üç talakla boşanan kadın, kocasının oğlunu öperse nafaka sakıt olmaz. Bu ikisinin arasındaki fark şudur: Üç talakla meydana gelen ayrılıkta, dinden dönmenin ve kocanın oğlunu öpmenin bir tesiri yoktur. Ancak şu var ki, dinden dönen kadın, tevbe edinceye kadar hapsedilir. Hapiste bulunan bir kadına, kocasının nafaka vermesi gerekmez. Fakat kocasının oğlunu öpen kadın hapsedilmez. Aralarındaki fark sadece budur. Dinden çıkan kadına, kocasının evinden çıkmayıp orada beklediği takdirde nafaka vermek gerektiği yukarda zikredilmiştir.

BOŞAMA ve BOŞANMA

20. KISIM ‎فصل

وَنَفَقَةُ الطِّفْلِ الْفَقِيرِ عَلَى أَبِيهِ لاَ يَشْرِكُهُ فِيهَا اَحَدٌ كَنَفَقَةِ الْأَبَوَيْنِ وَالزَّوْجَةِ وَلاَ تُجْبَرُ أُمُّهُ عَلَى اِرْضَاعِهِ اِلَّا اِذَا تَعَيَّنَتْ وَيَسْتَأْجِرُ مَنْ تُرْضِعُهُ عِنْدَهَا * وَلَوْ اسْتَأْجَرَهَا وَهِيَ زَوْجَتُهُ اَوْ مُعْتَدَّتُهُ مِنْ رَجْعِي لِتُرْضِعَ وَلَدَهَا لاَ يَجُوزُ وَفِى مُعْتَدَّةِ الْبَائِنِ رِوَايَتَانِ * وَبَعْدَ الْعِدَّةِ يَجُوزُ وَهِيَ أَحَقُّ اِنْ لَمْ تَطْلُبْ زِيَادَةً عَلَى الْغَيْرِ * وَلَوْ اسْتَأْجَرَهَا وَهِيَ زَوْجَةُ وَلَدِهِ مِنْ غَيْرِهَا صَحَّ وَنَفَقَةُ الْبِنْتِ بَالِغَةً وَالْاِبْنِ زَمِناً عَلَى الْأَبِ خَاصَّةً وَبِهِ يُفْتَى * وَقِيلَ عَلَى الْأَبِ ثُلْثَاهَا وَعَلَى الْأُمِّ ثُلْثُهَا * وَعَلَى الْمُوسِرِ يَسَاراً يُحَرِّمُ الصَّدَقَةَ نَفَقَةُ أُصُولِهِ الْفُقَرَاءِ بِالسَّوِيَّةِ بَيْنَ الْاِبْنِ وَالْبِنْتِ * وَيُعْتَبَرُ فِيهَا الْقُرْبُ وَالْجُزْئِيَّةُ لاَ الْاِرْثُ * فَلَوْ كَانَ لَهُ بِنْتٌ وَابْنُ ابْنٍ فَنَفَقَتُهُ عَلَى الْبِنْتِ مَعَ أَنَّ اِرْثَهُ لَهُمَا وَلَوْ كَانَ لَهُ بِنْتُ بِنْتٍ وَاَخٌ فَنَفَقَتُهُ عَلَى بِنْتِ الْبِنْتِ مَعَ أَنَّ كُلَّ اِرْثِهِ لِلْاَخِ * وَعَلَيْهِ نَفَقَةُ كُلِّ ذِى رَحِمٍ مَحْرَمٍ مِنْهُ اِنْ كَانَ فَقِيراً صَغِيراً اَوْ أُنْثَى اَوْ زَمِناً اَوْ اَعْمَى اَوْ لاَيُحْسِنُ الْكَسْبَ لِخُرْقِهِ اَوْ لِكَوْنِهِ مِنْ ذَوِى الْبُيُوتَاتِ اَوْ طَالِبَ عِلْمٍ وَيُجْبَرُ عَلَيْهَا وَتُقَدَّرُ بِقَدَرِ الْاِرْثِ * حَتَّى لَوْ كَانَ لَهُ اَخَوَاتٌ مُتَفَرِّقَاتٌ فَنَفَقَتُهُ عَلَيْهِنَّ أَخْمَاساً كَمَا يَرِثْنَ مِنْهُ * وَيُعْتَبَرُ فِيهَا اَهْلِيَّةُ الْاِرْثِ لاَ حَقِيقَتُهُ * وَنَفَقَةُ مَنْ لَهُ خَالٌ وَابْنُ عَمٍّ عَلَى خَالِهِ * وَنَفَقَةُ زَوْجَةِ الْأَبِ عَلَى اِبْنِهِ * وَنَفَقَةُ زَوْجَةِ الْاِبْنِ عَلَى أَبِيهِ اِنْ كَانَ صَغِيراً اَوْ زَمِناً * وَلاَ تَجِبُ نَفَقَةٌ لِلْغَيْرِ عَلَى فَقِيرٍ اِلَّا لِلزَّوْجَةِ وَالْوَلَدِ وَلاَ مَعَ

اِخْتِلَافِ الدِّينِ اِلَّا لِلزَّوْجَةِ وَقَرَابَةِ الْوِلَادِ اَعْلَى وَاَسْفَلْ* وَلْلَابِ بَيْعُ عَرْضِ اِبْنِهِ لِنَفَقَتِهِ لَا بَيْعُ عَقَارِهِ وَلَا بَيْعُ الْعَرْضِ لِدَيْنٍ لَهُ عَلَى الْاِبْنِ سِوَاهَا وَلَا لِلْاُمِّ بَيْعُ مَالِهِ لِنَفَقَتِهَا وَعِنْدَهُمَا لَا يَجُوزُ لِلْاَبِ اَيْضًا وَلَا ضَمَانَ عَلَيْهِمَا لَوْ اَنْفَقَا مِنْ مَالٍ لِلْاِبْنِ عِنْدَهُمَا* وَلَوْ اَنْفَقَ الْمُودَعُ مَالَ الْاِبْنِ عَلَيْهِمَا بِغَيْرِ اَمْرِ قَاضٍ ضَمِنَ وَلَا يَرْجِعُ عَلَيْهِمَا* وَلَوْ قَضَى بِنَفَقَةِ غَيْرِ الزَّوْجَةِ وَمَضَتْ مُدَّةٌ بِلَا اِنْفَاقٍ سَقَطَتْ اِلَّا اَنْ يَكُونَ الْقَاضِى اَمَرَ بِالْاِسْتِدَانَةِ عَلَيْهِ وَعَلَى الْمَوْلَى نَفَقَةُ رَقِيقِهِ فَاِنْ اَبَى اِكْتَسَبُوا وَ اَنْفَقُوا* وَاِنْ لَمْ يَكُنْ لَهُمْ كَسْبٌ اُجْبِرَ عَلَى بَيْعِهِمْ وَفِى غَيْرِهِمْ مِنَ الْحَيَوَانِ يُؤْمَرُ دِيَانَةً*

ÇOCUĞUN NAFAKASI

Küçük çocuğun nafakası babası üzerinedir. Bu konuda hiç kimse babaya ortak olmaz. Bu, anne-babaya ve zevceye verilen nafaka gibidir.

Çocuğun annesi çocuğu emzirmeye zorlanamaz. Ancak onun emzirmesi gerektiği ortaya çıkarsa, emzirmeye zorlanır. Koca ücretle annenin yanında çocuğu emzirecek bir kadın tutar. Çocuğun babası çocuğunu emzirmek için kendi karısını veya ric'i talakla boşayıp da iddet bekleyen karısını ücretle tutsa caiz olmaz. Bain talakla boşayıp da iddet bekleyen karısını ücretle tutması hususunda iki rivayet vardır. İddet bittikten sonra ücretle tutmak caizdir. Başkasından daha fazla ücret istemezse, böyle bir kadın süt anne olmaya daha layıktır.

Bir kimse başka karısından olma oğlunu emzirmesi için kendi karısını ücretle tutarsa sahih olur.

Büluğa ermiş kızın ve kötürüm oğlanın nafakası hassaten babaya aittir. Ve bununla fetva verilmektedir. Bazıları, "nafakanın üçte ikisi babaya, üçte biri anaya aittir" demişlerdir.

Sadaka almasını haram kılacak derecede zengin olan evlat üzerine, oğul ve kız arasında eşit olacak şekilde, fakir olan "usül"ün nafakalarını vermek vaciptir. Bu nafakada yakınlık ve cüz'iyyet nazar-ı itibara alınır, veraset durumu itibara alınmaz.

Bir kimsenin bir kızı ve bir de oğlunun oğlu olsa, bu kimsenin mirası ikisine de düştüğü halde, nafakasını yalnız kızının vermesi icap eder. Bir kimsenin, kızının kızı ile bir erkek kardeşi bulunsa, mirasının tamamı erkek kardeşi için olduğu halde nafakası, kızının kızı üzerine vacip olur.

Zengin olan kimse üzerine ona mahrem olan her akrabanın nafakasını vermek vaciptir. Ancak bu akrabanın küçük bir fakir olması veya kadın veya kötürüm veya kör olması veya ahmak ya da çok şerefli olduğu için çalışmaktan aciz olması veya talib-i ilim olması şarttır. Zengin, bunların nafakasını vermeye zorlanır ve nafaka mirasa göre takdir edilir.

Şayet fakir bir çocuğun muhtelif kızkardeşleri bulunsa, bu çocuğun nafakası, ona vâris oldukları gibi beşte bir olarak o kızkardeşlerinin üzerine vaciptir. Nafakanın verilmesinde muteber olan mirasa ehil olmaktır, gerçekten mirasçı olmak değildir. Bir dayısı ve bir amcaoğlu bulunan kimsenin nafakası, dayısı üzerine vaciptir. Fakirin babanın karısının nafakası, zengin oğlu üzerinedir. Oğul küçük veya kötürüm olursa, onun zevcesinin nafakası babası üzerinedir.

Fakir kimseye, karısı ve çocuğundan başkası için nafaka vermesi gerekmez. Dinlerin ayrı olmasıyla da nafaka vacip olmaz. Ancak karısı için ve ne kadar yukarı çıkarsa çıksın ve ne kadar aşağı inerse insin doğum yakınlığı için, dinler ayrı da olsa nafaka vacip olur.

Baba kendi nafakası için, oğlunun taşınabilir mallarını satabilir. Fakat gayr-i menkulünü satamaz. Baba nafaka dışında oğlu üzerinde bulunan bir alacağından dolayı oğlunun ma'lını satamaz. Anne de kendi nafakası için oğlunun malını satamaz. İmameyn'e göre bunu yapmak babaya da caiz olmaz. Anne ve baba, oğullarının kendi yanında bulunan mallarından harcama yapsalar tazmin etmeleri gerekmez.

Emanetçi yanına bırakılan oğlun malını, hâkimden izin ve emir almadan o çocuğun anne ve babasına harcasa tazmin eder ve anne ile babaya müracaat edip bunu isteyemez.

Hakim, bir kimsenin zevce dışında bir akrabaya nafaka vermesine hükmetse ve ödeme yapılmadan bir müddet geçse, geçen zamanın nafakası düşer. Ancak hakimin emriyle o kimse adına borç alınmışsa bu borç sakıt olmaz.

Kölesinin nafakasını vermek efendi üzerine vaciptir. Eğer kabul etmezse köleler çalışıp kazanarak harcama yaparlar. Köleler kazanç elde edemezlerse efendi onları satmaya zorlanır. Efendinin, köleler haricinde sahip olduğu hayvanların yiyeceklerini vermesi diyaneten emr olunur.

İZAHI

Bir kimse üzerine anasının, babasının ve zevcesinin nafakası vacip olduğu gibi, fakir olan küçük çocuğun nafakası da babası üzerine vaciptir. Bu hususta hiç kimse babaya ortak olmaz. Bu küçük çocuğun nafakasının sadece babaya gerektiği "Zahiru'r-rivaye"nin kavlidir. Ebu Hanife'den rivayet olunduğuna göre, nafaka, baba ve ana üzerine, miras itibariyle üçte iki ve üçte bir şeklinde vaciptir. Zira Yüce Allah, " وَعَلَى الوَارِثِ مِثْلُ ذَلِكَ **Mirascı üzerine de bunun benzeri vardır**"(46) buyurmuştur. Bu ayet, Ebu Hanife'nin görüşüne destek olur. Zahiru'r-rivaye'nin delili ise yine Yüce Allah'ın aynı ayette geçen şu sözüdür: وَعَلَى المَوْلُودِ لَهُ رِزْقُهُنَّ وَكِسْوَتُهُنَّ "**Annelerin yiyecek ve giyeceğini sağlamak, babaya borçtur**"(46) Denilmiştir ki, bu ayetin delil olmasının izahı şudur: Çocukların annelerinin yiyecek ve içeceklerini temin etmek, baba üzerine, çocuklar sebebiyle vacip olmuştur. Böyle olunca çocuğun yiyecek ve giyeceğini temin etmek babaya evleviyetle vacip olur. Zira hüküm, müştak üzerine terettüp etmiştir. Hüküm müştak üzerine terettüp edince bu "müştak minh"in illetine delil olur. Nitekim bu, Yüce Allah'ın وَالسَّارِقُ وَالسَّارِقَةُ فَاقْطَعُوا أَيْدِيَهُمَا "**erkek hırsız ve kadın hırsızın ellerini kesin...**"(47) ayetinde vaki olmuştur. Fakat bu söz tenkit edilebilir. Zira kadının nafakasının koca üzerine lazım olmasındaki illet, kadının evde hapsedilip tutulmasıdır. Bunda başka bir şeyin illet olması caiz değildir. Zira bir şey için iki illet varit olmuş olur. Önceki ayetin "Zahirur-rivaye"nin görüşüne delil olması hususunda yapılan bu açıklamalara şu cevap verilir: Bunda illet çocuğun doğumudur. Zira bu, nafakanın vacip olmasında müessirdir. Zira bu, nafakanın vacip olmasında müessirdir. Sebep, karı-koca ve çocuk arasında meydana gelen cüz'iyyettir. Kendisine bakmak vacip olunca, kendi parçası olan çocuğuna bakmak da vacip olur. Kadının evde tutulması ise illetin illetidir.

Musannif merhum "çocuk" için "fakir" kaydını koydu. Çocuğun malı bulunursa, nafakası kendi malından verilir. Eğer çocuğun malı yanında değilse, babasına, "sen nafakasını ver. Sonra çocuğun malı geldiğinde verdiğini geri al" diye emredilir. Eğer hakimin emri olmadan infak ederse, geri ala-

---

(46) el-Bakara, 2/233.
(47) el-Maide, 5/38.

maz. Ancak şahitlerin huzurunda "ben bunu geri almak üzere veriyorum" demişse, geri alabilir. Baba köle ise çocuğun nafakası baba üzerine vacip olmaz. Eğer çocuk köle ise babası ister hür ister köle olsun, ister müdebber olsun, çocuğun nafakasını vermek efendi üzerine vaciptir.

Bir anne çocuğunu emzirmeye zorlanamaz. "Elbette doğurduğun oğlanı emzir" diye mecbur edilemez. Eğer "Yüce Allah'ın, والوالدات يرضعن اولادهن حولين كاملين "**Anneler çocuklarını tam iki sene emzirirler**"(48) ayeti, annelerin çocukları emzireceklerine delildir" denilirse şöyle cevap veririz: Yüce Allah'ın "emzirirler" sözünün manası, annelerin bu işi yaptıklarını haber vermektir. Yani, "Bu işi yaptıkları zaman böyle yaparlar" demektir. Eğer ayet emir manasına gelirse, yani "emzirsinler" manasını ifade ederse, bu durumda emir, "nedb" ifade eder. Yani, "böyle yapmaları menduptur" demek olur.

Ancak bir emzirici bulunamaması veya çocuğun, annenin memesinden başka bir memeyi kabul etmemesi ile annenin emzirme zorunluluğu ortaya çıkarsa bunu yapmaya zorlanır.

Annesi çocuğu emzirmediği takdirde, çocuğun babası ücretle bir süt anne tutup, annesinin yanında onu emzirir. Metinde geçen عندها annesinin yanında" sözü, kadının bunu istemesi halinde böyle olacağını ifade eder. Çünkü çocuğu koruma ve terbiye hakkı ananındır. Baba onun bu hakkını kaldıramaz.

Çocuğun babası, çocuğunu emzirmek için karısını veya ric'i talakla boşayıp ta iddet beklemekte olan karısını ücretle tutsa caiz olmaz. Anne diyaneten çocuğu emzirmeye müstehaktır. Anne diyaneten çocuğu emzirmeye müstehaktır. Zira Yüce Allah'ın "anneler çocuklarını emzirirler" manasındaki sözü, haber kipiyle söylenmiş tekitli bir emirdir. Aciz oldukları zaman emzirmezler. Ama ücret almaya atılıp bu işi yapmaya kudreti olduğu ortaya çıkınca, emzirmek ona vacip olur ve ücret alması gerekmez.

Bain talakla boşadığı karısı iddet beklerken, çocuğunu emzirmek için ücretle tutulsa, bu hususta iki rivayet vardır. Bir rivayete göre istihsanen ücret caizdir, bir rivayete göre caiz değildir. İddetten sonra ücret caizdir. Eğer başkasından daha fazla ücret istemezse, anne çocuğunu emzirmeye daha layıktır.

---

(48) el-Bakara, 2/233.

Bir baba, başka kadından olan oğlunu emzirmek için kendi karısını ücretle tutsa bu sahihtir. Zira kadının söz konusu çocuğu emzirmesi diyaneten vacip değildir. Bu takdirde diğer kadınlar gibi yabancı olmuş olur.

Erginlik çağında bulunan kızın ve kötürüm olan oğlun nafakası sadece baba üzerinedir. Fetva da bu görüşe göre verilmektedir. Zira Yüce Allah'ın **"Onların nafakası baba üzerinedir"**[49] mealindeki sözü bu görüşe destekler. Bu ayette çalışıp kazanmaktan âciz olanın nafakasının baba üzerine olduğuna işaret vardır. Böyle olunca buna, bunamış, azaları sakat ve talib-i ilim olanlar dahil olur.

Baba üzerine nafakanın üçte ikisi, ana üzerine de üçte biri gerekir denilmiştir. Bunu Hassaf ve Hasan rivayet etmişlerdir. Bunların bu rivayeti ile "küçük çocuğun nafakası sadece baba üzerinedir" şeklindeki görüş arasındaki farkın izahı şudur: Küçük çocukta babanın hem velayeti vardır, hem de onun üzerine vacip olmakla, küçük çocuk, babanın kendi nefsi gibi olur. Ama büyük çocukta babanın velayeti yoktur. Zira o artık ergenlik çağına girmiştir. Bu takdirde diğer mahremler gibi olup mirası itibara alınarak nafakası verilir.

Sadaka almasını haram kılacak derecede zengin olan evlat üzerine, oğul ve kız arasında eşit olacak şekilde, fakir olan "usul"ün nafakalarını vermek vaciptir. Buradaki "fakir usül" den maksat anne-baba, dedeler ve ninelerdir. Bu nafakanın vacip olması hususunda yakınlık ve cüz'iyyet nazar-ı itibara alınır. Mirasçı olma hususuna itibar edilmez. Bir kimsenin bir kızı ve bir de oğlunun oğlu bulunsa, bu kimsenin mirası ikisine de düştüğü halde, nafakasını sadece kızının vermesi gerekir. Yine mesela bir kimsenin bir kızının kızı bir de erkek kardeşi olsa, mirasının tamamını erkek kardeşi alacağı halde, bu kimsenin nafakasını vermek kızının kızı üzerine vaciptir. Bu konuda mirasçılığa itibar edilmez; yakınlığa ve cüziyete itibar edilir.

Zengin olan kimse üzerine ona mahrem olan her akrabanın nafakasını vermek vaciptir. Yani bu akrabalar fakir ve küçük, yahut kadın yahut kötürüm yahut kör oldukları veya ahmak ya da şerefli oldukları için çalışıp kazanmaktan aciz bulundukları yahut ilim öğrencisi oldukları takdirde bunların sadakalarını vermek zengin akrabaya vaciptir. Metinde geçen " خُرْق " kelimesi ahmaklık manasına gelir. " ذَوِى البيوت " kinaye olarak "şerefli, ileri gelen, yüce ve ulu" manalarına gelir. Zengin bu

---

(49) el-Bakara, 2/233.

nafakayı vermekten çekinirse, onu vermeye zorlanır. Nafaka, mirasa göre takdir edilir. Hatta bir fakirin muhtelif kızkardeşleri bulunsa, yani ana-baba bir, yahut baba bir yahut ana bir kızkardeşleri olsa, bu kızkardeşler o kimseye mirasçı oldukları gibi, onun nafakası da kızkardeşler üzerine beşte bir olarak taksim edilir. Asıl mesele altı olup beşe çevrilmiştir. 3 tane beşte bir anne-baba bir olan kızkardeşi verir, birini baba bir kızkardeş, birini de ana bir kızkardeş verir. Nafakanın verilmesinde mirasa ehil olmaya itibar edilir, gerçekten mirasçı olmaya itibar edilmez. Mirasa ehil olmaktan maksat, mirasçı olmaya engel olan sebeplerden biriyle mirastan mahrum olmamaktır. Mirastan mahrum olma sebepleri öldürmek, kölelik, dinlerin ayrı olması ve yurtların ayrı olmasıdır.

Bir kimsenin bir dayısı ve bir de amcaoğlu bulunsa, mirasının tamamı amcaoğlunun olduğu halde, nafakasını vermek dayısına vaciptir.

Fakir babanın karısının nafakası, zengin oğlu üzerinedir. Oğul küçük veya kötürüm olursa, onun zevcesinin nafakası da babası üzerinedir. Zira oğul baba gibi değildir. Oğul küçük veya kötürüm olmadıkça, kendi hizmetini kendisinin yapması gerekir. Mebsut'ta şöyle yazılıdır: "Oğlun karısının nafakası için baba zorlanmaz. Ama, baba hizmetçi kullanma ihtiyacını duysa, babanın hizmetçisinin nafakasını vermek oğlu üzerine vaciptir. Çünkü babaya hizmet etmek oğula vaciptir". İhtiyar'da da böyle yazılıdır.

Fakir olan kimsenin, karısı ve çocuğundan başkası için nafaka vermesi gerekmez. Yani bunların dışında usul, füru ve diğer akrabaları için nafaka vermesi vacip değildir. Zira Yüce Allah وعلى المولود له رزقهن وكسوتهن بالمعروف
"Onların yiyecek ve giyeceklerini uygun bir şekilde sağlamak babaya borçtur"(50) buyurmuştur.

Birbirlerine mirasçı olma ehliyeti ortadan kalktığı için, dinlerin ayrı olmasıyle nafaka vacip değildir. Yani bir müslümanın, kafir olan akrabasına nafaka vermesi vacip değildir. Aksi de böyledir. Ancak din farklılığı olsa bile, karısı için ve ne kadar yukarı çıkarsa çıksın, ne kadar aşağı inerse insin doğum yakınlığı için nafaka vacip olur. Karısına nafaka vermesinin vacip olması, kadının nikah bağıyla tutulması itibariyledir. Ama usulün yani baba ve ananın nafakasını vermenin vacip olması Yüce Allah'ın وصاحبهما فى الدنيا معروفاً **"Dünyada onlara güzel bir şekilde arkadaş ol"**(51) ayet-i kerimesi ile-

---

(50) el-Bakara, 2/233.
(51) Lokman, 31/15.

dir. Hz. Peygamber (a.s.) bu ayet-i kerimeyi "güzel geçinme" ile tefsir etmiştir. Füru, yani çocukların çocukları, kişinin bir parçasıdır. Kendine engel olmadığı gibi, cüz'e verilecek nafakaya da kafirlik engel olmaz. Dede ve nineler de ana-baba gibidir. Çocukların çocukları da kendi çocuğu gibidir. Zira vasıta ile onlar da kendi cüzü gibi olur.

gayri menkulünü satamaz.

Baba, nafaka dışında oğlu üzerinde bulunan bir alacağından dolayı oğlunun malını satamaz. Ancak nafaka için satması caizdir. Anne de kendi nafakası için, yanında bulunmayan oğlunun malını ondan habersiz satamaz. yani bunu yapması caiz olmaz. İmameyn'e göre, ananın bunu yapması caiz olmadığı gibi, babanın yapması da caiz olmaz. Kıyas da budur.

Anne ve baba, oğullarının kendi yanlarında bulunan mallarından harcasalar bunu ödemeleri gerekmez. Zira ebeveynin nafakasını vermek oğula vaciptir. Alıp el koydukları mal, kendi hakları cinsinden olmuş olur.

Bir oğlun bir emanetçiye bıraktığı malı, bu emanetçi hakimin emri olmadan o çocuğun anne ve babası için harcasa, emanetçi harcadığı malı öder. Harcadığı malı, çocuğun ebeveyninden geri isteyemez. O malı teberru etmiş olur. Zira emanetçi, malı korumak için vekil kılınmıştır. Yoksa başkasının malı üzerinde tasarrufa velayeti yoktur. Ama hakimin emriyle olması buna benzemez. Zira hakimin velayeti herkese umumidir.

Hakim, bir kimsenin zevcesi dışında bir akrabasına nafaka vermesine hükmetse ve bu nafaka verilmeden aradan bir müddet zaman geçse, geçen zamanın nafakası o kimseden sakıt olur. Ancak hakim, o kimse adına borç alınmasını emretmişse, geçen zamanın nafakası düşmez. Zira hakimin velayeti vardır. Bu velayet, orada bulunmayan kimsenin izni yerine geçer. Bu takdirde zimmetine borç olur ve zamanın geçmesiyle düşmez.

Kölenin nafakasını efendisinin vermesi gerekir. Eğer efendi kölenin nafakasını vermeyi kabul etmezse, köleler çalışıp kendilerini beslerler. Yani çalışıp kazanırlar ve bu kazandıklarından kendilerine harcama yapılır. Eğer köleler çalışıp kazanç elde edemezlerse efendi onları satmaya zorlanır. Yani hakim tarafında "bunları sat" diye zorlanır. Kölelerin nafakası dışında diğer hayvan sahiplerinin, hayvanlara giyecek vermeleri diyaneten emredilir. Zira hayvanlar, istihkaka ehil olanlardan değildir. Bu itibarla sahipleri onların nafakasını vermeye zorlanmaz. Ancak kendileri ile Allah arasında olacak şekilde diyaneten emrolunurlar. Zira Hz. Peygamber (a.s) hayvanlara eziyet etmekten nehyetmiştir.

5. BÖLÜM

كتاب الاعتاق

هُوَ اِثْبَاتُ الْقُوَّةِ الشَّرْعِيَّةِ فِى الْمَمْلُوكِ اِنَّمَا يَصِحُّ مِنْ مَالِكٍ حُرٍّ مُكَلَّفٍ بِصَرِيحِهِ وَإِنْ لَمْ يَنْوِ كَأَنْتَ حُرٌّ أَوْ مُحَرَّرٌ أَوْ عَتِيقٌ أَوْ مُعْتَقٌ أَوْ حَرَّرْتُكَ أَوْ اَعْتَقْتُكَ أَوْ هَذَا مَوْلَاىَ أَوْ يَا مَوْلَاىَ أَوْ هَذِهِ مَوْلَاتِى أَوْ يَا حُرُّ أَوْ يَا عَتِيقُ اِنْ لَمْ يُجْعَلْ ذَلِكَ اِسْماً لَهُ، وَكَذَا لَوْ اَضَافَ الْحُرِّيَّةَ اِلَى مَا يُعَبَّرُ بِهِ عَنِ الْبَدَنِ كَرَأْسُكَ حُرٌّ وَنَحْوِهِ* وَكَقَوْلِهِ لِاَمَتِهِ فَرْجُكِ حُرٌّ* وَبِكِنَايَتِهِ اِنْ نَوَى كَلَا مِلْكَ لِى عَلَيْكَ أَوْ لَا سَبِيلَ لِى أَوْ لَا رِقَّ أَوْ خَرَجْتَ مِنْ مِلْكِى أَوْ خَلَّيْتُ سَبِيلَكَ* أَوْ قَالَ لِاَمَتِهِ أَطْلَقْتُكِ وَلَوْ قَالَ طَلَّقْتُكَ لَا تُعْتَقُ وَإِنْ نَوَى* وَكَذَا سَائِرُ اَلْفَاظِ صَرِيحِ الطَّلَاقِ وَكِنَايَتِهِ* وَلَوْ قَالَ اَنْتَ لِلَّهِ لَا يُعْتَقُ خِلَافاً لَهُمَا* وَلَوْ قَالَ هَذَا اِبْنِى أَوْ اَبِى عُتِقَ بِلَا نِيَّةٍ وَكَذَا هَذِهِ اُمِّى* وَعِنْدَهُمَا لَا يُعْتَقُ اِنْ لَمْ يَصْلَحْ اَنْ يَكُونَ اِبْناً لَهُ أَوْ اَباً أَوْ اُمًّا* وَلَوْ قَالَ لِصَغِيرٍ هَذَا جَدِّى لَا يُعْتَقُ فِى الْمُخْتَارِ* وَكَذَا لَوْ قَالَ هَذَا اَخِى أَوْ لِعَبْدِهِ هَذَا اِبْنَتِى وَلَا يُعْتَقُ بِلَا سُلْطَانَ لِى عَلَيْكَ وَإِنْ نَوَى* وَلَا بِيَا اِبْنِى وَيَا اَخِى أَوْ اَنْتَ مِثْلُ الْحُرِّ وَقِيلَ يُعْتَقُ* وَلَوْ قَالَ مَا اَنْتَ اِلَّا حُرٌّ عُتِقَ وَمَنْ مَلَكَ ذَا رَحْمٍ مَحْرَمٍ مِنْهُ عُتِقَ عَلَيْهِ وَلَوْ كَانَ الْمَالِكُ صَغِيراً أَوْ مَجْنُوناً* وَالْمُكَاتَبُ يُكَاتَبُ عَلَيْهِ قَرَابَةَ الْوِلَادِ فَحَسْبُ خِلَافاً لَهُمَا وَمَنْ اَعْتَقَ لِوَجْهِ اللَّهِ عُتِقَ* وَكَذَا لَوْ اَعْتَقَ لِلشَّيْطَانِ أَوْ لِلصَّنَمِ وَإِنْ عَصَى* وَكَذَا لَوْ اَعْتَقَ مُكْرَهاً أَوْ سَكْرَانَ* وَلَوْ اَضَافَ الْعِتْقَ اِلَى مِلْكٍ أَوْ شَرْطٍ صَحَّ وَلَوْ خَرَجَ عَبْدُ حَرْبِىٍّ اِلَيْنَا مُسْلِماً عُتِقَ* وَالْحَمْلُ يُعْتَقُ بِعِتْقِ اُمِّهِ* وَصَحَّ اِعْتَاقُهُ وَحْدَهُ وَلَا تُعْتَقُ اُمُّهُ بِهِ وَالْوَلَدُ يَتْبَعُ

اُمُّهُ فِى الْمِلْكِ وَالرِّقِّ وَالْحُرِّيَّةِ وَالتَّدْبِيرِ وَالْاِسْتِيلَادِ وَالْكِتَابَةِ* وَوَلَدُ الْاَمَةِ مِنْ سَيِّدِهَا حُرٌّ وَمِنْ زَوْجِهَا مِلْكٌ لِسَيِّدَهَا* وَوَلَدُ الْمَغْرُورِ حُرٌّ بِقِيمَتِهِ*

KÖLE VE CARİYE AZATETME

Itak, köle veya cariyede şer'i kuvveti isbat etmektir. Mükellef ve hür bir köle sahibinin köleyi azat etmeye niyeti olmasa dahi, söyleyeceği sarih sözle azat sahih olur. Bu sarih sözler, "sen hürsün", "sen hür kılınmışsın", "sen azatlısın", "sen azat edilmişsin", "bu benim efendimdir", "ey efendim", "şu benim hanımefendimdir", "ey hür" veya "ey azatlı" gibi sözlerdir. Bu son ikisi. köleye isim olarak verilmemişse, bunlar da sarih lafızlardan olur.

Aynı şekilde bir kimse, bütün bedeni ifade etmekte kullanılan bir uzva hürriyet nisbet ederek, "senin başın hürdür" gibi bir söz söylese, bu da sarih lafız yerine geçer. Cariyesine, "senin cinsel organın hürdür" demesi de bunun gibidir.

Eğer azat etmeye niyet ederse kinaye lafızlarla da azat sahih olur. "Benim senin üzerimde bir mülkiyetim yoktur", "senin üzerine bana yol yok", "senin üzerinde benim kölelik hakkım yok", "mülkümden çıktın" veya "yolunu boşalttım" demesi veya cariyesine "seni salıverdim" manasına 'طَلَّقْتُكِ' demesi kinaye lafızlardır. Bunları söylerken azat etmeye niyet ederse köle veya cariye azat olur. "Seni boşadım" manasına " أَطْلَقْتُكِ " dese, azat etmeye niyet de etse, azat edilmiş olmaz. Talakta kullanılan diğer sarih ve kinaye lafızlar da böyledir.

Bir kimse kölesine, "Sen Allah'a aitsin" dese, köle azat edilmiş olmaz. İmameyn buna muhalefet eder. Azat niyeti olmadan, "bu benim oğlumdur" veya "bu benim babamdır" dese azat olur. "Bu annemdir" demesi de böyledir. İmameyn'e göre, eğer azat edilen kimsenin efendiye oğul veya baba veya anne olması uygun değilse, azat edilmiş olmaz. Küçük bir çocuk için "bu benim dedemdir" dese, tercih edilen görüşe göre, köle azat edilmiş olmaz. Aynı şekilde cariyesine, "bu benim erkek kardeşimdir" veya kölesine "bu benim kızkardeşimdir" dese yine azat edilmiş olmaz.

"Benim senin üzerinde sultam yoktur" sözüyle, azat etmeye niyet etmiş de olsa, azat olmaz. "Ey oğlum", "ey kardeşim", "sen hür gibisin" sözleriyle de azat edilmiş olmaz. Bazılarına göre, azat edilmiş olur. Bir kimse kölesine, "sen ancak hürsün" dese, hür olur.

Bir kimse karabet cihetinden olan mahremine malik olsa, malik olan kişi ister küçük, ister deli olsun, ona köle olan akrabaları derhal azat olur.

Mükateb üzerine ancak doğum yakınlığı mükateb olur. İmameyn buna muhalefet eder. Bir kimse kölesini Allah rızası için azat etse, azat edilmiş olur. Aynı şekilde kölesini "Şeytan için" veya "put için" azat etse, böyle yapmakla âsi durumuna düşse de köle azat olmuş olur. Zorla veya sarhoş iken azat etse yine azat olur.

Bir kimse kölesini azat etmeyi bir mülke veya şarta bağlasa sahih olur

Harbi bir köle, müslüman olarak memleketinden çıkıp bize gelse hür olur.

Ana karnındaki çocuk, anasının azat edilmesiyle azat edilmiş olur. Sadece ana karnındaki çocuğun azat edilmesi de sahih olur. Bunun azat edilmesiyle annesi azat edilmiş olmaz. Çocuk mülkte, kölelikte, hürriyette, müdebberlikte, çocuk talebinde ve mükateblikte anasına tabidir.

Cariyenin efendisinden olan çocuğu hürdür. Cariyenin kocasından olma çocuğu efendisinin mülküdür. Aldatılmışın çocuğu kıymetiyle hürdür.

İZAHI

Bu kitap, köle ve cariye azat etmenin hükümlerini açıklamaya aittir.

I'tak, lügatte, mutlak olarak kuvveti isbat etmek manasınadır.

I'tak'ın istilahî manası, köle veya cariyenin diğer hürler gibi her şeye ehil olabilecekleri şekilde, bunlar da şer'i kuvveti ısbat etmektir. Bu şer'i tasarrufun mendup olduğuna, Hz. Peygamber (a.s)'in

أيما مسلم أعتق مؤمناً أعتق الله بكل عضو منه عضواً من النار

"Herhangi bir müslüman bir mü'mini azat ederse, Allah azat edilen kişinin herbir azası karşılığında azat edenin bir uzvunu ateşten azat eder" [1] hadisi delildir.

Mükellef ve hür bir malikin yani köle sahibinin, köleyi azat etmeye niyeti olmasa dahi, söyleyeceği sarih sözlerle köle azat olur. Bu cümlede geçen "malik" sözüyle köleye sahip olmayanlar; "hür" sözüyle köleler ve "mükellef" sözüyle de deli ve çocuklar tarif dışında bırakılmıştır. "Sen hürsün", "sen hür kılınmışsın", sen azatlısın", "sen azat edilmişsin", "seni hür kıldım", "seni azat ettim" gibi lafızlar, köle azat etmek için kullanılan sarih lafızlardır. Bunları söylerken niyete ihtiyaç olmaz. Yahut kölesini gösterip "bu benim efendim" dese veya cariyesini göstererek "bu benim hanımefendimdir" dese, bu cümlelerde geçen ve "efendi" diye terceme ettiğimiz "mevla" sözü aslında hem köle hem efendi manasına kullanılır fakat köleye hitap ederek söylendiği için efendinin, kölesini azat etmek istediğini gösterir. "Ey hür" ve "ey azatlı" lafızları, eğer köleye isim olarak verilmiş lafızlar değilse bunlarla da köle azat edilmiş olur.

Yine bir kimse, bütün bedeni ifade etmek için kullanılan bir uzva hürriyet nisbet ederek, "senin başın hürdür" dese veya buna benzer "senin yüzün hürdür", "senin boynun hürdür" gibi sözler söylese, niyeti olmasa da bu sözlerle kölesi azat olmuş olur. Bir kimsenin cariyesine, "senin cinsel organın hürdür" demesi de bunun gibidir. Zira bu uzuv ile bütün beden anlatılmış olur. Bu sözle cariye azat olur.

Bir kimse köle veya cariyesine "senin yarın hürdür" veya "senin üçte birin hürdür" dese, İmam Azam'a göre yarısı veya üçte biri azat olur. Köle

---

(1) Buhari, Itk, 1; Keffârât 6; Müslim, Itk, 22-24 (Az farklı lafızlarla).

veya cariye kalan kısmı için çalışır. İmameyn'e göre tamamı azat olur. "İhtiyar" adlı fıkıh kitabında böyle yazılıdır.

Bir kimse kölesine "elin hürdür", "ayağın hürdür" dese, Şafii Mezhebine göre köle azat olur. Bir kimse erkek kölesine "senin fercin (kadın tenasül uzvu) hürdür" dese azat olmaz. "en-Nazım" da böyle yazılıdır. Muhit'te Ebu Yusuf'tan rivayet edildiğine göre, köle de bu sözle azat olur.

Köle azat etmede kullanılan kinaye lafızlarla da, niyet etme şartıyla, köle azat olur. "Senin üzerinde benim bir mülkiyetim yok" gibi. Bu sözün kinayesi, "ben seni sattım" veya "seni azat ettim" demektir. Bir kimse köle veya cariyesine "senin üzerine bana yol yok", "senin üzerinde benim kölelik hakkım yok", "mülkümden çıktın", "yolunu boşalttım" gibi sözler söylese veya cariyesine "seni salıverdim" manasına " أَطْلَقْتُكِ " dese, bu sözlerle azat etmeye niyet ettiği takdirde köle azat olur. Kölesine "istediğin yere git" veya "Allah'ın beldelerinden nereye istersen oraya yönel" dese, bu sözleri söylerken onu azat etmeye niyet dahi etmiş olsa, köle azat olmuş olmaz. Bu lafızlar köleye yapılan nimet ve ihsanın yok olduğunu ifade ederler, azat etmeye delâlet etmezler. Mükateble olduğu gibi.

Bir kimse cariyesine, "seni boşadım" manasına gelen " طَلَّقْتُكِ " sözünü söylese, bununla onu azat etmeye niyet dahi etmiş olsa cariye azat olmaz. Zira bu kimse, o sözle, lafzın taşımadığı bir manaya niyet etmiştir. Köle azat etmek, kölede şer'i kuvveti isbat etmek demektir. Talak ise, bağı çözmekten ibarettir. Köle cansız varlıklara katılmıştır. azat edilmekle ona hayat verilmiş olur. Ama nikah altında bulunan kadın böyle değildir. O her şeyi yapabilir. Ancak onu her şeyi yapabilme kudretine nikah bağı engel olmaktadır. Talak ile bu engel kaldırılır ve kuvvet ortaya çıkar. bu takdirde azat etmek boşamaktan daha kuvvetlidir. İmdi, aşağı olanın yüksek olandan müstear olması uygun olmaz. Köle ve câriyeye malik olmak, nikaha malik olmaktan daha kuvvetlidir. Bundan dolayı, "boşama" ifade eden sözle "azat" işi meydana gelmez. Ama "azat etme"yi ifade eden sözle boşama sahih olur. aynı şekilde talakta kullanılan diğer sarih ve kinaye lafızlarla da azat yapılmış olmaz. Mesela bir kimse cariyesine, "sen boşsun", "sen ayrısın" ve "başını ört" gibi sözler söylese ve bunlarla onu azat etmeye niyet etse, yine de cariye azat edilmiş olmaz.

Bir kimse kölesine, "sen Allah'ınsın" dese, Ebu Hanife'ye göre azatlı olmaz. imameyn buna muhalefet eder. Onlara göre bu sözle köle azat edil-

KÖLE ve CARİYE AZAT ETME

miş olur. İmameyn'in delili, metinde geçen " لله " deki "lâm"ın, ihtisas yani birisine ait olmayı ifade etmesidir. Bir mülk ancak bir kimsenin elinden çıktıktan sonra başkasının olabilir. Buna göre köle Allah'ın olunca sahibinin elinden çıkmış, dolayısıyle azat olmuş demektir. Ebu Hanife'nin delili ise şudur: Adamın bu sözünden önce de köle Allah'ın idi. Çünkü her şey yaratılma itibariyle Allah'ındır. İmdi bu söz, bir gerçeği haber vermek manasınadır. Yoksa bir şeyin olmasını istemek manasına gelmez. Böyle olunca da, köle azat edilmiş olmaz.

Bir kimse azat etme niyeti taşımadan bir küçük veya bir büyük kölesine, "şu benim oğlumdur" veya "şu benim babamdır" dese köle azat edilmiş olur. Cariyesine, "şu benim anamdır" demesi de böyledir. Ebu Hanife'ye göre o cariye, kendini azat edenden ister büyük olsun ister küçük olsun, niyet etmemiş de olsa cariye hür olur. İmameyn'e göre, haklarında bu sözlerin söylendiği köle ve cariye, kendilerini azat eden kişiye baba, oğul veya anne olmaya uygun değillerse azat olmazlar. Zira efendinin bu sözü imkansız bir şeyi ifade eder. Bu, "Ben kendim yaratılmadan önce seni azat ettim" sözleri gibi boş ve manasız olur.

Bir kimse küçük bir çocuğa, "bu benim dedemdir" dese, tercih edilen mezhebe göre, köle hür olmaz. Zira "bu benim babamdır" dese, buradaki "baba" lafzı sebebiyle bu söz mecaz olarak "sen mülkte hürsün" demek olurdu. "Bu benim dedemdir" sözünde ise bu mecazi manayı sağlayan "baba" lafzı yoktur. Dolayısıyle "dede"yi mecazi manada olmak mümkün değildir. Öyle olunca da azat işi vuku bulmaz. Babalık ve oğulluk böyle değildir. Zira bu ikisi, vasıtasız olarak hürriyet için mecaz kılınabilir. İnaye yazarı şöyle der: Eğer vasıta zikredilmişse, mesela, "bu benim babamın babası dedemdir" denilmişse, köle azat olur.

Bir kimse kölesine "bu benim kardeşimdir" dese, yine köle azat olmaz. Bazıları, "bu mesele öncekine benzemez" der. Bazıları da şöyle der: "Bunda ihtilaf olmayıp ittifakla köle azat olur". "Kardeş" kelimesinin mülk hürriyeti için mecaz olarak kullanılabilmesi "baba" vasıtasıyle olur. "Bu benim kardeşimdir" sözünde "baba" zikredilmediği için, kardeş kelimesinin mecaz olması mümkün değildir. Mebsut'ta şöyle yazılıdır: Eğer "bu benim kardeşimdir" diye mutlak olarak söylenirse, kölenin azat olup olmayacağı ihtilaflı olur. Ama mukayyed yani kayıtlı olarak zikredilirse, mesela, "Bu, benim baba bir kardeşimdir" veya "anabir kardeşimdir" denilirse, tereddütsüz köle azat olur. Mutlak olarak "bu benim kardeşimdir" demekle olmaz.

Zira kardeşlik, müşterek manalı bir kelimedir. Bazan bununla din kardeşliği murat edilir. Nitekim Yüce Allah'ın اِنَّمَا الْمُؤْمِنُونَ اِخْوَةٌ **Müminler ancak kardeştir"**(2) ayetinde bu manada kullanılmıştır. Bazan da kabile kardeşliği murat edilir. Nitekim Yüce Allah'ın وَاِلَى عَادٍ اَخَاهُمْ هُوداً **"Ad kavmine de kardeşleri Hud'u gönderdik"** (3) ayetinde de bu manadadır. Bazan da bununla neseb kardeşliği murat edilir. Böyle olunca da, bir kaç manaya gelebilen bir kelimenin huccet ve delil olması uygun olmaz.

Eğer denilirse ki: "Oğul kelimesi de hem süt oğul, hem de öz oğul manasına gelen müşterek manalı bir kelimedir. Mutlak olarak, hiç bir kayıt koymadan "bu benim oğlumdur" demekle köle nasıl azat olur?" Bu soruya şöyle cevap veririz: Emzirmeden olan oğulluk mecazdır. Mecaz ise hakikata muarız olamaz. Bir kimse kölesine, "bu benim kızımdır" dese köle yine azat olmaz. Zira erkeği göstermekte ve "kızım" demektedir. Bu takdirde ne hakikata, ne de mecaza niyet etmiş sayılır. Bazılarına göre, bu mesele de ihtilaflıdır.

Niyet etmiş olsa, bir kimse kölesine, "benim senin üzerinde sultam yoktur" dese, köle azat olmaz. Zira "sulta" diye türkçeye çevirdiğimiz "sultan" kelimesi aslında hüccet ve delil manasınadır. Yüce Allah'ın, اَوْ لِيَاْتِيَنِّ بِسُلْطَانٍ مُبِينٍ **"Veya bana açık bir delil getirir"** (4) ayetinde bu manadadır. Bazan "sultan"ı zikredilerek bununla "bir yeri istila etme, hakim olma" manaları kastedilir. Burada "benim senin üzerinde bir sultam yoktur" sözü, kuvvet olmadığını ifade eder. Efendi sanki, "benim senin üzerinde bir hakimiyetim yoktur, buna gücüm yetmez demiş olur. Böyle söyleyerek köleyi azat etmeye niyet etse de köle azat olmaz. Köle üzerindeki güç ve otoritenin yok olması, fakat mülkiyetin devam etmesi caizdir. Mükatebte olduğu gibi. "Senin üzerine bana yol yok" sözü buna benzemez. Zira buradaki "yol" mülkten kinayedir. Bu konuyla ilgili inaye'de soru-cevap vardır. Ayrıca Yakup Paşa Haşiyesi ile Sa'di Efendi'de çok bahis vardır. Geniş bilgi isteyen oralara başvursun.

"Ey oğlum", 'ey kardeşim" sözü ile de köle azat olmaz. Zira "ey" diye seslenme, seslenilen kimsenin dönmesini ve gelmesini istemek içindir. Bir kimse birisine, onda derhal meydana getirebileceği bir vasıfla seslense, mesela "ey hür" dese, o zaman bu nida gerçek olur. Zira seslenen, bu vasfı seslendiği kimsede derhal isbat etmeye kadirdir. Eğer o vasfı isbata gücü yetmezse, bu

---
(2) Hucurat, 49/10.
(3) Hud, 11/50.
(4) Neml Suresi, 27/21.

gerçek bir vasıf olmaz. Zira "ey oğlum" diye seslenirken, onun kendi oğlu olduğunu isbat mümkün değildir. Hülasa Zahiru'r-rivaye'de şöyle yazılıdır: "Ey hür", "ey azatlı", "ey efendim" sözlerindeki nida ile köle azat olur. İtimat edilen de budur. İnaye'de de böyle yazılıdır.

Bir kimse kölesine "sen hür gibisin" dese, köle azat olmaz. Zira "gibi" manasına gelen "misl" kelimesinin örfte birçok manası vardır. Bu takdirde hürriyette şüphe vaki olur. Bazıları, "niyet ile olursa azat olur" demişlerdir. İhtiyar'da böyle yazılıdır.

Efendi kölesine, "sen ancak hürsün" dese köle azat olur. Zira buradaki "ancak" sözü, vurgulu bir şekilde onun hür olduğunu ifade eder. Kelime-i Şehadette olduğu gibi.

Bir kimse, karabet cihetinden olan mahremine malik olsa, malik olan kişi küçük veya deli de olsa, ona köle olan akrabaları derhal azat olur. Kemal Paşa Zade "İslah ve İzah" ta, metinde geçen "mahrem" kelimesinin "rahm"in sıfatı olduğunu, hakikatte yakın akrabanın mahrem olmasına sebep olduğunu, fakat şeriati lisanında bizzat "mahrem" kelimesinin teşbihte mübalağa için kullanıldığını yazar. Feraiz tefsirinde karabetten dolayı mahrem olanları şu şekilde sayılmaktadır. Ne kadar aşağı inerse insen bir kimsenin çocukları, kardeşleri, kardeş oğulları, kızkardeşleri, kızkardeş oğulları, ne kadar yukarı çıkarsa çıksın baba ve dedeleri, amcaları, halaları, dayıları ve teyzeleridir. Fakat bunların çocukları mahrem değildir.

Sözün kısası, yakınlık üç çeşittir.

1. Zi rahm-i mahrem, yani yakın akrabalık. Bu doğum yoluyla olan yakınlıktır. Bunun hükmü, bir kimse bu akrabalara sahip olduğunda ittifakla bunların azat olacağıdır. Bu hususta bizimle Şafiiler arasında ittifak vardır. Zahiriler buna muhalefet ederek şöyle derler: Kişi bunlara malik olmakla bunlar azat edilmiş olmaz. Fakat bunlara malik olanın azat etmesi gerekir.

2. Zi rahm-i gayr-i mahrem, yani uzak akrabalık. Bunun da gerek emzirmeden olsun, gerek evlilikten olsun ittifakla hükmü, bunların azat olmamasıdır. Yani bir kimse böyle bir yakınını satın alsa, azat etmedikçe azat edilmiş olmazlar.

3. Bu ikisi arasında kalan akrabalık. Bunların hükmü biz Hanefilere göre azat olmaktır. Şafii buna muhalefet eder.

Mükateb olan bir kimse ana ve babasını satın alsa, bunlar onun mükatebi olurlar. Ama kardeşini veya kardeşi yerine geçen birini satın alsa mükateb olmaz. Bu Ebu Hanife'nin görüşüdür. Çünkü mükatebin mülkü noksandır. Azat etmeye gücü yetmez. Vacip olması, azat etmeye gücü olduğu zamandır. İmameyn buna muhalefet eder. Onlara göre, mükateb olan kimse kardeşini veya kardeşi yerinde olan bir kimseyi satın alırsa, doğum yoluyla olan yakını gibi mükateb olur.

Bir kimse Allah rızası için kölesini azat etse, köle azat olur. Kölesini Şeytan için veya put için azat etse, asi durumuna düşse de kölesini azat etmiş olur. Asi ve günahkar olmasının sebebi, bunun, kafirlerin ve puta tapanların işi olmasıdır.

Zorla, istemeye istemeye veya sarhoş iken azat etse, yine köle azat olur. Zira zorla yaptırılan azatta rıza aranmaz. Görmüyor musun ki, şaka ile de yapılsa azat vaki olmaktadır. Azat etme ehliyeti olan kişi, azat edilme mahalli olan kölelerde tasarrufta bulunmuştur. Yani iş mahallinde yapılmıştır. Talakta olduğu gibi.

Bir kimse kölesini azat etmeyi mülke veya şarta bağlasa sahih olur. Mesela, "bir kölem olursa o hürdür" veya "eve girersem sen hürsün" dese, köleye malik olduğunda veya eve girdiğinde köle azat olur.

Harbi bir köle müslüman olarak memleketinden çıkıp bize yani dar-ı islama gelse azat olur. Hz. Ali'den şöyle rivayet edilmiştir: Hudeybiye günü daha barış yapılmadan, birkaç köle Taif'ten kaçıp Rasulü Ekrem (s.a.v) Efendimize gelmişlerdi. Bunların efendileri Peygamberimize mektup yazıp, "ey Muhammed! Bizim kölelerimiz sizin dininizi istedikleri için kaçmadılar. Ancak kölelikten kurtulmak için bunu yaptılar" deyince onun yüce huzurunda bulunanlar: "Evet bu gerçektir. Durum efendilerin dediği gibidir. Bunları efendilerine geri vermek gerekir" dediler. Bunun üzerine Hz. Peygamber (a.s) öfkeli bir şekilde hitapta bulunarak: **"Taif'in köleleri müslüman olarak müslümanların arasına katıldılar. Onlar Allah'ın azatlılarıdır"** [5] buyurdu.

Ana karnındaki çocuk, anasının azat edilmesiyle azat edilmiş olur. Anasından ayrı olarak sadece ana karnındaki çocuğun azat edilmesi de sahihtir. Fakat onun azat edilmesiyle ana azat edilmiş olmaz. Öyle olsaydı, anneyi oğula tabi kılmakla mevzuyu tersine çevirmek gerekirdi. Oysa mesele bunun aksinedir. Çocuk mülkte, kölelikte, hürriyette, müdebberlikte, istilâd (çocuk talebi) da ve mükateplikte anasına tabidir.

---

(5) Ebu Davud, Cihad, 136.

Cariyenin, efendisinden olma oğlu hürdür. Kocasından olma oğlu ise efendisinin mülkü ve oğlu sayılır. Aldatılmışın çocuğu kıymetiyle hürdür. Mesela, bir kimse satıcının mülkü zannederek bir cariye satın alsa, doğum yaptıktan sonra cariyenin başkasına ait olduğu ortaya çıksa, doğan çocuk kıymetiyle hür olur.

1. KISIM

باب عِتق البعض

وَمَنْ أَعْتَقَ بَعْضَ عَبْدِهِ صَحَّ وَسَعَى فِى بَاقِيهِ وَهُوَ كَالْمُكَاتَبِ اِلاَّ اَنَّهُ لاَ يُرَدُّ فِى الرِّقِّ لَوْ عَجَزَ وَقَالاَ يُعْتَقُ كُلُّهُ وَلاَ يَسْعَى* وَإِنْ أَعْتَقَ شَرِيكٌ نَصِيبَهُ فَلِلْآخَرِ أَنْ يُعْتِقَ اَوْ يُدَبِّرَ اَوْ يُكَاتِبَ اَوْ يَسْتَسْعِيَ وَالْوَلاَءُ لَهُمَا اَوْ يُضَمِّنَ الْمُعْتِقَ لَوْ مُوسِراً وَيَرْجِعُ بِهِ الْمُعْتِقُ عَلَى الْعَبْدِ وَالْوَلاَءُ لَهُ* وَقَالاَ لَيْسَ لِلْآخَرِ اِلاَّ الضَّمَانُ مَعَ الْيَسَارِ وَالسِّعَايَةُ مَعَ اْلاِعْسَارِ* وَلاَ يَرْجِعُ الْمُعْتِقُ عَلَى الْعَبْدِ لَوْ ضَمِنَ وَالْوَلاَءُ لَهُ فِى الْحَالَيْنِ* وَلَوْ شَهِدَ كُلٌّ مِنْهُمَا بِاِعْتَاقِ شَرِيكِهِ سَعَى لَهُمَا فِى حَظِّهِمَا وَالْوَلاَءُ بَيْنَهُمَا كَيْفَ مَا كَانَا وَقَالاَ يَسْعَى لِلْمُعْسِرَيْنِ لاَ لِلْمُوسِرَيْنِ* وَلَوْ اَحَدُهُمَا مُوسِراً وَالْآخَرُ مُعْسِراً يَسْعَى لِلْمُعْسِرِ فَقَطْ وَالْوَلاَءُ مَوْقُوفٌ فِى اْلاَحْوَالِ حَتَّى يَتَصَادَقَا* وَلَوْ عَلَّقَ اَحَدُهُمَا عِتْقَهُ بِفِعْلٍ غَدَا وَالْآخَرُ بِعَدَمِهِ فِيهِ فَمَضَى وَلَمْ يُدْرَ عَتَقَ نِصْفُهُ وَسَعَى فِى نِصْفِهِ لَهُمَا مُطْلَقاً* وَعِنْدَهُمَا اِنْ كَانَا مُوسِرَيْنِ فَلاَ سِعَايَةَ وَاِنْ كَانَا مُعْسِرَيْنِ فَفِى نِصْفِهِ عِنْدَ اَبِى يُوسُفَ وَفِى كُلِّهِ عِنْدَ مُحَمَّدٍ وَاِنْ كَانَا مُخْتَلِفَيْنِ سَعَى لِلْمُوسِرِ فَقَطْ فِى رُبْعِهِ عِنْدَ اَبِى يُوسُفَ وَفِى نِصْفِهِ عِنْدَ مُحَمَّدٍ* وَلَوْ حَلَفَ كُلٌّ بِعِتْقِ عَبْدِهِ وَالْمَسْاَلَةُ بِحَالِهَا لاَ يُعْتَقُ وَاحِدٌ* وَمَنْ مَلَكَ اِبْنَهُ مَعَ آخَرَ بِشِرَاءٍ اَوْ هِبَةٍ اَوْ صَدَقَةٍ اَوْ وَصِيَّةٍ عَتَقَ خَطُّهُ وَلاَ يَضْمَنُ وَلِشَرِيكِهِ اَنْ يُعْتِقَ اَوْ يَسْتَسْعِيَ سَوَاءٌ عَلِمَ الشَّرِيكُ اَنَّهُ اِبْنُهُ اَوْلاَ* وَقَالاَ يَضْمَنُ اْلاَبُ اِنْ كَانَ مُوسِراً وَعِنْدَ اِعْسَارِهِ يَسْعَى اْلاِبْنُ* وَكَذَا الْحُكْمُ وَالْخِلاَفُ لَوْ عَلَّقَ عِتْقَ عَبْدٍ بِشِرَاءِ بَعْضِهِ ثُمَّ اشْتَرَاهُ مَعَ آخَرَ اَوِ اشْتَرَى نِصْفَ اِبْنِهِ مِمَّنْ يَمْلِكُ كُلَّهُ* وَلَوِ اشْتَرَى اْلاَجْنَبِى نِصْفَهُ ثُمَّ اْلاَبُ بَاقِيهِ مُوسِراً ضَمَّنَ الشَّرِيكُ اَوِ اسْتَسْعَى* وَقَالاَ يُضَمَّنُ فَقَطْ* وَلَوْ مَلَكَاهُ بِاْلاِرْثِ فَلاَ ضَمَانَ اِجْمَاعاً* عَبْدٌ لِمُوسِرَيْنِ دَبَّرَهُ اَحَدُهُمْ وَاَعْتَقَهُ آخَرُ ضَمَّنَ السَّاكِتُ مُدَبِّرَهُ*

KÖLE ve CARİYE AZAT ETME

وَالْمُدَبَّرُ مُعْتِقَهُ ثُلْثَهُ مُدَبَّراً لاَ مَا ضَمِنَ وَالْوَلَاءُ ثُلْثَاهُ لِلْمُدَبِّرِ وَثُلْثُهُ لِلْمُعْتِقِ وَقَالاَ ضَمِنَ مُدَبِّرُهُ لِشَرِيكَيْهِ وَلَوْ مُعْسِراً وَالْوَلَاءُ كُلُّهُ لَهُ * وَقِيمَةُ الْمُدَبَّرِ ثُلْثَا قِيمَتِهِ قِنًّا * وَلَوْ قَالَ لِشَرِيكِهِ هِيَ أُمُّ وَلَدِكَ وَأَنْكَرَ تَخْدُمُهُ يَوْماً وَتَتَوَقَّفُ يَوْماً وَقَالاَ لِلْمُنْكِرِ أَنْ يَسْتَسْعِيَهَا فِى حَظِّهِ اِنْ شَاءَ ثُمَّ تَكُونُ حُرَّةً * وَمَا لِأُمِّ وَلَدٍ تُقَوَّمُ * فَلَا يَضْمَنُ مُوسِراً أَعْتَقَ نَصِيبَهُ مِنْهَا وَعِنْدَهُمَا هِىَ مُتَقَوَّمَةٌ فَيَضْمَنُ حِصَّةَ شَرِيكِهِ مِنْهَا *

KÖLENİN BİR KISMINI AZAT ETME

Bir kimse kölesinin bir kısmını azat ederse sahih olur. Köle, geri kalan kısmında efendisi için çalışır. Böyle bir köle mükateb köle gibidir. Ancak bu çalışmaktan âciz olsa dahi tekrar köleliğe döndürülmez. İmameyn, "tamamı azat olur ve çalışmaz" dediler.

Bir kölede ortak olan kimse kendi payını azat etse, diğerinin bu köleyi azat etmesi veya müdebber yapması veya kitabete kesmesi veya çalıştırması gerekir. Velâ iki ortağa aittir veya diğer ortak, eğer zenginse azât edene tazmin ettirir. Azat eden de tazmin ettiği şeyi almak üzere köleye baş vurur ve vela azat edene ait olur. İmameyn şöyle dediler: "Diğer ortağın yapacağı şey ancak azat eden zenginse tazminat almak, fakirse köleyi çalıştırmaktır. Azat eden diğerinin hissesini tazmin ederse bunu köleden istemez. Vela her iki halde de azat edene aittir".

İki ortaktan her biri, diğerinin kendi hissesini azat ettiğine şehadet etse, köle, hisseleri miktarı onlar için çalışır ve ortakların durumları nasıl olursa olsun, vela ikisi arasında olur. İmameyn "Köle, fakir efendileri için çalışır zengin olanlar için çalışmaz" dediler. Eğer biri zengin diğeri fakir ise, sadece zengin olan için çalışır. Bütün bu hallerde (yani köleye sahip olan ortakların fakirlik ve zenginlik hallerinde) ortaklar bir anlaşmaya varıncaya kadar velâ ortadadır.

Ortaklardan biri yapacağı azadı yarın olacak biri işe bağlasa, diğeri de o işin yarın olmamasına bağlasa ve bu sözü edilen gün geçse fakat o işin yapılıp yapılmadığı bilinmese, yarısı azat edilmiş olur ve diğer yarısı ile mutlak olarak her iki efendisi için çalışır. İmameyn'e göre, iki ortak da zengin ise köle çalışmaz. İkisi de fakir ise Ebu Yusuf'a göre, yarısında; İmam Muhammed'e göre tamamında çalışır. Birisi zengin diğeri fakir ise Ebu Yusuf'a göre sadece zengin olan için dörtte birinde çalışır; İmam Muhammed'e göre, fakir olan için yarısında çalışır.

Herbir kimse kendi kölesinin azat olacağına yemin etse, mesele hali üzerinedir, hiçbiri azat olmaz.

Bir kimse satın almak veya hibe veya sadaka veya vasiyet yoluyla bir ortakla birlikte oğluna malik olsa, kendi hissesi azat olur, ortağının hissesini

KÖLE ve CARİYE AZAT ETME

ödemez. Diğer ortak bu kölenin ortağının oğlu olduğunu ister bilsin ister bilmesin, kendi hissesini azat eder veya çalıştırır. İmameyn, "baba zenginse tazmin eder, fakir ise oğlu çalışır" dediler.

Yine bir kimse bir köleyi azat etmeyi onun yarısını alma şartına bağlasa, sonra başka biriyle onu satın alsa veya oğlunun yarısını oğlunun tamamına malik olan kimseden satın alsa, bu durumda verilecek hüküm ve ihtilaflar bir önceki meseledeki gibidir.

Yabancı bir kimse bir kölenin yarısını satın alsa, sonra kölenin babası zengin olduğu halde kalanını satın alsa, diğer ortak hissesini kölenin babasına ödettirir veya köleyi çalıştırır. İmameyn, "sadece kendi hissesini tazmin ettirir" dediler.

İki kişi miras yoluyla bir köleye malik olsalar, ittifakla tazminat yoktur.

Zengin kişilerin bir kölesi olsa, biri köleyi müdebber yapsa, diğeri azat etse, susup bir şey söylemeyen üçüncü kişi hissesini, köleyi müdebber yapana ödettirir. Köleyi müdebber yapan da, kölesi müdebber olduğu halde onun üçte birini azat edene ödetir. Yoksa kendi ödediğini ödetmez. Vela'nın üçte ikisi müdebber yapanın, üçte biri azat edenindir. İmameyn: "Köleyi müdebber yapan kimse fakir de olsa diğer iki ortağa öder ve velânın hepsi ona ait olur" dediler. Müdebberin kıymeti, köle olarak kıymetinin üçte ikisidir.

Bir kimse ortak olan cariye için ortağına, "bu senin ümmü veledindir" dese ve ortağı bunu inkar etse, cariye bir gün inkar edene hizmet eder bir gün durur. İmameyn, "inkar eden isterse kendi hakkı için cariyeyi çalıştırabilir" dediler. Bundan sonra cariye hür olur.

Ümmü veled için kıymet takdir edilmez. Bu takdirde onu azat eden zengin, diğer ortağa cariyedeki hissesini ödemez. İmameyn'e göre, ümmü velede kıymet biçilir. Böyle olunca da, onu azat eden zengin ortak diğer ortağa cariyedeki hissesini öder.

İZAHI

Bu bölüm, kölenin bazı kısımlarının azat edilme hükümlerinin açıklanmasına dairdir.

Bir kimse kölesinin bir kısmını azat ederse bu sahih olur. Köle geri kalan kısmında efendisi için çalışır. Bu bir kısmı azat edilen köle bütün durumlarda mükateb gibidir. Ancak şu var ki, böyle kısmen azat edilen köle, çalışmaktan âciz de olsa bir daha köleliğe çevrilmez. Ama mükateb, çalışıp kitabet bedelini ödeyemezse tekrar köle olur. Zira kitabet bir akittir. Akit feshedilebilir. Azat etmek ise köle üzerindeki bütün hakları tamamen düşürmekten ibarettir. Onun için bu feshi kabul etmez.

Meselenin aslı şudur: Ebu Hanife'ye göre, azat etme işi bölünmeyi kabul eder. Çünkü ona göre azat, mülkü izale edip kaldırmaktan ibarettir. Mülk ise gerek kaldırma gerekse sabit olma bakımından bölünmeyi kabul eder. Imameyn'e göre, bir kısmı azat edilen köle tamamen azat olur, geri kalan kısmının hür olması için efendisine çalışmaz. Çünkü onlara göre kölenin bir kısmını azat etmek, onu tamamen azat etmek veya köleliği kaldırmaktan ibarettir. Bunlar ise bölünmeyi kabul etmez.

Bir köleye ortak olan kimse kendi payını azat etse, diğer ortak yarısı azat edilen bu köleyi ya azat eder veya onu müdebber veya mükateb yapar veya çalıştırır. Vela, bu iki kişiye aittir. Veya diğer ortak, eğer azat eden zengin birisi ise kendi hissesini ona tazmin ettirir. Azat eden ortak, diğerine verdiği tazminatı almak üzere köleye baş vurur. Bu durumda vela, köleyi azat edene ait olur. İmameyn dediler ki: "Diğer ortak sadece şunu yapabilir: Azat eden zengin ise tazminat alır, fakir ise köleyi çalıştırır. Yani azat eden zengin ise tazminat almak, fakir ise köleyi çalıştırmaktan başka bir şey yapmaz. Köleyi azat eden, diğer ortağa ödediğini köleden istemez. Her iki halde de, yani kölenin hissesini diğer ortağa ödediği veya köleyi çalıştırdığı halde vela sadece köleyi azat edene ait olur."

İki ortaktan herbiri, kendi hissesi azat etti diye birbirlerine şahitlik etseler, köle, hisseleri miktarı her iki ortak için çalışır. Halleri nasıl olursa olsun, vela ikisi arasındadır. Yani iki kişi bir köleye malik olup biri diğerine, "sen hisseni azat ettin" dese, öbürü de, "ben azat ettiğim de sen de azat ettin" dese, iki ortağın durumları ne olursa olsun, yani ister ikisi de fakir, ister biri zengin biri fakir olsun, köle her ikisi için çalışarak kıymetini öder. Bu Ebu Hanife'nin görüşüdür. İmameyn ise şöyle der: iki ortak fakir iseler, köle kıymetini ödemek üzere çalışır, zengin iseler çalışmaz. Zira azat eden ortak fakir olunca, kölenin çalışarak kıymetini ödemesi gerektiğini iddia eder. Zengin ise, köle çalışmaktan kurtulur ve ortakların tazminatı ödemesi gerektiğini iddia eder. Onun için ortaklar zengin ise köle çalışmaz. Biri zengin diğeri fakir ise sadece zengin olan için çalışarak kıymetini öder. Zira zengin tazminat değil de kölenin çalışmasını ister. Bütün bu hallerde, yani köleye sahip olan ortakların ikisinin de zengin veya fakir, ya da birinin zengin diğerinin fakir olma hallerinde, ortaklar bir anlaşmaya varıncaya kadar "velâ" ortadadır. Yani vela, anlaşmaya bağlıdır.

Ortaklardan biri kölenin azat edilmesini yarın olacak bir işe bağlasa, diğeri de kölenin azat edilmesini aynı işin o gün yapılmamasına bağlasa ve o işin yapılıp yapılmadığı bilinmeden o gün geçse, kölenin yarısı hür olur, diğer yarısının kıymetini vermek için her iki efendisine mutlak olarak çalışır. Buradaki "mutlak olarak" kaydı, "efendileri fakir de olsa zengin de olsa çalışır" demektir. Mesela iki kişinin ortak bir köleleri olsa, biri, "filan kimse yarın eve girerse kölem azat olsun" dese, öbürü de aynı kimse için "eğer filan kimse yarın eve girmezse kölem azat olsun" dese, yarın geçse, fakat o kimsenin eve girip girmediği bilinmese, kölenin yarısı azat olur, yarısı için de, ister her iki efendisi de zengin veya fakir olsun, ister biri zengin diğeri fakir olsun, her ikisi için de kıymetini ödemek üzere çalışır. İmameyn'e göre, iki ortak zengin ise köle kıymetini ödemek için çalışmaz. Zira ortaklardan herbiri teberruda bulunarak köleden çalışmasını istemezler. Biri çalışmasını istese, diğeri buna karşılık tazminat ister. Eğer ortaklardan her ikisi de fakir ise Ebu Yusuf'a göre köle, yarı kıymetini ödemek için çalışır. Ebu Hanife de bu görüştedir. İmam Muhammed'e göre, bütün kıymetini ödemek için çalışır. Eğer ortaklar farklı durumlarda olurlarsa, yani biri zengin diğeri fakir olursa, Ebu Yusuf'a göre köle dörtte bir kıymetini ödemek için çalışır.

İki kişiden herbiri kendi kölesini azat edeceğine yemin etse, yani biri, "eğer filan kimse yarın eve girerse kölem azat olsun" dese, diğeri de, "eğer filan kimse eğer eve girmezse kölem azat olsun"dese, yarın gelip geçse, fakat o kimsenin o eve girip girmediği belli olmasa, mesele eski hali üzerinedir. Bu konuda tam bir bilgisizlik olduğu için, kölelerden hiçbiri azat olmaz.

Bir kimse satın almak veya hibe veya sadaka veya vasiyet yoluyla, başka bir ortakla birlikte oğluna malik olsa, oğlu üzerinde bulunan kendi hissesi azat olur. Zira bir kimse yakın bir akrabası üzerinde bir hisseye sahip olsa, o hisse azat olur. Bunun delili Hz. Peygamber (a.s)'in, من ملك ذا رحم

محرم منه عتق عليه "Bir kimse kendisinin mahrem bir yakınına malik olsa, onu azat etmiş olur" hadisidir. Baba, diğer ortağın hissesini ödemez. Zira bazı durumlarda, ortağın hissesini bozmakla onu ödemek gerekirdi. Fakat bu durumda ödemek gerekmez. Babanın ortağı o köleyi azat edebilir veya çalıştırır. Bu hususta kölenin onun oğlu olduğunu bilip bilmemesi arasında fark yoktur. Yani bilip bilmemesi birdir. İmameyn'e göre, eğer kölenin babası zengin ise ortağının hissesini öder. Yok eğer kölenin babası fakir ise bu durumda köle, kalan hissesini ödemek için babasının ortağına çalışır. Zira baba kendi yakınını satın almak suretiyle ortağının hissesini iptal etmiştir. Diğer ortaklar nasıl öderse, baba da zengin olduğu takdirde ortağının hissesini öder.

Aynı şekilde bir kimse bir köleyi azat etmeyi onun yarısını satın alma şartına bağlasa, yani "senin yarını satın alırsam sen azat ol" dese, sonra başka birisiyle birlikte o köleyi satın alsa veya oğlunun yarısını oğlunun tamamına malik olan kimseden satın alsa, Ebu Hanife'ye göre, ortağına satın aldığı kölenin öbür yarısını ödemez. Diğer ortak dilerse kendi hissesini azat eder, dilerse hissesini ödettirmek için köleyi çalıştırır. İmameyn'e göre, baba zengin ise ortağının hissesini öder, fakir ise satın alınan köle hissesini ödemek için çalışır. Yani bu meselede verilen hüküm ve ortaya çıkan ihtilaflar bir önceki meseledeki gibidir.

Bir kimse akrabası olmayan bir kölenin yarısını satın alsa, ondan sonra da kölenin zengin babası diğer yarısını satın alsa, ilk satın alan dilerse hissesini kölenin babasına ödettirir, dilerse köleyi, hissesini ödetmek için çalıştırır. İmameyn'e göre bu kimse, sadece hissesinin kıymetini kölenin babasına ödettirir. Zira onlara göre, babanın zenginliği, kölenin çalışmasına engeldir.

İki kişi miras yoluyla bir köleye malik olsalar, ittifakla ödeme ve tazminat yoktur. Mesela bir kadın ölse ve geriye bir köle bıraksa ve bu köle de ölen kadının kocasının oğlu olsa, mirasçı olarak da sadece kadının kocası ve kardeşi bulunsa, bu durumda kölenin yarısına kadının kardeşi, yarısın da kocası vâris olur. Baba oğluna malik olunca, oğul derhal azat olur ve ortağına hissesini ödemez. Zira miras zaruridir. Dolayısıyle ortağının hissesini bozmada babanın bir rolü ve etkisi bulunmamış olur.

Üç zengin kimsenin ortak bir köleleri olsa, içlerinden biri "benim hissem müdebber olsun" dese, birisi de "benim hissem azat olsun" dese, üçüncüsü de hiçbir şey söylemeyip sussa, susan kimse hissesini, "benim hissem müdebber olsun" diyene ödettirir. O da, köle müdebber olduktan sonraki kıymetinin üçte birini, kendi hissesini azat edene ödettirir. Yoksa kendi ödediğini ödetmez. Mesela üç kişi, dokuzar altın hisse ile yirmiyedi altına bir köle satın alsalar; birisi hissesini müdebber yapsa, diğeri hissesini azat etse, üçüncüsü de sussa, bu susan kişi, hissesi olan dokuz altını, hissesini müdebber yapana ödettirir. O da hissesini azat edene giderek, köle müdebber olduğunda geri kalan kıymetinin yani onsekiz altınının üçte biri olan altı altını ona ödettirir. Bu kölenin velâ hakkının üçte ikisi onu müdebber yapanın, üçte biri de azat eden kimsenindir. Zira kölenin üçtebiri hür, üçte ikisi müdebber olmuştur. Bu durumda azat edenin velâ hakkı üçtebir olmuş olur. İmameyn'e göre, kölesini müdebber yapan, fakir de olsa, diğer iki ortağın hissesini öder ve velânın kıymeti, köle iken sahip olduğu kıymetin üçte ikisidir.

Bir cariyede ortak olan kimse diğer ortağına, "bu cariye senin ümmü veledindir dese, ortağı bunu inkar etse, cariye inkar eden efendisine bir gün hizmet eder, öbür gün dinlenir yani "bu cariye senin ümmü veledindir diyen efendisine hizmet etmez, onun nöbetinde dinlenir. Zira böyle diyen efendisi, "bu cariye üzerinde benim bir hakkım yoktur. O benim ortağımın ümmü veledidir" demiş olur. İmameyn ise şöyle der: "İnkar eden dilerse cariye üzerinde olan yarım hakkı için onu çalıştırır. Bundan sonra cariye hür olur." Mesela, bir kimse cariyesi için "bu benim ümmü veledimdir" dese sahih olur. Eğer cariyenin, öbür ortağın ümmü veledi olduğunu söylese, o da bunu inkar etse, ortağı hakkında söylediği söz kendi üzerine döner ve sanki "bu benim ümmü veledimdir" demiş olur.

Ümmü veled için kıymet takdir edilmez yani, mal-i mütekavvem (kıymet biçilen bir mal) değildir. Buna göre, cariyedeki hissesini azat eden zengin ortak, diğer ortağın hissesini ödemez. Zira Ebu Hanife'ye göre ümmü veled, kıymet biçiline bir mal değildir. Mesele şudur: İki kimsenin ortak bir cariyeleri olsa ve cariye bu ikisi arasında bir çocuk doğursa, efendilerin ikiside çocuğun kendilerinden olduğunu iddia etseler, cariye, ikisinin de ümmü veledi olur. Bundan sonra zengin olan ortak hissesini azat etse, İmam-ı Azam'a göre, diğer ortağın hissesini ödemez. İmameyn'e göre ise ümmü veled, kıymet biçilen bir maldır. Bu takdirde zengin olan ortak, diğerinin hissesini öder. Zira ümmü veled cariyedir. Müdebber cariye gibi, kendisiyle cinsel ilişkide bulunulmak, kiraya vermek, hizmette kullanmak gibi yollarla kendisinden faydalanılır. Böyle olduğu içindir ki bir kimse, "benim sahip olduğum her şey azat olsun" dese, ümmü veledi de bu sözün kapsamı içine girer.

2. KISIM

باب العتق المبهم

لَهُ ثَلٰثَةُ اَعْبُدٍ قَالَ لِاثْنَيْنِ عِنْدَهُ اَحَدُكُمَا حُرٌّ فَخَرَجَ اَحَدُهُمَا وَدَخَلَ الْآخَرُ فَاَعَادَ الْقَوْلَ ثُمَّ مَاتَ مِنْ غَيْرِ بَيَانٍ عُتِّقَ ثَلٰثَةُ اَرْبَاعِ الثَّابِتِ وَنِصْفُ الْخَارِجِ وَكَذَا نِصْفُ الدَّاخِلِ وَقَالَ مُحَمَّدٌ رُبْعُهُ* وَلَوْ فِى مَرَضِهِ وَلَمْ يُجِزِ الْوَارِثُ جُعِلَ كُلُّ عَبْدٍ سَبْعَةَ كَسِهَامِ الْعِتْقِ وَعُتِقَ مِنَ الثَّابِتِ ثَلٰثَةٌ وَيَسْعَى فِى اَرْبَعَةٍ وَمِنْ كُلٍّ مِنَ الْآخَرَيْنِ اِثْنَانِ وَسَعَى كُلٌّ مِنْهُمَا فِى خَمْسَةٍ* وَعِنْدَ مُحَمَّدٍ يُجْعَلُ كُلُّ عَبْدٍ سِتَّةً كَسِهَامِ الْعِتْقِ عِنْدَهُ وَيُعْتَقُ مِنَ الثَّابِتِ ثَلٰثَةٌ وَيَسْعَى فِى ثَلٰثَةٍ وَمِنَ الْخَارِجِ اِثْنَانِ وَيَسْعَى اَرْبَعَةٍ وَمِنَ الدَّاخِلِ وَاحِدٌ وَيَسْعَى فِى خَمْسَةٍ وَلَوْ طَلَّقَ كَذٰلِكَ قَبْلَ الدُّخُولِ وَمَاتَ بِلَا بَيَانٍ سَقَطَ ثَلٰثَةُ اَثْمَانِ مَهْرِ الثَّابِتَةِ وَرُبْعُ مَهْرِ الْخَارِجَةِ وَثُمْنُ مَهْرِ الدَّاخِلَةِ بِالْاِتِّفَاقِ هُوَ الْمُخْتَارُ* وَالْبَيْعُ بَيَانٌ فِى الْعِتْقِ الْمُبْهَمِ* وَكَذَا الْعَرْضُ عَلَى الْبَيْعِ وَالْمَوْتِ وَالتَّحْرِيرُ وَالتَّدْبِيرُ وَالْاِسْتِيلَادُ وَالْهِبَةُ وَالصَّدَقَةُ مُسَلَّمَتَيْنِ وَالْوَطْىءُ لَيْسَ بِبَيَانٍ فِيهِ خِلَافاً لَهُمَا* وَفِى الطَّلَاقِ الْمُبْهَمِ هُوَ وَالْمَوْتُ بَيَانٌ* وَاِنْ قَالَ لِاَمَتِهِ اَوَّلُ وَلَدٍ تَلِدِينَهُ ذَكَراً فَاَنْتِ حُرَّةٌ فَوَلَدَتْ ذَكَراً وَاُنْثٰى وَلَمْ يُدْرَ اَوَّلُهُمَا فَالذَّكَرُ رَقِيقٌ وَيُعْتَقُ نِصْفُ كُلٍّ مِنَ الْاُمِّ وَالْاُنْثٰى* وَلَا تُشْتَرَطُ الدَّعْوٰى لِصِحَّةِ الشَّهَادَةِ عَلَى الطَّلَاقِ وَعِتْقِ الْاَمَةِ مُعَيَّنَةً* وَفِى عِتْقِ الْعَبْدِ وَغَيْرِ الْمُعَيَّنَةِ تُشْتَرَطُ خِلَافاً لَهُمَا فَلَوْ شَهِدَا بِعِتْقِ اَحَدِ عَبْدَيْهِ اَوْ اَمَتَيْهِ لَا تُقْبَلُ اِلَّا فِى وَصِيَّةٍ وَعِنْدَهُمَا تُقْبَلُ* وَاِنْ شَهِدَا بِطَلَاقِ اِحْدٰى نِسَائِهِ قُبِلَتْ اِتِّفَاقاً*

KAPALI BİR ŞEKİLDE AZAT ETME

Bir kimsenin üç kölesi olsa ve yanında duran ikisine hitaben, "ikinizden biri hürdür" dese, bu ikisinden biri dışarı çıkıp diğeri yani üçüncü kölesi içeri girse ve efendi aynı sözü tekrarlasa, bundan sonra herhangi bir açıklamada bulunmadan ölse, dışarı çıkmayıp da içerde duran kölenin dörtte üçü, dışarı çıkanın yarısı azat olur. Aynı şekilde, içeri girenin de yarısı azat olur. İmam Muhammed, "iceri girenin dörtte biri azat olur" demiştir.

"İkinizden biri hürdür" sözü, efendinin hastalığı sırasında söylenmiş olur ve mirasçı bunu caiz görmezse, her köle azat sehimleri gibi yedi sehim yapılır; dışarı çıkmayan köleden üç sehim azat edilir ve geri kalan dört sehim için hizmet eder. Diğer iki kölenin her birinden iki sehim azat edilir ve bunların her biri, geri kalan beş sehim için hizmet eder. İmam Muhammed'e göre, her köle altı sehim yapılır. Nitekim azat sehimleri de, İmam Muhammed'e göre altıdır. İçerde kalandan üç sehim azat edilir ve bu köle diğer üç sehim için hizmet eder. Dışarı çıkandan iki sehim azat edilir. Bu da dört sehim için hizmet eder. İçeri girenden ise bir sehim azat edilir. Bu da beş sehim için çalışır.

Bir kimsenin üç hanımı olsa ve bunlarla cinsel ilişkide bulunmadan, yukardaki kölelerin azat ediliş şekli gibi bunları boşasa ve bir açıklama yapmadan ölse, içerde duranın mehrinin sekizde üç, dışarı çıkanın mehrinin dörtte biri ve içeri girenin mehrinin sekizde biri ittifakla düşer. Tercih edilen görüş de budur.

Kapalı bir şekilde yapılan azatta, satış, açıklama yerine geçer. Satılığa çıkarmak, ölmek, azat etmek müdebber yapmak, cariyelerden birini ümmü veled yapmak, teslim edilmiş oldukları halde başkasına hibe etmek veya sadaka olarak vermek de açıklama yerine geçer. Cinsel ilişkide bulunmak, kapalı bir şekilde yapılan azatta açıklama yerine geçmez. İmameyn buna muhalefet eder.

Kapalı bir şekilde yapılan boşamada, cinsel ilişkide bulunmak ve ölüm, açıklama yerine geçer.

Bir kimse cariyesine, "ilk doğuracağın çocuk erkek olursa hürsün" dese, cariye de bir erkek ve bir kız doğursa, fakat hangisinin önce doğduğu bilinmese, bu durumda erkek çocuk köle olur. Anne ve doğurduğu kızdan her birinin yarısı azat olur.

Talak üzerine ve muayyen cariyenin azadı üzerine şahitlik sahih olduğu için, bu konularda dava şart kılınmaz. Kölenin ve muayyen olmayan cariyenin azadında ise dava şart kılınır. İmameyn buna muhalefet eder. İki kişi, bir kimsenin iki kölesinden veya iki cariyesinden birini azat ettiğine şahitlik etseler, kabul edilmez. Ancak vasiyette kabul edilir. İmameyn'e göre, kabul edilmez.

İki kişi, bir kimsenin hanımlarından birini boşadığına şahitlik etseler, bu şahitlik ittifakla kabul edilir.

İZAHI

Bir kimsenin üç kölesi olup yanında duran ikisine "ikinizden biriniz hürdür" dese, bu söze muhatap olan iki köleden biri dışarı çıksa, dışarda olan diğer üçüncü köle içeri girse, kölelerin sahibi, "ikinizden biri hürdür" sözünü tekrarlasa, daha sonra, bu sözle hangisini azat etmek istediğini açıklamadan ölse, içerde duran kölenin dörtte üçü, dışarı çıkanın yarısı, yine aynı şekilde içeri girenin de yarısı azat olur. Bu, Ebu Hanife ve Ebu Yusuf'un görüşüdür. İmam Muhammed şöyle der: İçeri girenin dörtte biri azat olur. Zira ilk söz ile içerde duranın yarısı azat olmuş idi. İkinci sözle, geriye kalan yarım, içeri girenle içerde duran arasında bölünür. Böylece sonradan içeri girenin dörtte biri azat olmuş olur.

Eğer, "ikinizden biri hürdür" sözü, efendinin hastalığı sırasında söylenmiş olur ve mirasçı da caiz görmezse, her köle, azat sehimleri gibi yedi sehim kılınır. İçerde duran köleden üç sehim azat olur ve bu köle dört sehim için çalışıp hizmet eder. Diğer ikisinden yani dışarı çıkan ile içeri girenden iki sehim azat edilir ve bunlar beş sehim için çalışırlar. Zira hastalık halinde yapılan azat, bir nevi vasiyettir. Vasiyet ise malın üçte birinden muteberdir. Buna göre her köle yedi sehim yapıldığı için hepsi yirmibir sehim olup bunun biri olan yedi sehim azat edilmiş olur. Diğer ondört sehim için köleler çalışıp hizmet eder. Böylece mesele sahih olur. İçerde duranın üç sehmi, dışarı çıkan ve içeri girenin ikişer sehmi, toplam olarak yedi sehim azat olur. Bu şekilde, vasiyette geçerli olan, malın üçte birini nazar-ı itibara alma işi gerçekleşmiş olur. İmam Muhammed'e göre, her köle azat sehimleri gibi altı sehim kılınır. Zira ona göre azat sehimleri altıdır. İçerde durandan üç sehim azat edilir ve bu diğer üç sehim için çalışır. Dışarı çıkandan iki sehim azat olur, bu da dört sehim için çalışıp hizmet eder. İçeri girenden ise bir sehim azat edilir, bu da beş sehim için çalışıp hizmet eder.

Bir kimsenin üç karısı olsa, hiçbiriyle cinsel ilişkide bulunmamış olsa ve üçünün de mehri beraber olsa, kölelerine "ikinizden biri hürdür" dediği gibi, bunlara da "ikinizden biri boştur" dese, daha sonra bu iki kadından biri dışarı çıkıp dışarda bulunan üçüncü karısı içeri girse, aynı sözü tekrarlayarak "ikinizden biri boştur" dese ve hangisini boşamak istediğini açıklamadan ölse içerde duran kadının mehrinin sekizde üçü, dışarı çıkanın mehrinin dörtte biri, içeri girenin mehrinin ise sekizde biri düşer. Zira ilk söz ile birisi mehrinin yarısını alamaz. Fakat bu zikredilen yarım mehir, içerde duran ile dışarı çıkan arasında taksim edilince, iki kadından her biri mehirlerinin dörtte birini alamaz. Daha sonra söylenen ikinci söz ile dörtte bir mehir düşer. Yani dışarda olan kadın içeri girip "ikinizden biri boştur" sözüne muhatap olunca mehrin dörtte biri düşer. Fakat bu dörtte bir de içeri giren kadınla içerde duran arasında taksim edilince şöyle bir tablo ortaya çıkar. İlk sözle mehrin dörtte birini yani sekizde ikisini kaybeden içerdeki kadın, ikinci sözle de sekizde birini kaybeden mehrin sekizde üçünü alamaz. Dışarı çıkan, ilk sözle mehrinin dörtte birini, içeri giren ise az önce açıklandığı gibi mehrinin sekizde birini kaybeder, alamaz. Bunda ittifak vardır. Tercih edilen görüş de budur.

Kapalı bir şekilde yapılan azatta, satış, açıklama yerine geçer. Mesela; "ikinizden biri hürdür" diyen kimsenin, kölelerden birini satması, diğerini azat ettiğini açıklamak demektir. Aynı şekilde bu durumda kölelerden birini satışa arzetmek, diğerinin hür olduğunu açıklama anlamı taşır. "ikinizden biri hürdür" sözüne muhatap olan kölelerden birinin ölümü, diğerinin azat edildiğini açıklama yerine geçer. İkisinden birini daha sonra azat etmek, veya müdebber yapmak, cariye ise onu ümmü veled edinmek, veya bizzat teslim etmek suretiyle hibe etmek ya da sadaka olarak vermek diğerini azat etmiş olduğunu açıklamak demek olur.

"İkinizden biri hürdür" sözüne muhatap olan iki cariyeden biriyle cinsel ilişkide bulunmak, böyle kapalı bir şekilde yapılan azadı açıklama yerine geçmez. İmameyn buna muhalefet eder.

Kapalı bir şekilde yapılan boşamada cinsel ilişki ve ölüm açıklama yerine geçer. Mesela bir kimse iki karısına "ikinizden biri boştur" dese, hangisinin kastettiğini açıklamasa, sonra bunlardan biriyle cinsel ilişkide bulunsa veya biri ölse, bu, diğerinin boş olduğunun bir açıklamasıdır.

Bir kimse cariyesine "ilk doğuracağın çocuk erkek olursa sen hürsün" dese, cariye de ikiz doğursa ve çocuklardan biri erkek diğeri kız olsa, hangisinin önce doğduğu bilinmese, bu durumda erkek çocuk köledir. Annenin ve doğurduğu kızın yarısı azat olur.

Talak üzerine şahitlik sahih olduğu için bu konuda dava etme şartı aranmaz. Aynı şekilde muayyen cariyenin azat edildiğine dair şahitlik sahih olduğu için bu konuda da dava şartı aranmaz. Dava kul hakkında şarttır, yoksa Allah hakkı olan konularda şart değildir. Fercin haram kılınması Allah hakkıdır. Dolayısıyle bir kimse karısını boşasa veya cariyesini azat etse, ma-

KÖLE ve CARİYE AZAT ETME

hallesinde oturan komşuları davasız hakime gidip, bu kimsenin karısını boşadığına veya cariyesini azat ettiğine şahitlik etseler, bu şehadetleri makbul olur. Kölenin ve muayyen olmayan cariyenin azat edilmesi hususunda dava şartı aranır. Mesela bir kimse kölesini veya belli olmayan cariyesini azat etse, komşuları davasız hakime gidip bu kimsenin kölesini veya belli olmayan cariyesini azat ettiğine dair şahitlik etseler, İmam Ebu Hanife'ye göre, bu şahitlikleri kabul edilmez. İmameyn'e göre kabul edilir. Dava şartı aranmaz. Zira hakkında şahitlik edilen olay, şeriatın hakkı olan bir olaydır. Dolayısıyle şahitlikleri davasız kabul edilir.

İki kişi, bir kimsenin iki kölesinden veya iki cariyesinden birini azat ettiğine şahitlik etseler, Ebu Hanife'ye göre şahitlikleri kabul edilmez. Ancak vasiyetinde şahitlikleri kabul edilir. Mesela, iki kişi hakime varıp, "filan kimse ölüm hastalığında iken iki kölesinden birini azat etti" veya "iki kölesinden birini müdebber yaptı" diye şahitlik etseler, bu şahitlikleri istihsanen kabul edilir. İmameyn'e göre, vasiyet dışında da olsa mutlak olarak şehadetleri kabul olunur.

İki kişi, bir kimsenin hanımlarından birini boşadığına şahitlik etseler, ittifakla şehadetleri kabul edilir. Zira bu durumda ferc o adama haram kılınmaktadır. Yani kadın o adama haram olmaktadır. Kadının haram olması ise Allah hakkıdır. Allah hakkı olan bir konuda ise dava şartı aranmadan şahitlik kabul edilir.

3. KISIM

باب الحلفِ بالعتق

وَمَنْ قَالَ إِنْ دَخَلْتُ الدَّارَ فَكُلُّ مَمْلُوكٍ لِى يَوْمَئِذٍ حُرٌّ يُعْتَقُ بِدُخُولِهِ مَنْ فِى مِلْكِهِ عِنْدَ الدُّخُولِ سَوَاءٌ كَانَ فِى مِلْكِهِ وَقْتَ الْحَلْفِ أَوْ تَجَدَّدَ بَعْدَهُ* وَلَوْ لَمْ يَقُلْ يَوْمَئِذٍ لاَ يُعْتَقُ إِلاَّ مَنْ فِى مِلْكِهِ وَقْتَ الْحَلْفِ* وَكَذَا لَوْ قَالَ كُلُّ مَمْلُوكٍ لِى حُرٌّ بَعْدَ غَدٍ* وَالْمَمْلُوكُ لاَ يَتَنَاوَلُ الْحَمْلَ* وَلَوْ قَالَ كُلُّ مَمْلُوكٍ لِى ذَكَرٍ حُرٌّ وَلَهُ أَمَةٌ حَامِلٌ فَوَلَدَتْ ذَكَراً لِأَقَلَّ مِنْ نِصْفِ حَوْلٍ مُنْذُ حَلَفَ لاَ يُعْتَقُ وَلَوْ لَمْ يَقُلْ ذَكَراً عُتِّقَ تَبَعاً لِأُمِّهِ* وَلَوْ قَالَ كُلُّ مَمْلُوكٍ لِى حُرٌّ بَعْدَ مَوْتِى صَارَ مَنْ فِى مِلْكِهِ عِنْدَ الْحَلْفِ مُدَبَّراً لاَ مَنْ مَلَكَهُ بَعْدَهُ لَكِنْ يُعْتَقُ الْجَمِيعُ مِنَ الثُّلُثِ عِنْدَ مَوْتِهِ*

KÖLE AZAT ETMEYE YEMİN ETMEK

Bir kimse, "eve girersem o gün malik olduğum her köle ve cariye hürdür" derse, eve girmesi sebebiyle, o anda sahip olduğu bütün köle ve "cariyeler hür olur. Bu hususta kölelerin, o yemin ederken onun mülkünde bulunmaları veya yemin ettikten sonra yeni satın alınmış olmaları birdir. Eğer "o gün, yani eve girdiğim gün malik olduğum bütün köleler" dememişse, sadece yemin ettiği vakit mülkünde bulunanlar hür olur. Aynı şekilde, "malik olduğum bütün köle ve cariyeler yarından sonra hürdür" derse, yine o anda sahip oldukları azat olur.

"Malik olduğum cariye" sözü, cariyenin karnındaki çocuğu kapsamına almaz. Bir kimse, "eve girersem malik olduğum her erkek köle hürdür" dese ve bu adamın hamile bir câriyesi olsa, bu cariye, efendisi yemin ettikten sonra altı aydan daha az bir zaman içinde bir erkek çocuk doğursa, bu çocuk azat edilmiş olmaz. Eğer "erkek" lafzını söylememiş olsaydı, anasına tabi olarak o da azat edilmiş olurdu.

Bir kimse, "ben öldükten sonra bütün köle ve cariyelerim hürdür" dese, yemin ettiği anda mülkünde bulunanlar müdebber olur. Yeminden sonra malik oldukları müdebber olmaz. Fakat öldüğü anda, malik olduğu bütün köle ve cariyeler malının üçte birinden azat edilir.

İZAHI

Bir kimse, "şu eve girersem o gün malik olduğum bütün köle ve cariyeler hürdür" dese, bu şekilde yemin eden kimsenin o eve girmesiyle, eve girdiği anda malik olduğu bütün köle ve cariyeler hür olur. Gerek köle ve cariyeler o yemin ederken onun mülkünde bulunsun, gerekse yeniden satın alınmış olsun birdir. Yani hepsi azat olur. Zira "o gün" lafzından anlaşılan, eve girdiği gün malik olduğu bütün köle ve câriyelerdir. Eğer "o gün" lafzını söylememiş olsaydı, sadece yemin ettiği gün malik olduğu köle ve cariyeler azat edilmiş olurdu.

Bir kimse "malik olduğum bütün köle ve cariyeler yarından sonra hürdür" dese, yine yemin ettiği anda mülkünde bulunanlar azat olur. Zira "malik olduğum" sözü, yemin anında malik olduğu köle ve cariyeleri içine alır, yeminden sonrakileri içine almaz. "Yarından sonra" demek, "yarından sonra hürdür" manasınadır. Yoksa "yarından sonra malik olduğum..." manasına gelmez.

"Malik olduğum cariye hürdür" sözü, cariyenin karnındaki çocuğu kapsamına almaz. Çünkü ana karnındaki çocuk, anasına tabi olarak köle veya cariye olur. Bir bakımdan, sanki annesinin bir uzvudur. "Memluk" yani "köle ve cariye" sözü kişi ve nefisleri içine alır. Yoksa bu kelime uzuvlar için kullanılmaz.

Bir kimse "eğer şu eve girersem bütün erkek kölelerim hürdür" dese ve bu adamın o anda hamile bir cariyesi olsa, bu cariye efendisi yemin ettikten sonra altı aydan daha az bir zaman içersinde bir erkek çocuk doğursa, efendinin eve girmesiyle bu çocuk azat edilmiş olmaz. Fakat "malik olduğum her şey" deyip de "erkek" lafzını söylememiş olsaydı, anasına tabi olarak çocuk da azat olurdu. Çünkü "sahip olduğum her şey" sözü köle ve cariyeyi içine alır. Hatta müdebber ve ümmü veled olanlar da bunun içine girer. Eğer yemin eden kimse, "ben bu sözümle erkeklere niyet ettim, kadınlara niyet etmedim dese, kazaen tasdik olunmaz. Karnında çocuk olan kadın azat olur. Ona uyarak çocuk da azat olur.

Bir kimse, "ben öldükten snra bütün köle ve cariyelerim hür olsun" dese, bu yemini ettiği anda mülkünde bulunanlar müdebber olur. Yeminden sonra malik oldukları müdebber olmaz. Çünkü "bütün" sözü, bir karine olmazsa, o anda malik olunan şeyler için kullanılır. Eğer "malik olacağım bütün köle ve cariyelerim" denilmek suretiyle gelecek zamanı gösterene bir karine ile kullanılsaydı, daha sonrakileri de içine alırdı. Böyle olmadığı için bu söze karşılık o anda sahip oldukları müdebber olur, sonrakiler olmaz. Ama yemin eden kimsenin ölümü anında, yemin ederken mülkünde bulunan ve yeminden sonra satın aldığı kölelerin hepsi, malının üçte birinden azat edilir. Çünkü bu kimse azat etmeyi ölüme bağlamıştır. Böyle olunca bu sözü söylediği anda malik oldukları müdebber olur. Öte yandan ölüme bağlı olarak yapılan azat etme, ölümden sona olacaktır. Bu ise vasiyet demek olur. Vasiyet olunca, yemin ettikten sonra malik olduğu köleler de buna girer. Vasiyetlerde mudeber olan, ölüm anında mülkünde bulunanlardır. Bu İmam Ebu Hanife ve İmam Muhammed'in görüşüdür. Ama Ebu Yusuf'a göre, yemin ettikten sonra malik olduğu köle ve cariyeler azat olmaz. Zira ona göre bu söz, o anda malik oldukları için kullanılmaktadır. Söz, bu manada hakikattir. Daha sonra malik olduklarını içine almaz. Onun içindir ki, yemin anında mülkünde bulunanlar müdebber olur, o anda mülkünde bulunmayanlar müdebber olmaz.

4. KISIM

باب العتق على جُعْلٍ

وَمَنْ أُعْتِقَ عَلَى مَالٍ أَوْ بِهِ فَقَبِلَ عُتِقَ وَالْمَالُ دَيْنٌ عَلَيْهِ تَصِحُّ الْكَفَالَةُ بِهِ بِخِلَافِ بَدَلِ الْكِتَابَةِ* وَاِنْ قَالَ اِنْ اَدَّيْتَ اِلَىَّ اَلْفاً فَاَنْتَ حُرٌّ وَاِذَا أَدَّيْتَ صَارَ مَأْذُوناً لاَ مُكَاتَباً* وَيُعْتَقُ اِنْ اَدَّى فِى الْمَجْلِسِ اَوْ خَلَّى بَيْنَ الْمَوْلَى وَبَيْنَ الْمَالِ فِيهِ فِى التَّعْلِيقِ بِاِنْ وَمَتَى اَدَّى اَوْ خَلَّى فِى التَّعْلِيقِ بِاِذَا وَيُجْبَرُ الْمَوْلَى عَلَى الْقَبْضِ* وَاِنْ اَدَّى الْبَعْضَ يُجْبَرُ عَلَى الْقَبْضِ اَيْضاً اِلاَّ اَنَّهُ لاَ يُعْتَقُ مَا لَمْ يُؤَدِّ الْكُلَّ كَمَا لَوْ حَطَّ عَنْهُ الْبَعْضَ فَاَدَّى الْبَاقِىَ* ثُمَّ اِنْ اَدَّى الْاَلْفَ كَسَبَهُ قَبْلَ التَّعْلِيقِ رَجَعَ الْمَوْلَى عَلَيْهِ بِمِثْلِهَا وَيُعْتَقُ وَاِنْ كَسَبَهُ بَعْدَهُ لاَ يَرْجِعُ* وَلَوْ قَالَ اَنْتَ حُرٌّ بَعْدَ مَوْتِى بِاَلْفٍ فَاِنْ قَبِلَ بَعْدَ مَوْتِهِ وَاَعْتَقَهُ الْوَارِثُ عَتَقَ وَاِلاَّ فَلاَ* وَلَوْ حَرَّرَهُ عَلَى اَنْ يَخْدِمَهُ سَنَةً فَقَبِلَ عَتَقَ وَعَلَيْهِ اَنْ يَخْدِمَهُ تِلْكَ الْمُدَّةَ فَاِنْ مَاتَ الْمَوْلَى قَبْلَهَا لَزِمَتْهُ قِيمَةُ نَفْسِهِ وَعِنْدَ مُحَمَّدٍ قِيمَةُ خِدْمَتِهِ* وَكَذَا لَوْ بَاعَ الْمَوْلَى الْعَبْدَ مِنْ نَفْسِهِ بِعَيْنٍ فَهَلَكَتْ قَبْلَ الْقَبْضِ يَلْزَمُهُ قِيمَةُ نَفْسِهِ وَعِنْدَ مُحَمَّدٍ قِيمَةُ الْعَيْنِ* وَمَنْ قَالَ لِآخَرَ اَعْتِقْ اَمَتَكَ بِاَلْفٍ عَلَى اَنْ تُزَوِّجِيهَا فَفَعَلَ وَاَبَتْ اَنْ تَتَزَوَّجَهُ فَلاَ شَىْءَ عَلَيْهِ* وَلَوْ ضَمَّ عَنِّى قَسَّمَ الْاَلْفَ عَلَى قِيمَتِهَا وَمَهْرِ مِثْلِهَا وَلَزِمَهُ حِصَّةُ الْقِيمَةِ وَسَقَطَ مَا يَخُصُّ الْمَهْرَ* وَلَوْ تَزَوَّجَتْهُ فَحِصَّةُ الْمَهْرِ لَهَا فِى الْوَجْهَيْنِ وَحِصَّةُ الْقِيمَةِ لِلْمَوْلَى فِى الثَّانِى وَهَدَرٌ فِى الْاَوَّلِ*

BİR ŞEY KARŞILIĞINDA AZAT ETME

Bir kimse, bir mal üzerine veya bir mal karşılığında azat edilse ve bunu kabul etse, azat edilmiş olur. Bu mal onun üzerine bir borçtur. Azat bedeli olan bu mala kefalet sahih olur. Kitabet bedeli buna benzemez.

Bir kimse kölesine "bana bin dirhem ödersen sen hürsün" veya "bin dirhem ödendiğinde hürsün" dese, köle mükateb olmaz, mal karşılığında kendisine ticaret izni verilmiş olur. Efendinin "bin dirhem ödersen hürsün" şeklinde şarta bağlı yaptığı azatlarda, eğer köle o mecliste parayı eda eder veya efendisinin alması mümkün olan bir yere korsa köle azat olur. "Bin dirhem ödediğinde hürsün" şeklinde zamana bağlı yapılan azatlarda da, köle parayı eda ettiğinde veya efendisinin alması mümkün olan bir yerde bıraktığında hür olur. Efendi, onun bıraktığı bu malı almaya zorlanır. Köle malın bir kısmını ödese, yine efendi onu almaya zorlanır. Ancak şu var ki, köle malın tamamını ödemedikçe azat olmaz. Nitekim efendi bu paranın bir kısmından vaz geçse, köle de geri kalanını ödese yine azat edilmiş olmaz.

Bir köle, "bin dirhem ödersen hürsün" denilmeden önce kazandığı bin derhemi efendisine öderse azat olur. Fakat efendisi ondan tekrar bin derhem ister. Ancak bu sözden sonra bin dirhem kazanmışsa efendisi onu isteyemez.

Bir kimse kölesine, "ben öldükten sonra bin dirhem karşılığında hürsün" dese, köle de efendinin ölümünden sonra bunu kabul eder ve mirasçı köleyi azat ederse azat olur. Yoksa azat olmaz.

Bir kimse kölesini, kendisine bir sene hizmet etmek üzere azat etse, o da bunu kabul etse azat olur. Bir sene efendisine hizmet etmesi gerekir. Eğer efendi bu müddetten önce ölürse, kölenin, kendi kıymetini mirasçılara ödemesi gerekir. İmam Muhammed'e göre, yapacağı hizmetin kıymetini ödemesi gerekir. Aynı şekilde efendi kölesini, kölenin kendisine muayyen bir şey karşılığında satsa ve o şey, efendinin eline geçmeden yok olsa, kölenin, kendi nefsinin kıymetini ödemesi gerekir. İmam Muhammed'e göre, o muayyen malın kıymetini ödemesi gerekir.

Bir kimse bir diğerine, "benimle evlendirmek üzere cariyeni bin dirhem karşılığında azat et" dese, o da azat etse, fakat azat edilen kadın onunla evlenmeyi kabul etmese, "azat et" diyen kimseye bir şey gerekmez. Ama "benimle evlendirmek üzere cariyeni benim adıma bin dirhem karşılığında azat et" diyerek "benim adıma" sözünü ilave ederse bu bin dirhem cariyenin kıymetine ve mehri misline taksim olunur. Bu emir verenin, cariyenin kıymetine düşen hisseyi vermesi gerekir ve mehr-i mislin hissesine düşen sakıt olur. Cariye onunla evlenirse, her iki halde de mehr-i mislin hissesi kadına aittir. İkinci halde, yani "benim namıma" sözü ilave edildiğinde, cariyenin kıymetine düşen hisse efendiye aittir. İlk durumda cariyenin kıymetinin hissesi heder olur.

İZAHI

Bu bölüm bir köle veya cariyeyi, bir mal veya belirli bir hizmet karşılığında azat etmeye dâirdir. Başlıkta geçen kelimesi, "bir iş karşılığında belirlenen bedel" manasınadır.

Bir kimse kölesini malı üzerine azat etse, mesela "sen bin dirhem üzerine hürsün" dese, veya bir mal karşılığında azat ederek "sen bin dirhem karşılığında hürsün" dese, kölesi de o mecliste, adı geçen bu parayı vermeyi kabul etse, hür olur. Artık bu parayı ödemek onun üzerine bir borçtur. Zira köle, sözüyle bu bin dirhemi ödemeyi kendisine gerekli kılmıştır. Azat bedeli olan bu paraya, bir başkasının kefil oması sahih olur. Zira bu para, sahih bir borçtur. Kefalet ise sahih olan borçta caizdir. Kitabet bedeline kefil olmak sahih olmaz. Zira kitabet bedeli, sahih borç değildir. Çünkü bu durumda köleliğin eseri devam etmektedir. Mesela mükateb olan köle, kitabet bedelini ödemekten âciz olsa tekrar köleliğe döner. Böyle olunca da onun üzerine borç sahih olmaz. Borç sahih olmayınca kefalet de sahih olmaz.

Bir kimse kölesine, şart edatını kullanarak "bana bin dirhem ödersen hürsün" dese, veya "zaman" edatını kullanarak "bana bin dirhem ödendiği zaman hürsün" dese, bu köle ticaret için izinli olur, mükateb olmaz. Çünkü parayı eda etme şartına bağlı olan azat, açıktır. Efendinin böyle demesi, onu ticarete teşvik etmesi demektir. "Köle ticaret için izinli olur, mükateb olmaz" sözünden maksat şudur: Efendinin böyle bir köleyi, parayı eda etmeden satması caizdir. Ancak mükateb razı olmadıkça mükatebin satılması caiz olmaz. Razı olduğu takdirde ise efendi ile aralarında yapılan kitabet akdi fesh olur. "Bana bin dirhem ödersen hürsün" şeklinde şarta bağlı olarak yapılan azat etmelerde, eğer köle o mecliste parayı öder veya yine o mecliste efendi ile malın arasını boşaltırsa yani, malı, efendisinin alabileceği bir yere bırakırsa, köle azat olmuş olur. Şart edatı vakit için kullanılmaz. Yani bu söze muhatap olan köle, "bu arayı ne zaman isterse öder ve azat olur" demek değildir. Hatta o mecliste ödemezse azat olmaz. Fakat efendi kölesine, "ne zaman ödersen hürsün" dese, köle parayı eda ettiğinde veya efendisinin alması mümkün olan bir yere bıraktığında hür olur. Bunda mekan ve meclis şartı aranmaz. Köle parayı eda ettiğinde veya efendisinin yanına bıraktığında, efendi bu parayı almaya zorlanır. Eğer köle bu paranın bir kısmını eda ederse, efendi yine bunu almaya zorlanır. Ancak belirlenen paranın tamamını eda etmedikçe köle azat edilmiş olmaz. Nitekim, efendisi o belirli paranın bir kısmından vazgeçse, köle de kalan kısmı ödese, yine azat olmaz. Çünkü şart, bir dirhemin ödenmesi idi. Bu durumda o şart bulunmamış olur. Mesela, bir kimse kölesine "bana bir dirhem ödersen hürsün" dese, sonra bunun bir miktarını indirse köle, bin dirhemin tamamını eda etmedikçe hür olmaz. Hatta efendi, bin dirhemin tamamından vazgeçse, köle yine hür olmaz. Çünkü şart, bin dirhemin ödenmesi idi. Bu şart bulunmadı. Şart bulunmayınca meşrut yani şart kılınan şey de bulunmaz. Kitabet buna benzemez. Çünkü mükatebin, kitabet bedeli olan malı ödemesi vaciptir. Vacip olan malın bir kısmından veya tamamından vazgeçmek caizdir. İnaye yazarı : "Dirhem zikredilse ve köle dirhem yerine dinar verse yine azat olmuş olmaz" demiştir.

Bir köle, kendisine "bin dirhem ödersen hürsün" denilmeden önce, köle iken kazandığı bin dihemi efendisine ödese, hür olur. Fakat efendi köle ye müracaat edip tekrar bin dirhem ister. Zira verdiği bin dirhemi köle iken kazandığı için, "Köle ve kölenin sahip olduğu şeyler efendiye aittir" sözünün ifade ettiği mana gereği, bu para efendisinin malı olur. Bundan dolayı, efendi bir başka bin dirhemi köleden ister. Eğer köle verdiği bin dirhemi efendisinin sözünden sonra kazanmış ise efendi köleden tekrar bin dirhem isteyemez.

Bir kimse kölesine, "ben öldükten sonra sen bin dirhem karşılığında hürsün" dese, köle, efendisinin ölümünden sonra bunu kabul etse ve mirasçı da aynı şartla azat etse, köle hür olur. Fakat efendinin ölümünden sonra köle kabul etmez veya köle kabul eder de mirasçılar azat etmezse köle hür olmaz. Azat etme işi, azat edenin ölümünden sonraya tehir edilse, mirasçı veya vasi veya hakimin azat etmesiyle azat vaki olur. Bunlar azat etmezse azat olmaz.

Bir kimse kölesine, bir sene kendisine hizmet etmek üzere hürriyet verse, köle de kabul etse, derhal hür olur. O kadar müddet efendisine hizmet etmesi gerekir. Zira bu bir bedel üzerine yapılan bir azattır. Bir bedel üzerine yapılan azatta, köle bunu kabul ettiğinde, ödeme yapılmadan önce azat vuku bulur. Mesela, "bir sene bana hizmet etmek üzere seni azat ettim" demekle, derhal azat olur. Ama, "şu kadar müddet bana hizmet edersen seni azat ederim" derse, derhal azat vaki olmayıp şart olan müddet tamam olduktan sonra köle azat olur. Birinci surette yapılan azat bir trampadır. ikincisinde ise şarta bağlı bir azattır. Bir sene tamam olmadan efendi ölse, Ebu Hanife ve Ebsu Yusuf'a göre kölenin, kendi kıymetini mirasçılara ödemesi gerekir. İmam Muhammed'e göre, hizmetinin kıymetini ödemelidir.

Bir kimse kölesini, bizzat kölenin kendisine muayyen bir mal karşılığında satsa ve efendinin eline geçmeden o mal yok olsa, Ebu Hanife ve Ebu Yusuf'a göre bu kölenin, efendisine kendi nefsinin kıymetini vermesi gerekir. İmam Muhammed'e göre, yok olan o malın kıymetini vermelidir. Zira o mal, mal olmayan bir şeyle trampa edilmiştir. Kölenin nefsi, kendi hakkında mal değildir. Köle kendi nefsine malik de değildir. Buna misal şudur: Bir kadın mehir olmak üzere, azat edilmiş bir köle karşılığında evlense, sonra köle üzerinde hak iddia edenler çıksa, kadın kocasından kölenin kıymetini ister. Yoksa kendisinden faydalanmanın kıymeti olan mehr-i misli isteyemez. Bu takdirde yok olan muayyen şeyin kıymeti lazım gelir. Ebu Hanife ile Ebu Yusuf'un akli delili şudur: Bu, malın malla trampa edilmesidir. Zira köle, efendisi hakkında bir maldır. Bunun misali şudur: Bir kimse köle olan babasını bir cariye karşılığında satın alsa ve babayı satan kimse cariyeyi eline geçirmeden cariye ölse, satıcı müşteriden babasının kıymetini ister. Yoksa alacağı cariyenin kıymetini istemez. Zeylaî'de böyle yazılıdır.

Bir kimse başka birisine, "cariyeni benimle evlendirmek üzere bin dirhem karşılığında azat et" dese, o kimse de cariyesini azat etse, ancak cariye onunla evlenmeyi kabul etmese, "azat et" diyen kimsenin üzerine bir şey lazım gelmez. Yani bu emri verenin, belirlediği bin dirhemi ödemesi gerekmez. Ama boşama buna benzemez. Mesela bir kimse başka birisine, "benim vereceğim bin dirhem karşılığında karını boşa" dese, o kimse de karısını boşasa, her ne olursa olsun, böyle bir durumda bu istekle bulunanın bin dirhemi vermesi gerekir. Boşama hususunda yabancı biri üzerine bedeli şart kılmak caizdir. Azat etme hususunda caiz değildir. Bu mahalde bahis ve münakaşalar vardır.

Bir kimse "benimle evlendirmek üzere cariyeni benim adıma bin dirhem karşılığında azat et" diyerek "benim adıma" sözünü zikir ve ilave ederse, adı geçen bu bin dirhem, cariyenin kıymetine ve mehr-i misline taksim edilir ve bu emri verenin, cariyenin kıymetini ödemesi gerekir. Mehr-i misle ayrılan kısım sakıt olur. Mesela cariyenin kıymeti ikibin, mehr-i misli ise bin dirhem olsa, "cariyeni benim adıma bin dirhem karşılığında azat et" sözünde geçen bin dirhem, cariyenin kıymeti ve mehr-i mislinin toplamı olan üçbin dirheme taksim edilir. 666 dirhem kölelik hissesi, 333 dirhem de mehr-i misil hissesi olur. "Cariyeni benim adıma bin dirheme sat" diyen kimse böyle demekle bin dirhemi iki şeye karşılık olarak vereceğini söylemiş oldu. Biri cariyeyi satın almak, diğeri onunla evlenmek. Azadın olabilmesi için, önce iktiza yoluyla, emredenin cariyeyi satın alması gerekir. Sanki bu kimse "Onu bana sat, sonra onu benim adıma azat et" demiş gibi olur. Bu takdirde zorunlu olarak cariye satın almış olur. Cariyenin kıymeti olan 666 dirhemin emreden tarafından verilmesi gerekir. Bu, kendine teslim edilen cariye karşılığı vereceği paradır. 333 dirhem olan mehr-i misil batıl olur. Çünkü bu nikah karşılığıdır. Oysa bu kişi cariye ile evlenmemiştir. Bu anlatılan mesele, cariye evlenmeyi kabul etmediği takdirde böyledir. Eğer cariye evlenmeyi kabul ederse, emreden kimse ister "benim namıma" sözünü ilave etsin, ister etmesin" her iki halde de, mehr-i mislin hissesine düşen 333 dirhem cariyenindir. Cariyenin kıymetine düşen hisse, "benim namıma, sözü ilave edilmişse, efendiye aittir. Bu söz ilave edilmemişse, cariyenin kıymetinin hissesi heder olur.

5. KISIM

بَابُ التَّدْبِيرِ

اَلْمُدَبَّرُ الْمُطْلَقُ مَنْ قَالَ لَهُ مَوْلَاهُ اِذَا مِتُّ فَاَنْتَ حُرٌّ اَوْ اَنْتَ حُرٌّ عَنْ دُبُرٍ مِنِّى اَوْ يَوْمَ اَمُوتُ اَوْ مَعَ مَوْتِى اَوْ عِنْدَ مَوْتِى اَوْ فِى مَوْتِى اَوْ اَنْتَ مُدَبَّرٌ اَوْ قَدْ دَبَّرْتُكَ اَوْ اِنْ مِتُّ اِلَى مِائَةِ سَنَةٍ وَغَلَبَ مَوْتُهُ فِيهَا اَوْ اَوْصَيْتُ لَكَ بِنَفْسِكَ اَوْ بِرَقَبَتِكَ اَوْ بِثُلُثِ مَالِى*

فَلَا يَجُوزُ اِخْرَاجُهُ عَنْ مِلْكِهِ اِلَّا بِالْعِتْقِ وَيَجُوزُ اِسْتِخْدَامُهُ وَكِتَابَتُهُ وَاِيجَارُهُ وَالْاَمَةُ تُوطَأُ وَتُزَوَّجُ* وَاِذَا مَاتَ سَيِّدُهُ عُتِقَ مِنْ ثُلُثِ مَالِهِ وَاِنْ لَمْ يَخْرُجْ مِنَ الثُّلُثِ فَبِحِسَابِهِ وَاِنْ لَمْ يَتْرُكْ غَيْرَهُ سَعَى فِى ثُلْثَيْهِ وَاِنْ اِسْتَغْرَقَهُ دَيْنُ الْمَوْلَى سَعَى فِى كُلِّ قِيمَتِهِ*

وَلَوْ دَبَّرَ اَحَدُ الشَّرِيكَيْنِ وَضَمِنَ نِصْفَ شَرِيكِهِ ثُمَّ مَاتَ عُتِقَ نِصْفُهُ بِالتَّدْبِيرِ وَسَعَى فِى نِصْفِهِ خِلَافًا لَهُمَا*

وَالْمُقَيَّدُ مَنْ قَالَ لَهُ اِنْ مِتُّ فِى مَرَضِى هَذَا اَوْ سَفَرِى هَذَا اَوْ مِنْ مَرَضٍ كَذَا اَوْ اِلَى عَشَرِ سِنِينَ اَوْ اِلَى مِائَةِ سَنَةٍ وَاحْتَمَلَ عَدَمُ مَوْتِهِ فِيهَا فَيَجُوزُ بَيْعُهُ وَاِنْ وُجِدَ الشَّرْطُ عُتِقَ عِتْقَ الْمُدَبَّرِ*

TEDBİR

Mutlak manada müdebber: Efendisinin kendisine "ben öldüğüm zaman sen hürsün" dediği kimsedir. Veya "benim arkamdan" veya "ben öldüğüm güm" veya "ölümümle beraber" veya "öldüğüm anda" veya "öldüğümde hürsün" dediği kimsedir. Veya "sen müdebbersin" veya "seni müdebber kıldım" dediği kimsedir. Oysa ki bu kişinin yüz sene içinde öleceği zann-ı galiple bilinmektedir. Veya mutlak manada müdebber, efendisi tarafından kendisine, "seni kendi nefsine vasiyet ettim" veya "seni kendi rakabene vesiyet ettim" veya "malımın üçte birini sana vasiyet ettim" denilen kimsedir.

Müdebber köleyi efendinin mülkünden çıkarmak, ancak onu azat etmekle caiz olur. Müdebberin hizmet ettirilmesi, mükâteb yapılması ve kiraya verilmesi caizdir. Müdebber olan cariye ile cinsel ilişkide bulunulur ve başkasıyle evlendirilir.

Müdebberin efendisi öldüğü zaman müdebber, efendinin malının üçte birinden azat edilir. Eğer müdebberin kıymeti, efendinin malının üçte birinden çıkmazsa, malının üçte biri hesap edilerek o kadarı azat olur. Eğer efendi, müdebber köleden başka geriye hiçbir mal bırakmamışsa, köle, kıymetinin üçte ikisi kadar kazanç elde etmek için çalışır. Eğer efendisinin borcu müdebberi kaplarsa, bütün kıymetini ödemek için çalışır.

İki ortaktan biri köle üzerindeki hissesini müdebber kılsa ve diğer ortağın sahip olduğu yarı hisseyi ödese, sonra ölse, kölenin yarısı müdebber yapıldığı için azat olur. Köle; diğer yarısı için çalışır. İmameyn buna muhalefet ederler.

Mukayyed müdebber: Efendisinin kendisine, "eğer ben şu hastalığımdan ölürsem" veya "şu yolculuğumda ölürsem" veya "şu şekildeki bir hastalıktan ölürsem" veya "on seneye kadar ölürsem" veya "yüz seneye kadar ölürsem sen hürsün" dediği kimsedir. Ancak bu son sözde, efendinin yüz sene içinde ölmeme ihtimali bulunmalıdır. Bu şekilde bir kayıda bağlı olarak müdebber yapılan kölenin satılması caizdir. Eğer şart bulunursa, müdebber kölenin azat edildiği gibi azat edilmiş olur.

İZAHI

Bu bölüm tedbirin hükmünün açıklanmasına dairdir. Musannif, mutlak olarak azat konusunu bitirince, mukayyed yani bir kayıt ve şarta bağlı olan azadı anlatmaya başladı.

Tedbir; lügatte, işin sonuna bakıp düşünmek demektir. Şeriatta yani fıkıh ıstılahında ise efendinin, köle veya cariyesinin azat edilmesini kendi ölümüne bağlaması, bu işin kendi ölümünden sonra olacağını söylemesidir.

Tedbir; mutlak ve mukayyed olmak üzere iki nevidir.

Mutlak müdebber: Mutlak manada müdebber, azat olması, efendisinin ölümüne bağlı olan köle veya cariyedir. Mesela, efendinin kölesine, "ben öldüğüm zaman sen hürsün", "benden sonra sen hürsün", "ben öldüğüm gün sen hürsün", "ölümümle beraber sen hürsün", "öldüğüm anda hürsün", "öldüğümde hürsün", "sen müdebbersin" veya "seni müdebber kıldım" demesi mutlak manada tedbirdir. Başka bir tabirle bu hitaplara muhatap olan köle müdebberdir. "Ben yüz seneye kadar ölürsem sen hürsün" sözü de, eğer efendinin yüz sene içinde öleceği kuvvetle muhtemelse, mesela efendi 80 yaşında ise mutlak manada tedbirdir. Her nekadar "yüz sene" sözüyle kayıtlı görünse de mana bakımından mutlaktır. Zira seksen yaşındaki bir adamın yüz sene içinde öleceği mutlak gibidir. Bu görüş, Hasan b. Ziyad'ın Ebu Hanife'den rivayetidir. Fakih Ebu'l-Leys "Nevâzil"inde şöyle der: "Bir kimse kölesine "ben yüz seneye kadar ölürsem sen hürsün" dese, oysa ki adamın öleceği kesin olsa yani adam ihtiyar biri olsa, Ebu Yusuf'a göre bu köle "mukayyed müdebber" olmuş olur. Efendisinin bu köleyi satması caizdir. Hasan b. Ziyad'a göre bu köle, "mutlak müdebber" olur. Satılması caiz değildir. Zira yüz sene daha yaşamayacağını efendi kendisi de bilmektedir. Bu takdirde, "ölürsem sen hürsün" demiş gibi olur.

Bir kimse kölesine "seni kendi nefsine vasiyet ettim" veya "seni kendi rakabene vasiyet ettim" veya "malımın üçte birini sana vasiyet ettim" dese, kölesini mutlak manada müdabber yapmış olur.

Müdebber köleyi efendinin mülkünden çıkarmak, ancak onu azat etmekle caiz olur. İmam Şafii'ye göre, müdebberin satılması ve hibe edilmesi caizdir. Zira zikrolunan sözler, şarta bağlanmış sözlerdir. Diğer şarta bağlı durumlarda olduğu gibi, şarta bağlı tedbir de satışa ve hibeye engel olmaz. Bizim delilimiz, Hz. Peygamber (a.s)'in:

المُدَبَّرُ لاَ يُبَاعُ وَلاَ يُوهَبُ وَلاَ يُورَثُ وَهُوَ حُرٌّ مِنَ الثُّلُثِ "Müdebber satılmaz, hibe edilmez, miras olarak bırakılmaz. O, ölen efendinin malının üçte birinden hürdür" hadis-i şerifidir. Müdebberin hizmette kullanılması, kendisiyle mükatebe akdi yapılması, kiraya verilmesi caizdir. Bir kimse, müdebber olan cariyesi ile cinsel ilişkide bulunabilir. Henüz efendinin mülkü olduğu için, bir başkası ile evlendirilmesi de câizdir.

Müdebberin efendisi öldüğü vakit, müdebber efendisinin malının üçte birinden azat edilir. Zira tedbir, vasiyet hükmündedir. Malın üçte birinden muteber olur. Eğer müdebberin kıymeti malın üçte birinden çıkmazsa, malın üçte biri hesap edilerek o kadarı azat olur. Mesela, efendinin miras olarak geriye üçbin akçesi kalsa, kölenin kıymeti de altı bin akçe olsa, mirasın tamamı dokuzbin akça olur. Bunun üçtebiri üçbin akçe olduğu için, altıbin akçe değerinde olan kölenin yarısı azat edilmiş olur. Geri kalan üçbin akçenin ödenmesi için çalışır. Efendi müdebber köleden başka geriye hiçbir şey bırakmamışsa, kendisinin üçte biri azat olur, diğer üçte ikisinin kıymetini ödemek için çalışır. Mesela kıymeti altı bin akçe olsa, iki bin akçesi azat olur, dört bin akçe için çalışır. Eğer efendisinin borcu müdebberi kaplarsa, efendisi ölünce azat olur, fakat kıymetinin tamamını ödemek için mirasçılara çalışır.

İki ortaktan biri köle üzerindeki hissesini müdebber kılsa ve diğerinin sahip olduğu yarı hisseyi ödese, sonra ölse, Ebu Hanife'ye göre kölenin yarısı tedbir ile azat olur, diğer yarısının kıymetini ödemek için çalışır. İmameyn buna muhaliftir. Onlara göre, yarısının müdebber kılınmasıyle tamamı azat olur. Zira bir kısmını müdebber yapmak, tamamını müdebber yapmaktır. Bu mesele, bölüm bölüm azat etme meselesinin bir koludur. Ebu Hanife'ye göre, azat etme bölünmeyi kabul eder; İmameyn'e göre, parça parça azat etme olmaz.

Mukayyed müdebber: Azat olması, efendisinin bir vasıfla kayıtlanmış olan ölümüne bağlı olan köledir. Mesela, efendi kölesine "ben şu hastalığımdan ölürsem azat ol" veya "şu yolculuğumda ölürsem azat ol" veya "şöyle bir hastalıktan ölürsem azat ol" veya "on seneye kadar ölürsem azat ol" demesi mukayyed bir tedbirdir. Başka bir deyişle, bu sözlere muhatap olan köle "mukayyed müdebber"dir. Yine "yüz seneye kadar ölürsem azat ol" dese, ancak efendinin yüz sene içinde ölmeme ihtimali olsa, mesela bu sözü söyleyen efendi onbeş yaşında olsa, köle yine "mukayyed müdebber" olur.

Mukayyed tedbir ile müdebber olan kölenin satılması caiz olur. Hibe edilmesi ve rehin bırakılması da caizdir. Zira anlatılan bu durumlarda efendinin öleceği kesin olarak bilinmediğinden, sebep derhal bağlanmış olmaz. Bir şeyin varlığı ile yokluğu arasındaki tereddütten dolayı sebebin manası ortaya çıkmayınca, şarta bağlı olan diğer meseleler gibi, bu tedbir de şarta bağlanmış olur. Bu takdirde, kölenin müdebber olmasını bağladığı şart ve kayıtlar ortaya çıkmadan, sadece şart ileri sürülmesi, kölenin satışını engellemez. Şart bulunursa, mukayyed tedbir ile müdebber olan köle, mutlak tedbir ile müdebber olan köle gibi azat olur. Zira bu sıfat, hayatın cüzlerinin son cüzünde belirlenmiş olup mutlak müdebberin hükmünü almış olur. Çünkü şartlı ölüme nisbet edilerek meydana çıkan tereddüt ortadan kaldırılmış ve hüküm kesinleşmiştir.

6. KISIM

بابُ الْاِستيلادِ

لَا يَثْبُتُ نَسَبُ وَلَدِ الْاَمَةِ مِنْ مَوْلَاهَا اِلَّا اَنْ يَدَّعِيَهُ وَاِذَا ثَبَتَ صَارَتْ اُمَّ وَلَدِهِ لَا يَجُوزُ اِخْرَاجُهَا عَنْ مِلْكِهِ اِلَّا بِالْعِتْقِ وَلَهُ وَطْئُهَا وَاِسْتِخْدَامُهَا وَاِجَارَتُهَا وَتَزْوِيجُهَا وَكِتَابَتُهَا* وَتُعْتَقُ بَعْدَ مَوْتِهِ مِنْ جَمِيعِ مَالِهِ وَلَا تَسْعَى لِدَيْنِهِ* وَيَثْبُتُ نَسَبُ وَلَدِهَا بَعْدَ ذٰلِكَ بِلَا دَعْوَةٍ وَاِنْ نَفَاهُ اِنْتَفَى* وَلَوْ اِسْتَوْلَدَهَا بِنِكَاحٍ ثُمَّ مَلَكَهَا فَهِيَ اُمُّ وَلَدٍ لَهُ* وَكَذَا لَوْ اِسْتَوْلَدَهَا بِمِلْكٍ ثُمَّ اسْتُحِقَّتْ ثُمَّ مَلَكَهَا بِخِلَافِ مَا لَوْ اِسْتَوْلَدَهَا بِزِناً ثُمَّ مَلَكَهَا* وَلَوْ اَسْلَمَتْ اُمُّ وَلَدِ النَّصْرَانِي عُرِضَ عَلَيْهِ الْاِسْلَامُ قَاِنْ اَسْلَمَ فَهِيَ لَهُ وَاِنْ اَبٰى سَعَتْ فِي قِيمَتِهَا وَهِيَ كَالْمُكَاتَبَةِ* وَلَا تُرَدُّ بِعَجْزِهَا وَاِنْ مَاتَ عُتِقَتْ بِلَا سِعَايَةٍ وَمَنْ اِدَّعٰى وَلَدِ اَمَةٍ لَهُ فِيهَا شِرْكَةٌ ثَبَتَ نَسَبُهُ مِنْهُ وَصَارَتْ اُمَّ وَلَدِهِ وَضَمِنَ نِصْفَ قِيمَتِهَا وَنِصْفَ عُقْرِهَا لَا قِيمَةَ وَلَدِهَا* وَاِنْ ادَّعَيَاهُ مَعاً ثَبَتَ مِنْهُمَا وَهِيَ اُمُّ وَلَدٍ لَهُمَا وَعَلٰى كُلٍّ نِصْفُ عُقْرِهَا وَتَقَاصَّا وَيَرِثُ مِنْ كُلٍّ مِنْهُمَا مِيرَاثَ اِبْنٍ وَيَرِثَانِ مِنْهُ مِيرَاثَ اَبٍ وَاحِدٍ* وَاِنْ اَدَّعٰى وَلَدَ اَمَةٍ مُكَاتَبِهِ فَصَدَّقَهُ الْمُكَاتَبُ ثَبَتَ نَسَبُهُ مِنْهُ وَعَلَيْهِ قِيمَتُهُ وَعُقْرُهَا وَلَا تَصِيرُ اُمَّ وَلَدِهِ وَاِنْ لَمْ يُصَدِّقْهُ لَا يَثْبُتُ النَّسَبُ اِلَّا اِنْ دَخَلَ الْوَلَدُ فِي مِلْكِهِ وَقْتاً مَّا*

CARİYEYİ ÜMMÜ VELED EDİNME

Efendi, "bu çocuk bendendir" diyerek babalık iddiasında bulunmadıkça, cariyenin çocuğunun nesebi, efendisinden sabit olmaz. Neseb sabit olunca cariye ümmü veled olur. Efendinin, ancak azat etme yoluyla cariyeyi mülkünden çıkarması caiz olur. Efendi ümmü veledi olan cariyesi ile cinsel ilişkide bulunabilir, kendisine hizmette kullanabilir, başkasına kiraya verebilir, evlendirebilir ve onunla mükatebe akdi yapabilir.

Ümmü veled olan cariye, efendisinin ölümünden sonra onun bütün malından azat edilir, efendisinin borcu için çalışmaz. Ümmü veled olan cariyenin ilk çocuktan sonra doğan çocuğunun nesebi, efendi "bu benim çocuğumdur" demeden sabit olur. Ancak efendi, "benim çocuğum değildir" derse, çocuğun nesebi nefyedilmiş olur.

Bir kimse başkasının cariyesini nikahlayarak ondan bir çocuğu olsa, sonra o cariyeye malik olsa, bu cariye o kimsenin ümmü veledi olur. Aynı şekilde bir kimse bir cariyeye malik olarak onu ümmü veled yapsa, sonra bu cariyede başkasının hakkı olduğu ortaya çıksa, sonra o cariyeye malik olsa, cariye yine o kimsenin ümmü veledi olur. Zina yoluyla ondan çocuk talep edip sonra cariye malik olması buna benzemez.

Hristiyan olan bir kimsenin ümmü veledi müslüman olsa, o hristiyanın müslüman olması istenir. Müslümanlığı kabul ederse, ümmü veled olan müslüman cariye ona ait olur. İslamı kabul etmezse, cariye, kıymetini ödemek için çalışır. Bu cariye, kendisiyle mükatebe akdi yapılan cariye gibidir. Kıymetinin bedelini ödemekten aciz kalırsa tekrar cariye olmaz. Hristiyan olan kocası ölürse, kıymetini ödemek için çalışmadan azat edilmiş olur.

Bir kimse başkasıyla ortak olarak sahip olduğu bir cariyenin çocuğunun kendinden olduğunu iddia ederse, çocuğun nesebi bu iddiada bulunandan sabit olur ve cariye de onun ümmü veledi olur. Kıymetinin yarısı ile cariyeye verilen mehrin yarısını ortağına öder. Çocuğunun kıymetini ödemez. Ortakların ikisi beraber çocuğun kendilerinden olduğunu iddia ederlerse çocuğun nesebi ikisinden sabit olur ve cariye, ikisinin de ümmü veledi olur. Herbirine cariyenin mehrinin yarısı lazım olur ve ödeşirler. Çocuk her ikisine de tam bir oğul mirası ile mirasçı olur. Fakat iki efendi çocuğa, bir baba mirası ile mirasçı olurlar.

KÖLE ve CARİYE AZAT ETME

Bir kimse mükateb kölesinin çocuğu için "bu çocuk bendendir" diye iddiada bulunur, mükateb olan kölesi de onu tasdik ederse, çocuğun nesebi ondan sabit olur. Çocuğun kıymetini ve cariyenin mehrini vermesi gerekir. Cariye, efendinin ümmü veledi olmaz. Eğer mükateb köle efendisini tasdik etmezse, çocuğun nesebi efendiden sabit olmaz. Ancak çocuk herhangi bir vakitte efendisinin mülküne girerse, çocuğun nesebi ondan sabit olur.

İZAH

İstilâd; lügatte, çocuk istemek manasınadır. Fıkıh ıstılahında ise efendinin cariyesi ile cinsel ilişkide bulunarak ondan bir çocuğu olmasını istemesidir.

Efendi, "bu çocuk benimdir", "bunun babası benim" gibi iddialarda bulunmadıkça, çocuğun nesebi efendiden sabit olmaz. Çünkü cariyenin yatağı hür kadının yatağı gibi kuvvetli olmayıp anaya zayıf olduğundan, baba iddiada bulunmadıkça çocuk o yatağa ait olmaz, yani çocuğun nesebi efendiden sabit olmaz. Yatak zayıf olduğu için, cariye ile cinsel ilişkide onun isteği dışında azil de caizdir. Ama evli bir kadının doğurduğu çocuk buna benzemez. Onun çocuğunun nesebi, babasının "bu benim çocuğum değildir" demesiyle ortadan kalkmaz, lian yapmak gerekir. Zira evli kadının yatağı kuvvetlidir.

Baba, "bu benim oğlumdur" deyip de çocuğun nesebi sabit olunca, cariye ümmü veled olur. Artık onun sadece azat edilerek mülkten çıkarılması caiz olur. Hatta Hz. Mariye İbrahim'i doğurduğunda Hz. Peygamber (a.s)'e: **"Ey Allah'ın Rasulü! Mariyeyi azat etmez misin? diye sormuşlar, o da "** اَعْتَقَهَا وَلَدُهَا **Onu oğlu azat etti'** (6) buyurmuşlardır. Bir başka yerde de:

مَنْ وَطِئَ اَمَةً فَوَلَدَتْ لَهُ فَهِيَ مُعْتَقَةٌ عَنْ دُبُرٍ مِنهُ **"Bir kimse bir cariye ile cinsel ilişkide bulunup cariye ona bir çocuk doğurursa, cariye adamın müdebber cariyesi olarak azat edilir'** (7)' sözü varit olmuştur.

Bir kimse ümmü veled olan cariye ile cinsel ilişkide bulunabilir, kendisine hizmet ettirebilir, onu kiraya verebilir, evlendirebilir, bununla kitabet akdi yapabilir. Çünkü henüz mülk eseri devam etmektedir. Hakiki manada hür değildir. Efendi hayatta olduğu sürece cariyedir. Efendisinin ölümünden sonra onun bütün malından azat olur. Efendisinin borcu için onun varislerine çalışmaz. Zira Hz. Peygamber (a.s)'den, ümmü veledin, efendisinin bütün malından azat edileceğine ve onun borcu için çalıştırılmayacağına dair hadis varit olmuştur. Cariye ilk çocuktan sonra tekrar doğursa, bu çocuğun nesebi iddiasız sabit olur. Çünkü birinci çocuğun nesebi, efendinin iddiasıyla sabit olunca, cariye ile cinsel ilişkiden maksadın şehvet gidermek değil, çocuk sa-

---

(6) İbn Mâce, Itk,
(7) İbn Mace, Itk 2 (az farklı); Darimi, Büyu, 38 (az farklı); İbn Hanbel, I, 320.

hibi olmak olduğu anlaşılmıştır. Bu takdirde " الولد للفراش " **"Çocuk yatağa aittir"**,[8] hadis-i şerifinin ifade ettiği mana gereği çocuğun nesebi efendiden sabit olur. Ancak baba, ilk çocuğun kendisinden olduğunu itiraf ettikten sonra bu ikinci çocuğu kabul etmezse, çocuğun nesebi sabit olmaz.

Yatak üç nevidir.

1. Zayıf yatak. Bu, cariyenin yatağıdır. Baba, "benimdir" demezse, bu yatakta doğan çocuğn nesebi sabit olmaz.

2. Orta yatak. Bu da cariyenin yatağıdır. Lakin önceki çocuğun nesebi iddia ile sabit olunca, ikinci çocuğun nesebi iddiasız sabit olur. Ancak şu var ki baba, "çocuk benim değildir" derse, nesep sabit olmaz.

3. Kuvvetli yatak. Bu, nikahlı kadının yatağıdır. Doğan çocuğun nesebi, iddiasız olarak, kadının kocasından sabit olur. Koca, "benim çocuğum değil" dese de nesep sabit olur. Ancak bu durumda "lian" yapılması gerekir.

Bir kimse bir başkasının cariyesini nikahlayarak ondan çocuk sahibi olmak istese, daha sonra bu cariyeye malik olsa, bu cariye o kimsenin ümmü veledi olur. Aynı şekilde bir kimse bir cariyeye malik olmak suretiyle ondan bir çocuk sahibi olmak istese, sonra cariye üzerinde başkalarının da hakkı olduğu ortaya çıksa, daha sonra cariyeye malik olsa, bu cariye de o kimsenin ümmü veledi olur. Ama zina yoluyla bir cariyeden çocuk sahibi olmak istedikten sonra cariyeye malik olan kimsenin durumu böyle değildir. Zira zinadan nesep sabit olmaz.

Hristiyan bir erkeğin ümmü veledi müslüman olsa, o hristiyanın da müslüman olması istenir. Eğer islama girerse cariye onun olur. İslama girmeyi kabul etmezse, cariye, kıymetinin üçte bir kıymetini ödemek üzere çalışır. Bu cariye mükatebe gibidir. Kıymetini ödemedikçe azat olmaz. Ancak ödemekten caiz kalırsa, tekrar cariye olmaz. İmam Züfer'e göre, bu cariye derhal azat olur. Kıymetini ödemek üzere çalışmak da ona bir borç olur. Hidayenin "Kölenin bir kısmını azat etme" babında şöyle yazılıdır: Ümmü veledin mal-i mütekavvim (Şer'an kullanılması ve yararlanılması mübah olan şey) olup olmadığında ihtilaf edilmiştir. İmam-ı Azam'a göre ümmü veled, mal-i mütekavvim değildir. Lakin İmameyn'e göre mal-i mütekavvimdir. Zira ümmü veled'den kendisiyle cinsel ilişkide bulunmak, kiraya vermek ve hizmette kullanmak gibi yollarla istifade eder. Bu, onun mal-i mütekavvim olduğunu gösterir. Lakin

---

(8) Buhari, Büyû, 3, 100; Husûmât 6, Vesâyâ 4, Meğâzi 53; Ferâiz, 18,28; Hudud 23, Ahkam 29; Müslim, Rada' 36,37.

satılmaması mal-i mütekavvim olmasına engel değildir. Müdebber cariyede olduğu gibi. Görmez misin ki, hristiyanın ümmü veledi müslüman olsa, alimlerin sözüne göre, cariye olarak kıymetinin üçte birini ödemek için çalışır. Böyle olması, efendisinin ölümünden sonra ümmü veledin, kıymetini ödemek üzere çalışma yapmayacağı içindir. Müdebber bunun gibi değildir. Ebu Hanife'nin delili şudur: Bir şeyin mütekavvim olması, malik olunmayan mübah bir şeyi meşru şekilde elde etmekle olur. Denizdeki balığı, havadaki kuşu avlanmak suretiyle elde etmek gibi. Ümmü velede ise neseb için sahip olunmuştur. Faydalanılan bir mal olduğu için değil. Eğer bu cariyenin hristiyan olan kocası ölürse, cariye çalışmadan azat edilmiş olur, zira efendisinin ümmü veledidir.

Bir kimse başkasıyla ortak olarak malik olduğu bir cariyenin çocuğunun kendinden olduğunu iddia ederse, "yani bu çocuk benimdir" derse, çocuğun nesebi bu iddiayı yapan efendiden sabit olur. Cariye de bu kimsenin ümmü veledi olur. Cariyenin yarı kıymetiyle ukrunun yarısını ortağına öder. Çocuğun kıymetini ödemez. İster dul ister bakire olsun hür kadının ukru, onun mehr-i mislidir. Cariyenin ukru ise kıymetinin onda biridir. Ortakların ikisi beraber çocuğun kendilerinden olduğunu iddia ederlerse, çocuğun nesebi ikisinden de sabit olur. Cariye de her ikisinin ümmü veledi olur. Herbiri cariyenin ukrunun yarısını ödemek zorunda olurlar. Neticede takas yapıp ödeşirler. Yani "senin bana vereceğini benim senden alacağıma hesap et" derler. Çocuk, ikisinden de bir oğul mirasına varis olur. İkisi de oğlandan bir baba mirasına sahip olur. Hatta böyle bir olay Kadı Şüreyh zamanında meydana gelmiş, kesin hüküm verilemiyerek Hz. Ömer (r.a)'e mektup gönderilmiş ve "ortak bir cariyenin doğurduğu çocuk için ortaklardan herbiri "bu çocuk benimdir" diyor. Ne fetva verirsiniz?" diye sorulmuş; Hz. Ömer (r.a) de mektupla Kadı Şüreyh'e şu cevabı vermiştir: "İşi karıştırmışlar, işin içinden çıkamaz hale gelmişler. Biz açıklarsak mesele onlara açık olur. Çocuk, ikisinin de çocuğudur, ikisine de mirasçı olur. İkisi de çocuğa mirasçı olur. Babalardan biri ölünce, çocuk hayatta kalan babanın olur ve bütün mirasa bu baba sahip olur. Mirasın yarısı, ölen babanın mirasçılarına intikal etmez" Hz. Ömer (r.a) bu mektubu yazıp okuduğunda yanında birçok sahabe-i kiram vardı. Hiçbiri bu sözlere itiraz etmedi. Mektup bu şekilde Kadı Şüreyh'e varınca, Kadı Şüreyh mektuba göre hüküm vermiştir.

Bir kimse mükatebinin cariyesinin çocuğu için "bu çocuk bendendir" diye iddiada bulunur, mükatebi de onu doğrularsa çocuğun nesebi efendiden sabit olur. Efendinin, çocuğun kıymetini ve cariyenin ukrunu yani mehir yerine geçmek üzere cariyenin kıymetinin onda birini vermesi gerekir. Bu cariye, o mükatebin efendisinin ümmü veledi olmaz. Zira hakikatte bu cariye o efendinin mülkü değildir. Eğer mükateb efendisini tasdik etmezse çocuğun nesebi sabit olmaz. İmam Ebu Yusuf der ki: Nesebin sabit olmasında mükatebin tasdikine ihtiyaç yoktur. Zira efendinin, mükateb kölesinin cariyesi üzerindeki hakkı, oğlunun cariyesi üzerinde olan hakkından daha kuvvetlidir. Oğlunun cariyesinde, oğlunun tasdiki olmadan çocuğun nesebi sabit olunca, mükatebin cariyesinde efendinin nesebi daha evlâ bir şekilde sabit olur. Bizim delilimiz şudur ki, baba, ne zaman ihtiyaç duysa oğlunun malına malik olabilir. Bunun içindir ki, babanın, cariyenin kıymetinin onda biri ile çocuğun kıymetini vermesi gerekmeyip cariye ümmü veled olur. Ama efendi, mükateb kölesinin yani para karşılığı azat etmek üzere mükatebe akdi yaptığı kölesinin malına malik olamaz. Zira bu anlaşma ile efendi kölesini kendinden ayırıp başkalarına yani yabancılar arasına katmıştır. Bundan dolayı çocuğun kıymeti ve mükatebinin cariyesinin kıymetinin onda birini vermesi gerekir, cariye de ümmü veled olmaz. Ancak çocuk günün birinde efendinin mülküne girerse, o zaman çocuğun nesebi efendiden sabit olur.

6. BÖLÜM

YEMİNLER BAHSİ

كِتَابُ الْأَيْمَانِ

اَلْيَمِينُ تَقْوِيَةُ أَحَدِ طَرَفَيِ الْخَبَرِ بِالْمُقْسَمِ بِهِ وَهِيَ ثَلَاثٌ * غَمُوسٌ وَهِيَ حَلْفُهُ عَلَى أَمْرٍ مَاضٍ أَوْ حَالٍ كَذِبًا عَمْدًا * وَحُكْمُهَا الْإِثْمُ وَلَا كَفَّارَةَ فِيهَا اِلَّا التَّوْبَةُ * وَلَغْوٌ وَهِيَ حَلْفُهُ عَلَى أَمْرٍ مَاضٍ يَظُنُّهُ كَمَا قَالَ وَهُوَ بِخِلَافِهِ * وَحُكْمُهَا رَجَاءُ الْعَفْوِ * وَمُنْعَقِدَةٌ وَهِيَ حَلْفُهُ عَلَى فِعْلٍ أَوْ تَرْكٍ فِى الْمُسْتَقْبَلِ وَحُكْمُهَا وُجُوبُ الْكَفَّارَةِ اِنْ حَنَثَ * وَمِنْهَا مَا يَجِبُ فِيهِ الْبَرُّ كَفِعْلِ الْفَرَائِضِ وَتَرْكِ الْمَعَاصِى * وَمِنْهَا مَا يَجِبُ فِيهِ الْحِنْثُ كَفِعْلِ الْمَعَاصِى وَتَرْكِ الْوَاجِبَاتِ * وَمِنْهَا مَا يُفَضَّلُ فِيهِ الْحِنْثُ كَهِجْرَانِ الْمُسْلِمِ وَنَحْوِهِ وَمَا عَدَا ذَلِكَ يُفَضَّلُ فِيهِ الْبَرُّ حِفْظًا لِلْيَمِينِ * وَلَا فَرْقَ فِى وُجُوبِ الْكَفَّارَةِ بَيْنَ الْعَامِدِ وَالنَّاسِى وَالْمُكْرَهِ فِى الْحَلْفِ أَوِ الْحِنْثِ وَهِيَ عِتْقُ رَقَبَةٍ أَوْ اِطْعَامُ عَشَرَةِ مَسَاكِينَ كَمَا فِى عِتْقِ الظِّهَارِ وَاِطْعَامِهِ أَوْ كِسْوَتُهُمْ كُلُّ وَاحِدٍ ثَوْبًا يَسْتُرُ عَامَّةَ بَدَنِهِ هُوَ الصَّحِيحُ فَلَا يُجْزِىءُ السَّرَاوِيلُ فَاِنْ عَجَزَ عَنْ أَحَدِهَا عِنْدَ الْأَدَاءِ صَامَ ثَلَاثَةَ أَيَّامٍ مُتَتَابِعَاتٍ * وَلَا يَجُوزُ التَّكْفِيرُ قَبْلَ الْحِنْثِ * وَلَا كَفَّارَةَ فِى حَلْفِ كَافِرٍ وَاِنْ حَنَثَ مُسْلِمًا * وَلَا يَصِحُّ يَمِينُ الصَّبِىِّ وَالْمَجْنُونِ وَالنَّائِمِ

YEMİNLER

Yemin, haberin iki tarafından birini, üzerine yemin edilen bir isimle, yani Allah'ın ismiyle takviye etmektir.

Yemin üç kısımdır. Birincisi, yemin-i gamûstur. Bu, yalan yere ve kasten, geçmişteki veya şu andaki bir iş üzerine yapılan yemindir. Bunun hükmü, günah olmasıdır. Bunun keffareti yoktur, ancak tevbe edilir.

İkincisi, yemin-i lağv'dir. Bu, bir kimsenin kendi dediği gibi olduğunu zannederek geçmişte olan bir iş üzerine yemin etmesidir. Oysa yeminle bildirdiği olay kendi dediği gibi olmamıştır. Bunun hükmü, af edilme umududur.

Üçüncüsü, yemin-i mün'akidedir. Bu, bir kimsenin bir işi gelecekte yapacağına veya yapmayacağına yemin etmesidir. Bunun hükmü, eğer yemini bozarsa kefaretin gerekli olmasıdır. Farzların yapılması ve günahların terkedilmesi gibi, mutlaka yerine getirilmesi gereken yeminler bu gruba girer. Günahların işlenmesi, vaciplerin terkedilmesi gibi, mutlaka bozulması gereken yeminler de yemin-i mün'akidelerdendir. Bir müslümanı terketmek ve benzeri şeyler gibi, bozulması daha iyi olan yeminler de bu gruba girer. Bunun dışındaki şeylerde, yemini muhafaza için, yeminin yerine getirilmesi daha iyi olur.

Keffaretin vacip olması hususunda, yemin etme veya yemini bozma konusunda, bile bile yapanla unutarak ve zor durumda bırakılarak yapan arasında bir fark yoktur.

Yeminin keffareti, köle azat etmek veya on fakire yemek vermektir. Zihar keffaretinde kölenin azat edildiği veya on fakire yemek verildiği gibi. Veya onları yani herbirini, bedeninin umumunu örtecek şekilde giydirmektir. Sahih olan da budur. Pantalon yeterli olmaz. Eğer bunlardan birini eda etmekten âciz olursa üç gün ardarda oruç tutar.

Yemin bozulmadan keffaret vermek caiz değildir.

Bir kafir, yeminini müslüman olduktan sonra da bozmuş olsa, kafirin yemininde keffaret yoktur.

Küçük çocuğun, delinin ve uyuyanın ettiği, yemin sahih olmaz.

İZAHI

Bu bölüm yeminlerin hükümlerine dairdir.

Eymân, yemin kelimesinin çoğuludur. Yemin, lügatte kuvvet manasına gelir. Yüce Allah'ın, لَأَخَذْنَا مِنْهُ بِالْيَمِينِ "**Elbette onu kuvvetle tutup cezalandırdık**"[1] ayeti kerimesi, yeminin kuvvet manasına geldiğini gösterir. Zira ayette geçen " بِالْيَمِينِ " lafzı "kuvvet" şeklinde tefsir edilmiştir.

İstılahî manada yemin, bir şeyi yapmak veya yapmamak hususunda, yemin eden kimsenin kastettiği manayı kuvvetlendirmek için yaptığı bir akittir.

Yeminin şartı, yemin eden kimsenin mükellef olmasıdır. Sebebi, kastettiği şeyin gerçekleşmesini istemektir. Yeminin rüknü, kendileriyle yeminin bağlanıp meydana geldiği lafızlardır. Yeminin hükmü, yemin edenin yemini bozmaması gerektiği yerde yemini bozmak, bozulduğu takdirde keffaret ödemektir.

Yemin; haberin iki tarafından birini Allah'ın ismiyle takviye edip kuvvetlendirmektir. Yemin iki nevidir. Birincisi, Yüce Allah'ın zatı ve sıfatlarının isimleriyle yemin etmek. Diğeri de, Allah'tan başkasının adıyle yapılan yemindir. Birinci nevi yemin kitap ve sünnetle meşrudur. Nitekim Yüce Allah'ın, تَاللَّهِ لَأَكِيدَنَّ أَصْنَامَكُمْ "**Allah'a yemin olsun putlarınıza bir tuzak kuracağım**"[2], تَاللَّهِ تَفْتَأُ تَذْكُرُ يُوسُفَ "**Vallahi, sen hala Yusuf'u anıyorsun**"[3], تَاللَّهِ لَقَدْ آثَرَكَ اللَّهُ عَلَيْنَا "Allah'a yemin ederiz, doğrusu Allah seni bize tercih etti"[4] ayet-i kerimeleri yeminin meşruluğuna delildir. Sünnet ile meşru olması, Hz. Peygamber (a.s)'in, وَاللَّهِ لَأَغْزُوَنَّ قُرَيْشاً "**Vallahi, elbette Kureyş ile savaşacağım**"[5] hadis-i şerifi iledir. Sahabe-i Kiram da yemin ederlerdi.

---

(1) el-Hakka Suresi, 69/45.
(2) Enbiya Suresi, 21/57.
(3) Yusuf Suresi, 12/85.
(4) Yusuf Suresi, 12/91.
(5) Ebu Davud, Eyman, 20.

Allah'tan başkasının adıyla yapılan yemin de meşrudur. Bu yemin olacak bir şeyi şarta bağlamaktır. Mesela, "Şu eve girersem sen hürsün", "şu eve girersen boş ol", "şu eve girersem hac etmek bana vacip olsun" veya "şu iş şöyle olursa umre yapmak bana lazım" demesi veya bunlara benzer şekilde bir işin olmasını şarta bağlaması gibi.

Bir işin olmasını bir şarta bağlamak aslında yemin özelliğini taşımaz. Fakat islam hukukçularına göre buna yemin denilmesi, Allah adına yeminle hâsıl olan şey bununla da hasıl olduğu içindir. Hatta bir kimse yemin etmemeye yemin etse, sonra talaka veya talaka benzer bir şeye yemin etse, mesela karısına "şu eve girersen boş ol" dese, yeminini bozmuş olur.

Yemin etmek kitap ve sünnetle meşrudur. Fakat az yemin etmek, çok yemin etmekten evlâdır. Yüce Allah'ın ism-i şerifinin hürmetinin bozulması ihtimali vardır. Bazılarına göre, Yüce Allah'tan başkasıyle yemin etmek mekruhtur. Bunlar, Hz. Peygamber (a.s)'in مَنْ كَانَ حَالِفاً فَلْيَحْلِفْ بِاللهِ "**Kim yemin ederse Allah adıyle yemin etsin**"(6) hadisini delil getirirler.

Din alimlerine göre yeminin, "kasem, yemin, hılf, ahd, misak ve ilâ" olmak üzere altı ismi vardır.

Yemin üç nevidir. Musannıf burada yeminin sayısını murat etmedi. Zira yeminler sayılamıyacak kadar çoktur. Burada onun muradı Allah adıyle yapılan yeminlerdir ki, birinde keffaret olur, birinde keffaret olmaz, birinde de Allah'tan, yemin edenin cezalandırılmaması umulur.

1. Yemin-i gamûs: Geçmişte veya şimdiki zamanda olan veya olmayan bir iş üzerine, bile bile yalan söylenerek yapılan yemindir. Mesela, "Vallahi şöyle yaptım" veya "Vallahi şimdi şöyle yaptım" diye yalan yere yemin etmektir.

Yemin-i gamûsun hükmü. Bu konuda verilecek hüküm, bunu yapanın büyük günah işlemiş olmasıdır. Bunun keffareti yoktur. Hz. Peygamber (a.s) مَنْ حَلَفَ كَاذِباً أَدْخَلَهُ النَّارَ "**Kim yalan yere yemin ederse Allah onu cehenneme sokar**" buyurmuştur. Bir başka yerde de, الْيَمِينُ الْغَمُوسُ تَدَعُ الدِّيَارَ بَلَاقِعَ "**Yemin-i gamûs, yurtları ıssız bırakır**" buyurmuşlardır. Yemin-i gamûsun keffareti yoktur. Bunu yapanın, tevbe ve istiğfardan başka yapacağı bir iş yoktur. İmam-ı Şafii'ye göre, bu yeminde keffaret vardır. Zira

---

(6) Buhari, Edeb, 74; Eyman, 4; Ebu Davud, Eyman 5.

keffaret, Allah'ın isminin hürmetini yıkan kimsenin günahını gidermek için meşru olmuştur. Bunda da yalan yere, bile bile Allah'ın ism-i şerifi şahit getirilerek günahkar olunmuştur. Bundan dolayı İmam Şafii yemin-i mün'akidde olduğu gibi, bunda da keffaret gerektiği görüşüne varmıştır. Bizim delilimiz şudur: Yemin-i gamus sırf büyük günahtır. Çünkü Hz. Peygamber (a.s) خمسٌ من الكبائر لا كفارةَ فيهن **"Beş şey büyük günahlardandır. Bunlarda keffaret yoktur"** buyurduğunda yemin-i gamüsu da bunların arasında saymıştır. İmdi, herhangi bir şey, eğer büyük günahsa onda keffaret olmaz. Çünkü keffaret bir ibadettir. Mesela, oruç tutularak da keffaret ödenmektedir. Eğer keffaret bir ibadet olmasaydı, oruç ile keffaret caiz olmazdı. Hz. Peygamber (as.)'in az önce geçen hadiste belirttikleri beş büyük günah, Allah'a ortak koşmak, anne-baba hakkını çiğnemek, haksız yere adam öldürmek, yemin-i gamüs ve sıla-i rahmi terketmektir.

2. Yemin-i lağv: Bir kimsenin, geçmişte bir şeyin olduğuna veya olmadığına, olayın kendi dediği gibi olduğunu zannederek yalan yere yemin etmesidir. Oysa olay, onun dediği gibi olmamıştır. Bunun hükmü, bu yemini yapanın, Allah'tan kendisini cezalandırmamasını umması, affını beklemesidir. Mesela bir kimse, kendisi öyle zannederek, "vallahi böyle yaptım", "vallahi öyle yapmadım", "vallahi Zeyd geldi" dese, halbuki olaylar onun zannettiği gib olmasa, böyle yeminden dolayı cezaya çarptırılmamak umulur. Yüce Allah'ın, لا يؤاخذكم الله باللغو فى أيمَانِكُم **"Allah sizi, yeminlerindeki yanılmadan dolayı sorumlu tutmaz"**(7) ayet-i kerimesi, bu yemini edenin cezalandırılmayacağına bir delildir. Eğer bir kimse, "yemin lağvden dolayı cezalandırılmamak nas ile sabittir. Böyle olunca, cezalandırılmaması umulur, demek ne demektir?" diye sorarsa şöyle cevap veririz: Adı geçen yemin-i lağvden dolayı sorguya çekilinmeyeceğinde şüphe yoktur. Fakat şüphe, lağvin tefsirindedir. Zira lağv için çeşitli görüşler ileri sürülmüştür. Buhari, Yüce Allah'ın az önce geçen ayet-i kerimesindeki lağv'in manası Hz. Aişe'den sorulunca, onun, "bir kimse konuşurken, lâ vallâhi, belâ vallâhi demesidir" dediğini rivayet eder. Bu rivayet Ebu Hanife Hazretlerinindir. Ama İmam Muhammed ve İmam Şafii şöyle derler: "Yemin-i lağv, haram olan bir şeyi yapmamak üzere yapılan bir yemindir. O haram şeyi terketmekle Yüce Allah o kişiyi sorumlu tutup cezalandırmaz". Nehaî ve Hasan'dan gelen rivayete göre, bir kimse bir şeyi yapmak veya yapmamak üzerine yemin edip sonra onu

---

(7) el-Bakara, 2/225, Maide, 5/89.

unutursa, onun ettiği bu yemine yemin-i lağv denir. Bundan dolayı Allah onu cezalandırmaz. Zira yemin-i lağvde ceza olmayacağına dair ittifak vardır. Bunda şüphe yoktur. Şüphe lağv'in tefsirindedir. Affedilmesi umulur sözü de bunun için söylenmiştir.

3. Yemin-i mün'akide: Bu, bir kimsenin gelecekte bir şeyi yapacağına veya yapmayacağına yemin etmesidir. Bunun hükmü, eğer bu yemin bozulursa keffaret gerekir. Yüce Allah'ın, ولكن يؤاخذكم اللّه بما عقّدتم الأيمان **Fakat bile bile yaptığınız yeminlerden dolayı sizi sorumlu tutar''** (8) ayetindeki yeminden maksadın gelecekle ilgili bir yemin olduğuna, yine aynı ayette geçen واحفظوا أيمانكم ''yeminlerinizi koruyun'' sözü delalet eder. ''Yemini koruyun'' sözü, ancak gelecekteki yeminler için söylenir. Ayrıca Yüce Allah'ın, بما عقّدتم الأيمان ''bile bile akdettiğiniz yeminlerle'' ayetinde geçen ''akid'', bir hüküm meydana getirmek için bir sözü başka söze bağlamaktır. Buna göre yemin de diğer şer'î akitler gibi şer'î bir akit olur. Yüce Allah bir başka ayet-i kerimesinde, ولا تنقضوا الأيمان بعد توكيدها **''Yeminleri sağlama bağladıktan sonra onları bozmayın''** (9) buyurmuştur. Bu ayette geçen ''bozmak'' kelimesi akitlerde kullanılan bir kelimedir ve gelecek zamandan başka bir zamanda olması düşünülemez. Dolayısıyla bu tür yemin, gelecekle ilgili bir akit demektir. Farzların yapılması, günahların terkedilmesi gibi, mutlaka tutulması gereken yeminler bu gruba girer. Mesela bir kimse, ''vallahi öğle namazını kılacağım'' veya ''vallahi şarap içmeyeceğim'' dese, bunun hükmü, mutlaka namazı kılarak ve şarabı içmeyerek yemini tutmaktır.

Günahların işlenmesi, vaciplerin terkedilmesine dair yapılan ve mutlaka bozulması gereken yeminler de yemin-i mün'akide gurubuna girer. Mesela bir kimse, ''vallahi bu gün şarap içeceğim'', veya ''bu gün öğle namazını kılmayacağım'' dese, bu kimseye vacip olan şarap içmeyi terketmek, namazı kılmak ve keffaret ödemektir. Zira Hz. Peygamber (a.s)'in,

من حلف أن يطيع اللّه فليطعه ومن حلف أن يعصيه فلا يعصه

''Kim Allah'a itaat edeceğine yemin ederse ona itaat etsin. Kim de Al-

---

(8) Maide Suresi, 5/89.
(9) Nahl Suresi, 16/91.

YEMİNLER BAHSİ / 413

lah'a isyan edeceğine yemin ederse, ona isyan etmesin' ⁽¹⁰⁾ hadis-i şerifi buna delildir.

Bozulması tutulmasından daha iyi olan yeminler de bu gruba girer. Müslüman kardeşinden ayrılmaya ve buna benzer şeylere yemin etmek gibi. Mesela bir kimse, "filan kişi ile konuşmayacak ve ona selam vermeyeceğim" diye yemin etse, bu kimsenin yeminini bozması, yeminini tutmasından daha iyidir. Yeminini bozar, sonra keffaret verir. Zira Hz. Peygamber (a.s)'in,

$$\text{مَنْ حَلَفَ عَلَى يَمِينٍ وَرَأَى غَيْرَهَا خَيْراً مِنْهَا فَلْيَأْتِ بِالَّتِي هِيَ خَيْرٌ وَلْيُكَفِّرْ عَنْ يَمِينِهِ}$$

"Bir yemin üzerine yemin eden ve başkasını ondan daha hayırlı gören kimse, hayırlı olan işi yapsın ve yemininin keffaretini ödesin" hadis-i şerrifi buna göstermektedir.

Bu zikredilenlerin yani yapılması caiz olmayanların dışında, muhafaza gayesiyle yemini tutmak daha iyidir. Zira Yüce Allah'ın, وَاحْفَظُوا أَيْمَانَكُمْ "Yeminlerinizi koruyun' ⁽¹¹⁾ ayeti bir emirdir. Bu emir vücûb ifade etmektedir. Buna göre, insanın ettiği yemini koruması gerekir.

Keffaretin vacip olması hususunda, bile bile ve unutarak yemini bozan arasında bir fark yoktur. Kitab-ı Gurer'de, "zorla veya unutarak yemini bozsa" diye yazıldıktan sonra, bu sözün açıklamasında şöyle denilmektedir: "Unutarak" demek "hata ile" demektir. Mesela bir kimse "bana su getirin" diyecek yerde, yani maksadı bu iken, "vallahi su içmeyeceğim" dese ve suyu içse keffaret gerekir. Molla Hüsrev'in adı geçen kitabına haşiye yazan Mevlana Muhammed b. Mustafa el-Vânî, bu açıklamayı yaparken, "hata yapan" ile "unutan" arasında bir fark olmadığına işaret etmiş olmaktadır. Fakat "unutma" ile "hata" arasında bir fark olması mümkündür. Mesela bir kimse, kalben yemin etmemeye azmetmiş iken, diliyle yemin etse, yani istemeden ağzından yemin çıksa buna hata denilir. Fakat yemin etmemeye azmetmediği halde kalbi dalgın iken ağzından yemin çıksa, buna da unutma denir. Aralarında böyle bir fark olması mümkündür. Eğer bir kimse:

---

(10) Buhari, Eyman, 28,31; İbn Mace, Keffaret 16 (Bu kaynaklarda, hadis " مَنْ نَذَرَ " lafzıyle başlamaktadır).
(11) Maide Suresi, 5/89.

"Yemin eden kimse, ettiği bu yeminle, bir işin yapılmasın veya yapılmamasını takviye eder. Bu takdirde yemin, kişinin kendi irade ve ihtiyarıyle yaptığı işlerdendir. "Unutan, kasten yemin eden gibidir" demek nasıl olur?" derse, buna şöyle cevap veririz: "Kıyasa göre, durum sizin dediğiniz gibidir. Fakat nastan dolayı kıyas tekredilmiştir".

Keffaretin vacip olması hususunda, yemin etmeye veya yemini bozmaya zorlanan ile zorlanmayan arasında fark yoktur. Zira Hz. Peygamber (a.s): ثَلَاثٌ جِدُّهُنَّ جِدٌّ وَهَزْلُهُنَّ جِدٌّ "**Üç şey vardır ki, bunların ciddisi de ciddi, şakası da ciddidir**' (12) buyurmuştur. Bu üçten murat nikah, talak ve yemindir. Bu yere uygun bir kaide vardır. Mesela, bir kimse yapmayacağına yemin ettiği şeyi zorla veya unutarak işlese birdir. Zira hakiki fiil, zorla yapıldığında değişmiş olmaz. İmdi, hakiki fiil, zorla yaptırıldığında değişmediği için, bir kimse bir işi yapmamaya yemin etse, sonra bu yemini eden kimse baygın düşse veya delirse ve bu haldeyken o fiili işlese yeminini bozmuş olur. Çünkü yeminin bozulmasının şartı, yemin edilen o işin yapılmasıydı. Bu iş gerçekte onlar tarafından yapılmış olur. Gerçi yemin tutulmadığı takdirde hükmü, günahkar olunmak ise de, fakat yeminin hükmü, yeminin delili, üzerine dönmesidir. Yoksa gerçek günah üzerine dönmesi değildir. Zira fıkıh usulü alimleri, "hükme, her fertte değil cinste riayet edilir" sözünün manası gereğince bir kaide koymuşlardır. Bu takdirde, "her kim olursa olsun, yapmayacağım" diye yemin ettiği bir şeyi yaparsa yeminini bozmuş olur.

Yeminin keffareti, zıhar keffatinde olduğu gibi, köle azat etmektir. Azat edilen köle müslüman, kafir, küçük, büyük, erkek, dişi, hangisi olursa olsun caizdir. Fakat kör veya iki eli kesik veya iki ayağı kesik olursa caiz olmaz. Veya yine zıhar keffaretinde olduğu gibi on fakiri doyurmaktır. Buradaki "veya" sözü, keffareti verecek olanın bunlardan birini yapmada muhayyer olduğunu göstermek içindir. Vacip olan, bunlardan birini yapmaktır. Veya on fakiri giydirmektir. Bunların herbiri için bütün bedenini örten bir elbise gerekir. Sahih olan da budur. Elbise bütün bedeni örteceği için, her birine bir pantalon verilse, bu, keffaret için yeterli olmaez. Zira örfte, sadece pantalon ve don giyene "çıplak" denir. Eğer oruç tutmak, on fakiri yedirmek veya giydirmekten herhangi birini yapamazsa, üç gün peş peşe oruç tutar. Yemini bozmadan keffaret ödemek câiz olmaz.

Bir kafir yemin etse, sonra müslüman olsa ve bu haldeyken yeminini bozsa,

---

(12) Ebu Davud, Talak 9; İbn Mace Talâk 13; tirmizi, Talak 9 (Ancak her üç kaynakta bu üç şey, "nikah, talâk, ric'at" olarak zikrediliyor).

bunun için keffaret gerekmez. Zira Yüce Allah'ın, فَقَاتِلُوا أَئِمَّةَ الْكُفْرِ إِنَّهُمْ لَا أَيْمَانَ لَهُمْ 'Küfür öncülerini öldürün. Çünkü onların yeminleri yoktur' (13) ayeti, kâfirlerin yeminleri olmadığına delildir. Çünkü yemin, Yüce Allah'ı tazimdir. Kâfir ise küfrü ile Allah'ı tazim etmez. Yemine de ehil değildir. Zira keffaret, bir ibadettir.

Çocuğun, delinin ve uyuyanın ettiği yemin sahih olmaz.

---

(13) Tevbe Suresi, 9/12.

1. KISIM

فصل

وَحُرُوفُ الْقَسَمِ الْوَاوُ وَالْبَاءُ وَالتَّاءُ وَقَدْ تُضْمَرُ كَاللّٰهِ اَفْعَلُهُ* وَالْيَمِينُ بِاللّٰهِ اَوْ بِاسْمٍ مِنْ اَسْمَائِهِ كَالرَّحْمٰنِ وَالرَّحِيمِ وَالْحَقِّ وَلاَ يَفْتَقِرُ اِلٰى نِيَّةٍ اِلاَّ فِيمَا يُسَمَّى بِهِ غَيْرُهُ كَالْحَكِيمِ وَالْعَلِيمِ* اَوْ بِصِفَةٍ مِنْ صِفَاتِهِ يُحْلَفُ بِهَا عُرْفاً كَعِزَّةِ اللّٰهِ وَجَلاَلِهِ وَكِبْرِيَائِهِ وَعَظَمَتِهِ وَقُدْرَتِهِ لاَ بِغَيْرِ اللّٰهِ كَالْقُرْاٰنِ وَالنَّبِيِّ وَالْكَعْبَةِ وَلاَ بِصِفَةٍ لاَ يُحْلَفُ بِهَا عُرْفاً كَرَحْمَتِهِ وَعِلْمِهِ وَرِضَائِهِ وَغَضَبِهِ وَسَخَطِهِ وَ عَذَابِهِ وَقَوْلِهِ لَعَمْرِ اللّٰهِ يَمِينٌ وَكَذَا وَاَيْمُ اللّٰهِ و(سَوْكَنْدمى خُورَمْ بخُدَائى)* وَكَذَا قَوْلُهُ وَعَهْدُ اللّٰهِ وَمِثَاقَهُ وَاُقْسِمُ وَاَحْلِفُ وَاَشْهَدُ وَاِنْ لَمْ يَقُلْ بِاللّٰهِ* وَكَذَا عَلَىَّ نَذْرٌ اَوْ يَمِينٌ اَوْ عَهْدٌ وَاِنْ لَمْ يُضَفْ اِلَى اللّٰهِ* وَكَذَا قَوْلُهُ اِنْ فَعَلَ كَذَا فَهُوَ كَافِرٌ اَوْ يَهُودِىٌّ اَوْ نَصْرَانِىٌّ اَوْ بَرِىءٌ مِنَ اللّٰهِ وَلاَ يَصِيرُ كَافِراً بِالْحِنْثِ فِيهَا سَوَاءٌ عَلَّقَهُ بِمَاضٍ اَوْ مُسْتَقْبَلٍ اِنْ كَانَ يَعْلَمُ اَنَّهُ يَمِينٌ وَاِنْ كَانَ عِنْدَهُ اَنَّهُ يَكْفُرُ يَصِيرُ بِهِ كَافِراً وَقَوْلُهُ اِنْ فَعَلَهُ فَعَلَيْهِ غَضَبُ اللّٰهِ اَوْ سَخَطُهُ اَوْ لَعْنَتُهُ اَوْ هُوَ زَانٍ اَوْ سَارِقٌ اَوْ شَارِبُ خَمْرٍ اَوْ اٰكِلُ رِباً لَيْسَ بِيَمِينٍ، وَكَذَا قَوْلُهُ حَقًّا اَوْ وَحَقُّ اللّٰهِ خِلاَفاً لِاَبِى يُوسُفَ* وَكَذَا قَوْلُهُ (سَوْكَنْد خُورَمْ بخُدَاى يا بَطَلاَقِ زَنْ) وَمَنْ حَرَّمَ مِلْكَهُ لاَ يَحْرُمُ وَاِنْ اِسْتَبَاحَهُ اَوْ شَيْئاً مِنْهُ فَعَلَيْهِ الْكَفَّارَةُ* وَقَوْلُهُ كُلُّ حَلاَلٍ عَلَىَّ حَرَامٌ يُحْمَلُ عَلَى الطَّعَامِ وَالشَّرَابِ وَالْفَتْوَى عَلَى اَنَّهُ تُطَلَّقُ اِمْرَاَتُهُ بِلاَ نِيَّةٍ وَمِثْلُهُ قَوْلُهُ (حَلاَلْ بَرْوَىْ) حَرَامٌ* وَقَوْلُهُ (هَرْچِه بَدَسْتِ رَاسْت كِيرَمْ بَرْوَىْ) حَرَامْ* وَمَنْ نَذَرَ نَذْراً مُطْلَقاً اَوْ مُعَلَّقاً بِشَرْطٍ يُرِيدُهُ كَانَ قَدِمَ غَائِبِى وَوُجِدَ لَزِمَهُ الْوَفَاءُ* وَلَوْ عَلَّقَهُ بِشَرْطٍ لاَ يُرِيدُهُ كَاِنْ زَنَيْتُ خُيِّرَ بَيْنَ الْوَفَاءِ وَالتَّكْفِيرِ هُوَ الصَّحِيحُ* وَمَنْ وَصَلَ بِحَلْفِهِ اِنْ شَاءَ اللّٰهُ فَلاَ حِنْثَ عَلَيْهِ*

Mülteka c. 2, Forma: 27

YEMİN HARFLERİ

Yemin harfleri "vâv", "bâ" ve "tâ"dır. Bazan "Allahi onu yapacağım" sözünde olduğu gibi yemin harfleri gizlenir. Yemin Allah lafzıyle veya Rahman, Rahim ve Hak gibi, Yüce Allah'ın isimlerinden bir isimle yapılır. Yemin ederken niyete ihtiyaç duyulmaz. Ancak Hakim ve Alîm gibi, Allah'tan başkasına da verilen isimler de niyete ihtiyaç duyulur. Veya örf ve âdelette, Allah'ın, kendisiyle yemin edilen sıfatlarından biriyle yemin edilir. Ve izzetillâhi ve celâlihi ve kibriyaihi ve azametihi ve kudretihi gibi. Allah'tan başkasının ismiyle yemin edilmez. Kur'an, Peygamber ve Ka'be gibi. Örf ve âdette yemin olarak kullanılmayan bir sıfatla yemin edilmez. Rahmetillah, ilmillah, rizaillah, gadabillah, sehatillah, azâbillah gibi.

"Leamrillâh" sözü yemindir. Eymullah, sevkend mi hurem be Hudâ (Allah'a yemin ediyorum) sözleri de yemindir. Aynı şekilde ahdullahi, misakullahi ve her ne kadar "Allah'a" ilave etmese de "yemin ederim", "kasem ederim", "şehadet ederim" sözleri de yemindir. Keza "Allah'ın" sözünü ilave etmese de, "üzerime nezir olsun", üzerime yemin olsun", "üzerime ahıd olsun" demek de yemindir.

"Böyle yaparsam ben kafirim", "böyle yaparsam yahudiyim", "böyle yaparsam hristiyanım" veya "şöyle yaparsam Allah'tan uzak olayım" demek de yemindir. Bu kimse yeminini bozmakla kafir olmaz. Bu işi ister maziye, ister geleceğe bağlasın aynıdır. Söylediği sözün yemin olduğunu biliyorsa yemini bozmakla kafir olmaz. Eğer böyle yapmakla kafir olacağına inanıyorsa, onu yaptığında kafir olur.

Bir kimse, "şu işi yaparsam Allah'ın gazabı" veya "öfkesi" veya "laneti üzerime olsun" veya "şu işi yaparsam zâni olayım" veya "hırsız olayım" veya "içkici olayım" veya "faiz yiyici olayım" derse bunlar yemin olmaz. "Hakkan" veya "ve hakkıllahi" sözleri de yemin olmaz. Ebu Yusuf buna muhalefet eder. Geniş zaman kipiyle farsça "sevkend hurem be Huda" (Allah'a yemin ederim) veya "sevkend hurem be talakı zen" (kadının talakına yemin ederim) sözleri de aynı şekilde yemin olmaz.

Bir kimse kendi mülkünü haram kılsa, haram olmaz. Fakat kendisine haram kıldığı o mülkü veya bir kısmını mübah kılsa, keffaret gerekir.

"Her helal bana haram olsun" sözü, yemek ve içmeğe hamledilir. Fetva, niyetsiz böyle diyen adamın karısının boş olacağına dairdir. Farsça olarak bir kimsenin söylediği حَلَالٌ بَرْوَىٰ خَرَام "Helal olan şey bana haramdır"[14] ve "Sağ elimde ne tutuyorsam o bana haramdır" sözleri de bunun gibidir.

Bir kimse mutlak olarak nezretse veya "şu anda burada bulunmayan yakınım gelirse" gibi, istediği bir şarta bağlı olarak nezretse ve o şart da bulunsa, nezrini yerine getirmesi gerekir. Eğer, "zina yaparsam" gibi, nezrini istemediği bir şarta bağlarsa, nezrini ifa etmek ve keffaret ödemek arasında muhayyer bırakılır. Sahih olan da budur.

Bir kimse yeminin peşinden "inşallah" sözünü ilave ederse, yeminini bozması diye bir şey olmaz.

---

(14) Bu söz dolaylı olarak söylenmiştir. Yukardaki قَوْلُهُ sözlerinden sonra gelen cümlelerde olduğu gibi. Cümlenin normal şekli " حَلَالٌ بَرْمَنْ خَرَام " dür. (Mütercim).

İZAHI

Yemin için kullanılan hafler vav, yâ ve bâ harfleridir. Bu haflerden herbirinin yeminlerde kullanıldığı bilinmektedir. Bunlar Kur'an-ı Kerim'de zikredilirler.

Yeminde asıl olan bâ harfidir. Zira bu harf hem ismin, hem de zamirin başında kullanılır. بِاللَّهِ لَأَفْعَلَنَّ "Allah'a yemin olsun ki, yapacağım" denildiği gibi, بِكَ لَأَفْعَلَنَّ "Sana yemin olsun ki, yapacağım" da denilir. "Vav" harfi ise "bâ" harfinden bedeldir. Ancak bu ismin başına gelir, zamirin başına gelmez. Bundan dolayı, " وَكَ " veya " وَهُ " denmez. "Tâ" da "vav" dan bedeldir. Onun için sadece bir tek "Allah" lafzının başına gelir, başka ismin başına gelmez. تَاللَّهِ لَأَفْعَلَنَّ "Allah'a yemin olsun, mutlaka yapacağım" denilir, fakat, " تَرَبِّ الْكَعْبَةِ " şeklinde yemin edilmez.

Yemin harfleri bazan söylenmez. Mesela, sözü kısaltmak için اللَّهِ أَفْعَلُ "Vallahi onu yapacağım" denilir. Yemin harflerini söylememek Arapların âdetidir. Denildi ki: Basralılara göre, yemin harfli söylenmediğinde, "esre okutulan harf kaldırılınca önünde ki isim üstün okunur" kaidesine binaen o isim üstün okunur الله gibi. Kufelilere göre ise yemin harfi söylenmediğinde onun varlığına işaret etmesi için o isim الله şeklinde esre okunur.

Yemin, "Allah" ismiyle veya Rahman, Rahim ve Hak gibi Yüce Allah'ın diğer ism-i şeriflerinden biriyle yapılır. Yemin ederken, yemin etme niyeti taşımaya ihtiyaç yoktur. Ancak Yüce Allah'ın kendisinden başkasına da isim olarak verilen hakim ve Alim gibi isimleriyle yemin edilirken niyete ihtiyaç duyulur. Bu isimlerle eğer Allah'ı murat ederse yemin etmiş olur; başkasını murat ederse yemin etmiş olmaz.

Yemin, örf ve âdete göre, Allah'ın yeminde kullanılan sıfatlarından bir sıfatla da yapılır. عِزَّةِ الله "Allah'ın izzetine yemin olsun", جَلَالِ اللَّهِ "Allah'ın celâline yemin olsun", عَظَمَةِ الله "Allah'ın azametine yemin olsun كِبْرِيَاءِ الله "Allah'ın ululuğuna yemin olsun" ve قُدْرَةِ اللَّهِ "Allah'ın kudretine yemin olsun" gibi. Bazı alimler şöyle der: "Kudret ve izzet gibi, Allah'ın zati sıfatlarıyle edilen yemin yemindir. Rahmet ve gazab gibi, fiili sıfatlarla yemin olmaz." Sahih olan şudur ki, yeminler örf ve âdete bağlıdır.

Kur'an, Peygamber, Kabe gibi Allah'tan başka şeylerin ismiyle yemin edilmez. İmam malik, Muvatta'ında Nafi'den şu rivayeti yapar; Hz. Peygamber (a.s) bir yerde Hz. Ömer ile karşılaştı. Burada Hz. Ömer bir kaç kişi ile konuşuyordu. Konuştuğu bu kişiler babalarının isimleriyle yemin ediyorlardı. Bunu duyan Peygamber (a.s) Efendimiz şöyle buyurdu:

إِنَّ اللَّهَ نَهَاكُمْ أَنْ تَحْلِفُوا بِآبَائِكُمْ فَمَنْ كَانَ حَالِفاً فَلْيَحْلِفْ بِاللَّهِ أَوْ لِيَصْمُتْ

"**Allah sizi, babalarınızın ismiyle yemin etmekten nehyetti. Artık kim yemin ederse Allah'ın adıyle yemin etsin veya sussun**" (15). Hidaye yazarı şöyle der: "Hâşâ bir kimse, şunu yaparsam Peygamberden uzağım" veya "şöyle yaparsam Kur'an'dan uzağım" derse yemin etmiş olur. Zira bu iki şeyden uzak olmak küfürdür. Allah korusun.

«سَخَطِ اللَّهِ»، «غَضَبِ اللَّهِ»، «رِضَاءِ اللَّهِ»، «رَحْمَةِ اللَّهِ»، «عِلْمِ اللَّهِ» «عَذَابِ اللَّهِ»

gibi, örf ve âdete göre kendileriyle yemin edilmeyen sıfatlarla yemin olmaz.

Bir kimsenin " لَعَمْرُ اللَّهِ " demesi yemindir. Zira bu, Allah'ın bakâsı demektir. Bakâ ise Allah'ın sıfatıdır. Bunun takdiri, " لَعَمْرُ اللَّهِ قَسَمِى " şeklindedir ki, manası, "Allah'ın bakâ ve devamına yemin ederim" demektir. Zira bakmâ, Allah'ın zati sıfatlarındandır. " أَيْمُ اللَّهِ " da " لَعَمْرُ اللَّهِ " gibi yemindir. Bunun aslı " أَيْمُنَ اَللَّهِ " dır. Eymun, "yeminler" demektir. Çok kullanıldığı için sonundaki nun düşmüştür. Kufe ve Basralılar'a ra göre, bu, bir yemin edatıdır. وَاللَّهِ demektir. Farsça olarak " سَوْكَنْدِمِى خُورَمْ بَخَدَاى " Şu anda Allah'a yemin ediyorum" demek de yemindir. Zira şimdiki zaman için söylenmiş bir sözdür. Eğer " مِى " lafzı olmadan söylenseydi, "Allah'a yemin ederim" manasında geniş zamanlı bir cümle olacaktı. Bu takdirde yemin olmaz.

" عَهْدُ اللَّهِ " "Allah'ın ahdine..." ve مِيثَاقَ اللَّهِ "Allah'ın misakına" sözleri de yemindir. Zira Yüce Allah وَأَوْفُوا بِعَهْدِ اللَّهِ "**Ve Allah'ın ahdini yerine getirin**" (16) buyurmuştur. Misak da ahit demektir. "Allah" lafzını kul-

---

(15) Buhari, Edeb, 74; Müslim, Eymân 3.
(16) Nahl, 16/91.

lanmadan "kasem ederim", "yemin ederim" derken kullanılan lafızlardır. Yine bir kimse "Allah'ın" lafzını kullanmadan, "eğer şöyle yaparsam üzerime nezir olsun" veya "şöyle yaparsam üzerime yemin olsun" veya "üzerime ahd olsun dese yine yemin etmiş olur. Zira Hz. Peygamber (a.s):

مَنْ نَذَرَ نَذْراً وَلَمْ يُسَمِّ فَعَلَيْهِ كَفَّارَةُ يَمِينٍ "**Kim bir isim vermeden bir nezirde bulunursa, onun üzerine yemin keffareti vardır**' (17) buyurmuştur.

Bir kimse "eğer şöyle yaparsam kafir olayım" veya "yahudi olayım" veya "hristiyan olayım" veya "Allah'tan uzak olayım" derse yemin etmiş olur. Eğer bunları söyleyen kimse, bu sözlerin yemin olduğunu bilirse, yeminini bozmakla kafir veya yahudi veya hristiyan veya Allah'tan uzak olmaz. Bu sözleri ister geçmiş ister gelecek zamanlı bir fiille söylesin aynıdır. Eğer böyle demekle kafir olacağına inanıyorsa, yeminini bozunca kafir olur. Çünkü kafir olmaya razı olmuş ve o işi yapmıştır.

Bir kimsenin, "eğer şu işi yaparsam Allah'ın gazabı" veya "öfkesi" veya "laneti üzerime olsun" veya "şu işi yaparsam zina edici olayım" veya "hırsız olayım" veya "içki içen olayım" veya "faiz yiyici olayım" demesi yemin değildir. Zira "Allah'ın gazabı" veya "öfkesi" veya "laneti üzerime olsun" demek kendine beddua etmektir. Bu bir şarta bağlanmaz. Bunlar örfte yemin olarak kullanılan lafızlardan değildir. "Zina edici olayım" ve buna benzer diğer sözler de örfte yemin olarak kullanılmazlar.

Bir kimsenin حَقًّا "hak olsun" demesi de yemin olmaz. Zira bu, belirsiz bir sözdür. Bununla va'din tahakkuk etmesi murat olunur. Ebu Hanife ve İmam Muhammed'e göre, حَقُّ اللهِ "Allah'ın, hakkı" sözü de yemin olmaz. Bu iki kelime bu şekilde bir tamlama oluşturduklarında "Allah'a itaat" murat edilir. Ebu Yusuf bu görüşte değildir. Zira Hak, Allah'ın sıfatlarındandır. O kimse böyle demekle وَاللهِ الْحَقِّ "Vallahi'l-Hakk' demiş olur ki, bu da örfte yemin olarak kullanılır.

Bir kimse farsca lafızlarla, "Sevkend hurem be Huda yani "Allah'a yemin ederim" dese veya "Sevkend hurem be talak-ı zen" yani "kadının talakına yemin ederim" dese, yemin etmiş olmaz. Zira bunlar örfte yemin olarak kullanılmazlar.

Bir kimse kendi mülkünü kendine haram kılsa, mesela "şu elbisemi"

---

(17) İbn Mace Keffarat, 17 (az farklı).

veya "şu yiyeceğimi kendime haram kıldım" dese bunlar ona haram olmaz. Fakat daha sonra o elbiseyi giymek veya yiyeceği yemek suretiyle bunları kendine mübah kılsa, veya bunların bir kısmını kendine mübah kılsa, kendine haram kıldığı bir şeyi yapması sebebiyle ona keffaret gerekir. Yukarda geçen "bunlar ona haram olmaz" sözünden maksat, "haram liaynihi" olmaz demektir.

Bir kimse "Her helal bana haram olsun" dese, bu söz, başka şeye de niyet etmiş olsa, yiyecek ve içecek şeylere hamledilir. Fetva, böyle diyen kimse boşamaya niyet etmemiş dahi olsa, karısının boş olacağı üzerinedir. Zira zamanımız örfünde bu lafızlar bunun için kullanılmaktadır.

Bir kimse farsça olarak حَلَالٌ بَرْوَىٰ حَرَامٌ "helal, bana haramdır" veya هَرْجَه بَدَسْتِ رَاسْت كِيَرَمْ بَرْوَىٰ حَرَامٌ "Sağ elimde ne tutuyorsam o bana haramdır" dese, bu da az önceki mesele gibidir. Fetva, bununla niyetsiz talakın vuku bulacağına dairdir. Zira bunlar, daha çok bu iş için kullanılmaktadır. Fakat bir farisi, هَرْجَه بَدَسْتِ جَبْ كِيَرَمْ بَرْوَىٰ حَرَامٌ "Sol elimde ne tutuyorsam bana haramdır" dese, bu yemin olmaz. Zira örfte bu manada kullanılmamaktadır.

Bir kimse mutlak nezirde bulunsa, mesela, لِلّٰهِ عَلَىَّ صَوْمُ شَهْرٍ "Vallahi bir ay oruç tutmak bana borç olsun" dese veya nezri, istediği bir şarta bağlasa, mesela, "uzakta olan filan yakınım gelirse şunu yapacağım" dese ve o şart da bulunsa, bu durumda, nezredenin nezrini yerine getirmesi gerekir. Zira Hz. Peygamber (a.s)

مَنْ نَذَرَ وَسَمَّى فَعَلَيْهِ الْوَفَاءُ بِمَا سَمَّى وَمَنْ نَذَرَ وَلَمْ يُسَمِّ فَعَلَيْهِ كَفَّارَةُ يَمِينٍ

"**Kim nezreder ve nezrettiği şeyin ismini söylerse, söylediği şeyi yerine getirmesi gerekir. Kim de nezreder, fakat neye nezrettiğini söylemezse, onun üzerine yemin keffareti vardır'** (18) buyurmuştur.

Bir kimse nezrini, yapmak istemediği bir şarta bağlasa, mesela, "eğer zina edersem bir ay oruç tutacağım" dese, bu işi yaptığı takdirde keffaret ödeme ile bir ay oruç tutma arasında muhayyer bırakılır. Sahih olan da budur. Fetva da bunun üzerinedir.

---

(18) İbn Mace, Keffarât, 17.

Bir kimse, ettiği yeminin hemen peşinden "İnşallah" derse, yemin etmemiş olur. Yani dediğinin aksini yaptığında yeminin bozmuş olmaz. Zira Hz. Peygamber (a.s):

مَنْ حَلَفَ عَلَى يَمِين فقال إِن شاء اللّه فلا حِنْثَ عليه

"Bir kimse yemin eder de, bunun peşinden hiç ara vermeden "İnşaallah" derse, onun için yemin bozmak yoktur' [19] buyurmuştur.

---

(19) Hadis farklı lafızlarla Buhari, Keffârât 9; Müslim, Eyman, 23,24; İbn Mâce, Keffârât 6 da rivayet edilmiştir.

2. KISIM

باب اليمين فى الدُّخول والْخُروج وَالْإِتْيَانِ
والسُّكنى وغَيْرِ ذلك ــ

حلف لَا يَدْخُلُ بَيْتاً فَدَخَلَ الْكَعْبَةَ أَوِ الْمَسْجِدَ أَوِ الْبِيعَةَ أَوِ الْكَنِيسَةَ لَا يَحْنَثُ* وَكَذَا لَوْ دَخَلَ دَهْلِيزاً أَوْ ظُلَّةَ بَابِ دَارٍ إِنْ كَانَ لَوْ أُغْلِقَ يَبْقَى خَارِجاً وَإِلَّا حَنِثَ كَمَا لَوْ دَخَلَ صُفَّةً وَقِيلَ لَا يَحْنَثُ فِى الصُّفَّةِ أَيْضاً وَفِى لَا يَدْخُلُ دَاراً فَدَخَلَ دَاراً خَرَبَةً لَا يَحْنَثُ* وَلَوْ قَالَ هَذِهِ الدَّارِ فَدَخَلَهَا خَرَبَةً صَحْرَاءَ أَوْ بَعْدَ مَا بُنِيَتْ دَاراً أُخْرَى حَنِثَ* وَكَذَا لَوْ وَقَفَ عَلَى سَطْحِهَا وَقِيلَ لَا يَحْنَثُ بِهِ فِى عُرْفِنَا* وَلَوْ دَخَلَ طَاقَ بَابِهَا أَوْ دَهْلِيزَهَا إِنْ كَانَ لَوْ أُغْلِقَ يَبْقَى خَارِجاً لَا يَحْنَثُ وَإِلَّا حَنِثَ* وَلَوْ جُعِلَتْ مَسْجِداً أَوْ حَمَّاماً أَوْ بُسْتَاناً أَوْ بَيْتاً بَعْدَ مَا خَرِبَتْ فَدَخَلَهَا لَا يَحْنَثُ* وَكَذَا لَوْ دَخَلَ بَعْدَ انْهِدَامِ الْحَمَّامِ وَأَشْبَاهِهِ* وَفِى لَا يَدْخُلُ هَذَا الْبَيْتَ فَدَخَلَهُ بَعْدَمَا انْهَدَمَ وَصَارَ صَحْرَاءَ أَوْ بَعْدَمَا بُنِىَ بَيْتاً آخَرَ لَا يَحْنَثُ بِخِلَافِ مَا لَوْ سَقَطَ السَّقْفُ وَبَقِىَ الْجُدْرَانُ* وَفِى لَا يَدْخُلُ هَذِهِ الدَّارَ وَهُوَ فِيهَا لَا يَحْنَثُ مَا لَمْ يَخْرُجْ ثُمَّ يَدْخُلْ* وَفِى لَا يَلْبِسُ هَذَا الثَّوْبَ وَهُوَ لَابِسُهُ أَوَّلاً يَرْكَبُ هَذِهِ الدَّابَّةَ وَهُوَ رَاكِبُهَا أَوْ لَا يَسْكُنُ هَذِهِ الدَّارَ وَهُوَ سَاكِنُهَا إِنْ أَخَذَ فِى النَّزْعِ وَالنُّزُولِ وَالنُّقْلَةِ مِنْ غَيْرِ لَبْثٍ لَا يَحْنَثُ وَإِلَّا حَنِثَ* ثُمَّ فِى لَا يَسْكُنُ هَذَا الْبَيْتَ أَوْ هَذِهِ الدَّارَ لَابُدَّ مِنْ خُرُوجِهِ بِجَمِيعِ أَهْلِهِ وَمَتَاعِهِ حَتَّى لَوْ بَقِىَ وَتِدٌ حَنِثَ وَعِنْدَ أَبِى يُوسُفَ رَحِمَهُ اللهُ يُعْتَبَرُ نَقْلُ الْأَكْثَرِ* وَعِنْدَ مُحَمَّدٍ رَحِمَهُ اللهُ نَقْلُ مَا تَقُومُ بِهِ

كَدْخُدَائِيَّتُهُ وَهُوَ الْاَحْسَنُ وَالْاَرْفَقُ* ثُمَّ لَابُدَّ مِنْ نُقْلَتِهِ اِلَى مَنْزِلٍ آخَرَ حَتَّى لَايَبَرَّ بِنُقْلَتِهِ اِلَى السُّكَّةِ اَوِ الْمَسْجِدِ* وَكَذَا فِى لَا يَسْكُنُ هَذِهِ الْمَحَلَّةَ وَفِى لَا يَسْكُنُ هَذِهِ الْبَلَدَةَ اَوِ الْقَرْيَةَ يَبَرُّ بِخُرُوجِهِ وَتَرْكِ اَهْلِهِ وَمَتَاعِهِ فِيهَا* وَفِى لَا يَخْرُجُ فَاَمَرَ مَنْ حَمَلَهُ وَاَخْرَجَهُ حَنِثَ* وَلَوْ حُمِلَ وَاُخْرِجَ بِلَا اَمْرِهِ مُكْرَهاً اَوْ رَاضِياً لَا يَحْنَثُ وَمِثْلُهُ لَا يَدْخُلُ* وَفِى لَا يَخْرُجُ اِلَّا اِلَى جَنَازَةٍ فَخَرَجَ اِلَيْهَا ثُمَّ اَتَى حَاجَةَ اُخْرَى لَا يَحْنَثُ* وَفِى لَا يَخْرُجُ اِلَى مَكَّةَ فَخَرَجَ يُرِيدُهَا ثُمَّ رَجَعَ حَنِثَ* وَفِى لَايَأْتِيهَا لَا يَحْنَثُ مَا لَمْ يَدْخُلْهَا* وَالذِّهَابُ كَالْخُرُوجِ فِى الْاَصَحِّ* وَفِى لَيَأْتِيَنَّ فُلَاناً فَلَمْ يَأْتِهِ حَتَّى مَاتَ حَنِثَ فِى آخِرِ اَجْزَاءِ حَيَاتِهِ* وَاِنْ قَيَّدَ الْاِتْيَانَ غَدًا بِالْاِسْتِطَاعَةِ فَهُوَ عَلَى سَلَامَةِ الْآلَاتِ وَعَدَمِ الْمَوَانِعِ فَلَوْ لَمْ يَأْتِ وَلَا مَانِعَ مِنْ مَرَضٍ اَوْ سُلْطَانٍ حَنِثَ* وَلَوْ نَوَى الْحَقِيقَةَ صُدِّقَ دِيَانَةً لَا قَضَاءً فِى الْمُخْتَارِ* وَفِى لَا تَخْرُجُ اِلَّا بِاِذْنِى شُرِطَ الْاِذْنُ لِكُلِّ خُرُوجٍ* وَفِى اِلَّا اَنْ آذَنَ يَكْفِى الْاِذْنُ مَرَّةً* وَفِى لَا تخرج اِلَّا بِاَذْنِى لَوْ اَذِنَ لَهَا فِيهِ مَتَى شَائَتْ ثُمَّ نَهَاهَا فَخَرَجَتْ لَا يَحْنَثُ عِنْدَ اَبِى يُوسُفَ خِلَافاً لِمُحَمَّدٍ* وَلَوْ اَرَادَتِ الْخُرُوجَ فَقَالَ اِنْ خَرَجْتِ اَوْ ضَرْبَ الْعَبْدِ فَقَالَ اِنْ ضَرَبْتِ تَقَيَّدَ الْحِنْثُ بِالْفِعْلِ فَوْراً فَلَوْ لَبِثَتْ ثُمَّ فَعَلَتْ لَا يَحْنَثُ* قَالَ لِآخَرَ اِجْلِسْ فَتَغَدَّ مَعِى فَقَالَ اِنْ تَغَدَّيْتَ فَكَذَا لَا يَحْنَثُ بِالتَّغَدِّى لَا مَعَهُ وَلَوْ فِى ذَلِكَ الْيَوْمِ اِلَّا اَنْ قَالَ تَغَدَّيْتَ الْيَوْمَ* وَفِى لَا يَرْكَبُ دَابَّةَ فُلَانٍ فَرَكِبَ دَابَّةَ عَبْدٍ لَهُ مَأْذُونٍ لَا يَحْنَثُ اِلَّا اِنْ نَوَاهُ وَهُوَ غَيْرُ مُسْتَغْرِقٍ بِالدَّيْنِ وَعِنْدَ اَبِى يُوسُفَ يَحْنَثُ مُطْلَقاً اِنْ نَوَاهُ* وَعِنْدَ مُحَمَّدٍ يَحْنَثُ مُطْلَقاً وَاِنْ لَمْ يَنْوِهِ*

GİRME, ÇIKMA, GELME, OTURMA VE BENZERİ KONULARDA YEMİN ETMEK

Bir kimse, hiçbir eve girmeyeceğine yemin etse'', sonra Ka'be'ye veya camiye veya havraya girse yeminini bozmuş olmaz. Aynı şekilde bir dehlize veya evin kapı gölgeliğine girse, eğer kapı kapandığında dışarda kalıyorsa, yeminini bozmuş olmaz, aksi halde, evin sofasına girdiğinde yeminini nasıl bozmuş olursa, kapı kapandığında dışarda kalınca da öylece yeminini bozmuş olur. Bir görüşe göre, sofaya girdiğinde de yeminini bozmuş olur. Hiçbir eve girmeyeceğine yemin edip harabe haline gelmiş bir eve girerse yeminini bozmuş olmaz.

Bir kimse "ben şu eve girmeyeceğim" dese, fakat o ev harap bir hale geldikten veya yerine başka bir ev yapıldıktan sonra oraya girse yeminini bozmuş olur. Keza, girmeyeceğim'' dediği evin üzerinde dursa yemini bozulur. "Bizim örfümüzde, evin üstüne çıkmakla yemin bozulmaz" diyenler olmuştur.

Bir kimse "girmeyeceğim" dediği evin kapı kemerine veya kapı aralığına girerse, kapı kapandığında dışarda kalıyorsa yeminini bozmuş olmaz; aksi halde yemini bozulur. Eğer o ev harap olduktan sonra yerine bir mescit veya hamam veya bostan veya bir ev yapıldıktan sonra oraya girse yeminini bozmuş olmaz. Keza hamam ve benzeri şeyler yıkıldıktan sonra girse, yine yemini bozulmaz.

Bir kimse "vallahi şu odaya girmeyeceğim" diye yemin etse, daha sonra o da yıkılıp arsa halini aldıktan veya yerine başka bir oda yapıldıktan sonra girse yeminini bozmuş olmaz. Fakat odanın tavanı çökmüş olup da duvarları duruyorsa yemini bozulur.

Bir kimse bir evin içinde bulunduğu halde, "ben bu eve girmeyeceğim" diye yemin etse, oradan çıkıp tekrar girmedikçe yeminini bozmuş olmaz.

Bir kimse, elbise üzerinde bulunduğu halde, "ben bu elbiseyi giymeyeceğim" veya hayvanının üzerinde bulunduğu halde, "bu hayvana binmeyeceğim" veya "evin içinde oturduğu halde, "ben bu evde oturmayacağım" diye yemin etse, hemen elbiseyi çıkarmaya, hayvandan inmeye ve evden taşınmaya başlarsa yeminini bozmaz, aksi halde yeminini bozmuş olur.

Bir kimse "şu evde" veya "hanede oturmayacağım" diye yemin etse, bütün ailesi ve malı mülküyle oradan çıkması gerekir. Orada bir kazığı kalsa dahi yemini bozulur. Ebu Yusuf'a göre, eşyanın çoğunun taşınmasına itibar edilir İmam Muhammed'e göre ise kendisiye ev ihtiyacı giderilen şeyin taşınmasına itibar olunur. Daha güzel ve uygun olan da budur. Sonra bir başka eve taşınması gerekir. Hatta sokağa veya camiye taşımakla yeminini tutmuş olmaz. Keza bir kimse "bu mahellede oturmayacağım" dese, yine aynı hüküm verilir. Bir kimse, "bu mahallede oturmayacağım" dese, çoluk-çocuğu ile mallarını orada bırakıp kendisi çıkmakla yeminini yerine getirmiş olur. Oradan çıkmayacağına yemin etse, sonra da birisine kendisini taşımasını emredip çıkartsa yeminini bozmuş olur. Kendisi istemeden zorla taşınıp çıkarılsa veya yine kendisi beni çıkarın" demediği halde taşınıp çıkarılmasına razı olarak çıkarılsa yeminini bozmuş olmaz. "Buraya girmeyeceğim" diyen kimse du bunun gibidir.

Bir kimse "sadece cenazeye çıkacağım" diye yemin etse ve cenaze için çıktıktan sonra başka ihtiyacını giderse yemini bozmuş olmaz.

Bir kimse "Mekke'ye çıkmayacağım" diye yemin etse, sonra Mekke'ye gitme arzusuyla dışarı çıkıp geri dönse, yeminini bozmuş olur. "Mekke'ye girmeyeceğim" diye yemin etmişse, girmedikçe yeminini bozmuş olmaz. En sahih olan kavle göre bu tür yeminlerde "gitmek" lafzını kullanmak, "çıkmak" lafzını kullanmak gibidir.

Bir kimse "mutlaka filan kimseye gideceğim" diye yemin etse ve ölünceye kadar ona gitmese, ayatının son anında yeminini bozmuş olur. Eğer bu gitme işini "yarın gücüm yeterse" diye kayda bağlarsa, "güç yetme" sözü, azaların selametine ve bir engelin bulunmamasına hamledilir. Eğer bir hastalık veya sultan engeli bulunmadığı halde gitmezse" yemini bozmuş olur. Gerçek manada kudrete niyet etmiş ise tercih edilen görüşe göre, diyâneten tasdik olunur, hükmen tasdik olunmaz.

Bir kimse karısı için "benim iznim olmadan dışarı çıkamaz" diye yemin etse, her çıkış için izin şarttır. "Ancak benim iznimle çıkabilir" derse, bir defa izin vermesi yeter. "Benim iznim olmadan dışarı çıkamaz" diye yemin edip sonra ne zaman dilerse çıkmasına izin verse, daha sonra çıkmasını yasaklasa fakat kadın buna rağmen dışarı çıksa Ebu Yusuf'a göre yeminini bozmuş olmaz. İmam Muhammed buna muhalefet eder.

Kadın dışarı çıkmak istese, kocası "eğer çıkarsan..." dese, veya kadın köleyi dövmek istese, kocası "eğer döversen..." dese, yemenin bozulması bu işlerin hemen yapılmasına bağlı olur. Eğer kadın biraz oyalanıp da bu işleri yapsa, koca yeminini bozmuş olmaz.

Bir kimse, başka birisine, "otur, benimle yemek ye" dese, adam da "eğer yemek yersem şöyle şöyle olsun" diye yemin etse, isterse aynı gün olsun, onunla yemediği takdirde, yemek yemekle yemini bozulmaz. Ancak "bu gün yemek yersem" demişse, o gün yemek yemekle yemini bozulmaz. Ancak "bu gün yemek yersem" demişse, o gün yemek yemekle yeminini bozmuş olur.

Bir kimse, "filan kimsenin bineğine binmeyeceğim" diye yemin etse, sonra onun izinli kölesinin bineğine binse yemini bozulmaz. Ancak kölesinin hayvanına da binmemeye yemin etmişse ve o kölenin borcu da yoksa yemini bozulur. Ebu Yusuf'a göre, eğer kölesinin hayvanına da niyet etmişse, mutlak olarak yemini bozmuş olur. İmam Muhammed'e göre, buna niyet etmese de mutlak olarak yemini bozmuş olur.

İZAHI

Bu bölüm girme, çıkma, gelme, ikamet etme ve benzeri lafızlarla yapılan yeminlerin hükümlerinin açıklanmasına dairdir.

Bilindiği gibi, yeminlerde aslolan örf ve âdete göre yapılmaktır. Lügatteki gerçek manasına göre yemin olmaz. İmam Şafii'ye göre, lügatteki gerçek manaya göre yemin olur. İmam Malik'e göre, yeminde, Kur'anı Kerim'de kullanılan lafızlar nazarı itibara alınır. İmam Ahmed b. Hambel ise "mutlak niyete bakılır" der. Bize göre, insanların örf ve âdette kullandıkları kelimelere bakılır. Mesela bir kimse, "kandil ile aydınlanmayacağım veya "halı üzerine oturmayacağım" diye yemin etse, sonra güneş ile aydınlansa veya yer üzerine otursa yeminini bozmuş olmaz. Her ne kadar Kurânı Kerim'de güneşe kandil ve yeryüzüne halı denilmiş ise de, bu kimse yeminini bozmuş olmaz.

Bir kimse hiçbir eve girmeyeceğim diye yemin etse, sonra Ka'be'ye veya camiye veya hristiyanların mabedi olan kliseye veya yahudilerin ibadet yeri olan havraya girse yeminini bozmuş olmaz. Zira bunlar, geceyi içinde geçirmek için, yani ev olarak bina edilmemişlerdir. Aynı şekilde, böyle yemin ettikten sonra dehlize girerse yine yemini bozulmaz. Dehliz, evin kapısı kapandığında dışarda kalan kısımdır. Kapı kapandığında içerde kalırsa, buraya girmekle yemin bozulur. Kapı gölgeliğine girse yine yemini bozulmaz. Metinde geçen zulle, kapı önünde olan gölgeliğe verilen isimdir. Kapı kapandığında dışarda kalırsa yemini bozulmaz, içerde kalırsa, sofaya giren kimsenin yemininin bozulduğu gibi, onun da yemini bozulur. Zira sofa eve dahildir. Orada da gece kalınabilir. Bazılarına göre, dehlize veya kapı önündeki gölgeliğe girdiği zaman bozulmadığı gibi, sofaya girince de yemin bozulmaz. Bir kimse hiçbir eve girmeyeceğine yemin ettikten sonra, harebe haline gelmiş bir eve girerse yeminini bozmuş olmaz.

Bir kimse, "şu eve girmeyeceğim" diye yemin etse, sonra işaret ettiği o ev harabe ve viran hale geldikten sonra, o ev yapıldıktan sonra arsasına girse veya o ev yıkılıp yerine, başka bir yeni eve girse yeminini bozmuş olur. Zira usulcüler arasında, "Yanımız da bulunan bir şeyin özelliklerini belirtmek boşunadır. Fakat yanımızda olmayan bir şeyin özellikleri belirtildiğinde o özelliklere itibar edilir" sözü meşhurdur. Araplarda "dâr" yani "ev" sözü, evin bulunduğu arsa için kullanılır. O kimse böyle demekle, "şu arsaya girmeyeceğim" diye yemin etmiş olur. Bu takdirde "su" diyerek evi göstermesi boşunadır. Gerek ev olarak kalsın, gerekse ev yıkılıp harabe olsun, evin arsasına girmekle yemin, bozulur. Keza "girmeyeceğim" dediği evin üzerinde dursa yemini yine bozulur. Zira evin üstü, evin bir parçası sayılır. Hatta itikafa gire kimse mescidin üstüne çıksa itikafı bozulmaz. Denildi ki: "Bizim örfümüze göre, evin üstünde durmakla yemini bozulmaz". Bu sözü söyleyen Fakih Ebulleys'tir.

Bir kimse, "girmeyeceğim" dediği evin kapı kemerine veya kapı aralığına girerse, kapı kapandığında dışarda kalıyorsa, buraya girmekle yemini bozulmaz. Dışarda kalmazsa bozulur. Eğer o ev harap olduktan sonra bir mescit veya hamam veya bostan veya bir oda yapılsa ve oraya girse yemini bozulmaz. Keza hamam ve buna benzer şeyler yıkıldıktan sonra oraya girse yine yeminini bozmuş olmaz.

Bir kimse "vallahi şu odaya girmeyeceğim" diye yemin etse fakat o oda yıkılıp orsa olduktan veya yerine başka bir oda yapıldıktan sonra oraya girse yeminin bozmuş olmaz. Ama odanın tavanı çöktüğü halde duvarları duruyorsa buraya girmekle yemini bozulur. Arapçada "dâr" (ev) kelimesi kullanılarak yapılan yeminde evin arsası da dahildir. Ama "beyt" (oda, ev) kelimesi ile yapılan yeminde sadece bina kastedilir. Onun için bu ikisinin hükmü aynı değildir.

Bir kimse bir evin içinde bulunduğu halde "bu eve girmeyeceğim" diye yemin etse, oradan çıkıp tekrar aynı yere girmedikçe yeminini bozmuş olmaz. Metinde geçen " لا يَدْخُلْ girmeyeceğine" sözü, üçüncü şahıstır. Fakat, birinci şahsı üçüncü şahıs ile göstermek fakihlerin âdetidir [20].

Bir kimse, o an üzerinde bulunan elbiseyi kastederek "bu elbiseyi giymeyeceğim" dese veya o an binmekte olduğu hayvanı işaret ederek "bu hayvana binmeyeceğim" dese, veya içinde bulunduğu bir ev için "bu evde oturmayacağım" dese, bu kimse bu şekilde yemin ettikten sonra hemen elbisesini çıkarmaya, hayvandan inmeye veya evden taşınmaya başlarsa yeminini bozmuş olmaz. Eğer böyle yemin ettikten sonra harekete geçmez, bir müddet durup oyalanırsa yeminini bozmuş olur. Bir kimse "şu odada" veya "şu evde oturmayacağım" diye yemin etse, bu kimsenin bütün çoluk-çocuğu ve eşyası ile buradan çıkması gerekir. Hatta bir tek kazığı dahi kalsa, Ebu Hanife'ye göre yemini bozulur. "Muhit" ve "Veciz" de: Az bir şey bıraksa yemi-

---

[20] Esasen sözün dolaylı yolla anlatılıp nakledilmesi de bunu gerektirmektedir.(Mütercim).

nini bozmuş olur. Ancak süpürge gibi eşya sayılmayan bir şey bıraksa yeminini bozmuş olmaz" diye yazılıdır. Eğer Yusuf'a göre, eşyanın çoğunun taşınmış olmasına itibar edilir. Zira bir şeyin çoğu, tamamı yerine geçer. Kâfi²de böyle yazılıdır. Fetva da bunun üzerinedir. İmam Muhammed'e göre, ev için yeterli olan şeyin taşınmış olmasına itibar edilir. İnsanlar için güzel ve uygun olan da budur. Sonra böyle diyen kimsenin, eşyasını başka bir eve taşıması da gerekir. Sokağa veya camiye taşırsa yeminini tutmuş olmaz. Aynı şekilde, "bu mahallede oturmayacağım" diye yemin etse, Ebu Hanife'ye göre, malının çoğunu taşımasına itibar edilir. İmam Muhammed'e göre, ev için yeterli şeyin taşınmasına itibar edilir.

Bir kimse "bu şehirde" veya "bu köyde oturmayacağım" diye yemin etse, bu kimse çoluk-çocuğu ile eşyasını orada bırakıp kendisi çıkmakla yeminini tutmuş olur. "Bu mahalleden" veya "bu köyden" veya "bu şehirden çıkmayacağım" diye yemin etse, sonra birisine "beni buradan yüklenip çıkar" dese, o da bunu yüklenip oradan çıkarsa yeminini bozmuş olur. Gerek isteğiyle olsun, gerekse zorla olsun, eğer "beni buradan yüklenip çıkar" diye başkasına emretmeden oradan çıkarılırsa yeminini bozmuş olmaz. Yani onu çıkarmak istediklerinde hiç tereddüt etmeden razı olsa yine yemini bozulmaz. Çünkü taşınması başkasının isteğiyledir. Yoksa mücerret olarak kendi isteğiyle değildir. "Girmeyeceğim" diye yapılan yemin de, "çıkmayacağım" şeklinde yapılan yemin gibidir.

Bir kimse, "cenazeden başka şey için çıkmayacağım" diye yemin etse, bu iş için çıktıktan sonra başka ihtiyacına gitse yeminini bozmuş olmaz. Çünkü ilk çıkışı cenaze için olmuştur. Bundan sonra başka bir ihtiyacına gitmiş olması, hakiki manada o iş için çıkması demek değildir.

Bir kimse, "Mekke'ye çıkmayacağım" diye yemin etse, sonra oraya gitmeyi murat ederek çıksa, sonra gitmeden evine geri dönse yemini bozulur. Zira ilk önce Mekke'ye gitmek üzere çıkmış oldu. "Mekke'ye varmayacağım" diye yemin etse, oraya girmedikçe, sadece evinden çıkmakla yeminini bozmuş olmaz. Çünkü "varmak" oraya ulaşmak demektir. Evinden çıkmasıyle yeminin bozulması gerekmez. En sahih rivayete göre, "gitmeyeceğim" demek de "çıkmayacağım" demek gibidir. Mesela bir kimse "Mekke'ye gitmeyeceğim" dese, burada "gitmek" sözü, bütün hükümlerinde "çıkmak" sözü gibidir.

Sözün kısası, burada üç mesele vardır. Çıkmak, varmak, gitmek.

YEMİNLER BAHSİ

1. Çıkmak: Bir kimse "Mekke'ye çıkmayacağım" diye yemin etse, sadece Mekke'ye gitme kastıyle şehirden çıkmakla yeminini bozmuş olur. İster Mekke'ye varsın, ister varmasın. Çünkü "çıkmak" oradan 'ayrılmak"tan ibarettir. Yoksa bunda, oraya ulaşmak manası yoktur. Nitekim Yüce Allah'ın

وَمَنْ يَخْرُجْ مِنْ بَيْتِهِ مُهَاجِراً إِلَى اللَّهِ وَرَسُولِهِ ثُمَّ يُدْرِكْهُ الْمَوْتُ فَقَدْ وَقَعَ أَجْرُهُ عَلَى اللَّهِ

"Kim de, Allah ve Rasulûne hicret etmeyi murat ederek evinden çıkar, sonra kendisine ölüm yetişirse, onun mükafatı gerçekten Allah'a aittir'' (21) ayetinde geçen ثُمَّ يدركه الموت "Sonra ona ölüm yetişirse" ifadesi, bunun onlara ulaşmadan olduğunu, dolayısıyle çıkmanın ulaşmak olmadığını göstermektedir.

2. Varmak. Bir kimse "Mekke'ye varmıyacağım" diye yemin etse, oraya girmedikçe yemini bozulmaz. Çünkü varmak, oraya ulaşıp içeri girmek demektir. Nitekim Yüce Allah'ın, فَأْتِيَاهُ فَقُولَا إِنَّا رَسُولَا رَبِّكَ **"Hemen varın da, Firavun'a, "biz rabbının elçileriyiz"** deyin (22) ayeti, "varma"nın ulaşmak manasına geldiğini gösterir.

3. Gitmek. Bir kimse "Mekke'ye gitmeyeceğim" diye yemin etse, alimler bu konuda verilecek hüküm hakkında ihtilafa düşmüşlerdir. Bazıları bu "varmak" manasınadır, bazıları ise "çıkmak" manasınadır demişlerdir. Zira bu kelime, her iki iş için de kullanılır. Nitekim Yüce Allah'ın, إذهبْ إلى فرعون إنه طغى **"Haydi Firavun'a git. O çok azdı'** (23) ayetinde "git" sözü, "var, ulaş" manasınadır. Bir başka ayet-i kerime'de: فاذهبا بآياتنا إنا معكم مستمعون **Ayetlerimizle gidin. Biz sizinle beraber işiticileriz'** (24) buyrulmuştur. Bu ayette "gidin" lafzı "yönelin" demektir. Gitmek lafzı iki manaya geldiği için, alimler de bu kelimenin kullandığı yeminlerde ihtilafa düşmüşlerdir. Bu ihtilaf, niyet edilen şeye göredir. Mesela, bir kimse "gitmeyeceğim" deyip bu-

---

(21) Nisa Suresi, 4/100.
(22) Taha Suresi, 20/47.
(23) Naziat, 79/17.
(24) Şuara, 26/15.

nunla "çıkmayacağım" a niyet ederse, gitmek çıkmak hükmünü alır. Eğer varmak ve ulaşmağa niyet ederse bu hükmü alır. Zia o kimse, lafzın taşımış olduğu manalardan birine niyet etmiş oldu. Fahrul İslam pezdevi şöyle der: "Bana göre "gitmek" daha çok, "çıkmak" manası gibi bir mana ifade eder. Zira Yüce Allah'ın, إِنَّمَا يُرِيدُ اللهُ لِيُذْهِبَ عَنْكُمُ الرِّجْسَ أَهْلَ الْبَيْتِ "**Ey ehl-i beyt! Allah sizden sırf günahı gidermek istiyor**'(25) ayetinde "gidermek", yok etmek, ayırmak manasınadır. Gidermek bu manada olunca, "gitmek" de yok olmak, manasına gelmiş olur."

Bir kimse "mutlaka filan kimsenin yanına varacağım" diye yemin etse ve ölünceye kadar onun yanına gitmese, ölümünün son anında yemini bozulmuş olur. Çünkü ölmeden önce yanına gitme ümidi vardı. Fakat ölünce artık gitme ümidi kalmadığı için ömrünün son anında yeminini bozmuş olur. Eğer "yarın gücüm yeterse gideceğim" diyerek gitmeyi gücü yetme kaydına bağlarsa, bu "bu güç yetme" sözü, azaların selametine ve engellerin bulunmamasına hamledilir, yani bu şekilde yorumlanır. Yoksa, hakiki manada güç yetme şeklinde yorumlanmaz.

Gücü yetmek iki manada kullanılır.

Birincisi: Sebep ve vasıtaların selamette olmasıdır. Nitekim Yüce Allah'ın, وَلِلَّهِ عَلَى النَّاسِ حِجُّ الْبَيْتِ مَنِ اسْتَطَاعَ إِلَيْهِ سَبِيلًا "**Ona yol bulabilen herkesin o beyti haccetmesi, Allah'ın insanlar üzerinde bir hakkıdır**'(26) ayetinde bu manada kullanılmıştır. Hz. Peygamber (a.s) bu ayette geçen "gücü yetme" tabirini azık ve vasıta şeklinde yorumlamıştır.

İkincisi: Gerçek manada gücü yetmektir. Bu, kul bir şeyi yapmak istediğinde, Yüce Allah'ın onun için bu kudreti yaratmasıdır. Nitekim Yüce Allah'ın, مَا كَانُوا يَسْتَطِيعُونَ السَّمْعَ "**Onlar hakkı işitemezlerdi**'(27) ayetinde bu manada kullanılmıştır. Bizim bu konumuzda geçen "güc yetmek"ten maksat birincisidir. Yoksa hakiki manada gücü yetmek değildir. Buna göre "gücüm yeterse yarın filancanın yanına gideceğim" deyip hastalık veya üst makamlardan bir engel bulunmadan gitmezse, yeminini bozmuş olur. Eğer böyle derken ikinci yani hakiki manada kudrete niyet etmişse diyaneten tasdik olunur. Ama tercih edilen görüşe göre, kazaen tasdik olunmaz. Yani onun böyle demesine göre hüküm verilmez.

---

(25) Ahzab, 33/33.
(26) Al-i İmran, 3/97.
(27) Hud, 11/20.

YEMİNLER BAHSİ / 435

Bir kimse karısına, "vallahi benim iznim olmadan evden çıkmayacaksın, ancak benim iznimle çıkacaksın" dese, her çıkış için izin şart kılınır. Arap gramerine göre bu şekilde türkçeye çevirdiğimiz metnin takdiri " لا تخرج خُروجاً إلاّ خُروجاً مُلْصَقاً بِإذْني " şeklinde olur ki, bu mutlaka her çıkış için izin alınma şartı olduğunu gösterir. Kadın izinsiz çıksa, şart bulunduğu için yemin bozulmuş olur. Ancak "ben sana izin verinceye kadar dışarı çıkma" derse, bir defa izin vermesi yeter. Mesela bir defa izin verip çıktıktan sonra, karısı ikinci defada izinsiz çıksa adamın yemini bozulmuş olmaz.

Bir kimse karısına, "vallahi benim iznim olmadan dışarı çıkmayacaksın" dedikten sonra, kadının, ne zaman isterse çıkmasına izin verse, yani ona önce "benden izinsiz çıkma" dedikten sonra, "ne zaman istersen çık" diyerek izin verse, ancak daha sonra, yemin etmeden, "çıkma" dese, buna rağmen karısı dışarı çıksa, Ebu Yusuf'a göre, adamın yemini bozulmuş olmaz. İmam Muhammed buna muhalefet eder.

Adamın karısı dışarı çıkmak istese, adam "eğer dışarı çıkarsan boşsun" dese, veya kadın, köleyi dövmek istediğinde, "eğer köleyi döversen boşsun" dese, yeminin bozulması, bu işlerin hemen yapılmasına bağlıdır. Eğer kadın bu sözlerden sonra biraz oyalanıp ondan sonra çıksa veya köleyi dövse, kocası yeminini bozmuş olmaz. Bu yemine "yemin-i fevr" ismi verilmiştir.

Bir kimse diğerine "otur benimle yemek ye" dese, o da "eğer seninle yemek yersem şöyle şöyle olsun" dese, mesela " kölem azat olsun" dese, bu şekilde yemin eden kimse, aynı gün içinde dahi olsa yemek yediği, fakat onunla yemediği takdirde yeminini bozmuş olmaz. Çünkü yemin eden şahsın bu sözü, yapılan davete cevap olarak söylenmiştir. Yani, "ben seninle beraber, senin şu anda yediğin yemeği yemem. Yersem şöyle olsun" demiş gibidir. Eğer, "bugün yemek yersem..." demiş olsaydı, o gün yemek yediğinde yemini bozulmuş olurdu. Gerek, 'benimle yemek ye" diyene beraber yesin, gerek başka şekilde yesin, yemini bozulurdu.

Bir kimse, "filanın bineğine binmeyeceğim" diye yemin etse, sonra o kimsenin ticaret yapma izni verilmiş olan kölesinin bineğine binse, yeminini bozmuş olmaz. Ancak o kölenin hayvanına niyet etmişse ve köle de borç içinde değilse yemini bozulmuş olur. Ebu Yusuf'a göre, eğer kölenin hayvanına niyet ederse, köle ister borçlu olsun, ister olmasın; borç köleyi ister kaplasın ister kaplamasın mutlak olarak yemini bozulur. İmam Muhammed'e göre, kölenin hayvanına niyet etmemiş dahi olsa, mutlak olarak yemininde durmamış olur.

3. KISIM

باب الْيَمِين فى الْأَكْلِ وَالشُّرْبِ وَاللُّبْسِ وَالْكَلَامِ

لَا يَأْكُلُ مِنْ هَذِهِ النَّخْلَةِ فَهُوَ عَلَى ثَمَرِهَا أَوْ دِبْسِهَا غَيْرَ الْمَطْبُوخِ لَا نَبِيذِهَا وَخَلِّهَا وَدِبْسِهَا الْمَطْبُوخِ أَوْ مِنْ هَذِهِ الشَّاةِ فَهُوَ عَلَى اللَّحْمِ دُونَ اللَّبَنِ وَالزُّبْدِ* وَفِى لَا يَأْكُلُ مِنْ هَذَا الْبُسْرِ فَأَكَلَهُ رُطَبًا لَا يَحْنَثُ* وَكَذَا مِنْ هَذَا الرُّطَبِ أَوِ اللَّبَنِ فَأَكَلَهُ تَمْرًا أَوْ شِيرَازًا* بِخِلَافٍ لَا يَتَكَلَّمُ هَذَا الصَّبِىَّ فَكَلَّمَهُ شَابًّا أَوْ شَيْخًا* أَوْ لَا يَأْكُلُ لَحْمَ هَذَا الْحَمَلِ فَأَكَلَهُ كَبْشًا* وَفِى لَا يَأْكُلُ بُسْرًا فَأَكَلَ رُطَبًا لَا يَحْنَثُ وَلَوْ أَكَلَ مُذَنَّبًا حَنِثَ* وَكَذَا لَوْ أَكَلَهُ بَعْدَ مَا حَلِفَ لَا يَأْكُلُ رُطَبًا وَقَالَا لَا يَحْنَثُ فِيهِمَا* وَلَوْ أَكَلَهُ بَعْدَ حَلِفِهِ لَا يَأْكُلُ رُطَبًا وَلَا بُسْرًا حَنِثَ اتِّفَاقًا* وَفِى لَا يَشْتَرِى رُطَبًا فَاشْتَرَى كِبَاسَةَ بُسْرٍ فِيهَا رُطَبٌ لَا يَحْنَثُ* كَمَا لَوِ اشْتَرَى بُسْرًا مُذَنَّبًا* وَفِى لَا يَأْكُلُ لَحْمًا أَوْ بَيْضًا فَأَكَلَ لَحْمَ سَمَكٍ أَوْ بَيْضَهُ لَا يَحْنَثُ* وَكَذَا فِى الشِّرَاءِ* وَلَوْ أَكَلَ لَحْمَ إِنْسَانٍ أَوْ خِنْزِيرٍ حَنِثَ* وَكَذَا لَوْ أَكَلَ كَبِدًا أَوْ كَرِشًا وَالْمُخْتَارُ أَنَّهُ لَا يَحْنَثُ بِهِمَا فِى عُرْفِنَا كَمَا لَوْ أَكَلَ أَلْيَةً* وَفِى لَا يَأْكُلُ شَحْمًا يُتَقَيَّدُ بِشَحْمِ الْبَطْنِ فَلَا يَحْنَثُ بِشَحْمِ الظَّهْرِ خِلَافًا لَهُمَا* وَلَوْ أَكَلَ أَلْيَةً أَوْ لَحْمًا لَا يَحْنَثُ اتِّفَاقًا* وَفِى لَا يَأْكُلُ مِنْ هَذِهِ الْحِنْطَةِ يَتَقَيَّدُ بِأَكْلِهَا قَضْمًا فَلَا يَحْنَثُ بِأَكْلِ خُبْزِهَا خِلَافًا لَهُمَا* وَفِى لَا يَأْكُلُ مِنْ هَذَا الدَّقِيقِ يَحْنَثُ بِخُبْزِهِ لَا بِسَفِّهِ فِى الصَّحِيحِ* وَالْخُبْزُ يَقَعُ عَلَى مَا اعْتَادَهُ أَهْلُ مِصْرِهِ كَخُبْزِ الْبُرِّ وَالشَّعِيرِ فَلَا يَحْنَثُ بِخُبْزِ الْقَطَايِفِ أَوْ خُبْزِ الْأُرْزِ بِالْعِرَاقِ إِلَّا إِذَا نَوَاهُ* وَالشِّوَاءُ عَلَى اللَّحْمِ لَا عَلَى الْبَاذِنْجَانِ أَوِ الْجَزَرِ أَوِ الْبَيْضِ إِلَّا إِذَا نَوَاهُ* وَالطَّبِيخُ عَلَى مَا يُطْبَخُ

مِنَ اللَّحْمِ بِالْمَاءِ وَعَلَى مَرَقِهِ اِلَّا اِذَا نَوٰى غَيْرَ ذٰلِكَ وَالرَّأْسُ عَلٰى مَا يُبَاعُ فِى مِصْرِهِ وَيُكْبَسُ فِى التَّنَانِيرِ* وَالْفَاكِهَةُ عَلَى التُّفَاحِ وَالْبِطِّيخِ وَالْمِشْمِشِ وَعِنْدَهُمَا عَلَى الْعِنَبِ وَالرُّطَبِ وَالرُّمَّانِ اَيْضًا وَلَا يَقَعُ عَلَى الْقِثَاءِ وَالْخِيَارِ اِتِّفَاقًا* وَالْاِدَامُ عَلٰى مَا يُصْطَبَغُ بِهِ كَالْخَلِّ وَالزَّيْتِ وَاللَّبَنِ* وَكَذَا الْمِلْحُ لَا اللَّحْمُ وَالْبَيْضُ وَالْجُبْنُ اِلَّا بِالنِّيَّةِ وَعِنْدَ مُحَمَّدٍ هِىَ اِدَامٌ اَيْضًا وَالْعِنَبُ وَالْبِطِّيخُ لَيْسَا بِاِدَامٍ فِى الصَّحِيحِ* وَالْغَدَاءُ اَلْاَكْلُ فِيمَا بَيْنَ طُلُوعِ الْفَجْرِ وَالزَّوَالِ وَالْعَشَاءُ فِيمَا بَيْنَ الزَّوَالِ وَنِصْفِ اللَّيْلِ وَالسَّحُورُ فِيمَا بَيْنَ نِصْفِ اللَّيْلِ وَطُلُوعِ الْفَجْرِ وَفِى اِنْ اَكَلْتُ اَوْ شَرِبْتُ اَوْ لَبِسْتُ اَوْ كَلَّمْتُ اَوْ تَزَوَّجْتُ اَوْ خَرَجْتُ وَنَوٰى مُعَيَّنًا لَا يُصَدَّقُ وَلَوْ زَادَ طَعَامًا اَوْ شَرَابًا وَنَحْوَهُ صُدِّقَ دِيَانَةً لَا قَضَاءً* وَفِى لَا يَشْرَبُ مِنْ دِجْلَةٍ لَا يَحْنَثُ بِشُرْبِهِ مِنْهَا بِاِنَاءٍ مَا

لَمْ يَكْرَعْ خِلَافًا لَهُمَا وَاِنْ قَالَ مِنْ مَاءِ دِجْلَةَ حَنِثَ بِالْاِنَاءِ اِتِّفَاقًا* وَكَذَا فِى الْجُبِّ وَالْبِئْرِ وَفِى الْاِنَاءِ بِعَيْنِهِ* وَاِمْكَانُ الْبِرِّ شَرْطُ صِحَّةِ الْحَلِفِ خِلَافًا لِاَبِى يُوسُفَ* فَمَنْ حَلَفَ لَيَشْرَبَنَّ مَاءَ هٰذَا الْكُوزِ الْيَوْمَ وَلَا مَاءَ فِيهِ اَوْ كَانَ فَصُبَّ قَبْلَ مُضِيِّهِ لَا يَحْنَثُ خِلَافًا لَهُ* وَكَذَا اِنْ لَمْ يَقُلْ الْيَوْمَ اِلَّا اِنْ كَانَ فَصُبَّ فَاِنَّهُ يَحْنَثُ بِالْاِتِّفَاقِ* وَفِى لَيَصْعَدَنَّ السَّمَاءَ اَوْ لَيَطِيرَنَّ فِى الْهَوَاءِ اَوْ لَيَقْلِبَنَّ هٰذَا الْحَجَرَ ذَهَبًا اَوْ لَيَقْتُلَنَّ زَيْدًا عَالِمًا بِمَوْتِهِ اِنْعَقَدَتْ وَحَنِثَ لِلْحَالِ وَاِنْ لَمْ يَعْلَمْ بِمَوْتِهِ فَلَا خِلَافًا لِاَبِى يُوسُفَ* وَفِى لَا يَتَكَلَّمُ فَقَرَأَ الْقُرْآنَ اَوْ سَبَّحَ اَوْ هَلَّلَ اَوْ كَبَّرَ لَا يَحْنَثُ سَوَاءٌ فِى الصَّلَاةِ اَوْ خَارِجَهَا هُوَ الْمُخْتَارُ* وَفِى لَا يُكَلِّمُهُ فَكَلَّمَهُ بِحَيْثُ يَسْمَعُ وَهُوَ نَائِمٌ حَنِثَ اِنْ اَيْقَظَهُ وَقِيلَ مُطْلَقًا* وَلَوْ كَلَّمَ غَيْرَهُ وَقَصَدَ اِسْمَاعَهُ لَا يَحْنَثُ* وَلَوْ سَلَّمَ عَلٰى جَمَاعَةٍ هُوَ فِيهِمْ حَنِثَ وَاِنْ نَوَاهُمْ دُونَهُ لَا يَحْنَثُ* وَلَوْ قَالَ اِلَّا بِاِذْنِهِ فَاَذِنَ وَلَمْ يَعْلَمْ فَكَلَّمَهُ حَنِثَ

YEMİNLER BAHSİ

خِلاَفاً لِأَبِى يُوسُفَ* وَفِى لاَ يُكَلِّمُهُ شَهْراً فَهُوَ حِينَ حَلِفِهِ* وَيَوْمَ اُكَلِّمُهُ لِمُطْلَقِ الْوَقْتِ وَتَصِحُّ نِيَّةُ النَّهَارِ وَلَيْلَةً اُكَلِّمُهُ عَلَى اللَّيْلِ فَحَسْبُ* وَفِى اِنْ كَلَّمْتُهُ اِلاَّ اَنْ يَقْدُمَ زَيْدٌ اَوْ حَتَّى يَقْدُمَ اَوْ اِلاَّ اَنْ يَأْذَنَ زَيْدٌ اَوْ حَتَّى يَأْذَنَ فَكَلَّمَهُ قَبْلَ ذَلِكَ حَنِثَ وَاِنْ مَاتَ زَيْدٌ سَقَطَ الْحَلْفُ* وَفِى لاَ يَأْكُلُ طَعَامَ فُلاَنٍ اَوْ لاَ يَدْخُلُ دَارَهُ اَوْ لاَ يَلْبَسُ ثَوْبَهُ اَوْ لاَ يَرْكَبُ دَابَّتَهُ اَوْ لاَ يُكَلِّمُ عَبْدَهُ اِنْ عَيَّنَ وَزَالَ مِلْكُهُ وَفَعَلَ لاَ يَحْنَثُ خِلاَفاً لِمُحَمَّدٍ فِى الْعَبْدِ وَالدَّارِ وَفِى الْمُتَجَدِّدِ لاَ يَحْنَثُ اِتِّفَاقاً وَاِنْ لَمْ يُعَيِّنْ لاَ يَحْنَثُ بَعْدَ الزَّوَالِ وَيَحْنَثُ بِالْمُتَجَدِّدِ* وَفِى لاَ يُكَلِّمُ اِمْرَأَتَهُ اَوْ صَدِيقَهُ يَحْنَثُ فِى الْمُعَيَّنِ بَعْدَ الْاِبَانَةِ وَالْمُعَادَاتِ وَفِى غَيْرِهِ لاَ اِلاَّ فِى رِوَايَةٍ عَنْ مُحَمَّدٍ وَيَحْنَثُ بِالْمُتَجَدِّدِ* وَفِى لاَ يُكَلِّمُ صَاحِبَ هَذَا الطَّيْلَسَانِ فَبَاعَهُ فَكَلَّمَهُ حَنِثَ* لاَ اُكَلِّمُهُ حِيناً اَوْ زَمَاناً اَوِ الْحِينَ اَوِ الزَّمَانَ وَلاَنِيَّةَ فَهُوَ عَلَى سِتَّةِ اَشْهُرٍ وَمَعَهَا مَا نَوَى* وَاِنْ قَالَ الدَّهْرَ اَوِ الْاَبَدَ فَهُوَ عَلَى الْعُمْرِ وَلَوْ قَالَ دَهْراً فَقَدْ تَوَقَّفَ الْاِمَامُ وَعِنْدَهُمَا هُوَ كَالزَّمَانِ* وَلَوْ قَالَ اَيَّاماً اَوْ شُهُوراً اَوْ سِنِينَ فَعَلَى ثَلْثَةٍ وَاِنْ عَرَّفَ فَعَلَى عَشَرَةٍ كَاَيَّامٍ كَثِيرَةٍ وَقَالاَ عَلَى جُمْعَةٍ فِى الْاَيَّامِ وَسَنَةٍ فِى الشُّهُورِ وَالْعُمْرِ فِى السِّنِينَ*

YEME, İÇME, GİYME VE KONUŞMA KONULARINDA YEMİN

Bir kimse, "bu hurma ağacından yemiyeceğim" diye yemin etse, bu yemin, onun meyvesine ve kaynatılıp pişirilmemiş pekmezine yorumlanır. Hurmadan yapılan içkiye, hurma sirkesine ve pişirilmiş pekmezine yorumlanmaz.

Bir kimse "şu koyundan yemiyeceğim" diye yemin etse, bu, koyunun etine yorumlanır; sütüne ve kaymağına yorumlanmaz.

Bir kimse "şu hurma koruğundan yemiyeceğim" diye yemin etse, bir miktar daha olgunlaştığı halde onu yese yeminini bozmuş olmaz. Keza bir kimse "şu olgunlaşmış yaş hurmadan" veya "sütten yemeyeceğim" diye yemin etse, hurma kuru iken veya süt yoğurt haline gelince onları yese, yeminini bozmuş olmaz. Ancak "şu çocukla konuşmayacağım" dese ve o çocuk genç veya yaşlı bir adam haline gelince onunla konuşsa yeminini bozmuş olur. Veya "şu kuzunun etinden yemeyeceğim" deyip o kuzu koç olduktan sonra etinden yese, yemini bozulur. Bir kimse "hiç hurma koruğu yemiyeceğim" diye yemin edip hurma olgunlaştıktan sonra yese, yemini bozulmaz. Hurma alacalı olduğu halde onu yerse yeminini bozmuş olur. Keza, "olgunlaşmış yaş hurma yemiyeceğim diye yemin ettikten sonra, olmamış, alacalı hurma yerse yine yeminini bozmuş olur. İmameyn, "her iki halde de yemini bozulmaz." dediler. "Ne olgun yaş hurma, ne de hurma koruğu, bunların hiçbirini yemiyeceğim" diye yemin ettikten sonra, alaca hurma yerse, ittifakla yemini bozulur.

Bir kimse, "olgun, yaş hurma satın almayacağım" diye yemin ettikten sonra içinde olgun hurma da bulunan bir salkım hurma koruğu satın alsa yeminini bozmuş olmaz. Keza böyle yemin edip olmamış ham hurma alacasını satın alsa yemini bozulmaz.

Bir kimse "et veya yumurta yemeyeceğim" diye yemin etse, sonra balık eti veya yumurtası yese yeminini bozmaz. Bunları satın alma konusunda ettiği yemin de böyledir. Fakat bu şekilde yemin ettikten sonra insan veya domuz eti yerse yeminini bozmuş olur. Keza ciğer veya işkembe yerse, yine yemini bozulur. Tercih edilen görüşe göre, ciğer ve işkembe yemekle, bizim örfümüzde yeminini bozmuş olmaz. Nitekim kuyruk yese de yemini bozulmaz.

Bir kimse, karın iç yağı kaydını koyarak, "iç yağı yemiyeceğim" diye yemin ettikten sonra, sırt iç yağını yemekle yemini bozulmaz. İmameyn buna muhalefet ederler. "İç yağı yemiyeceğim" diye yemin ettikten sonra kuyruk veya et yerse, yemini bozulmaz.

Bir kimse, yeme işini "çiğneme" ile kayıtlayarak, "şu buğdaydan yemiyeceğim" diye yemin etse, o buğdayın ekmeğini yemekle yeminini bozmuş olmaz. İmameyn buna muhalefet ederler. "Şu andan yemiyeceğim" diyen kimse, o unun ekmeğini yerse yemini bozulur; sahih olan kavle göre, unu yalamakla yemini bozulmaz. Ekmek, o kimsenin bulunduğu şehir halkının örf ve adetine göre neye ekmek deniliyorsa ona hamledilir. Buğday ve arpa ekmeği gibi. Dolayısıyle kadayıf ekmeğini veya Irak'ta olduğu gibi pirinç ekmeğini yemekle yemini bozulmaz. Ancak yemin ederken buna niyet ederse bozulur.

Kızartma ve kebap ete yorumlanır. Patlıcan, havuç veya yumurta kızartmasına yorumlanmaz. Ancak bunlara niyet ederse başka. Bir kimse "pişmiş yemiyeceğim" diye yemin etse, su ile pişirilen ete veya et çorbasına hamledilir. Ancak bundan başkasına niyet etmişse, ona yorumlanır. "Baş"tan, şehirlerde satılıp fırınlara verilen baş anlaşılır.

Meyve'den; elma, kavun, karpuz, zerdali, kayısı gibi meyveler anlaşılır. İmameyn'e göre bundan üzüm, hurma ve nar da anlaşılır. İttifakla bundan acur ve hıyar anlaşılmaz.

Katık; sirke, zeytin yağı ve süt gibi, ekmeğe bulaşan şeylere hamledilir. Tuz da böyledir. Et, yumurta ve peynir, ancak katık niyetiyle yenirse katık olur. İmam Muhammed'e göre, bunlar da katıktır. Sahih olan görüşe göre, üzüm ve kavun karpuz katık değildir.

Gadâ yani kuşluk yemeği, fecrin doğmasıyle zeval vakti arasında kalan sürede yenen yemeklere denir. Aşâ; zeval vakti ile gece yarısı arasında kalan zaman içersinde yenen yemeğe denir. Sahur, gece yarısı ile fecrin doğuşu arasındaki yemeğin adıdır.

Bir kimse sadece "yersem" veya "giyersem" veya "konuşursam" veya "çıkarsam" diye yemin etse ve böyle derken de muayyen bir şeye niyet etse tasdik olunmaz. Ama "yemek yersem" veya "içecek içersem" veya benzeri ilavelerde bulunarak yemin etse, diyaneten tasdik olunur; kazaen olunmaz.

Bir kimse Dicle'den içmeyeceğim" diye yemin etse, ağzını dayayıp oradan yudumlamadıkça, bir kapla su içmekle yemini bozulmaz. İmameyn buna muhalefet ederler. Eğer "Dicle"nin suyundan içmeyeceğim" demişse, kapla içtiği takdirde ittifakla yemini bozulur. Keza alçı yapılmamış veya alçı ile içi yapılmış kuyudan içmek de böyledir. "Şu kaptan içmeyeceğim" diye yapılan yeminde, bizzat o kaptan içmekle yemin bozulur.

Yeminin yerine getirilmesinin mümkün olması, yeminin sıhhatinin şartıdır. Ebu Yusuf buna muhaliftir.

Bir kimse, "Vallahi bu gün şu bardağın suyunu içeceğim" diye yemin etse, oysa bardakta su bulunmasa veya su olsa fakat o gün sona ermeden dökülse yemini bozulmuş olmaz. İmam Ebu Yusuf buna muhalefet eder. Keza "bugün" sözünü söylemeden "vallahi şu bardağın suyunu içeceğim" diye yemin etse yine yeminini bozmuş olmaz. Ancak yemin ederken içinde su olup daha sonra dökülürse, ittifakla yemini bozulmuş olur.

Bir kimse "mutlaka göğe çıkacağım" veya "mutlaka havada uçacağım" veya "mutlaka su taşı altına çevireceğim" diye yemin etse veya öldüğünü bildiği halde "vallahi Zeyd'i öldüreceğim" dese, böyle demekle yemin etmiş olur ve derhal yeminin bozmuş olur. Eğer Zeyd'in öldüğünü bilmiyorsa, yemin etmemiş olur ve dolayısıyle yemini bozulmaz. Ebu Yusuf buna muhalefet eder.

Bir kimse, "konuşmayacağım" diye yemin etse, sonra Kur'an okusa veya tesbih veya tehlilde bulunsa veya tekbir getirse, bunları ister namazda ister namaz dışında yapsın yemini bozulmaz. Tercih edilen görüş de budur.

Bir kimse "falanca ile konuşmayacağım" diye yemin etse, sonra o uyurken, işiteceği şekilde onunla konuşsa, onu uyandırdığı takdirde yemini bozulmuş olur. Bazılarına göre, mutlak şekilde yemini bozulmuş olur. Başkasıyle konuşup ona duyurmak istese, yeminini bozmuş olmaz. "Konuşmayacağım" diye yemin ettiği kimsenin de içinde bulunduğu bir topluluğa bir selam verirse yeminini bozmuş olur. Eğer ona değil de diğerlerine selam vermeye niyet ederse, yemini bozulmaz. "Onunla, ancak kendisi izin verirse konuşacağım" diye yemin etse, o da izin verse, fakat kendisi onun izin verdiğini bilmeden onunla konuşsa yemini bozulur. Ebu Yusuf buna muhalefet eder.

Bir kimse "falanca ile bir ay konuşmayacağım" diye yemin etse, süre yemin ettiği andan itabaren başlar.

"Onunla konuşacağım gün..." diye yapılan yeminden "gün" ile mutlak vakit murat edilir. Onunla sadece gündüze niyet etmek de sahih olur. Onunla konuşacağım gece... sözüyle sadece "gece" murad edilir.

"Zeyd gelmeden onunla konuşursam..." veya "Zeyd gelinceye kadar onunla konuşursam..." veya "Zeyd izin verinceye kadar onunla konuşursam..." şek-

YEMİNLER BAHSİ

linde edilen yeminlerde, bu dedikleri olmadan onunla konuşursa yeminini bozmuş olur. Zeyd ölürse yemin de düşer.

Bir kimse, "falancanın yemeğini yemeyeceğim" veya "evine girmeyeceğim" veya "bineğine binmeyeceğim" veya "kölesi ile konuşmayacağım" diye yemin etse ve bu yemek, ev, v.s.'nin hangileri olduğunu belirtse, sonra onun bu mülkü ondan ayrılıp başkasının olsa, yemin eden kimse de o işi yapsa yemini bozulmuş olmaz. İmam Muhammed, köle ve ev hususunda buna muhalefet eder. O kimsenin yeni aldığı mallarda, "yapmayacağım" dediği şeyi yaparsa, ittifakla yemini bozulmaz. Eğer o malları bizzat belirtmemişse, onların başkasının eline geçmesinden sonra yemini bozulmaz, ancak bizzat belirtmeden yani "şu yemeğini yemeyeceğim", "şu evine girmeyeceğim" gibi yaptığı yeminden sonra, o adamın yeni aldığı mallarda bu işi yaparsa yemini bozulur.

Bir kimse bizzat bir belirtme yaparak, "filancanın şu karısı ile" veya "şu arkadaşı ile konuşmayacağım" diye yemin etse, adam karısını boşadıktan veya arkadaşıyla düşman olduktan sonra konuşursa yemini bozulur. Eğer bir belirtme yapmamışsa yemini bozulmaz. Ancak İmam Muhammed'den gelen bir rivayete göre, yemini bozulur. Eğer belirtme yapmamışsa, yeni karısı veya arkadaşıyle konuşursa yemini bozulur.

Bir kimse "şu şalın sahibi ile konuşmayacağım" diye yemin etse, şalın sahibi onu sattıktan sonra şal sahibi ile konuşsa yemini bozulmuş olur.

Bir kimse "falanca ile bir zaman" veya "bir vakit" veya "şu zaman" veya "şu vakit konuşmayacağım" dese, fakat herhangi bir süreye niyet etmese, bu, "altı ay" şeklinde yorumlanır. Bunları bir süreye niyet ederek söylerse, niyet ettiği süre sayılır.

"Dehr süresince" veya "ebediyyen konuşmayacağım" dese, bu, "bir ömür boyu" şeklinde anlaşılır. Eğer dehr kelimesini belirsiz olarak söylerse, İmam Ebu Hanife bu konuda susmuştur. İmameyn'e göre, bu da "zaman" gibidir.

Bir kimse, "falanca ile günlerce" veya "aylarca" veya "yıllarca konuşmayacağım" diye yemin etse, bundan "üç" anlaşılır. Eğer bunları belirli olarak söylerse, bundan "on" anlaşılır. "Birçok günler" gibi. İmameyn'e göre, "günlerce konuşmayacağım" sözünden bir cuma yani "bir hafta konuşmayacağım; "aylarca konuşmayacağım" sözünden "bir sene konuşmayacağım", "senelerce konuşmayacağım" sözünden de "bir ömür konuşmayacağım" manası anlaşılır.

İZAHI

Bir kimse, "şu hurma ağacından yemiyeceğim" diye yemin etse, bu yeme, hurma ağacının meyvesine ve pişirilmemiş pekmezine yorumlanır. Hurmadan yapılan içkiye, hurma sirkesine ve pişirilmiş pekmezine yorumlanmaz. Yani bunları yemekle yemini bozulmuş olmaz.

Bir kimse, "şu koyundan yemeyeceğim" dese, yani buna yemin etse, bu, o koyunun etinin yenilmesine yorumlanır. Bundan "sütünü ve kaymağını yemiyeceğim" manası çıkmaz. Çünkü yenilen, koyunun bizzat kendi etidir. Bu takdirde yemin sadece koyunun eti için edilmiş olur. Yoksa sütü, kaymağı ve yağı için edilmiş olmaz.

Bir kimse "şu hurma koruğundan yemiyeceğim" diye yemin etse ve o koruk biraz daha olgunlaşıp taze hurma haline geldiğinde onu yese yeminini bozmuş olmaz. Büsr, hurma koruğudur. Bir miktar olgunlaştığında "rutab" adını alır. Ondan sonraki haline de "temr" derler. Hurmanın ilk haline tal' derler. Ondan sonra sırasıyle hulâl, belah, rutab ve temr denir.

Keza bir kimse, "şu olgunlaşmış yaş hurmadan" veya "sütten yemeyeceğim" diye yemin etse, hurma kuru olduğu veya süt yoğurt haline geldiği zaman bunlardan yese yine yeminini bozmuş olmaz. Çünkü "kuruluk" ve "yaşlık" yeminde muteber olan sıfatlardır. Bunlarla yapılan yemin, yapıldığı şekliyle gerçekleşmiş olur. Süt de yenilir. Bununla yemin edilir. Süte yemin etmekle, bundan yapılan şeye yemin edilmiş olmaz.

Bir kimse "şu çocukla konuşmayacağım" diye yemin etse, o çocuk delikanlı veya yaşlı biri olduğunda onunla konuşsa, bu, önceki duruma benzemez, yani yeminini bozmuş olur. Yahut "şu kuzunun etinden yemeyeceğim" diye yemin ettikten sonra o kuzu koç haline geldiğinde etinden yese, yemini bozulur.

Bir kimse "koruk yemeyeceğim" diye yemin edip daha sonra, olgunlaşmış yaş hurma yese yemini bozulmaz. Ama bir kısmı koruk ve bir kısmı olgunlaşmış olduğu yani alaca olduğu halde yese, yemini bozulur. Keza, "olgunlaşmış yaş hurma yemiyeceğim" diye yemin ettikten sonra, alaca düşmüş hurma yese yemini bozulur. İmameyn şöyle der: Her iki halde de yemini bozulmaz. Mesela, "koruk yemeyeceğim" dedikten sonra olgunlaşmış yaş hurma yese veya alaca düşmüş hurma yese yeminini bozmuş olmaz.

Bir kimse "ne olgunlaşmış yaş hurma yiyeceğim, ne de koruk yiyeceğim' diye yemin ettikten sonra, alaca düşmüş hurma yese, ittifakla yemini bozulur.

Bir kimse, "olgunlaşmış yaş hurma satın almıyacağım" diye yemin ettikten sonra, içinde bu nitelikte hurmanın da bulunduğu bir salkım koruk hurma satın alsa, yemini bozulmaz. Zira yemin bütün salkıma yapılmıştır. Bir şey içinde az olarak bulunan çok olana tabi olur, ona uyar. Ama "yemiyeceğim" diye yemin etseydi ve buna rağmen o koruk salkımda bulunan olgun hurmayı yeseydi yemini bozulurdu. Zira yemek teker teker olacağından, salkımda bulunan her hurma için ayrı ayrı yemin edilmiş olurdu. Yine bir kimse "olgunlaşmış yaş hurma satın almayacağım" diye yemin etse ve alaca düşmüş hurma salkımı satın alsa yemini bozulmaz. Zira az olan çok olana uyar.

Bir kimse "et ve yumurta yemeyeceğim" diye yemin edip balık eti ve yumurtası yese yeminini bozmuş olmaz. Kıyasa göre, yemininin bozulması gerekirdi. Zira Kurân-ı Kerim'de " وهو الذى سخر البحر لتأكلوا منه لحما طرياً **Yine denizden taze et (balık eti) yiyesiniz diye, denizi hizmetinize bağlayan odur'** (28) buyrulmuştur. Fakat balık etine "et" denilmesi mecazdır. zira etin kaynağı kandır. Balık da ise kan yoktur. Eğer kan olsaydı suda yaşaması ve durması mümkün olmazdı. Mutlak olarak et tabiri, tam et özelliğini taşıyan için kullanılır. Balık eti gibi, noksan özellik taşıyana hakiki manada et denmez. Bunları satın alma ile ilgili olarak ettiği yemin de böyledir. Mesela, "et satın almayacağım" diye yemin etse, sonra balık satın alsa yeminini bozmuş olmaz. Bir kimse "et yemiyeceğim" diye yemin ettikten sonra insan veya domuz eti yese, yemini bozulur. Zira bunlar gerçek manada ettir. Kandan meydana gelirler. Ciğer veya işkembe yese de yemini bozulur. Zira bunların kaynağı da kandır. Muhit Yazarı şöyle der: "Bu yemin, Kufelilerin örf ve âdetidir. Bizim örfümüze göre, bununla yemin bozulmaz. Zira bizim örfümüze göre bunlar et sayılmaz. Ciğer ve işkembeye et denmez". Bizim örfümüzde, tercih edilen görüşe göre, "et yemiyeceğim" diyen kimse bunları yese yemini bozulmaz. Nitekim kuyruk yese de yemini bozulmaz.

Bir kimsenin "yağ yemiyeceğim" diye yaptığı yemininde geçen yağı, iç yağı" ile kayda bağlanırsa, koyun ve diğer hayvanların sırt ve gerilerinden çıkan yağı yemekle yemini bozulmaz. Mesela bir kimse, "iç yağı yemiyeceğim" di-

---

(28) Nahl, 16/14.

ye yemin ettikten sonra hayvanların etlerinin üzerindeki yağı yese yeminı bozulmaz. İmameyn buna muhalefet eder. Onlara göre yemin bozulur.

Bir kimse "içyağı yemiyeceğim" diye yemin ettikten sonra kuyruk yağı veya et yese ittifakla yemini bozulmaz.

Bir kimse "şu buğdaydan yemiyeceğim" diye yemin etse, İmam Ebu Hanife'ye göre, buğdayı çiğneyerek yediğinde yemini bozulur, ekmeğini yerse yemini bozulmaz. İmameyn buna muhalefet eder. Onlara göre, ekmeğini yerse yeminini bozmuş olur. "Kadm", bir şeyi dişlerin etrafı ile yani çiğneyerek yemektir. İmam Ebu Hanife ile İmameyn arasındaki bu ihtilaf, bir başka ihtilafı açıklamaktadır. Ne zaman bir lafzın hem hakiki hem de mecazi manası kullanılsa, İmam Azam, onu hakiki manada kullanmayı tercih eder.

Bir kimse "Şu undan yemiyeceğim" diye yemin etse, sonra o undan yapılan ekmeği yese yemini bozulur. Ama unu yalamakla yemini bozulmaz. Sahih olan da budur. "Seff", çiğnemeden yalayıp yutmak demektir. Bir kimse "ekmek yemeyeceğim" diye yemin etse, ekmek; o kişinin yaşadığı şehir halkının örf ve âdetine göre, buğday veya arpa ekmeği gibi ekmeklere yorumlanır. Zira bunlar hem hakikatte hem de örfte ekmektir. Kadayıf ekmeği veya Irak'ta pirinç ekmeği yemek, Iraklıların âdeti değildir. Ama Arabistan'da veya pirinç ekmeği yemek âdet olan bir şehirde olsa, yemini bozulmuş olur. Yahut yemin ederken, onu da yememeye niyet etmişse, yediğinde yemini bozulur.

Bir kimse "kebap yemiyeceğim" dese, bundan et kebabı anlaşılır. Yoksa patlıcan, yumurta ve havuç kebabı anlaşılmaz. Ancak öyle derken bunlara da niyet ederse, bunların kebabını yediğinde de yemin bozulur. "Pişmiş gıda yemiyeceğim" diye yemin etse, bu su ile pişirilen ete ve et çorbasına hamledilir. Bunlardan başkasını yese yemini bozulmaz. Ama yemin ederken bunların dışındakilere de niyet etmişse, bozulur.

Bir kimse "baş yemiyeceğim" diye yemin etse, bundan, fırınlara verilip şehirlerde satılan baş anlaşılır. Böyle baş yerse yeminini bozmuş olur. Yoksa balık ve serçe başı yese, yemini bozulmaz.

Meyve sözünden elma, kavun, karpuz ve zerdali anlaşılır. Mesela bir kimse "meyve yemiyeceğim" diye yemin etse, İmam-ı Azam'a göre elma, kavun, karpuz ve zerdali yese yemini bozulur. İmameyn'e göre, bu sözden taze üzüm ve hurma ile nar da anlaşılır. İttifakla acur ve hıyar anlaşılmaz.

Katık sözünden sirke, zeytin yağı ve süt gibi, ekmeğe bulaşan şeyler anlaşılır. Mesela bir kimse "katık yemiyeceğim" diye yemin edip bunları yese yeminini bozmuş olur. Tuz da böyledir. Yani, "katık yemiyeceğim" deyip tuz yese yemini bozulur. Et, yumurta ve peynir katık olmaz. Ancak böyle niyet edilirse katık olur. Mesela "katık yemeyeceğim" diye yemin ederken et, yumurta ve peynire de niyet etse, bunları yediğinde yemini bozulur. İmam Muhammed'e göre sirke, zeytinyağı, süt ve tuz gibi bunlar da katıktır. Zira bunlar da ekmekle yenilegelmiştir. Üzüm ve karpuz, sahih olan görüşe göre katık değildir.

Sözün kısası, katık üç kısımdır.

1. Ekmeğe bulaştırılıp onunla yenilenler. Bunlar ittifakla katıktır.

2. Karpuz, üzüm, hurma ve bunlara benzeyenler. Bunlar daha çok yalnız yenir. Bunlar ittifakla katık değildir.

3. Et, yumurta ve peynir. Bunların katık olup olmaması ihtilaflıdır. İmam Muhammed'e göre, bunlar katıktır. İmam-ı Azam ve Ebu Yusuf'a göre, katık değildir.

Gadâ, fecrin doğuşu ile zeval vakti arasında kalan süre içinde yenen yemektir. Bir kimse bu yemeği yemeyeceğine yemin etse, zikrolunan vakitte yemek yese yemini bozulur. Aşâ, zeval ile gece yarısı arasında yenen yemektir. Bir kimse bu yemeği yemeyeceğine yemin edip adı geçen zaman içersinde yemek yese yemini bozulur. Sahur, gece yarısı ile fecrin doğuşu arasında yenen yemektir. Bir kimse sahur yemeği yemeyeceğim deyip bu süre içersinde yemek yese yeminini bozmuş olur.

Bir kimse "yersem", "içersem", "giyersem", "konuşursam", "evlenirsem", "çıkarsam" gibi sözlerle yemin etse, bunları söylerken de belirli şeylere niyet etse, mesela ekmek yersem, su içersem... gibi, hem diyaneten hem kazâen tasdik olunmaz. Zira niyet, söylenen lafızlarda sahih olur. Halbuki bu kimse "yersem" derken neyi yiyeceğini, "içersem" derken neyi içeceğini, "giyersem" derken neyi giyeceğini söylememiştir. Bunlar iktiza yoluyla sabit olur. Usulü Fıkıh'taki bir kurala göre, iktiza yoluyla sabit olan şey umumi mana ifade etmez. Bir şey umumi mana ifade etmeyince tahsisi de hükümsüz olur. İmam Şafii'ye göre bu kimse bir şeye niyet ederse tasdik olunur. Zira ona göre, iktiza yoluyla sabit olan şey umum ifade eder. Böyle olunca da tahsisi mümkündür. Eğer "yiyecek" veya "içecek" sözlerini ilave ederse, mesela "bir yemek yersem", "bir meşrubat içersem" ve buna benzer şekilde diğerlerini de ilaveli söylerse, bu şekilde yemin ettiğinde diyaneten tasdik olunur, kazâen tasdik olunmaz. Zira bu söylenen "bir yemek", "bir meşrubat" ve benzeri sözler bir şart cümlesinde söylenmiş belirsiz tümleçlerdir. Bu şekildeki tümleçler umum mana ifade ederler. Yani "hiçbir yemek yemeyeceğim. Eğer yersem şöyle şöyle olsun" gibi. Böyle olunca da tahsise niyet etmek, yani yenilebilecek şeylerden sadece birini kastetmek sahih olur. Dolayısıyle bu kimse diyaneten tasdik olunur, ama kazâen tasdik olunmaz.

Bir kimse "Dicle'den içmeyeceğim" diye yemin etse, İmam-ı Azam'a göre, ağzını Dicle'ye koyup içmedikçe, buradan çanakla içmekle yeminini bozmuş olmaz. İmameyn buna muhalefet eder. Onlara göre, çanakla içse yemini bozulur. Eğer "Dicle'nin suyundan içmeyeceğim" diye yemin etse, çanakla içse de ittifakla yemini bozulur. Çünkü "suyundan içmeyeceğim" diye yemin edince, her ne şekilde içerse içsin yemini bozulur. Keza bir kimse içi alçı ile yapılmamış kuyudan veya normal kuyudan içmeyeceğine yemin etse ve çanakla bunlardan su içse yemini bozulur. Zira bu ikisinin suyu çanakla içilir. Bir kimse "şu çanaktan içmeyeceğim" diye yemin etse, o çanaktan içmekle yemini bozulur. Zira örf ve âdete göre, su çanak ve kaptan içilir.

Yeminin yerine getirilmesinin mümkün olması, onun sahih olmasının şartıdır. İmam-ı Azam ile İmam Muhammed şöyle derler: "Yeminin yemin olabilmesi için, yemin edilen şeyin yapılması mümkün olmalıdır. Gerek Allah'a yemin edilsin, gerek boşamaya, gerekse köle azat etmeye yemin olsun. Yeminle verilen haberin doğru olma ümidi olmalıdır. Zira bir şeyin bulunduğu yer, verilecek hükmü kabul edici olmalıdır. Yeminin hükmü, edilen yeminde durmaktır. Edilen yeminde durulabilmesi için onun doğru olma ümidi olmalıdır. Yerine getirme imkanı olmayınca yemin edilmiş olmaz." Ebu Yusuf buna muhalefet eder. Ona göre, yerine getirilmesinin mümkün olması, yeminin sahih olması için şart değildir. Zira yemin, diğer şer'î akitler gibi bir akittir. Bu yemin için bir mahal lazımdır. Bu mahal de, gelecekte olacak bir işten haber vermektir. Yemin eden gerek o işi yapabilsin, gerek yapamasın, yemin edilmiş olur. Mesela, bir kimse, "bu gün mutlaka şu bardağın suyunu içeceğim" diye yemin etse, oysa bardakta su olmasa veya yemin ederken su bulunduğu halde o gün geçmeden suyu dökülse İmam Azam ve İmam Muhammed'e göre, bu kimse yeminini bozmuş olmaz. Zira yemini yerine getirmesi mümkün değildir. Onlara göre, yeminin yerine getirilebilmesi, sıhhatinin şartıdır. Burada şart bulunmadığı için yemini bozulmaz. İmam Ebu Yusuf buna muhalefet eder. Ona göre, yeminin yerine getirilebilmesinin mümkün olması, yeminin sıhhati için şart değildir. Yemin eden kimse "bugün" sözünü kullanmasa da, yine yeminini bozmuş olmaz. Ancak "bugün" sözünü söylemese ve bardakta su bulunsa, yemin ettikten sonra su dökülse, ittifakla yemini bozulur.

YEMİNLER BAHSİ

Bir kimse "kesinlikle göğe yükseleceğim" veya "havada uçacağım" veya "bu taşı altına çevireceğim" veya Zeyd'in öldüğünü bildiği halde "Zeyd'i öldüreceğim" diye yemin etse, bu, yemin sayılır ve o anda yeminini bozmuş olur. Eğer Zeyd'in öldüğünü bilmiyorsa, ettiği yemin yemin olmaz, dolayısıyla yemini bozulmamış olur. Zira onun maksadı, insanların örfünde kullanılan "öldürme" idi. Zeyd ise ölü olduğu için gerçekte öldürülmesi imkansızdır. Dolayısıyle yeminin yerine getirilmesi mümkün değildir. Böyle olunca da yemin geçerli olmaz ve bu kimse yeminini bozmuş olmaz. Ebu Yusuf buna muhalefet eder. Zira ona göre, yeminin yerine getirilebilmesi, yeminin sıhhatinin şartı değildir.

Bir kimse "konuşmayacağım" diye yemin ettikten sonra Kur'an okusa, "Sübhanallah" veya "lâ ilahe illallah" veya "Allahü ekber" dese yemini bozulmaz. Bunları gerek namaz içinde, gerek namaz dışında yapsın birdir. Tercih edilen görüş de budur. Zira bunları söyleyen kimse için ne örfte, ne de şeriatta, "konuştu" denmez. Kur'an okuyana kari, tesbihte bulunana "müsebbih", "lâ ilahe illallah" diyene de "mühellil" denilir.

Bir kimse, "filan kimse ile konuşmayacağım" diye yemin etse, fakat o uyurken işitebileceği şekilde onunla konuşsa, eğer bu söz onu uyandırırsa yeminini bozmuş olur. Hidaye yazarı, Mebsut'un bir rivayetini naklederek, "bu sözün, uyuyan kimseyi uyandırması şarttır. Alimlerimiz de bu görüştedirler" demiştir. Bazıları ise: "Bu söz uyuyanı uyandırsa da uyandırmasa da yemini bozulmuş olur." demişlerdir. Böyle yemin ettikten sonra, yemin ettiği kimseye işittirmeyi kastederek başkasıyle konuşsa yeminini bozmaz. Zira onun başkasıyle konuşması, gerçek anlamda, yemin ettiği kimse ile konuşması demek değildir. Fakat, yemin ettiği kimsenin de içinde bulunduğu bir topluluğa selam verse yeminini bozmuş olur. Eğer onun dışında diğer topluluğa selam vermeye niyet ederse, onunla konuşma kastı olmadığı için diyâneten yeminini bozmuş olmaz.

Bir kimse, "falanca ile, onun izni olmadan konuşmayacağım" diye yemin etse, yemin ettiği kimse de onun, kendisiyle konuşmasına izin verse, fakat o bunu bilmese ve buna rağmen onunla konuşsa, Ebu Hanife ve İmam Muhammed'e göre yeminini tutmamış olur. Zira izin, "bildirmek" veya "izin vermek" manalarına gelen fiilden türetilmiştir. Bunlar ise ancak işitmekle gerçekleşir. Ebu Yusuf buna muhalefet eder. Ona göre, bu kimsenin yemini bozulmuş olmaz.

Bir kimse, "falanca ile bir ay konuşmayacağım" diye yemin etse, bir ay, yemin ettiği andan itibaren hesap edilir.

Bir kimse, "falanca ile konuşacağım gün karım boş olsun" diye yemin etse, gece veya gündüz o kimseyle konuşsa yemini bozulur. Çünkü "gün" kelimesi; uzayan, geniş zamanlı bir fiille kullanıldığında, gece ve gündüzü de içine alan "mutlak vakit" manasına gelir. "Böyle yemin ederken yalnız gündüzü kastettim" derse, sadece gündüz niyeti sahih olur. Zira "gün" kelimesi, "gündüz" manasında kullanılagelmiştir. Bir kimse "filan ile konuşacağım gece şöyle şöyle olsun" diye yemin ederse, bundan sadece "gece" manası anlaşılır. Hatta onunla gündüz konuşsa yemini bozulmuş olmaz. Zira "gece" Mutlak vakit manasında kullanılmaz. Gündüz sadece aydınlıktan ibaret olduğu gibi, gece de karanlığın adıdır.

Bir kimse, "Zeyd gelmeden filanca ile konuşmayacağım..." veya "Zeyd gelinceye kadar filanca ile konuşursam..." veya "Zeyd izin vermeden" veya "Zeyd izin verinceye kadar filanca ile konuşursam..." diye yemin etse ve yeminde ileri sürdüğü şartlar gerçekleşmeden konuşursa yeminini bozmuş olur. Zira "Zeyd'in gelmesi" veya "izin vermesi" bir gaye olmuştur. Bu gaye meydana gelmedikçe yemin devam etmektedir. Gaye meydana gelince, yani Zeyd'in gelmesi veya izin vermesiyle yemin sona erer. İmdi, gaye meydana gelmeden konuşursa yemini bozulur; gaye meydana geldikten sonra konuşursa bozulmaz. Eğer Zeyd ölürse, İmam-ı Azam ve İmam Muhammed'e göre, yemin düşer. Çünkü onlara göre yeminin geçerli olabilmesi çin, yemin edilen şeyin yerine getirilebilmesi mümkün olmalıdır. Bu imkan, Zeyd'in ölümü ile ortadan kalkmıştır. Ebu Yusuf'a göre, Zeyd'in ölümü ile yemin düşmez. Zira yeminin yerine getirilebilir olması, ona göre yeminin geçerli olması için şart değildir. Buna göre, olması beklenen şeyin meydana gelmiyeceği anlaşılınca, yemin, eski hali üzerine devam eder.

Bir kimse, "filan kimsenin yemeğini yemeyeceğim", "evine girmeyeceğim", "elbisesini giymeyeceğim", "hayvanına binmeyeceğim" veya "kölesi ile konuşmayacağım" diye yemin eder ve yemeği, evi, elbiseyi, hayvanı veya köleyi belirtirse mesela, "filancanın şu yemeğini yemiyeceğim", "şu evine girmeyeceğim... gibi bir açıklamada bulunursa, belirlenen bu eşya hibe ve satış gibi yollarla o adamın mülkünden çıktıktan sonra o yemeği yer veya o eve girer ya da "yapmıyacağım" dediği diğer şeyleri yaparsa yeminini bozmuş olmaz. Zira bu eşya onun mülkünden çıkınca yemin edilmemiş gibi olur. "Filanın şu yemeğinden yemeyeceğim", "şu evine girmeyeceğim" gibi işaretle tayin edilerek yapılan yeminde,. "bu mallar onun mülkünde olduğu sürece

YEMİNLER BAHSİ

bunları yapmıyacağım" denilmiş gibi olur. İmam Muhammed, köle ve ev konularında buna muhalefet eder. Zira "onun kölesi" veya "onun evi" diyerek isim tamlaması şeklinde söylemek köle ve evi belirlemek içindir. "Şu" diye işaret etmek ise, tamlama ile yapılan belirlemeden daha üstün bir belirlemedir. Burada işarete itibar olunur. Köle veya evin onun mülkünden çıkması hükümsüzdür, ona itibar edilmez. Bu takdirde kimin mülkünde olursa olsun, anılan köle ile konuşulduğunda veya sözü edilen eve girildiğinde yemin bozulmuş olur.

Bir kimse, "filanın şu yemeğini yemeyeceğim", "şu evine girmeyeceğim", "şu elbisesini giymeyeceğim", "şu hayvana binmeyeceğim", "şu kölesi ile konuşmayacağım..." diye işâret suretiyle yemin ettikten sonra, sahibi, bunların yenilerini alsa, yani yeni yemek, ev, elbise, hayvan ve köle satın alsa ve yemin eden kimse bu yeni yemekten yese, yeni eve girse, yeni elbiseyi giyse, yeni hayvana binse veya yeni köle ile konuşsa, ittifakla yemini bozulmuş olmaz. Zira yemin, işaret edilen şeyler üzerinde gerçekleşmiştir. Eğer bunlara işaret etmek suretiyle belirlemeden yemin etmiş ise, bu mallar o kimsenin mülkünden çıktıktan sonra yapsa yemini bozmuş olmaz. Böyle bir belirleme yapmamışsa, bunların sahibi yeni eşya aldığında, bu yeni eşyalar üzerinde o işi yaparsa yeminini bozmuş olur.

Bir kimse, "filanın karısı ile" veya "arkadaşı ile konuşmayacağım" diye yemin etse, eğer bu kadın veya arkadaşı belirtmişse, kadın kocasından ayrıldıktan veya arkadaşı ona düşman olduktan sonra bunlarla konuşsa yemini bozulmuş olur. Mesela, "filancanın şu karısı ile konuşmayacağım" dese, kadın kocasından ayrıldıktan sonra dahi kadınla konuşsa, yemini bozulur. Burada işaret yoluyla yapılan belirtme tercih edilir. Çünkü bu, "onun karısı" veya "onun arkadaşı" şeklinde tamlama ile yapılan belirtmeden daha üstündür. Yemin eden kimse, işaret yoluyla bir belirtme yapmadan "filanın karısı ile konuşmayacağım" veya "arkadaşı ile konuşmayacağım diye yemin ettikten sonra, adam karısını boşasa veya arkadaşı ile düşman olsa, yemin eden kişi bundan sonra onlarla konuşsa yeminini bozmuş olmaz. Ancak İmam Muhammed'den gelen bir rivayete göre, yemini bozulur. Zira burada yemin edenin maksadı, yemin ettiği kişi ile konuşmamak, ondan uzak durmaktır. "Onun karısı" veya "onun arkadaşı" diye söylemek, konuşmayacağı kişinin kim olduğunu belirtmek içindir. Bu tamlama, işaret edip gösterme yerine geçer. İmam-ı Azam ile Ebu Yusuf'un aklî delili şudur: "Şu" diyerek işaret edilmeden konuşulmayacak kimsenin, eğer ismi söylenmezse, başkası için söylenmiş olma ihtimali vardır. Böyle bir şüphe bulunacağı için, yeminin bozulmaşı gerekmez. Ancak adamın yeni karısı veya arkadaşı ile konuşursa yemini bozulur. Mesela bir kimse, "filancanın karısı ve arkadaşı ile konuşmayacağım" diye yemin etse, yeminden sonra o adam başka bir karı alsa veya yeni bir arkadaş edinse, o da bunlarla konuşsa yemini bozulur.

Bir kimse, "şu şalın sahibi ile konuşmayacağım" diye yemin etse, sahibi bu şalı satsa, bundan sonra yemin eden kişi şalı satan ile konuşsa yeminini bozmuş olur. Zira yemin o kişinin zatına yapılmıştır, şala değil. İmdi şal gitmekle, yeminin bozulmaması gerekmez. Yani önceki sahibi ile konuşursa, yeminin bozulması gerekir.

Bir kimse "falanca ile bir zaman" veya "bir vakit" veya "şu zaman" veya "şu vakit konuşmayacağım" dese, fakat böyle söylerken belirli bir süreye niyet etmese, bu yemin altı ay üzerine vaki olur. Eğer bunlarla belirli bir süreye niyet ederse, niyet ettiği zaman murat edilir. Nitekim Yüce Allah'ın,

$$\text{فَسُبْحَانَ اللّٰهِ حِينَ تُمْسُونَ وَحِينَ تُصْبِحُونَ}$$

"O halde akşama girdiğiniz vakit ve sabaha erdiğiniz vakit Allah'ın tesbih edin"(29) ayetinde, "hîn" den maksat namaz vaktidir. Bu lafız bir başka ayette 40 sene manasına kullanılmıştır. Nitekim,

$$\text{هَلْ أَتَى عَلَى الْإِنْسَانِ حِينٌ مِنَ الدَّهْرِ}$$ **Muhakka insan üzerine dehr-den bir zaman geldi."**(30) ayetinde bu manada kullanılmıştır. Yine bu kelime bir başka yerde altı ay manasına kullanılmıştır. Nitekim,

$$\text{تُؤْتِي أُكُلَهَا كُلَّ حِينٍ بِإِذْنِ رَبِّهَا}$$ **O ağaç, Rabbinin izniyle her zaman yemişini verir"**(34) ayeti de bu manadadır. Mutlak olarak bunların ortasına yorumlanır. Yani en azı "namaz vakti", ortası "altı ay", en çoğu "40 yıl" olarak geçmektedir. "İşlerin en hayırlısı ortasıdır" hadisi bir kural halinde yaygındır. İbn Abbas da bu kelimenin "altı ay" manasına geldiği görüşündedir. "Zaman" kelimesi de bu kelime gibi kullanılır. Ancak kişi bu kelimelerle hangi zamana niyet etmişse, yemin o süre için geçerlidir.

---

(29) Rum Suresi, 30/17.
(30) İnsan Suresi, 76/1.
(31) İbrahim Suresi, 14/25.

Bir kimse, "filanca ile dehir boyunca" veya "ebediyen konuşmayacağım" derse bu, "bir ömür boyu konuşmayacağım" şeklinde yorumlanır. "Bir dehir konuşmayacağım" diye, dehr kelimesini belirsiz olarak söylerse, İmam-ı Azam hazretleri, belirsiz olarak zikredilen bu kelime hakkında bir şey söylememiştir. Kendisine "dehr"in manası sorulunca, "miktarını bilmiyorum" diye cevap vermiştir.

Beyit

ثَمَانٍ تَوَقَّفَ فِيهِ الْإِمَامُ — وَقَدْ عَدَّ ذٰلِكَ دِينًا مُبِينًا
أَوَانُ الْخِتَانِ وَسُؤْرُ الْحِمَارِ — وَفَضْلُ الْمَلٰئِكَةِ وَالْمُرْسَلِينَا
وَدَهْرٌ وَخُنْثَى وَلَحْمُ جَلَالَةٍ — وَكَلْبٌ مُعَلَّمٌ وَطِفْلُ الْمُشْرِكِينَا

İmam-ı Azam sekiz şey hakkında susmuş, bu susmayı dindarlık saymıştır. Yani dini, onu bu konularda susmayı sevketmiştir: Sünnet olma zamanı, eşeğin artığı, meleklerin mi yoksa peygamberlerin mi üstün olduğu, dehr, erkek mi kadın mı olduğu belli olmayan kimse, necaset yiyen hayvanın eti, eğitilmiş köpek ve müşriklerin çocuklarının gideceği yer.

İmameyn'e göre "dehr" kelimesi de "zaman" kelimesi gibidir.

Bir kimse, "falanca ile günlerce" veya "aylarca" veya "yıllarca konuşmayacağım" derse, "günlerce" sözünden "üç gün"; "aylarca" sözünden "üç ay"; "yıllarca" sözünden "üç yıl" anlaşılır. Çünkü bu şekilde belirsiz olarak söylenen çoğullar, çoğulun en azı yani "üç" üzerine hamledilir. Eğer gün, ay ve yıl kelimelerini belirlilik takısı ile çoğul olarak söylerse, o zaman bunlardan on gün, on ay ve on yıl anlaşılır. "Çok seneler konuşmayacağım" sözünden de "on sene" anlaşılır. Zira Ebu Hanife'ye göre, böyle belirlilik takısı ile yapılan çoğullardan maksat, bu çoğulların gerektirdiği şeydir. Böyle çoğullar en son olarak "on"u gösterirler. İmameyn şöyle der: "Günlerce konuşmayacağım" sözünde "günler"den maksat "bir hafta"; "aylarca konuşmayacağım" sözünde "aylar"dan maksat "bir sene" ve "senelerce konuşmayacağım" sözünde geçen "seneler"den maksat "bir ömür"dür.

باب اليمين في الطَّلاقِ والعِتاقِ

قَالَ اِنْ وَلَدْتِ فَاَنْتِ كَذَا حَنِثَ بِالْمَيِّتِ وَلَوْ قَالَ فَهُوَ حُرٌّ فَوَلَدَتْ مَيِّتاً ثُمَّ حَيًّا عُتِقَ الْحَىُّ خِلافاً لَهُمَا* وَفِى اَوَّلِ عَبْدٍ اَمْلِكُهُ فَهُوَ حُرٌّ فَمَلِكَ عَبْداً عُتِقَ وَلَوْ مَلِكَ عَبْدَيْنِ مَعاً ثُمَّ آخَرَ لاَ يُعْتَقُ وَاحِدٌ مِنْهُمْ وَلَوْ زَادَ وَحْدَهُ عُتِقَ الْآخَرُ* وَلَوْ قَالَ آخِرُ عَبْدٍ اَمْلِكُهُ فَمَاتَ بَعْدَ مِلْكِ عَبْدٍ وَاحِدٍ لاَ يُعْتَقُ وَلَوْ بَعْدَ مِلْكِ عَبْدَيْنِ مُتَفَرِّقَيْنِ عُتِقَ الْآخَرُ مُنْذُ مَلِكَهُ مِنْ كُلِّ مَالِهِ وَعِنْدَهُمَا عِنْدَ مَوْتِهِ مِنَ الثُّلُثِ* وَعَلٰى هٰذَا آخِرُ امْرَأَةٍ اَتَزَوَّجُهَا فَهِىَ طَالِقٌ ثَلٰثاً فَلاَ تَرِثُ خِلافاً لهما* وَفِى كُلِّ عَبْدٍ بَشَّرَنِى بِكَذَا فَهُوَ حُرٌّ فَبَشَّرَهُ ثَلٰثَةٌ مُتَفَرِّقُونَ عُتِقَ الْاَوَّلُ وَاِنْ بَشَّرُوهُ مَعاً عُتِقُوا* وَلَوْ قَالَ مَنْ اَخْبَرَنِى عُتِقُوا فِى الْوَجْهَيْنِ وَلَوْ نَوٰى كَفَّارَتَهُ بِشِرَاءِ اَبِيهِ سَقَطَتْ لاَ بِشِرَاءِ اَمَةٍ اِسْتَوْلَدَهَا بِالنِّكَاحِ اَوْ عَبْدٍ حَلَفَ بِعِتْقِهِ اِلَّا اِنْ قَالَ اِنِ اشْتَرَيْتُكَ فَاَنْتَ حُرٌّ عَنْ كَفَّارَتِى* وَفِى اِنْ تَسَرَّيْتُ اَمَةً فَهِىَ حُرَّةٌ اِنْ تَسَرّٰى مَنْ فِى مِلْكِهِ وَقْتَ الْحَلْفِ عَتَقَتْ وَاِنْ تَسَرّٰى مَنْ مَلِكَهَا بَعْدَهُ لاَ تُعْتَقُ وَفِى كُلِّ مَمْلُوكٍ لِى حُرٌّ عَتَقَ عَبِيدُهُ وَمُدَبَّرُوهُ وَاُمَّهَاتُ اَوْلاَدِهِ لاَ مُكَاتَبُوهُ اِلَّا اِنْ نَوَاهُمْ* وَفِى هٰذِهِ طَالِقٌ اَوْ هٰذِهِ وَهٰذِهِ طُلِّقَتْ الْاَخِيرَةُ وَخُيِّرَ فِى الْاُولَيَيْنِ وَكَذَا الْعِتْقُ وَالْاِقْرَارُ*

BOŞAMA VE AZAT ETMEYE DAİR YEMİN

Bir kimse karısına, "eğer çocuk doğurursan sen şöyle ol" dese, kadın ölü doğurursa adam yeminini bozmuş olur. Bir kimse cariyesine, "eğer çocuk doğurursan o çocuk hür olsun" dese, kadın ölü bir çocuk doğursa, sonra canlı bir çocuk doğursa canlı olarak doğan hür olur. İmameyn buna muhalefet eder.

Bir kimse "ilk malik olduğum köle hür olsun" dese, sonra bir köleye malik olsa o köle hür olur. Eğer aynı anda iki köleye birden malik olsa, daha sonra bir başka köleye sahip olsa bunlardan hiçbiri azad edilmiş olmaz. Eğer "tek olan hürdür" kaydını ilave ederse sonuncusu hür olur. Bir kimse, "son malik olduğum köle hür olsun" dese ve bir tek köleye malik olduktan sonra ölse, o köle hür olmaz. Ayrı ayrı olmak üzere iki köleye malik olduktan sonra ölse, son köle, efendisi ona sahip olduğu andan itibaren, efendisinin bütün malından azad olur. İmameyn'e göre, efendisi ölünce onun malının üçte-birinden azad olur.

Bir kimse "evleneceğim son kadın üç talakla boştur" dese, bundaki ihtilaf da önceki gibidir. Kadın mirasçı olamaz. İmameyn buna muhalefet eder.

Bir kimse, "bana şu müjdeyi veren her köle hürdür" dese ve üç köle ayrı ayrı onu müjdelese, ilk müjdeleyen hür olur. Beraberce müjdelerlerse hepsi de hür olur. Eğer "onu bana kim haber verirse hürdür" dese, her iki şekilde de hepsi hür olur.

Bir kimse, kendi keffaretini babasını satın alarak ödemeye niyet etmişse babasını satın alınca keffaret düşer. Nikahlanıp ümmü veled edinmek istediği bir cariyeyi veya azad etmeye yemin ettiği bir köleyi satın almakla keffaret düşmez. Ancak köleye, "eğer seni satın alırsam, sen benim keffaretim yerine hürsün" dese, o zaman keffaret sakıt olur.

Bir kimse "herhangi bir cariyeyi odalık edinirsem o hür olsun" dese ve yemin ettiği sırada mülkünde bulunanı odalık edinse o cariye hür olur. Yeminden sonra malik olduklarını odalık edinirse azat olmazlar.

Bir kimse "mülkümde bulunan her köle hürdür" dese köleleri, müdebberleri ve ümmü veledleri hür olur. Bedeli kitâbete ayrılmış olan köleleri ise, ancak böyle söylerken onlara da niyet ederse hür olurlar.

Bir kimse üç karısı için, "şu veya şu ve şu boştur" dese, sonuncusu boş olur. İlk ikisinden dilediğini boşamada muhayyer bırakılmıştır. Azad ve ikrarda da aynı hüküm vardır.

İZAHI

Bu bölüm, boşama ve köle azad etme hususlarında yapılan yeminlerin hükümlerini açıklamaya dairdir.

Bir kimse karısına, "eğer sen çocuk doğurursan boş ol" dese, karısının ölü bir çocuk doğurmasıyla yeminini bozmuş olur. Çünkü ölü olarak doğan çocuğa hakikaten, örfen ve hükmen "çocuk" denildiği gibi şer'an da "çocuk" denir. Zira şeriat, bu şekilde doğan çocuğu "çocuk" kabul etmiştir. Hatta, böyle bir çocuğun doğmasıyle, iddet bekleyen kadının iddeti sona ermiş olur ve bundan sonra gelen kan, lohusalık kanı sayılır. Bu çocuğu doğuran bir cariye ise, o cariye "ümmü veled" olur.

Bir kimse cariyesine, "eğer çocuk doğurursan, o çocuk hür olsun" dese ve cariye önce ölü, daha sonra canlı bir çocuk doğursa, İmam-ı Azam'a göre, canlı doğan çocuk hür olur. Zira ona göre, "çocuk" denilince canlı çocuk anlaşılır. Böyle olmasa, yani ölü çocuk ta anlaşılsa "o çocuk hür olsun" sözü boşuna söylenmiş olurdu. Çünkü ölü çocuk hür olmaz. İmameyn buna muhalefet eder. Onlara göre, sonradan doğan diri çocuk hür olmaz. Zira, ölü olarak doğan çocukla şart gerçekleşmiş oldu. Fakat ölü çocuk hür yapılamıyacağı için, sadece şart cezasız olarak çözülmüş oldu.

Bir kimse "ilk malik olacağım köle hür olsun" dese ve bir köleye malik olsa, o köle hür olur. Çünkü "ilk köle", birinci satın alınan kölenin ismidir. Bunun ilk köle olabilmesi için ayrıca bir başka kölenin satın alınmasına ihtiyaç yoktur. Eğer, aynı anda iki köle birden satın alsa, daha sonra bir başka köle daha elde etse, bu üçünden hiçbiri hür olmaz. Eğer "tek olarak satın aldığım hürdür" diyerek "tek" kaydını ilave etse, son satın aldığı yani üçüncü köle azad olur. Mesela, "Tek olarak satın aldığım ilk köle hür olsun" dese ve iki köle birden satın aldıktan sonra da tek bir köle alsa, "tek olarak" kaydından dolayı bu üçüncü köle hür olur. " وَحْدَهُ tek olarak" sözü durum bildirmek içindir. Mesela bir kimse, " جَاءَنِي زَيْدٌ وَحْدَهُ dese, bu, "Zeyd bana tek olarak yalnızca geldi" demektir. " وَحْدَهُ " yerine " وَاحِدٌ " denilmiş olsaydı, üçüncü köle azad olmazdı. Bu iki kelime arasındaki fark şudur. وَحْدَهُ kelimesi hangi fiille kullanılırsa, o fiilin tek başına yapıldığını gösterir, yoksa sayıca bir kişi tarafından yapıldığını göstermez. Mesela, evde bir kadının da bulunduğu sırada, " فِى الدَّارِ رَجُلٌ وَاحِدٌ " evde bir adam var" denilir. Ama evde kadın da varken " فى الدَّار رجل وَحْدَهُ " evde tek olarak, sadece bir adam var" denilmez. Çünkü bu, evde sadece ve sadece bir adamın bulunduğunu gösterir. Buna göre, yemin eden kimsenin " أَمْلِكُهُ وَحْدَهُ " sözü, tek olarak satın aldığı köleyi yani üçüncü köleyi ifade eder ki, bu söze göre o köle azad olur.

Bir kimse, "son satın alacağım köle hür olsun" dese ve bir tek köleye malik olduktan sonra ölse bu köle azad olmaz. Zira "son" lafzı, sonradan gelen ferdin ismidir. Bir başkası bu isme ortak olamaz. Kendisinden önce bir başka köle alınmadı ki, buna "son köle" denilebilsin. Bu sebeple azad olmaz. Böyle yemin edip te, ayrı ayrı iki köle satın aldıktan sonra ölse, sonuncusu azad olur. Zira ikincisi, "son köle" olur. Son köleyi sıhhatli iken satın almışsa, malik olduğu andan itibaren, bu köle onun bütün malından azad edilir. İmameyn'e göre, ister köleyi satarken sıhhatli ister hasta olsun, köle efendisinin ölümü anında malının üçte birinden azad olur. Bu ise, efendinin ölümü ile gerçekleşir. Bu yüzden malının üçte birine itibar edilir. Buna göre, bir kimse, "evleneceğim son kadın üç talakla boştur" dese, Ebu Hanife'ye göre, sonradan aldığı kadınla evlendiği anda, kadın üç talakla boş olur. Bu takdirde kocasına mirasçı olamaz. İmameyn buna muhalefet eder. Onlara göre talakın meydana gelmesi, kocanın ölmesine bağlıdır. Dolayısıyle kadın mirasçı olur.

Bir kimse, "filan şeyi bana müjdeleyen her köle hür olsun" dese, üç köle ayrı ayrı ona bu müjdeyi verseler, müjdeyi ilk veren hür olur. Eğer üçü birden aynı anda müjdelerlerse üçü de azad olur. Çünkü müjde her üçünden vaki olmuştur. Bir kimse, "bana falan şeyi kim haber verirse azad olsun" dese, her iki halde üçü de azad olur. Yani ister ayrı ayrı haber versinler, ister üçü birden haber versinler. Zira herbiri haber vermiştir. Müjdede ise, sonradan söyleyenlerinki müjde özelliğini kaybeder.

Bir kimsenin üzerinde köle azad etme keffareti bulunsa, bu keffaret niyeti ile babasını satın alsa, keffareti düşer. Nikahlamak suretiyle ümmü veled edinmek istediği bir cariyeyi satın alsa, bu; keffaret niyeti yerine geçmez. Mesela, bir kimse bir cariyeye, "seni satın alırsam, yemin keffareti yerine hürsün" dese, sonra onu satın alsa, ona malik olma gayesiyle satın aldığı için, satın aldığında cariye azad olur. Ama bu, keffaret yerine geçmez. Zira cariye hürriyetini ümmü veled olmakla kazanmış olup yemine nisbet edilmez. Veya azad etmeye yemin ettiği bir köleyi satın alsa, yine bununla keffaret düşmez. Mesela, "şu köleyi satın alırsam o hürdür" dese, onu satın aldığında yemin keffaretine niyet etse, köle azad olur, fakat keffaret yerine geçmez. Ancak, "eğer seni satın alırsam keffaretime karşılık hürsün" dese, sonra o köleyi satın alsa, köle onun keffareti yerine geçmek üzere hürriyetine kavuşur.

Bir kimse "eğer herhangi bir cariyeyi odalık edinirsem o hürdür" diye yemin etse ve yemin ettiği sırada mülkünde bulunan cariyeyi odalık edinip onunla yatsa, cariye azad olur. Mesela, ne kadar cariyesi varsa, hangisiyle cinsel ilişkide bulunup odalık edinirse o hür olur. Yemin ettikten sonra malik olduğu cariyeyi odalık edinirse, o hür olmaz.

Bir kimse, "bütün malik olduklarım hürdür" dese, bütün köleleri, müdebberleri ve ümmü veledleri hür olur. Ama mükateb olan köleleri, eğer bunlara da niyet etmemişse, hür olmaz.

Üç karısı olan bir kimse, "şu veya şu ve şu boştur" dese, sonuncusu boş olur. İlk ikisinden ise, hangisini boşayıp boşamayacağında muhayyerdir. Zira "veya" sözü muhayyerlik ifade eder. "Şu veya şu" demek, ikisinden biri ve üçüncü kadın boş olur. Köle azad etmek ve ikrarda bulunmak ta böyledir. Mesela bir kimse, üç kölesi için. "şu veya şu ve şu hürdür" dese üçüncüsü hür olur. İlk ikisinde muhayyerdir. İkrara misal: Bir kimse, "filanın veya filanın ve filanın benden bin lira alacağı var" dese, üçüncüsüne 500 lira vermesi gerekir. İlk ikisinden hangisini isterse ona 500 lira vermekte muhayyerdir.

5. KISIM

باب اليمين فى الْبَيْعِ وَالشِّرَاءِ وَالتَّزَوُّجِ وغير ذلك

يَحْنَثُ بِالْمُبَاشَرَةِ دُونَ التَّوْكِيلِ فِى الْبَيْعِ وَالشِّرَاءِ وَالْإِجَارَةِ وَالْاِسْتِيجَارِ وَالصُّلْحِ عَنْ مَالٍ وَالْقِسْمَةِ وَالْخُصُومَةِ وَضَرْبِ الْوَلَدِ* وَبِهِمَا فِى النِّكَاحِ وَالطَّلَاقِ وَالْخُلْعِ وَالْعِتْقِ وَالْكِتَابَةِ وَالصُّلْحِ عَنْ دَمِ عَمْدٍ وَالْهِبَةِ وَالصَّدَقَةِ وَالْقَرْضِ وَالْاِسْتِقْرَاضِ* وَإِنْ نَوَى الْمُبَاشَرَةَ خَاصَّةً صُدِّقَ دِيَانَةً لَا قَضَاءً* وَكَذَا ضَرْبُ الْعَبْدِ وَالذَّبْحُ وَالْبِنَاءُ وَالْخِيَاطَةُ وَالْإِيدَاعُ وَالْاِسْتِيدَاعُ وَالْإِعَارَةُ وَالْاِسْتِعَارَةُ وَقَضَاءُ الدَّيْنِ وَقَبْضُهُ وَالْكِسْوَةُ وَالْحَمْلُ إِلَّا أَنَّهُ لَوْ نَوَى الْمُبَاشَرَةَ يُصَدَّقُ قَضَاءً وَدِيَانَةً* وَفِى لَا يَتَزَوَّجُ فَزَوَّجَهُ فُضُولِيٌّ فَأَجَازَ بِالْقَوْلِ حَنِثَ وَبِالْفِعْلِ لَا يَحْنَثُ* وَفِى لَا يُزَوِّجُ عَبْدَهُ أَوْ أَمَتَهُ يَحْنَثُ بِالتَّوْكِيلِ وَالْإِجَازَةِ* وَكَذَا فِى ابْنِهِ وَبِنْتِهِ الصَّغِيرَيْنِ وَفِى الْكَبِيرَيْنِ لَا يَحْنَثُ إِلَّا بِالْمُبَاشَرَةِ وَدُخُولُ اللَّامِ عَلَى الْبَيْعِ كَانْ بِعْتُ لَكَ ثَوْباً يَقْتَضِى اِخْتِصَاصُ الْفِعْلِ بِالْمَحْلُوفِ عَلَيْهِ بِأَنْ كَانَ بِأَمْرِهِ سَوَاءٌ كَانَ مِلْكُهُ أَوْلَا* وَمِثْلُهُ الشِّرَاءُ وَالْإِجَارَةُ وَالصِّبَاغَةُ وَالْبِنَاءُ* وَعَلَى الْعَيْنِ كَانْ بِعْتُ ثَوْباً لَكَ يَقْتَضِى اِخْتِصَاصُهَا بِهِ بِأَنْ كَانَ مِلْكُهُ سَوَاءٌ أَمَرَهُ أَوْلَا* وَكَذَا دُخُولُهَا عَلَى الضَّرْبِ وَالْأَكْلِ وَالشُّرْبِ وَالدُّخُولِ* وَإِنْ نَوَى غَيْرَهُ صُدِّقَ فِيمَا عَلَيْهِ* وَفِى إِنْ بِعْتُهُ أَوِ اشْتَرَيْتُهُ فَهُوَ حُرٌّ فَعَقَدَ بِالْخِيَارِ عَتَقَ* وَكَذَا لَوْ عَقَدَ بِالْفَاسِدِ أَوِ الْمَوْقُوفِ وَلَوْ بِالْبَاطِلِ لَا يُعْتَقُ* وَفِى إِنْ لَمْ أَبِعْهُ فَكَذَا فَأَعْتَقَهُ أَوْ دَبَّرَهُ حَنِثَ* قَالَتْ تَزَوَّجْتُ عَلَىَّ فَقَالَ كُلُّ امْرَأَةٍ لِى طَالِقٌ طُلِّقَتْ هِىَ أَيْضاً إِلَّا فِى رِوَايَةٍ عَنْ أَبِى يُوسُفَ وَإِنْ نَوَى غَيْرَهَا صُدِّقَ دِيَانَةً لَا قَضَاءً* وَمَنْ قَالَ عَلَىَّ الْمَشْىُ إِلَى بَيْتِ اللهِ أَوْ إِلَى الْكَعْبَةِ لَزِمَهُ حَجٌّ أَوْ عُمْرَةٌ مَشْياً فَإِنْ رَكِبَ فَعَلَيْهِ دَمٌ* وَلَوْ قَالَ عَلَىَّ

الْخُرُوجُ أَوِ الذِّهَابُ إِلَى بَيْتِ اللهِ أَوِ الْمَشْيُ إِلَى الصَّفَا أَوِ الْمَرْوَةِ لَا يَلْزَمُهُ شَيْءٌ* وَكَذَا لَوْ قَالَ عَلَيَّ الْمَشْيُ إِلَى الْحَرَمِ أَوْ إِلَى الْمَسْجِدِ الْحَرَامِ خِلَافًا لَهُمَا* وَفِى عَبْدِهِ حُرٌّ إِنْ لَمْ يَحُجَّ الْعَامَ فَشَهِدَا بِكَوْنِهِ يَوْمَ النَّحْرِ بِكُوفَةَ لَا يُعْتَقُ خِلَافًا لِمُحَمَّدٍ* وَفِى لَا يَصُومُ فَصَامَ سَاعَةً بِنِيَّةٍ حَنِثَ* وَإِنْ ضَمَّ صَوْمًا أَوْ يَوْمًا لَا مَا لَمْ يُتِمَّ يَوْمًا* وَفِى لَا يُصَلِّى يَحْنَثُ إِذَا سَجَدَ سَجْدَةً لَا قَبْلَهُ وَإِنْ ضَمَّ صَلَاةً فَيشْفَعٍ لَا بِأَقَلَّ* وَفِى إِنْ لَبِسْتُ مِنْ غَزْلِكِ فَهُوَ هَدْىٌ فَمَلَكَ قُطْنًا فَغَزَلَتْهُ وَنَسَجَ فَلَبِسَهُ فَهُوَ هَدْىٌ خِلَافًا لَهُمَا* وَإِنْ لَبِسَ مَا غَزَلَتْ مِنْ قُطْنٍ فِى مِلْكِهِ وَقْتَ الْحَلْفِ فَهَدْىٌ بِالِاتِّفَاقِ* خَاتَمُ الْفِضَّةِ لَيْسَ بِحُلِّىٍّ بِخِلَافِ خَاتَمِ الذَّهَبِ وَعَقْدِ اللُّؤْلُؤِ إِنْ رُصِّعَ فَحُلِىٌّ وَإِلَّا فَلَا وَقَالَا حُلِيٌّ مُطْلَقًا وَبِهِ يُفْتَى* وَفِى لَا يَجْلِسُ عَلَى الْأَرْضِ فَجَلَسَ عَلَى بِسَاطٍ أَوْ حَصِيرٍ لَا يَحْنَثُ وَإِنْ حَالَ بَيْنَهَا وَبَيْنَهُ ثِيَابُهُ حَنِثَ* وَفِى لَا يَنَامُ عَلَى هَذَا الْفِرَاشِ فَجُعِلَ فَوْقَهُ فِرَاشٌ آخَرَ فَنَامَ لَا يَحْنَثُ وَإِنْ جُعِلَ فَوْقَهُ قِرَامٌ يَحْنَثُ* وَفِى لَا يَجْلِسُ عَلَى هَذَا السَّرِيرِ إِنْ جُعِلَ فَوْقَهُ سَرِيرٌ فَجَلَسَ لَا يَحْنَثُ وَإِنْ جُعِلَ فَوْقَهُ بِسَاطٌ أَوْ حَصِيرٌ حَنِثَ*

ALIŞVERİŞ, EVLENME VE DİĞER KONULARDA YEMİN

Alışveriş, kiraya verme, kiralama, maldan sulh yapma, taksim etme, husumet ve çocuk dövme konularında yapılan yeminler, bu işler bizzat yemin eden tarafından yapıldığı takdirde, bozulmuş olur. Bir kişi bunları bir vekile yaptırırsa yeminini bozmuş olmaz.

Nikah, boşama, mal karşılığı boşama, köle azad etme, mükatebe akdi yapma, kasten adam öldürmeden yapılan sulh, hibe, sadaka, borç verme ve borç isteme konularında yapılan yeminlerde, bu işlerin bizzat veya vekil tayin ederek yapılmasıyle, bunları yapmıyacağına yemin eden kimsenin yemini bozulur. Eğer bunları bizzat kendisi yapmıyacağına niyet etmişse, diyaneten tasdik olunur, kazaen tasdik olunmaz.

Köle dövme, hayvan kesme, bina yapma, terzilik, emanet verme, emanet alma, iğreti olarak verme, iğreti olarak isteme, borç ödeme, borç alma, giyme ve yükleme konuları da böyledir. Ancak bunları yapmamaya yemin eden, bizzat yapmayacağına niyet etmişse kazâen ve diyâneten tasdik olunur.

Bir kimse "evlenmeyeceğim" diye yemin etse, fuzuli yani habersiz nikah kıyan bir kimse, haberi olmadan onu evlendirse, bunu öğrenince kendisi sözle bu nikaha izin verse, yeminini bozmuş olur. Fiilen izin verirse bozmuş olmaz.

Bir kimse, "kölemi" veya "cariyemi evlendirmeyeceğim" diye yemin etse, vekil tayin etmek ve buna izin vermekle yemini bozulur. Küçük oğlu ve kızında da vekil tayin etmekle yemini bozulur. Büyük oğlu ve kızında ise, bizzat yapmadıkça yeminini bozmuş olmaz.

Bey' yani "satın alma" fiilinden hemen sonra "lâm" gelmesi, mesela, " اِنْ بِعْتُ لَكَ ثَوْبًا senin için bir elbise satarsam..." şeklinde bir söz söylenmesi, bu satma fiilinin, yemin edilen şahsa ait olmasını yani onun emriyle yapılmasını gerektirir. Satılacak elbise ister onun mülkü olsun, ister olmasın birdir. Satın almak, kiraya vermek, boyamak ve bina etmek de bunun gibidir.

Yukarda geçen cümlede "lâm" harfinin satılacak şeyden sonra yani "elbise" kelimesinden sonra gelmesi, mesela, " اِنْ بِعْتُ ثَوْبًا لَكَ senin bir elbiseni satarsam..." denilmesi, o malın o kimseye ait olmasını, yani onun mülkü olmasını gerektirir. İster emretsin, ister emretmesin birdir. Bu "lâm" 'ın dövmek, yemek, içmek ve girmek fiillerinden sonra gelmesi de böyledir. Eğer başka manaya niyet ettiyse, kendi aleyhine olan hususlarda tasdik olunur.

Bir kimse "onu satar" veya "satın alırsam hürdür" dedikten sonra bu akdi muhayyer olarak gerçekleştirse, köle azad olur. Eğer bu akdi fasit veya mevkuf olarak gerçekleştirirse, köle yine azad olur. Batıl akitle olursa azad olmaz.

Bir kimse, "eğer kölemi satmazsam şöyle şöyle olsun" dese, sonra köleyi azat etse veya müdebber yapsa yemini bozulur.

Bir kadın, kocasına "benim üzerime evlendin" dese, adam da "benim her karım boştur" dese, bu kadın da boş olur. Ebu Yusuf'tan gelen bir rivayete göre, bu kadın boş olmaz. Eğer koca bunu söylerken, o kadının dışında kalanlara niyet etmişse, diyaneten tasdik olunur, kazaen tasdik olunmaz.

Bir kimse, "yaya olarak Beytullah'a" veya "Kabe'ye gitmek bana nezir olsun" dese, yürüyerek hac veya umre yapması gerekir. Bir vasıtaya binerse kurban kesmesi icap eder. Bir kimse, "Beytullah'a çıkmak, veya "gitmek" ya da "Safa veya Merve'ye yürümek üzerime borç olsun" dese bir şey gerekmez. Keza, "Harem'e veya Mescid-i Haram'a yürümek bana borç olsun" dese yine bir şey gerekmez. İmameyn buna muhalefet eder.

Bir kimse, "bu sene haccetmezsem kölem hür olsun" dese ve iki kişi, onun Kurban bayramı günü Kûfe'de bulunduğuna şahitlik etseler, köle hür olmaz. İmam Muhammed buna muhalefet eder.

Bir kimse "oruç tutmayacağım" diye yemin etse, fakat bir saat niyetle oruçlu dursa, yemini bozulur. Eğer bu sözüne " صَوْمًا tam bir oruç" veya " يَوْمًا " bir gün oruç tutmayacağım" şeklinde bir ilavede bulunursa, bir gün oruç tutmadıkça yemini bozulmaz.

Bir kimse, "namaz kılmayacağım" derse, bir secde yaptığında yemini bozulur. Secde etmeden bozulmaz. Eğer bu sözüne " صَلاَةً tam bir namaz" kelimesini eklerse, iki rekat kıldığında yemini bozulur. İki rekattan az kılmakla yemini bozulmaz.

Bir kimse karısına, "eğer senin eğirdiğinden giyersem o hedy olsun" dese ve bir miktar pamuğa sahip olsa, kadın onu eğirse ve pamuk elbise olarak dokunsa, adam bu elbiseyi giyse, o elbise hedy olur. İmameyn buna muhalefet eder. Eğer kadın, kocasının yemin ettiği sırada malik olduğu pamuktan eğirirse, ittifakla hedy olur.

YEMİNLER BAHSİ

Gümüş yüzük zinet değildir. Altın yüzük böyle değildir. İnci gerdanlık, eğer işlenmiş ise zinet olur, işlenmemişse zinet olmaz. İmameyn, "inci gerdanlık mutlak olarak zinettir" dediler. Fetva da bu şekilde verilir.

Bir kimse "yere oturmayacağım" diye yemin etse, sonra yaygı, halı veya hasır üzerine otursa yeminini bozmuş olmaz. Eğer yer ile kendi arasına elbisesi perde olursa yemini bozulur.

Bir kimse, "bu yatakta uyumayacağım" diye yemin etse, sonra o yatağın üzerine başka bir yatak konsa ve bu kişi onun üzerinde uyusa yemini bozulmaz. Eğer o yemin ettiği yatak üzerine çarşaf konsa yemini bozulur.

Bir kimse, "şu divan veya karyola üzerinde oturmayacağım" diye yemin etse, üzerine başka divan konulduktan sonra otursa yemini bozulmaz. Üzerine bir yaygı veya halı ya da hasır konulursa bozulur.

İZAHI

Bu bölüm; alışveriş, evlenme ve bunların dışındaki konularda edilen yeminlerin hükümlerini açıklamaya dairdir.

Bir kimse, "alışveriş yapmıyacağım", "kiraya vermeyeceğim", "kiralamayacağım", "maldan dolayı sulh yapmayacağım", "taksim etmeyeceğim", "düşmanlık yapmayacağım" veya "çocuğumu dövmeyeceğim" diye yemin etse ve "yapmıyacağım" dediği bu işleri bizzat kendisi yapsa yeminini bozmuş olur. Ama bir başkasını bunları yapmaya vekil etse, yemini bozulmaz. Çünkü bunları yapmak şart idi. Oysa bu akdi, vekil tayin edilen kişi yapmadığı için, şart bulunmamış olur. Dolayısıyle bunları vekile yaptırırsa, yemini bozulmamış olur.

Bir kimse, "evlenmeyeceğim", "boşamıyacağım", "mal karşılığında karımı boşamayacağım", "köle veya cariyemi azad etmiyeceğim", "kölemle mükatebe akdi yapmıyacağım", "kasten adam öldürmeden dolayı barışmayacağım", "hibede bulunmayacağım", "sadaka vermeyeceğim", "borç vermeyeceğim" veya "borç almayacağım" diye yemin eder de bunları bizzat kendisi yapar veya bir vekile yaptırırsa yeminini bozmuş olur. Zira bunlardan elde edilecek faydanın tamamı bunları yapana ve yaptırmak için vekil tayin edene aittir. Dolayısıyle vekil, sadece elçi olmuş olur. Dürer'de şöyle yazılıdır: "kendi adına borç vermesi için birisini vekil tayin etmek geçersizdir. Bu takdirde, vekil eden kimsenin yemininin bozulmaması gerekir. Zira batıl ve geçersiz olan bir şey üzerine hüküm verilmez." Yemin eden kişi, bu işleri bizzat kendisi yapmamaya niyet etmişse, diyaneten tasdik olunur; kazaen tasdik olunmaz.

Bir kimse, "filanın kölesini dövmeyeceğim", "koyununu kesmeyeceğim", "evini yapmıyacağım", "elbisesini dikmeyeceğim", "ona emanet vermeyeceğim", "emanetini kabul etmeyeceğim", "ona iğreti mal vermeyeceğim", "ondan iğreti mal almayacağım", "borcunu ödemeyeceğim" veya "borcunu almayacağım" diye yemin etse veya "şu elbiseyi giymeyeceğim", "şu atı yüklemeyeceğim" dese ve fakat bu işleri başkasına yaptırsa mesela, elbiseyi kendisine giydirmesini veya atı yüklemesini başkasına emretse, yine yeminini bozmuş olur. Zira bunlar gözle görülen, hissedilen işlerdendir. Bir kimsenin yapmasıyle, eserleri belli olup anlaşılır. Bu takdirde, vekili de yapmış olsa, mecazen müvekkile nisbet edilir. Çünkü bu işler bizzat kendisi yapmaya niyet etmişti. Bu durumda kazaen ve diyaneten tasdik olunur.

YEMİNLER BAHSİ / 467

Bir kimse "evlenmeyeceğim" diye yemin etse ve onun vekili, velisi veya vasisi olmayan biri, haberi olmadan onu evlendirse, yemin eden de bu durumu öğrenince sözlü olarak icazet verse, yemini bozulur. Çünkü bir işin sonunda icazet vermek, başında izin vermek gibidir. Eğer fiili ile icazet verse yemini bozulmaz. Çünkü akitler sözlerle yapılır. Yemin edenin fiili, akit yerine geçmez. Onun fiili sadece rıza yerine geçer. Yeminin bozulmasının şartı ise bu evlenme akdini yapmaktır, yoksa evlenmeye razı olmak, yeminin bozulmasının şartı olmaz.

Bir kimse, "kölemi veya cariyemi evlendirmeyeceğim" diye yemin etse, sonra da bunu yapmak için birisini vekil tayin etse veya icazet verse, yeminini bozmuş olur. Zira bunların evlenmesi, velilerinin iznine bağlıdır. Keza küçük oğlu ve küçük kızını evlendirmeyeceğine yemin etse, daha sonra bu iş için birisine vekalet ve icazet verse yemini bozulur. Büyük oğlu ve büyük kızını, bizzat kendisi evlendirmedikçe yeminini bozmuş olmaz. Bunları evlendirmek için vekil tayin etmek veya icazet vermekle yemini bozulmaz.

Bir kimse başka birisine, "senin için bir elbise satarsam şöyle şöyle olsun" diye yemin etse, eğer o yemin ettiği kimsenin emriyle bir elbise satarsa yeminini bozmuş olur. Bu sattığı elbise ister yemin ettiği kimsenin mülkü olsun, ister onun mülkü olmasın birdir. Bu yemin cümlesinin arapçasında geçen "lâm"ın, "satmak" fiilinden hemen sonra gelmesi, bu işin, muhatabın yani kendisine yemin edilen kişinin emriyle olmasını gerektirmektedir. Keza bir kimse diğerine, "senin için bir elbise satın almam", "senin için bir ev kiralamam", "senin için bunu siyaha boyamam" veya "senin için bir ev yapmam" dese, bunların yapılması, yemin edilen şahsın emir vermesini gerektirir. Bunlar gerek onun mülkü olsun, gerek olmasın, birdir.

Bir kimse diğerine, "senin bir elbeseni satarsam, şöyle şöyle olsun" dese, bu söz, o elbisenin, kendisine yemin edilen kimsenin mülkü olmasını gerektirir. Böyle olunca, ister elbise sahibinin emriyle satsın, ister onun emri olmadan satsın, elbiseyi sattığında yeminini bozmuş olur.

"Nihaye" yazarı bu sözlerin farsçalarını da yazarak bu konuda şu açıklamayı yapar: Bir kimse, " اگر فُروشَم اَز بَهرِ تُو جَامَه رَا " eğer senin için bir elbise satarsam" dediğinde, o elbise, yemin edilen kişinin mülkü olsun veya olmasın, yemin edilen kişinin emri gerekir. O emretmeden satarsa yeminini bozmuş olmaz. Ama " اگر فُروشَم جَامَه کِه مُلْکِ تُو اَسْت " Eğer senin mülkün olan bir elbiseyi satarsam" dediğinde, bu söz, elbisenin o kişiye ait olmasını gerektirir. Böyle olunca da, ister elbise sahibinin izni olsun, ister olmasın, onu sattığında yeminini bozmuş olur.

Bir kimse diğerine, "senin için bir çocuk dövmeyeceğim" veya "senin bir çocuğunu dövmeyeceğim", "senin için bir yemek yemeyeceğim" veya "senin bir yemeğini yemeyeceğim", "senin için bir şey içmeyeceğim" veya "senin bir şeyini içmeyeceğim", "senin için bir eve girmeyeceğim" veya "senin bir evine girmeyeceğim" diye yemin etse yeminini bozmuş olur. Çünkü bu dövme, yeme, içme ve girme fiilleri, başkasının yerine yapılmaz. Dolayısıyle bu cümlelerin arapçasında geçen " لَكَ " sözünün önce veya sonra söylenmesi verilecek hükmü değiştirmez. Bu cümlelerden birini misal olarak verelim:

" لَا أَضْرِبُ لَكَ وَلَدًا Senin için bir çocuk dövmeyeceğim",

" لَا أَضْرِبُ وَلَدًا لَكَ Senin çocuğunu dövmeyeceğim" demektir. Fakat dövme fiili, başkasının yerine yapılamıyacağı için, bu şekilde yapılan yeminde, "senin elbiseni satmayacağım" veya "senin için bir elbise satmayacağım" şeklinde yapılan yeminlerdeki özel durumlar yoktur. Dolayısıyle, bu dört fiille yemin eden kişi, yemin ettiği kimsenin emri olsun veya olmasın, bu işleri yaptığında yemini bozulur.

Eğer başka manaya niyet etse, mesela, "senin için bir elbise satarsam" deyip bununla "senin bir elbiseni satarsam" demiş olmaya veya "senin bir elbiseni satarsam" deyip de "senin için bir elbise satarsam" demiş olmaya niyet ederse, diyaneten ve kazaen kendine daha ağır gelen yani kendi aleyhinde olan hususlarda tasdik edilir. Yoksa kendine daha hafif yük getirecek hususlarda tasdik olunmaz. "Teshil" yazarı: "Diyaneten hepsinde tasdik olunur" der.

Bir kimse, onu satarsam hürdür" veya "onu satın alırsam hürdür" dese, daha sonra muhayyer olarak satsa veya satın alsa, azad etme şartı olan "satma" veya "satın alma" işleri yapıldığı için bu köle hür olur. Muhayyer olarak yapılan satışta, muhayyerlik günlerinde hâlâ kölenin mâlikidir. Dolayısıyle kendi mülkü olarak onu azad edebilir. Muhayyer olarak gerçekleştirilen satın almada ise, kölenin azad edilmesi, satın alınma şartına bağlanmıştır. Sanki o kimse, "muhayyer olarak yaptığım satın alma işinden sonra o köle azad olsun" demiş gibi olur. Fasit veya mevkuf olarak satsa veya satın alsa da aynıdır. Yani köle azad olur. Zira bunlarda satma ve satın alma manası bulunur. Batıl bir akitle satar veya satın alırsa, köle azad olmaz. Zira bu şer'an satma ve satın alma sayılmaz.

YEMİNLER BAHSİ

Bir kimse, "kölemi satmazsam şöyle şöyle olsun" dese, sonra kölesini azad etse veya müdebber kılsa yemini bozulur. Zira satmaya mahal kalmamış, dolayısıyle "satmama" şartı gerçekleşmiş olur.

Bir kadın, kocasına, "benim üzerime evlendin" dese, kocası da "benim bütün karılarım boş olsun" diğerleri gibi böyle diyen kadın da boş olur. Zira o da adamın karıları içine dahildir. Burada aslolan bu sözün ifade ettiği umumi mana ile ameldir. Ancak Ebu Yusuf'tan gelen bir rivayete göre, böyle diyen kadın diğerleri gibi boş olmaz. Zira kocasının maksadı, diğerlerini boşayarak karısını razı etmekti. Bu takdir de onun bu sözü mutlak değil mukayyed olur. Eğer yemin eden koca bu sözüyle, "benim üzerime evlendin" diyen karısının dışındakilere niyet etmişse, diyaneten tasdik olunur, kazaen tasdik olunmaz. Çünkü "bütün" kelimesi umumi mana için kullanılır. Bu takdirde bu umumi sözü tahsis etmek, o sözün zahiri manasına zıt olur.

Bir kimse "yaya olarak Beytullah'a" veya "Ka'be'ye varmak üzerime nezirdir" dese, bu kimsenin yaya olarak hacca gitmesi veya umre yapması lâzımdır. Eğer vasıtayla veya hayvanla giderse kurban kesmesi gerekir.

Bir kimse "Beytullah'a çıkmak" veya "Beytullah'a gitmek" veya "Safâ'ya" ya da "Merve'ye yürümek üzerime borç olsun" dese, bir şey gerekmez. Zira bu tabirleri kullanarak ihrama girmek örf ve âdette yoktur. Böyle olmadığı için bu sözlerde mecaz aranmaz. Bu lafızların hakiki manası itibara alınsa da ihram giymek gerekmez. Onun için, bir şey gerekmez. Aynı şekilde "Harem-i Şerif'e" veya "Mescid-i Haram'a yürümek üzerime borç olsun" demekle de bir şey gerekmez. Zira bu lafızların hakiki manası ihramı gerektirmez. Örfte, böyle diyerek ihrama girmek de yoktur. İmameyn buna muhalefet eder. Zira Harem ve Mescid-i Haram, hac ve umreyi kapsar. Bu ikisini söylemek, hac ve umreyi söylemek gibidir. Ama Safa ile Merve böyle değildir.

Bir kimse, "bu sene haccetmezsem kölem hür olsun" dese, sonra haccettiğini söylese ve iki kişi onun Kurban bayramı günü Kûfe'de bulunduğuna şahitlik etse, o köle hür olmaz. Çünkü şahitler, o kimsenin hacca gitmediğine şahitlik etmişlerdir. İmam Muhammed bu görüşte değildir. Ona göre köle azad olur. Çünkü şahitler o kimsenin, bayram günü Kûfe'de udhiye kurbanı kestiğine şahitlik etmişlerdir. Zira şahitler, gördükleri, bildikleri bir konuda şahitlik etmişlerdir. Bu da o adamın o gün Kufe'de kurban kesmiş olmasıdır. Orada kurban kesmesi, haccettiğini göstermez. Aksine bu, haccetmemiş olmasının zaruri neticesidir. Dolayısıyla şart bulunmuş, yani haccetmemiş olur.

Böylece köle de hür olur [32]

Bir kimse "oruç tutmayacağım" diye yemin etse, sonra bir saat niyetli olarak oruçlu dursa yemini bozulur. Zira oruç, Allah'a yaklaşmak maksadıyle, orucu bozan şeylerden kendini tutmaktır. Bu ise bulunmuştur. Eğer bu sözüne "tam bir oruç" veya "bir gün" sözlerini eklerse, bir günü tamamlamadıkça yemini bozulmaz. Bir gün tamamlanınca tam bir oruç tutmuş olacağı için yemini bozulur.

Bir kimse "namaz kılmayacağım" diye yemin etse, namaza durup bir secde yapsa, ondan sonra namazı bıraksa yeminini bozmuş olur. Secde etmeden namazı terkederse yemini bozulmaz. Kıyasa göre, oruçta olduğu gibi, namaza başlamakla yemininin bozulması gerekirdi. Bundaki istihsanın izahı şudur: Namaz çeşitli rükünlerden ibarettir. Rükünlerin hepsi olmayınca ona namaz denmez. Ama oruç bir tek rükünden ibarettir ki o da imsâk yani yeme, içme ve cinsel ilişkiden kendini tutmaktır. Bu sebeple oruca başlamakla yemin bozulur, namaza başlamakla bozulmaz. Ama "tam bir namaz kılmayacağım" derse, iki rekat kıldığı takdirde yemini bozulur. Daha az kılarsa bozulmaz. İnaye yazarı şöyle der: "İkinci rekatın sonunda oturarak iki rekat tamamlanmadıkça yemini bozulmaz."

Bir kimse karısına, "eğer senin eğirdiğinden giyersem, o giydiğim hedy olsun" dese ve bir miktar pamuğa malik olsa, bu pamuğu karısı eğirse ve o iplik dokunsa, kocası o elbiseyi giyse, bu dokunan şey Ebu Hanife'ye göre hedy olur. Hedy, Mekke'de verilen sadakadır. İmameyn'e göre, bu elbise hedy olmaz. Zira nezir mülke veya mülkün sebebine nisbet edilirse sahih olur. Eğer kadın, kocasının yemin ederken mülkünde bulunan bir pamuktan eğirirse ve adam, bundan yapılan elbiseyi giyerse, o elbise ittifakla hedy olur.

Gümüş yüzük örfen zinet değildir. Hatta erkeklerin kullanması mübah olmuştur. Ama "Zahiriyye" de: Eğer gümüş yüzük, kadınların takdığı yüzük şeklinde taşlı olursa yemini bozulur. Sahih olan da budur" diye yazılıdır. Yani "zinet takmayacağım" diye yemin eden kimse böyle bir yüzük zinet sayılacağından, bunu taktığında yeminini bozmuş olur. Altın yüzük böyle de-

---

[32] İmam Ebu Hanife ile Ebu Yusuf şöyle der: Bu şahitlik, onun haccetmediğini göstermek için yapılmıştır. Maksat, o kişinin haccetmediğini söylemektir. Yoksa şahitlerin bu sözden maksadı, onun o gün Kufe'de kurban kestiğini söylemek değildir. Çünkü onlardan bunu isteyen yoktur. Dolayısıyle şahitler: "O haccetmedi" demiş gibi oldular. (Damat, I, 586). Bununla, bir şeyin yapılmadığına dair yapılan şahitliğin, dolayısıyle o iki kişinin şehadetlerinin geçerli olmadığını kabul ettikleri anlaşılıyor (Mütercim).

YEMİNLER BAHSİ /471

ğildir. Erkeklerin altın yüzük kullanması helal değildir. İnci gerdanlık, eğer işlenmişse zinet olur, işlenmemişse zinet olmaz. Zira işlenmemiş de olsa zinettir. Fetva da bununla verilir. Zira incinin süslenmeden zinet olduğuna Yüce Allah'ın " وَتَسْتَخْرِجُوا مِنْهُ حِلْيَةً تَلْبَسُونَهَا ve ondan, giyip takınacağınız bir zinet çıkarasınız diye, denizi hizmetinize bağlayan odur' (33) ayeti delâlet etmektedir.

Bir kimse, "yere oturmayacağım" diye yemin edip yaygı, kilim, halı veya hasır üzerine otursa yemini bozulmaz. Zira bunlar üzerine oturan kimseye "yere oturdu" denmez. Eğer kendisi ile yer arasına elbisesi perde olsa yemini bozulur. Zira elbise kişiye tabidir. Ayrı bir perde sayılmaz.

Bir kimse, "şu yatağın üzerinde uyumayacağım" diye yemin etse, sonra üzerine başka bir yatak konulup onun üzerinde uyusa yemini bozulmaz. Fakat üzerine çarşaf konulup çarşafın üzerinde uyursa yemini bozulur. Zira çarşaf yatağa tabidir, onun parçası sayılır, bir perde ve engel sayılmaz.

Bir kimse "şu karyola üzerinde oturmayacağım" diye yemin etse, sonra üzerine başka karyola konup onun üzerine otursa yemini bozulmaz. Eğer karyolanın üzerine halı, kilim, yaygı vea hasır konur da onun üzerine oturursa yemini bozulur.

---

(33) Nahl Suresi, 16/14.

6. KISIM

باب اليمين فى الضَّرْبِ وَالْقَتْلِ وَغير ذلك

اَلضَّرْبُ وَالْكِسْوَةُ وَالْكَلَامُ وَالدُّخُولُ يَخْتَصُّ فِعْلُهَا بِالْحَيِّ فَلاَ يَحْنَثُ مَنْ قَالَ اِنْ ضَرَبْتُهُ اَوْ كَسَوْتُهُ اَوْ كَلَّمْتُهُ اَوْ دَخَلْتُ عَلَيْهِ بِفِعْلِهَا بَعْدَ مَوْتِهِ بِخِلَافِ الْغَسْلِ وَالْحَمْلِ وَالْمَسِّ وَلاَ يَضْرِبُهَا فَمَدَّ شَعْرَهَا اَوْ حَنَقَهَا اَوْ عَضَّهَا حَنِثَ * لَيَضْرِبَنَّهُ حَتَّى يَمُوتَ فَهُوَ عَلَى اَشَدِّ الضَّرْبِ * لَيَقْضِيَنَّ دَيْنَهُ قَرِيباً فَمَا دُونَ الشَّهْرِ قَرِيبٌ وَالشَّهْرُ بَعِيدٌ * لَيَقْضِيَنَّهُ الْيَوْمَ فَقَضَاهُ زُيُوفاً اَوْ نَبَهْرَجَةً اَوْ مُسْتَحَقَّةً اَوْ بَاعَهُ بِهِ شَيْئاً وَقَبَضَهُ بَرَّ * وَلَوْ رَصَاصاً اَوْ سَتُّوقَةً اَوْ وَهَبَهُ اَوْ اَبْرَأَهُ مِنْهُ لاَ يَبَرُّ * لاَ يَقْبِضُ دَيْنَهُ دِرْهَماً دُونَ دِرْهَمٍ لاَ يَحْنَثُ بِقَبْضِ بَعْضِهِ مَا لَمْ يَقْبِضْ كُلَّهُ مُتَفَرِّقاً وَاِنْ فَرَّقَهُ بِعَمَلٍ ضَرُورِيٍّ كَالْوَزْنِ لاَ يَحْنَثُ * اِنْ كَانَ لِى اِلَّا مِائَةٌ اَوْ غَيْرُ مِائَةٍ اَوْ سِوٰى مِائَةٍ لاَ يَحْنَثُ بِهَا اَوْ بِاَقَلَّ مِنْهَا لاَ يَفْعَلُ كَذَا تَرَكَهُ اَبَداً * وَفِى لَيَفْعَلَنَّهُ يَكْفِى فِعْلُهُ مَرَّةً * حَلَفَهُ وَآل لَيَعْلَمَنَّهُ بِكُلِّ دَاعٍ تُقَيَّدُ بِحَالِ وَلَايَتِهِ * لَيَهَبَنَّهُ فَوَهَبَ وَلَمْ يَقْبَلْ بَرَّ وَكَذَا الْقَرْضُ وَالْعَارِيَةُ وَالصَّدَقَةُ بِخِلَافِ الْبَيْعِ * لاَ يَشُمُّ رَيْحَاناً فَهُوَ عَلَى مَالاَ سَاقَ لَهُ فَلاَ يَحْنَثُ بِشَمِّ الْوَرْدِ وَالْيَاسَمِينِ وَقِيلَ يَحْنَثُ * لاَ يَشُمُّ وَرْداً اَوْ بَنَفْشَجاً فَهُوَ عَلَى وَرَقِهِ * لاَ يَدْخُلُ دَارَ فُلاَنٍ تَتَنَاوَلُ الْمِلْكَ وَالْاِجَارَةَ * حَلَفَ اَنَّهُ لاَ مَالَ لَهُ وَلَهُ دَيْنٌ عَلَى مُفْلِسٍ اَوْ مَلِىٍّ لاَ يَحْنَثُ *

DÖVME, ÖLDÜRME VE BAŞKA ŞEYLERE YEMİN

Dövme, giydirme, konuşma ve girme filleri canlı olanlara mahsustur. Dolayısıyle bir kimse "onu döversem", "ona elbise giydirirsem", "onunla konuşursam" veya "onun huzuruna girersem" diye yemin eden kimse, bu fiilleri o kişi öldükten sonra yapmakla yeminini bozmuş olmaz. Yıkama, taşıma ve dokunma fiilleri buna benzemez.

Bir kimse "karımı dövmiyeceğim" diye yemin eder de saçını çeker veya boğazını sıkar veya ısırırsa yeminini bozmuş olur.

Bir kimse, "mutlaka onu ölesiye döveceğim" diye yemin etse, bu, "en şiddetli dövme" şeklinde yorumlanır.

Bir kimse, "falancanın borcunu mutlaka yakın zamanda ödeyeceğim" derse, bir aydan aşağısı yakın, bir ay uzak sayılır.

Bir kimse, "falancanın borcunu bugün muhakkak ödeyeceğim" diye yemin etse, sonra o borcu, düşük kaliteli veya kalp para ile ödese, yahut başkasının parasıyle ödese veya yemin ettiği kimseye ödeyeceği borç karşılığında bir şey satsa, alacaklı da o şeyi alsa, yemin eden yeminini tutmuş olur.

"Falancanın borcunu bu gün muhakkak ödeyeceğim" diye yemin eden kimse, o kişiye kalay veya iki yüzü gümüş içi bakır para verse veya alacaklı alacağını bağışlasa veya onu borçtan aklasa yeminini tutmuş olmaz.

Bir kimse, "falancanın borcunu taksit taksit almayacağım" diye yemin etse, ayrı ayrı tamamını almadıkça sadece bir kısmını almakla yemini bozulmaz. Eğer tartma gibi zorunlu bir işten dolayı alacağını taksitle alırsa yemini bozulmaz.

Bir kimse, "benim yüz liradan başka param olursa..." diye yemin etse, yüz lirası veya daha az parası olduğunda yemini bozulmaz.

"Şöyle yapmıyacağım" diye yemin eden kimse o işi ebediyen terkeder. "Onu mutlaka yapacağım" diye yemin etse, bir defa yapması yeterli olur.

Bir vali bir kimseye, "ülkeye gelen her fasık ve fesatçıyı kendisine bildireceğine dair yemin verdirse, bu yemin, onun valiliği ile kayıtlı olur.

Bir kimse, "mutlaka filancaya hibede bulunacağım" diye yemin etse ve hibede bulunsa fakat hibe edilen hibeyi kabul etmese, yeminini tutmuş olur. Borç, iğreti ve sadaka vermek de böyledir. Satış buna benzemez.

Bir kimse "reyhan koklamayacağım" diye yemin etse, bu, sapı olmayan çiçeği yorumlanır. Binaenaleyh gül ve yasemin koklamakla yemini bozulmaz. Bazıları, "bozulur" demiştir.

Bir kimse, "hiçbir gül" veya "menekşe koklamayacağım" dese, bu sözden onların yaprakları anlaşılır.

Bir kimse, "falancanın evine girmeyeceğim" dese, bu yemin, mülk ve kirayı kapsar.

Bir kimse "hiç malım yok" diye yemin etse, oysa iflas etmiş birinden veya bir zenginden alacağı olsa, yemini bozulmuş olmaz.

İZAHI

Bu bölüm dövme, öldürme ve bunların dışında kalan diğer bazı fiilleri yapmak için edilen yeminlerin hükümlerinin açıklanmasıyle ilgilidir.

Dövme, giydirme, konuşma ve girme fiilleri hayatta olanlara mahsus fiillerdir. Mesela, dövme; vücuda elem ve acı veren fiilin adıdır. Ölüye ise elem ve acı verilmez. Bu takdirde bu fiil, sadece hayatta olana yapılan bir fiil olur. Yüce Allah'ın, " وخذ بِيَدِكَ ضِغْثاً فَاضْرِبْ بِهِ وَلاَ تَحْنَثْ " **Eline bir demet sap al da onunla vur, yeminini bozma**"(34) ayeti, dönmenin elem veren fiilin ismi olduğu görüşünün aksini isbat eder. Zira Hz. Eyyüb (a.s), bir demet sapı hanımına vurmakla yeminini bozmamış oldu. Halbuki bir demet otla vurmadan bir elem yoktur" denilirse şöyle cevap veririz: Bunun, Hz. Eyyub hakkında bir ikram ve hanımı hakkında da bir kolaylık olmak üzere, nas ile sabit bir hüküm, bir ruhsat olması caizdir. Bu takdirde, başka dövme hükümleri buna katılmaz.

Giydirmenin mutlak manası, elbiseyi başkasına mülk olarak vermektir. Bu ise ölüye verilmez. Ancak "giydirmek" sözüyle "örtme"yi murat ederse başka.

"Konuşmaktan maksat, karşımızdakine bir şeyi anlatmaktır. Ölünün anlaması ise söz konusu olamaz. Eğer, "Hz. Peygamber (a.s) Ashab-ı Kalîb'e isimleri ile hitap ederek:

هَلْ وَجَدْتُمْ مَا وَعَدَ رَبُّكُمْ حَقًّا فَقَدْ وَجَدْتُ مَا وَعَدَ رَبِّى حَقًّا

"**Rabbınızın vaad ettiğini hak olarak buldunuz mu? Ben rabbımın vaad ettiğini hak olarak buldum**" dediğinde Hz. Ömer (r.a): Ey Allah'ın Rasulü! Ölülerle mi konuşuyorsunuz? demiş, bunun üzerine Hz. Peygamber (a.s): " مَا أَنْتُمْ بِأَسْمَعَ مِنْ هَؤُلاَءِ **Siz onlardan daha fazla işitici değilsiniz**' (35) buyurmuştur" denilirse, buna şöyle cevap verilir: Hz. Peygamber (a.s)'in ölülere hitap etmesi ve ölülerin onun bu hitabını canlılardan daha iyi işitmeleri Hz. Peygamber (a.s)'in bir mucizesidir. İnaye'de Peygamber Efendimiz'in hitabı bu şekilde yazılıdır. Büyük alim Nesefi ise Kaiye'sinde şöyle der: Bu hadis-i şerif sabit değildir. Bu hadis-i şerif Hz. Aişe (r.anha)'ye ulaştığında "O Yüce

---

(34) Sad Suresi, 38/44.
(35) Buhari, Cenâiz 87; Müslim, Cennet, 76-77 (az farklı).

Peygambere iftira etmişsiniz. Zira Yüce Allah'ın, فَاِنَّكَ لَا تُسْمِعُ الْمَوْتٰى Sen ölülere duyuramazsın' ⁽³⁶⁾ اَنْتَ بِمُسْمِعٍ مَنْ فِى الْقُبُورِ Sen, kabirde bulunanlara işittirici değilsin"⁽³⁷⁾ ayetleri bunu nakzeder" demiştir.

Zeylanî ise şöyle der: Bu hitabın, hayattakiler için bir öğüt olması caizdir. Bunun benzeri Hz. Ali (r.a)'dan gelen şu rivayettir: Hz. Peygamber (a.s) Kabristana her vardığında:

السلامُ عَلَيْكُمْ دَارَ قَوْمٍ مُؤْمِنِينَ اَمَّا نِسَاؤُكُمْ فَقَدْ نُكِحَتْ وَاَمْوَالُكُمْ فَقَدْ قُسِمَتْ وَدُورُكُمْ فَقَدْ سُكِنَتْ فَهٰذَا خَبَرُكُمْ عِنْدَنَا فَمَا خَبَرُنَا عِنْدَكُمْ

"Ey mü'minler diyarı! Selam size! Karılarınız başkalarıyle nikahlandı, mallarınız bölüşüldü. Evleriniz başkaları tarafından mesken edinildi. İşte bunlar bizim size vereceğimiz haberler. Sizin bize vereceğiniz haberler nedir?" derdi. Yine Hz. Peygamber (a.s): Yere sor, nehir yataklarını kim yardı? Ağaçlarını kim dikti? Meyvelerini kim topladı? Eğer o sana cevap vermezse, senin alacağın cevap ibret almaktır" buyururlardı.

Bir kimse "falanca adamı döversem", "falancayı giydirirsem", "falancanın yanına girersem" diye yemin etse, yemin ettiği kimsenin ölümünden sonra bunları yaparsa yeminini bozmuş olmaz. "falancayı yıkarsam", "falancayı taşırsam", "falancaya dokunursam" şeklinde edilen yeminler buna benzemez. Bunları, o kişi öldükten sonra da yapsa yemini bozulur. Çünkü bunlar sadece canlılara yapılmaz.

Bir kimse karısını dövmemeye yemin ettikten sonra onun saçını çekse veya boğazını sıksa veya ısırsa yemini bozulur. Zira bu fiillerle bedene acı ve elem verilir. Elem verince de dövmüş olur. İmameyn şöyle der: Bu işler, koca karısı ile sevişip oynaşırken yapılsa yemini bozulmaz. Zira örfte bu işlere "oynaşma, şakalaşma" denir, dövme denmez.

Bir kimse "mutlaka filan kimseyi ölesiye döveceğim" diye yemin etse, bu yemin, çok şiddetli şekilde dövmeye yorumlanır.

Bir kimse, "filanın borcunu elbette yakında ödeyeceğim" diye yemin etse, imdi, bir aydan az süre yakın sayılır. Bir ay, uzaktır. Bir ayda öderse yeminini bozmuş olur. Bir aydan daha az bir zaman içinde öderse yemini bozulmaz.

---

(36) Rum Suresi, 30/52.
(37) Fatır Suresi, 35/22.

Bir kimse, "filanın borcunu mutlaka bugün ödeyeceğim" diye yemin etse, sonra o borcu düşük kaliteli veya kalp para ile ödese, yahut ona başkasının parasını verse veya yemin ettiği kimseye, onun alacağına karşılık bir şey satsa ve o da bu malı alsa, bu durumda yemin eden kişi yeminini tutmuş olur. Zira paranın düşük kaliteli veya kalp olması, onun para olma özelliğini gidermez. Bu iki özellik, parada bulunan bir kusurdur. Bir şeyde bulunan kusur, onun cinsiyetini yok etmez.

Bir kimse "falancanın borcunu mutlaka bugün ödeyeceğim" dedikten sonra o gün ona kalay veya iki yüzü gümüş içi bakır para verse veya alacaklı alacağını borçluya hibe etse veya "bana borcun yok" diyerek onu borçtan ibra etse, yeminini tutmuş olmaz, yemini bozulur. Zira kalay ve iki yüzü gümüş içi bakır olan akçe, para cinsinden değildir. Alacaklının alacağını hibe etmesi veya borcun yok diyerek onu borçtan aklaması "ödeme" yerine geçmez. Çünkü bunlar, borçlunun değil, alacaklının yaptığı işlerdir. Oysa borç ödeme, borçlunun işidir.

Bir kimse, "falanın borcunu taksit taksit almayacağım" diye yemin etse, taksitle tamamını almadıkça, baştan bir kısmını almakla yeminini bozmuş olmaz. Hepsini taksitle alınca yemini bozulur. Zira şart, taksit taksit olmak üzere tamamını almamaktır. "Borcunu almayacağım" demek, "tamamını almayacağım" demektir. dolayısıyle, borçlunun bir miktar daha borcu kaldığı sürece, alacaklının yemini bozulmaz. Ama bir miktarını sabah, bir miktarını akşam alsa, yine yemini bozulur. Fakat tartma ve benzeri zorunlu bir işten dolayı taksit taksit alırsa, yemini bozulmaz. İmam Züfer'e göre bozulur. Zira o hakikate itibar eder, biz ise örfe göre hareket ederiz.

Bir kimse, "benim yüz liradan başka param olursa" karım boş olsun" veya "kölem hür olsun" diye yemin etse, o kimsenin yüz lirası veya daha az parası olsa yemini bozulmaz. Zira o kişi böyle demekle, örfe göre, yüz liradan fazla parası olmadığını söylemiş olur. Metinde geçen üç istisna edatı yani (سِوَى — غَيْرَ ، إِلَّا), yüz'ü istisna etmektedir. Yüz, bütün cüzleri ile istisna edildiği için, yüz liradan az parası olduğunda da yemini bozulmaz.

Bir kimse, "şöyle yapmıyacağım" diye yemin etse, o işi edebiyyen terkeder. Çünkü "yapmıyacağım" sözü, mutlak olarak o işin yapılmayacağını ifade eder. Bu takdirde, ömür boyu yapılmaması gerekir. Bir kimse, "mutlaka şu işi yapacağım" diye yemin etse, bir defa yapması yeter. Çünkü o bir işin ismini söylemiş ve onu yapacağını belirtmiştir.

YEMİNLER BAHSİ

Bir vali, bir kimseye, her bozguncu ve fâsık kendisine bildirmesi için yemin ettirse, bu yemin o valinin valiliği süresince geçerlidir. O valinin görevden alınması veya ölmesinden sonra yeni valiye bildirmemekle yemini bozulmaz.

Bir kimse, "falancaya şu şeyi hibe edeceğim" diye yemin etse, fakat hibe ettiğinde o kişi bu hibeyi kabul etmese, yeminini tutmuş olur. Zira hibe, bir şeyi hiç karşılık almadan başkasının mülkü yapmaktır. Bu, o kimsenin sözünü ettiği şeyi hibe etmesiyle tamam olmuştur. Karşısındakinin bunu kabul etmesi ise, mülkün sâbit olmasının şartıdır. Mülk, hibenin hükmüdür. Yeminin bozulmaması için, hibe etmek şarttır. Yoksa, hibe edilen şeyi onun mülkü yapmak şart değildir. Borç, âriyet ve sadaka vermek de bunun gibidir. Yani hibeye benzer. Satmak böyle değildir. Mesela bir kimse, "borç vereceğim", "âriyet vreceğim" veya "sadaka vereceğim" diye yemin etse, bunları verse, fakat karşısındaki kabul etmese, o kimse yeminini tutmuş olur. Fakat satmak, iki tarafın karşılıklı olarak yaptığı bir akittir. İki tarafın birlikte bu işi yapması gerekir.

Bir kimse, "reyhan koklamayacağım" diye yemin etse, bu, sapı olmayan çiçeğe haml olunur. Binaenaleyh gül veya yasemin koklamakla yemini bozulmaz. Zira bu ikisinin sapı vardır. Öyle olunca da yeminin bozulması gerekmez. Bazıları, "bozulur" demiştir. Zira örf ve âdette "reyhan" diye güzel kokulu bitkiye denir. Bu takdirde, gül ve yasemin koklamakla yemini bozulur.

Bir kimse, "gül ve menekşe koklamayacağım" diye yemin etse, bundan herbirinin yaprağı anlaşılır. Hatta bir kimse "menekşe ve gül satın almıyacağım" diye yemin etse ve bunların yapraklarını satın alsa, yemini bozulur. Ama sapını satın alsa yeminini bozmuş olmaz. Kâfi'de de böyle yazılıdır. Fakat Mebsut'ta bunun aksi yazılıdır. Yaprağını satın alsa bozulmaz, sapını satın alsa bozulur. Bu ise, Kufelilerin örf ve âdetidir. Bizim örfümüzde, bunlar söylendiğinde yaprakları anlaşılır.

Bir kimse, "falanın evine girmeyeceğim" diye yemin etse, bu yemin o kişinin hem mülkü olan evi hem de kira ile oturduğu evi kapsar. Onun mülkü olan veya kira ile oturmakta olduğu eve girdiğinde yemini bozulur. İmam Şafii: "Kirada oturduğu eve girerse yemini bozulmaz" der. Zira ona göre, hakikat ve mecaz ayrıdır. Bize göre, umum mecaz itibariyledir. Zira oturmak, ikisinde de vardır. Hangisine girse yemini bozulur.

Bir kimse, "hiç malım yok" diye yemin etse, halbuki iflas etmiş birinde veya bir zenginde alacağı olsa yemini bozulmaz. Zira "alacak", "mal" sayılmaz. Alacak, sadece onun zimmetinde bulunan bir vasıftır.

En iyisini Yüce Allah bilir.

7. BÖLÜM

كتاب الحُدُودِ

الْحَدُّ عُقُوبَةٌ مُقَدَّرَةٌ تَجِبُ حَقًّا لِلَّهِ تَعَالَى فَلاَ يُسَمَّى تَعْزِيرٌ وَلاَ قِصَاصٌ حَدًّا* وَالزِّنَا وَطْىءُ مُكَلَّفٍ فِى قُبُلٍ خَالٍ عَنْ مِلْكِهِ وَشبهته* وَيَثْبُتُ بِشَهَادَةِ أَرْبَعَةِ رِجَالٍ مُجْتَمِعِينَ بِالزِّنَا لاَ بِالْوَطْىءِ أَوِ الْجِمَاعِ إِذَا سَأَلَهُمُ الْإِمَامُ عَنْ مَاهِيَةِ الزِّنَا وَكَيْفِيَّتِهِ وَبِمَنْ زَنَى وَأَيْنَ زَنَى وَمَتَى زَنَى فَبَيَّنُوهُ وَقَالُوا رَأَيْنَاهُ وَطِئَهَا فِى فَرْجِهَا كَالْمِيلِ فِى الْمُكْحَلَةِ وَعُدِّلُوا سِرًّا وَعَلاَنِيَةً* أَوْ بِالْإِقْرَارِ عَاقِلاً بَالِغاً أَرْبَعَ مَرَّاتٍ فِى أَرْبَعَةِ مَجَالِسَ كُلَّمَا أَقَرَّ رَدَّهُ حَتَّى يَغِيبَ عَنْ بَصَرِهِ ثُمَّ سَأَلَ كَمَا مَرَّ سِوَى الزَّمَانِ فَبَيَّنَهُ وَنُدِبَ تَلْقِينُهُ لِيَرْجِعَ بِلَعَلَّكَ قَبَّلْتَ أَوْ لَمَسْتَ أَوْ وَطِئْتَ بِشُبْهَةٍ فَإِنْ رَجَعَ قَبْلَ الْحَدِّ أَوْ فِى أَثْنَائِهِ تُرِكَ* وَالْحَدُّ لِلْمُحْصَنِ رَجْمُهُ فِى فَضَاءٍ حَتَّى يَمُوتَ* يُبْدَأُ بِهِ الشُّهُودُ فَإِنْ أَبَوْا أَوْ غَابُوا أَوْ مَاتُوا سَقَطَ ثُمَّ الْإِمَامُ ثُمَّ النَّاسُ* وَفِى الْمُقِرِّ يَبْدَأُ الْإِمَامُ ثُمَّ النَّاسُ* وَيُغْسَلُ وَيُصَلَّى عَلَيْهِ وَلِغَيْرِ الْمُحْصَنِ جَلْدُهُ مِائَةً وَلِعَبْدٍ نِصْفُهَا بِسَوْطٍ لاَ ثَمَرَةَ لَهُ ضَرْباً وَسَطاً مُفَرَّقاً عَلَى بَدَنِهِ إِلاَّ الرَّأْسَ وَالْوَجْهَ وَالْفَرْجَ وَعِنْدَ أَبِى يُوسُفَ يُضْرَبُ الرَّأْسَ ضَرْبَةً* وَيُضْرَبُ الرَّجُلُ قَائِماً فِى كُلِّ حَدٍّ بِلاَ مَدٍّ وَيُنْزَعُ ثِيَابُهُ سِوَى الْإِزَارِ* وَالْمَرْأَةُ جَالِسَةً وَلاَ تُنْزَعُ ثِيَابُهَا إِلاَّ الْفَرْوُ وَالْحَشْوُ وَيُحْفَرُ لَهَا فِى الرَّجْمِ لاَ لَهُ* وَلاَ يَحُدُّ سَيِّدٌ مَمْلُوكَهُ بِلاَ إِذْنِ الْإِمَامِ* وَإِحْصَانُ الرَّجْمِ الْحُرِّيَّةُ وَالتَّكْلِيفُ

وَالْإِسْلَامُ وَالْوَطْىءُ بِنِكَاحٍ صَحِيحٍ حَالَ وُجُودِ الصِّفَاتِ الْمَذْكُورَةِ فِيهِمَا* وَلَا يُجْمَعُ بَيْنَ جَلْدٍ وَرَجْمٍ وَلَا بَيْنَ جَلْدٍ وَنَفْىٍ إِلَّا سِيَاسَةً* وَالْمَرِيضُ يُرْجَمُ وَلَا يُجَلَّدُ مَا لَمْ يَبْرَأْ وَالْحَامِلُ إِنْ ثَبَتَ زِنَاهَا بِالْبَيِّنَةِ تُحْبَسُ حَتَّى تَلِدَ وَتُرْجَمَ إِذَا وَضَعَتْ وَلَا تُجْلَدُ مَا لَمْ تَخْرُجْ مِنْ نِفَاسِهَا وَإِنْ لَمْ يَكُنْ لِلْوَلَدِ مَنْ يُرَبِّيهِ لَا تُرْجَمُ حَتَّى يَسْتَغْنِيَ عَنْهَا*

HADLER

Had; ölçüsü belirlenmiş cezadır. Allah hakkı olarak vaciptir. Onun için tazir ve kısasa had denmez.

Zina; mükellef bir erkeğin, kendi mülkü altında olmayan ve mülkü altında olma şüphesi de bulunmayan bir kadına ön tarafından yaklaşmaktır.

Zina, hepsi beraber oldukları halde dört erkeğin zinaya şahitlik etmeleri ile sabit olur. Bu dört erkeğin "zina" lafzı yerine, cinsel ilişkiyi ifade eden vat' veya cima kelimelerini kullanmalarıyla zina sabit olmaz.

İmam bu şahitlere zinanın mahiyetini ve nasıl olduğunu; kiminle, nerede ve nasıl zina ettiğini sorar. Onlar da açıklayarak: "Adamın, tenasül uzvunu, sürmeliğin içindeki mil gibi, kadının tenasül uzvuna soktuğunu gördük" derler. Gizli ve açık bir şekilde, şahitlerin adaletli olup olmadıkları araştırılır.

Zina, bu şekilde dört şahidin şehadetleriyle veya akıllı ve ergenlik çağına ermiş kişinin dört ayrı mecliste dört defa kendi ikrarıyla sabit olur. Her ikrar ettiğinde hakim onu, gözünün önünden kayboluncaya kadar reddeder. Sonra ona "ne zaman zina ettin" sorusu dışında, yukarda geçen soruları sorar. O da bunu açıklar. Hakimin, "herhalde şüphe ile cinsel ilişkide bulunmuşsundur" gibi sözlerle, ikrarından dönmesi için telkinde bulunması menduptur. Eğer had uygulanmadan veya uygulanırken ikrarından dönerse bırakılır.

Muhsan olan kimseye uygulanacak had, bir sahrada ölünceye kadar taşlanmasıdır. Bu taşlama işine şahitler başlar. Eğer bunu yapmaktan çekinirler veya orada bulunmazlar veya ölürlerse, had düşer. Şahitlerden sonra devlet reisi, sonra diğer insanlar taş atar. Zina edenin ikrarıyla sabit olan zinadan önce devlet reisi, sonra diğer insanlar taşlar. Bu şekilde recmedilen kişi yıkanır ve namazı kılınır.

Muhsan olmayana uygulanacak had, budaksız yüz değnek vurmaktır. Kölelerin haddi bunun yarısıdır. Bu vurma işi, orta şiddette ve bedenin ayrı ayrı yerlerine olmalıdır. Ancak başa, yüze ve cinsel organa vurulmaz. Ebu Yusuf'a göre, başa da bir defa vurulur. Zina eden erkek her hadde, yere uzatılmadan ayakta dövülür. Gömleği dışında üzerinde bulunan elbisesi çıkarılır. Kadına, oturduğu halde değnek vurulur. Kürkü ve pamuklu elbisesi dışında diğer giysileri çıkarılmaz. Recm edilirken kadın için bir çukur kazılır, erkek için kazılmaz.

Devlet reisinin izni olmadan, efendi; köle ve cariyesine had uygulayamaz.

Recm konusunda erkek ile kadının muhsan olması demek, bunların hür, mükellef ve müslüman olmaları ve bu sıfatlar kendilerinde bulunduğu halde sahih bir evlilik yaparak başlarından cinsel ilişki geçmiş olması demektir.

Bir kimseye hem celde hem recm cezası uygulanmaz. Celde ile sürgün cezası da birleştirilmez. Ancak siyaseten birleştirilebilir.

Hasta recmedilir fakat iyileşmedikçe celde cezası uygulanmaz. Hamile kadının zina ettiği eğer bir delille sabit olursa, doğuruncaya kadar hapsedilir. Doğurunca recm edilir. Lohusalıktan kurtuluncaya kadar celde haddi uygulanmaz. Eğer çocuğa bakacak kimse yoksa, çocuk annesine ihtiyaç duymayacak duruma gelinceye kadar recmedilmez.

İZAHI

Bu bölüm, hadlerin hükümlerinin açıklanması ile ilgilidir. Musannıf İbrahim Halebi, yeminin, hem ibadet hem de aynı zamanda ceza sayılan keffaretlerini anlattıktan sonra, sırf ceza özelliğini taşıyan konuları anlatmaya başladı.

Hadlerin birçok faydası vardır. Zina haddinin meşru olmasındaki hikmet nesebi korumaktır. Kazf yani iffete iftira haddi ırz ve namusu korumak içindir. Yol kesenlere uygulanan had, yol emniyetini sağlamak içindir. İçki içme haddi, aklı korumak içindir. Hırsızlığa verilecek cezadaki hikmet, malların korunmasıdır.

Had, lügatte men etmek, engel olmak manasınadır. Bu kitaba "kitab-ı hudud" denilmesinin sebebi, bu kitaptaki cezaların insanları harama dalmaktan menedici olmasıdır.

Haddin istılahi manası: Allah hakkı olduğu için uygulanması vacip olan ölçüleri tesbit edilmiş cezadır. Allah hakkı olmadığı için, tazir ve kısasa had denmez. Zira tazirde, Kitap ve Sünnetle sabit olan belirlenmiş bir şey yoktur. Tazirin nasıl olacağı devlet reisinin ve hakimin reyine bırakılmıştır. Hadler altı nevidir: Zina haddi, içki haddi, sarhoşluk haddi, iffete iftira haddi, hırsızlık haddi ve yol kesme haddi.

Zina, mükellef yani akıllı ve büluğa ermiş bir erkeğin, kendi mülkü altında bulunmayan veya mülkü altında bulunma şüphesi olmayan bir kadınla ön tarafından cinsel ilişkide bulunmasıdır. Bir kadının bir erkeğin mülkü altında bulunması demek onun nikahlı karısı veya cariyesi olmasıdır. Kadının, erkeğin mülkü altında bulunup bulunmama şüphesi ise kadının, bain talakla boşanıp iddet beklediği durumlarda olur. Veya bir kimsenin, oğlunun cariyesi üzerindeki mülkü de şüphelidir. Buna göre bir kimse, kendi oğlunun cariyesi veya bain talakla boşayıp da iddet beklemekte olan karısı ile kurduğu cinsel ilişkiye zina haddi uygulanmaz.

Zina, hep beraber hakimin huzurunda bulundukları halde dört adamın şehadeti ile sabit olur. Yani hepsi aynı oturumda şahitlik ederlerse şehadetleri kabul edilir. Bazı araştırmacı alimler şöyle der: Yüce Allah'ın فَاسْتَشْهِدُوا عَلَيْهِنَّ أَرْبَعَةً مِنْكُمْ "Onların aleyhine sizden dört şahit getirin"[1] ayetinde, dört şahit getirme şartı, bu işi gizlemek manasını ifade eder. Zira böyle bir fiili dört kişinin görmesi çok nadirdir. Şahitlerin, "zina ettiler" sözünü kullanmaları halinde şehadetleri makbul olur. Vat' ve cima gibi, cinsel ilişkiyi ifade eden başka kelimeler kullanırlarsa olmaz. Zira "zina", haram işi gösteren bir lafızdır. Diğer kelimeler ise, zinadan başka yerde kullanılırlar.

Dört şahidin şahitliği, hakim veya devlet reisinin, onlara şu soruları sorup cevabını aldıktan sonra sabit olur:

Hakim dört şahide, zinanın hakikat ve mahiyetini sorar. Zina, erkeğin tenasül uzvunu, kendisine haram olan kadının tenasül uzvuna sokmasıdır.

---

[1] Nisa Suresi, 4/15

Kâfi'de şöyle yazılıdır: Devlet reisi şahitlere zinanın ne olduğunu sorar. Zira insanlardan çoğu, her haram olan cinsel ilişkinin zina olduğunu zanneder. Hz. Peygamber (a.s)'in:

اَلْعَيْنَانِ تَزْنِيَانِ وَالْيَدَانِ تَزْنِيَانِ وَالرِّجْلَانِ تَزْنِيَانِ

"**Gözler zina eder, eller zina eder, ayaklar zina eder**"[(2)] hadisi, cinsel ilişkinin dışında kalan bazı fiillere de zina denildiğine delildir. Fakat cinsel organlarla yapılanın dışındaki zinalara "zina haddi" uygulanmaz.

Hakim bu dört şahide, zinanın nasıl olduğunu sorar. Belki adam zorla zina etmiştir. Kadının ona helal olma ihtimali vardır. Fakat şahitler bunu bilemeyebilir. Kadının, o erkeğin mülkü altında olma şüphesi vardır. Veya iki tenasül uzvu tam olarak birleşmemiş olabilir.

Hakim şahitlere, "zina eden erkek nasıl bir kadınla zina etti?" diye sorar. İhtimal ki, kendine helal olan bir kadınla cinsel ilişkide bulunmuştur. Belki de, mülkü altında bulunup bulunmadığı şüpheli bir kadınla bu işi yapmıştır. Fakat şahitler bu durumları bilmiyor olabilirler.

Hakim dört şahide, "adam nerede zina etti?" diye sorar. Adam dar-ı harpte zina etmiş olabilir. Böyle bir zina haddi gerektirmez.

Hakim dört şahide, "adam ne zaman zina etti?" diye sorar. Adam bu işi çocuk iken veya çıldırmış iken yapmış olabilir. Yahut aradan uzun zaman geçmiştir. Zira zinanın çok zaman önce olması, hadde engeldir. Ama uzun zaman önce zina yaptığını adam kendisi ikrar ederse, bu durum, zina cezasının uygulanmasına engel teşkil etmez. Müddetin geçmesi, en sahih kavle göre, bir aydır. Şahitler bu sorulara verdikleri cevaplara dayanarak o zinayı açıklarlar ve "adamın, tenasül uzvunu kadının tenasül uzvuna soktuğunu gördük. Tıpkı sürmeliğin içine giren mil gibi" derler. Ve böylece zina sabit olur. Şahitlerin adil olup olmadıkları gizlice ve açıktan araştırılır.

Zina, ya bu anlatılan şekilde veya akıllı ve ergenlik çağına ulaşmış bir kişinin, dört ayrı mecliste, her mecliste bir defa olmak üzere dört defa, zina yaptığını ikrar etmesiyle sabit olur. Zira Hz. Peygamber (a.s), dört defa ikrar edinceye kadar Maiz'e zina cezasını uygulamamıştır. Ama Şafii mezhebine göre, diğer haklarda olduğu gibi, bir defa ikrar etmek yeter. Zina eden her ikrar ettiğinde hakim onu gözünün önünden kayboluncaya kadar reddedip

---

(2) Ahmed, II, 343, 372, 528, 535, 536

geri çevirir. Sonra hakim, yukarda geçtiği gibi, yani şahitlere sorduğu gibi buna da soru sorar. Ancak, bu işi ne zaman yaptığını sormaz. Zira zaman aşımı şahitliğe engel olur ama ikrara engel olmaz. Yani belli bir süreden sonra şahitlik geçerli olmaz, ama ikrar her zaman geçerlidir. Fakat en sahihi, zamanında sormaktır. Zira çocuk iken veya cinnet halinde zina etmiş olabilir. O da bu sorulara cevap vererek zinayı açıklarsa, zina haddinin uygulanması gerekir.

Zina yaptığını ikrar eden kimse, bu ikrarından dönsün diye hakimin ona, "belki sen onu öpmüşsündür" veya "dokunup ellemişsindir" veya "şüphe ile cinsel ilişkide bulunmuşsundur" gibi sözlerle telkinde bulunması menduptur.

Eğer "zina ettim" diye ikrarda bulunan kimse, had uygulanmaya başlamadan veya had uygulanırken bu ikrarından dönerse, terk olunur. Çünkü onun ikrardan dönmesi, doğru olma ihtimali olan bir haber yerine geçer. Bu takdirde araya şüphe girer. Şüphe girince de, " ادْرَؤُوا الْحُدُودَ بِالشُّبُهَاتِ مَا اسْتَطَعْتُمْ **Gücünüz yettiği kadar, ortaya çıkan şüphelerle hadleri yok edin"**(3) hadis-i şerifi ile amel edilir.

Muhsan olan kimseye uygulanacak had, bir meydanda ölünceye kadar taşlamaktır. Taşlamaya önce şahitler başlar. Şahitler taşlamak istemez veya gaib olurlar veya ölürlerse, had uygulanmaz. Çünkü şart, önce şahitlerin taşlaması idi. Bu olmayınca şart bulunmamış olur. Şahitlerden sonra devlet reisi, daha sonra diğer insanlar taşlar. Zina yaptığını itiraf ve ikrar eden kimseye recm uygulanırken önce devlet reisi taşlar, sonra diğer insanlar taş atar.

Zina eden kimse recmedilmek suretiyle ölünce yıkanır ve namazı kılınır. Zira Nebi (a.s) Efendimiz Maiz için böyle yapılmasını emretmiştir. Hatta Maiz recmedilince amcası Hz. Peygamber (a.s)'e geldi ve:"Ey Allah'ın Rasulü! Maiz köpekler gibi öldürüldü. Ölüsünü ne yapalım?" dedi. Bunun üzerine Peygamber (a.s) Efendimiz Maiz'in amcasına: **"Böyle konuşma. Maiz öyle bir tevbe etti ki, onun tevbesi yeryüzünde bulunanlara taksim edilse yeterdi. Onu yıka, kefenle ve namazını kıl"** diye emretmiştir.

Zina haddi, muhsan olmayan için yüz celdedir. Yüce Allah'ın:

الزانية والزاني فاجلدوا كل واحد منهما مائة جلدة **"Zina eden kadın ile zina eden erkekten herbirine yüz deynek vurun"**(4) ayeti kerimesi muh-

---

(3) Hadis, بالشبهات lafzı zikredilmeden Tirmizi, Hudud, 2'de rivayet edilmiştir.
(4) Nur Suresi, 24/2

san olanlar hakkında neshedilmiş; Hz. Peygamber (a.s)'in fiili ile muhsan olmayanlar hakkında bununla amel edilmiştir. Bu ayetin, muhsan olanlar hakkında uygulanması, bir başka ayet ile (yani recm ayeti ile) neshedilmiştir. Bunu nesheden ayetin de tilaveti neshedilmiş; hükmü baki kalmıştır.

Köle ve cariyelere uygulanacak zina haddi, muhsan olmayan hürlerin cezasının yarısı yani 50 celdedir. Zira Yüce Allah'ın,

" فان أتين بفاحشة فعليهن نصف ما على المحصنات Eğer bir fuhuş yaparlarsa, o vakit, hür kadınlar üzerine gerekli bulunan cezasının yarısı kendilerine lazım gelir"(5) ayeti buna kesin delildir. Burada "yarı cezadan maksat celdedir. Zira recmetmenin yarısı olmaz. Bu ayet-i kerime cariyeler hakkında inmiştir. Köle de cariyenin hükmü altına girdi. Bu ise, bilinene uymamaktadır. Zira bilinen, kadınların erkekler hakkında verilen hükmün altına girmeleridir. En iyisini Allah bilir. Zira zinaya daha çok kadınlar sebep olmaktadır. Nitekim, " الزانية والزاني "Zina eden erkek ve zina eden kadın"(6) ayetinde, önce zina eden kadının zikredilmiş olması bunu gerektirir.

Celde cezası, budaksız bir sopa ile uygulanmalıdır. Zira rivayet edildiğine göre Hz. Ali (r.a), had yapmak istediğinde sopanın budaklarını keserdi. Deynek, bedenin sadece bir yerine değil, ayrı ayrı yerlerine orta derecede bir vuruşla vurulur. Eğer şiddetli olursa, ölüme götürme ihtimali olur. Hafif vurulursa, maksat hasıl olmamış olur. Maksat, bu cezayı hak edene acı ve elem vermektir. Bundan dolayı orta derecede bir vuruşa itibar edilmiştir. Başa, yüze ve tenasül uzvuna vurulmaz. Baş, bütün duyuların merkezidir. Yüz, bütün güzelliklerin toplandığı yerdir. Tenasül uzuvları ise sopa ile vurulduğunda insanı ölüme götürme ihtimali olan yerlerdir. Ebu Yusuf'a göre, başa bir defa vurulur. Zira Hz. Ebubekir (r.a): " اِضْرِبُوا الرَّأْسَ فَإِنَّ فِيهِ شَيْطَانًا Başa vurun. Çünkü onda şeytan vardır" buyurmuştur. Fakat buna, "bu, öldürülmesi mübah olan kimse hakkındadır" diye cevap verilir.

Zina yapan erkeğe bütün hadler ayakta iken, yere yatırılmadan vurulur. Gömleği dışında elbiseleri çıkarılır. Kadına, oturduğu halde had vurulur. Kürkü ve pamuklu elbisesi dışında diğer giysileri çıkarılmaz. Kadın recmedilirken bir çukur kazılır. Erkek için kazılmaz. Zira Hz. Peygamber (a.s) Gamidiye için göğüslerine kadar çukur kazdırmıştı. Hz. Ali (r.a) de Şüraha el-

---

(5) Nisa Suresi, 4/25
(6) Nur Suresi, 24/2

Hemedaniyye için bir çukur kazdırmıştı.

Devlet reisinin izni olmadan efendi köle ve cariyesine had vuramaz. İmam Şafii ise şöyle der: "Efendi, köle ve cariyelerine had uygulayabilir. Zira, onun bunlar üzerinde devlet reisi gibi mutlak velâyeti vardır. Hatta daha üstündür. Zira efendinin köle ve cariye üzerinde sahip olduğu tasarrufa devlet reisi sahip değildir. Had vurması bir nevi tazir olur." Bizim delilimiz, Hz. Peygamber (a.s)'in " أَرْبَعٌ إِلَى الْوُلاَةِ " dört şey yöneticilere aittir" hadisidir. Hadiste bu dört şeyden birinin had vurmak olduğu bildirilmiştir. Had, Allah hakkıdır. Bundan maksat dünyayı bozgunculuktan korumaktır. Böyle olduğu için, şeriatın vekili tarafından yerine getirilmeyince kulun düşürmesiyle düşmez. Tazir buna benzemez. Zira tazir cezasını uygulamak kula bırakılmıştır.

Recm konusunda kadın ile erkeğin muhsan olması demek, bunların hür, mükellef ve müslüman olmaları ve bu üç sıfat kendilerinde bulunduğu halde sahih bir evlilik yaparak cinsel ilişkide bulunmuş olmaları demektir. Buna göre muhsan olmanın şartı yedidir:

1. Hür olmaları 2. Akıllı olmaları 3. Erginlik çağına ulaşmış olmaları 4. Müslüman olmaları 5. Cinsel ilişkide bulunmuş olmaları 6. Bu cinsel ilişkinin sahih bir nikahla yapılmış olması 7. Zina ettikleri sırada erkek ve kadında bu sıfatların bulunmuş olması. Hatta bir kimse kafir olan nikahlı karısı ile veya deli olan cariyesi ile veya küçük bir kız olan karısı ile cinsel ilişkide bulunsa bu koca muhsan sayılmaz. Aynı şekilde kocada bu sıfatlar bulunsa, yani koca kafir, deli veya küçük çocuk olsa karısı akıllı, büluğa ermiş ve müslüman bir kadın olsa, bu kadın da muhsan sayılmaz. Çünkü muhsan olabilmeleri için, yukardaki özelliklerin her ikisinde de bulunmuş olması şarttır. Bu şartlardan biri herhangi, birinde bulunmazsa o muhsan olmaz. Eğer "kocanın kafir, kadının müslüman olması nasıl tasavvur edilebilir?" diye sorulursa şöyle cevap veririz: Bu, "karı ile kocadan ikisi de kafir olup daha sonra kadın müslüman olmuş ve kadının kocasına İslâm arzedilmeden, bu koca müslüman olan karısına cinsel yakınlıkta bulunmuş olabilir" demektir. Zira hakim bunların arasını ayırmadıkça bunlar birbirlerinin karı kocası sayılırlar.

Celde ile recm birleştirilmez. Ancak siyaset icabı sürgünü gerektirecek bir maslahat olursa celde ile sürgün birleştirilebilir. Yani aynı kişiye iki ceza birden uygulanabilir. Zira Hz. Ebu Bekir iki kişiye celde vurmuş ve ikisini de sürgüne göndermiştir. Hz. Ömer de Nasr b. Haccâc'ı Medine'den Basra'ya sürmüştür. Zira Nasr çok yakışıklı bir gençti. Kadınlar bunun yakışıklılığından fitneye düştüler. Her ne kadar yakışıklılık sürgün sebebi olmasa da, Hz. Ömer onu belirtilen nedenle sürgüne gönderdi. Hatta bu genç sürgüne giderken, "Suçum ne, ey Müminlerin emiri!" dediğinde, Hz. Ömer: Senin bir suçun yok. Hicret yurdu Medine'yi senden temizlemediğim için suç sadece benimdir" diye cevap vermiştir.

Zina eden kişi hasta da olsa recmedilir. Eğer celde vurulacaksa iyileşmeden vurulmaz. Çünkü celde, kötülükten men etmek için meşru kılınmıştır. Yoksa öldürmek için değil. Hastaya vurulan celdenin ise hastayı ölüme götürme ihtimali vardır.

Hamile bir kadının zina ettiği açık bir delille sabit olursa, çocuğunu doğuruncaya kadar hapsedilir. Çocuğunu doğurunca recmedilir. Nifastan çıkıncaya kadar beklenmez. Bu meselede Hz. Ömer ile Hz. Ali arasında şöyle hoş bir olay meydana gelmiştir: Hz. Ömer, kendi zamanında zina eden hamile bir kadının, suçu sabit olduktan sonra recmedilmesine ferman buyurdu. Hz. Ali "Kadın hakkında vermiş olduğun hüküm şeriata göre geçerlidir. Karnında olan çocuğun ölüm fermanını neye göre veriyorsun?" deyince Hz. Ömer, kadın çocuğunu doğuruncaya kadar onu recmetmedi ve: "Ali olmasaydı Ömer helak olurdu" dedi.

Eğer zina eden hamile kadının cezası celde ise, çocuğunu doğurup nifastan yani lohusalıktan kurtuluncaya kadar celde vurulmaz. Zira lohusalık da bir nevi hastalıktır. Çocuğu terbiye edip bakacak kimsesi olmazsa, çocuk anasına muhtaç olmayacak duruma gelinceye kadar kadın recmedilmez. Rivayete göre Gamidiyye, Hz. Peygamber (a.s)'e gelip zina ettiğini ikrar ettiğinde hamile idi. Hz. Peygamber (a.s), "karnındaki çocuğu doğur" diye emretti. Bir müddet geçip çocuğunu doğurunca tekrar geldi ve zina ettiğini yine ikrar etti. Hz. Peygamber (a.s): "Sana muhtaç olmayacak duruma gelinceye kadar oğluna bak" diye emredince: "Ey Allah'ın Rasulü! Cezamı çekmeden ölürüm de cezam ahirete kalır diye korkuyorum" dedi. Bunun üzerine Sahabe-i kiramdan biri "çocuğa ben bakarım" diyerek çocuğu aldı ve kadını recmettiler. "İhtiyar" yazarı şöyle der: Başka bir rivayete göre Gâmidiye oğluna baktı ve oğlu ile Hz. Peygamber'in huzuruna geldi. Çocuğun elinde ekmek vardı. Kadın: "Ey Allah'ın Rasulü! işte oğlum. Bak artık bana ihtiyacı yok" diyerek recmedilmesini istedi ve recmedildi.

1. KISIM

باب الوَطْىءِ الذى يوجب الحد والذى لا يوجبُهُ

اَلشُّبْهَةُ دَارِئَةٌ لِلْحَدِّ وَهِىَ نَوْعَانِ شبهةٌ فِى الفِعْلِ وَهِىَ ظَنُّ غَيْرِ الدَّلِيلِ دَلِيلاً* فَلاَ يُحَدُّ فِيهَا اِنْ ظَنَّ الْحِلَّ وَاِلاَّ يُحَدُّ كَوَطْىءٍ مُعْتَدَّتِهِ مِنْ ثَلاَثٍ أَوْ مِنْ طَلاقٍ عَلَى مَالٍ أَوْ أُمُّ وَلَدٍ اَعْتَقَهَا أَوْ أَمَةِ أَصْلِهِ وَإِنْ عَلاَ أَوْ أَمَةِ زَوْجَتِهِ أَوْ سَيِّدِهِ* وَكَذَا وَطْىءُ الْمُرْتَهِنِ الْمَرْهُونَةَ فِى ٱلْأَصَحِّ* وَشبهةٌ فِى الْمَحَلِّ وَهِىَ قِيَامُ دَلِيلٍ نَافٍ لِلْحُرْمَةِ فِى ذَاتِهِ فَلاَ يُحَدُّ فِيهَا وَاِنْ عَلِمَ بِالْحُرْمَةِ كَوَطْىءِ أَمَةِ وَلَدِهِ وَإِنْ سَفَلَ أَوْ مُشْتَرَكَةٍ أَوْ مُعْتَدَّتِهِ بِالْكِنَايَاتِ دُونَ الثَّلاَثِ أَوِ البَايِعِ الْمَبِيعَةَ أَوِ الزَّوْجِ الْمَمْهُورَةَ قَبْلَ تَسْلِيمِهِمَا* وَالنَّسَبُ يَثْبُتُ فِى هَذِهِ عِنْدَ الدَّعْوَةِ لاَ فِى ٱلْأُولَى وَاِنْ اِدَّعَاهُ* وَيُحَدُّ بِوَطْىءِ أَمَةِ أَخِيهِ أَوْ عَمِّهِ وَاِنْ ظَنَّ حِلَّهَا* وَكَذَا بِوَطْىءِ اِمْرَأَةٍ وَجَدَهَا عَلَى فِرَاشِهِ وَاِنْ كَانَ أَعْمَى اِلاَّ اِنْ دَعَاهَا فَقَالَتْ أَنَا زَوْجَتُكَ* لاَ بِوَطْىءِ اَجْنَبِيَّةٍ زُفَّتْ اِلَيْهِ وَقُلْنَ هِىَ زَوْجَتُكَ وَعَلَيْهِ الْمَهْرُ* وَلاَ بِوَطْىءِ بَهِيمَةٍ وَزِنًى فِى دَارِ حَرْبٍ أَوْ بَغْىٍ* وَلاَ بِوَطْىءِ مَحْرَمٍ تَزَوَّجَهَا أَوْ مَنِ اِسْتَأْجَرَهَا لِيَزْنِى بِهَا خِلاَفاً لَهُمَا* وَمَنْ وَطَىءَ اَجْنَبِيَّةً فِى مَادُونَ الْفَرْجِ يُعَزَّرُ* وَكَذَا لَوْ وَطِئَهَا فِى الدُّبُرِ أَوْ عَمِلَ عَمَلَ قَوْمِ لُوطٍ وَعِنْدَهُمَا يُحَدُّ* وَاِنْ زَنَى ذِمِّىٌّ بِحَرْبِيَّةٍ فِى دَارِنَا حُدَّ الذِّمِّىُّ فَقَطْ وَعِنْدَ أَبِى يُوسُفَ يُحَدَّانِ وَفِى عَكْسِهِ حُدَّتِ الذِّمِّيَّةُ لاَ الْحَرْبِىُّ وَعِنْدَ أَبِى يُوسُفَ يُحَدَّانِ وَعِنْدَ

مُحَمَّدٍ لاَ يُحَدَّانِ* وَإِنْ زَنَى مُكَلَّفٌ بِمَجْنُونَةٍ أَوْ صَغِيرَةٍ حُدَّ وَفِى عَكْسِهِ لاَ حَدَّ عَلَيْهَا اِلَّا فِى رِوَايَةٍ عَنْ أَبِى يُوسُفَ* وَلاَ حَدَّ بِزِنَا الْمُكْرَهِ وَلاَ اِنْ أَقَرَّ أَحَدُهما بِالزِّنَا وَادَّعَى الْآخَرُ النِّكَاحَ* وَمَنْ زَنَى بِاَمَةٍ فَقَتَلَهَا بِهِ لَزَمَهُ الْحَدُّ وَالْقِيمَةُ* وَعِنْدَ أَبِى يُوسُفَ الْقِيمَةُ فَقَطْ* وَالْخَلِيفَةُ يُؤْخَذُ بِالْمَالِ وَبِالْقِصَاصِ لاَ بِالْحَدِّ*

HADDİ GEREKTİREN VE GEREKTİRMEYEN CİNSEL İLİŞKİ

Şüphe, hadde engeldir. Şüphe iki nevidir. Birincisi, cinsel ilişki fiilindeki şüphedir. Bu, delil olmayan bir şeyi delil zannetmektir. Böyle bir şüphenin bulunduğu cinsel ilişkide, eğer yaptığını helal zannederse had vurulmaz. Aksi halde had vurulur. Fiildeki şüpheden kaynaklanan cinsel ilişkiler şu durumlarda olur:

Üç talakla boşadığı karısı iddet beklerken, mal karşılığı boşadığı karısı iddet beklerken, azad ettiği ümmü veledi ile ne kadar yukarı çıkarsa çıksın soyundan geldiği kimselerin cariyesi ile, hanımının cariyesi ile veya bir kölenin, efendisinin cariyesi ile cinsel ilişkide bulunması. En sahih olan rivayete göre bir kimsenin, kendisine rehin olarak bırakılan cariyiyle cinsel ilişkide bulunması da böyledir.

Hadde engel olan ikinci nevi şüphe, mahalde olan şüphedir. Bu, zâtında haramlığı gideren bir delilin bulunmasıdır. Yaptığını haram bilse de, böyle bir şüpheyle yapılan cinsel ilişkide had uygulanmaz. Bu, şu gibi durumlarda olur: Bir kimsenin, ne kadar aşağı inerse insin oğlunun cariyesi ile cinsel ilişkide bulunması veya ortak olduğu cariyesi ile veya kinaye lafızlarla üçten az talakla boşayıp da iddet beklemekte olan karısı ile veya cariyeyi satan kimsenin, sattığı cariye ile veya kocanın, karısına mehir olarak vereceği cariyeyi karısına teslim etmeden önce o cariye ile yaptığı cinsel ilişki.

Bu ikinci nevi şüphe ile yapılan cinsel ilişkilerde, eğer baba "çocuk benimdir" derse neseb sabit olur. Birinci nevi şüphelerde ise "çocuk benimdir" dese dahi neseb sabit olmaz.

Bir kimse, kardeşinin veya amcasının cariyesi ile cinsel ilişkide bulunursa, bunu helal zannetse dahi had vurulur. Keza bir kimse kör dahi olsa, yatağı üzerinde bulduğu bir kadınla cinsel ilişkide bulunsa had vurulur. Ancak kadını çağırdığında kadın, "ben senin karınım" derse had vurulmaz.

Bir kimse, kendisiyle zifafa sokulan ve kadınların, "bu senin karındır" dedikleri yabancı bir kadınla cinsel ilişkide bulunsa had uygulanmaz. Ancak mehir vermesi gerekir.

Bir kimse bir hayvanla cinsel ilişkide bulunsa, dar-ı harpte veya islam hükümetine karşı çıkanların bulunduğu bir ülkede zina etse had vurulmaz. Keza bir kimse, evlenmiş olduğu mahremi ile cinsel ilişkide bulunsa veya zina etmek için kiraladığı kadınla cinsel ilişki kursa had vurulmaz. İmameyn buna muhalefet eder.

Bir kimse, ecnebi bir kadına cinsel uzvu dışında bir yerinden yaklaşsa tazir edilir. Keza bu kadınla dübüründen ilişki kursa veya Lut kavminin yaptığı gibi bir iş yapsa yine tazir olunur. İmameyn'e göre hud vurulur.

Zımmi bir erkek, dar-ı harpten gelen bir kadınla bizim yurdumuzda zina etse sadece zımmi erkeğe had vurulur. Ebu Yusuf'a göre, ikisine de had vurulur. Bunun aksi durumda zımmi kadına had vurulur, dar-ı harpten gelen erkeğe had vurulmaz. Ebu Yusuf'a göre ikisine de had vurulur. İmam Muhammed'e göre ikisine de had vurulmaz.

Mükellef bir erkek, deli bir kadınla veya küçük bir kızla zina etse had vurulur. Bunun aksi durumda kadına had vurulmaz. Ancak Ebu Yusuf'tan gelen bir rivayete göre vurulur.

Zorla zina yaptırılana had vurulmaz. İkisinden biri zina ettiklerini ikrar eder, diğeri nikahlı olduklarını iddia ederse yine had vurulmaz.

Bir kimse başkasının cariyesi ile zina etse ve bu fiil ile onu öldürse, zina edene hem had hem de cariyenin kıymeti lazım gelir. Ebu Yusuf'a göre, sadece cariyenin kıymeti lazım gelir.

Halife, mal ve kısas yoluyla cezalandırılır. Ona had uygulanmaz.

HADLER / 497

İZAHI

Bu kısım, haddi gerektiren ve haddi gerektirmeyen cinsel ilişkilerin nasıl olduğunun açıklanmasına dairdir.

Şüphe, haddi kaldırır. Zira Hz. Peygamber (a.s)'in, " اِدْرَؤُا الْحُدُودَ بِالشُّبُهَاتِ مَا اسْتَطَعْتُمْ **Elinizden geldiği kadar, hadleri şüphelerle kaldırın''** hadis-i şerifi bu hususta bir delil olmuş ve ümmet-i Muhammed de bunu kabul etmiştir.

Haddi, kaldıran şüphe iki nevidir.

Birincisi, cinsi yakınlık fiilinde olan şüphedir. Buna "işi karıştırma şüphesi" denilir. Bu, delil olmayan şeyi delil zannetmektir. Bu şekilde cinsel ilişkide bulunan kimse, yaptığı işin helal olduğunu zannederse had vurulmaz. Eğer helal zannetmeyip "haram olduğunu biliyorum" derse had vurulur. Bu birinci nevi şüphe sekiz yerde olur:

1. Bir kimsenin, üç talakla boşadığı karısı ile, kadın iddet beklerken cinsel ilişkide bulunması.

2. Mal karşılığı boşadığı karısıyle, iddet beklediği sırada cinsi yakınlıkta bulunması.

3. Azat ettiği ümmü veledi ile cinsel ilişki kurması.

4.5. Bir kimsenin, aslının yani ne kadar yukarı giderse gitsin anne ve babasının cariyesi ile cinsel ilişkide bulunması.

6. Karısının cariyesi ile,

7. Efendisinin cariyesi ile cinsel ilişkide bulunması.

8. En sahih olan rivayete göre, bir kimsenin, kendisine rehin olarak bırakılan bir cariye ile cinsel ilişkide bulunması da böyledir. Bu sayılan sekiz yerde, bir kimse "ben bu işi helal zannettiğim için yaptım" dese had vurulmaz. ama, "bunun haram olduğunu biliyorum" derse had vurulur.

Hadde engel olan ve onu düşüren ikinci nevi şüphe, mahalde olan şüphedir[7]. Bu şüphe, haddi zatında haramlığı kaldıran bir delilin bulunmasıdır[8]. Bu takdirde, mahalde olan şüphede had vurulmaz. Hatta bunu yapan, "ben bunu haram biliyordum" dese dahi, kendisine had uygulanmaz. Mesela, bir kimsenin, her ne kadar aşağı inerse insin, oğlunun cariyesi ile cinsel ilişkide bulunmasıdır. Zira, Hz. Peygamber (a.s)'in, " أَنْتَ وَمَالُكَ لأَبِيكَ **Sen ve malın babana aittir**"[9] hadisi, bir kimsenin, oğlunun cariyesi ile cinsel ilişkide bulunmasının haram olmadığına delildir. Binaenaleyh bir kimse bu işi yapsa ve "ben bunu haram biliyordum" dese yine had vurulmaz. Bir kimsenin, başkasıyle ortak olarak malik olduğu câriyeye veya kinaye lafızlarla üçten az talakla boşayıp ta iddet beklemekte olan karısına cinsi yakınlıkta bulunması da böyledir. Eğer karısını üç talakla boşamışsa, bu, birinci nevi şüpheye girer. Yine bir kimsenin başkasına sattığı fakat henüz teslim etmediği cariyesi ile veya karısına mehr olarak verip teslim etmediği cariyesi ile cinsel ilişkide bulunması da bu ikinci nevi şüpheye girer.

Bu ikinci nevi şüphenin bulunduğu cinsel ilişkilerden doğan çocuğun nesebi, eğer erkek "bu çocuk benimdir" derse ondan sabit olur. Ama birinci nevi şüphenin bulunduğu ilişkilerde, erkek böyle bir iddiada bulunsa dahi çocuğun nesebi sabit olmaz.

Bir kimse, kardeşinin veya amcasının cariyesi ile cinsel ilişkide bulunsa, bunu helal zannetse dahi, had vurulur. Keza bir kimse, kör dahi olsa, kendi yatağında bulduğu bir kadınla cinsel ilişkide bulunursa had vurulur. Zira kör, tavır ve hareket davranışlarını bildiği için kendi karısını, diğer kadınlardan ayırt edebilir. Ama o kadını yatağına çağırdığı zaman, kadın "ben senin karınım" derse had vurulmaz.

Bir kimse, kendisi için süslenip gerdeğe sokulan ve yanında bulunan kadınların, "bu senin karındır" dedikleri yabancı bir kadınla cinsel ilişkide bulunsa had vurulmaz. Adamın mehr vermesi gerekir. Hz. Ali bu şekilde hüküm vermiş ve "kadın iddet beklesin" diye emretmiştir. Hidaye, Kâfî, Kenz ve İbn Melek'te böyle yazılıdır. Fakat ihtiyar'da: "Hz. Ömer mehr vermesine hükmetmiştir" diye yazılıdır.

Bir kimse bir hayvanla cinsel ilişkide bulunsa had uygulanmaz. Bu bir cinayet yani ağır suçtur, yoksa zina değildir. Eğer eti yenen bir hayvan değil-

---

(7) Yani kendisiyle cinsel ilişkide bulunulan kadında. Buna "mülk şüphesi" ve "hükmî şüphe" ismi verilir. (Mütercim)

(8) Yani, engelleri göz önünde bulundurmadan delilin kendisine baktığımızda, onun haramlığı giderdiğini görürüz. Suçu işleyenin zan ve itikadına bakılmaz. (Mütercim)

(9) İbn Mace, Ticarât, 64; Hanbel, II, 179, 204, 214

se, boğazlandıktan sonra ateşle yakılır. Bu suçu işleyen, hayvanın kıymetini öder. Eğer eti yenen hayvanlardan ise, İmam-ı A'zam'a göre kesilir ve yenir. İmameyn'e göre, kesilir ve eti yakılır.

Bir kimse dar-ı harpte veya islam idaresine isyan edenlerin bulunduğu bir yerde zina etse, bu kimseye had uygulanmaz. Evlenmesi haram olduğu halde evlendiği bir mahremi ile cinsel ilişkide bulunsa da had vurulmaz. Eğer mahremi olduğunu bilirse, tazir olunur.

Bir kimse bir kadınla zina etmek için onu kiralarsa, sonra onunla cinsel ilişkide bulunsa, İmam-ı Azam'a göre had vurulmaz. İmameyn buna muhalefet eder. Onlara göre bu kişiye had vurulur. İmam Şafii de bu görüştedir. Zira bu adamla zina için kiraladığı karı arasında nikah mülkü olmadığı gibi mülk şüphesi de yoktur. Bu takdirde sırf zina olmuş olur. İmam-ı A'zam'ın delili şudur: Hz. Ömer devrinde bir kadın bir adamdan borç para istemiş; adam, kadın kendini teslim etmeden ona para vermemişti. Hz. Ömer ikisine de had vurmayarak: "Bu para kadının mehridir" demişti.

Bir kimse nikahlısı olmayan bir kadına, cinsel uzvu dışında bir yerden, mesela uyluk ve baldırından cinsi yakınlıkta bulunursa tazir olunur. Veya böyle bir kadına arkasından yaklaşsa veya Lut kavminin yaptığı gibi bir erkeğe arkasından cinsi yakınlıkta bulunsa yine had vurulmayıp tazir olunur. Bu Ebu Hanife'nin görüşüdür. Hidaye yazarı şöyle der: "Camiussağir'de, zindana konulması gerekir şeklinde bir ilave vardır." İmameyn'e göre, bu kişiye had vurulur. İmam Şafii'nin iki görüşünden biri de budur. İmam Şafii'nin diğer görüşüne göre, yapan da yapılan da öldürülür. Zira Hz. Peygamber (a.s):

"اقْتُلُوا الْفَاعِلَ وَالْمَفْعُولَ Yapanı da yapılanı da öldürün"[10] buyurmuştur. Bir başka rivayete göre de şöyle buyurmuştur: فَارْجُمُوا الْأَعْلَى وَالْأَسْفَلَ Üsttekini de alttakini de recmediniz"[11] İmameyn'in akli delili şudur: Livata, yani arkadan cinsel ilişkide bulunmak zina manasınadır. Zira bu çirkin iş, şehvet yerinde, şehveti tam olarak gidermektir. İmam-ı Azam'ın delili ise şudur: Livata, zina gibi değildir. Ashab-ı kiram bu konuda ihtilafa düştüler. Bazıları, "ateşle yakılmalı", bazıları "üzerine duvar yıkılmalı", bazıları da, "yüksek bir yerden baş aşağı taşların üzerine atılmalı dediler. Livatada zina manası yoktur. Ancak bir taraftan istek vardır. Zina da istek ve bu işe sevkeden arzu iki taraftandır.

İslam ülkesinde oturan ve müslüman olmayan bir erkek, dar-ı harpten

---

(10) Ebu Davud, Hudud, 29; Tirmizi, Hudud, 24; İbn Mace, Hudud, 12
(11) İbn Mace, Hudud, 12

gelen bir kafir kadınla zina etse, yalnız erkeğe had vurulur. Ebu Yusuf'a göre, ikisine de had vurulur. Zira bizden eman isteyip ülkemizde yaşayan kişi, ülkemizde olduğu sürece bizim kanunlarımıza göre yargılanır. aksi durumda yani islam ülkesinde oturan ve müslüman olmayan bir kadınla, dar-ı harpten gelen bir erkek zina etse, kadına had vurulur, erkeğe vurulmaz. Ebu Yusuf'a göre, ikisine de had vurulur. İmam Muhammed'e göre, ikisine de had vurulmaz.

Mükellef yani akıllı ve büluğa ermiş bir erkek, deli bir kadınla veya küçük bir kızla cinsel ilişkide bulunsa had vurulur. Bunun aksi olsa, yani bir deli erkek veya bir erkek çocuk, akıllı ve büluğa ermiş bir kadınla cinsel ilişkide bulunsa kadına had vurulmaz. Zira deli adam ve küçük erkek çocuk mükellef değildir. Bu nedenle yaptıkları iş zina sayılmaz. Kadın da bunlara tabi olacağı için yaptığı işe zina haddi uygulanmaz. Ancak Ebu Yusuf'tan gelen bir rivayete göre had uygulanır.

Zorla zina yapana, ister yapan ister yapılan olsun, had uygulanmaz.

Zina yapan iki kişiden biri zina ettiklerini ikrar edip öbürü nikahlı olduklarını iddia etse, ikisine de had vurulmaz. Erkeğin mehir vermesi gerekir.

Bir kimse başka birinin cariyesiye zina etse ve bu fiili yaparken cariyeyi öldürse, bu kimseye hem had uygulanır, hem de cariyenin kıymetini vermesi gerekir. Zira bu kişi iki cinayet, yani iki ağır suç işlemiştir. Bundan dolayı zina için had uygulanır, öldürme suçu için de, ceza olarak cariyenin kıymetini öder. Ebu Yusuf'a göre, had gerekmeyip sadece cariyenin kıymeti gerekir.

Halife, mal ve kısas yoluyla sorgulanıp cezaya çarptırılır. Halifeye had vurulmaz. Zira mal ve kısas kul haklarındandır. Bunlar yerine getirilir. Ama had Allah hakkıdır. Allah haklarını yerine getirme görevi ise halifeye bırakılmıştır. Bu takdirde halifenin, kendi nefsine had uygulaması mümkün olmaz.

2. KISIM

باب الشَّهادة على الزِّنا والرّجوع عنها

لَا تُقْبَلُ الشَّهَادَةُ بِحَدٍّ مُتَقَادِمٍ مِنْ غَيْرِ بُعْدٍ عَنِ الْإِمَامِ اِلَّا فِى الْقَذْفِ وَفِى السَّرِقَةِ يَضْمَنُ الْمَالَ وَيَصِحُّ الْإِقْرَارُ بِهِ اِلَّا بِالشُّرْبِ* وَتَقَادُمُ غَيْرِ الشُّرْبِ بِشَهْرٍ فِى الْأَصَحِّ* وَالشُّرْبِ بِزَوَالِ الرِّيحِ وَعِنْدَ مُحَمَّدٍ بِشَهْرٍ اَيْضاً* وَاِنْ شَهِدُوا بِزِنَاهُ بِغَائِبَةٍ قُبِلَتْ بِخِلَافِ سَرِقَتِهِ مِنْ غَائِبٍ* وَاِنْ اَقَرَّ بِالزِّنَا بِمَجْهُولَةٍ حُدَّ وَاِنْ شَهِدُوا كَذٰلِكَ لَا يُحَدُّ* وَكَذَا لَوِ اِخْتَلَفُوا فِى طَوْعِ الْمَرْأَةِ وَعِنْدَهُمَا يُحَدُّ الرَّجُلُ* وَلَا يُحَدُّ اَحَدٌ لَوِ اِخْتَلَفَ الشُّهُودُ فِى بَلَدِ الزِّنَا اَوْ شَهِدَ اَرْبَعَةٌ بِهِ فِى بَلَدٍ فِى وَقْتٍ وَاَرْبَعَةٌ بِهِ فِى ذٰلِكَ الْوَقْتِ بِبَلَدٍ آخَرَ وَكَذَا لَوْ شَهِدَ اَرْبَعَةٌ عَلَى اِمْرَاَةٍ بِهِ وَهِيَ بِكْرٌ اَوْ هُمْ فَسَقَةٌ اَوْ شُهُودٌ عَلَى شُهُودٍ وَاِنْ شَهِدَ بِهِ الْأُصُولُ بَعْدَ ذٰلِكَ وَحُدَّ الْمَشْهُودُ عَلَيْهِ لَوِ اِخْتَلَفَ الشُّهُودُ فِى زَوَايَا الْبَيْتِ وَالشُّهُودُ فَقَطْ لَوْ كَانُوا عُمْيَاناً اَوْ مَحْدُودِينَ فِى قَذْفٍ اَوْ اَقَلَّ مِنْ اَرْبَعَةٍ اَوْ اَحَدُهُمْ عَبْدٌ اَوْ مَحْدُودٌ وَكَذَا لَوْ وُجِدَ اَحَدُهُمْ عَبْداً اَوْ مَحْدُوداً بَعْدَ حَدِّ الْمَشْهُودِ عَلَيْهِ* وَدِيَتُهُ فِى بَيْتِ الْمَالِ اِنْ رُجِمَ وَاَرْشُ جَرْحٍ ضَرْبِهِ اَوْ مَوْتِهِ مِنْهُ هَدَرٌ وَقَالَا فِى بَيْتِ الْمَالِ اَيْضاً* وَكَذَا الْخِلَافُ لَوْ رَجَعَ الشُّهُودُ* وَلَوْ رَجَعُوا بَعْدَ الرَّجْمِ حُدُّوا وَغَرِمُوا الدِّيَةَ* وَكُلُّ وَاحِدٍ رَجَعَ حُدَّ وَغَرِمَ رُبْعَهَا* وَلَوْ رَجَعَ اَحَدُ خَمْسَةٍ فَلَا شَىْءَ عَلَيْهِ فَاِنْ رَجَعَ آخَرُ حُدَّا وَغَرِمَا رُبْعَهَا*

وَلَوْ رَجَعَ وَاحِدٌ قَبْلَ ٱلْقَضَاءِ حُدُّوا كُلُّهُمْ وَلَوْ بَعْدَهُ قَبْلَ الْحَدِّ فَكَذٰلِكَ وَعِنْدَ مُحَمَّدٍ الرَّاجِعُ فَقَطْ* وَلَوْ شَهِدُوا فَزُكُّوا فَرُجِمَ ثُمَّ ظَهَرُوا كُفَّاراً أَوْ عَبِيداً فَالدِّيَةُ عَلَى الْمُزَكِّينَ إِنْ رَجَعُوا عَنِ التَّزْكِيَةِ وَإِلَّا فَعَلَى بَيْتِ الْمَالِ وَقَالَا عَلَى بَيْتِ الْمَالِ مُطْلَقاً* وَلَوْ قَتَلَ أَحَدٌ الْمَأْمُورَ بِرَجْمِهِ فَظَهَرُوا كَذٰلِكَ فَالدِّيَةُ فِى مَالِ الْقَاتِلِ* وَلَوْ أَقَرَّ الشُّهُودُ بِتَعَمُّدِ النَّظَرِ لَا تُرَدُّ شَهَادَتُهُمْ* وَلَوْ أَنْكَرَ ٱلْاِحْصَانَ يَثْبُتُ بِشَهَادَةِ رَجُلَيْنِ أَوْ رَجُلٍ وَامْرَأَتَيْنِ أَوْ وِلَادَةِ زَوْجَتِهِ مِنْهُ

ZİNA ŞAHİTLİĞİ VE BUNDAN DÖNME

Devlet reisinin bulunduğu yerden uzakta olmadığı halde zaman aşımına uğrayan bir hadde (yani haddi gerektiren bir suçun işlendiğine) dair şahitlik kabul edilmez. Ancak iffete iftira hakkındaki şahitlik kabul edilir. Hırsızlık hakkındaki şahitlik de kabul edilir. Ancak hırsıza had uygulanmaz, malı tazmin eder. Zaman aşımına uğrayan haddi ikrar sahih olur. Ancak şarap içme haddini ikrar sahih olmaz. En sahih rivayete göre, içki içme dışında kalan zaman aşımı bir aydır. İçki içmede zaman aşımı, kokunun gitmesiyle olur. İmam Muhammed'e göre, bunda da bir aydır.

Şahitler bir kimsenin, o anda orada bulunmayan bir kadınla zina ettiğini söyleseler, kabul olunur. Ama orada bulunmayan bir kimsenin malını çaldığını söyleseler kabul edilmez.

Bir kimse tanımadığı bir kadınla zina ettiğini ikrar etse had vurulur. Eğer şahitler böyle söyleseler had vurulmaz. Keza şahitler kadının kendi arzusuyle bu işi, kabul edip etmediğinde ihtilaf etseler, yine had vurulmaz. İmameyn'e göre, adama had vurulur.

Şahitler zinanın hangi belde de yapıldığı konusunda ihtilaf etseler veya dört şahit filan vakitte filan yerde, dört şahit de aynı vakitte bir başka yerde zina ettiğine şahitlik etseler hiçbirine had vurulmaz. Keza, bir kadın bakire olduğu halde dört şahit onu zina yaptığına şehadet etse veya şahitler fâsık olsa veya şahitlerin sözlerine dayanarak şahitlik etseler, yine hiçbirine had uygulanmaz. Başkasından duyarak şahitlik yaptıktan sonra, asıl şahitler de aynı şeyi söylese yine had vurulmaz.

Şahitler evin hangi köşesinde zina edildiğinde ihtilaf etseler, aleyhinde şahitlik edilene had vurulur.

Şahitler kör iseler veya iffete iftiradan dolayı kendilerine daha önce had uygulanmışsa veya dörtten az iseler veya biri köle ya da daha önce had vurulmuş biri ise, sadece şahitlere had uygulanır. Keza, aleyhine şahitlik edilen kimseye had vurulduktan sonra, şahitlerden birinin köle veya daha önce had vurulmuş biri olduğu anlaşılırsa, yine şahitlere had vurulur.

Eğer aleyhine şahitlik yapılan kimse recmedilirse, onun diyetini Beytülmâl öder. Had vurulurken yaralanmasının veya bundan dolayı ölmesinin diyeti boşa gider, verilmez. İmameyn, bu diyetin de Beytülmâl'den verileceği görüşündedirler. Şahitler, şehadetlerinden dönseler, bu durumda da aynı ihtilaf vardır. Eğer o kişi taşlandıktan sonra şahitlikten dönerlerse kendilerine had vurulur'' ve diyeti kendileri öder. Her şahitliğinden dönene had vurulur ve diyetin dörttebirini öder. Beş şahitten biri şahitliğinden dönse, ona bir şey gerekmez. Biri daha dönerse ikisine de had vurulur ve diyetin dörttebirini öderler. Şahitlerden biri, hakim hükmünü vermeden şahitliğinden dönerse hepsine had vurulur. Hüküm verdikten sonra fakat had uygulanmadan önce dönerse hüküm yine aynıdır. İmam Muhammed'e göre, sadece dönene had vurulur.

Zina konusunda şahitler şahitlik yapsalar ve tezkiye edilseler, sonra şahitlik ettikleri kişi recmedilse, daha sonra bu şahitlerin kafir veya köle oldukları ortaya çıksa, tezkiye edenler tezkiyelerinden dönerlerse diyeti onlar verir. Tezkiyelerinden dönmezlerse, diyeti Beytülmâl verir. İmameyn, ''mutlak olarak diyet Beytülmâle aittir'' dediler.

Bir kimse, recmedilmesi emredilen kişiyi öldürse, sonra şahitlerin kafir veya köle oldukları ortaya çıksa, diyet; öldürenin malından verilir.

Şahitler, kasten baktıklarını ikrar etseler, şehadetleri reddedilmez.

Zina eden kişi muhsan olduğunu inkar etse bunun muhsan olduğu iki erkeğin veya bir erkekle iki kadının şehadetleriyle veya hanımının ondan bir çocuk doğurmasıyle sabit olur.

İZAHI

Bu kısım, zina şahitliği ve bu şehadetten dönme konusunun açıklanmasına dairdir.

Devlet reisinin bulunduğu yerden uzak olmayan bir yerde, zaman aşımına uğrayan bir suçun işlendiğine dair yapılan şahitlik kabul edilmez. Ancak iffete iftira konusundaki şahitlik, olayın üzerinden uzun zaman geçse de kabul edilir. Hırsızlık, zina ve içki içme hadleri gibi cezalar, sırf Allah hakkı olan cezalardır. Bunlar hakkında yapılacak şahitlikler, eğer olayın üzerinden uzun zaman geçmişse, geçerli olmaz. Ama bu suçu işleyenler kendileri ikrar ederlerse, ikrarları geçerli olur. Ancak, şarap içtiğini ikrar edenin, aradan uzun süre geçmişse, İmam-ı Azam ve Ebu Yusuf'a göre ikrarı kabul edilmez. Zaman aşımına uğrayan bir olay üzerinde şahitlik yapmak töhmeti gerektirir.

Had gerektiren bir suçun işlendiğini, mesela, zina yapıldığını veya içki içildiğini gören kimse, iki şey arasında muhayyerdir. İsterse had uygulanması için şahitlik eder, isterse Hz. Peygamber (a.s)'in:

مَنْ سَتَرَ عَلَى أَخِيهِ الْمُسْلِمِ عَوْرَةً سَتَرَ اللَّهُ عَلَيْهِ عَوْرَاتِهِ يَوْمَ الْقِيَامَةِ

"Kim, müslüman kardeşinin bir ayıbını örterse, Allah da kıyamet günü onun ayıplarını örter" hadis-i şerifi gereğince susar. Bu ikisi arasında muhayyerdir. Olayı gördüğü sırada şahitlik etmeyip ertelediğine göre maksadı, bu hadiste ifade edilen gayeden ötürü, o ayıbı örtmektir. Mümine layık olan da budur. Onun bu hareketi buna yorumlanır. Daha sonra şahitlik yapmak istese, önce üzerine vacip olan şeyi tehir etmiş olma durumu ortaya çıkar. Vacibi tehir ise fasıklıktır. Fâsığın şahitliği kabul edilmez. Ama iffete iftira suçunda şahitlik zaman aşımına uğramaz. Ne kadar gecikilse, yine şahitlik geçerlidir. Zira, iffete iftira haddi kul hakkıdır. Kendisine zina isnaf edilen kimsenin dava etmesi şarttır. Hırsızlık haddinde şahitlik zaman aşımına uğrar. Yani, hırsızlık haddi uygulanmaz. Fakat hırsız çaldığı malı öder. Zira malın ödenmesi kul hakkı olduğundan, oradan uzun zaman geçmesiyle sakıt olmaz.

Aradan uzun zaman geçtikten sonra haddi ikrar sahih olur. Ancak içki içme suçunu ikrar sahih olmaz. En sahih rivayete göre, içki içme dışında kalan hadlerde zaman aşımı bir aydır: İçki içme haddinde zaman aşımı, içki kokusunun yok olmasıdır. İmam Muhammed'e göre, diğerleri gibi bu da bir aydır.

Şahitler bir kimsenin o sırada orada bulunmayan bir kadınla zina ettiğine şahitlik etseler, şahitlikleri kabul olunur ve adama had vurulur. Ama orada bulunmayan bir adamdan bir şey çaldığına şahitlik etseler kabul olunmaz. Mesela, "bu adam falan adamın malını çalmıştır" deseler kabul edilmez ve hırsızın eli kesilmez. Zira hırsızlıkta, malı çalınan kişinin dava etmesi şarttır.

Bir kimse, "tanımadığım mechul bir kadınla zina ettim" diye ikrar etse had vurulur. Çünkü, kendisiyle zina edildiği ikrar edilen kadının tanınıp bilinmemesi had cezasının uygulanmasına engel olmaz. Eğer bunu adam kendisi ikrar etmeyip şahitler aynı şeyi söyleseler, aleyhine şahitlik yapılan kişiye had vurulmaz. Zira o kadının, adamın nikahlı karısı veya cariyesi olma ihtimali vardır. Keza şahitler, kadının bu işi kendi rızasıyla yapıp yapmadığında ihtilaf etseler, mesela iki şahit "kadın bu işi istemeyerek zorla yaptı" dese, diğer ikisi "kendi rızasıyla yaptı" dese, bu ihtilaftan dolayı had vurulmaz. İmameyn'e göre, erkeğe had vurulur. Zira şahitler, erkek hakkında haddi gerektiren bu işi yaptığına ittifakla şehadet etmişlerdir. Ancak ikisi "zorla", ikisi "isteyerek" yaptı dedikleri için ihtilaf kadın hakkında olmuştur. Kadına ceza uygulanabilmesi için rızası şarttır. Burada ise o, rıza bulunmamıştır. Bu takdirde kadına had vurmak gerekmez. İmam-ı Azam'ın delili şudur: Şahitlik konusu zinadır. Bunda ise ihtilaf olunmuştur. Zira zina bir erkek ve bir kadın tarafından yapılan bir iştir. iki kişi tarafından yapılan bir iş, iki zıt vasıfla nitelenmez. Çünkü zinanın iki kişi tarafından rıza ile yapılmış olması gerekir. Başka bir tabirle ikisinin de rızası şarttır. Kadının bunu istememesi erkeğin bu konuda yalnız kalmasını gerektirir. Böylece ikisinin bir araya gelmesi mümkün olmaz. İki zıt davranışla ortak bir iş yapılmaz. Bu takdirde biri diğerine zıt olan bir iş işlemiş olur. Böylece her biri hakkında şahitlik nisabı tamam olmaz. Kadın bunu rızasıyla yaptı diyen şahitler, kadına iftira etmiş olurlar. Böyle bir davranışı yapan hasım sayılır. Hasmın şahitliği caiz olmaz. Bu şekilde şahitlik yapanlara iffete iftira haddi uygulanması gerekirdi. Fakat kadın bunu istemeyerek yaptı diyenlerin şahitliği, bu haddi düşürmüş oldu.

Şahitler, zina yapılan beldede ihtilaf etse veya dört şahit "filan beldede ve filan vakitte zina ettiler" diye şehadet etseler, dört şahit de "diğer şehirde ve filan zamanda zina ettiler" diye şahitlikte bulunsalar, gerek zina edenlerden gerekse şahitlerden hiçbirine had vurulmaz.

Keza dört kişi bir kadının zina ettiğine şahitlik etse halbuki o kadın bakire olsa yine had vurulmaz. Mesela, "filan kadın filan erkekle zina etti" deseler, kadınlar da bu kadını 'tetkik edip "bakiredir" hükmünü verseler had sakıt olur. Zira bakirelik varsa, zina tahakkuk etmemiş olur. Her ne kadar haddi gerektirme hususunda kadınların şahitliği delil olmasa da bu hususta haddi düşürmede delil olmuştur. Kadına had uygulanmadığı gibi şahitlere de had uygulanması gerekmez. Zina şahitleri fasık kişiler ise veya görmedikleri halde başkasından duyduklarına göre şahitlik yapsalar yine hiçbirine had vurulmaz. Bunlar kulaktan duyma şahitlik yaptıktan sonra aslı şahitler de aynı şeyi söyleseler durum değişmez. Çünkü kulaktan duyma şahitleri reddetmek, bir bakıma asıl şahitleri reddetmek demektir. Bir konuda şahitlerin şahitliği reddedildikten sonra artık o konudaki şahitlik değiştirilmek suretiyle bir daha ebediyyen kabul edilmez. Had ve kısasta kulaktan duyma şahitlik kabul edilmez. Fasıkların şahitliklerinin kabul edilmemesi ise fasıkları sebebiyle şehadeti yerine getirmede kusurları bulunduğu içindir. Zira şahitlik yapmaya ehil oldukları Yüce Allah'ın " إِنْ جَاءَكُمْ فَاسِقٌ بِنَبَإٍ فَتَبَيَّنُوا " **Eğer bir fasık size bir haber getirirse, onu iyice araştırın**"(12) ayet-i kerimesi ile sabittir. Burada "araştırın" emri, onların şahitlik yapmaya ehil olduklarını gösterir. Eğer ehil olmasalar "getirdikleri haberi araştırın" denilmez, "kabul etmeyin" denilirdi. Ancak fısklarından dolayı şehadeti eda etmedeki kurur ve noksanlıklarından dolayı kabul edilmez.

Kadîhan'da şöyle yazılıdır:

Şahit üç nevidir.

Birincisi, mükemmel bir şekilde şahitliği yüklenen ve eda edenler. Bunlar âdil kişilerdir.

İkincisi eksik ve kusurlu bir şekilde şahitlik yapanlar. Bunlar fâsık kişilerdir.

Üçüncüsü, şahitliği yüklenmeye ehil olup eda etmeye ehil olmayanlar. Bunlar körler ve iffete iftira ettikleri için kendilerine had vurulmuş olan kimselerdir. Bunlar şahitliği yüklenmeye ehil oldukları için, bunların şehadetleriyle nikah kıyılır.

Şahitler, evin neresinde zina yapıldığında ihtilaf etseler, aleyhinde şahitlik yapılana had vurulur. Kıyasa göre, şahitlikte ihtilaf edilince had vurulmaması gerekirdi. Fakat istihsan yoluyla had vurulur. Zira şahitlerin bu farklı ifadelerinin arasını bulmak mümkündür. Mesela bir köşede zinaya başlayıp hareket etmek suretiyle başka bir köşede sona erebilir. Dürer'de naklen, "ev

---

(12) Hucurat Suresi, 49/6

küçük ise birleştirmek mümkün, büyük ise mümkün değildir" diye yazılıdır.

Eğer şahitliği yapanlar körse veya iffete iftira ettikleri için daha önce kendilerine had vurulmuş kişiler ise, sadece bu şahitlere iffete iftira haddi vurulur, aleyhine şahitlik yapılan kişiye had vurulmaz. Bu nitelikteki şahitler, şahitiği yüklenmeye ehildir, fakat eda etmeye ehil değildir. Eda etmeye tam ve noksan olarak ehil olmadıkları için, yapmış oldukları şahitlikler "iffete iftira" şekline dönüşür ve bu nedenle kendilerine iffete iftira haddi vurulur.

Zina şahitleri dörtten az olursa veya dört kişi oldukları halde biri köle yahut kendisine iffete iftira haddi vurulmuş bir kişi olursa, şahitlere had vurulur. Zira iffete iftira etmiş olurlar. Keza, aleyhine şahitlik yapılan kişiye had vurulduktan sonra şahitlerden birinin köle veya iffete iftiradan ceza yemiş birisi olduğu anlaşılırsa, yine şahitlere had vurulur. Çünkü iffete iftira etmiş olurlar. Böyle olunca da Yüce Allah'ın

وَالَّذِينَ يَرْمُونَ الْمُحْصَنَاتِ ثُمَّ لَمْ يَأْتُوا بِأَرْبَعَةِ شُهَدَاءَ فَاجْلِدُوهُمْ ثَمَانِينَ جَلْدَةً

"**İffetli müslüman kadınlara zina isnat edenler, sonra dört sahit getirmeyenler (var ya), işte bunlara seksen değnek vurun**"[13] ayeti kerimesinin manası gereği, kendilerine had vurulur. Bir kimse böyle şahitlerin ifadesi sonunda taşlanarak öldürülmüşse, diyetini Beytülmâl verir. Mesela, bu kişiler şahitlik edip o kimse recmedildikten sonra, şahitlerden birinin köle olduğu ortaya çıksa, recmedilen kimsenin diyetinin Beytülmâl'den verilmesi gerekir. Çünkü recm hükmünü hakim vermekle hatayı da o işlemiş olmaktadır. Zira iyice araştırması gerekirken, şahitler üzerinde bir inceleme ve araştırma yapmamıştır. Hakim ne yaparsa, müslümanların yararı için yapar. Bu takdirde ödemesi gereken tazminat da müslümanların malından ödenir ki bu da Beytülmâl'dir. Had vurulurken yaralanmasının veya bundan dolayı ölmesinin diyeti Ebu Hanife'ye göre boşa gider. Yani verilmez. Mesela, şahitlerin zina için yaptıkları şehadetten sonra, birinin köle olduğu anlaşılsa, had vurulurken yaralanma ve bu vuruşlardan ötürü ölme diyeti verilmez. Zira yaralamanın şahitlikle ilgisi yoktur Şahitler yapmış oldukları şahitlikle celde vurulmasını gerektirdiler ki bu da acı verici şekilde vurmaktır. Yoksa yaralamak veya öldürmek değildir. Bundan dolayıdır ki çok sıcak yahut çok soğuk günde had vurulması helal değildir. Hastaya da had vurulmaz. Zira böyle durumlarda had vurulan kimsenin ölme ihtimali vardır. İmameyn, "recimde olan diyet gibi, bunun diyeti de Beytülmâl'dendir" dediler. Keza, şahitler şahitliklerinden dö-

---

(13) Nur Suresi, 24/4

nerlerse yine ihtilaf yukarda anlatılan gibidir. Mesela, celde vurulurken o kişi yaralansa veya ölse, sonra şahitlerden biri şahitliğinden dönse, İmam-ı Azam'a göre diyet verilmez, İmameyn'e göre, Beytülmâl'den verilir.

Şahitlerin şehadeti sonucunda bir kişi recmedilse ve bu şahitler bundan sonra şahitlikliklerinden dönseler kendilerine iffete iftira haddi vurulur. Diyetini de kendileri öder. Zira dönmeleri ile şahitlikleri bozulmuş olur. Her şahitliğinden dönene iffete iftira cezası uygulanır, zira şahitlikten dönmekle iffete iftira etmiş olur. Diyetin de dörtte birini öder. Zira onun şahitliği ile telef olan dörtte biridir. O da bunu öder. Eğer bu konuda beş kişi şahitlik eder de birisi şahitliğinden dönerse bir şey gerekmez. Zira geri kalan dört kişi üzerinde şehadet nisabı bâkidir. Eğer beşinci ile birlikte bir kişi daha şahitlikten dönerse ikisine de iffete iftira haddi vurulur. Zira şahitlikleri iffete iftiraya dönmüş oldu. Had ise bölünme kabul etmez. Bir haddin yarısı birisine, yarısı öbürüne vurulmaz. Onun için ikisine de had vurulur. Bu ikisi diyetin dörtte birini öderler.

Hakim hükmünü vermeden şahitlerden biri şahitliğinden dönerse, hepsine had vurulur. Hüküm verildikten sonra fakat had uygulanmadan biri şahitliğinden dönerse yine böyledir. Yani yine hepsine had vurulur. İmam muhammed'e göre, bu durumda, sadece şahitliğinden dönene had vurulur. Zira şahitlik, hakimin hükmüyle tekit edilmiş olup ancak dönen hakkında bozulmuş olur.

Zina hususunda şahitler şehadet etseler ve "bunların şahitlikleri makbuldür" diye tezkiye edilseler, bu tezkiyeden sonra o kişi recmedilse ancak daha sonra şahitlerin kafir veya köle oldukları ortaya çıksa, bu durumda şahitleri tezkiye edenler tezkiyelerinden dönerlerse diyeti onlar verir. Tezkiyelerinden dönmezlerse, öldürülenin diyetini Beytülmâl verir. İmameyn: "Tezkiye edenler gerek tezkiyelerinden dönsünler gerek dönmesinler, diyeti Beytülmâl verir" dediler.

Bir kimse recmedilmesi yani taşlanarak öldürülmesi emredilen kişiyi öldürse, sonra şahitlerin köle veya kafir oldukları anlaşılsa öldürülen kimsenin diyeti öldürenin malından verilir. Kıyasa göre, katile kısas gerekirdi. Zira haksız yere masum birisini öldürmüştür. Buradaki istihsanın izahı şudur: Hakimin o kişi hakkında verdiği recim hükmü, o kimsenin öldürülmesinin mübah olduğu şüphesini doğurmuştur. Bu takdirde katilin malından diyet vacip olur. Zira o bu kişiyi kasten öldürmüştür. Kasten öldürme halinde, kâtilin kabilesinin bir şey ödemesi gerekmez. Diyet, katilin kendi malından ödenir. Bu diyetin üç sene içinde ödenmesi vaciptir.

Şahitler bu şahitliği yaparken kasten baktıklarını söyleseler, şahitlikleri reddedilmez. Zira, zina yapan kadın ile erkeğin cinsel organlarına bakmak, şahitliği yüklenmek için mübahtır. Çünkü bunlar, hastanın orasını muayene eden doktor yerine konulmuş olurlar. Bazıları şöyle der: Başkasının avret yerine bakmak fasıklıktır. Bunu yapanların şehadetleri makbul olmaz. Eğer şahitler, "hoşumuza gittiği için kasten baktık" derlerse ittifakla şahitlikleri kabul olmaz.

Bir kimsenin zina yaptığına dair şahitlik edilse, aleyhine şahitlik edilen bu kişi kendisinin muhsan olduğunu inkar etse, iki erkeğin veya bir erkekle iki kadının şehadetiyle veya karısının, ondan bir çocuk doğurmasıyle muhsan olduğu sabit olur. Mesela, bir kimsenin karısı olsa ve şahitler onun başka bir karıyle zina ettiğine şahitlik ettikten sona, "karım var, fakat onunla cinsel ilişkide bulunmadım. Dolayısıyle muhsan değilim" dese, karısı çocuk doğurduğunda muhsan olduğu sabit olur.

3. KISIM

باب حَدِّ الشُّرْبِ

مَنْ شَرِبَ خَمْراً وَلَوْ قَطْرَةً فَأَخِذَ وَرِيحُهَا مَوْجُودٌ أَوْ جَاؤُا بِهِ سَكْرَانَ وَلَوْ مِنْ نَبِيذٍ وَشَهِدَ بِذٰلِكَ رَجُلَانِ أَوْ أَقَرَّ بِهِ مَرَّةً وَعِنْدَ أَبِى يُوسُفَ مَرَّتَيْنِ وَعُلِمَ شُرْبُهُ طَوْعاً حُدَّ إِذَا صَحَا ثَمَانِينَ سَوْطاً لِلْحُرِّ وَأَرْبَعِينَ لِلْعَبْدِ مُفَرَّقاً عَلَى بَدَنِهِ كَمَا فِى الزِّنَا* وَإِنْ أَقَرَّ بِهِ أَوْ شَهِدَا عَلَيْهِ بَعْدَ زَوَالِ رِيحِهَا لِبُعْدِ الْمَسَافَةِ لَا يُحَدُّ خِلَافاً لِمُحَمَّدٍ* وَلَا يُحَدُّ مَنْ وُجِدَ فِيهِ رَائِحَةُ الْخَمْرِ أَوْ تَقَيَّأَهَا أَوْ أَقَرَّ ثُمَّ رَجَعَ أَوْ أَقَرَّ سَكْرَانَ* وَالسَّكْرُ الْمُوجِبُ لِلْحَدِّ أَنْ لَا يَعْرِفَ الرَّجُلَ مِنَ الْمَرْأَةِ وَالْأَرْضَ مِنَ السَّمَاءِ وَعِنْدَهُمَا أَنْ يَهْذِى وَيَخْلِطَ كَلَامَهُ وَبِهِ يُفْتَى وَلَوِ ارْتَدَّ السَّكْرَانُ لَا تَبِينُ امْرَأَتُهُ*

İÇKİ İÇME HADDİ

Bir kimse, bir damla da olsa içki içip kokusu ağzında iken yakalansa veya nebiz içmekten dahi olsa sarhoş olarak getirseler ve iki kişi onun içki içtiğine şahitlik etse veya içki içtiğini bir defa, Ebu Yusuf'a göre iki defa ikrar etse ve istiyerek içtiği bilinse, ayıldığı zaman, zinada olduğu gibi bedeninin ayrı ayrı yerlerine hür kişilerde 80, kölelerde 40 değnek vurulur.

Bir kimse, mesafe uzak olmadığı halde, içkinin kokusu gittikten sonra içki içtiğini ikrar eder veya iki kişi buna şahitlik ederse had vurulmaz. İmam Muhammed buna muhalefet eder.

Üzerinde içki kokusu bulnan veya içki kusan veya önce içki içtiğini ikrar edip sonra dönen veya sarhoş olduğu halde içki içtiğini ikrar eden kimseye had vurulmaz.

Haddi gerektiren sarhoşluk, kişinin erkekle kadını, yer ile göğü ayıramamasıdır. İmameyn'e göre saçma sapan konuşması ve sözünü karıştırmasıdır. Fetva da buna göre verilir.

Sarhoş dinden dönse karısı boş olmaz.

HADLER

İZAHI

Bu kısım, içki içme haddinin hükümlerini açıklamaya dairdir.

Bir kimse bir damla dahi içki içmiş olsa ve ağzında içki kokusu olduğu halde yakalansa veya nebiz denilen içkiyi içmekten de olsa, sarhoş olarak getirseler ve iki kişi onun içki içtiğine şahitlik etse veya kendisi içki içtiğini bir defa, Ebu Yusuf'a göre iki defa ikrar etse ve hiçbir zorlama olmadan kendi isteğiyle içtiği bilinse, bu kimse ayıldığı zaman, hür ise zina haddinde olduğu gibi bedeninin ayrı ayrı yerlerine 80 değnek, köle ise 40 değnek vurulur. Mesela, bütün bedenine vurulur. Sadece yüzüne, kafasına ve tenasül uzvuna vurulmaz.

Bir kimse içki içse ve içki kokusu, mesafe uzaklığından değil de başka sebeplerle yok olduktan sonra, içtiğini ikrar etse veya iki kişi buna şahitlik etse had vurulmaz. Zira mesafe uzak olduğu için kokunun gitmesi, haddin vurulmasına engel değildir. Ama yakında olunca, koku gittikten sonra had vurulmaz. Çünkü içki içme haddinde zaman aşımı, içki kokusunun gitmesiyle takdir edilmiştir. Bu, imam-ı Azam ile Ebu Yusuf'un görüşüdür. İmam Muhammed aynı görüşte değildir. Ona göre had vurulur. Zira ona göre, zina ve hırsızlık haddindeki gibi, içki içme haddinde de zaman aşımı bir aydır. Çünkü ona göre kokunun bulunması delil olmaya uygun değildir. Görmez misin ki, içki içen kimse, karnında şarap varken, kendini zorlayarak şarabın kokusunu giderebilir. Bazan da içkiden başka bir şeyde de içki kokusu bulunabilir. Bir kimse çok ayva yerse, o kimsede şarap kokusu bulunur. Nitekim şair şöyle der:

يَقُولُونَ لِى اِنِّى شَرِبْتُ مُدَامَةً ـ فَقُلْتُ لَهُمْ: لاَ بَلْ اَكَلْتُ السَّفَرْجَلاَ

Bana, içki içtiğimi söylüyorlar. Onlara "hayır" dedim. "Bilakis ben ayva yedim". İmam-ı Azam ile Ebu Yusuf'un akli delili, İbn Mesuttan rivayet edilen şu sözdür: " فَاِنْ وَجَدْتُمْ رَائِحَةَ الْخَمْرِ فَاجْلِدُوهُ **İçki kokusunu bulursanız, hemen ona celde vurun.**"

Kendisinde içki kokusu bulunan kimse içki içtiğini ikrar etmez veya şahit bulunmazsa had vurulmaz. İçki kussa da had vurulmaz. Üzerinde bulunan veya kustuğu zamen hissedilen kokunun, içkiden başka bir şeyin kokusu olma ihtimali vardır. Veya zorla içirilmiş olabilir. Onun için kendisi ikrar etmez veya şahit olmazsa içki haddi vurulmaz. İçki içtiğini ikrar edip sonra bundan dönse veya sarhoş iken ikrar etse yine had vurulmaz. Sarhoş iken ikrarda ve zinada yalan olma ihtimali vardır. Mesela, başkasının zoruyla içmiş ve sarhoş olmuş olabilir. O halde iken söylediği sözlere ve ikrarına itibar edilmez. Yalan olabilir. İçki haddi ise Allah hakkı olduğundan şüphe ile kalkar, uygulanmaz.

Ebu Hanife'ye göre haddi gerektiren sarhoşluk, kişinin erkeği kadından, yeri gökten ayıramaz hale gelmesidir. imameyn'e göre ise sarhoşun saçma sapan şöyler söylemesi ve sözünü karıştırmasıdır. Fetva İmameyn'in görüşüne göre verilir. İnaye yazarı şöyle der: Sarhoşun konuşmalarının çoğu saçma olur. Eğer yarısı doğru olursa o kimse sarhoş değildir. Alimlerin çoğu da bu görüşe meyletmişlerdir. İbn Velid'den şöyle rivayet olunmuştur: "Ebu yusuf Hazretlerine: sarhoşa had vurulmayı gerektiren sarhoşluk nasıl olmalıdır" diye sorduğumda, "Kafirûn suresini okuttursunlar. Eğer hata ederse sarhoştur" diye cevap verdi. Ben de: "Lakin bu söze, "bu sureyi okurken, sarhoş olmayan dahi hata eder. Bu takdirde bu sure ile sarhoşluk nasıl anlaşılır?" diye itiraz eden olur" dedim. O zaman şöyle cevap verdi: İçki içmeyi yasaklayan ayet, namaza başlayıp ta bu sureyi okuyamayan kimse hakkında inmiştir. İçkinin yasak olmasının sebebi şudur: Abmdurrahman b. Avf Hazretleri içki haram edilmeden önce, bol yemek hazırlayıp bazı sahabeyi davet etmiş, onlara ziyafet çekip içki içirmişti. Bunlardan biri akşam namazı için imam olmuş ve namazda Kâfirûn suresini okumuştu. Ancak ayetlerde geçen " لا lâ" kelimelerini söyleyemeyerek sureyi yanlış okumuştu. Bunun üzerine, içkinin haram olduğunu gösteren ayet indi. Bu ihtilaf, şarabın dışındaki şeyleri içmekten ileri gelen sarhoşluktadır. Yoksa şarabın damlası içilse had vurulur. Ayrıca sarhoş olmasına ihtiyaç yoktur.

Eğer sarhoş, Allah korusun, mürted olsa, karısı boş olmaz.

4. KISIM

باب حَدِّ الْقَذْفِ

هُوَ كَحَدِّ الشُّرْبِ كَمِيَّةً وَثُبُوتاً* فَمَنْ قَذَفَ مُحْصَناً أَوْ مُحْصَنَةً بِصَرِيحِ الزِّنَا حُدَّ بِطَلَبِ الْمَقْذُوفِ مُتَفَرِّقاً وَلاَ يُنْزَعُ عَنْهُ غَيْرَ الْفَرْوِ وَالْحَشْوِ* وَإِحْصَانُهُ كَوْنُهُ مُكَلَّفاً حُرًّا مُسْلِماً عَفِيفاً عَنِ الزِّنَا* وَلَوْ نَفَاهُ عَنْ أَبِيهِ أَنْ قَالَ لَسْتَ لِأَبِيكَ أَوْ لَسْتَ بِابْنِ فُلاَنٍ إِنْ فِى غَضَبٍ حُدَّ وَإِلاَّ فَلاَ* وَلاَ يُحَدُّ لَوْ نَفَاهُ عَنْ جَدِّهِ أَوْ نَسَبَهُ إِلَيْهِ أَوْ إِلَى عَمِّهِ أَوْ خَالِهِ أَوْ رَابِّهِ أَوْ قَالَ يَا ابْنَ مَاءِ السَّمَاءِ أَوْ قَالَ لِعَرَبِيٍّ يَا نَبَطِىُّ أَوْ لَسْتَ بِعَرَبِيٍّ* وَيُحَدُّ بِقَذْفِ الْمَيِّتِ الْمُحْصَنِ إِنْ طَالَبَ بِهِ الْوَالِدُ أَوْ وَلَدُهُ أَوْ وَلَدُ وَلَدِهِ وَلَوْ مَحْرُوماً عَنِ الْإِرْثِ وَكَذَا وَلَدُ الْبِنْتِ خِلاَفاً لِمُحَمَّدٍ* وَلاَ يُطَالِبُ وَلَدٌ أَبَاهُ وَلاَ عَبْدٌ سَيِّدَهُ بِقَذْفِ أُمِّهِ* وَيَبْطُلُ بِمَوْتِ الْمَقْذُوفِ لاَ بِالرُّجُوعِ عَنِ الْإِقْرَارِ* وَلاَ يَصِحُّ الْعَفْوُ وَلاَ الْاِعْتِيَاضُ عَنْهُ* وَلَوْ قَالَ زَنَأْتَ فِى الْجَبَلِ وَعَنَى الصُّعُودَ حُدَّ خِلاَفاً لِمُحَمَّدٍ* وَإِنْ قَالَ يَا زَانِى وَعَكَسَ حُدَّا* وَلَوْ قَالَ لِامْرَأَتِهِ وَعَكَسَتْ حُدَّتْ وَلاَعَنَا* وَلَوْ قَالَتْ زَنَيْتُ بِكَ بَطَلَ الْحَدُّ أَيْضاً* وَإِنْ أَقَرَّ بِوَلَدِهِ ثُمَّ نَفَاهُ يُلاَعِنُ وَإِنْ عَكَسَ حُدَّ وَالْوَلَدُ لَهُ فِى الْوَجْهَيْنِ* وَلاَ شَيْءَ إِنْ قَالَ لَيْسَ بِابْنِى وَلاَ بِابْنِكِ* وَلاَ حَدَّ بِقَذْفِ امْرَأَةٍ لَهَا وَلَدٌ لاَ يُعْلَمُ لَهُ أَبٌ أَوْ لاَعَنَتْ بِوَلَدٍ بِخِلاَفِ مَنْ لاَ عَنَتْ بِغَيْرِهِ* وَلاَ بِقَذْفِ رَجُلٍ وَطِىءَ حَرَاماً لِعَيْنِهِ كَوَطْءٍ فِى غَيْرِ مِلْكِهِ مِنْ كُلِّ وَجْهٍ أَوْ مِنْ وَجْهٍ كَوَطْءِ أَمَةٍ مُشْتَرَكَةٍ أَوْ مَمْلُوكَةٍ حَرُمَتْ أَبَداً كَأَمَتِهِ الَّتِى هِىَ أُخْتُهُ رَضَاعاً وَلاَ بِقَذْفِ مُسْلِمٍ زَنَى فِى كُفْرِهِ أَوْ مُكَاتَبٍ وَإِنْ كَانَ مَاتَ

عَنْ وَفَاءٍ* وَيُحَدُّ بِقَذْفِ مَنْ وَطِىءَ حَرَاماً لِغَيْرِهِ كَوَطْىءِ أَمَتِهِ الْمَجُوسِيَّةِ أَوْ امْرَأَتِهِ وَهِيَ حَائِضٌ وَكَذَا وَطِىءَ مُكَاتَبَتَهُ خِلاٰفاً لِأَبِي يُوسُفَ رحمه الله تعالى وَيُحَدُّ مَنْ قَذَفَ مُسْلِماً كَانَ قَدْ نَكَحَ مَحْرَمَهُ فِى كُفْرِهِ خِلاٰفاً لَهُمَا* وَيُحَدُّ مُسْتَأْمِنٌ قَذَفَ مُسْلِماً فِى دَارِنَا* وَيَكْفِى حَدٌّ لِجِنَايَاتٍ اتَّحَدَ جِنْسُهَا لاَ إِن اِخْتَلَفَ*

İFFETE İFTİRA HADDİ

İffete iftira haddi, sayı ve sübut bakımından içki haddi gibidir. Bir kimse muhsan olan erkek veya kadına, açık zina lafızlarını kullanarak iftira ederse, kendisine zina isnat edilenin isteğiyle, vücudunun ayrı ayrı yerlerine vurulmak suretiyle cezaya çarptırılır. Kürklü ve pamuklu elbisesinden başkası çıkarılmaz. İftiraya uğrayanın muhsan olması demek; mükellef, hür, müslüman ve zinadan uzak olması demektir.

Bir kimse diğerine, "sen babanın değilsin" veya "sen falancanın oğlu değilsin" demek suretiyle, onun, babasından olmadığını söylerse, bu sözleri öfke ânında dediği takdirde had vurulur, yoksa vurulmaz.

Bir kimse diğerine, "sen falanın torunu değilsin" demek suretiyle dedesinin o olmadığını söylese veya bir kimse diğer bir' kimseyi dedesine veya amcasına veya dayısına veya üvey babasına nisbet etse veya ona hitaben "ey gök suyunun oğlu!" dese veya bir Araba "Ey Nabtî" diye seslense veya "Sen Arap değilsin" dese had vurulmaz.

Bir kimse muhsan olan bir ölüye zina isnadında bulunsa, ölünün babası veya mirastan mahrum da olsa oğlu veya oğlunun oğlu talep ettiği takdirde had vurulur. Keza, kızının oğlu talep ederse yine had vurulur. İmam Muhammed buna muhalefet eder.

"Anneme zina isnat etti" diye bir çocuk, babasının veya köle, efendisinin cezalandırılmasını isteyemez.

Kendisine zina isnat edilen kimsenin ölmesiyle had bâtıl olur, ancak ikrardan dönmekle had batıl olmaz. Zina isnat etme suçunu affetmek veya ona karşı bir bedel almak sahih olmaz.

Bir kimse diğerine, "dağda zina ettin" manasını çağrıştıracak şekilde " زَنَأْتَ فِى الْجَبَل dağa çıktın" dese, ve bununla dağa çıkmayı kastetse had vurulur. İmam Muhammed buna muhalefet eder.

Bir kimse diğerine "ey zina eden!" dese, diğeri de "zina eden sensin" dese ikisine de had vurulur. Bir kimse karısına böyle dese, karısı da aynı karşılığı verse, kadına had vurulur; lian yapılmaz. Kadın, kocasının "ey zina eden!" sözüne karşılık, "seninle zina ettim" dese had de bâtıl olur.

Bir kimse, doğan çocuğunu kabul ettikten sonra, "bu benim değildir" derse lian yapar, aksi durumda had vurulur. Her iki durumda da çocuk onundur. "Bu ne benim oğlumdur, ne de senin oğlun" derse bir şey gerekmez.

Bir çocuğu olan, fakat çocuğunun babası bilinmeyen bir kadına veya çocuğundan dolayı lian yapmış olan kadına zina isnat etmekle had vurulmaz. Fakat çocuğu dışında başka bir konuda lian yapmış olan kadının durumu böyle değildir.

Haram liaynihi olan bir kadınla cinsel ilişkide bulunan kimseye zina isnat edilse, zina isnat edene had vurulmaz. Mesela, her bakımdan kendi mülkünün dışında kalan bir kadınla veya bir bakımdan kendi mülkü dışında kalan bir kadınla mesela ortak cariyesi ile veya süt kardeşi olan cariyesinin haramlığı gibi, kendisine ebediyen haram olan cariyesi ile cinsel ilişkide bulunan kimseye zina isnadında bulunana had vurulmaz. Kafir iken zina etmiş olan bir müslümana veya kitabet bedeline yetecek kadar mal bırakılarak ölse de mükateb köleye zina isnadından dolayı had gerekmez.

Haram ligayrihi olan bir kimseyle cinsel ilişkide bulunan birine zina isnat etmekle had uygulanır. Mesela, mecusi olan cariyesi ile veya âdet halindeki karısı ile cinsel ilişkide bulunan bir kimseye zina isnat edene had vurulur. Keza mükateb olan cariyesiyle cinsel ilişkide bulunan kimseye zina isnat edene de had vurulur. Ebu Yusuf buna muhalefet eder.

Kafir olduğu dönemde mahremiyle evlenmiş olan bir müslümana zina isnat edene de had vurulur. İmameyn buna muhalefet eder.

Bizden eman dileyerek yurdumuza gelip burada yaşayan ve bir müslümana zina isnat eden kafire de had vurulur.

Aynı cins suçlar için bir had yeterli olur. Aynı cins olmazsa bir had yetmez.

İZAHI

Kazf, lügatte atmak manasınadır. Şeriatte kazf, bir kimseye zina isnat etmek bir kimsenin iffetine iftira etmektir. Bu, bütün din alimlerinin ittifakı ile büyük günahlardandır. Nitekim bunun böyle olduğu Yüce Allah'ın,

إِنَّ الَّذِينَ يَرْمُونَ الْمُحْصَنَاتِ الْغَافِلَاتِ الْمُؤْمِنَاتِ لُعِنُوا فِى الدُّنْيَا وَالْآخِرَةِ وَلَهُمْ عَذَابٌ عَظِيمٌ

"Zinadan haberi bulunmayan iffetli mü'min kadınlara zina isnat edenler, dünya ve ahirette lanete uğramışlardır. Onlara büyük bir azap vardır"[14] ayet-i kerimesinde vaki olmuştur.

Fethu'l-Kadir'de de zina isnat etmenin büyük günahlardan olduğu zikredilerek şöyle denilmiştir: Fakat mutlak olarak değil de, iftira ettiği kimsenin huzurunda söylenirse böyledir. Huzurunda yapılmazsa büyük günahlardan olmaz. İmam-ı Şefii'ye göre bu, küçük günahlardandır. Nitekim "Cem'ul-Cevâmi" şerhinde böyle zikredilmiştir.

Bizim kaidemiz bu sözden uzaktır. Zira zina isnadında illet, kendisine zina isnat edilen kimseye ayıp gelmesidir. Bu ise, onun huzurunda olmadığı, yalnız bir yerde söylendiği zaman da olur. Ama zina isnat edilenin muhsan olması şarttır. "Şerhu cem'il-cevami" adlı kitabın haşiyesinde şöyle denilmektedir: "Huzurunda yapılmazsa büyük günahlardan olmaz" sözü, had vurulmaz demektir. Yoksa, bu sözden zina isnadının büyük günah olmadığı anlaşılmaz. Zira bir kaç kayıtla kayıtlı olan bir söz nefy olunsa, bu nefy son kayıtla ilgili olur. Mesela " لَيْسَ بِكَبِيرَةٍ مُوجِبَةٍ لِلْحَدِّ " Haddi gerektiren büyük günah değildir" sözünden anlaşılan, onun büyük günah olmadığı değildir. Bundan anlaşılan onun büyük günah olduğu, fakat haddi gerektirmediğidir.

İffete iftira haddi, sayı bakımından içki haddi gibidir. Nitekim Yüce Allah'ın,

وَالَّذِينَ يَرْمُونَ الْمُحْصَنَاتِ ثُمَّ لَمْ يَأْتُوا بِأَرْبَعَةِ شُهَدَاءَ فَاجْلِدُوهُمْ ثَمَانِينَ جَلْدَةً

"**İffetli kadınlara zina isnat edenler, sonra dört şahit getirmeyenler (var ya), işte bunlara 80 değnek vurun**"(15) ayet-i kerimesinde böyle gelmiştir. Bunun haddi, sabit olma bakımından da içki haddi gibidir. Mesela, bunun yapanın bir defa ikrar etmesi veya iki erkeğin şahitliği ile sabit olur. Diğer hadlerde olmadığı gibi, bunda da kadınların şahitliği kabul edilmez.

Bir kimse muhsan bir erkek veya kadına, açık zina ile zina isnadında bulunsa, zina isnat edilen kimsenin istemesi halinde ona had vurulur. Zira bu, zina isnat edilenin hakkıdır. O bu haktan yararlanır ve özellikle üzerine atılan ayıbı gidermiş olur. Bunda Allah hakkı daha çok ise de, had vurulmasını istemek, iftiraya uğrayanın hakkıdır. Hatta Dürer'de şöyle yazılıdır: Kendisine zina isnat edilen kimse, zina isnat eden kimsenin bulunduğu yerde olmasa da yine o kimseye had vurulur.

İffete iftira haddi, bu iftirayı yapan kimsenin baş, yüz ve tenasül organı dışında, vücudunun ayrı ayrı yerlerine vurulur. Üzerinden kürk ve pamuklu elbisesinden başkası çıkarılmaz. Bu ikisi çıkarılır. Zira bunlar, haddin gayelerinden biri olan acı ve elemin vücuda ulaşmasına engeldirler. Diğer elbiseler çıkarılmaz. Zira, zina isnadında bulunan kimsenin doğru söylemiş olma ihtimali vardır. Ama zina ve içki haddi böyle değildir.

Kendisine zina isnat edilen kimsenin muhsan olması onun mükellef yani akıllı ve ergenlik çağına gelmiş, hür, müslüman ve zinadan uzak olması demektir. Bu beş şart Yüce Allah'ın, az önce geçen Nur Sûresi 4. ayetteki " ٱلْمُحْصَنَاتِ " kelimesinin kapsamı içinde vardır. Bunlardan biri bulunmasa o ikişi muhsan olmamış olur. Zira akıllı ve ergenlik çağına ulaşmış olmayana yani deliye ve küçük çocuğa utanma gelmez. Köle de böyledir. Ayrıca muhsan olmak için müslüman olmak da şarttır. Zira Hz. Peygamber (a.s): " مَنْ أَشْرَكَ بِاللَّهِ فَلَيْسَ بِمُحْصَنٍ " **Kim Allah'a ortak koşarsa o muhsan değildir**" buyurmuştur. Bu, müslüman olmayanın muhsan sayılmayacağına kesin delildir. İffetli olmayan yani zinadan uzak olmayan da bu işten utanmaz.

Bir kimse "bu senin baban değildir" veya "sen falanın oğlu değilsin" demek suretiyle onun, babasından olmadığını söylerse, bunları öfke halinde dediği takdirde had vurulur. Eğer kızgınlık halinde söylenmezse had vurulmaz.

Bir kimse diğer bir kimseye "sen falancanın torunu değilsin" diyerek

---

(14) Nur Suresi, 24/23
(15) Nur Suresi, 24/4

dedesinin o kişi olmadığını söylese veya "sen dedenin oğlusun" veya "amcanın oğlusun" veya "dayının oğlusun" dese, veya "üvey babasının oğlu olduğunu söylese had vurulmaz. Zira örf ve âdette bunlara mecazen baba denilir.

Bir kimse diğerine, "ey gök suyunun oğlu" dese yine had vurulmaz. Zira böyle demekle onun babasını göğe, kendisini yağmura benzetmek istemiştir.

Bir kimse bir Arab'a "Ey Nabtî" dese veya " sen Arap değilsin" dese had vurulmaz. Nabt, ahlâksızlığı ile meşhur bir Arap kavmidir. Irak'ın köy ve dağlık bölgelerinde yaşarlardı.

Bir kimse, yaşadığı sürece muhsan olan bir kimse öldükten sonra ona zina isnat etse, hayatta iken zina yaptığını söylese, eğer ölmüş olan bu kimsenin babası veya mirastan mahrum da olsa oğlu veya oğlunun oğlu isterlerse o kimseye iffete iftira haddi vurulur. Kızının oğlu had vurulmasını isterse yine had vurulur. İmam Muhammed bu görüşte değildir. Ona göre kızının oğlu, had vurulmasını isteyemez.

Çocuk babasına, köle de efendisine, "anneme zina isnat ettin" diyerek had vurulmasını isteyemez. Zira baba oğluna, efendi kölesine zina isnat etti diye cezalandırılmazlar. Hatta baba oğlunu, efendi kölesini öldürse kısas düşer.

Kendisine zina isnat edilen kimsenin ölmesiyle iffete iftira haddi düşer. Hatta haddin bir kısmı vurulduktan sonra, iftiraya uğrayan ölse, iftiracıya haddin geri kalan kısmı vurulmaz. İmam Şafii'ye göre, zina isnat edilen kimsenin ölmesiyle had düşmez. Mirasçılara kalır. Ancak zina isnat eden kendi ikrarıyle bu iddiasından vazgeçse had düşmez. Bu geri dönüşü kabul edilmeyip kendisine had vurulur.

Zina isnadı sabit olduktan sonra, kendisine zina isnat edilen kimsenin suçluyu affetmesi veya onunla bir mal karşılığı sulh yapması sahih olmaz. İmam Şafii'ye göre bu sahihtir.

Bir kimse diğerine, "sen dağda zene' eyledin" dese ve bununla "dağa çıktın" demeyi, murat etse had vurulur. " زَنَا " fiili herne kadar hakiki anlamda "dağa çıktı" yükseldi" demek ise de, bu "zina etti" manasında kullanılır. Kızgınlık anında söylendiğinde " زَنَأْتَ فِى الْجَبَلِ " sözünün, "dağa çıktın" değil de, "dağda zina ettin" manasında kullanılmış olması tercih edilir. İmam Muhammed buna muhalefet eder. Zira bu kelime, "yükselmek, yukarı çıkmak" manasınadır veya hem bu manada hem de zina etmek manasında kullanılan müşterek bir kelimedir. Bu taktirde, "hadler şüpheler giderilir" sözü gereği, şüpheli durum ortaya çıktığı için had vurulmaz.

Bir kimse diğerine "ey zâni" dese, öbürü de "zâni sensin" dese ikisine de had vurulur. Zira ikisi de birbirine zina isnat etmiş olmaktadır.

Bir kimse karısına, "ey zina edici" dese, karısı da "zina edici sensin" dese, kadına had vurulur. Lian yapılmaz. Zira karı ile koca birbirlerine zina isnat etmiş oldular. Kocanın, karısına zina isnat etmesi lianı, karının kocasına zina isnat etmesi ise haddi gerektirir. Lian sakıt olsun diye önce kadına had vurulur. İffete iftiradan dolayı kendisine had vurulan kadın liana ehil olamayacağı için, önce had vurulmak lianın önüne geçilmiş olur. Koca karısına "ey zina edici" dediğinde kadın, "seninle zina ettim" derse, lian düştüğü gibi had de düşer. Bu meselede iki ihtimal vardır: Kadın bu sözüyle, ya nikahtan önce zina ettiğini ikrar etmiş olur. Bu takdirde had gerekir, lian gerekmez. Zira kadın kocasını tasdik etmiş, fakat kocası kadını tasdik etmemiştir. Ya da kadının bu sözden maksadı, nikahtan sonraki cinsel ilişkidir. Bu takdirde lian vacip olur. Zira muhsan olan bir kadına, kocası zina isnat etmiş olur. Bu iki ihtimalden birine göre had, birine göre lian vacip olmaz. Bu takdirde şüphe doğduğu için had de, lian da düşer.

Bir kimse, karısı doğum yaptığında "çocuk benimdir" diye ikrar etse, ondan sonra "benim değildir" diyerek çocuğu kabul etmese, lian yapılır. Zira önce ikrar edip çocuğun nesebi sabit olduktan sonra, "çocuk benden değildir" demek zina isnat etmek demektir. Bu durumda lian yapılır. Aksini yaparsa, yani çocuk doğduğunda "benim değildir" deyip sonra "benimdir" derse had vurulur, lian düşer. Her iki durumda da çocuk onundur. Bir kimse karısı çocuk doğurduğunda "bu ne benim oğlumdur, ne de senin" dese bir şey gerekmez. Zira bu kimse böyle demekle "doğumu" inkar etmiş olmaktadır. Bu takdirde karısına zina isnat etmiş olmaz.

Bir kadının bir çocuğu olsa, fakat bu çocuğun babası bilinmese, böyle bir kadına zina isnat etmekle had vurulmaz. Yine, doğurduğu bir çocuktan dolayı lian yapılan kadına zina isnat etmekle de had vurulmaz. Ama çocuk dışında başka bir nedenle lian yapılmışsa, zina alâmeti yok olduğu için, böyle bir kadına zina isnat edildiğinde had vurulur. Zira lian, erkek tarafından, iffete iftira haddi yerine geçer. Bu takdirde kadının iffetli olduğu vurgulanmış olur.

Bir kimse, başka bir sebepten dolayı değil de bizzat kendisi haram olan bir kadınla cinsel ilişkide bulunsa, böyle bir adama zina isnat eden kimseye had vurulmaz. Mesela, bir kimse, her bakımdan kendi mülkünün dışında olan bir kadınla veya başkasıyle ortak olarak malik olduğu bir cariye gibi, bir bakımdan kendi mülkü dışında bulunan bir cariye ile cinsel ilişkide bulunsa, bu kişiye zina isnat edene had vurulmaz. Veya emişme yoluya kızkardeşi olduğu için ebediyen kendisine haram olan cariyesi ile cinsi yakınlıkta bulunan kimseye zina isnadında bulunmak da haddi gerektirmez. Bu kişilerin yaptığı cinsel ilişki, haram liaynihi (yani haddi zâtında haram olan) kadınlarla olmuştur. Onun için, bu gibi kimselere zina isnadında bulunanlara, iffete iftira haddi vurulmaz.

Kafir olduğu dönemde zina etmiş olan bir müslümana, daha sonra zina isnat etmek de haddi gerektirmez. Zira bütün dinlerde zina haramdır. Bir kimsenin mükateb kölesi, eğer kitabet bedelini ödeyecek kadar mal bırakıp ölmüşse, böyle bir mükatebe zina isnat etmekle de had vurulmaz. Zira Ashab-ı kiram, mükateb kölenin hür mü, yoksa kölemi olarak öldüğünde ihtilaf etmişlerdir. Bu takdirde, ortada şüpheli bir durum olduğundan had vurulmaz.

Bir kimse, aslında haram olmadığı halde, başka sebeplerden dolayı kendisine haram olan bir kadınla cinsel ilişkide bulunsa, mesela, mecusi olan cariyesi ile veya âdet hâli görmekte olan karısı ile cinsel ilişkide bulunsa, böyle bir adama zina isnat edildiğinde bu zina isnadını yapana had vurulur. Zira kişi bunların mâliki olduğu için, bunlardaki haramlık geçicidir. Bu takdirde bunlarla yapılan cinsel ilişki zina olmamış olur. Keza bir kimsenin, kitabet bedelini ödeyecek kadar malı olmayan mükateb cariyesi ile cinsel ilişkide bulunması da böyledir. Mesela, bir kimse cariyesini kitabete kesse ve cariye kitabet bedelini ödemeden onunla cinsel ilişkide bulunsa, böyle bir kimseye zina isnadında bulunana had vurulur. Ebu Yusuf bu görüşte değildir. Ona göre had vurulmaz. Çünkü mükateb cariye ile cinsel ilişkide bulunmak, bu ilişki kuranın muhsan olma özelliğini düşürür.

Kâfir olduğu dönemde bir mahremi ile evlenmiş olan müslümana zina isnadında blunan kimseye had vurulur. İmameyn buna muhalef eder. Onlara göre had vurulmaz. Zira o müslümanın nikahı fasittir. İslama girmekle muhsan olmuş olmaz. Bu takdirde onu zina isnadında bulunana had vurulmaz.

Bizden eman dileyerek yurdumuza gelen ve burada yaşayan bir müste'min[16], bir müslümuna zina isnat etse had vurulur. Zira, iffete iftirada kul hakkı vardır. İslama yurdunda yaşayan kafir ise kul haklarını yerine getirme yükümlülüğünü kabul etmiştir. Hülasa, böyle bir kimseye ittifakla iffete ifti-

---

(16) Müste'min: Gerek müslim, gerek zimmî, gerekse harbî olsun, başka bir milletin ülkesine eman ve müsaade ile giren kimsedir. (Mütercim)

ra haddi vurmak vaciptir. Ama içki haddi ittifakla vacip değildir. Zina ve hırsızlık haddi ise Ebu Yusuf'a göre vacip olup İmam-ı Azam ve İmam Ebu Yusuf'a göre vâcip değildir. Bir zımmi yani islâm devleti tebâsından olan ve haraç veren bir hristiyan veya yahudi üzerine içki haddinden başka bütün hadler vaciptir. Beyaniyye ve Kâfi'de böyle yazılıdır.

Cinsleri aynı olan cinâyetler için bir had yeter. Cinayetlerin cinsi çeşitli ve muhtelif olursa, bir had yetmez. Mesela; zina, hırsızlık, iffete iftira ve içki haddi bir kimsede toplansa, herbiri için başka had vurulur. Ama hepsi birden vurulmaz. Eğer bir defada vurulursa ölme ihtimali vardır. Hatta bir had vurulduktan sonra, onun verdiği acı ve elem kaybolunca öbür had yerine getirilir. Bu şekilde hadler bir kimsede toplandığında önce iffete iftira haddi uygulanır. Ondan sonra devlet reisi muhayyerdir. Dilerse zina haddini, dilerse hırsızlık haddini uygular. Zira bunların ikisi de aynı kuvvettedir. İkisi de kitapla sabittir. İçki haddi sona bırakılır. Muhtelif cinayetlerin karşılığında bir haddin yeterli olmaması, her had karşılığında başka bir gayenin elde edilmiş olmasındandır. Mesela, zina haddini vurmaktan maksat nesebi iffete, iftira haddinden maksat ırz ve namusu, hırsızlık haddinden maksat malı ve içki haddinden maksat da aklı korumaktır. Bu takdirde bir haddi uygulamakla bu kadar maksat elde edilemez. Hatta anlatıldığına göre Kûfe'de şöyle bir olay olmuştur. İbn Ebi Leyla bu şehirde kadı iken, bir gün mescidin kapısında bir adamın diğerine: "Ey iki zina edicinin oğlu!" diyerek zina isnadında bulunduğunu duyar. Bu sözü söyleyeni yakalatıp mescit içinde ona iki had vurur. Kadı'nın böyle yaptığını Ebu Hanife Hazretlerine de söylediklerinde o şöyle der: "Hayret, şehrimizin kadısı bir meselede beş hata eylemiş. Kendisine zina edilen kimsenin davacı olması gerekirken böyle yapmadan haddi uygulamış, bir had yerine iki had vurmuş; iki had arasını bir veya daha çok gün ayırması gerekirken ardarda had vurmuş; haddi mescit içinde uygulamış ve böylece

جَنِّبُوا مَسَاجِدَكُمْ عَنْ صِبْيَانِكُمْ وَمَجَانِينِكُمْ وَسَلِّ سُيُوفِكُمْ وَاِقَامَةِ حُدُودِكُمْ

"**Mescitlerinizi çocuklardan, mecnunlardan, kılıçlarınızı buralarda sıyırmaktan ve hadlerinizi buralarda yerine getirmekten uzak tutunuz**"[17] hadisine aykırı haraket etmiş ve o kimsenin anne ve babasının hayatta mı yoksa ölü mü olduğunu araştırması gerekirken bunu yapmamış. Çünkü o kimseyi dava etmek, ebeveyninin hakkı mı yoksa çocuğun hakkı mı, bu anlaşılmalıydı. O ise bunu yapmamakla hata etmiştir."

---

(17) İbn Mâce, Mesâcid, 5

5. KISIM

فصل فى التعزير

يُعَزَّرُ مَنْ قَذَفَ مَمْلُوكاً أَوْ كَافِراً بِالزِّنَا أَوْ قَذَفَ مُسْلِماً بِيَا فَاسِقُ يَا كَافِرُ يَا خَبِيثُ يَا لِصُّ يَا فَاجِرُ يَا مُنَافِقُ يَا لُوطِى يَا مَنْ يَلْعَبُ بِالصِّبْيَانِ يَا آكِلَ الرِّبَا يَا شَارِبَ الْخَمْرِ يَا دَيُّوثُ يَا مُخَنَّثُ يَا خَائِنُ يَا اِبْنَ الْقَحْبَةِ يَا اِبْنَ الْفَاجِرَةِ يَا زِنْدِيقُ يَا قَرْطَبَانُ يَا مَأْوَى الزَّوَانِى أَوِ اللُّصُوصِ يَا حَرَمْ رَادَه* لَا بِيَا حِمَارُ يَا كَلْبُ يَا قِرَدُ يَاتَيْسُ يَا خِنْزِيرُ يَا بَقَرُ يَا حَيَّةُ يَا حَجَّامُ يَا اِبْنَ الْحَجَّامِ وَأَبُوهُ لَيْسَ كَذٰلِكَ يَا بُغَاءُ يَا مُؤَاجِرُ يَا وَلَدَ الْحَرَامِ يَاعَيَّارُ يَا نَاكِسُ يَا مَنْكُوسُ يَاسُحَرَةُ يَا ضُحَكَةُ يَا كَشْحَانُ يَا أَبْلَهُ يَا مُوَسْوِسٌ* وَاسْتَحْسَنُوا تَعْزِيرَهُ اِذَا كَانَ الْمَقُولُ لَهُ فَقِيهاً أَوْ عَلَوِيًّا* وَلِلزَّوْجِ أَنْ يُعَزِّرَ زَوْجَتَهُ لِتَرْكِ الزِّينَةِ وَتَرْكِ الْاِجَابَةِ اِذَا دَعَاهَا اِلَى فِرَاشِهِ وَتَرْكِ الصَّلَاةِ وَتَرْكِ الْغُسْلِ مِنَ الْجَنَابَةِ وَلِلْخُرُوجِ مِنْ بَيْتِهِ* وَاَقَلُّ التَّعْزِيرِ ثَلٰثَةُ أَسْوَاطٍ وَاَكْثَرُهُ تِسْعَةٌ وَثَلٰثُونَ وَعِنْدَ اَبِى يُوسُفَ خَمْسَةٌ وَسَبْعُونَ وَيَجُوزُ حَبْسُهُ بَعْدَ الضَّرْبِ* وَاَشَدُّ الضَّرْبِ التَّعْزِيرُ ثُمَّ حَدُّ الزِّنَا ثُمَّ الشُّرْبِ ثُمَّ الْقَذْفِ* وَمَنْ حُدَّ أَوْ عُزِّرَ فَمَاتَ فَدَمُهُ هَدَرٌ بِخِلَافِ تَعْزِيرِ الزَّوْجِ زَوْجَتَهُ*

TAZİR

Köle veya kafire zina isnadında bulunan veya bir müslümana "ey fâsık, ey kafir, ey habis, ey hırsız, ey fâcir, ey münafık, ey kulampara, ey çocuklarla oynayan, ey faiz yiyici, ey içkici, ey deyyüs, ey kadın tabiatlı, ey hain, ey kahpenin oğlu, ey fâcir kadının oğlu, ey zındık, ey kartabân, ey kerhaneci, ey hırsız yatağı, ey haramzâde" sözlerinden biriyle laf atan kimse tazir olunur.

Bir müslümana, "ey eşek, ey köpek, ey maymun, ey teke, ey domuz, ey öküz, ey yılan, ey kan alıcı, veya babası kan alıcı olmadığı halde ey kan alıcının oğlu dese" veya "ey boğa, ey (ehlini)kiraya veren, ey haramın çocuğu, ey ayyâr, ey zilletten başını öne eğen, ey başı önüne eğilmiş, ey maskara, ey gülünç kişi, ey keşhân, ey ahmak, ey vesvese veren" gibi sözlerle laf atsa tazir olunmaz. Ancak bu sözlere muhatap olan kimse bir fakih veya Hz. Ali mensubu biri olursa, söyleyenin tazir olunmasını güzel görmüşlerdir.

Bir kimse karısını, süslenmeyi terkettiği, yatağına davet ettiği zaman gelmediği, namaz kılmadığı, cünüplükten yıkanmadığı ve evinden çıktığı için tazir edebilir.

Tazirin en az miktarı üç, en çoğu otuzdokuz kamçıdır. Ebu Yusuf'a göre yetmişbeş kamçıdır. Kamçı vurulduktan sonra hapsedilmesi caizdir.

Dayağın en şiddetlisi tazir dayağıdır. Bundan sonra sırasıyle zina, içki ve iffete iftira hadleri gelir.

Kime had vurulur veya tazir edilir de ölürse, kanı boşa gider yani diyeti ödenmez. Ancak, kocanın karısını taziri böyle değildir.

İZAHI

Bu kısım tazirin beyanına dairdir.

Tazir, edeplendirme, terbiye etme, terbiyesini verme manasınadır. Men etmek, engel olmak manasına gelen "azr" kökünden türemiştir. Tazir, sahibini kötü iş yapma alışkanlığından men ettiği için bu ismi almıştır.

Bir köle veya kafire zina isnadında bulunan kimse tazir olunur. Köle ve kafir muhsan olmadığı için, bunlara zina isnat edene had vurulması gerekmeyip sadece tazir olunurlar.

Bir kimse, bir müslümana "ey fasık, ey kafir, ey habis, ey hırsız, ey facir, ey münafık, ey oğlancı, ey çocuklarla oynayan ey faiz yiyen, ey içkici, ey deyyüs, ey kadın huylu, ey hain, ey kahpenin oğlu, ey fâcir kadının oğlu, ey zındık, ey kartaban, ey kerhaneci, ey hırsızların barınak ve sığınağı, ey haramzâde" gibi sözlerle laf atarsa tazir olunur. Habis, temizin zıddı olup pis anlamındadır. Örf ve âdette fâcir, her türlü günahı işleyen kimseye denir. Zındık, biri şer biri de hayrın yaratıcısı olmak üzere iki yaratıcının varlığına inanan seneviyye taifesinden olan kimsedir. Bu kelime, mecusi taifesinin kitabı olan Zend'den türetilerek arapçalaştırılmıştır. Bazıları "zındık, kâri olduğunu saklayıp müslüman görünen kimsedir" demişlerdir. Deyyüs, ailesinin zina etmesinden utanmayan kimsedir. Kartaban, farsçada kodaş, pezevenk manalarına gelen "kaltebân" kelimesinden arapçalaştırılmıştır. Bazıları, bunun deyyüs kelimesi ile eş anlamlı olduğunu söylerler. Aslında kartaban, hanımını veya mahremini bir nâmahrem ile görüp hali üzerine bırakan kimsedir.

Bir kimse bir müslümana "ey eşek, ey köpek, ey maymun, ey teke, ey domuz, ey öküz, ey yılan, ey kan alıcı, (babası kan alıcı olmadığı halde) ey kan alıcının oğlu, ey boğa, ey müâcir, ey haramın oğlu, ey dolandırıcı, ey zilletten başını önüne eğen, ey başı önüne eğilmiş, ey soytarı, ey gülünç kişi, ey keşhân, ey ahmak ve ey vesveseci" gibi sözlerle laf atar, incitirse tazir olunmaz. Buğa, buğy kökünden zulüm ve zina manasınadır. İnsanların örfünde, nâmerd, kalleş manalarında kullanılır. Sadruşşeria'da, "boğa lafzı halkın küfür olarak kullandığı kelimelerdendir. Halk bu kelimeyi söyler, fakat ne dediğini bilmez" diye yazılıdır. Müâcir, zina yapanların ücretlerini alan kimsedir. Metinde geçen suhra sözü, halkın alaya aldığı kimsedir. Sühara ise insanları alaya alan kimsedir. Kaşhân, karısını erkeklerle oynaşıp elleşirken gören, fakat bir şey demeyip susan kimsedir. Fakihler, bu sözlerin söylendiği kişi eğer fakih veya Hz. Ali mensubu olursa, söyleyenlerin tazir olunmasını güzel görmüşlerdir.

Bir kimse karısını; zineti terkettiği, yatağına davet ettiğinde gelmediği, namazı bıraktığı, cünüp olduğu zaman yıkanmadığı ve evinden izinsiz çıktığı takdirde tazir edebilir. Kadının, kocası tarafından yatağa davet edildiğinde gitmesi vaciptir. Namazı kılması ve cünüplükten kurtulması için gusletmesi farzdır. Bunları terkettiği için kocası onu tazir edebilir.

Tazirin en azı üç, en çoğu 39 kamçıdır. Uygun olan, tazirin had mertebesine ulaşmamasıdır. Tazir, had derecesine ulaşırsa, Hz. Peygamber (a.s)'in: "مَنْ بَلَغَ حَدًّا فِى غَيْرِ الْحَدِّ فَهُوَ مِنَ الْمُعْتَدِينَ" **Had uygulanmayacak bir konuda kim had derecesine ulaşırsa, o haddi aşanlardan olur"** hadisindeki tehdide uğramış olur. Ebu Yusuf'a göre, tazirin en çoğu 75 kamçıdır.

Tazir olunan kimse, kendisine kamçı vurulduktan sonra, eğer hâkim hapsedilmesinde bir yarar görürse, hapsedilmesi câizdir.

Cezalar içersinde dayağın en şiddetlisi tazir dayağıdır. Sayı cihetinden az olduğu için, nitelik cihetinden şiddetli olması gerekir. Alimler tazir dayağının şiddetinin nasıl olacağı hususunda ihtilaf etmişlerdir. Tahâvi Şerhi'nde şöyle yazılıdır: Bazıları şöyle demiştir: Tazir dayağının şiddeti, diğer hadlerde olduğu gibi vücudun çeşitli yerlerine vurulmayıp belli bir yerine vurulması ile olur. Bazıları da: Tazirin şiddetli olması vururken şiddetli vurulmasıdır. Yoksa aynı yere vurmakla olmaz" demişlerdir. Bundan sonra zina haddi gelir. Zira bu, Kitap ile sabittir. Daha sonra içki haddi sonra da iffete iftira haddi gelir.

Bir kimseye had veya tazir cezası uygulansa ve bu cezalar uygulanırken ölse, kanı heder olur, yani diyeti ödenmez. Zira haddi uygulamak vaciptir. Bu cezaları uygulayanlar bunu şeriatın emriyle yapmaktadır. Kan alan kimse gibi, had ve taziri uygulamakla görevli kişinin bu işi selametle neticelendirmesi kaydı yoktur. Ancak bir kimse karısını tazir ederken karısı ölürse, karısının kanı boşa gitmez. Zira kocanın karısını tazir etmesi mübah olan bir terbiyedir. Bu nedenle iş, selametle neticelenmelidir. Öyle olmadığı takdirde, koca diyet ödemek zorundadır.

8. BÖLÜM

كِتابُ السَّرِقَةِ

هِيَ اَخْذُ مُكَلَّفٍ خُفْيَةً قَدْرَ عَشَرَةِ دَرَاهِمَ مَضْرُوبَةٍ مِنْ حِرْزٍ لاَ مِلْكَ لَهُ فِيهِ وَلاَ شُبْهَةَ* وَتَثْبُتُ بِمَا يَثْبُتُ بِهِ الشُّرْبُ* فَإِنْ سَرِقَ مُكَلَّفٌ حُرٌّ اَوْ عَبْدٌ ذٰلِكَ الْقَدْرَ مُحْرَزاً بِمَكَانٍ اَوْ حَافِظٍ وَاَقَرَّ بِهَا اَوْ شَهِدَا عَلَيْهِ وَسَأَلَهُمَا اْلاِمَامُ عَنِ السَّرِقَةِ مَا هِيَ وَكَيْفَ هِيَ وَاَيْنَ هِيَ وَكَمْ هِيَ وَمِمَّنْ سَرِقَ وَبَيَّنَاهَا قُطِعَ* وَاِنْ كَانُوا جَمْعاً وَاَصَابَ كُلاً مِنْهُمْ قَدْرُ نِصَابِهَا قُطِعُوا وَاِنْ تَوَلَّى اْلاَخْذَ بَعْضُهُمْ* وَيُقْطَعُ بِسَرِقَةِ السَّاجِ وَاْلاَبْنُوسِ وَالصِّنْدَلِ وَالْفُصُوصِ مِنَ الْخَضْرِ وَالْيَاقُوتِ وَالزَّبَرْجَدِ وَاْلاِنَاءِ وَالْبَابِ الْمُتَّخَذَيْنِ مِنَ الْخُشْبِ* لاَ بِسَرِقَةِ شَيْءٍ تَافِهٍ يُوجَدُ مُبَاحاً فِي دَارِنَا كَخُشْبٍ وَحَشِيشٍ وَقَصَبٍ وَسَمَكٍ وَطَيْرٍ وَزِرْنِيخٍ وَمَغْرَةٍ وَنُورَةٍ* وَلاَ بِمَا يَسْرُعُ فَسَادُهُ كَلَبَنٍ وَلَحْمٍ وَفَاكِهَةٍ رَطْبَةٍ وَبِطِّيخٍ وَكَذَا ثَمَرٍ عَلَى شَجَرٍ وَزَرْعٍ لَمْ يُحْصَدْ* وَلاَ بِمَا يُتَأَوَّلُ فِيهِ اْلاِنْكَارُ كَاشْرِبَةٍ مُطْرِبَةٍ وَآلاَتِ لَهْوٍ كَدُفٍّ وَطَبْلٍ وَبَرْبَطٍ وَمِزْمَارٍ وَطُنْبُورٍ وَصَلِيبِ ذَهَبٍ اَوْ فِضَّةٍ وَشِطْرَنْجٍ وَنَرْدٍ* وَلاَ بِسَرِقَةِ بَابِ مَسْجِدٍ وَكُتُبِ عِلْمٍ وَمُصْحَفٍ وَصَبِيٍّ حُرٍّ وَلَوْ عَلَيْهِمَا حُلِيَّةٌ خِلاَفاً لاَبِي يُوسُفَ وَعَبْدٍ كَبِيرٍ وَدَفْتَرٍ بِخِلاَفِ الصَّغِيرِ وَدَفْتَرِ الْحُسَّابِ* وَلاَ بِسَرِقَةِ كَلْبٍ وَفَهْدٍ وَلاَ بِخِيَانَةٍ وَنَهْبٍ وَاِخْتِلاَسٍ وَكَذَا نَبْشٍ خِلاَفاً لاَبِي يُوسُفَ* وَلاَ بِسَرِقَةِ مَالِ عَامَّةٍ اَوْ مُشْتَرَكٍ اَوْ مِثْلَ دَيْنِهِ اَوْ اَزْيَدَ حَالاً كَانَ اَوْ مُوَجَّلاً* وَاِنْ كَانَ دَيْنُهُ نَقْداً فَسَرِقَ عَرْضاً قُطِعَ خِلاَفاً لاَبِي يُوسُفَ وَاِنْ كَانَ دَنَانِيرَ فَسَرِقَ دَرَاهِمَ اَوْ بِالْعَكْسِ لاَ يُقْطَعُ وَقِيلَ يُقْطَعُ وَلاَ بِمَا قُطِعَ فِيهِ مَرَّةً وَلَمْ يَتَغَيَّرْ وَاِنْ كَانَ قَدْ تَغَيَّرَ قُطِعَ ثَانِياً كَغَزْلٍ نُسِجَ*

HIRSIZLIK

Hırsızlık; mükellef bir kimsenin, kendi mülkü olmadığı gibi mülk şüphesi de bulunmayan, darbedilmiş on dirhem kadar malı korunduğu yerden gizlice almasıdır. Hırsızlık içkinin sabit olduğu şeyle sabit olur.

Mükellef olan bir hür veya köle, bir mekan veya bekçi ile korunmuş olduğu halde bu miktar malı çalar ve çaldığını ikrar ederse veya çaldığına dair iki kişi şahitlik ederse, hakim şahitlere, hırsızlığın mahiyetini, nasıl yapıldığını, nerede olduğunu, ne kadar olduğunu ve hırsızın bunları kimden çaldığını sorar ve şahitler bunları açıklarlarsa hırsızın eli kesilir.

Toplu halde hırsızlık yapmışlarsa ve herbirine hırsızlık miktarı kadar mal isabet ederse, bir kısmı malı oradan almamış da olsa, hepsinin eli kesilir.

Sac, abanoz, sandal, yeşil yüzük taşları, yakut, zebercet ve ağaçtan yapılmış kap ve kabı çalmakla el kesilir.

Ağaç parçası, odun, ot, kamış, balık, kuş, zırnık, aşı denen kırmızı çamur ve hamam otu gibi memleketimizde mübah olarak bulunan önemsiz şeyleri çalmakla el kesilmez. Yine süt, et, yaş meyve ve kavun karpuz gibi çabuk bozulan şeyleri, keza ağaçtaki meyveyi ve biçilmemiş ekini çalmakla el kesilmez.

Sarhoşluk veren içkiler; def, davul, gitar, zurna ve saz gibi eğlence aletleri, altın veya gümüş haç, satranç ve tavla gibi inkarı te'vil götüren malları çalmakla da el kesilmez.

Bir cami kapısını ilim kitaplarını, üzerlerinde süs ve zinet bulunsa dahi bir mushafı ve küçük hür çocuğu çalmakla da el kesilmez. Ebu Yusuf buna muhalefet eder. Büyük köle ve defter çalmakla da hırsızın eli kesilmez. Küçük köle ve muhasiplerin defterini çalmak böyle değildir.

Köpek ve pars çalmakla, emanete hiyanette, yağmalayıp kapmakla el kesilmez. Kefen soymak da böyledir. Ebu Yusuf buna muhalefet eder.

Umuma ait veya müşterek bir malı ve alacaklı bulunduğu bir kimseden alacağı kadar veya daha çok malı - ister hemen alacağı olsun, ister sonra alacağı olsun - çalmakla da el kesilmez. Alacağı nakit olsa, buna karşılık o mal çalsa eli kesilir. Ebu Yusuf buna muhalefet eder. Alacağı dinar olduğu halde o dirhem çalarsa veya bunun aksi olursa eli kesilmez. Bazıları, "kesilir" demişlerdir.

Daha önce çaldığı için eli kesilen bir şeyi, o şeyde herhangi bir değişme olmadan tekrar çalmakla da el kesilmez. Eğer önce çaldığı mal değişikliğe uğramışsa, mesela dokunmuş iplik gibi, bu takdirde ikinci defa kesilir.

İZAHI

Bu bölüm hırsızlığın hükümlerini açıklamaya dairdir.

Hırsızlık; lügatte, kendi malı olmayan şeyi bir başkasından gizlice almaktır.

Hırsızlığın bir terim olarak manası; mükellef yani akıllı ve ergenlik çağına gelmiş birisinin on dirhem miktarı damgalanmış akçeyi korunduğu yerden gizlice almasıdır. Bunun hırsızlık sayılabilmesi için, bu parayı alan kimsenin para üzerinde mülkü veya mülk şüphesi de bulunmaması gerekir.

Hırsızlık; içki içmenin sabit olduğu şeyle sabit olur. Mesela, iki erkek şahidin şahitliği ile sabit olur. Yoksa bir erkek ve iki kadının şahitliği ile sabit olmaz. Zira hadlerde kadının şahitliği kabul edilmez.

Mükellef bir hür veya mükellef bir köle, on dirhem miktarı parayı veya bu değerde malı, içine girilmesi yasak olan ve içinde mal saklanan bir yerden veya bir muhafız ve bekçinin yanından çalsa ve bunu ikrar etse veya onun bunu yaptığına iki kişi şahitlik etse de devlet reisi şahitlere şunları sorar: Hırsızlık nedir? Neyi çaldı? Nasıl çaldı? Gizli mi yoksa açıktan mı çaldı? Ne zaman ve nerede çaldı? Çalınan şey ne kadardı? Kimden çaldı? Şahitler devlet reisinin veya hakimin bu sorularını cevaplarlarsa hırsızın sağ eli kesilir.

Hırsızlar bir grup halinde topluca çalmışlarsa ve herbirine hırsızlık nisabı olan on dirhem akçe düşerse, bir kısmı çalma işine yanaşmamış, almamış dahi olsa, hepsinin sağ elleri kesilir. Zira hırsızların bir kısmının çalıp bir kısmının onlara arkadaş ve gözcü olmaları âdetleridir. Eğer bu şekilde topluca hırsızlığa katılıp çalmayanlara hırsızlık haddi uygulanmasa, fesat kapısının açılmış olması gerekirdi.

Sac ağacı yani Hindistan'dan gelen, kerestesi makbul ve sert ağacı, abanoz ağacı, yine Hindistan'dan getirilen kuvvetli ve güzel kokulu olup sandal denilen ağacı, zümrüt, yakut, zebercet ve ağaçtan yapılmış çanak ve kapı gibi şeyleri çalan kimsenin eli kesilir.

Yurdumuzda mübah olarak bulunan basit ve değersiz şeyleri çalmakla el kesilmez. Mesela odun, ot, kamış, balık, av hayvanı, kuş, zırnık, aşı denen kırmızı çamur, hamam otu, alçı gibi şeyleri çalanın eli kesilmez. Süt, et, yaş meyve, kavun karpuz gibi çocuk bozulan şeyleri çalanın da eli kesilmez. Keza ağacı üzerindeki meyveyi ve biçilmemiş ekini çalmakla da el kesilmez.

İnkarı tevil götüren şeyleri çalmakla da hırsızlık haddi uygulanmaz. Mesela, sarhoşluk veren içkiler; def, davul, gitar zurna ve saz gibi eğlence aletleri, altın veya gümüş haç, satranç ve tavla gibi şeyleri çalanın eli kesilmez. Ebu Yusuf'tan şöyle rivayet edilmiştir: Eğer altın ve gümüş haç, kafirlerin ibadet ettikleri yerlerde olursa, bunların çalınmasıyle el kesilmesi gerekmez. Zira korunma altına alınmamış sayılırlar. Eğer mabet edinmedikleri bir yerden çalınmışsa, elin kesilmesi gerekir.

Cami kapısı, ilim kitapları, üzerinde süs ve zinet de olsa mushaf ve hür küçük çocuğu çalmakla el kesmek gerekmez. Ebu Yusuf bu görüşte değildir. Ona göre üzerinde zinet bulunan mushafı veya üzerinde kıymetli eşya bulunan hür küçük çocuğu çalanın eli kesilir. Ebu Yusuf'un delili şudur: Eğer sadece süs ve zineti çalsaydı eli kesilmesi gerekirdi. İmdi bu süs ve zineti başka şeyle birlikte çalınca yine eli kesilir. İmam Azam ile İmam Muhammed'in delili ise şudur: Zinet ve süs çalmak el kesileceğine delildir. Çocuk çalmak el kesilmeyeceğine delildir. İki delil birleşince şüpheli durum ortaya çıkar. "Şüphe haddi düşürür" sözünün manası gereği el kesilmez. Hür olan kimse mal değildir. Üzerinde bulunanlar da kendisinindir. Büyük köle ve defter çalanın da eli kesilmez. Zira büyük köleyi almak hırsızlık değil, gasptır. Ancak küçük köle veya muhasiplerin defterini çalmak böyle değildir. Bunların çalınması, çalanın elinin kesilmesini gerektirir. Çünkü küçük köle kendi maksat ve meramını anlatacak durumda değildir. Bu takdirde bir alet ve eşya gibi olmuş olur. Ebu Yusuf: "Büyük köleyi çalanın eli kesilmediği gibi, küçük çocuk olan köleyi çalanın da eli kesilmez" der.

Köpek ve pars çalmakla da el kesilmez. Zira bunlar, mübah bulunan hayvanlardandır. Alimler özellikle, köpeğin mal olup olmayacağı hususunda ihtilaf etmişlerdir. Bu takdirde ortaya şüpheli bir durum çıkmış olur.

Hainlik, yağma ve kapma ile de el kesilmez. Bunlar yapıldığında, hırsızlıkta olduğu gibi el kesilmeyeceğine delil, Hz. Peygamber (a.s)'in şu hadis-i şerifleridir: " لَيْسَ عَلَى خَائِنٍ وَلاَ مُنْتَهِبٍ وَلاَ مُخْتَلِسٍ قَطْعٌ Emanete hıyanet edenin, yağma yapanın, kapıp kaçanın eli kesilmez"[1]. Kefen soymak da böyledir. Kefen soyanın da eli kesilmez. Zira, kefen soyanın eli kesilmeyeceğine dair Hz. Peygamber (a.s): " لاَ قَطْعَ عَلَى الْمُخْتَفِى Kefen soyanın eli kesilmez" buyurmuştur. Hadiste geçen "muhtefi" kelimesi, Medine-

---

(1) Ebu Davud, Hudud, 13; Tirmizi, Hudud, 18

lilerin lügatinde "kefen soyucu" manasınadır. Ebu Yusuf bu görüşte değildir.

İnaye yazarı şöyle der:

Sahabe-i kiram kefen soyucu hakkında ihtilaf etmişlerdir. Hz. Ömer, Hz. Aişe, İbn Mesud ve İbn Zübeyr, "kefen soyanın elinin kesilmesi gerekir" demişlerdir. İbn Abbas, "eli kesilmez" demiştir. Diğer sahabe de bunun üzerine ittifak etmişlerdir. Mervan zamanında bir kefen soyucuyu yakalamışlar. Ashab-ı kiram bunun hakkında kesin cevap vermedikleri için elini kesmeyip birkaç kamçı vurmak suretiyle tazir etmişlerdir. Ebu Hanife ve İmam Muhammed bu görüşü benimsediler. Ebu Yusuf ile Şafii, Hz. Peygamber (a.s)'in, " وَمَنْ نَبَشَ قَطَعْنَاهُ Kim kefen soyarsa elini keseriz" hadisiyle amel ettiler. "Zira kefen mâl-i mütekavvimdir"[2] Kabir ile korunmuş olur. Tahavi şöyle der: Bir şeyin korunmuş olup olmadığı, benzerleri nazar-ı itibara alınarak anlaşılır. Mesela bir kimse ahırdan bir at çalsa elinin kesilmesi gerekir. Ama ahırdan inci çalsa elinin kesilmesi gerekmez. Ebu Yusuf'un rivayet ettiği hadistir merfu değildir veya siyasete hamledilir.

Bir kimse beytülmâl gibi umuma ait olan bir malı veya ortak bulunduğu bir malı veya gerek hemen alacağı olsun, gerekse sonra alacağı olsun, kendisine borçlu olan kimseden alacağı kadar veya daha çok malı çalsa elinin kesilmesi gerekmez. Kıyasa göre, sonra alacağı olan parayı çaldığında eli kesilmeliydi. Zira zamanı gelmeden o parayı alması mübah değildir. Buna göre, çaldığı para onun alacağı değilmiş gibi olur. Buradaki istihsanın izah ve yorumu şudur: Daha sonra alacağı para borçlunun üzerinde hemen alınacakmış gibi sabittir. Buradaki erteleme, alacaklı açısından söz konusudur. Yoksa borçlu, sonra ödeyecek de olsa şu anda da borçludur.

Bir kimsenin nakit olarak alacağı olsa, bu borcu yerine kumaş ve benzeri bir şey çalsa eli kesilir. Zira alacağı para için başka bir mal alma hakkı yoktur. Mal alma, ancak alışveriş yoluyala veya karşılıklı rıza ile olur. Ebu Yusuf bu görüşte değildir. Ona göre bu durumda el kesilmesi gerekmez. Ebu Yusuf'un delili, bazı alimlere göre, imkan bulduğunda cinsi olmayan bir şeyle hakkını almasının caiz olmasıdır. Bir kimsenin malı olması itibariyle, her mal arasında cins birliği vardır. Yani ayrı ayrı cinsten mal olsalar da, hepsi aynı kimsenin malı olma itibariyle bir cins sayılırlar. Bazı alimler, "ayrı cinsten mal al-

---

(2) Mal-i mütekavvim, iki manada kullanılır. Biri, faydalanılması mübah olan şeydir, diğeri mâli muhrez demektir. Meselâ, denizde iken balık gayr-i mütekavvim olup, tutarak ihraz olununca mal-i mütekavvim olur. (Mütercim)

mak caiz değildir. Fırsat bulup onu aldığında rehin için almış gibi olur. Bu takdirde şüpheli bir durum ortaya çıkar. O zaman, "Şüphe haddi kaldırır" sözünün manasına göre amel edilir" demişlerdir.

Bir kimsenin alacağı dirhem olup buna karşılık altın çalsa veya bunun aksi olsa, mesela altın alacağı olsa, buna karşılık dirhem çalsa eli kesilmez. Zira paralar aynı cins hükmündedir. Bazıları: "Eli kesilir. Zira bunlar ayrı ayrı cinstendir" demişlerdir.

Bir kimse bir mal alsa, bunun için eli kesilse, sonra çaldığı o şeyde hiçbir değişme olmadan aynı şeyi tekrar çalsa eli kesilmez. Mesela, bir şey çalsa ve çaldığı bu şey hırsızlık nisabına ulaştığı için eli kesilse, sonra bu mal sahibine iade edilse, daha sonra bu malı tekrar çalsa, ancak mal en küçük bir değişikliğe uğramamış, aynen ilk çaldığı gibi kalmış olsa, bu durmda tekrar eli kesilmez. Eğer malda bir değişiklik olmuşsa ikinci defa kesme işlemi yapılır. Bu kez sol ayağı kesilir. Mesela, Önce iplik çalsa, eli kesildikten sonra bu iplik sahibine iade edilse, sahibi o iplikten kumaş dokusa, hırsız bunu çaldığında sol ayağı kesilir. Çünkü değişikliğe uğrayarak başka bir mal oldu, adı da daha önce "iplik" iken sonra "bez" veya "kumaş" oldu.

Eğer, "sahibi, hırsızdan alınarak kendisine iade edilen malı bir başkasına satsa, hırsız aynı şeyi bir değişikliğe uğramadan o kişiden çalsa eli kesilir" denilirse, buna şöyle cevap veririz: Irak âlimlerine göre, bu durumda hırsızın elini tekrar kesmek gerekmez. Çünkü mal aynı maldır. Bizim alimlerimize göre, sol ayağının kesilmesi gerekir. Zira o mal, hükmen değişikliğe uğramıştır. Sebeplerin değişmesi mal ve eşyanın kendilerinin değişmesi yerine konur. Kafi'de de böyle yazılıdır.

Tahâhvi Şerhi'nde şöyle yazılıdır: Bir kimse altın veya gümüş çalsa, bunun için eli kesilse, çalınan bu altın veya gümüş sahibine verildikten sonra sahibi onları tas veya çanak yaptırsa, sonra eli kesilmiş hırsız bu tas veya çanağı çalsa, Ebu Hanife'ye göre eli kesilmez. Çünkü ona göre malın aynı yani bizzat kendi varlığı değişmemiştir. İmameyn'e göre, sol ayağı kesilir, zira malın aynı değişmiştir. Hâvi'de şöyle yazılıdır: "Bir kimse bir evde altın bulup yutsa, sonra evden çıksa eli kesilmez". Zahiriyye'de de böyle yazılıdır.

I. KISIM

فصل فى الْحِرْزِ

هُوَ قِسْمَانِ بِمَكَانٍ كَبَيْتٍ وَلَوْ بِلَا بَابٍ أَوْ بَابُهُ مَفْتُوحٌ وَكَصَنْدُوقٍ وَبِحَافِظٍ كَمَنْ هُوَ عِنْدَ مَالِهِ وَلَوْ نَائِماً* وَفِى الْحِرْزِ بِالْمَكَانِ لَا يُعْتَبَرُ الْحَافِظُ وَلَا قَطْعَ بِسِرْقَةِ مَالٍ مَنْ بَيْنَهُمَا قَرَابَةُ وِلَادَةٍ* وَلَا بِسِرْقَةٍ مِنْ بَيْتِ ذِى رَحِمٍ مَحْرَمٍ وَلَوْ مَالَ غَيْرِهِ وَيُقْطَعُ بِسِرْقَةِ مَالِهِ مِنْ بَيْتِ غَيْرِهِ وَكَذَا بِسِرْقَةٍ مِنْ بَيْتِ مَحْرَمٍ رَضَاعاً خِلَافاً لِأَبِى يُوسُفَ فِى الْأُمِّ* وَلَا قَطْعَ بِسِرْقَةِ مَالِ زَوْجَتِهِ أَوْ زَوْجِهَا وَلَوْ مِنْ حِرْزٍ خَاصٍّ* وَكَذَا لَوْ سَرَقَ مِنْ سَيِّدِهِ أَوْ زَوْجَةِ سَيِّدِهِ أَوْ زَوْجِ سَيِّدَتِهِ أَوْ مُكَاتَبِهِ أَوْ خَتَنِهِ أَوْ صِهْرِهِ خِلَافاً لَهُمَا فِيهِمَا أَوْ مَغْنَمٍ أَوْ حَمَّامٍ نَهَاراً وَإِنْ كَانَ رَبُّهُ عِنْدَهُ أَوْ مِنْ بَيْتٍ أَذِنَ فِى دُخُولِهِ أَوْ مُضِيفِهِ وَقُطِعَ لَوْ سَرَقَ مِنَ الْحَمَّامِ لَيْلاً أَوْ مِنَ الْمَسْجِدِ مَتَاعاً وَرَبُّهُ عِنْدَهُ أَوْ أَدْخَلَ يَدَهُ فِى صُنْدُوقِ غَيْرِهِ أَوْ كَمِّهِ أَوْ جَيْبِهِ* أَوْ سَرَقَ جُوَالِقاً فِيهِ مَتَاعٌ يَحْفَظُهُ أَوْ نَائِمٌ عَلَيْهِ أَوْ سَرَقَ الْمُوجِرُ مِنَ الْبَيْتِ الْمُسْتَأْجَرِ خِلَافاً لَهُمَا* وَلَوْ سَرَقَ شَيْئاً وَلَمْ يُخْرِجْهُ مِنَ الدَّارِ لَا يُقْطَعُ بِخِلَافِ مَا لَوْ أَخْرَجَهُ مِنْ حُجْرَةٍ إِلَى الدَّارِ* أَوْ سَرَقَ بَعْضُ أَهْلِ حُجَرِ دَارٍ مِنْ حُجْرَةٍ أُخْرَى فِيهَا* أَوْ أَخَذَ شَيْئاً مِنْ حِرْزٍ فَأَلْقَاهُ فِى الطَّرِيقِ ثُمَّ خَرَجَ فَأَخَذَهُ أَوْ حَمَلَهُ عَلَى حِمَارٍ فَسَاقَهُ فَأَخْرَجَهُ مِنَ الْحِرْزِ* وَلَوْ دَخَلَ بَيْتاً فَأَخَذَهُ وَنَاوَلَ مَنْ هُوَ خَارِجٌ لَا يُقْطَعَانِ* وَكَذَا لَوْ أَدْخَلَ الْخَارِجُ يَدَهُ فَتَنَاوَلَ وَقَالَ أَبُو يُوسُفَ يُقْطَعُ الدَّاخِلُ فِى الْأُولَى وَيُقْطَعَانِ فِى الثَّانِيَةِ* وَكَذَا لَا يُقْطَعُ لَوْ نَقَبَ بَيْتاً وَأَدْخَلَ يَدَهُ فِيهِ وَأَخَذَ شَيْئاً أَوْ طَرَّ صُرَّةً خَارِجَةً مِنْ كُمِّ غَيْرِهِ خِلَافاً لَهُ* وَإِنْ حَلَّهَا وَأَخَذَ مِنْ دَاخِلِ الْكُمِّ قُطِعَ اتِّفَاقاً* وَلَوْ سَرَقَ مِنْ قِطَارٍ جَمَلاً أَوْ حِمْلاً لَا يُقْطَعُ* وَإِنْ شَقَّ الْحِمْلَ وَأَخَذَ مِنْهُ شَيْئاً قُطِعَ وَالْفُسْطَاطُ كَالْبَيْتِ*

HIRZ

Hırz iki kısımdır. Birinci kısım; bir mekanla olan hırzdır. İster kapısı açık olsun, ister kapısız olsun oda ve sandık gibi yerler. İkinci kısım, bir koruyucu ve bekçi ile olan hırzdır. Uyur halde de olsa, malının yanında bulunan kimse gibi. Mekanla olan hırzda bekçiye itibar edilmez.

Aralarında doğum yakınlığı bulunan kimsenin malını çalmakla el kesilmez. Mal başkasının da olsa, yakın akrabanın evinden bir şey çalmakla da el kesilmez.

Yakın akrabanın malını başkasının evinden çalmakla el kesilir. Keza, emişme yoluyla mahrem olan kimsenin evinden bir şey çalmakla da el kesilir. Süt anne konusunda Ebu Yusuf bu görüşe muhalefet eder.

Hanımının veya kocasının malından, özel korunmuş yerden de olsa, çalmakla el kesilmez. Keza bir köle efendisinden veya efendisinin hanımından veya hanımefendisinin kocasından veya bir kimse mükateb kölesinden veya damat ya da eniştesinden veya kayınvalide, kayınpeder veya baldızından çalsa eli kesilmez. İmameyn bu şekildeki akrabalardan çalma durumunda aynı görüşle değildirler. Keza ganimet malından veya malın sahibi yanında da olsa, gündüzleyin hamamdan veya girmesine izin verilen veya misafir bulunduğu evden yine eli kesilmez.

Bir kimse geceleyin hamamdan veya bekçisi yanında iken camiden bir eşya çalsa, veya elini başkasının sandığına, yenine veya cebine sokarak alsa veya sahibi kimlediği veya üzerinde uyuduğu halde içinde eşya bulunan bir çuvalı çalsa veya kiraya veren, kiraya verdiği evden bir şey çalsa eli kesilir. İmameyn buna muhalefet eder.

Bir kimse bir şey çalıp onu evden dışarı çıkarmasa eli kesilmez. Ancak odanın birisinden eve çıkarırsa kesilir.

Bir evin odalarından birinde oturan bir kimse o evdeki bir başka odadan çalsa veya korunmuş yerden bir şey alıp onu sokağa atsa sonra dışarı çıksa ve o attığı şeyi alsa veya bir eşeğe yükleyip sürerek korunduğu yerden çıkarsa eli kesilir.

HIRSIZLIK

Bir eve girip bir şey alsa ve onu dışarda olan birisine uzatıp verse ikisinin de eli kesilmez. Keza dışarda bulunan elini içeri sokup alsa yine elleri kesilmez. Ebu Yusuf: "Birinci durumda içerdekinin, ikinci durumda ikisinin de eli kesilir" dedi. Keza bir kimse bir evi delip elini içeri soksa ve bir şey alsa veya bir kimsenin yeninden ayrı bulunan bir keseyi yarıp içindekileri alsa, eli kesilmez. Ebu Yusuf buna muhalefet eder. Eğer keseyi çözer ve yenin içinden alırsa ittifakla eli kesilir.

Bir kimse bir katardan bir deve veya yük çalsa eli kesilmez. Eğer yükü yarıp içinden bir şey alırsa eli kesilir. Çadır da ev gibidir.

İZAHI

Hırz; lügatte "korunmuş, muhafazalı yer"den ibarettir. "Saklı" manasına gelir.

Hırz, iki kısımdır. Birinci kısım, bir mekan ile saklanıp korunan şeylerdir. Böyle mekanlara misal olarak evleri verebiliriz. Bunların kapısız olması veya kapısının açık olması birdir. Sandık ve benzeri koruma yerleri de bu hükümdedir. İhtiyar yazarı şöyle der: Bir evin kapısı açık olsa ve gündüzleyin biri içeri girip eşya alsa eli kesilmez. Zira bu, hırsızlık sayılmaz. Eğer geceleyin girip alırsa eli kesilir. Zira geceleyin böyle bir ev hırzdır.

İkincisi, bekçi ile korunup saklanan maldır. Buna misal olarak, uyur halde de olsa, malının yanında duran kimseyi verebiliriz. Eğer bir hırsız, sahibi yanında iken bu şekilde korunan bir malı çalsa, elinin kesilmesi gerekir. Mekan ile korunan malda, bekçinin olup olmamasına itibar edilmez. Zira ev kapısız da olsa, onun içinde bulunan eşya, bekçisi olmadığı halde "korunmuş, muhafaza altına alınmış mal" dır. Mekan ile korunan bir mal çalındığında, evden dışarı çıkarılmadığı sürece hırsızın elinin kesilmesi gerekmez. Ama yanı başında bir bekçi bulunan malın alınmasıyle birlikte hırsızın elinin kesilmesi gerekir.

İki kişi arasında doğum yakınlığı varsa hırsızın eli kesilmez. Mesela, bir kimse, her ne kadar yukarı çıkarsa çıksın, baba ve annesinin malından, veya her nekadar aşağı inerse insen, çocuklarının malından bir şey çalarsa eli kesilmez. Kardeşleri, amcaları gibi, "zi rahm-i mahrem" denilen yakınlarının evlerinden çalmakla, çaldıkları mal başkalarının da olsa, el kesilmez. Zira bu evlerin, hırz olup olmamasında şüphe vardır. Böyle yakın akrabasının malını başkasının evinden çalarsa eli kesilir. Zira başkasının evinin o malları koruduğu kesindir. Keza bir kimse, emişme yoluyla kendisine mahrem olan bir kimsenin evinden bir mal çalarsa, eli kesilir. Çünkü bu evlerin koruyucu olmasında şüphe yoktur. Süt anne konusunda Ebu Yusuf buna muhalefet eder. Zira bir kimsenin, süt annesinin evine izinsiz girmesi âdet haline gelmiştir. Ama süt kızkardeşi süt anne gibi değildir.

Bir erkek karısının veya bir kadın kocasının malını, özel korunmuş yerinden de olsa, çaldığı takdirde eli kesilmez. Karı ile koca arasında, korunmuş mallarını almak hususunda âdetâ bir serbestlik vardır. Beraberlikleri el kesilmesine engeldir. Bundan dolayıdır ki birinin diğerine şahitliği kabul edilmez.

Bir köle efendisinden veya efendisinin karısından veya efendisi kadın ise onun kocasından çalmakla eli kesilmez. Bir kimse, mükateb kölesinin malını çalarsa eli kesilmez. Yine bir kimse damat veya eniştesinden veya kaynana ve kayınpederinden veya karısı veya karısı varken evlenmesi haram olan birinden, mesela baldızından bir şey çalsa eli kesilmez. İmameyn damat, enişte, kaynana, kayınpeder ve baldız gibi, akrabalardan bir şey çalınması hususunda bu görüşü benimsemezler. Onlara göre, bunlardan bir şey çalanın eli kesilir.

Bir kimse ganimet malından veya bekçisi yanında olsa dahi, gündüzleyin hamamdan bir şey çalsa eli kesilmez. Zira ganimet malında onun da hakkı vardır.

Bir kimse, içeri girmesine izin verilen bir evden veya bir konuk, ev sahibinden bir şey çalsa eli kesilmez. Zira bunlar hakkında ev, "hırz" olmamış olur. Çünkü girmelerine izin verildiği için hane halkından sayılırlar ve yaptıkları iş hırsızlık değil hıyanet olur.

Bir kimse geceleyin hamamdan veya sahibi yanında iken camiden bir şey çalsa eli kesilir. Zira cami, orada bulunan bekçi ile hırz olmuş olur, yoksa cami kendi mekaniyle hırz değildir.

Bir kimse başkasının sandığına veya yenine veya cebine elini sokup çalsa eli kesilir. Çünkü bunlarda mümkün olan eli sokarak bir şey almaktır. Yoksa buralara girilmesi mümkün değildir. Bir kimse içinde eşya bulunan bir çuvalı, sahibi onu beklerken veya üzerinde uyurken çalsa eli kesilir. Çünkü bu nitelikteki bir çuval, bekçi tarafından korunmuş olmaktadır. Ev sahibi, kiracısının evinden bir şey çalsa Ebu Hanife'ye göre eli kesilir. İmameyn bu görüşte değildir. Onlara göre ev sahibinin eli kesilmez. Zira evine girme izni vardır.

Bir kimse bir şey çalıp evden çıkarmazsa eli kesilmez. Mutlaka çıkarması gerekir. Çünkü evin tamamı bir tek hırzdır. Ev ve evin içinde bulunanlar hükmen sahibinin sayılır. Bu takdirde malın çalınıp çalınmamış olduğu şüpheli olur. Eğer çaldığı malı bir odadan evin avlusuna çıkarırsa durum değişir. Evde birçok oda varsa ve orada oturanlar evin avlusuna ihtiyaç duymazlarsa, bu takdirde, çalınan şeyi avluya çıkarmakla sokağa çıkarmış gibi olacağından eli kesilir.

Okul ve otel gibi birçok odası bulunan bir binada kalmakta olan birisi, kendisinin oturmadığı birbaşka odadan bir şey çalsa, eli kesilir. Çünkü böyle binalar bir mahalle, içindeki odalar da birer ev hükmünde olur. Bir kimse, korunmuş olan yerden bir şey çalıp onu sokağa atsa ve sonra dışarı çıkarak onu alsa eli kesilir. Veya aldığı şeyi eşeğe yükleyip onu korunduğu yerden dışarı çıkarsa yine eli kesilir. Çünkü eşeğin aradan çalıntı malı ile çıkmasını, ona bu malı yükleyen hırsız sayesinde olmuştur. Dolayısı ile malı, hırsız taşımış gibi olur.

Bir kimse bir eve girip bir şey alsa, sonra dışarı çıkmadan onu evin dışında bulunan birine verse, içerdekinin de, dışardakinin de elleri kesilmez. Çünkü içerdeki o mal ile dışarı çıkmamış, dışardaki de evin korunmuşluğunu gidermemiştir. Dolayısıyle ikisinde de tam hırsızlık bulunmadığı için elleri kesilmez. Keza içerde olan çaldığı şeyi dışarı uzatmadan, dışardaki elini içeri sokarak alsa, yine elleri kesilmez. İmam Ebu Yusuf, "birinci durumda içerdekinin, ikinci durumda ikisinin eli kesilir" der. Zira birinci durumda evin korunması tam olduğu halde mal, içerde bulunanın fiili ile dışarı çıktı. Bu takdirde, içerde bulunanın elini kesmek gerekir. İkinci durumda ikisinin de eli kesilir. Çünkü dışardaki, korunmuş olan bir yere elini sokarak malı dışarı çıkarmış; içindeki de korunmuş bir yerden malın çıkarılmasına yardımcı olmuştur.

Bir kimse bir evi delip elini içeri sokarak bir şey alsa veya bir kimsenin yeninden ayrı olarak bulunan bir keseyi yararak parasını alsa eli kesilmez. Eğer keseyi çözse ve yenin içinden parayı alsa ittifakla eli kesilir.

Bir kimse deve katarından bir deve veya deve üzerinden bir yük çalsa eli kesilmez. Deve sürücüsü ister develerin önünde, ister arkasında bulunsun, fark etmez. Çünkü sürücüden maksat, develere yol aldıran kimsedir, yoksa sürücü, bir bekçi veya muhafız değildir. Dolayısıyle bunlar korunmasız yerden çalınmış olur ve çalanın eli kesilmez. Bir kimse yükü yarıp içinden bir şey alsa eli kesilir. Çünkü korunmuş bir yerden çalmış olur.

Çadır ev gibidir. Çadırdan çalanın da eli kesilir.

2. KISIM

فصل فى كَيْفِيَةِ الْقَطْعِ وَاثْبَاتِه

تُقْطَعُ يَمِينُ السَّارِقِ مِنْ زَنْدِهِ وَتُحْسَمُ وَرِجْلُهُ الْيُسْرَى اِنْ عَادَ فَاِنْ سَرَقَ ثَالِثاً لاَ يُقْطَعُ بَلْ يُحْبَسُ حَتَّى يَتُوبَ* وَطَلَبُ الْمَسْرُوقِ مِنْهُ شَرْطُ الْقَطْعِ وَلَوْ مُودَعاً اَوْ غَاصِباً اَوْ صَاحِبَ الرِّبَا اَوْ مُسْتَعِيراً اَوْ مُسْتَأْجِراً اَوْ مُضَارِباً اَوْ مُسْتَبْضِعاً اَوْ قَابِضاً عَلَى سَوْمِ الشِّرَاءِ اَوْ مُرْتَهِناً* وَيُقْطَعُ بِطَلَبِ الْمَالِكِ اَيْضاً فِى السَّرِقَةِ مِنْ هٰؤُلاَءِ لاَ بِطَلَبِ السَّارِقِ اَوِ الْمَالِكِ لَوْ سُرِقَتْ مِنَ السَّارِقِ بَعْدَ الْقَطْعِ* بِخِلاَفِ مَا لَوْ سُرِقَتْ مِنْهُ قَبْلَ الْقَطْعِ اَوْ بَعْدَ دَرْءِ الْحَدِّ بِشُبْهَةٍ* وَاِنْ لَمْ يَطْلُبْ اَحَدٌ لاَ يُقْطَعُ وَاِنْ اَقَرَّ هُوَ بِهَا* وَلاَ بُدَّ مِنْ حُضُورِهِ عِنْدَ الْاِقْرَارِ وَالشَّهَادَةِ وَالْقَطْعِ وَلَوْ كَانَتْ يَدُهُ الْيُسْرَى اَوْ اِبْهَامُهَا مَقْطُوعَةً اَوْ شَلاَّءَ اَوْ اِصْبَعَانِ سِوَى الْاِبْهَامِ كَذٰلِكَ لاَ يُقْطَعُ مِنْهُ شَىْءٌ بَلْ يُحْبَسُ* وَكَذَا لَوْ كَانَتْ رِجْلُهُ الْيُمْنَى مَقْطُوعَةً اَوْ شَلاَّءَ* وَلاَ يَضْمَنُ الْمَأْمُورُ بِقَطْعِ الْيُمْنَى لَوْ قَطَعَ الْيُسْرَى وَعِنْدَهُمَا يَضْمَنُ اِنْ تَعَمَّدَ* وَمَنْ سَرَقَ شَيْئاً وَرَدَّهُ قَبْلَ الْخُصُومَةِ اِلَى مَالِكِهِ لاَ يُقْطَعُ* وَكَذَا لَوْ اَنْقَصَتْ قِيمَتُهُ مِنَ النِّصَابِ قَبْلَ الْقَطْعِ اَوْ مَلَكَهُ بَعْدَ الْقَضَاءِ اَوِ ادَّعَى اَنَّهُ مِلْكُهُ وَاِنْ لَمْ يَثْبُتْ* وَكَذَا لَوِ ادَّعَى اَحَدُ السَّارِقَيْنِ* وَلَوْ سَرَقَا وَغَابَ اَحَدُهُمَا وَشَهِدَ عَلَى قَطْعِ الْاٰخَرِ* وَلَوْ اَقَرَّ الْعَبْدُ الْمَأْذُونُ بِسَرِقَةٍ قُطِعَ وَرُدَّتْ* وَكَذَا الْمَحْجُورُ عِنْدَ الْاِمَامِ وَعِنْدَ اَبِى يُوسُفَ يُقْطَعُ وَلاَ تُرَدُّ وَعِنْدَ مُحَمَّدٍ لاَ يُقْطَعُ وَلاَ تُرَدُّ* وَمَنْ قُطِعَ بِسَرِقَةٍ

وَالْعَيْنُ قَائِمَةٌ رَدَّهَا وَاِنْ لَمْ تَكُنْ قَائِمَةً فَلاَ ضَمَانَ عَلَيْهِ وَاِنِ اسْتَهْلَكَهَا* وَاِنْ سَرِقَ سَرِقَاتٍ فَقُطِعَ بِكُلِّهَا اَوْ بَعْضِهَا لاَ يَضْمَنُ شَيْئاً مِنْهَا وَقَالاَ يَضْمَنُ مَا لَمْ يُقْطَعْ بِهِ* وَلَوْ سَرَقَ ثَوْباً فَشَقَّهُ فِى الدَّارِ ثُمَّ اَخْرَجَهُ قُطِعَ* لاَ اِنْ سَرَقَ شَاةً فَذَبَحَهَا ثُمَّ اَخْرَجَهَا* وَلَوْ ضَرَبَ الْمَسْرُوقَ دَرَاهِمَ اَوْ دَنَانِيرَ قُطِعَ وَرَدَّهَا وَعِنْدَهما لاَ يَرُدُّهَا* وَلَوْ صَبَغَهُ اَحْمَرَ فَقُطِعَ لاَ يُؤْخَذُ مِنْهُ وَلاَ يَضْمَنُهُ وَعِنْدَ مُحَمَّدٍ يُؤْخَذُ مِنْهُ وَيُعْطَى مَا زَادَ الصِّبْغُ وَاِنْ صَبَغَهُ اَسْوَدَ اُخِذَ مِنْهُ وَلاَ يُعْطَى شَيْئاً وَحَكَمَا فِيهِ كَحُكْمِهِمَا فِى الْاَحْمَرِ*

2. KISIM

HIRSIZIN ELİ NASIL KESİLİR, BUNUN İSBATI NEDİR?

Hırsızın sağ eli bileğinden kesilir ve dağlanır. Tekrar çalarsa sol ayağı kesilir. Üçüncü defa hırsızlık yaparsa artık bir yeri kesilmez, bilakis tevbe edinceye kadar hapsedilir.

Elin veya ayağın kesilmesi için, malı çalınan kimsenin bunu istemesi şarttır. Malı çalınan kimse o malı emanet olarak, veya gasbederek veya faiz yiyerek veya âriyet olarak veya kiralayarak veya kârı ortak olmak üzere parayı çalıştırıcı olarak veya kârı başkasına ait olmak üzere çalıştırıcı olarak yanında bulunduruyorsa veya sahibi, "fiat şu kadar, götür bak, beğenirsen al" dediği için yanına almışsa veya rehin olarak almışsa, bu kişiler hırsızın elinin kesilmesini isteyebilir. Bu kişilerden çalınması halinde, asıl mal sahibinin isteğiyle de hırsızın eli kesilir. Fakat hırsızın eli kesildikten sonra o hırsızdan çalınmış olsa, hırsızın veya mal sahibinin isteğiyle el kesilmez. Ancak hırsızın eli kesilmeden veya bir şüphe üzerine had ortadan kalktıktan sonra çalınmış olma durumu buna benzemez.

Hiç kimse hırsızın elinin kesilmesini istemezse, hırsız çaldığını ikrar etse bile eli kesilmez. Hırsız çaldığını ikrar ederken, şahitler buna şahitlik yaparken ve eli kesilirken mutlaka malı çalınan kimsenin bulunması gerekir.

Hırsızın sol eli veya sol elinin baş parmağı kesik veya eğri ise veya baş parmağı olduğu halde iki parmağı kesik veya eğri olsa hırsızın hiçbir yeri kesilmez, bilakis hapsedilir. Keza sağ ayağının parmakları kesik veya çolak ve eğri olsa, sol ayağı da kesilmez.

Sağ eli kesmekle görevlendirilen kişi sol eli keserse tazminat ödemez. İmameyn'e göre, kasten kesmişse öder.

Bir kimse bir şey çalsa ve dava edilmeden sahibine iade etse eli kesilmez. Keza eli kesilmeden önce, çalınan malın kıymeti hırsızlık nisabından aşağı düşse veya hırsız, elinin kesilmesine hükmedildikten sonra çaldığı mala malik olsa veya her ne kadar tesbit edilmiş olmasa da, ona malik olduğunu iddia etse eli kesilmez. Aynı şekilde iki hırsızdan biri bu iddiada bulunsa elleri kesilmez.

İki kişi hırsızlık yapsa ve biri ortadan kaybolsa ve çaldıklarına dair şahitlik yapılsa, orada hazır bulunanın eli kesilir.

Kendisine ticaret izni verilmiş olan bir köle hırsızlık yaptığını ikrar etse eli kesilir ve çalıntı mal iade edilir. Ticaretten men edilenin eli kesilir, mal iade edilmez. İmam Muhammed'e göre eli de kesilmez, çaldığı mal da iade edilmez.

Bir hırsızlıktan dolayı eli kesilen kimse, eğer mal aynen duruyorsa onu geri verir. Aynen durmuyorsa, kendisi yok etmiş de olsa, tazminatını vermez.

Bir kimse birkaç hırsızlık yapmış ve hepsine veya bir kısmına karşılık eli kesilmişse, çaldıklarından hiçbir şey ödemez. İmameyn: "Hangisi için eli kesilmemişse onu öder" dediler.

Bir kimse bir elbise çalıp onu evde ikiye ayırsa, sonra dışarı çıkarsa eli kesilir. Bir koyun çalıp kesse, sonra dışarı çıkarsa eli kesilmez.

Bir kimse çalmış olduğu külçeyi dirhem veya dinar şeklinde darp edip damgalasa eli kesilir ve onları sahibine verir. İmameyn'e göre vermez.

Bir kimse çaldığı elbiseyi kırmızıya boyasa ve eli kesilse, bu boyalı elbise ondan alınmaz, onu ödemez de. İmam Muhammed'e göre, elbise alınır ve boya masrafı ona verilir. Siyaha boyamışsa elbise alınır ve kendisine hiçbir şey verilmez. İmam Azam ve Ebu Yusuf'un kırmızıda verdikleri hüküm gibi, İmameyn de siyahta hüküm verdiler.

İZAHI

Bu kısım, el kesmenin nasıl yapılacağına ve bunun isbatına dairdir. Musannif bu bölümde, el kesmenin delillerle isbatını ne açık bir şekilde ne de dolaylı olarak zikretmiştir. Hidaye yazarı bu bölüm için aynı başlığı kullanmış ve burada el kesmenin delillerle isbatını açıklamıştır. Musannif başlık seçiminde her ne kadar Hidaye yazarına uymuşsa da el kesmenin isbatına temas lüzumunu hissetmemiştir.

Hırsızın sağ eli bileğinden kesilir ve dağlanır. Hırsızın elinin kesilmesi, Yüce Allah'ın " اَلسَّارِقُ وَالسَّارِقَةُ فَاقْطَعُوا أَيْدِيَهُمَا **Erkek ve kadın hırsızın ellerini kesin**"[3] ayet-i kerimesi ile sabittir. Meşhur olan da budur. Tekrar çalarsa sol ayağı kesilir. Eğer üçüncü defa çalarsa artık bir yeri kesilmez, aksine tevbe edene kadar hapse atılır.

Hırsızın elinin kesilebilmesi için, malı çalınan kişinin bunu istemesi şarttır. Eğer malı çalınan kimse, yukarda metin bölümünde anlatılan muhtelif kişilerden biriyse, yine bunlarında hırsızın elinin kesilmesini istemeleri şarttır. Mesela bir kimse fâiz yoluyla para kazansa ve on dirhemi yirmi dirheme satarak bu parayı eline alsa ve elindeki bu faiz parası çalınsa, istemesi halinde hırsızın eli kesilir. Yukarda zikredilen kişilerin istemesi halinde hırsızın eli kesilebileceği gibi, o malların asıl sahiplerinin isteğiyle de kesilebilir.

Hırsızın eli kesildikten sonra, elinin kesilmesine sebep olan mal bir başka hırsız tarafından çalınsa, eli kesilen hırsızın veya malın asıl sahibinin talep ve arzusuyla ikinci hırsızın eli kesilmez. Zira elin kesilmesini gerektiren hırsızlığın ya sahibinden veya emanetçiden veya o malı ödemesi gereken kişiden yapılması şarttır. Burada ise bu şartlardan herhangi biri yoktur. Çünkü ilk çalan hırsız malın sahibi değildir. Onun için, ikinci hırsızın elinin kesilmesini isteyemez. Mal sahibinin de, mal kendi yanından çalınmadığı için böyle bir talepte bulunma hakkı yoktur. Ancak ilk hırsızın eli kesilmeden önce veya bir şüphe üzerine had ortadan kalktıktan sonra, aynı mal bir ikinci hırsız tarafından çalınırsa, ilk hırsızın veya mal sahibinin talebi ile ikinci hırsızın eli kesilir. Zira önceki durumda ikinci hırsızın elinin kesilmemesi, ilk hırsızın elinin kesilmiş olması zaruretinden dolayı idi. Burada ise böyle bir durum yoktur.

---

(3) Maide Suresi, 5/38

Hiçbir kimse hırsızın elinin kesilmesini istemezse, hırsız, çaldığını ikrar etse bile eli kesilmez. Hırsız, çaldığını ikrar ederken, şahitler onun çaldığını söylerken ve hırsızın eli kesilirken, malı çalınan kimsenin mutlaka orada bulunması gerekir.

Hırsızın sol eli veya sol elinin baş parmağı kesik veya çolak ve eğri olsa veya baş parmağı sağlam olduğu halde iki parmağı kesik veya eğri olsa, hırsızın herhangi bir uzvu kesilmez. Hırsızın sağ ayak parmakları kesik veya çolak ve eğri olsa, sol ayağı da kesilmez. Bilakis hapsedilir. Zira kesilmiş olsaydı, diğer el veya ayağında da özür bulunduğundan, tutmak ve yürümek gibi faydalar yok olacaktı. Yani bir şey tutamayacak veya yürüyemeyecekti.

Sağ eli veya sol ayağı kesmekle görevlendirilen kimse, sol eli veya sağ ayağı keserse, İmam-ı Azam'a göre, bunun tazminatını ödemez. İmameyn'e göre, kasten keserse öder. Zira kesilmeyecek tarafı haksız yere kesmiş oldu. Bu takdirde, kesmek için görevlendirilmeyen kimse kestiğinde nasıl tazminat öderse, bu da, görevlendirilmediği tarafı kestiği için aynı şekilde tazminat öder.

Bir kimse bir şey çalsa ve malı çalınan kimse dava etmeden onu sahibine geri verse eli kesilmez. Keza çalınan şeyin kıymeti, daha hırsızın eli kesilmeden hırsızlık nisabı olan on dirhemin altına düşse veya hırsız, çaldığı o mala, elinin kesilmesine hükmedilmeden, hibe ve alışveriş gibi bir yolla sahip olsa veya her ne kadar o malın sahibi olduğu sabit olmasa da, "bu benim mülkümdür" diye iddiada bulunsa eli kesilmez. Yine bir malı çalan iki hırsızdan biri, çalınan malın kendisinin olduğunu iddia etse, ikisinin de eli kesilmez. Zira malı çalınan kimsenin o malda hakkı olup olmadığı hususunda bir şüphe meydana getirmiştir.

İki kişi birlikte hırsızlık yapsa ve hırsızlardan biri ortadan kaybolsa, ikisinin de hırsızlık yaptığını görenlerin şahitliği üzerine orada bulunanın eli kesilir. Zira orada hazır olanın hırsızlığı, bir delil ile yani iki şahidin şehadetiyle sabit olmuştur. Hatta İmam-ı Azam Hazretleri, '' وَلَا يَجِبُ عَلَيْهِ الْقَطْعُ onun da elini kesmek gerekmez'' buyurmuşlar, daha sonra bu görüşünden dönerek ''eli kesilir'' görüşünü benimsemişlerdir.

Ticaret yapma izni almış olan bir köle hırsızlık yaptığını ikrar ederse eli kesilir ve çaldığı mal aynen duruyorsa sahibine geri verilir. Eğer yok olmuşsa tazminatını ödemez. Zira hem eli kesilsin, hem ödesin, bu ikisi bir arada olmaz. Ticaretten men edilen kimsenin durumu da, İmam-ı Azam'a göre aynıdır. Eli kesilir ve mal geri verilir. Ebu Yusuf'a göre, eli kesilir, çaldığı mal geri verilmez.

HIRSIZLIK

Bir kimsenin, yaptığı bir hırsızlıktan dolayı eli kesilse, çaldığı mal aynen duruyorsa sahibine geri verir. Durmuyorsa, hırsızın onu ödemesi gerekmez. O malı, kendisi yok edip tüketmişse de bir şey ödemez. Burada "hırsız onu yok etmişse de..." kaydının bulunmasının sebebi, Hasan'ın, Ebu Hanife'den, "eğer çalan kimse çaldığı malı yok etmişse, tazmin etmesi gerekir" şeklinde bir rivayetinin olmasıdır. Bu kayıtla hem Ebu Hanife'nin böyle bir görüşü olduğuna, hem de burada onun geçerli olmadığına dikkat çekilmiş olmaktadır.

Bir kimse birkaç hırsızlık yapsa ve bunların hepsine veya bir kısmına karşılık eli kesilse, çaldığı mallardan hiçbir şey tazmin etmez. Mesela, bir hırsız Zeyd, Amr ve Bekir'den mal çalsa, vacip olan bir el kesme cezasıdır. Zira cezalar içiçe girmiştir. Malı çalınanların hepsi bulunmayıp sadece birisi hazır olsa ve hırsızın eli kesilse, hepsinin yerine kesilmiş olur. Çünkü hadler, dolayısıyle hırsızlık haddi, Allah hakkı olduğu için yerine getirilmesi gerekir. Yoksa kul hakkı olduğu için vacip değildir. Ancak hırsızlığın ortaya çıkıp sabit olması için, kulun davacı olma şartı vardır. Malı çalınanlardan birinin davacı olduğu ortaya çıkınca, hepsi de davacı olmuş ve hepsinin yerine hırsızın eli kesilmiş gibi olur. İmameyn: "Hangi şey için eli kesilmemişse onu, yani elinin kesilmesine sebep olmayan malı öder" dediler.

Hırsız bir elbise çalıp onu çaldığı evin içinde ikiye ayırdıktan sonra dışarı çıkarsa eli kesilir. Fakat bir koyun çalıp onu boğazladıktan sonra dışarı çıkarsa eli kesilmez. Çünkü hırsızlık, et çalınarak tamamlanmış olmaktadır. Et çalındığında ise el kesilmez. Ancak kıymetini öder.

Bir kimse çalmış olduğu külçeyi akçe veya altın olarak darp etse, yani külçeyi akçe veya altın yapsa eli kesilir ve akçe veya altınları sahibine geri verilir. İmameyn'e göre, geri vermez. Zira sanat kıymetli bir şeydir. Külçe, akçe veya altına çevrilmekle başka bir şey olmuştur. Hırsız, çalındıktan sonra durumu değişik kıymetlenen bu şeyin maliki olur. İmam Azam'a göre, sanatın ayrı bir değeri yoktur. Külçenin kıymeti ne ise, ondan yapılan altının da değeri odur. Binaenaleyh hırsız, çaldığ şeye malik olamaz. Çünkü çaldığı ile yaptığı aynı şeydir. Sahibine geri verir.

Hırsızın çaldığı şey bir elbise olsa ve eli kesilmeden veya kesildikten sonra onu kırmızıya boyasa, bu elbise ondan alınmaz ve bedelini ödemesi de gerekmez. İmam Muhammed'e göre, elbise hırsızdan alınır ve boya masrafı kendisine verilir. Çünkü mal sahibinin çalınan malı tamamen mevcuttur ve asıldır. Boya ise ona tabidir. Bu takdirde, asıl olanı nazar-ı itibara almak daha uygundur. İmam Ebu Hanife ile İmam Ebu Yusuf'un delili, hırsızın elbisede suret ve mana itibariyle boyası bulunmaktadır. Elbise sahibinin hakkı ancak sureten vardır, manen yoktur. Hatta elbise hırsızın elinde yok olsa veya kendisi onu yok etse ödemesi gerekmez. eğer siyaha boyamışsa, elbise hırsızdan alınır ve boya karşılığı kendisine bir şey verilmez. İmam-ı Azam ile Ebu Yusuf'un, hırsız elbiseyi kırmızıya boyadığı zaman verdikleri hükmün aynısını, İmameyn, elbisenin siyaha boyanma durumunda verdiler. Yani İmameyn'e göre, hırsız elbiseyi siyaha boyarsa, elbise hırsızdan alınmaz ve bedelini de ödemez.

Hidâye ve Kâfi yazarları şöyle der:

Çalınan elbise siyaha boyanırsa, her iki görüşe göre sahibine iade edilir. Ebu Hanife'ye göre, elbise siyaha boyanmakla değeri düşer, artmaz. Bu takdirde mal sahibinin hakkı düşmez, mal hırsızdan alınıp ona verilir. Boyadığı için de hırsıza bir şey verilmez. İmam Muhammed'e göre, siyaha boyamak elbisenin değerini artırır. Bu fazla değer mal sahibinden alınır. Ebu Yusuf da, siyah boyanın, elbisenin değerini artırdığı hususunda İmam Muhammed'le aynı görüştedir. Fakat Ebu Yusuf şöyle der: "Kırmızıya boyadığında mal sahibinin hakkı kesildiği gibi, siyaha boyandığında da kesilir ve onu geri alamaz." İmam Muhammed der ki: Siyaha boyanması halinde de kırmızı da olduğu gibi bir değer artışı vardır. Fakat mal sahibinin hakkı kesilmez ve onu geri alır. Fazlası için bir şey verilir. Bu açıklamaya göre,

" حَكَمَا فِيهِ كَحُكْمِهِمَا فِى الْأَحْمَرِ " İmameyn, o ikisinin yani Ebu Hanife ile Ebu Yusuf'un kırmızıda verdiği hükmün benzerini siyahta verdiler" sözünde geçen " هِمَا o ikisi" zamirinin Ebu Hanife ve Ebu Yusuf yerine kullanılması doğru olmaz. Bu söz tenkid edilebilir, iyi düşün.

3. KISIM

باب قَطْعِ الطَّرِيقِ

مَنْ قَصَدَ قَطْعَ الطَّرِيقِ مِنْ مُسْلِمٍ اَوْ ذِمِّيٍّ عَلَى مُسْلِمٍ اَوْ ذِمِّيٍّ فَأُخِذَ قَبْلَهُ حُبِسَ حَتَّى يَتُوبَ وَاِنْ اَخَذَ مَالاً وَحَصَلَ لِكُلِّ وَاحِدٍ نِصَابُ السَّرِقَةِ قُطِعَ يَدُهُ الْيُمْنَى وَرِجْلُهُ الْيُسْرَى* وَاِنْ قَتَلَ فَقَطْ وَلَوْ بعصاً اَوْ حَجَرٍ قُتِلَ حَدًّا فَلاَ يُعْتَبَرُ عَفْوُ الْوَلِيِّ* وَاِنْ قَتَلَ وَاَخَذَ مَالاً قُطِعَ وَقُتِلَ وَصُلِبَ اَوْ قُتِلَ فَقَطْ اَوْ صُلِبَ فَقَطْ وَخَالَفَ مُحَمَّدٌ فِى الْقَطْعِ وَيُصْلَبُ حَيًّا وَيُبَعَّجُ بَطْنُهُ بِرُمْحٍ حَتَّى يَمُوتَ وَيُتْرَكُ ثَلٰثَةَ اَيَّامٍ فَقَطْ* وَيُرَدُّ مَا اَخَذَهُ اِلَى مَالِكِهِ اِنْ بَاقِياً وَاِلاَّ فَلاَ ضَمَانَ* وَلَوْ بَاشَرَ الْفِعْلَ بَعْضُهُمْ حُدُّوا وَاُكُلُّهُمْ وَاِنْ اَخَذَ مَالاً وَجَرَحَ قُطِعَ مِنْ خِلاَفٍ وَالْجَرْحُ هَدَرٌ* وَاِنْ جَرَحَ اَوْ قَتَلَ فَقَطْ فَتَابَ قَبْلَ اَنْ يُؤْخَذَ فَلاَ حَدَّ وَالْحَقُّ لِلْوَلِيِّ اِنْ شَاءَ عَفَا وَاِنْ شَاءَ اَخَذَ بِمُوجَبِ الْجِنَايَةِ* وَكَذَا لَوْ كَانَ فِيهِمْ صَبِىٌّ اَوْ مَجْنُونٌ اَوْ ذُو رَحِمٍ مَحْرَمٍ مِنَ الْمَقْطُوعِ عَلَيْهِ اَوْ قَطَعَ بَعْضُ الْقَافِلَةِ عَلَى بَعْضٍ اَوْ قُطِعَ الطَّرِيقُ لَيْلاً اَوْ نَهَاراً بِمِصْرٍ اَوْ بَيْنَ مِصْرَيْنِ* وَمَنْ خَنَقَ فِى الْمِصْرِ غَيْرَ مَرَّةٍ قُتِلَ بِهِ وَاِلاَّ فَكَالْقَتْلِ بِالْمُثَقَّلِ*

YOL KESMEK

Bir müslüman veya bir zimmî, bir müslüman veya bir zimminin yolunu kesmek istese ve bunu yapamadan yakalansa tevbe edinceye kadar hapsedilir.

Yol kesenler bir mal almış ve herbirine hırsızlık nisabı kadar mal düşmüşse sağ eli ve sol ayağı kesilir. Sopayla veya taşla da olsa, sadece öldürmüşse had uygulanarak öldürülür. Öldürülenin velisinin bağışlamasına itibar edilmez.

Yol kesen kimse eğer öldürmüş ve mal almışsa sağ eli ve sol ayağı kesilir, öldürülür ve asılır veya sadece öldürülür veya sadece asılır. İmam Muhammed, el ve ayağın kesilmesi hususunda muhalefet eder. Canlı olarak asılır, ölünceye kadar karnı mızrakla yarılır ve sadece üç gün öyle bırakılır.

Yol kesenin aldığı şey eğer mevcut duruyorsa sahibine verilir, yoksa ödenmez. Yol kesme işini bir kısmı bizzat yapsa hepsine had vurulur.

Yol kesici eğer mal almış ve yaralamışsa çaprazlamasına el ve ayağı kesilir. Yaralama cezası düşer. Sadece yaralamış veya öldürmüşse ve yakalanmadan tevbe etmişse had vurulmaz. Hak veliye aittir; dilerse affeder, dilerse cinayetten dolayı icap eden şeyi alır.

Keza yol kesenler arasında küçük çocuk veya deli veya yolu kesilenin yakın akrabası bulunsa veya kafilenin bir kısmı diğer bir kısmının yolunu kesse veya bir şehirde vaya iki şehir arasında geceleyin veya gündüzleyin yol kesilse had uygulanmaz.

Bir kimse şehirde birkaç defa adam boğsa, bu sebeple öldürülür. Eğer bir defa adam boğsa, bu, ağır bir şeyle öldürmek gibidir.

İZAHI

Bu kısım, yol kesmeyi meslek haline getirenlerin hükmünü açıklamaya dairdir.

Yol kesmeye "büyük hırsızlık" denir.

Müslümanlardan veya zimmilerden biri, bir müslüman veya zimminin yolunu kesmeye yeltense, eğer yol kesmeden önce yakalanırsa, tazir edilir ve daha sonra tevbe edinceye kadar hapsedilir. Sadece "tevbe ettim" demesi yeterli olmaz. Yüzünde düzelme eseri görülmesi gerekir. Buradaki "zimmî" kaydı müste'minleri bunun dışında bırakmak içindir. Zira müste'minin malı masum değildir[4].

Yol kesenler mal almış ve her birine hırsızlık nisabı kadar mal düşmüşse, el ve ayakları sağlam olduğu takdirde, sağ elleriyle sol ayakları kesilir. Eğer bir şey almayıp sadece öldürmüşlerse, sopa veya taşla da öldürmüş olsalar, had vurularak öldürülürler. Bu durumda, yol kesenlerin öldürdüğü kimsenin velisinin aff ve bağışlamasına itibar edilmez. Kısas edilerek öldürülseydi, o zaman velinin affına itibar edilirdi.

Yol kesiciler hem öldürmüş hem de mal almışlarsa sağ elleri ile sol ayakları kesilir, öldürülür ve asılırlar. Ya da sadece öldürülürler veya sadece asılırlar. İmam Muhammed'e göre, el ve ayakları kesilmeyip sadece ya öldürülür veya asılırlar.

Yol kesiciler canlı asılırlar, sonra ölünceye kadar karınları mızrakla yarılır. Sadece üç gün böyle bırakılırlar. Zira üç günden fazla kalırlarsa bozulurlar ve halk eziyet duyar.

Yol kesicilerin aldıkları şeyler duruyorsa sahiplerine geri verilir. Durmuyorsa ödemeleri gerekmez.

Yol kesicilerin bir kısmı bizzat bu işi yapmayı üzerlerine alarak fiilen sayma işini gerçekleştirseler, fiilen katılmayanlar dahil, hepsine had vurulur. Zira hüküm, "yol kesme"nin ifade ettiği mecazi manaya taalluk eder. Bu takdirde fiilen bu işi yapanla fiilen yapmayan bir olur.

Yol kesiciler, yolcuların hem mallarını alır hem de onları yaralarlarsa, el ve ayakları çaprazlamasına kesilir. Yani sağ eli ile sol ayağı bilekten kesilir.

---

(4) Müste'minler hakkında geniş bilgi, bundan sonra gelen "Kitabu's-Siyer" bölümünde verilecektir.

Yaraladıkları için ayrıca bir şey yapılmaz. Zira nefsin korunması kul hakkıdır. Allah hakkı olan had ile düşer.

Yol kesiciler mal almadan ve öldürmeden sadece yaralasalar veya sadece öldürseler ve yakalanmadan tevbe etseler, tevbe ettikleri için kendilerine had vurulmaz. Yani sadece yaralama veya sadece öldürme halinde, tevbe ettikleri takdirde had yoktur. Zira yakalanmadan, tevbe edildiği için had düşer. Nitekim Yüce Allah, " إِلَّا الَّذِينَ تَابُوا مِنْ قَبْلِ أَنْ تَقْدِرُوا عَلَيْهِمْ **Ancak, siz kendilerini yakalamadan önce tevbe edenler hariç**"(5) buyurmuştur. Yaralama veya öldürmelerine karşılık bunları cezalandırma hakkı, yaraladıkları veya öldürdükleri kimselerin velilerine aittir. Veli dilerse affeder, dilerse suçtan dolayı gereken şey ne ise onu alır.

Yol kesenler arasında küçük bir çocuk veya deli veya yolu kesilenin çok yakın akrabası bulunursa bunlara da had vurulmaz. Çünkü işlenen suç bir tanedir ve bu yol kesenlerin hepsi tarafından birlikte yapılmıştır. İçlerinde bu tür kişiler bulunduğu ve bunlara had uygulanmadığı yani bunlardan had düştüğü için, hepsinden de had düşer. Çünkü illetin tam olması gerekir. Keza aynı kafile içinde bulunanlardan bir kısmı diğer bir kısmının yolunu kesse yine had uygulanmaz. Çünkü kafile bir ev ve bir yurt hükmündedir. Bu takdirde bir hırz, yani bir tek korunmuş yer olur. Bu meselede de suçluları affetmek veya cezası ne ise onun verilmesini istemek, velilerin hakkıdır.

Şehirde veya iki şehir arasında gece veya gündüz yol kesilse, yol kesenlere yine had uygulanmaz. Zira yol kesmek, yoldan geçen kimselerin yolunu kesmektir. Böyle yerlerde tam anlamıyle yol kesmek mümkün değildir. Zira yardıma koşulması ve yardım gelmesi imkanı vardır.

Bir kimse şehirde birkaç defa adam boğsa, insanları bunun şerrinden kurtarmak için, yapmış olduğu bu işten dolayı öldürülür. "Birkaç defa" sözü, bir defa boğmakla öldürülmeyeceğine işarettir. Eğer birkaç defa değil de sadece bir defa boğmuş ise bu, öldürücü keskin aletlerin dışında taş, sopa ve ağır bir şeyle öldürmek gibi olur ki, kasten öldürmeye benzemez. Bu, "Şubh-i amd" denilen "kasten öldürümeye benzer öldürme" grubuna girer(6). Bu durumda öldürülenin diyeti, öldürenin yakınları tarafından verilmesi gerekir.

---

(5) Maide, 5/34

(6) Şibh-i amd öldürme: Öldürülmesi caiz olmayan bir insanı, yaralayıcı âlet sayılmayan bir şeyle kasten öldürmektir. Küçük bir ağaç veya taş parçasıyla veya bir iki tokat vurulmasıyla meydana gelen öldürme gibi. İmam-ı Azam'a göre, büyük taş veya büyük değnekle meydana gelen öldürme de böyledir. (Daha geniş bilgi için bkz, Ö.N. Bilmen, İstılahat-ı Fikhiyye Kamusu, Cilt 3,, S. 28 vd.)

# 9. BÖLÜM

كتاب السِّيَرِ

اَلْجِهَادُ بَدْأً مِنَّا فَرْضُ كِفَايَةٍ اِذَا قَامَ بِهِ بَعْضٌ سَقَطَ عَنِ الْكُلِّ وَاِنْ تَرَكَهُ الْكُلُّ اَثِمُوا* وَلَا يَجِبُ عَلَى صَبِيٍّ وَامْرَأَةٍ وَعَبْدٍ وَاَعْمَى وَمُقْعَدٍ وَاَقْطَعَ فَاِنْ هَجَمَ الْعَدُوُّ فَفَرْضُ عَيْنٍ فَتَخْرُجُ الْمَرْأَةُ وَالْعَبْدُ بِلَا اِذْنِ الزَّوْجِ وَالْمَوْلَى وَكُرِهَ الْجُعْلُ اِنْ كَانَ فَىْءٌ وَاِلَّا فَلَا* وَاِذَا حَاصَرْنَاهُمْ نَدْعُوهُمْ اِلَى الْاِسْلَامْ فَاِنْ اَسْلَمُوا وَاِلَّا فَاِلَى الْجِزْيَةِ اِنْ كَانُوا مِنْ اَهْلِهَا وَيُبَيَّنُ لَهُمْ قَدْرَهَا وَمَتَى تَجِبُ فَاِنْ قَبِلُوا فَلَهُمْ مَا لَنَا وَعَلَيْهِمْ مَا عَلَيْنَا* وَحَرُمَ قِتَالُ مَنْ لَمْ تَبْلُغْهُ الدَّعْوَةُ قَبْلَ اَنْ يُدْعَى* وَنُدِبَ دَعْوَةُ مَنْ بَلَغَتْهُ* فَاِنْ اَبَوْا نَسْتَعِينُ بِاللّٰهِ تَعَالَى وَنُقَاتِلُهُمْ بِنَصْبِ الْمَجَانِيقِ وَالتَّحْرِيقِ وَالتَّغْرِيقِ وَقَطْعِ الْاَشْجَارِ وَاِفْسَادِ الزُّرُوعِ وَنَرْمِيهِمْ وَاِنْ تَتَرَّسُوا بِاُسَارَى الْمُسْلِمِينَ وَنَقْصِدُهُمْ بِهِ* وَيُكْرَهُ اِخْرَاجُ النِّسَاءِ وَالْمَصَاحِفِ فِى سَرِيَّةٍ لَا يُؤْمَنُ عَلَيْهَا لَا فِى عَسْكَرٍ يُؤْمَنُ عَلَيْهِ وَلَا دُخُولُ مُسْتَأْمِنٍ اِلَيْهِمْ بِمُصْحَفٍ اِنْ كَانُوا يُوفُونَ الْعَهْدَ* وَنُهِىَ عَنِ الْغَدْرِ وَالْغُلُولِ وَالْمُثْلَةِ وَقَتْلِ امْرَأَةٍ اَوْ غَيْرِ مُكَلَّفٍ اَوْ شَيْخٍ اَوْ اَعْمَى اَوْ مُقْعَدٍ اَوْ اَقْطَعِ الْيُمْنَى اِلَّا اَنْ يَكُونَ اَحَدُهُمْ قَادِراً عَلَى الْقِتَالِ اَوْ ذَا رَأْىٍ فِى الْحَرْبِ اَوْ ذَا مَالٍ يَحُثُّ بِهِ اَوْ مَلِكاً وَعَنْ قَتْلِ اَبٍ كَافِرٍ بَلْ يَأْبَى الْاِبْنُ لِيَقْتُلَهُ غَيْرُهُ اِلَّا اَنْ قَصَدَ الْاَبُ قَتْلَهُ وَلَا يُمْكِنُهُ دَفْعُهُ اِلَّا بِالْقَتْلِ* وَيَجُوزُ صُلْحُهُمْ اِنْ كَانَ مَصْلَحَةً لَنَا وَاَخْذُ مَالٍ لِاَجْلِهِ اِنْ لَنَا بِهِ حَاجَةٌ وَهُوَ كَالْجِزْيَةِ اِنْ كَانَ قَبْلَ النُّزُولِ بِسَاحَتِهِمْ وَكَالْفَىْءِ لَوْ بَعْدَهُ وَدَفْعُ الْمَالِ لِيُصَالِحُوا لَا يَجُوزُ اِلَّا لِخَوْفِ الْهَلَاكِ وَيُصَالَحُ الْمُرْتَدُّونَ بِدُونِ اَخْذِ مَالٍ وَاِنْ اُخِذَ لَا يُرَدُّ* ثُمَّ اِنْ تَرَجَّحَ

النَّبَذَ يَنْبِذُ اِلَيْهِمْ* وَمَنْ بَدَأَ مِنْهُمْ بِخِيَانَةٍ قُوتِلَ فَقَطْ وَاِنْ كَانَ بِاِتِّفَاقِهِمْ اَوْ بِاِذْنِ مَلِكِهِمْ قُتِلَ الْجَمِيعُ بِلاَنْبِذٍ* وَلاَ يُبَاعُ مِنْهُمْ سِلاَحٌ وَلاَ خَيْلٌ وَلاَ حَدِيدٌ وَلَوْ بَعْدَ الصُّلْحِ وَلاَ يُجَهَّزُ اِلَيْهِمْ* وَصَحَّ اَمَانُ حُرٍّ اَوْ حُرَّةٍ كَافِراً اَوْ جَمَاعَةً اَوْ اَهْلَ حِصْنٍ وَحَرُمَ قَتْلُهُمْ* فَاِنْ كَانَ فِيهِ ضَرَرٌ نَبَذَ اِلَيْهِمْ وَأُدِّبَ* وَلَغَا اَمَانُ ذِمِّى اَوْ اَسِيرٍ اَوْ تَاجِرٍ عِنْدَهُمْ* وَكَذَا اَمَانُ مَنْ اَسْلَمَ وَلَمْ يُهَاجِرْ اَوْ مَجْنُونٍ اَوْ صَبِىٍّ اَوْ عَبْدٍ غَيْرِ مَأْذُونَيْنِ بِالْقِتَالِ وَعِنْدَ مُحَمَّدٍ رح يَجُوزُ اَمَانُهُمَا وَاَبُو يُوسُفَ مَعَهُ فِى رِوَايَةٍ*

SİYER

Cihâdın bizim tarafımızdan başlatılması farz'ı kifayedir. Bir kısmı bunu yapınca hepsinden düşer; herkes terkederse hepsi günah işlemiş olur.

Cihad; küçük çocuk, kadın, köle, kör, kötürüm ve elleri kesik kimselere farz değildir.

Eğer önce düşman saldırırsa cihad farz-ı ayın olur. Bu takdirde kadın kocasının, köle de efendisinin izni olmadan savaşa çıkar. Beytülmal'de mal varsa, savaş ücreti almak mekruhtur. Eğer mal yoksa, mekruh değildir.

Kafirleri kuşattığımız zaman onları islama davet ederiz. İslama gelirlerse ne âlâ, yok eğer müslüman olmazlarsa, cizye ehlinden oldukları takdirde cizye vermeye davet ederiz. Devlet reisi onlara cizyenin miktarını ve ne zaman vermeleri gerektiğini açıklar. Cizyeyi kabul ederlerse, artık bizim lehimize olanlar onların da lehine; bizim aleyhimize olanlar onların da aleyhine olur.

İslâm dâveti kendisine ulaşmamış olan bir kimseyle, onu İslâm'a davet etmeden savaşmak haramdır. Kendisine davet ulaşmış kimseyi tekrar davet etmek menduptur.

Kafirler cizye vermeyi kabul etmezlerse, Allah'ın yardımına sığınıp mancınıklar kurarak, yangın çıkartarak, suya boğarak, ağaçlarını kesip ekinlerini helak ederek savaşır ve her ne kadar müslüman esirleri kalkan edinseler de onlara ok atar ve bununla (kalkan edinilen müslüman esirleri değil de) onları vurmayı kastederiz.

Emniyetli olmayan seriyye içinde kadınların ve mushafların götürülmesi mekruhtur. Ancak bunların emniyet içinde olan bir orduyla gönderilmeleri mekruh değildir. Eğer kafirler yaptıkları ahidlere sadık iseler, eman dileyen bir müslümanın, elinde mushafla onların içine girmesi mekruh olmaz.

Hainlik ve ahdi bozmak, ganimetten çalmak, uzuv kesmek ve kadınları, mükellef olmayanları, yaşlıları, körleri, kötürümleri veya sağ eli kesik olan-

Mülteka c. 2, Forma: 36

ları öldürmek yasaklandı. Ancak bu sayılanlardan biri savaş edebilecek veya savaşta görüş ve fikrine başvurulan veya malıyla savaşa teşvik edebilecek kadar zengin biri veya kral olursa, öldürülür. Oğulun, kâfir babayı öldürmesi de yasaklandı. Bilakis oğul, babasını başkası öldürsün diye uzak durur. Ancak babası onu öldürmek ister, o da babasını savmak için öldürmekten başka imkan bulamazsa öldürebilir.

Bizim için bir menfaat varsa kafirlerle sulh yapmak caizdir. Eğer ihtiyacımız varsa, sulh yapmak için mal almak caizdir. Bu alınacak mal, onların ülkesine varmadan alınırsa, cizye gibi olur. Onların ülkesine vardıkta sonra alınırsa ganimet gibi olur.

Barış yapmaları için kafirlere mal vermek caiz değildir. Ancak yok olma korkusu bulunursa caizdir. Mürtedlerle, kendilerinden mal alınmadan sulh yapılır, eğer mal alınmışsa geri verilmez. Devlet başkanı ahdi bozmayı uygun görürse, kafirlere ahdi bozduğu haberini gönderir. Kafirlerden biri önce ahde hainlik ederse, sadece ona savaş açılır. Eğer bu ihanet kafirlerin ittifakı veya hükümdarlarının izni ile olursa, ahdin bozulduğu kendilerine bildirilmeden hepsiyle savaş yapılır.

Barıştan sonra dahi olsa kafirlere at, silah ve demir satılmaz ve onlara âlet ve techizatla tüccar gönderilmez.

Hür erkek veya kadının bir kafire veya kafir topluluğuna veya bir köle halkına eman vermesi sahih olur. Bu emandan sonra onları öldürmek haramdır. Eğer bu emanda bir zararın olması söz konusu ise devlet başkanı onlara bu emanın bozulduğu haberini gönderir ve bu emanı veren müslüman tedip edilir.

Bir zimminin, bir müslüman esirin veya kafir memleketinde bulunan bir tâcirin verdiği eman geçersizdir. Keza müslüman olup ta islam memleketine hicret etmeyen kimsenin, delinin, savaş izni verilmeyen çocuk veya kölenin verdiği eman da geçersizdir. İmam Muhammed'e göre, çocuk ve kölenin eman vermesi caizdir. Bir rivayete göre Ebu Yusuf da onunla aynı görüştedir.

İZAHI

Bu bölüm, "Siyer"in hükümlerini açıklamaya dairdir.

Siyer, "Siret" kelimesinin çoğuludur. Siret ise; yürüme, yürüyüş, gitme. hareket, yolculuk, gezme, gezinme manalarına gelmekte olup "seyr" kökünden isimdir. Sonra "yol" manasında kullanılmıştır. Fakat şeriat lisanında, "cihad ve gaza işleri ve bunlarla ilgili durumlar" manasında kullanılır oldu ve bu şekilde yerleşti. Nitekim hac ile ilgili işlere de "menâsik" denilmektedir. Asıl muteber olan Hz. Peygambar (a.s)'in siyeridir. Yani siyer denilince akla, Hz. Peygamber (a.s)'in, vasıfları, hal ve hareketleri, savaşları ve menkıbeleri gelmektedir.

Cihad hak dine çağırmak ve bu çağrıyı kabul etmeyenlerle savaşmaktır. Önce cihada bizim başlamamız farz-ı kifâyedir. Hz. Peygamber (a.s)'e ilk önce hoşgörülü olması ve kafirlerden yüz çevirmesi emredildi. Nitekim Yüce Allah'ın " فَاصْفَحِ الصَّفْحَ الْجَمِيلَ **Şimdi sen yumuşak ve hoşgörülü davran**"[1] ayet-i kerimesinde böyle buyrulmuştur. " وَاَعْرِضْ عَنِ الْمُشْرِكِينَ **ve müşriklerden yüz çevir**"[2] ayetinde müşriklerden yüz çevirmesi emredilmektedir. Daha sonra güzel yol ve metodlarla dine davet etmesi emredildi:

اُدْعُ اِلَى سَبِيلِ رَبِّكَ بِالْحِكْمَةِ وَالْمَوْعِظَةِ الْحَسَنَةِ وَجَادِلْهُمْ بِالَّتِي هِيَ اَحْسَنُ

"**İnsanları hikmet ve güzel öğütle rabbinin yoluna çağır. Onlara karşı en güzel şeyle mücadele et**"[3] Bu safhadan sonra, kafirlerden önce savaşa başlaması emredildi:

اِذَا انْسَلَخَ الْاَشْهُرُ الْحُرُمُ فَاقْتُلُوا الْمُشْرِكِينَ حَيْثُ وَجَدْتُمُوهُمْ

"**O haram aylar çıktığı zaman, artık o müşrikleri nerede bulursanız öldürün**"[4] Bundan sonra da bütün zaman ve mekanlarda mutlak manada savaş emri verildi: " وَقَاتِلُوهُمْ حَتَّى لَا تَكُونَ فِتْنَةٌ **Fitne kalmayıncaya kadar onlarla savaşın**"[5]; " وَقَاتِلُوا الْمُشْرِكِينَ كَافَّةً **Topyekün müsrikler-**

---

(1) Hıcr, 15/85
(2) Hıcr, 15/94
(3) Nahl, 17/125
(4) Tevbe, 9/5
(5) Bakara, 2/193

le savaşın"(6); " قَاتِلُوا الَّذِينَ لاَ يُؤْمِنُونَ بِاللَّهِ وَلاَ بِالْيَوْمِ الْآخِرِ Allah'a ve ahiret gününe inanmayanlarla savaşın"(7)

Müslümanlardan bir kısmı cihad görevini yerine getirse diğerlerinden bu görev düşer. Eğer toptan cihadı terkederlerse hepsi de günahkâr olur.

Cihad farz-ı ayn değildir. Çünkü cihad demek, öldürmek demektir. Bu ise Yüce Allah'ın binasını tahrip edip yıkmaktır. Bunun böyle olduğuna Hz. Peygamber (a.s)'in " اَلْإِنْسَانُ بُنْيَانُ الرَّبِّ مَلْعُونٌ مَنْ هَدَمَ بُنْيَانَ الرَّبِّ İnsan, rabbin binasıdır. Rabbin binasını yıkan kimse melundur" hadis-i şerifi delildir. Fakat Allah'ın dinini yüceltmek, islamı aziz kılmak ve fesadın önüne geçmek için farz olmuştur. Bu görev bir kısım müslüman tarafından yerine getirilip maksat hasıl olunca, diğerlerinden düşer. Cenaze namazı kılmak ve selam almak gibi.

Cihad çocuklara farz değildir. Zira küçük çocuk mükellef değildir Kadın ve kölelere de cihad farz değildir. Zira kadının, kocasına hizmetle, kölenin de efendisinin işiyle meşgul olması şeriat hakkından önce gelir. Kör, kötürüm, yatalak, el ve ayakları kesik olanlara da farz değildir. Zira bunlar âcizdirler. Bunlara, yapamayacakları işi yüklememek için cihad farz olmamıştır.

Eğer ona düşman saldırırsa cihad farz-ı ayın olur. Bu takdirde kadın kocasının, köle de efendisinin iznini almadan savaşa çıkar. Zira bu durumda cihad, oruç ve namaz gibi farz-ı ayn olmuştur. Farz-ı ayn ise kul hakkından önce gelir.

Beytülmâl'de mal varsa, savaş parası almak mekruhtur. Mesela, devlet reisinin, savaşçıları takviye için zenginlerden bir şey alması mekruhtur. Zira bu yaptığı ücret alma gibi bir şeydir. Cihadda ücret denilen şeyi almak haramdır. Ücrete benzer bir şey almak ise mekruhtur. Zira Beytülmâl'de mal varken, bunu alma zarureti yoktur. Eğer Beytülmâl'de mal yoksa, zenginlerden para ve mal toplamak mekruh değildir. Zira Hz. Peygamber (a.s) Safvan'ın zırhını rızası olmadığı halde almıştır. Hz. Ömer gazaya gidemeyenlerin atlarını gidecek olanlara verirdi. Bekar olanları evli olanlara takdim eder ve evli yerine bekarları gönderirdi. Zira savaş işlerinde insanların durumu, diğer zamanlara göre farklıdır.

---

(6) Tevbe, 9/36
(7) Tevbe, 9/29

Kafirleri kuşattığımız zaman onları önce islama çağırırız. Zira İbn Abbas'tan rivayet edildiğine göre, Hz. Peygamber (a.s), islama davet etmeden doğrudan doğruya savaşa başlamazlardı. Eğer islama girerlerse ne ala. Zira Hz. Peygamber (a.s): " أُمِرْتُ أَنْ أُقَاتِلَ النَّاسَ حَتَّى يَقُولُوا لَا اله إلا اللّه İnsanlar, "lailahe illallah" deyinceye kadar onlarla savaşmam emrolundu"[8] buyurmuştur. Sa'di Efendi: "Muhammedur Rasullah demedikçe, sadece lâ ilahe illallah demek yetmez" demiştir. Ona şöyle cevap verilir: Kelime-i tevhidin ilk kısmı tamamına isim olmuştur. Nitekim bütün sureyi okudum manasına "Kul huvellahu Ahad'i okudum" denilir. Buhari Şerhi'nde Kirmâni de böyle açıklamıştır.

Eğer kafirler islama gelmezlerse, cizye ehli oldukları takdirde onları cizye vermeye çağırırız. Mesela, ehl-i kitap olan hristiyan ve yahudiler, mecüsiler, A'cemlerden putlara tapanlar, bunlar cizye ödemeye ehildir. Mürtedler ve Araplardan putlara tapanlar ise cizyeye ehil değildir. Bunların, müslüman olmaktan başka kurtuluş yolları yoktur. Bunun dışında onlardan bir şey kabul edilmez. Cize verecek olanlara cizyenin miktarı ve ne zaman verilmesi gerektiği açıklanır. Eğer kabul ederlerse, artık bizim lehimize ne varsa onların da lehine, aleyhimize ne varsa onların da aleyhine olur. Zira Hz. Ali: "Kanları kanlarımız, malları da mallarımız gibi olması için cizye verdiler" buyurmuştur. Bilindiği gibi bu hüküm, umum ifade etmez. Eğer öyle olsaydı, bize vacip olan ibadetler ve diğer bazı şeylerin onlara da vacip olması gerekirdi. Kafirler ise bizim imamlarımıza göre, ibadetle muhatap değildirler. Fakat bazılarına göre, kafirlerin de bizim gibi ibadet etmesi gerekir. Burada, "bizim lehimize ne varsa onların da lehine, aleyhimizde ne varsa onların da aleyhine olur" sözünden maksat şudur: Eğer onların canları veya malları bir saldırıya uğrarsa veya onlardan biri bizim canımıza veya malımıza saldırıda bulunursa, saldırı hangi taraftan olursa olsun, gerekli olan hüküm ne ise o uygulanır demektir.

Bir kimseye davet ulaşmamışsa, islama davet etmeden onunla savaşmak haramdır. Zira Yüce Allah: وَمَا كُنَّا مُعَذِّبِينَ حَتَّى نَبْعَثَ رَسُولاً **"Biz peygamber göndermedikçe azap edici değiliz"**[9] buyurmuştur. Kendisine islam daveti ulaşmış olan bir kimseyi, kendisiyle savaşmadan tekrar islama davet etmek menduptur. Mendup olması, delilde bir şüphe kalmaması içindir. Yoksa

---

(8) Müslim, İman, 32-36: Buhari, İman, 17
(9) İsra, 17/15

vacip değildir. Zira Hz. Peygamber (a.s) davetsiz ve habersiz olarak da düşmana baskın yapmıştır.

Savaş etmek üzere kuşattığımız kafirler cizyeyi de kabul etmezlerse, Allah'ın yardımına sığınıp mancınık ve toplarla saldırırız. Zira Hz. Peygamber (a.s) Taif'e karşı mancınıklar kurarak saldırmıştır. Yakarız, sele veririz, ağaçlarını keser, ekinlerini yok ederiz. Zira Hz. Peygamber (a.s) savaşta düşman topraklarını ateşe vermiş, üzerlerine sular salmış, ağaçlarını kesmiş, ekinlerini yok etmiştir. Müslüman esirleri kalkan edinseler bile, kendilerini vurmak gayesiyle düşman üzerine top ve benzeri şeylerle ateş ederiz. Attıklarımız, müslüman esirlere isabet eder diye savaşı bırakmayız.

Emniyet bulunmayan seriyyeler içinde kadınların ve mushafların götürülmesi mekruhtur. Ancak emniyet ve selamet içinde bulunan bir orduyla bunların götürülmesi mekruh olmaz. Kâdihan'da, Ebu Hanife'nin "Seriyye en az dörtyüz, ordu ise en az dört bin kişidir" dediği yazılıdır. Mebsut'ta ise, "seriyye, az sayıda askere verilen isimdir. Bunlar gece yürür, gündüz gizlenirler" denilmiştir.

Eman dileyen bir müslümanın, eğer yaptıkları ahidlere uyuyorlarsa, kafirlerin arasına mushafla girmesi mekruh değildir.

Gadr, gulûl ve mûsle yasaktır. Gadr; hainlik ve ahdi bozmak, gulül; ganimet malından çalmak, müsle; burun ve kulak gibi uzuvları kesmektir. Zira Hz. Peygamber (a.s): لاَ تَغُلُّوا وَلاَ تَغْدِرُوا وَلاَ تَمْثُلُوا "**Hainlik ederek ahdi bozmayın, ganimet malından çalmayın, ibret olsun diye kulak ve burun gibi uzuvları keserek işkence etmeyin**"[10] buyurmuştur. "Ureyneliler" hadisi, daha sonra gelen bu nehiyle neshedilmiştir. Kadınların ve küçük çocuk ve deli gibi mükellef olmayan kimseleri öldürmek de yasaktır. Ayrıca çok yaşlı, kör, kötürüm ve sağ eli kesik kişileri öldürmek de yasaklanmıştır. Hz. Peygamber (a.s):

لاَ تَقْتُلُوا شَيْخاً فَانِياً وَلاَ طِفْلاً وَلاَ صَغِيراً وَلاَ اِمْرَأَةً

"**Savaşta çok yaşlı kişileri, küçücük çocukları, büluğa ermemiş küçük çocukları ve kadınları öldürmeyin**"[11] buyurmuştur. Eğer bunlardan biri savaşabilecek kadar güçlüyse veya savaş tekniğini bildiği için savaşla ilgili görüşlerine başvurulacak veya zengin olup da malıyla diğer insanları savaşa teşvik edecek

---

(10) Müslim, Cihad, 2
(11) Ebu Davud, Cihad, 90

biri ise veya kral ise böyle kişiler öldürülür. Hz. Peygamber (a.s) Düreyd b. Samme'yi, savaşta görüşünden istifade edilecek bir kişi olduğu için, 120 yaşında olduğu halde öldürtmüştü.

Bir evlâdın, kafir olan babasını öldürmesi de yasaklanmıştır. Zira Yüce Allah, '' وَصَاحِبْهُمَا فِى الدُّنْيَا مَعْرُوفًا Onlara dünyada iyi muamele et''[12] buyurmuştur. Bu, oğulun, kafir olan babasını öldürmekten nehyedildiğine kesin delildir. Bu ayet, anne ve babası kafir olan kimse hakkında inmiştir. Onları öldürmek, iyi muamele ile bağdaşmaz. Hanzale b. Ebî Âmir, Hz. Peygamber (a.s)'den, kafir olan babasını öldürmek için izin istemiş fakat Efendimiz (a.s) izin vermemiştir. Bilakis oğul, babasını başkası öldürsün diye uzak durur, öldürmez. Maksat başkası tarafından hasıl olunca, oğulun, anne-baba hürmetini yıkmasına ihtiyaç kalmaz. Ancak baba oğlunu öldürmek ister ve oğlun da onu savmak için öldürmekten başka çare ve imkanı kalmazsa, o vakit oğul kâfir olan babasını öldürebilir. Hatta müslüman bir baba kılıç çekip oğlunu öldürmek istese, oğlun kendi nefsinden zararı savmak için, yani nefsi müdafa için babasını öldürmesi caizdir. Baba kafir olduğu takdirde öldürmesi, daha uygun olarak caizdir.

Bizim için bir fayda varsa, yani bizim için hayırlı olacaksa, kafirlerle barış yapmak caiz olur. Zira Yüce Allah'ın: وَإِنْ جَنَحُوا لِلسَّلْمِ فَاجْنَحْ لَهَا "**Eğer kafirler barışa yanaşırlarsa sen de ona yanaş**"[13] ayet-i kerimesi barışın caiz olduğuna delildir. Hz. Peygamber (a.s) Hudeybiye yılında, Mekkelilerle aralarında on sene süreyle savaş olmamak üzere barış yapmışlardı. Bu barış müslüman için hayırlı idi.

İnâye yazarı şöyle der: "Eğer kafirler barışa yanaşırlarsa sen de ona yanaş"[14] mealindeki ayet menfaatle mukayyed değildir. Yani "eğer faydası varsa, sen de barışa yanaş" manasına değildir. Buna göre "bize faydası olacaksa kafirlerle barış yapmak caizdir" deyip te bu ayet delil gösterilirse, gösterilen delil bu tezi savunana ters düşer Biz buna şöyle cevap veririz: Bu ayet, müslümanlar için faydalı olduğu takdirde barışın caiz olduğuna yorumlanır. Yüce Allah'ın: '' وَلَا تَهِنُوا وَتَدْعُوا إِلَى السَّلْمِ وَأَنْتُمُ الْأَعْلَوْنَ **Ve gevşeklik etmeyin ve siz daha üstün iken barışa çağırmayın**"[15] ayet-i kerimesi de,

---

(12) Lokman, 31/15
(13) Enfal, 8/61
(14) Enfal, 2/61
(15) Muhammed, 47/35

menfaat olursa barış yapmanın caiz olduğuna delildir. Sözün kısası: Barışın yapılması faydalı olur ve durum da bunu gerektirirse barış caiz; müslümanlara hayırlı olmazsa câiz değildir.

İhtiyacımız olursa, barış yapmak için kâfirlerden mal almak câizdir. İhtiyacımız olduğu için alınacak olan bu mal, kafirlerin ülkesine varmadan alınırsa cizye gibi olur. Ülkelerine vardıktan sonra alınırsa ganimet gibi olur. Beşe ayrılır ve birini hükümet aldıktan sonra geri kalan beşte dördü taksim edilir. Zira onların ülkesine vardıktan sonra alınan mal, askerin gücüyle alınmış olur.

Kafirlerle barış yapmak için onlara mal ve para vermemiz caiz değildir. Ancak ölüm korkusu bulunursa caiz olur. Zira kafirlere mal vermede müslümanlar için zelillik vardır. Özellikle Hz. Peygamber (a.s)'in " لَيْسَ لِلْمُؤْمِنِ اَنْ يُذِلَّ نَفْسَهُ " **Mü'min kendini zelil duruma düşüremez''** hadisi bunun caiz olmadığına delildir. Helâk ve yok olma durumunda câizdir. Zira Ahzâb savaşında müşrikler müslümanları kuşatınca, Hz. Peygamber (a.s) onların kötülüklerini savmak için, her sene Medine-i Münevvere'nin meyvesinin üçte birini onlara vermek üzere barış yapmak istemiş; müşrikler buna razı olmayarak meyvenin yarısını istemiş ve bir senet ve vesika almak üzere elçi göndermişlerdi. Sa'd b. Muaz ve Sa'd b. Ubade bunu duyunca Hz. Peygamber (a.s)'e gelip: Ey Allah'ın Rasulü! Bu yaptığınızı vahy ile mi yapıyorsunuz, yoksa kendi reyinizle mi yapıyorsunuz? Eğer vahiy ile ise ne ala, yok eğer kendi reyiniz ile yapıyorsanız, biz cahiliyye devrinde Mekkelilere Medine'nin meyvelerinden yedirmezdik. Ancak satın alırlarsa veya bize konuk olurlarsa yedirirdik. Şimdi Yüce Allah bizi İslam dini ile aziz kılıp bize peygamber gönderdikten sonra bizim onlara meyve vermemiz olur mu? Allah'a yemin olsun ki vermeyiz. Ancak kılıçlarımızı veririz'' dediler ve elçiyi eli boş gönderdiler. Yani Peygamber (a.s) önce müslümanların zayıf olduğunu hissedip barışa meyletmiş, daha sonra onların azim ve gücünü görerek bundan vazgeçmiştir.

Mürtedlerden mal alınmaksızın barış yapılır. Eğer mal alınmışsa geri verilmez . Mürtedlerle savaşı ertelemek caizdir. Zira islama gelme ihtimalleri vardır. Mal almak ise caiz değildir. Çünkü bu onların mürtedliklerine karar vermek olur. Bu ise caiz değildir. Alınan malın geri verilmemesi mürted masum olmadığı içindir. Eğer geri verilirse, savaş için kuvvetlenmesi sağlanmış olur.

Kafirlerle barış yapıldıktan sonra barışın bozulması uygun olursa onlara barışın bozulduğu haberini göndeririz. Önce müşriklerden birisi ahdi bozar, ihanet ederse sadece ona savaş açılır. Eğer bu ahdi bozma hepsinin ittifakıyle veya liderlerinin ve hükümdarlarının izniyle olursa, müslüman tarafından da ahdin bozulduğu kendilerine haber verilmeden hepsine birden savaş açılır. Zira ahdi önce onlar bozmuştur.

Barıştan sonra da olsa kafirlere silah, at ve demir yani kılıç satılmaz. Çünkü onlarla yapılan anlaşma, her zaman için bozulmaya yakındır. Barış bozulunca da yine savaş olacağı kesindir. Kafirlere kıymetli mallar satmak üzere tâcirler de gönderilmez. İnaye yazarı der ki: "Kıymetli maldan maksat silah, at ve demirden imal edilmiş aletlerdir. Yani bunlar satılmamalı, tâcirler bunları götürmemelidir."

Hür bir erkek veya kadının bir kâfire veya kafir topluluğuna veya bir köle halkına eman vermesi sahih olur. Böyle bir eman ve güvenceden sonra onları öldürmek haramdır. Eğer verilen emanla müslümanların zarara uğraması söz konusu ise devlet reisi kafirlere bu ahdi bozduğunu ve verilen emanın geçersiz olduğunu bildirmek üzere adam gönderir. Bu emanı veren müslümanı da te'dip ederek dikkatini çeker.

Bir zımminin kafire verdiği eman geçersizdir. Zira zımmi daima küfür için çalışır. Onun müslümanlar üzerine velayet hakkı da yoktur, yani müslümanlar adına bir şey yapamaz. Dolayısıyle eman da veremez.

Kafirlerin elinde esir bulunan bir müslümanın veya yine kafirlerin yanında olan müslüman bir tacirin kafirlere verdiği eman da hükümsüzdür. Zira bu ikisi onların egemenlik ve hakimiyeti altındadır.

Keza küfür diyarında müslüman olup bizim yurdumuza hicret etmeyen kimsenin, delinin ve savaşmalarına izin verilmeyen küçük çocuk ve kölenin verdiği eman da geçersizdir. Delinin verdiği eman ittifakla geçersizdir. Çocuk, eğer aklını kullanacak duruma gelmemişse, deli gibidir. Eğer iyi ile kötüyü ayırt edebilecek derecede akıllı olup savaşmasına izin verilmemişse, Ebu Hanife'ye göre emanı sahih değildir. Ama savaşmasına izin verilmişse, verdiği eman da ittifakla sahihtir. Köle, savaştan men edilmişse, Ebu Hanife'ye göre emanı sahih değildir, men edilmemişse ittifakla sahihtir. İmam Muhammed'e göre, akıllı ve savaştan men edilmiş çocuk ile kölenin verdiği eman sahihtir. Zira " أَمَانُ الْعَبْدِ أَمَانٌ **kölenin emanı emandır**" hadis-i şerifi buna kesin delildir. Ebu Yusuf, bir rivayette İmam Muhammed ile aynı görüştedir. Kuduri de buna itimat etmiştir. Tahâvi'nin rivayetine göre, Ebu Yusuf İmam Azam'la aynı görüştedir. "Esrar" yazarı da bu rivayete itimat etmiştir.

1. KISIM

باب الغنائم وقسمتها

مَا فَتَحَ الْاِمَامُ عَنْوَةً قَسَمَهُ بَيْنَ الْمُسْلِمِينَ اَوْ اَقَرَّ اَهْلَهُ عَلَيْهِ وَوَضَعَ الْجِزْيَةَ عَلَيْهِمْ وَالْخَرَاجَ عَلَى اَرَاضِيهِمْ وَقَتَلَ الْاُسْرٰى اَوِ اسْتَرَقَّهُمْ اَوْ تَرَكَهُمْ اَحْرَاراً ذِمَّةً لِلْمُسْلِمِينَ وَاِسْلَامُهُمْ لَا يَمْنَعُ اِسْتِرْقَاقَهُمْ مَا لَمْ يَكُنْ قَبْلَ الْاَخْذِ* وَلَا يَجُوزُ رَدُّهُمْ اِلٰى دَارِهِمْ وَلَا الْمَنُّ وَلَا الْفِدَاءُ بِالْمَالِ* وَقِيلَ لَا بَأْسَ بِهِ عِنْدَ الْحَاجَةِ اِلَيْهِ* وَيَجُوزُ بِالْاُسَارٰى عِنْدَهُمَا* وَتُذْبَحُ مَوَاشٍ شَقَّ نَقْلُهَا وَتُحْرَقُ وَلَا تُعْقَرُ وَيُحْرَقُ سِلَاحٌ شَقَّ نَقْلُهُ* وَلَا تُقْسَمُ غَنِيمَةٌ فِى دَارِ الْحَرْبِ اِلَّا لِلْاِيدَاعِ ثُمَّ تَرُدُّ وَلَا تُبَاعُ قَبْلَ الْقِسْمَةِ* وَالْمُقَاتِلُ وَالرِّدْءُ سَوَاءٌ فِى الْغَنِيمَةِ* وَكَذَا مَدَدٌ لَحِقَهُمْ قَبْلَ اِحْرَازِهَا بِدَارِنَا* وَلَا حَقَّ فِيهَا لِسُوقِىٍّ لَمْ يُقَاتِلْ وَلَا لِمَنْ مَاتَ فِى دَارِ الْحَرْبِ قَبْلَ الْاِحْرَازِ بِدَارِنَا وَلَوْ بَعْدَ الْاِحْرَازِ يُورَثُ نَصِيبُهُ* وَيَنْتَفِعُ مِنْهَا بِلَا قِسْمَةٍ بِالسِّلَاحِ وَالرُّكُوبِ وَاللُّبْسِ اِنِ احْتِيجَ وَبِالْعَلَفِ وَالْحَطَبِ وَالدُّهْنِ وَالطِّيبِ مُطْلَقاً وَقِيلَ اِنِ احْتِيجَ لَا بِالْبَيْعِ اَصْلاً وَلَا التَّمَوُّلِ وَلَا بَعْدَ الْخُرُوجِ بَلْ يَرُدُّ مَا فَضُلَ اِلَى الْغَنِيمَةِ وَاِنِ انْتَفَعَ بِهِ رَدَّ قِيمَتَهُ وَاِنْ قُسِمَتْ قَبْلَ الرَّدِّ تَصَدَّقَ بِهِ لَوْ غَنِيًّا* وَمَنْ اَسْلَمَ مِنْهُمْ قَبْلَ اَخْذِهِ اَحْرَزَ نَفْسَهُ وَطِفْلَهُ وَكُلَّ مَالٍ هُوَ مَعَهُ اَوْ وَدِيعَةٌ عِنْدَ مُسْلِمٍ اَوْ ذِمِّىٍّ وَعَقَارُهُ فَىْءٌ وَقِيلَ فِيهِ خِلَافُ مُحَمَّدٍ وَاَبِى يُوسُفَ رَحِ فِى قَوْلِهِ الْاَوَّلِ* وَوَلَدُهُ الْكَبِيرُ وَزَوْجَتُهُ وَحَمْلُهَا وَعَبْدُهُ الْمُقَاتِلُ وَمَالُهُ مَعَ حَرْبِىٍّ بِغَصْبٍ اَوْ وَدِيعَةٍ فَىْءٌ وَكَذَا مَالُهُ مَعَ مُسْلِمٍ اَوْ ذِمِّىٍّ بِغَصْبٍ خِلَافاً لَهُمَا وَقِيلَ اَبُو يُوسُفَ مَعَ الْاِمَامِ*

GANİMETLER VE GANİMETLERİN TAKSİMİ

Devlet reisi, zorla aldığı yerleri müslümanlar arasında bölüştürür veya bu aldığı yerlerin halkını oralarda bırakır ve kendilerine cizye, toprakları üzerine haraç koyar. Esirleri öldürür veya köle yapar veya müslümanların zimmetinde hür kişiler olarak onları bırakır. Eğer esir edilmeden önce müslüman olmamışlarsa, daha sonra müslüman olmaları esir olmalarına engel teşkil etmez. Bu esirleri kendi yurtları olan dâr-ı harbe göndermek, hiçbir şey almadan veya mal karşılığı salıvermek caiz değildir. "İhtiyaç duyulduğunda böyle yapmada bir beis yoktur" denildi. Esir karşılığında esirleri değişmek İmameyn'e göre caizdir.

Nakledilmesi güç olan hayvanlar kesilir ve yakılır fakat ayakları kesilmez. Taşınması zor olan silahlar da yakılır.

Ganimet düşman ülkesinde taksim edilmez. Ancak emanet olmak üzere dağıtılır. Sonra geri alınır. Ganimet, taksim edilmeden satılmaz.

Ganimette savaşçılar ve onlara yardım edenler eşittir. Keza ganimet bizim yurdumuza sokulmadan onlara katılan yardımcı kuvvetler de ganimette eşittir. Savaşmayan pazarcının ve ganimet bizim yurdumuza getirilip koruma altına alınmadan dar-ı harpte ölen kimsenin ganimette hakkı yoktur. Eğer ganimet ülkemize geldikten sonra orada ölürse, ganimet payı miras olarak kalır.

İhtiyaç duyulursa, ganimet malı taksim edilmeden ondan silah almak, hayvana binmek veya giyinmek suretiyle istifade edilir. Mutlak olarak yani ihtiyac olsun ve olmaması ot, odun, yağ ve güzel kokudan isifade edilir. Bazıları: "İhtiyac olursa bunlardan faydalanılır, yoksa asla satmak suretiyle faydalanmak ve ganimeti mal edinmek caiz değildir. Düşman memleketinden çıktıktan sonra da faydalanılmaz. Bilakis fazla olanı ganimete geri verir. Eğer kullanıp faydalanmışsa kıymetini geri verir. Elinde bulunanı geri vermeden ganimet malı taksim edilmişse, zengin olduğu takdirde, onu sadaka olarak dağıtır.

Eğer kafirlerden biri el geçirilmeden müslüman olsa kendi nefsini, küçük çocuğunu, kendi yanında bulunan veya bir müslümanın veya zimminin yanında emanet olan malını kurtarmış, koruma altına almış olur. Gelir getiren mülkleri ganimettir. Denildi ki: Bu konuda İmam Muhammed'in ve ilk görüşüne göre Ebu Yusuf'un muhalefeti vardır. Bu kimsenin büyük oğlu, hanımı, hanımının karnındaki çocuğu, savaşan kölesi ve zorla alınmak suretiyle veya emanet yoluyla bir harbinin yanında bulunan malı ganimettir. Bir müslüman veya zimmi tarafından zorla alınmak suretiyle bunların yanında bulunan malı da ganimettir. İmameyn buna muhalefet eder. Bazılarına göre, Ebu Yusuf Ebu Hanife ile aynı görüştedir.

İZAHI

Bu kısım ganimetler ve ganimetlerin taksimine dair hükümlerin açıklanmasıyle ilgilidir.

Devlet reisi, savaşarak fethettiği yerlerin beşte birini Beytülmâle ayırdıktan sonra geri kalan bölümünü müslümanlar arasında taksim edip bölüştürür. Zira Hz. Peygamber (a.s) Hayber'i fethettiğinde burasını müslümanlar arasında bölüştürmüştür.

Devlet reisi isterse fethettiği yerin halkını orada bırakır ve halkı üzerine cizye, toprakları üzerine de haraç koyar. Nitekim Hz. Ömer Irak topraklarının etrafındaki bağ, bahçe ve bostanları fethedince, buralarda yaşayanlara ve gelir getiren gayr-i menkullerine dokunmamış, üzerlerine cizye, topraklarına da haraç koymuştu.

Devlet reisi dilerse, kafirlerin memleketi fethedilmeden önce alınan esirleri öldürür. Zira Hz. Peygamber (a.s) Beni Kureyza'yı öldürtmüştür. Dilerse esirleri köle yapar, dilerse müslümanlar için bir zimmet olmak üzere onları hür bırakır. Esir olarak ele geçirilmeden önce müslüman olmamışlarsa, daha sonra müslüman olmaları köle edinilmelerine engel değildir. Ama daha önce islamı kabul etmişlerse köle yapılmazlar.

Esirleri küfür yurduna iade etmek caiz değildir. Zira esirleri oraya göndermek kafirlere yardım etmektir. Hiçbir şey almadan salıvermek veya mal karşılığı bırakmak da caiz değildir. Zira bu da kafirleri kuvvetlendirmek, onlara destek sağlamak demektir. Bazıları: "Mala ve paraya ihtiyaç olduğu zaman esirleri bu şekilde karşılık alarak bırakmada bir beis yoktur" demişlerdir. Bu, İmam Muhammed'in "Siyer-i Kebir"deki sözüdür. Bu sözüne delil olarak, Bedir esirlerine yapılan muameleyi getirmiştir. Bizim delilimiz şudur: Hz. Peygamber (a.s) Bedir esirlerini fidye ile serbest bırakınca, Yüce Allah

$$\text{لَوْلاَ كِتَابٌ مِنَ اللّٰهِ سَبَقَ لَمَسَّكُمْ فِيمَا اَخَذْتُمْ عَذَابٌ عَظِيمٌ}$$

" **Eğer Allah'tan daha önce geçmiş bir yazı olmasaydı, aldığınız fidyeden dolayı mutlaka size büyük bir azap dokunurdu**"[16] sözüyle Hz. Peygamber'e sitem etmiş, onu kınamıştı. Bunun üzerine Hz. Peygamber (a.s) ile Hz. Ebubekir oturup ağladılar. Zira bu fidye alma işi Hz. Ebubekir'in işaret ve re'yile olmuştu. Hz. Ömer bu ikisine muhalefet etmişti. Hz. Peygamber (a.s) bununla

---

(16) Enfal, 8/68

ilgili olarak: **"Eğer gökten azap inseydi Ömer'den başka kimse kurtulamazdı"** buyurmuştur. İmameyn'e göre, esirlerin, mal ile değil de esir karşılığında değiştirilmesi caizdir. Mesela, bir müslüman esir için bir kafir esir vermek caizdir. İmam Şafii de bu görüştedir. Ama İmam Ebu Hanife'ye göre bu caiz değildir. Zira bununla kafirlere yardım edilmiş olur.

İslam yurduna nakledilmesi zor olan hayvanlar kesilip ateşle yakılır. Bir ayağı kesilip bırakılmaz. Zira bu ibret olsun diye yapılan işkencelere benzer bir işkencedir. Böyle bir şey yapmak ise yasaklanmıştır. İslam topraklarına taşınması zor olan silahlar da, eğer yakılması mümkün ise ateşle yakılır; eğer demir silahlar gibi, yakılması mümkün değilse düşman bulmasın diye gömülür.

Dar-ı harbte ganimet taksim edilmez. Yani taksim edilmesi caiz değildir. Zira bize göre ganimet mallarının mülkiyeti, ancak bu mallar bizim yurdumuza girdikten sonra sabit olur. İmam Şafii bu görüşte değildir. Ancak askerin yanında emanet olarak durması için askerlere dağıtılır. Dar-ı harpten çıktıktan sonra bu emanet geri alınır. Bir kimsenin, ganimet taksim edilmeden, hissesine düşecek malı satması da caiz değildir.

Savaşçı ve savaşçıya yardım eden ganemitte birdir. Keza ganimet malı yurdumuza girmeden orduya katılan imdat kuvvetleri de, savaşanlar gibi ganimet alır. Savaşa katılmayıp ticaret yapanın ganimette hakkı yoktur. Zira bunların maksadı ticaret yapmaktır. Yoksa dini yüceltmek değildir. Eğer onlarda savaşırlarsa ganimete ortak olurlar.

Ganimeti yurdumuza sokmadan düşman ülkesinde ölen kimsenin ganimette hakkı olmaz. Eğer ganimet yurdumuza girdikten sonra düşman memleketinde ölürse, ganimetten alacağı pay mirasçılarına kalır. Zira veraset mülkte olur. Ganimet yurdumuza geldikten sonra mülk gerçekleşmiş olduğundan, kendisine düşen hak mirasçılarına verilir.

Ganimet taksim edilmeden önce, ganimet silahını kullanmak, ganimet olan hayvana binmek veya elbiseyi giymek suretiyle ganimet malından faydalanılır. Bir kimse ihtiyacı olmadığı halde kendi silah, hayvan veya elbisesini korumak için bunları kullanırsa mekruh olur. Zira bir toplum arasında ortak olan malı kullanmak ve ondan yararlanmak mübah olmaz. Gerek ihtiyac olsun, gerek olmasın mutlak manada ganimet malından ot, odun, yağ ve güzel koku gibi şeylerle faydalanmak caizdir. Bazıları: "İhtiyaç olursa bunlardan faydalanmak caiz olur" demişlerdir. İhtiyac olsun veya olmasın ganimet malından asla onu dar-ı harpte satmak suretiyle faydalanılmaz. Zira daha islam yurduna girmediği için henüz malik olmadığı bir şeyi satmış olur. Bu ise caiz değildir. Ganimeti mal edinmek de caiz değildir. Keza ganimet malından, dar-ı harpten çıkıldığı halde henüz taksim edilmemişse yine faydalanılmaz. Zira ganimet taksim edilmeden, bütün askerlerin hakkıdır. Rızaları olmayınca başkasının faydalanması caiz olaz. Ot, yiyecek ve benzeri şeyleri ganimetten almış, kullanmış ve elinde bunlardan artanlar kalmışsa, ganimet malı taksim edilmemiş olduğu takdirde bunları geri verir. Eğer bu artan malları iade etmemiş ve dar-ı harpten çıktıktan sonra bunlardan yararlanmışsa kıymetini verir. Bu söz de gösteriyor ki dar-ı harpten çıkınca artık ganimet malından faydalanmak asla caiz değildir. Eğer satmışsa parasını ganimete geri verir. Eğer bu parayı ganimete iade etmeden ganimet malları taksim edilmiş ise, zengin olup ihtiyacı bulunmadığı takdirde, satıştan aldığı parayı sadaka olarak dağıtır.

Kafirlerden biri, müslüman savaşçılar kendini yakalamadan önce islama girerse kendini ve küçük çocuğunu kurtarmış, koruma altına almış olur. Zira küçük çocuğun babası müslüman olduğunda, çocuk da müslüman olmuş sayılır. Kendisinin veya bir müslümanın veya zimminin yanında emanet olarak bıraktığı bütün mallarını da kurtarmış olur. Zira emanet bıraktığı mal hükmen kendi elinde sayılır. Emanet edilen kimsenin eli, emanet edenin eli gibidir. Malı onun adına korur. Gelir getiren arazisi, ittifakla ganimettir. İmam Şafii buna muhalefet eder. Ona göre bu araziler de emanet gibidir, yani kendi malıdır. Bazı alimler şöyle demiştir: Arazi konusunda İmam Muhammed'in ve ilk görüşüne göre Ebu Yusuf'un da muhalefet vardır. Bunlara göre de, o kişinin arazileri diğer malları gibidir. Yani ganimet olmazlar. Ama son görüşüne göre, Ebu Yusuf İmam Ebu Hanife ile aynı fikri benimsemektedir.

Müslüman savaşçılar kendisini yakalamadan önce islama giren kişinin büyük çocuğu, karısı, karısının karnında bulunan çocuğu, savaşan kölesi ve gerek emanet olarak bırakmış olsun gerek zorla elinden alınmış olsun, bir harbi kafirin yanında bulunan malı ganimettir. Büyük çocuğu harbi ve kafir olduğu için babaya tabi değildir. Karısı da aynı şekilde harbidir. İslam da kocasına tabi değildir. Karnındaki çocuk da anaya tabidir. Savaşan kölesi ise, efendisine karşı gelip onun hükmünden çıkarak dar-ı harb halkına tabi olmuştur. dar-ı harp halkı ise yakalandıklarında ganimet olurlar. Eğer köle, müslümanlara karşı savaşmıyorsa efendisine tabi olur. Bir harbinin yanı dar-ı harpte bulunan bir kafirin elinde bulunanlar biz müslümanlara haram olmaz. Onun elinde bulunan mallar ganimettir.

Müslüman savaşçılar tarafından esir edilmeden önce müslüman olan bir kimsenin, zorla alınmak suretiyle bir müslüman veya zımminin yanında bulunan malı ganimettir. Orası istila edilince bu mala malik olunur. Zira sahibi islama girmekle korunmuştur ama mal korunmuş olmaz. İmameyn buna muhalefet eder. Onlara göre bu mal da korunmuştur. Zira mal, sahibine tabidir. Ebu Yusuf'un bu konuda İmam-ı Azam ile aynı görüşte olduğu söylenmiştir.

2. KISIM

فصل

وَتُقْسَمُ الْغَنِيمَةُ لِلرَّاجِلِ سَهْمٌ وَلِلْفَارِسِ سَهْمَانِ وَعِنْدَهُمَا ثَلٰثَةُ اَسْهُمٍ لَهُ سَهْمٌ وَلِفَرَسِهِ سَهْمَانِ* وَلَا يُسْهَمُ لَاكْثَرَ مِنْ فَرَسٍ وَعِنْدَ اَبِى يُوسُفَ يُسْهَمُ لِفَرَسَيْنِ وَالْبَرَازِينُ كَالْعِتَاقِ* وَلَا يُسْهَمُ لِرَاحِلَةٍ وَلَا بَغْلٍ* وَالْعِبْرَةُ لِكَوْنِهِ فَارِساً اَوْ رَاجِلاً عِنْدَ الْمُجَاوَزَةِ* فَيَنْبَغِى لِلْاِمَامِ اَنْ يَعْرِضَ الْجَيْشَ عِنْدَ دُخُولِهِ دَارَ الْحَرْبِ لِيَعْلَمَ الْفَارِسَ مِنَ الرَّاجِلِ* فَمَنْ جَاوَزَ رَاجِلاً فَاشْتَرَى فَرَساً فَلَهُ سَهْمُ رَاجِلٍ وَمَنْ جَاوَزَ فَارِساً فَنَفَقَ فَرَسُهُ فَلَهُ سَهْمُ فَارِسٍ* وَلَوْ بَاعَهُ قَبْلَ الْقِتَالِ اَوْ وَهَبَهُ اَوْ آجَرَهُ اَوْ رَهَنَهُ فَسَهْمُ رَاجِلٍ فِى ظَاهِرِ الرِّوَايَةِ* وَكَذَا لَوْ كَانَ مَرِيضاً اَوْ مُهْراً لَا يُقَاتَلُ عَلَيْهِ* وَلَا يُسْهَمُ لِمَمْلُوكٍ اَوْ مُكَاتِبٍ اَوْ صَبِىٍّ اَوْ اِمْرَأَةٍ اَوْ ذِمِّىٍّ بَلْ يُرْضَخُ لَهُمْ بِحَسَبِ مَا يَرٰى اِنْ قَاتَلُوا اَوْ دَاوَتِ الْمَرْأَةُ الْجَرْحٰى اَوْ دَلَّ الذِّمِّىُّ عَلٰى عَوْرَاتِهِمْ اَوْ عَلَى الطَّرِيقِ وَالْخُمْسُ لِلْيَتَامٰى وَالْمَسَاكِينِ وَابْنِ السَّبِيلِ يُقَدَّمُ مِنْهُمْ ذَوُو الْقُرْبٰى الْفُقَرَاءُ* وَلَا حَقَّ فِيهِ لِاَغْنِيَائِهِمْ* وَذِكْرُهُ تَعَالٰى لِلتَّبَرُّكِ وَسَهْمُ النَّبِىِّ ﷺ سَقَطَ بِمَوْتِهِ كَالصَّفِىِّ* وَاِنْ دَخَلَ دَارَ الْحَرْبِ مَنْ لَا مَنَعَةَ لَهُ بِلَا اِذْنِ الْاِمَامِ لَا يُخَمَّسُ مَا اَخَذُوا* وَاِنْ بِاِذْنِهِ اَوْ لَهُمْ مَنَعَةٌ خُمِّسَ* وَلِلْاِمَامِ اَنْ يُنَفِّلَ قَبْلَ اِحْرَازِ الْغَنِيمَةِ وَقَبْلَ اَنْ تَضَعَ الْحَرْبُ اَوْزَارَهَا فَيَقُولُ مَنْ قَتَلَ قَتِيلاً فَلَهُ سَلَبُهُ اَوْ مَنْ اَصَابَ شَيْئاً فَلَهُ رُبْعُهُ اَوْ يَقُولُ لِسَرِيَّةٍ جَعَلْتُ لَكُمُ الرُّبْعَ بَعْدَ الْخُمْسِ وَلَا يُنَفِّلُ بِكُلِّ الْمَأْخُوذِ وَلَا بَعْدَ الْاِحْرَازِ اِلَّا مِنَ الْخُمْسِ* وَالسَّلَبُ لِلْكُلِّ اِنْ لَمْ يُنَفَّلْ وَهُوَ مَرْكَبُهُ وَمَا عَلَيْهِ وَثِيَابُهُ وَسِلَاحُهُ وَمَا مَعَهُ لَا مَا مَعَ غُلَامِهِ عَلٰى دَابَّةٍ اُخْرٰى* وَالتَّنْفِيلُ لِقَطْعِ حَقِّ الْغَيْرِ لَا لِمِلْكٍ خِلَافاً لِمُحَمَّدٍ* فَلَوْ قَالَ مَنْ اَصَابَ جَارِيَةً فَهِىَ لَهُ لَا يَحِلُّ لِمَنْ اَصَابَهَا الْوَطْءُ وَالْبَيْعُ قَبْلَ الْاِحْرَازِ خِلَافاً لَهُ*

GANİMETLER NASIL BÖLÜŞÜLÜR

Ganimetten piyadeye bir, atlıya iki pay verilir. İmameyn'e göre atlıya, biri kendisi ikisi de atı için olmak üzere üç pay verilir. Birden çok at için pay verilmez. Ebu Yusuf'a göre iki at için pay verilir. Acem atları, Arap atları gibidir. Yük hayvanı ve katır için ganimetten pay verilmez.

Bir askerin atlı veya yaya sayılabilmesi için, düşmana saldırıldığı sırada atlı veya yaya olmasına itibar edilir. Devlet reisinin düşman topraklarına girerken yaya ve atlıyı tesbit etmek için orduyu teftiş etmesi gerekir. Bir kimse düşman topraklarına yaya olarak girdikten sonra bir at satın alırsa, onun için bir yaya payı vardır. Düşman topraklarına atlı olarak girip daha sonra atı yok olsa, onun için bir atlı payı vardır. Bir kimse, savaşa başlamadan atını satsa veya hibe etse veya bir başkasına kiraya verse veya rehin bıraksa, zahir rivayete göre bunun bir yaya payı vardır. Keza at hasta veya üzerinde savaşılmayacak bir tay olursa, yine sahibine yaya hissesi verilir.

Köle ve cariyeye, mükateb köleye, küçük çocuğa, kadına veya zimmiye pay verilmez. Bilakis bunlar savaşır, kadın yaralıları tedavi eder veya zimmi, kafirlerin gizli şeylerini veya yolu gösterirse, devlet reisinin uygun göreceği şekilde kendilerine az bir şey verir.

Ganimetin beşte biri yetimler, yoksullar ve yolcular içindir. Bunlardan fakir akrabalara öncelik tanınır. Zengin akrabaların bunda bir hakkı yoktur. Ganimette yüce olan Allah'ın da pay sahipleri arasında adının zikredilmesi teberrük içindir. Hz. Peygamber (a.s)'in savaşta kıymetli malları seçmesinin sakıt olduğu gibi, alacağı "beşte bir" de vefatı ile sakıt olmuştur. Bir güç ve grup oluşturmayan kimseler izinsiz dar-ı harbe girerlerse, ele geçirdikleri mal beşe ayrılmaz. Eğer devlet reisinin izniyle girerler veya bir güc ve grupları olursa, ele geçirdikleri mal beşe ayrılır.

Ganimet yurdumuza getirilmeden veya savaş bitmeden devlet reisi tenfil edebilir yani ganimetten nafile olarak dağıtabilir. Devlet reisi şöyle der: "Kim bir kafir öldürürse, kafirin üzerinden çıkan onundur" veya "kim bir şey elde ederse dörtte biri onundur". Yahut ordunun bir kıtasına: "Ganimetten beşte bir çıkarıldıktan sonra dörtte birini size verdim" der. Devlet reisinin, elde edilenin tamamını veya ganimet, ülkemize geldikten sonra bu şekilde vermesi doğru olmaz. Ancak beşte birden bunu yapabilir.

Eğer devlet reisi, tenfil etmemiş yani "öldürülen kafirin üzerinden çıkan öldürenindir" dememişse, bu mallar bütün askerlerindir. Bunlar, öldürülen kafirin bineği ve bineğinin üzerinde bulunanlar, elbisesi, silahı ve yanında bulunan mallardır. Başka bir hayvanın üzerinde kölesiyle beraber bulunan mallar kafirin sayılmaz.

Tenfil, başkasının hakkını kesmek içindir. Yoksa, birisini mülk sahibi yapmak için değildir. İmam Muhammed buna muhalefet eder.

Devlet reisi, "kim bir cariye bulursa cariye onundur" demişse, bulan kimsenin cariyeyi islam memleketine getirmeden onunla cinsel ilişkide bulunması veya satması helal olmaz. İmam Muhammed buna muhaliftir.

İZAHI

Bu kısım, ganimetin nasıl taksim edileceğinin açıklanması ile ilgilidir.

Ganimet gaziler arasında taksim edilir. Devlet reisi Yüce Allah'ın " فَأَنَّ لِلّٰهِ خُمُسَهُ **Kuşkusuz ganimetin beşte biri Allah'ındır**"[17] ayet-i kerimesinin ifade ettiği mana gereğince ganimetin beşte birini ayırıp geri kalanını gazilere taksim eder.

Ebu Hanife'ye göre, ganimetten piyade için bir pay, atlı için iki pay vardır. İmameyn'e göre atlıya üç pay verilir, birisi kendisi için, ikisi atları için olur. İmam Şafii'nin görüşü de budur. Birden çok at için pay verilmez. Ebu Yusuf'a göre iki at için pay verilir. Yük hayvanı ve katır için pay yoktur. Zira bu ikisi ile düşman korkutulmaz ve bunların üzerinde savaş da yapılmaz. Bunlara binenler piyade hükmündedir.

Bir kimsenin ganimetten atlı mı yoksa süvari olarak mı pay alacağına hükmedebilmek için, savaşçıların dar-ı harbe saldırıp oraya girdikleri zamanki durumlarına itibar edilir. Mesela, askerlerden hangisi dâr-ı islamdan dâr-ı harbe girdiği sırada atlı bulunuyorsa atlı payını, hangisi yaya bulunuyorsa yaya hissesini alır. İtibar burayadır. Devlet reisinin veya vekilinin, asker dâr-ı harbe girdiği sırada hangisinin atlı hangisinin yaya olduğunu öğrenmek için onları teftiş etmesi, bakması gerekir. Kim düşman toprağına yay girer de daha sonra orada bir at satın alırsa bu kimse yaya payı alır yani buna ganimetten bir pay verilir. Bir kimse de düşman toprağına atlı girer, sonra orada atı helâk olursa, buna da atlı payı verilir. Yani düşman topraklarına girildiği zamanki duruma itibar edilir. Şafii'ye göre, bunun aksine bir taksim yapılır.

Bir kimse düşman toprağına girdikten sonra atını satsa veya hibe etse veya başkasına kiraya verse veya birisinin yanında rehin bıraksa, zahir rivayete göre bu kimse için bir yaya hissesi vardır. Çünkü onun bu işleri yapmaya girişmesi gösterir ki, dâr-ı harbe at ile girmesi savaş etmek gayesiyle değildir. Bu takdirde yaya payı verilir. Hasan'ın Ebu Hanife'den yaptığı rivayete göre ise düşman topraklarına at ile girdiği için iki pay almaya hak kazanır. Keza atı hasta olsa veya üzerinde savaş yapılamıyacak bir tay olsa yine yaya hissesi verilir.

---

[17] Enfal, 8/41

Köle ve cariye veya mükâteb köle için pay verilmez. Çünkü köle efendisine hizmet gayesiyle onun peşinden gittiği için, ticaret etme gayesiyle giden gibi olur. Mükâteb köle de diğer köleler gibidir. Çünkü mükateb köle, kitabet akdiyle efendisine ödemek zorunda olduğu parayı ödemeyince tekrar köleliğe döner. Dolayısıyle henüz köleliği devam etmektedir. Küçük çocuk ve kadın için de pay yoktur. Çünkü bunlar savaş edemezler. Zimmiye de pay verilmez. Zira cihat bir ibadettir, zimmi ise ibadete ehil değildir. Eğer köle, mükateb ve çocuk savaşırlarsa, kadın yaralıları tedavi ederse ve zimmi de kafirlerin sırlarını açıklar veya klavuzluk yaparsa, bunlara devlet reisinin uygun görmesiyle ganimetten az bir şey verilir. Zimminin yol göstermesinde mücahitlere büyük faydalar vardır. Zimmiye bir miktar fazla bir şey vermek caizdir.

Beytülmal için ayrılan beşte bir, üç paya ayrılır. Biri yetimlere, biri yoksullara biri de yolculara verilir. Hz. Peygamber (a.s)'in akrabasından olan fakirler; yetim, yoksul ve yolcuların fakirlerinden önce gelir. Mesela Hz. Peygamber (a.s)'in akrabası olan yetimler, bu üç gruptan "yetimler" grubuna girer ve onlardan önce bunlara pay verilir. Yine Hz. Peygamber (a.s)'in akrabası olan yolcular, bu üç gruptan "yolcular" grubuna girer ve diğer yolculardan önce bunlara pay verilir. Bu beşte birde Hz. Peygamber (a.s)'in zengin akrabasının hakkı yoktur.

Yüce Allah'ın, " فَاِنَّ لِلّٰهِ خُمُسَهُ **ganimetin beşte biri Allah'ındır**" ayet-i kerimesinde isminin zikredilerek, beşte birin Allah'a ait olduğunun söylenmesi teberrük içindir. Ebul Âliye der ki: "Yüce Allah'ın hakkı, eğer ganimet Ka'be'nin yakınında olursa Ka'be'nin tamirine veya ganimetin taksim edildiği yerin yakınında bulunan cami ve mescitlerin tamirine harcanır."

Hz. Peygamber (a.s)'in ganimetten kıymetli malları seçmesi nasıl sâkıt olduysa, onun ölümüyle de alacağı "beşte bir" sakıt olmuştur. Mesela o yüce Peygamber ganimetten zırh, kılıç, câriye ve atın en iyisini seçerdi. Bu, "hasâis-i nebi den yani Hz. Peygamber'e mahsus işlerden idi. Vefatı ile bu da, ganimetten beşte bir hisse alması da düşmüştür. Hz. Peygamber (a.s) Bedir ganimetleri arasında Zülfikar'ı, Hayber'in fethinde de safiyye (r.anha)'yi seçmişlerdi. Hayber fethedelince Hz. Safiyye'nin güzelliğini Hz. Peygamber (a.s)'e anlattıklarında onu kendileri için seçmişlerdi. Beyâniyye'de Buhari'den naklen şöyle yazılıdır: İbni Abbas: "Allah'ın payı ile Hz. Peygamber (a.s)'in payı birdir. Sözün Yüce Allah'ın ismi ile başlaması teberrük olmaktadır" demiştir.

Bir güç ve grup oluşturmayan kimseler, mesela iki üç kişi, devlet reisinin izni yok iken dar-ı harbe yani düşman ülkesine girseler, aldıkları ve ele geçirdikleri şeyler beş hisseye ayrılmaz. Zira ganimet kahr ve galebe ile alınan şeylerdir. Yoksa çalıp kapmakla alınan mal ganimet olmaz. Eğer devlet reisinin izni girmişler, güç ve kuvvetleri de varsa ele geçirdikleri mallar beşe ayrılır. Zira aldıkları şeyler kahr ve galebe ile alınan şeyler hükmündedir. Çünkü bunun, devlet reisinin izniyle olması, devlet reisinin imdat ve yardım göndermeyi kabul etmesi gibi bir şeydir. Dolayısıyle bunlar bir birlik ve kuvvet gibi olmuş olur.

Ganimet malları yurdumuza getirilmeden ve savaş sona ermeden önce devlet reisi tenfil edebilir. Tenfil, gazilere alacakları paydan fazla bir şey vermek demektir. Yani devlet reisi şöyle diyebilir: "Kim bir kafir öldürürse, üzerinden çıkan eşya onundur" veya "kim bir şey elde ederse, elde ettiği şeyin dörtte biri onun olacaktır". Veya ordunun bir kıt'asına: "ganimetin beşte birini ayırdıktan sonra dörtte birini size vereceğim" diyebilir. Bütün bunlar askerleri teşvik içindir. Süriyye, ordudan bir kıtaya verilen isimdir. Devlet reisi ele geçirilen ganimetin hepsini bu şekilde teşvik maksadıyla veremeyeceği gibi, ganimet islam ülkesine getirildikten sonra da veremez. Ancak Büytülmâl için ayrılan beştebir'den verebilir. Çünkü bu beşte bir gazilerin hakkı değildir. İnaye yazarı der ki: Bu söz tenkit edilebilir. Devlet reisi Beytülmale ayrılan beşte birden gazilere verdiğinde onların hakkı giderilmemiş olsa da, bu beşte birden yararlanacak olan üç sınıfın yani yetim, yoksul ve yolcuların hakkı giderilmiş olur. Bu takdirce gazilere bundan vermek câiz değildir. Buna şöyle cevap veririz: Devlet reisinin gazilere bundan vermesi, bunları üç sınıftan birine katmasıyle olur. Bu takdirde hakkın iptali söz konusu olmaz. Kâfi yazarı da şöyle der: Bize göre devlet reisinin bu beşte birden gazilere vermesinin manası şudur: Devlet reisi bazı muhtaçlara, onları yoksullardan sayarak pay verir. Savaşmayan muhtaçlara verilince, savaşanlara verilmesi daha evlâdır.

Devlet reisi tenfil etmemiş yani "kim bir kafir öldürürse, onun selebi öldürene aittir" dememişse, kafirin selebi bütün savaşcılara aittir. Seleb, öldürülen kafirin bineği, bineğinin üzerinde bulunan şeyler, kendi silah ve giyeceğidir. Kafirin kendi yanında bulunan mal da selebdir. Ancak başka bir hayvanın üzerinde kölesiyle beraber bulunan mallar, kafirin üzerinden çıkan mallara yani onun selebine dahil değildir.

Tenfil, başkasının hakkını kesmek içindir, yoksa birisini mülk sahibi yapmak için değildir. Zira dar-ı islama girmeden mülkiyet sabit olmaz. Dolayısıyle devlet reisi veya komutanın sözleriyle askerlere verilen şeyler, ganimet islam toprağına getirilmeden askerin mülkü olmaz. Bu İmam Ebu Hanife ve Ebu Yusuf'un görüşüdür. İmam Muhammed buna muhalefet eder. Ona göre dar-ı islama gelmeden, tenfil ile mülkiyet sabit olur.

Devlet reisi, "kim bir cariye elde ederse, o cariye onundur" dese ve gazilerden biri bir cariye elde etse, cariye temizlendikten sonra dahi olsa, dar-ı islama girmeden onunla cinsel ilişkide bulunması helal değildir. Keza satması da helal olmaz. Zira islam topraklarına girmeden mülkiyet sabit olmaz ki onunla cinsel ilişkide bulunmak ve satmak câiz olsun. İmam Muhammed bu görüşte değildir. Ona göre tenfil ile mülkiyet sabit olur ve dolayısıyle câriye temizlendikten sonra onunla cinsel ilişkide bulunmak ve satmak caizdir.

3. KISIM

باب استيلاء الكفار

اِذَا سَبَى التُّرْكُ الرُّومَ وَاَخَذُوا اَمْوَالَهُمْ مَلَكُوهَا وَنَمْلِكُ مَا وَجَدْنَا مِنْ ذٰلِكَ اِذَا غَلَبْنَا عَلَيْهِمْ* وَاِنْ غَلَبُوا عَلٰى اَمْوَالِنَا وَاَحْرَزُوهَا بِدَارِهِمْ مَلَكُوهَا* وَكَذَا لَوْ نَدَّمْنَا اِلَيْهِمْ بَعِيرٌ فَاِذَا ظَهَرْنَا عَلَيْهِمْ فَمَنْ وَجَدَ مِلْكَهُ اَخَذَهُ قَبْلَ الْقِسْمَةِ مَجَّانًا* وَبَعْدَهَا اِنْ كَانَ مِثْلِيًّا لَا يَأْخُذُهُ وَاِنْ قِيمِيًّا اَخَذَهُ بِالْقِيمَةِ* وَاِنِ اشْتَرٰهُ مِنْهُمْ تَاجِرٌ وَاَخْرَجَهُ وَهُوَ قِيمِيٌّ يَأْخُذُهُ بِالثَّمَنِ اِنِ اشْتَرَاهُ بِهِ* وَاِنِ اشْتَرَاهُ بِعَرْضٍ فَبِقِيمَةِ الْعَرْضِ وَاِنْ وُهِبَ لَهُ فَبِقِيمَتِهِ وَمِثْلُهُ الْمِثْلِيُّ فِى اشْتِرَائِهِ بِثَمَنٍ اَوْ عَرْضٍ* وَاِنِ اشْتَرَاهُ بِجِنْسِهِ اَوْ وُهِبَ لَهُ لَا يَأْخُذُهُ* وَاِنْ كَانَ عَبْدًا فَنُقِعَتْ عَيْنُهُ فِى يَدِ التَّاجِرِ وَاَخَذَ اَرْشَهَا يَأْخُذُهُ بِكُلِّ الثَّمَنِ اِنْ شَاءَ* وَاِنْ اَسَرُوهُ مِنْ يَدِ التَّاجِرِ فَاشْتَرَاهُ آخَرُ يَأْخُذُهُ الْمُشْتَرِى الْاَوَّلُ مِنْهُ بِثَمَنِهِ ثُمَّ الْمَالِكُ مِنْهُ بِالثَّمَنَيْنِ وَلَيْسَ لَهُ اَخْذُهُ مِنَ الْمُشْتَرِى الثَّانِى* وَلَا يَمْلِكُونَ حُرًّا وَمُدَبَّرَنَا وَاُمَّ وَلَدِنَا وَمُكَاتَبَنَا وَنَمْلِكُ عَلَيْهِمْ كُلَّ ذٰلِكَ* وَلَا يَمْلِكُونَ عَبْدًا اَبَقَ اِلَيْهِمْ فَيَأْخُذُهُ مَالِكُهُ بَعْدَ الْقِسْمَةِ مَجَّانًا اَيْضًا لٰكِنْ يُعَوَّضُ عَنْهُ مِنْ بَيْتِ الْمَالِ وَعِنْدَهُمَا هُوَ كَالْمَأْسُورِ* وَاِنْ اَبَقَ بِفَرَسٍ وَمَتَاعٍ فَاشْتَرٰى رَجُلٌ ذٰلِكَ كُلَّهُ وَاَخْرَجَهُ اَخَذَ الْمَالِكُ مَا سِوَى الْعَبْدِ بِالثَّمَنِ وَالْعَبْدَ مَجَّانًا وَعِنْدَهُمَا بِالثَّمَنِ اَيْضًا* وَاِنِ اشْتَرٰى مُسْتَأْمِنٌ عَبْدًا مُسْلِمًا وَاَدْخَلَهُ دَارَهُمْ عَتَقَ خِلَافًا لَهُمَا وَاِنْ اَسْلَمَ عَبْدٌ لَهُمْ ثَمَّةَ فَجَاءَنَا اَوْ ظَهَرْنَا عَلَيْهِمْ اَوْ خَرَجَ اِلٰى عَسْكَرِنَا فَهُوَ حُرٌّ*

KAFİRLERİN İSTİLÂSI

Türkler Romalıları esir etse ve mallarını alsalar, aldıkları mallara mâlik olmuş olurlar. Biz Türklere galip geldiğimiz zaman da, onların Romalılardan aldıkları şeylerden bulduklarımıza mâlik oluruz. Eğer kafirler bizim mallarımızı alır ve yurtlarına götürürlerse onlara malik olurlar. Keza bizden onlara bir deve kaçsa, devenin maliki olurlar. Daha sonra onlara üstün geldiğimizde, ganimet taksim edilmeden mülkünü bulan onu meccânen alır. Ganimet taksim edildikten sonra malını bulursa, eğer malı misliyâttan ise onu almaz, kıyemiyâttan ise kıymetini ödeyerek alır.

Kafirler kıyemi olan bir malı alıp yurtlarına götürdükten sonra bir tâcir bu malı onlardan satın alsa, eğer para ile satın almışsa o parayı vererek ilk sahibi onu tacirden satın alır; eğer mal ile satın almışsa, o malın kıymetini vererek onu tacirden alır. Eğer o mal tacire hibe edilmişse, malın kıymetini vererek alır. Para veya mal ile satın alma konusunda, mislî mallar da kıyemi mallar gibidir. Eğer tacir o mislî malı cinsiyle satın almışsa veya misli mal tacire hibe edilmişse ilk sahibi onu alamaz.

Tacirin satın aldığı, kafirlerin daha önce bizim yurdumuzdan alıp götürdükleri bir köle ise ve bu köle tacirin elindeyken gözü çıkarılsa, tacir de bunun diyetini almış olsa, kölenin sahibi dilerse onu bütün bedeliyle alır. Eğer kafirler bu köleyi tacirin elinden esir alsalar ve bir başkası onu satın alsa, köleyi ilk satın alan, parasını vererek ikinci satın alandan alır. Sonra ilk sahibi ondan iki misli parasıyla satın alır. İlk sahibi köleyi ikinci satın alandan alamaz.

Kafirler bizim hürlerimize, müdebber kölelerimize, ümmü veledlerimize ve mûkâteb kölelerimize malik olamaz. Biz bütün bunları onlardan alıp malik olabiliriz. Kafirler bizim onlara kaçan kölemize de malik olamazlar. Kölenin sahibi onu ganimet taksim edildikten sonra da meccâlen alır. Lakin bu köle kimin hissesine düşmüşse, Beytülmal'den ona kölenin bedeli verilir. İmameyn'e göre kaçak köle, esir edilmiş gibidir.

Eğer köle bir at ve mal ile düşman ülkesine kaçmış ve bir adam bunların hepsini satın alıp oradan çıkarmışsa, sahibi köleden başkasını parasıyle, köleyi meccânen alır. İmameyn'e göre köleyi de parasıyle alır.

Bizden eman alarak yurdumuzda yaşayan bir kimse, bir müslüman köle satın alıp kendi yurtlarına götürse, köle azat olur. İmameyn aynı görüşte değildir. Kafirlerin bir kölesi orada müslüman olup bize gelse veya biz kafirlere galip gelse veya o köle bizim askerimize katılsa, hür olur.

İZAHI

Bu kısım, kafirlerin bir kısmının diğer bir kısmını istila etmesiyle ortaya çıkan durumlarda verilecek hükümlerin açıklanmasına dairdir.

Önce kafirlerin müslümanları istilası ile söze başlamak hoş olmadığı için, musannif İbrahim Halebi, kafirlerin birbirlerini istilasıyle söze başlayarak şöyle demiştir:

Kafir Türkler hristiyan Romalıları esir edip mallarını alsalar o malların mâliki olurlar. Zira onların malı mübahtır. Mübah olan bir malı istila etmek mülk sebebidir. Yani istila edildiği an mülk gerçekleşir. Biz de Kafir Türklere galip gelsek, onların Romalı kafirlerden alarak malik oldukları şeylerden bulduklarımıza da biz malik oluruz.

Kafirler bizim mallarımızı istila edip ele geçirerek kendi ülkelerine yani dâr-ı harbe götürseler bu mallara mâlik olurlar. Keza bizden onlara deve kaçsa, o develerin de mâliki olurlar. Ancak kafirlerle savaşıp onlara galip geldiğimizde, kim ganimet taksim edilmeden ganimetler arasında kendi malını bulursa, gerek o malını gerekirse kıymetini hiçbir şey ödemeden alır. Eğer mâlik olduğu şeyi ganimet taksim edildikten sonra bulursa, bakılır, eğer malı altın, gümüş, buğday ve arpa gibi misliyât[18]tan ise alamaz. Eğer kıyemiyâttan ise, kıymetini ödeyerek alır. Zira Hz. Peygamber (a.s):

إِنْ وَجَدْتَهُ قَبْلَ الْقِسْمَةِ فَهُوَ لَكَ بِغَيْرِ شَيْءٍ فَإِنْ وَجَدْتَهُ بَعْدَ الْقِسْمَةِ فَهُوَ لَكَ بِالْقِيمَةِ

"**Malını, ganimet taksim edilmeden önce bulursan, hiçbir şey ödemeden o senindir. Ganimet taksim edildikten sonra bulursan, kıymetini ödemek suretiyle senin olur**" buyurmuştur.

Kafirler kıyemi olan bir malı alıp yurtlarına götürdükten sonra bir tacir bunu onlardan satın alıp yurtlarından çıkararak bizim yurdumuza getirmiş-

---

(18) **Mislî**: Çarşı ve pazarda benzeri bulunan ve ölçülebilen, tartılabilen ve sayılabilen şeylerdir. Altın, gümüş, buğday, mısır, ceviz ve yumurta gibi mallar bu gruba girer. **Kıyemi**: Çarşı ve pazarda benzeri bulunmayan veya bulunsa da fiat bakımından farklı olan şeylerdir. Yazma kitaplar, yaldızlı ve işlemeli kaplar, hayvanlar, karpuz ve kavun gibi meyveler bu gruba girer. (Mütercim)

se, bakılır, eğer tacir onu para ile satın almışsa, ilk sahibi de parasını ödeyerek onu tacirden alır. Yok eğer bir mal vererek onu almışsa, o malın kıymetini ödemek suretiyle satın alır. Eğer o mal tacire hibe edilmişse, kendi malının kıymetini ödeyerek onu alır. Zira hibe ile o kişiye özel mülkiyet sabit olmuş olur. Mislî mallar, para veya mal karşılığı satın alınma hususunda, kıyemi mallar gibidir. Yani tacir misli olan malı parasıyle satın almışsa, ilk sahibi bu parayı ödeyerek onu tacirden satın alır. Mal vererek almışsa, verdiği malın parasını ödeyerek satın alır. Eğer tacir misli malı kendi cinsiyle satın almış yahut kendisine hibe edilmişse, ilk sahibi o malı alamaz. Mesela tacir on kilo buğdayı on kilo buğdayla satın almış veya on kilo buğday kendisine hibe edilmişse ilk sahibi bunu tacirden alamaz.

Müslüman tacir, kafirlerin esir aldıkları bir köleyi, dar-ı harpte yani kafirlerin yurdunda onlardan satın alarak dar-ı islama getirse ve köle burada tacirin elindeyken kölenin gözü çıkarılsa ve tacir bu göz çıkarmanın diyetini alsa, kölenin ilk sahibi dilerse köleyi tam parasını ödeyerek alabilir. Dilerse köleyi almaz. Ancak tacirden gözün diyetini alamaz. Köleyi almak istediğinde de, "diyet parası kadar eksiğine alayım" diyemez. Çünkü diyet, köle tacirin mülkünde iken alınmıştır. İlk sahibine iade edilmez.

Bir kimsenin kölesi esir edilip dâr-ı harbe götürüldükten sonra bir tacir onu satın alsa, sonra bu tacirin elinden kafirler, o köleyi esir alsalar daha sonra bir başkası aynı köleyi kafirlerden satın alıp islam diyarına getirse, ilk satın alan kimse bu köleyi ikinci satın alandan para ile alır. Asıl sahibi ise onu, ilk satın alandan iki misli parasıyle alır. Asıl sahibi, kölesini ikinci satın alandan alamaz.

Kafirler bizim yurdumuzu istilâ etseler bizim hürlerimize, müdebber kölelerimize, ümmü veledlerimize ve mükateb kölelerimize malik olamazlar. Çünkü bir şeye malik olabilmek için o şeyin mal olması lazımdır. Bunlar ise mal değildir. Mesela kafirler bunları esir alsalar, daha sonra biz onları yensek, ganimet taksim edilmeden önce veya sonra, bunları sahipleri alabilir. Biz bu sayılanları onlardan alsak hepsine malik oluruz. Zira şeriat, yaptıklarına karşılık olsun diye onların masumluk ve suçsuzluklarını kaldırmıştır.

Kafirler, bizim onlara kaçan kölemize de malik olamazlar. Ganimet taksim edilmeden alabildiği gibi, taksim edildikten sonra da sahibi onu hiçbir şey ödemeden alabilir. Çünkü bu köle, kafirin mülküne girmemiş, bilakis o müslümanın mülkü olarak kalmıştır. Fakat ganimet taksim edildikten köleyi sonra alırsa, köle taksimde kime düşmüşse ona, kölenin bedeli kadar Beytülmal'den para verilir. İmameyn'e göre bu kaçak köle, kafirlere esir düşen kimse gibidir. Bu takdirde kafirler o kaçak köleye malik olarlar.

Bir köle at ve mal olarak kaçıp dar-ı harbe girmiş ve bir adam bunların hepsini satın alıp dar-ı islama getirmişse, ilk sahibi kölenin dışındakileri para ile köleyi parasız alır. Zira kafirler at ve mala malik olurlar, köleye malik olamazlar. İmameyn'e göre, atı ve malı para ile aldığı gibi, köleyi de para ile alır.

Bir mülteci müslüman bir köleyi satın alıp dar-ı harbe götürse, Ebu Hanife'ye göre köle azat olur. İmameyn bu görüşte değildir. Onlara göre köle azat olmaz. Ebu Hanife'nin delili şudur: Kafirin vereceği zilletten müslümanı elden geldiği kadar kurtarmaya çalışmak vaciptir. Böyle bir çalışmayı gerektiren şartlardan biri de yurtların ayrı olmasıdır. Biri dar-ı islam öbürü dar-ı harb olmak üzere birbirine zıt iki yurdun bulunması, kölenin azat edilmesinin illeti yerine geçer. Mesela dâr-ı harpte karı ile kocadan biri müslüman olsa, kadının üç hayız müddeti beklemesi ayrılma yerine geçer. Bu kadar beklemekle birbirlerinden ayrılmış olurlar. İmameyn'in delili de şudur: Müslümanı kafirin vereceği zilletten kurtarmak için bizim yapmamız gereken, onu köleyi satmaya zorlamaktır. Fakat kafir dar-ı harbe girince bu zorlama imkanı elden çıkmış oldu. Buna göre köle, o mültecinin elinde köle olarak kalır, azat olmaz.

Eğer dâr-ı harpte, kafirlerin kölelerinden biri müslüman olup dâr-ı islama girse veya o köle müslüman olduktan sonra biz kâfirlerle savaşıp onları yensek veya köle bizim ordumuza gelse hür olur. Buna sebep şudur: Taif kölelerinden altı yahut yedisi müslüman olarak Hz. Peygamber (a.s)'e geldiler. Daha sonra efendileri gelip bunların geri verilmesini istediler. Hz. Peygamber (a.s): '' هُمْ عُتَقَاءُ اللّٰهِ **Onlar Allah'ın azatlılarıdır**''[24] buyurarak hür olduklarına hükmetti. Bunlar için olan hüküm velayet hükmüdür. Zira bu, hükmen azattır.

---

(19) Ebu Davud, Cihad, 136

4. KISIM

باب الْمُسْتَأْمِن

اِذَا دَخَلَ تَاجِرُنَا اِلَيْهِمْ بِاَمَانٍ لَا يَحِلُّ لَهُ اَنْ يَتَعَرَّضَ لِشَيْىءٍ مِنْ مَالِهِمْ اَوْ دَمِهِمْ فَاِنْ اَخَذَ شَيْئًا وَاَخْرَجَهُ مَلِكَهُ مَحْظُورًا بِهِ وَاِنْ غَدَرَ بِهِ مَلِكُهُمْ فَاَخَذَ مَالَهُ اَوْ حَبَسَهُ اَوْ فَعَلَ ذٰلِكَ غَيْرُهُ بِعِلْمِهِ حَلَّ لَهُ التَّعَرُّضُ كَالْاَسِيرِ* وَاِنْ اَدَانَهُ ثَمَّةَ حَرْبِىٌّ اَوْ اَدَّ اَنْ حَرْبِيًّا اَوْ غَصَبَ اَحَدُهُمَا الْاٰخَرَ وَخَرَجَا اِلَيْنَا لَا يُقْضٰى بِشَىْءٍ* وَكَذَا لَوْ فَعَلَ ذٰلِكَ حَرْبِيَّانِ وَخَرَجَا مُسْتَأْمِنَيْنِ وَاِنْ خَرَجَا مُسْلِمَيْنِ قُضِىَ بِالدَّيْنِ لَا بِالْغَصْبِ وَلَوْ اَسْلَمَ الْحَرْبِىُّ بَعْدَ مَا غَصَبَهُ الْمُسْلِمُ ثُمَّ خَرَجَا يُفْتٰى بِالرَّدِّ دِيَانَةً* وَاِنْ قَتَلَ اَحَدُ الْمُسْلِمَيْنِ الْمُسْتَأْمِنَيْنِ الْاٰخَرَ ثَمَّةَ فَعَلَيْهِ الدِّيَةُ فِى مَالِهِ وَالْكَفَّارَةُ اَيْضًا فِى الْخَطَاِ وَاِنْ كَانَا اَسِيرَيْنِ فَلَا شَىْءَ اِلَّا الْكَفَّارَةُ فِى الْخَطَاِ وَعِنْدَهُمَا كَالْمُسْتَأْمِنَيْنِ* وَلَا شَىْءَ فِى قَتْلِ الْمُسْلِمِ ثَمَّةَ مُسْلِمًا اَسْلَمَ وَلَمْ يُهَاجِرْ سِوَى الْكَفَّارَةِ فِى الْخَطَاِ اِتِّفَاقًا*

MÜSTE'MİNLER

Bizim tacirimiz eman dileyerek düşman yurduna girse, bu tacirin, onların mal ve canlarına dokunması helal olmaz. Bir şey alıp oradan çıkarsa, haram olarak o mala malik olur. Bu takdirde onu sadaka olarak verir. Ancak o ülkenin hükümdarı ona verdiği eman sözünde durmaz ve malını alır veya hapse atarsa veya bunu o ülkenin hükümdarının bilgisi altında, bir başkası yaparsa, bu tacirin onların mal ve canına saldırması helâl olur. Esire helal olduğu gibi.

Düşman yurdunda bir harbî yani kafir bizim tacirimize borç verse veya tacirimiz ona borç verse veya biri diğerinin malını gasbetse ve bu durumda bizim yurdumuza gelseler bunlar hakkında herhangi bir hüküm verilmez. Keza iki harbî aynı şeyi yapsa ve eman dileyerek bize iltica etseler yine bir hüküm verilmez. Eğer müslüman olarak bize gelirlerse, aralarındaki borç ile ilgili hüküm verilir, gasb ile ilgili hüküm verilmez. Müslüman harbînin malını gasbetse ve bundan sonra harbî müslüman olsa, sonra oradan çıkıp islam ülkesine gelseler, diyaneten malın iadesine fetva verilir.

Eman dileyerek düşman yurduna giren iki müslümandan biri orada diğerini öldürse, öldürene diyet kendi malından vacip olur. Hataen öldürmede keffaret'de vacip olur. Eğer ikisi de esir iseler bir şey gerekmez, ancak hata ile öldürmede keffaret gerekir. İmameyn'e göre, esirler de eman dileyerek girenler gibidir.

Dar-ı harpte bir müslümanın, orada müslüman olup ta bizim yurdumuza hicret etmemiş birisini öldürmesi halinde bir şey gerekmez. Ancak hata ile öldürdüğünde ittifakla keffaret öder.

İZAHI

Bu kısım, 'müste'minlerin hükümlerini açıklamaya dairdir.

Dar-ı harb ehlinden biri, eman dileyerek bizim yurdumuza girse veya bizim yurdumuzdan biri dar-ı harbe eman dileyerek gitse, bu kişiye "müstemin" yani "eman dileyen" denir. Buna bir bakıma "mülteci" de diyebiliriz.

Bizim bir tacirimiz, eman dileyerek dar-ı harbe girse ve kafirlerin arasına katılsa bu tacirin, onların mallarından veya canlarından herhangi bir şeye dokunması helal olmaz. Dokunursa ihanet etmiş olur. Hz. Peygamber (a.s) ise hainliği yasaklamıştır.

Eğer eman dileyerek dar-ı harbe giren müslüman bir tacir oradan bir şey alsa ve onu bizim yurdumuza getirse, bu mala, haram ve pis bir mal olarak sahip olur. Onu tasadduk ederek elden çıkarması gerekir. Eğer kafirlerin hükümdarı ona verdiği eman sözünde durmaz da malını alır veya hapse atarsa veya bu fiilleri, hükümdarın bilgisi altında bir başkası işlerse, bu tacirin onlara saldırması helal olur. Esirin saldırması helal olduğu gibi. Zira esirlerin her hal ve durumda kafirlere saldırmaları caizdir. Ama, eman dileyerek bir ülkeye girenler, ancak kendilerine verilen sözde durulmayıp ihanete uğradıklarında karşı saldırıya geçebilirler. Fakat ırza tecavüz, esire de eman dileyerek girene de caiz değildir. Zira ırz ve namusun helal olması, ancak ona malik olmakla olur. Bu ise ancak islam yurduna getirildikten sonra gerçekleşir. Ancak karısını veya ümmü veledini veya müdebber cariyesini esir olmuş olarak bulur ve kafirler de bunlarla cinsel ilişkide bulunabilir. Eğer kafirler bunlarla cinsel ilişkide bulunmuşlarsa onun cinsel ilişkide bulunması caiz olmaz. Zira bu durumda nesebin karışması durumu ortaya çıkar. Cariyesini orada bulsa, kafir onunla gerek cinsel ilişkide bulunsun gerek bulunmasın, cariyesiyle cinsel ilişkide bulunamaz. Zira cariye esir düştüğünde kafirlerin mülkü altına girer. Bu takdirde, kafirin malı olmuş olur.

Dar-ı harpte bir kâfir eman dileyerek oraya giren tacire borç verse veya bu tacir ona borç verse veya bir diğerinin malını gasbetse ve bu halde ikisi de bizim yurdumuza gelse bunlar hakkında hiçbir hüküm verilmez. Keza aynı olaylar iki kafir arasında cereyan etse ve ikisi de eman dileyerek bizim yurdumuza yani dar-ı islama gelseler yine bunlarla ilgili bir hüküm verilmez. Eğer iki kafir aynı işleri yaptıktan sonra müslüman olarak dâr-ı islama gelseler, aralarındaki borç alıp verme konusunda ne gerekiyorsa onu hükmedilir, ancak gaspla ilgili bir hüküm verilmez.

Bir müslüman bir kafirin malını gasbettikten sonra kafir müslüman olsa, daha sonra ikisi de dâr-ı islama gelseler, gasp edilen malın geri verilmesi için diyaneten fetva verilir. Ancak kanunen böyle bir hüküm verilmez.

Dâr-ı harbe eman dileyerek giren iki müslümandan biri diğerini orada öldürse, diyet öldürenin kendi malından vacip olur. Bu hususta kasten veya hata ile öldürmesi arasında bir fark yoktur. Hata ile öldürmüşse diyet vacip olduğu gibi, ayrıca keffaret de vacip olur. Eğer bu kişiler oraya eman dileyerek girmemiş esir olarak götürülmüşlerse, birinin diğerini öldürmesi halinde bir şey gerekmez. Ancak hata ile öldürmede keffaret gerekir. İmameyn'e göre, esirler de eman dileyerek girenler gibidir. Kasten ve hata ile öldürmede diyet; hata ile öldürmede ayrıca keffaret gerekir.

Dar-ı harpte bir müslümanın, orada müslüman olup ta bizim yurdumuza hicret etmemiş birisini öldürmesi halinde hiçbir şey gerekmez. Sadece hata ile öldürmede keffaret verileceğine dair ittifak vardır. İmam Şafii'ye göre, hata ile öldürürse diyet; kasten öldürürse kısas gerekir. Çünkü bu kimse, suçsuz bir kişiyi öldürmüştür.

5. KISIM

فصل

لَا يُمَكَّنُ مُسْتَأْمِنٌ اَنْ يُقِيمَ فِى دَارِنَا سَنَةً وَيُقَالُ لَهُ اِنْ اَقَمْتَ سَنَةً نَضَعُ عَلَيْكَ الْجِزْيَةَ فَاِنْ اَقَامَ سَنَةً صَارَ ذِمِّيًّا وَلَا يُمَكَّنُ مِنَ الْعَوْدِ اِلَى دَارِهِ* وَكَذَا لَوْ قِيلَ لَهُ اِنْ اَقَمْتَ شَهْرًا وَنَحْوَ ذٰلِكَ فَاَقَامَ اَوِ اشْتَرٰى اَرْضًا وَوُضِعَ عَلَيْهِ خَرَاجُهَا فَعَلَيْهِ جِزْيَةُ سَنَةٍ مِنْ حِينِ وَضْعِ الْخَرَاجِ اَوْ نَكَحَتِ الْمُسْتَأْمِنَةُ ذِمِّيًّا لَا لَوْ نَكَحَ هُوَ ذِمِّيَّةً فَاِنْ رَجَعَ اِلَى دَارِهِ حَلَّ دَمُهُ* وَاِنْ كَانَ لَهُ وَدِيعَةٌ عِنْدَ مُسْلِمٍ اَوْ ذِمِّيٍّ اَوْ دَيْنٌ عَلَيْهِمَا فَأُسِرَا وَظَهَرَ عَلَيْهِمْ فَقُتِلَ سَقَطَ دَيْنُهُ وَصَارَتْ وَدِيعَتُهُ فَيْئًا وَاِنْ قُتِلَ وَلَمْ يَظْهَرْ عَلَيْهِمْ اَوْ مَاتَ فَهُمَا لِوَرَثَتِهِ* وَاِنْ جَاءَ حَرْبِيٌّ بِأَمَانٍ وَلَهُ زَوْجُهُ هُنَاكَ وَوَلَدٌ وَمَالٌ عِنْدَ مُسْلِمٍ اَوْ ذِمِّيٍّ اَوْ حَرْبِيٍّ فَاَسْلَمَ هُنَا ثُمَّ ظَهَرَ عَلَيْهِمْ فَالْكُلُّ فَيْءٌ* وَاِنْ اَسْلَمَ ثَمَّةَ ثُمَّ جَاءَ ثُمَّ ظَهَرَ عَلَيْهِمْ فَطِفْلُهُ حُرٌّ مُسْلِمٌ وَوَدِيعَتُهُ عِنْدَ مُسْلِمٍ اَوْ ذِمِّيٍّ لَهُ وَغَيْرُ ذٰلِكَ فَيْءٌ وَمَنْ اَسْلَمَ ثَمَّةَ وَلَهُ هُنَاكَ وَارِثٌ مُسْلِمٌ فَقَتَلَهُ مُسْلِمٌ عَمْدًا اَوْ خَطَأً فَلَا شَيْءَ عَلَيْهِ اِلَّا الْكَفَّارَةَ فِى الْخَطَأِ* وَاِنْ قُتِلَ مُسْلِمٌ لَا وَلِىَّ لَهُ خَطَأً اَوْ مُسْتَأْمِنٌ اَسْلَمَ هُنَا فَلِلْاِمَامِ اَخْذُ الدِّيَةِ مِنْ عَاقِلَةِ الْقَاتِلِ وَفِى الْعَمْدِ لَهُ اَنْ يَقْتَصَّ اَوْ يَأْخُذَ الدِّيَةَ وَلَيْسَ لَهُ الْعَفْوُ مَجَّانًا*

MÜSTE'MİNLE İLGİLİ DİĞER HÜKÜMLER

Bir müste'minin yurdumuzda bir sene ikamet etmesine imkan verilmez. Kendisine, "eğer bir sene oturacaksan üzerine cizye koyarız" denir. Eğer bir sene oturursa zimmi olur ve bu takdirde yurduna dönmesine imkan verilmez.

Keza bir müstemine, "bir ay kalırsan üzerine cizye koyarız" denilse veya buna benzer süreli bir şey söylense ve o da belirlenen süre kadar kalsa zimmi olur. Veya bir arazi satın alsa ve üzerine bu arazinin haracı konulsa, harac konulduğu andan itibaren bir sene cizye vermesi vacip olur. Veya müstemin bir kadın bir zimmi erkekle evlense kadın da zimmi olur. Ancak müste'min bir erkek bir zimmi kadınla evlense zimmi olmaz.

Bir müstemin, yurduna yani dar-i harbe dönse kanı helal olur. Yurduna döndüğünde bir müslümanın veya zimminin yanında emaneti veya onlardan alacağı olsa ve daha sonra bize esir düşse veya onları yensek ve o da öldürülse alacağı düşer; emaneti de ganimet sayılır. Biz kafirleri yenmeden öldürülür veya ölürse, alacağı da emaneti de vârislerine aittir.

Bir harbi eman dileyerek bize gelse, orada karısı kalsa veya bir müslüman, bir zimmi veya bir harbinin yanında bir çocuk veya malı bulunsa ve kendisi burada müslüman olsa, daha sonra biz onlarla savaşıp yensek, bunların hepsi ganimet olur. Orada müslüman olup buraya gelse ve daha sonra biz onları savaşta yensek, bu durumda küçük oğlu hür ve müslümandır. Bir müslüman veya zimminin yanında bulunan emaneti kendisine aittir. Bunun dışındakiler ganimettir.

Bir kimse kafir ülkesinde müslüman olsa ve orada müsülman bir vârisi bulunsa, daha sonra bir müslüman onu kasten veya hata ile öldürse katile bir şey gerekmez. Ancak hata ile öldürmede keffaret gerekir.

Velisi olmayan bir müslüman veya burada islama giren bir müste'min hata ile öldürülse, devlet reisi diyeti katilin âkilesinden alır. Kasten öldürülme halinde kısas yapar veya diyet alır. Hiçbir şey almadan affedemez.

İZAHI

Bu kısım, müste'minin geri kalan hükümlerinin açıklanmasına dairdir.

Eman dileyerek bizim yurdumuza gelen bir kafirin, burada tam bir sene ikamet etmesine izin verilmez. Kendisine, "eğer burada tam bir sene kalacaksan üzerine cizye koyarız" denilir. Eğer bir sene oturursa zimmi olur ve bundan sonra kendi ülkesine dönmesine müsaade ve imkan verilmez.

Keza bir müste'mine, "burada bir ay kalırsan" veya "üç ay kalırsan sana cizye koyarız" denilse ve o da o süre kadar burada kalsa zimmi olur. Veya bir harac arazisi satın alsa ve bu satın aldığı arazinin üzerine harac konsa, harac konulduğu andan itibaren bir senenin cizyesini vermesi vacip olur.

Eman dileyerek yurdumuza girmiş olan bir kadın burada bir zimmi erkekle evlense, yurdumuzda oturmayı kabul edip kocasına tabi olduğu için kadın da zimmi olur. Ancak bizden eman alarak dâr-ı islama giren bir kafir, burada zimmi bir kadınla evlense, erkek zimmi olmaz. Zira karısını boşayıp yine buradan geri dönmesi mümkündür. Bu takdirde zimmi bir kadınla evlenmekle burada ikamete mecbur kalmamış olur.

Bizden eman olarak yurdumuza girip daha sonra yukarda anlatılan sebeplerle zimmi olan bir kâfir, yurduna döndüğü takdirde kanı helal olur. Zira geri dönüşü, kendisine verilen emanı geçersiz kılar. Eğer yurduna geri dönerken burada bir müslümanın veya zimminin yanında bir emanet bırakmış veya bu ikisinden bir alacağı kalmışsa daha sonra bize esir düşdüğü veya kafirlerle yaptığımız ve bizim zaferimizle sona eren savaşta öldüğü takdirde alacağı düşer ve emaneti de müslümanlara ganimet olur. Biz kafirleri yenmeden öldürülse yani savaş bizim zaferimizle sonuçlanmadığı halde o bu savaşta öldürülse veya normal ölümle ölse, müslümanın veya zimminin yanında bulunan emaneti ve onlardan alacağı, bu kişinin mirasçılarına kalır. Çünkü malı hakkında verilen eman hükmü bu durumlarda henüz bozulmamıştır.

Bir kafir eman isteyerek islam yurduna gelse ve kendi yurdunda, hanımı kalsa ve yine orada bir müslümanın, bir zimminin veya bir kafirin yanında çocuğu ve malı bulunsa, buraya geldikten sonra burada müslüman olsa ve daha sonra biz kafirlerle savaşsak ve savaş zaferimizle sonuçlansa, anılan şeylerin hepsi ganimet olur. Küçük çocuğunun da ganimet sayılmasının sebebi şudur: Küçük çocuk babasının eli ve velayeti altında olsaydı, babasına uyarak o da müslüman kabul edilecekti. Ancak birbirine zıt iki ayrı vatanda bulundukları için velâyet gerçekleşmez. Aynı şekilde malların da hepsi ganimet olur. Bir kafir kendi yurdunda müslüman olup sonra bize gelse ve biz kafirlerle yaptığımız savaştan galip çıksak, bu takdirde onun küçük çocuğu hür ve müslüman sayılır. Müslümanın veya zimminin yanında bulunan emaneti kendinindir. Küçük çocuk ve emanet dışındaki şeyler ganimettir.

Bir kimse dâr-ı hapte müslüman olsa ve orada müslüman bir varisi bulunsa ve bir müslüman kasten veya hata ile bu kişiyi öldürse, öldürene bir şey gerekmez. Ancak hata ile öldürme halinde keffaret gerekir. Zira bu kimse müslüman olduktan sonra, islam yurduna hicret etmediği için masum sayılmaz. Yani hata ile öldürülmesinde diyet, kasten öldürülmesinde kısas vacip olmaz. Hata ile öldürdüğü zaman keffaretin vacip olması Yüce Allah'ın "وَمَنْ قَتَلَ مُؤْمِناً خَطَأً فَتَحْرِيرُ رَقَبَةٍ مُؤْمِنَةٍ" **Ve kim bir mü'mini hata ile öldürürse, mü'min bir köle azat etmesi gerekir"**[20] ayet-i kerimesi iledir. Bu ayette, "dar-ı harpte veya dar-ı islamda öldürürse" diye bir kayıt yoktur. Bu ayet sadece hata ile öldürene böyle bir keffaretin vacip olduğunu gösterir. Kasten öldürülmesi halinde keffaret yoktur.

Eğer velisi olmayan bir müslüman bizden eman alarak yurdumuza gelip de burada müslüman olmuş birisi hata ile öldürülürse, devlet reisi kâtilin âkilesinden diyeti alır. Zira bu kişi masum bir kimseyi öldürmüştür. Kasten öldürmesi halinde kısas yapar veya barış yoluyla diyet alır. Zira devlet reisinin, halkına velayet hakkı vardır. Veli, neyi uygun görürse onu yapar. Gerçekte diyet almak, Beytülmâl için kısastan daha faydalıdır. Devlet reisi, katilden veya âkilesinden hiçbir şey almadan katili affedemez. Zira burada âmmenin hakkı söz konusudur.

---

(20) Nisa, 4/92

6. KISIM

باب الْعُشْرِ وَالْخَرَاجِ

اَرْضُ الْعَرَبِ عُشرِيَّةٌ وَهِىَ مَا بَيْنَ الْعُذَيْبِ اِلَى اَقْصَى حَجَرٍ بِالْيَمَنِ بِمَهْرَةٍ اِلَى حَدِّ الشَّامِ وَكَذَا الْبَصْرَةُ وَكُلُّ مَا اَسْلَمَ اَهْلُهُ اَوْ فُتِحَ عَنْوَةً وَقُسِمَ بَيْنَ الْغَانِمِينَ* وَاَرْضُ السَّوَادِ خَرَاجِيَّةٌ وَهِىَ مَا بَيْنَ الْعُذَيْبِ اِلَى عَقَبَةِ حُلْوَانَ وَمِنَ التَّغْلَبِيَّةِ اَوِ الْعَلْثِ اِلَى عَبَّادَانِ* وَكَذَا كُلُّ مَا فُتِحَ عَنْوَةً وَاُقِرَّ اَهْلُهُ عَلَيْهِ اَوْ صُولِحُوا سِوَى مَكَّةَ* وَاَرْضُ السَّوَادِ مَمْلُوكَةٌ لِاَهْلِهَا يَجُوزُ بَيْعُهُمْ لَهَا وَتَصَرُّفُهُمْ فِيهَا* وَاِنْ اُحْيِىَ مَوَاتٌ يُعْتَبَرُ قُرْبُهُ عِنْدَ اَبِى يُوسُفَ وَمَاؤُهُ عِنْدَ مُحَمَّدٍ* وَالْخَرَاجُ نَوْعَانِ خَرْجُ مُقَاسَمَةٍ فَيَتَعَلَّقُ بِالْخَارِجِ كَالْعُشْرِ وَخَرَاجُ وَظِيفَةٍ وَلاَ يُزَادُ عَلَى مَا وَضَعَهُ عُمَرُ رَضِىَ اللّٰهُ عَنْهُ عَلَى السَّوَادِ لِكُلِّ جَرِيبٍ صَالِحٍ لِلزَّرْعِ صَاعٌ مِنْ بُرٍّ اَوْ شَعِيرٍ وَدِرْهَمٌ* وَلِجَرِيبِ الرَّطْبَةِ خَمْسَةُ دَرَاهِمَ* وَلِجَرِيبِ الْكَرْمِ اَوِ النَّخْلِ الْمُتَّصِلِ عَشَرَةُ دَرَارِهِمَ وَلِمَا سِوَاهُ كَزَعْفَرَانٍ وَبُسْتَانٍ مَا تُطِيقُ وَنِصْفُ الْخَارِجِ غَايَةُ الطَّاقَةِ وَاِنْ لَمْ تُطِقْ مَا وُظِّفَ نُقِصَ وَلاَ يُزَادُ وَاِنْ طَاقَتْ عِنْدَ اَبِى يُوسُفَ خِلاَفاً لِمُحَمَّدٍ* وَلاَ خَرَاجَ اِنِ انْقَطَعَ عَنْ اَرْضِهِ الْمَاءُ اَوْ غَلَبَ عَلَيْهَا اَوْ اَصَابَ الزَّرْعَ آفَةٌ* وَيَجِبُ اِنْ عَطَّلَهَا مَالِكُهَا وَلاَ يَتَغَيَّرُ اِنْ اَسْلَمَ اَوِ اشْتَرَاهَا مُسْلِمٌ* وَلاَ عُشْرَ فِى خَارِجِ اَرْضِ الْخَرَاجِ وَلاَ يَتَكَرَّرُ خَرَاجُ الْوَظِيفَةِ بِتَكَرُّرِ الْخَارِجِ بِخِلاَفِ الْعُشْرِ وَخَرَاجِ الْمُقَاسَمَةِ*

ÖŞÜR VE HARAC

Arab arazisi öşriyyedir. Bu arazi, uzunlamasına Uzeyb ile Yemen'deki yani Mehra'daki Hacer mıntıkasının en uzak noktası arasında kalan ve enlemesine Şam sınırına kadar olan yerlerdir. Basra da böyledir. Halkı müslüman olan veya savaşla fethedilip ve gaziler arasında taksim edilen her arazi öşriyyedir.

Sevâd arazisi harâciyedir. Bu arazi, Uzeyb'ten Akabe-i Hulvan'a; Sa'lebiyye veya Als'ten Abbadan'a kadardır. Mekke hariç, savaşla fethedilen ve üzerinde müslüman olmayan halkının oturmasına izin verilen veya halkı ile sulh yapılan her arazi böyledir. Sevada arazisi, burada oturanların mülküdür. Alıp satmaları ve üzerinde tasarrufta bulunmaları caizdir.

Ölü ve boş bir arazi ihya edilse, yakınında bulunan arazi nazar-ı itibara alınır. Bu Ebu Yusuf'un görüşüdür. İmam Muhammed'e göre suyu nazar-ı itibara alınır.

Harac iki nevidir.

Birincisi mukaseme harâcıdır. Bu harac, öşür gibi, araziden çıkana bağlıdır.

İkincisi vazife haracıdır. Hz. Ömer'in Sevâd'a koyduğu harac üzerine ziyade edilmez. Bu harac ziraata elverişli olan her dönüm için buğday veya arpadan bir sa' ve bir dirhemdir. Yoncanın dönümü için beş dirhem, birbirine bitişik üzüm veya hurma bağının dönümü için on dirhemdir.

Bunların dışında kalan zaferan ve bostan gibi şeylerin haracı bunların gücüne ve verimine göredir. Yerden çıkan ürünün en fazla yarısı alınabilir. Vazife haracı olarak takdir edilen vergiye arazinin gücü yetmezse yani o kadar verimli olmazsa, vergide indirim yapılır. Ebu Yusuf'a göre, arazinin gücü yetse yani verimi çok olsa da, harac artırılmaz. İmam Muhammed buna muhalefet eder.

Harac arazisinin suyu kesilir veya araziyi su basar veya ekine bir âfet gelirse harac alınmaz. Sahibi araziyi işlemezse harac vacip olur. Harac arazisinin sahibi müslüman olsa veya bir müslüman bu araziyi satın alsa harac değişmez.

Harac arazisinden çıkan mahsulden öşür alınmaz. Araziden çıkan ürünün tekrarlanması ile yani araziden iki veya üç defa ürün alınmakla vazife haracı tekrar alınmaz. Öşür ve mukaseme haracı böyle değildir.

İZAHI

Bu kısım, öşür ve harâcın açıklanmasıyle ilgilidir.

Arab toprakları öşriyyedir. Bu arazi, uzunluk itibariyle Uzeyb ve Kadsiye'den Yemen'e, yani Mahra denilen Güney yemen'e, oradan da Yemen'in kuzey doğusunun en uç noktasında bulunan Hacar Dağlarına kadardır. Genişlik itibariyle de Suriye yakınlarına kadardır. Uzeyb, Beni Temin ırmağının ismidir. Mahra bir adamın, bazılarına göre bir kabilenin ismidir. Bu arada kalan toprakların hepsi öşriyyedir. Zira Hz. Peygamber (a.s) ve Hulefa-i Râşidîn Araplardan harâc almamışlardır. Basra toprakları da öşriyyedir, bunlardan da öşür alınır. Kıyasa göre Basra arazisinin haraciyye yani harâc alınan topraklardan olması gerekirdi. Zira burası savaşla alınmış ve savaştan sonra, buranın halkı kendi topraklarında bırakılmıştır. Aynı zamanda burası Irak topraklarındandır. Buna rağmen ashab-ı kirâmın icmaı ile öşriyye olmuştur.

Halkı kendiliğinden müslüman olan veya savaşla alındıktan sonra gaziler arasında taksim edilen her arazi de öşriyyedir.

Sevad yani ırak arazisi haraciyyedir. Zira Amr b. As Mısır'ı fethettiğinden harâc koymuştur. Hz. Ömer (r.a) Irak'ı fethettiğinde sahabenin huzurunda bu topraklar için harâc koymuştur. Ashab-ı Kiram da Suriye arazisine harâc koyma hususunda ittifak etmişlerdir. Irak arazisine ağaç ve ekinleri yeşil olduğu için Sevâd ismi verilmiştir. Bu arazi, enlemesine Uzeyb ile Akabe-i Hulvan, uzunlamasına Sa'lebiyye veya Als'tan Abadan'a kadar olan sınır arasında kalan topraklardır. Hulvan bir beldenin ismi, Abbadan yahut Abadan Basra Körfezi kıyısında bir şehirdir. Savaşla alınan ve üzerinde eski sakinlerinin tekrar oturmasına izin verilen veya halkı ile sulh yapılan her arazi de aynı şekilde harâciyyedir. Mekke-i Mûkerreme bu özelliği taşımasına rağmen onun arazisi öşriyyedir. Kıyasa göre, madem ki Mekke'de savaş yapılarak alınmıştır. Onun topraklarının da haraciyye olması gerekirdi. Fakat Hz. Peygamber (a.s) bunu bırakmış ve Mekke topraklarına harâc koymamıştır.

Irak arazisi, bu topraklar üzerinde yaşayanların mülküdür. Diğer mal ve mülkleri gibi bu toprakları da satmaları ve bunlarda tasarrufta bulunmaları câizdir.

Boş ve sahipsiz bir arazi işlenmek suretiyle ihya edilse, Ebu Yusuf'a göre, haraciyye olan araziye yakınsa bu da harâciyye sayılır. Öşrî araziye yakınsa öşriyye kabul edilir. İmam Muhammed'e göre suyuna itibar edilir. Eğer harâciyye olan arazinin suyu ile sulanırsa harâciyye; öşriyye olan arazinin suyu ile sulanırsa öşriyye sayılır.

Harac iki nevidir.

1. **Mukaseme haracı:** Bu harac, araziden çıkana göredir. Yani, devlet reisi bir beldeyi fethedip arazisi üzerine harac koysa mesela araziden çıkanın beşte biri veya dörtte biri veya yarısı vergi olarak alınacaktır diye belirlerse bu mukaseme haracı olur. Nitekim Hz. Peygamber (a.s) Hayber halkına böyle bir vergi koymuştur. Bu nevi harâcın hükmü öşür hükmü gibidir. Yalnız ürünün yarıdan fazlası harâc olarak alınmaz. Bu nevi haracın hükmü öşür gibi olmasına rağmen, gerçekte harac olduğu için harac konusunda işlenmektedir. Gâyetu'l-beyân'da böyle yazılıdır.

2. **Vazife haracı:** Bu harâc; zimmete vacip olur ve sadece bizzat araziden faydalanmaya bağlı kalmayıp araziden faydalanma imkanıyle alâkalıdır. Yani bir kimse, kendisinden faydalanma imkanı olan bir araziyi zimmetinde bulundurduğu için haracını vermek zorundadır. Bu, Hz. Ömer (a.s)'in Irak topraklarına koyduğu miktardan fazla olamaz. Vazife haracı, ziraata elverişli olan her ekin tarlasının bir dönümü için, buğday veya arpadan bir sa' ve bir dirhemdir. Her beldedeki dönüm kavramı, o belde halkının örfüne göre faklı boyutlardadır. Yoncanın dönümü için beş dirhem harac alınır. Birbirine bitişik üzüm ve hurma bağlarının her bir dönümü için on dirhem harâc alınır. Bunların dışında kalan Za'feran ve bostan yani kavun, karpuz ve sebze bahçelerinin dönümü için alınacak harac bunların gücü ve verimine göredir. Hz. Ömer (r.a) bunlar için bir vergi koymamıştır. Yerin verimine göre, en fazla, çıkanın yarısı alınabilir. Zira yarısını almak insaflı davranmanın ta kendisidir. Arazinin, vazife haracı olarak tesbit edilen şeyi çıkarmaya gücü yetmezse, harâcta indirim yapılır. Zira Hz. Ömer (r.a) Osman b. Huneyf ve Huzeyfe b. el-Yemâni'yi Irak topraklarını ölçmeye göndermiş ve araziyi ölçüp haracı koydukları zaman onlara: "Herhalde araziye, gücünün yetmeyeceği şeyi yüklemişsinizdir" demişti. Onlar da: "Hayır, gücünün yeteceği kadar yükledik. Hatta biraz daha yükleseydik onu da kaldırırdı" diye cevap vermişlerdi. Bu da gösteriyor ki arazi yeterli ve kabileyetli görülmediği takdirde harâcta indirime gitmek câizdir. Arazinin daha fazla vergiyi kaldırmaya gücü yetse dahi, Ebu Yusuf'a göre, vazife haracı olarak tesbit edilen miktar artırılmaz.

İmam Muhammed buna muhalefet eder. Ona göre, arazinin gücü yeterse harâcı artırmak caizdir.

Harac arazisinin suyu kesilir veya araziyi su basar veya ekine bir afet isabet ederse harac alınmaz. Sahibi araziyi işlemez, âtıl ve çorak bırakırsa dahi harâc vacip olur.

Bir harâc arazisinin sahibi müslüman olsa veya böyle bir araziyi bir müslüman satın alsa harâc değişmez. Ashab-ı kiram haracı verilen bir araziyi satın alır, yine de haracını verirlerdi.

Harâcı verilen arazinin ürününden öşür alınmaz. Sözün kısası, bir araziden hem harâc hem öşür alınmaz. Bu iki vergi aynı arazide birleşmez. Bir tarladan aynı senede bir kaç defa ürün alınmakla, vazife haracı da birkaç defa alınmaz. Yani bir tarla senede iki defa ürün verse, iki defa vazife haracı alınmaz. Zira Hz. Ömer (r.a) aynı tarladan birden çok vazife haracı almamıştır. Öşür ve mukaseme haracı böyle değildir. Bunlar, tarlanın her ürün verişinde alınır.

7. KISIM

فصل فى الجِزْيَةِ

اَلْجِزْيَةُ اِذا وُضِعَتْ بِتَراضٍ اَوْ صُلْحٍ لَا تُغَيَّرُ* وَاِنْ فُتِحَتْ بَلْدَةٌ عَنْوَةً وَاُقِرَّ اَهْلُها عَلَيْها تُوضَعُ عَلَى الظَّاهِرِ الْغَنِىِّ فِى السَّنَةِ ثَمَانِيَةٌ وَاَرْبَعُونَ دِرْهَماً* وَعَلَى الْمُتَوَسِّطِ نِصْفُها* وَعَلَى الْفَقِيرِ الْقَادِرِ عَلَى الْكَسْبِ رُبْعُها* وَتُوضَعُ عَلَى كِتَابِىٍّ وَمَجُوسِىٍّ وَوَثَنِىٍّ عَجَمِىٍّ لَا عَرَبِىٍّ وَلَا عَلَى مُرْتَدٍّ فَلَا يُقْبَلُ مِنْهُما اِلَّا الْاِسْلَامُ اَوِ السَّيْفُ وَتُسْتَرَقُّ اُنْثَاهُما وَطِفْلُهُما* وَلَا جِزْيَةَ عَلَى صَبِىٍّ وَامْرَاَةٍ وَمَمْلُوكٍ وَمُكَاتَبٍ وَشَيْخٍ كَبِيرٍ وَزَمِنٍ وَاَعْمَى وَمُقْعَدٍ وَفَقِيرٍ لَا يَكْتَسِبُ وَرَاهِبٍ لَا يُخَالِطُ* وَتَجِبُ فِى اَوَّلِ الْحَوْلِ وَيُؤْخَذُ قِسْطُ كُلِّ شَهْرٍ فِيهِ وَتَسْقُطُ لِلْاِسْلَامِ اَوِ الْمَوْتِ وَتَتَدَاخَلُ بِالتَّكَرُّرِ خِلَافاً لَهُما بِخِلَافِ خَرَاجِ الْاَرْضِ* وَلَا يَجُوزُ اِحْدَاثُ بِيعَةٍ اَوْ كَنِيسَةٍ اَوْ صَوْمَعَةٍ فِى دَارِنَا وَتُعَادُ الْمُنْهَدَمَةُ مِنْ غَيْرِ نَقْلٍ وَيُمَيَّزُ الذِّمِّى فِى زِيِّهِ وَمَرْكَبِهِ وَسَرْجِهِ وَلَا يَرْكَبُ خَيْلاً وَلَا يَعْمَلُ بِسِلَاحٍ وَيُظْهِرُ الْكُسْتِيجَ وَيَرْكَبُ سَرْجاً كَالْاِكَافِ وَالْاَحَقُّ اَنْ لَا يُتْرَكَ اَنْ يَرْكَبَ اِلَّا لِضَرُورَةٍ وَحِينَئِذٍ يَنْزِلُ فِى الْمَجَامِعِ وَلَا يَلْبَسُ مَا يَخُصُّ اَهْلَ الْعِلْمِ وَالزُّهْدِ وَالشَّرَفِ وَتُمَيَّزُ اُنْثَاهُ فِى الطَّرِيقِ وَالْحَمَّامِ وَيُجْعَلُ

عَلَى دَارِهِ عَلَامَةٌ كَيْلَا يُسْتَغْفَرَ لَهُ وَلَا يُبْدَأُ بِسَلَامٍ وَيُضَيَّقُ عَلَيْهِ الطَّرِيقُ وَيُؤَدِّى الْجِزْيَةَ قَائِماً وَالْآخِذُ قَاعِدٌ وَيُؤْخَذُ بِتَلْبِيبِهِ وَيُهَزُّ* وَيُقَالُ لَهُ أَدِّ الْجِزْيَةَ يَاذِمِّيُّ أَوْ يَاعَدُوَّ اللَّهِ* وَلَا يُنْقَضُ عَهْدُهُ بِالْاِبَاءِ عَنِ الْجِزْيَةِ أَوْ بِزِنَاهُ بِمُسْلِمَةٍ أَوْ قَتْلِهِ مُسْلِماً أَوْ سَبَّهِ النَّبِيَّ ﷺ بَلْ بِاللَّحَاقِ بِدَارِ الْحَرْبِ أَوِ الْغَلَبَةِ عَلَى مَوْضِعٍ لِمُحَارَبَتِنَا وَيَصِيرُ كَالْمُرْتَدِّ لَكِنْ لَوْ أُسِرَ يُسْتَرَقُّ وَالْمُرْتَدُّ يُقْتَلُ* وَيُؤْخَذُ مِنْ بَنِى تَغْلَبَ رِجَالِهِمْ وَنِسَائِهِمْ ضِعْفُ الزَّكَاةِ لَا مِنْ صِبْيَانِهِمْ وَيُؤْخَذُ مِنْ مَوَالِيهِمُ الْجِزْيَةُ وَالْخَرَاجُ كَمَوَالِى قُرَيْشٍ* وَيُصْرَفُ الْخَرَاجُ وَالْجِزْيَةُ وَمَا أُخِذَ مِنْ بَنِى تَغْلَبَ أَوْ مِنْ أَرْضٍ أُجْلِىَ أَهْلُهَا عَنْهَا أَوْ أَهْدَاهُ أَهْلُ الْحَرْبِ أَوْ أُخِذَ مِنْهُمْ لِلَا قِتَالٍ فِى مَصَالِحِ الْمُسْلِمِينَ كَسَدِّ الثُّغُورِ وَبِنَاءِ الْقَنَاطِيرِ وَالْجُسُورِ وَكِفَايَةِ الْعُلَمَاءِ وَالْمُدَرِّسِينَ وَالْمُفْتِينَ وَالْقُضَاةِ وَالْعُمَّالِ وَالْمُقَاتِلَةِ وَذَرَارِيهِمْ* وَمَنْ مَاتَ فِى نِصْفِ السَّنَةِ حُرِمَ مِنَ الْعَطَاءِ*

CİZYE

Cizye, karşılıklı rıza ve anlaşma yoluyla konulunca bir daha değişmez. Bir belde savaş yoluyla fethedilip halkının orada oturmasına izin verilince, zenginliği açık olana senede 48 dirhem; orta halliye bunun yarısı; çalışıp para kazanmaya gücü yeten fakire de dörtte biri kadar cizye konur. Ehl-i kitab olan yahudi ve hristiyanlara, ateşperestlere ve Arap olmayan putperestlere cizye konur. Arap putperestlere ve mürtedlere cizye konmaz. Bu ikisi ya müslüman olur veya bunlarla savaşılır. Bunlardan başka bir şey kabul edilmez. Bunların kadın ve çocukları köle olur.

Küçük çocuk, kadın, köle, câriye, mükâteb köle, çok yaşlı, yatalak, kör, topal, kazanç elde edemeyen fakir ve insanların içersine girmeyen rahipten cizye alınmaz.

Cizye, sene başında vacip olur. Her ayın taksidi, o ay içinde alınır. Cizye, bu vergiyi verenin müslüman olması veya ölmesiyle düşer. Senenin tekrarlanmasıyle cizyeler birbirine girer yani tek olur. İmameyn buna muhalefet eder. Arazi haracı cizyeye benzemez.

Bizim yurdumuzda havra, kilise ve özel tapınak ihdas etmek caiz değildir. Yıkılmış bir mabet, bir başka yere nakledilmeden tekrar yapılır.

Zimmi; giyecek, binecek ve bineceğinin eyerinde bizden ayrılır. Ata binemez, silah kullanıp taşıyamaz. Küstîc denilen ipi gösterir. Palan gibi eyere biner. Ama en doğrusu, zaruret olmadıkça hayvana binmesine izin verilmemesidir. Bindiği zaman, müslümanların toplandıkları yerlerde iner. İlim ehline, zâhidlere ve eşrafa mahsus elbiseleri giyemez. Zimmi kadın yolda ve hamamda müslüman kadınlardan ayrılır. Kendisi için mağfiret talep edilmesin diye evinin üstüne bir alâmet konur. Bir zimmiye selam verilmez. Yolu daraltılır. Alan oturucu olduğu halde cizyeyi ayakta verir. Cizye alınacağı zaman zimminin yakasına sarılıp sarsılarak: "Cizyeni ver ey zimmi" veya "ey Allah'ın düşmanı!" denir.

Zimminin ahdi cizye vermekten kaçınması veya müslüman bir kadınla zina yapması veya bir müslümanı öldürmesi veya Hz. Peygamber (a.s)'e sövmesi sebebiyle bozulmaz. Bilakis dar-ı harbe katılması veya bizimle savaşmak için bir yeri ele geçirmesi sebebiyle ahdi bozulur ve mürted gibi olur. Fakat ahdini bozan zimmi esir edilse köle yapılır; mürted esir alınsa öldürülür.

Beni Tağlib'in erkek ve kadınlarından iki kat zekat alınır. Çocuklarından alınmaz. Beni Tağlib'in azatlılarından, Kureyş'in azatlıları gibi, cizye ve harâc alınır.

Harâc, cizye ve Beni Tağlib'ten alınanlar veya halkı sürgüne gönderilen bir araziden veya kafirlerin hediye ettiği şeyler veya savaş yapmadan kafirlerden alınanlar sınırları kapama, taştan veya ağaçtan köprüler yapma; âlimlerin, öğretmenlerin, müftülerin, hakimlerin, memurların ve savaşçıların maaşları ve bunların çocukları için harcama gibi, müslümanların yararına olan işlerde kullanılır. Bu sayılanlardan biri sene ortasında ölse bu lütuftan mahrum kalır.

İZAHI

Musannıf İbrahim Halebi, arazi harâcını anlatmayı bitirdikten sonra, bu kısımda şahıs vergisi olan cizyeyi anlatmaya başladı. Zimmiyi öldürülmekten koruduğu için bu vergiye "cizye" denilmiştir. Zira kâfir cizye vermeyi kabul edince öldürülmekten kurtulur. Yüce Allah'ın,

$$\text{قَاتِلُوا الَّذِينَ لَا يُؤْمِنُونَ بِاللَّهِ وَلَا بِالْيَوْمِ الْآخِرِ وَلَا يُحَرِّمُونَ مَا حَرَّمَ اللَّهُ وَرَسُولُهُ وَلَا يَدِينُونَ دِينَ الْحَقِّ مِنَ الَّذِينَ أُوتُوا الْكِتَابَ حَتَّىٰ يُعْطُوا الْجِزْيَةَ عَنْ يَدٍ وَهُمْ صَاغِرُونَ}$$

"**O kendilerine kitap verilenlerden, Allah'a ve ahiret gününe inanmayan, Allah'ın ve peygamberinin haram ettiği şeyi haram tanımayan ve hak dinini din edinmeyen kimselerle; onlar hor ve küçülmüş oldukları halde kendi elleriyle cizye verinceye kadar savaşın**"[21] ayet-i kerimesi, kafirlerin cizye vermekle öldürülmekten kurtulacaklarına delildir.

Bir kimse, "küfür bir masiyettir. Masiyet üzerine kalmaları nasıl caiz olur?" derse, "cizye, kafirlerin küfür üzerine kalmalarına karşılık değil; öldürülmemelerine ve köle yapılmamalarına karşılık alınmaktadır. Kısasın, bir karşılık ile düşmesi gibidir" diye cevap veririz.

Cizye, karşılıklı bir rıza ve anlaşma yoluyla konulunca bir daha değişmez. Bir ülke savaşla alınıp halkının kendi topraklarında oturup yaşamasına karar verilince, zengin olduğu açıkca belli olanlara senede 48 dirhem cizye konulur ve bu cizye her ay dört dirhem olmak üzere tahsil edilir. Orta halliler üzerine 48 dirhemin yarısı konulur ve her ay iki dirhem alınır. Çalışma güç ve imkanı olan fakirler üzerine de 48 dirhemin dörtte biri yani 12 dirhem cizye konulur ve her ay bunlardan bir dirhem alınır.

Ehl-i kitab olan yahudi ve hristiyanlar, ateşperestler ve Arap olmayan putperestlere de cizye konulur. Arap olmayan putperestlerin köle yapılmalarının câiz olması, bunlardan cizye almanın da câiz olduğuna delildir. Ancak

---

(21) Tevbe Suresi, 9/29

Arap putperest ve mûrtedden cizye alınmaz. Bunların müslüman olmaktan başka kurtuluş yolu yoktur. Ya müslüman olurlar, ya öldürülürler. Arap putperestlerden cizyenin kabul edilmesinin sebebi şudur: Hz. Peygamber (a.s) bunların arasından çıkmış; Kur'an bunların diliyle inmiştir. Hz. Peygamber (a.s)'in Kur'an mucizesi ile diğer engin mucizelerini bunlar herkesten daha iyi görmüş ve anlamışlardır. Buna rağmen kafir oldukları için bunların küfrü daha ağır ve katı olmaktadır. Onun için müslüman olmaları dışında bunlardan hiçbir şey kabul edilmez.

Mürtedden cizye kabul edilmemesinin sebebi de şudur: Mürted, önce hidayete ermiş, islamın güzelliklerini görüp anladıktan sonra rabbini inkar etmiştir. Bu takdirde onun inkarı, diğer kafirlerden daha katı ve şiddetli olmuş olur.

Arap putperestlerin kadın ve küçük çocukları köle yapılır. Zira Hz. Ebubekir (r.a) Beni Hanife'nin kadın ve çocuklarını esir alıp bunları ganimet almaya hak kazananlar arasında taksim etmiş, müslüman olmayan erkeklerini de öldürmüştür.

Çocuklardan, kadınlardan, köle ve cariyelerden, mükâteb kölelerden, çok yaşlı insanlardan, yatalak hasta olanlardan, körlerden, topallardan ve çalışamayan fakirlerden cizye alınmaz. İnsanlar arasına çıkmayan rahipten de cizye alınmaz. Zira cizye öldürmemeye karşılıktır. Madem ki rahip insanlar arasına çıkmıyor, öldürülmesi caiz olmaz. Ama İmam Muhammed'in Ebu Hanife'den yaptığı bir rivayete göre, eğer çalışabilecek gücü varsa rahipten cizye alınır. Zira bu rahip harâc arazisini boş bırakıp işlemeyen kimse gibidir. O kimse araziyi çalıştırmasa da harâcını vereceği gibi, çalışmaya gücü yeten rahip, insanlar arasına çıkıp çalışmasa da ondan cizye alınır.

Cizye sene başında vacip olur ve her ayın taksidi, ait olduğu ay içinde zenginden dört, orta halliden iki ve çalışabilen fakirden bir dirhem olarak alınır. Cizye, cizye verenin müslüman olması veya ölmesiyle düşer.

Senelerin geçmesi ile cizyeler içiçe girer. Mesela, bir zimmi ikinci sene geldiği halde cizyesini ödememiş olsa, İmam-ı Azam'a göre ilk senenin cizyesi düşer. Zira cizye, zimmiye, kafir olarak kaldığı için verilmesi gereken bir cezadır. Cezalar birikince içiçe girer, yani hepsi bir tek ceza olur. İmameyn aynı görüşte değildir. Onlara göre, bu durumda iki senenin cizyesi vacip olur. Araziden alınan harâc cizyeye benzemez. Böyle durumlardan yani haracı alınmadan yılların geçmesi halinde, arazi harâcı her sene için ayrı ayrı alınır.

Bizim yurdumuzda yeniden havra, klise ve tapınak yapmak câiz değildir. Metinde geçen ve "özel tapınak" anlamına gelen "savmaa", bazılarına göre ateşperestlerin ibadet yerlerine verilen isimdir. Yıkılmış olan havra, klise ve özel tapınaklar, bir başka yere nakledilmeden bulundukları yerde tamir edilip yeniden yapılır.

Zimmiler giydikleri elbise ve sarıkla müslümanlardan ayrılırlar. Ata binmez ve silah kullanamazlar. Küstîc denilen ipi gösterirler. Küstîc, parmak kalınlığında, yünden veya kıldan yapılmış bir iptir. Zimmiler bunu elbiselerinin üzerine bağlayıp gösterirler. Bu ip, papazların bellerine bağladıkları uçları sarkık ipten örme ve zünnâr denilen kuşaktan farklı bir şeydir. Zira zünnâr ibrişimden yapılır.

Zimmiler palan gibi eyere binerler. Ama en doğrusu, zaruret olmadıkça hayvana binmelerine izin verilmemesidir. Bir zaruretten dolayı hayvana bindikleri takdirde, müslümanların toplu olarak bulundukları yerlerden geçerken inerler. Âlimlere, zâhidlere ve eşrâfa mahsus elbiseleri giyemezler. Giyerlerse kendilerine engel olunur.

Yolda ve hamamda zimmi kadınlar müslüman kadınlardan ayrılırlar. Zimminin evi üzerine bir alâmet konulur ki, müslüman evi zannedilip te onun için Allah'tan mağfiret dilenilmesin. Zimmiye selam verilmez. Ancak selam verdiğinde selamını almakta bir beis yoktur. Selamı alınırken sadece "aleyküm" denir, "aleykümüs selâm" denmez. Selamı alınırken, "es-Selâmu alâ men ittebea'l-hüdâ" demek caizdir. Zimmiye yol daraltılır. Mesela, bir müslümanla bir zimim yolda karşılaşsalar, müslüman, zimmiye hakaret olsun diye onu küçük düşürmek için yolunu daraltır. Ama selam verip müslümana hürmet ve saygıda bulunmuşsa yolu daraltılmaz. Zimmi cizyesini ayakta verir; cizyeyi alan da oturduğu halde alır. Cizye alınacağı zaman zimminin yakasından tutulur ve sarsılarak: "Ey zimmi, cizyeni ver" veya "ey Allah düşmanı, cizyeni ver!" denir.

Zimmi cizye vermeyi kabul ettikten sonra vermek istemese ahdi bozulmaz. Çünkü öldürülmemesi, cizye vermeyi kabul ettiği içindir, yoksa cizyeyi ödediği için değildir. Cizye ödeyeceğine dair verdiği söz, ödemek istememekle düşmez. Bundan maksadının, cizye ödemeyi ertelemek olması mümkündür. Müslüman bir kadınla zina etmesi veya bir müslümanı öldürmesi veya hâşâ Hz. Peygamber (a.s)'e sövmesiyle de zimminin ahdî bozulmaz. Aksine dar-ı harbe kaçması veya bizimle savaşmak için bir yeri ele geçirmesiyle ahdi bozulur. Bu zimmi artık mürted gibi olur. Ahdini bozan zimmi malını dar-ı harbe götürse, orası ele geçirildiğinde bu mal müslümanlara ganimet olur. Mürtedin malı da böyledir.

Ferâid yazarı: "zimminin, kaçarken bizim yurdumuzda bıraktığı malın hükmü, mürtedin malının hükmü gibi midir, yoksa bunun hükmü başka mıdır? Araştırdığımız kitaplarda bunun yerini bulamadık" demiştir. Aslında bu araştırılması gereken bir husustur. Ahdini bozan zimmi bizim elimize esir düşse, müslüman olmaya zorlanmaz. Bilakis köle yapılır. Oysa mürted esir alınsa öldürülür. Zimmi daha önce müslümanlığı kabul etmediği, cizye vermeyi kabul ettiği için, köle yapılmasında veya tekrar zimmi olmaya çağrılmasında bir beis yoktur. Ama mürtedin durumu buna benzemez. Ondan ne kölelik, ne de cizye kabul edilir. Bilakis mürtedlikte ısrar ederse öldürülür.

Beni Tağlîb kabilesinin erkek ve kadınlarından iki kat zekat alınır. Zira Hz. Ömer (r.a) bu kabileyle, iki kat zekat vermeleri üzerine sulh yapmıştır. Bu kabilenin çocuklarından zekat alınmaz. Kureyş kabilesinin azatlılarından alındığı gibi Beni Tağlib kabilesinin azatlılarından bu cizye ve harâc alınır.

Toplanan bu harâc ve cizyeler, Beni Tağlib'ten alınanlar, halkı sürgüne gönderilmiş olan arazilerden alınan vergiler, kafirlerin hediye olarak verdikleri şeyler ve savaş yapmadan kafirlerden alınan şeyler müslümanların yararına olan işlerde harcanır. Mesela, sınırları kapamaya, taş, kerpiç ve ağaç köprüler yapmaya, tefsir ve hadis âlimlerinin, öğretmenlerin, müftülerin, hakimlerin, memurların ve askerlerin maaşına, yiyecek ve giyeceklerine harcanır. Askerlerin çocuklarına da harcanır. "Onların çocukları" terkibinde, "onların" sözünden maksat "askerler" dir. Kâfi, Hidâye, Mecmau'l-bahreyn ve bunun şerhi, Şerh-i Muhtar ve İhtiyar adlı kitaplada yazılanlar bunu göstermektedir.

Bu adı geçenlerden biri sene ortasında ölse, kendisine tahsis edilen ihsandan mahrum kalır. Zira onlara yapılan bu ihsan bir nevi bağıştır. Ele geçirilmeden ona malik olunmaz. Ölümle de düşer. İnaye yazarı: "Sene sonunda dahi ölse, bundan mahrum kalır ve mirasçılarına verilmez. Zira bu bir bağıştır. Ele geçirmeden önce onun mülkü olmaz" demiştir.

8. KISIM

باب الْمُرْتَدِّ

مَنْ اِرْتَدَّ الْعِيَاذُ بِاللّٰهِ يُعْرَضُ عَلَيْهِ الْاِسْلَامُ وَتُكْشَفُ شُبْهَتُهُ اِنْ كَانَتْ فَاِنْ اسْتَمْهَلَ حُبِسَ ثَلَاثَةَ أَيَّامٍ فَاِنْ تَابَ وَاِلَّا قُتِلَ* وَتَوْبَتُهُ بِالتَّبَرِّى عَنْ كُلِّ دِينٍ سِوَى الْاِسْلَامِ أَوْ عَمَّا اِنْتَقَلَ اِلَيْهِ وَقَتْلُهُ قَبْلَ الْاِعْرَاضِ تَرْكُ نَدْبٍ لَا ضَمَانَ فِيهِ* وَيَزُولُ مِلْكُهُ عَنْ مَالِهِ مَوْقُوفاً فَاِنْ اَسْلَمَ عَادَ وَاِنْ مَاتَ أَوْ قُتِلَ أَوْ لَحِقَ بِدَارِ الْحَرْبِ وَحُكِمَ بِهِ عَتَقَ مُدَبَّرُوهُ وَأُمَّهَاتُ أَوْلَادِهِ وَحَلَّتْ دُيُونُهُ وَكَسْبُ اِسْلَامِهِ بَوَارِثِهِ الْمُسْلِمِ* وَكَسْبُ رِدَّتِهِ فَىْءٌ وَيُقْضَى دَيْنُ اِسْلَامِهِ مِنْ كَسْبِ اِسْلَامِهِ وَدَيْنُ رِدَّتِهِ مِنْ كَسْبِهَا* وَيُوقَفُ بَيْعُهُ وَشِرَاؤُهُ وَاِجَارَتُهُ وَهِبَتُهُ وَرَهْنُهُ وَعِتْقُهُ وَتَدْبِيرُهُ وَكِتَابَتُهُ وَوَصِيَّتُهُ فَاِنْ اَسْلَمَ صَحَّتْ وَاِنْ مَاتَ أَوْ قُتِلَ أَوْ حُكِمَ بِلِحَاقِهِ بَطَلَتْ وَقَالَا لَا يَزُولُ مِلْكُهُ عَنْ مَالِهِ* وَتُقْضَى دُيُونُهُ مُطْلَقاً مِنْ كِلَا كَسْبَيْهِ وَكِلَاهُمَا لِوَارِثِهِ الْمُسْلِمِ* وَمُحَمَّدٌ اِعْتَبَرَ كَوْنَهُ وَارِثاً عِنْدَ اللِّحَاقِ وَأَبُو يُوسُفَ عِنْدَ الْحُكْمِ بِهِ* وَتَصِحُّ تَصَرُّفَاتُهُ وَلَا يُوقَفُ غَيْرُ الْمُفَاوَضَةِ لٰكِنْ كَتَصَرُّفِ الصَّحِيحِ عِنْدَ أَبِى يُوسُفَ وَكَتَصَرُّفِ الْمَرِيضِ عِنْدَ مُحَمَّدٍ* وَيَصِحُّ اِتِّفَاقاً اِسْتِيلَادُهُ وَطَلَاقُهُ وَيَبْطُلُ نِكَاحُهُ وَذَبِيحَتُهُ وَتَتَوَقَّفُ مُفَاوَضَتُهُ* وَتَرِثُهُ اِمْرَأَتُهُ الْمُسْلِمَةُ اِنْ مَاتَ أَوْ قُتِلَ وَهِىَ فِى الْعِدَّةِ وَاِنْ عَادَ مُسْلِماً بَعْدَ الْحُكْمِ بِلِحَاقِهِ أَخَذَ مَا وَجَدَهُ بَاقِياً فِى يَدِ وَارِثِهِ وَلَا يُنْقَضُ عِتْقُ مُدَبَّرِهِ وَأُمِّ وَلَدِهِ وَاِنْ عَادَ

قَبْلَهُ فَكَأَنَّهُ لَمْ يَرْتَدَّ* وَالْمَرْأَةُ لَا تُقْتَلُ بَلْ تُحْبَسُ حَتَّى تَثُوبَ وَتُضْرَبُ كُلَّ يَوْمٍ وَالْأَمَةُ يَجْبُرُهَا مَوْلَاهَا* وَيَنْفُذُ جَمِيعُ تَصَرُّفِهَا فِى مَالِهَا وَجَمِيعُ كَسْبِهَا لِوَارِثِهَا الْمُسْلِمِ اِذَا مَاتَتْ وَيَرِثُهَا زَوْجُهَا اِنْ اِرْتَدَّتْ مَرِيضَةً لَا اِنِ اِرْتَدَّتْ صَحِيحَةً وَقَاتَلَهَا يُعَزَّرُ فَقَطْ* وَسَائِرُ اَحْكَامِهَا كَالرَّجُلِ فَاِنْ وَلَدَتْ اَمَتُهُ فَادَّعَاهُ ثَبَتَ نَسَبُهُ مِنْهُ وَأُمُومِيَّتُهَا وَالْوَلَدُ حُرٌّ يَرِثُهُ مُطْلَقاً اِنْ كَانَتْ مُسْلِمَةً* وَكَذَلِكَ اِنْ كَانَتْ نَصْرَانِيَّةً اِلَّا اِنْ وَلَدَتْهُ لِأَكْثَرَ مِنْ نِصْفِ حَوْلٍ مُنْذُ اِرْتَدَّ وَاِنْ لَحِقَ بِمَالِهِ فَظُهِرَ عَلَيْهِ فَهُوَ فَىْءٌ وَاِنْ لَحِقَ ثُمَّ رَجَعَ فَذَهَبَ بِهِ فَظُهِرَ عَلَيْهِ فَهُوَ لِوَارِثِهِ قَبْلَ الْقِسْمَةِ* وَاِنْ لَحِقَ فَقُضِىَ بِعَبْدِهِ لِاِبْنِهِ فَكَاتَبَهُ الْاِبْنُ فَجَاءَ الْمُرْتَدُّ مُسْلِماً فَبَدَلُ الْكِتَابَةِ وَالْوَلَاءُ لَهُ* وَمَنْ قَتَلَهُ مُرْتَدٌّ خَطَأً فَقُتِلَ عَلَى رِدَّتِهِ اَوْ لَحِقَ فَدِيَتُهُ فِى كَسْبِ اِسْلَامِهِ وَقَالَا فِى كَسْبِهِ مُطْلَقاً* وَمَنْ قُطِعَتْ يَدُهُ عَمْداً فَأَرْتَدَّ وَالْعِيَاذَ بِاللّٰهِ وَمَاتَ مِنْهُ اَوْ لَحِقَ ثُمَّ جَاءَ مُسْلِماً وَمَاتَ مِنْهُ فَنِصْفُ دِيَتِهِ لِوَرَثَتِهِ فِى مَالِ الْقَاطِعِ* وَاِنْ اَسْلَمَ بِدُونِ لِحَاقٍ فَمَاتَ فَتَمَامُ الدِّيَّةِ وَعِنْدَ مُحَمَّدٍ نِصْفُهَا* مُكَاتَبٌ اِرْتَدَّ فَلَحِقَ فَأْخِذَ بِمَالِهِ وَقِيلَ فَبَدَلُ الْكِتَابَةِ لِمَوْلَاهُ وَالْبَاقِى لِوَرَثَتِهِ* زَوْجَانِ اِرْتَدَّا اَفَلَحِقَا فَوَلَدَتِ الْمَرْأَةُ ثُمَّ وُلِدَ لِلْوَلَدِ فَظُهِرَ عَلَيْهِمْ فَالْوَلَدَانِ فَىْءٌ وَيُجْبَرُ الْوَلَدُ عَلَى الْاِسْلَامِ لَا وَلَدُهُ* وَاِسْلَامُ الصَّبِىِّ الْعَاقِلِ صَحِيحٌ وَكَذَا اِرْتِدَادُهُ خِلَافاً لِأَبِى يُوسُفَ وَيُجْبَرُ عَلَى الْاِسْلَامِ وَلَا يُقْتَلُ اِنْ اَبَى*

MÜRTEDLER

Allah korusun, bir kimse mürted olsa, islâma girmesi teklif edilir. Şüphesi varsa giderilir. Eğer mûhlet isterse üç gün hapsedilir. Bundan sonra tevbe ederse ne âlâ, yoksa öldürülür.

Mürtedin tevbesi, islamiyet dışında bütün dinlerden veya irtidâd ederek geçmiş olduğu dinden uzaklaşması ile olur. Tekrar islama girmesi teklif edilmeden mürtedi öldürmek, mendub olan bir işi terketmek demektir. Bunda bir tazminat gerekmez. Kendi malına mülkiyeti geçici olarak kalkar. Eğer müslüman olursa mülkiyeti geri döner.

Mürted ölse veya öldürülse veya dar-ı harbe katılsa ve oraya katıldığına hüküm verilse müdebber köleleri ve ümmü veledleri azat olur, borçları hemen ödenir, müslüman iken kazandığı, müslüman mirasçısının olur. Mürted iken kazandıkları ganimet olur. Müslüman iken yaptığı borç müslüman iken kazandığından; mürted iken yaptığı borç da irtidâd ettiği zamanki kazancından ödenir.

Mürtedin alış-verişi, kiraya vermesi, hibe etmesi, rehin bırakması, köle azat etmesi, kölesini müdebber yapması, kölesiyle mükatebe akdi yapması ve vasiyeti durdurulur. Eğer müslüman olursa bunlar sahih olur. Ölür veya öldürülür veya dar-ı harbe katıldığına hükmedilirse bunlar geçersiz olur. İmameyn: "Mürtedin, malına mülkiyeti yok olmaz. Borçları mutlak olarak her iki kazancından ödenir. Ve yine her iki kazancı da müslüman olan mirasçınındır" dediler. Muhammed, mirasçının, mürted dar-ı harbe kaçtığı sırada mirasçı olmasına; Ebu Yusuf ise, mürtedin kaçtığına hükmedildiği sırada mirasçı olmasına itibar etmiştir.

İmameyn'e göre, mürtedin tasarrufları sahihtir. Müfavaza yani eşitlik ortaklığı dışındaki tasarrufları durdurulmaz. Lakin onun tasarrufu Ebu Yusuf'a göre sağlıklı kimsenin; İmam Muhammed'e göre hastanın tasarrufu gibidir.

Mürtedin, cariyesini ümmü veled yapması ve karısını boşaması ittifakla sahihtir. Nikahı geçersiz olur, kestiği yenmez. Müfavaza ortaklığı durdurulur.

Mürtedin müslüman olan karısı iddet beklerken, mürted ölür veya öldürülürse karısı ona mirasçı olur. Mürted olan bir kimse, dar-ı harbe katıldığına dair hüküm verildikten sonra müslüman olarak geri dönse, mirasçının elinde kalmış bulduğu mallarını alır. Ancak müdebberinin ve ümmü veledinin azat edilme durumları bozulmaz. Eğer dar-ı harbe katıldığına hükmedilmeden geri dönerse, sanki irtidâd etmemiş gibi olur.

Mürted olan kadın öldürülmez, aksine tevbe edene kadar hapsedilir. Her gün dövülür. Efendisi cariyeyi zorlar. Mürted kadının malındaki bütün tasarrufları geçerlidir. Öldüğü zaman bütün kazancı müslüman mirasçısına kalır. Hasta olarak mürted olursa kocası mirasçı olur; eğer sağlıklı iken mürted olursa kocası ona mirasçı olamaz. Mürted kadını öldüren sadece tazir olunur. Mürted olan kadın hakkında verilecek diğer hükümler, erkek hakkında verilen hükümler gibidir.

Bir mürtedin cariyesi çocuk doğursa ve mürted bu çocuğun kendisinden olduğunu söylese çocuğun nesebi ve câriyenin ümmü veledliği sabit olur. Çocuk hürdür. Eğer cariye müslüman ise çocuk mutlak olarak o mürtedin vârisi olur. Keza cariye hristiyan ise, çocuk yine mürted olan babasına mirasçı olur. Ancak cariye bu çocuğu, adamın mürted olmasının üzerinden altı aydan fazla bir müddet geçtikten sonra doğurmuşsa çocuk mirasçı olamaz.

Mürted eğer malı ile dar-ı harbe kaçmış ve sonra ona karşı zafer kazanılmış ise malı ganimettir. Eğer malını götürmeden düşman ülkesine katılır sonra geri döner ve malını götürürse ve daha sonra ona karşı zafer kazanılırsa, bu mal, ganimet taksim edilmeden onun vârisine verilir.

Mürted düşman ülkesine katılsa ve kölesinin, oğluna ait olduğuna hükmedilse, oğlu da köleyi mükâteb yapsa sonra mürted müslüman olarak gelse kitabet bedeli ve velâ hakkı babanındır.

Mürted; hata ile birisini öldürse daha sonra kendisi de mürted olduğu için öldürülse veya düşman ülkesine kaçsa, öldürdüğü kimsenin diyeti, mürtedin müslüman iken kazandığı maldan verilir. İmameyn: "Mutlak kazancından verilir" demişlerdir.

Bir kimsenin eli bir başkası tarafından kasten kesilse, sonra Allah korusun, bu eli kesilen kimse mürted olsa ve bu yaradan dolayı ölse veya ölmeyip düşman ülkesine katılsa sonra müslüman olarak gelse ve o yaradan ölse, elini kesen kimsenin malından diyetinin yarısı bunun mirasçılarına verilir. Eğer mürted olduktan sonra düşman ülkesine kaçmadan tekrar burada müslüman olsa ve ölse, diyetin tamamı verilir. İmam Muhammed'e göre, yarısı verilir.

Mükateb bir köle mürted olup düşman ülkesine katılsa, sonra malı ile ele geçirilip öldürülse, kitabet bedeli efendisinin, diğer malları vârislerinindir.

Bir karı-koca mürted olup düşman ülkesine katılsalar sonra kadın bir çocuk doğursa, daha sonra bu çocuğun da bir çocuğu olsa, müslümanlar tarafından bunlara karşı zafer kazanılsa iki çocuk da ganimettir. Mürted olan karı-kocanın oğlu müslüman olmaya zorlanır. Fakat onun oğlu zorlanmaz.

Akıllı küçük çocuğun müslümanlığı sahihtir. Keza mürtedliği de sahihtir. Ebu Yusuf buna muhalefet eder. Mürted olduğunda islâma dönmeye zorlanır. Kabul etmezse öldürülmez.

İZAHI

Bu kısım, islam dinini kabul ettikten sonra ondan dönenler hakkında verilecek hükümlerin açıklanmasıyle ilgilidir.

Allah korusun, bir kimse mürted olsa, ona islama girmesi teklif edilir. Bunu yapmak müstehaptır, yoksa vacip değildir. Zira daha önce kendisine davet ulaşmış ve islamın güzelliklerini görmüş idi. Eğer bazı şüpheleri varsa giderilir. Mühlet isterse üç gün hapsedilir. Bu süre içinde tevbe ederse ne âlâ, tevbe etmezse öldürülür. Nâtıfî'den şöyle nakledilmiştir: "Mürted tevbe edip islama döndükten sonra tekrar kafir olsa ona istediği takdirde mühlet verilir. Hatta üç defa mürted olsa, her defasında mühlet istese yine verilir. Ama dördüncüde mühlet verilmez. Yakalanır yakalanmaz islama gelirse ne âlâ, yoksa hemen öldürülür."

Bazıları, "mürted yakalandığında islamı kabul ederse öldürülmez. Ancak, islamı kabul etmemekte direnirse öldürülür" demişlerdir. Bizim bütün alimlerimizin görüşü şudur ki, mürtedden ebeddiyen tevbe etmesi istenir. Ama Hz. Ali (r.a) ve İbn Ömer'den gelen rivayete göre, mürtedin, üç defadan sonra tevbesi kabul olunmaz. Zira tevbesi, bir nevi alay olmuş olur. Ebu Yusuf'tan gelen bir rivayete göre de, mürtedlik tekrarlanırsa, islama gelmesi teklif edilmeden öldürülür. Çünkü tekrar mürted olmak dini hafife almak demektir.

Mürtedin tevbesi, islâmiyetten başka bütün dinlerden veya islamı bırakıp girdiği dinden beri yani uzak olmasıyladır. Mesela: "Eşhedü ellâ ilahe illallah ve eşhedü enne Muhammeden abdühu ve rasûlühu" diye kelime-i şehadet getirdikten sonra, "islamdan başka bütün dinleri bıraktım" demeli; eğer mürted olarak yahudiliğe girmişse "yahudilikten uzak oldum, yahudiliği bıraktım" demelidir.

İslama dönmesini teklif etmeden mürtedi öldürmek, müstehap olan bir işi yapmamak demektir. Bu şekilde öldürülürse bir diyet veya tazminat gerekmez. Zira mürtedi öldürmek mübahtır. Daha evvel kendine davet ulaştığı ve islam nimetini tattığı için, tekrar islamı arzetmek vacip değildir. Tahâvi Şerhi'nde: Bir kimse devlet reisinden izin almadan mürtedi öldürse te'dib olunur" diye yazılıdır.

Mürtedin, riddeti sebebiyle, kendi malına malik olma durumu geçici olarak kalkar. Eğer islama dönerse, malı da kendi mülküne avdet eder, yani tekrar onun mülkü olur. Bu, İmam-ı A'zam'ın görüşüdür. Mürted ölse veya öldürülse veya dar-ı harbe katılsa ve oraya katıldığına hükm olunsa mûdebber köleleri ve ümmü veledleri hür olur, borçlarının ödenme vakti gelmiş olur. Yani sonra ödeyeceği borçları âcil borç durumuna gelir. Çünkü dar-ı harbe katılıp oraya kaçmak, ölmek gibi bir şeydir. Müslüman olduğu dönemde kazandıkları, müslüman olan vârislerinindir. Mürted iken kazandıkları ganimet olur. Bu, Ebu Hanife'nin görüşüdür. Şafii'ye göre, her iki kazancı da ganimettir. Çünkü mürted, kâfir olarak ölmüştür. Müslüman bir kimse bir kafire mirasçı olamaz. Bu takdirde, müslüman iken kazandıkları da, mürted iken kazandıkları da ganimettir. Müslüman iken yaptığı borçlar, müslüman iken kazandıklarından ödenir.

Mürtedin alışverişi, kiraya vermesi, bağışta bulunması, rehin bırakması, köle azat etmesi, kölesini müdebber yapması, kölesiyle mükâtebe akdi yapması ve vasiyette bulunması geçici olarak durdurulur. İslama dönerse bu tasarrufları sahih olur. Eğer ölür veya öldürülür veya dar-ı harbe katıldığına hükm olunursa bu tasarrufları geçersiz olur. İmameyn şöyle der: Mürtedin, kendi malının mâliki olma durumu ortadan kalkmaz. Borçları mutlak olarak her iki kazancından yani gerek müslüman iken gerekse mürted iken elde ettiği kazançtan ödenir. Her iki halde elde ettiği kazanç, müslüman olan mirasçılarına kalır.

İmam Muhammed'e göre, mirasçı olacak kişi, mürted dar-ı harbe girdiği anda ona mirasçı olur. Ebu Yusuf'a göre mürtedin dar-ı harbe katıldığına hükmedildiği an mirasçı olur. Bu ana gelinceye kadar mürtedin tasarrufları sahih ve geçerlidir. Ancak mufavaza yani eşitlik ortaklığı ile ilgili tasarrufları durdurulur. Bu tasarrufu geçerli olmaz. Çünkü mufavaza ortaklığı din, mal, tasarruf ve kazanç eşitliği gerektirir. Mürtedde ise din eşitliği yoktur. Bu tasarrufu ittifakla durdurulur. İslama dönerse sahih olur, aksi halde geçersiz olur. Lakin mürtedin tasarrufu Ebu Yusuf'a göre, hasta olmayan sağlıklı bir kimsenin tasarrufu gibidir. Hatta bütün malında tasarrufu muteberdir. İmam Muhammed'e göre, mürtedin tasarrufu hastanın tasarrufu gibidir.

Mürtedin, cariyesini ümmü veled yapması ve karısını boşaması ittifakla sahihtir. Evlenmesi sahih değildir, kestiği yenmez. Mufavaza ortaklığı durdurulur. Bu söz, musannifin az önce geçen "mufavaza ortaklığı dışındaki tasarrufları durdurulur" sözünden anlaşılmıştı. İkinci defa niçin zikredildiği anlaşılamadı.

Mürtedin müslüman olan karısı iddet beklerken, mürted ölse veya öldürülse kadın ona mirasçı olur. Bu durumda, her ne kadar dinden çıktığı sırada sıhhatli de olsa, mürted "fârr" sayılır. Fârr; ölüm hastalığı sırasında, karısını mirasından mahrum etmek için onu boşayan kimseye denir. Mürtedin ona benzetilmesinin sebebi, dinden çıkmanın da tıpkı bir hastalık gibi ölüme sebep olmasıdır. Mürted; dâr-ı harbe girdiğine hükmedildikten sonra müslüman olarak geri dönerse, vârislerinin elinde kalan şeylerden ne bulursa alır. Fakat müdebberinin ve ümmü velidinin azat edilme durumları bozulmaz. Zira bu ikisinin azat edilmeleri hâkimin hükmüyle olmuştur. Bunların azat edilmelerine sahih kılan hâkimin hükmüdür. Eğer hakim, onun dâr-ı harbe katıldığına hüküm vermeden dâr-ı islâma dönerse mürted olmamış gibi olur. Bu takdirde müdebberinin ve ümmü velidinin azat edilme durumları bozulur.

Mürted olan kadın öldürülmez. Aksine hapsedilip her gün dövülür. K f i yazarı şöyle der: Hasan; İmam-ı Azam'ın, "her gün hapisten çıkarılır ve otuzdokuz deynek vurulur" dediğini rivayet etmiştir. Mürted olan cariyeyi efendisi islâma dönmeye zorlar. Mürted olan kadının malı üzerinde yaptığı bütün tasarruflar geçerlidir. Mürted kadın öldüğünde, gerek müslüman iken gerek mürted olunca elde ettiği bütün kazanç müslüman olan mirasçılarına kalır. Hasta iken mürted olan kadına kocası vâris olur, hasta değilken mürted olursa kocası mirasçı olamaz. Böyle bir kadının katili sadece tazir olunur. Üzerine bir şey gerekmez. Zira bu kadını öldüren, Hz. Peygamber (a.s)'in:

" مَنْ بَدَّلَ دِينَهُ فَاقْتُلُوهُ **Dinini değiştireni öldürün**"[22] hadisinin ifade ettiği mutlak manaya dayanarak bu işi yapmıştır. Bundan dolayı öldürenin üzerine bir şey gerekmez. Sadece te'dip ve tazir olunur. Mürted olan kadının diğer hükümleri, mürted olan erkeğin hükümleri gibidir.

Mürtedin cariyesi bir çocuk doğursa ve mürted bu çocuğun kendinden olduğunu söylese, çocuğun nesebi ondan sabit olur. Cariye de mürtedin ümmü velidi olur. Eğer cariye müslüman olursa, cariye de mürted olmasıyla çocuğun doğumu arasında, gerek altı aydan az gerekse çok süre olsun, çocuk mutlak olarak adamın mirasçısı olur. Zira çocuk, ana babadan müslüman olana tabidir. Müslüman ise mürtede vâris olur. Keza cariye hristiyan olsa çocuk yine hür ve müslüman olup mürted olan babasından miras alır. Ancak bu hristiyan câriye, adamın mürted olmasından itibaren altı aydan çok bir zaman geçikten sonra doğurursa çocuk mirasçı olamaz. Mesela, efendisi-

---

(22) Buhari, Cihad, 149; İstitâbe, 2; İ'tisam, 28

nin irtidat etmesi üzerinden altı ay geçmeden doğurursa, efendisi müslüman iken hamile kalmış olur. Çocuk müslüman bir babadan olduğu için babasına tabi olur. Yani hür ve müslüman olur ve daha sonra mürted olan babasına mirasçı olur. Eğer cariye efendisi mürted olduktan sonra altı aydan fazla bir zaman geçince doğursa, çocuk, baba mürted iken ana karnına düşmüş olur, dolayısıyle çocuk ona tabi olarak mürted olur ve mürted olan babasına mirasçı olamaz.

Mürted malı ile dâr-ı harbe kaçmış ve bu halde iken ona karşı zafer kazanılmış ve malı müslümanların eline geçmişse, o mal ganimettir. Malını almadan dar-ı harbe kaçsa, sonra geri dönse ve malını alıp götürse, bundan sonra ona karşı zafer kazanılsa ve malı elimize geçse, bu mal; ganimet taksim edilmeden onun mirasçılarına verilir. Zira mürted dar-ı harbe ilk katıldığında, hakimin kararıyla oraya kaçtığına hükmedilmiş ve böylece dâr-ı islamda olan malı vârislerine intikal etmiştir. Yani mirasçılar o malın mâliki olmuşlardır. Mürtedin geri gelip de malı dâr-ı harbe götürmesine itibar edilmez. Mirasçılar, ganimetin taksiminden önce hiçbir şey ödemeden bu malı alırlar.

Mürted dar-ı harbe kaçtıktan sonra kölesinin, oğluna ait olduğuna hükmedilse, yani hâkim bu adamın kölesinin, oğluna ait olacağına hükmetse, oğlu da sahip olduğu bu köle ile mükatebe akdi yapsa, daha sonra da mürted olan babası müslüman olarak dâr-ı islama gelse, köleden alınacak olan kitabet bedeli ve velâyet babaya aittir.

Bir mürted yanlışlıkla birisini öldürse daha sonra kendisi de mürted olduğu için öldürülse veya dar-ı harbe kaçsa, Ebu Hanife'ye göre, mürtedin öldürdüğü kimsenin diyeti, onun müslüman iken kazandığı maldan verilir. İmameyn, "gerek müslüman iken gerek mürted iken olsu, mutlak kazancından verilir" demişlerdir.

Bir kimsenin eli kasten kesilse ve-Allah korusun- eli kesilen daha sonra mürted olsa ve bu haldeyken o yaradan dolayı ölse veya dar-ı harbe katılsa ve daha sonra müslüman olarak dar-ı islama dönse ve burada o yaradan dolayı ölse, elini kesen kimsenin malından diyetinin yarısı bu ölen kişinin mirasçılarına verilir. Eli kesildikten sonra mürted olan bu kişi, dar-ı harbe katılmadan müslüman olsa, bu yaradan öldüğü takdirde, İmam-ı Azam ve Ebu Yusuf'a göre diyetinin tamamını, İmam Muhammed'e göre ise diyetinin yarısını almak gerekir.

Mükateb bir köle mürted olup dar-ı harbe iltihak etse, sonra malı ile ele geçirilip öldürülse, efendisine kitabet bedeli kölenin malından verilir. Geri kalan malı mirasçılarınındır.

Karı-koca mürted olup dar-ı harbe katılsalar, sonra kadın burada bir çocuk doğursa, yıllar sonra bu çocuğun da bir çocuğu olsa, daha sonra o kafir ülkesiyle müslümanlar savaş yapsa ve kafirler bu savaşta yenilse, her iki çocuk da savaş ganimeti olur. Hidâye'de de böyle yazılıdır. İlk çocuğun ganimet olması, anasının mürted olmasındandır. Çünkü mürted olan kadın esir alınınca cariye olur. Oğlu da ona uyarak köle olur. İkinci çocuğun ganimet olması asıl kafir olmasındandır. Mürted değildir ve köle olmasında mürtedlik şüphesi de yoktur. Birinci çocuk müslüman olmaya zorlanır. Zira çocuk dinde babaya tabidir. Babası islama dönmeye zorlandığı gibi, oğlu da zorlanır. Ama ikinci çocuk, yani çocuğun çocuğu müslüman olmaya zorlanamaz.

Akıllı küçük çocuğun müslümanlığı sahihtir. Keza mürtedliği de sahihtir. Dolayısıyla nikahı bozulur mirastan mahrum olur. Bu İmam Ebu Hanife ile İmam Muhammed'in görüşüdür. Ebu Yusuf buna muhalefet eder. Ona göre böyle bir çocuğun mürtedliği sahih olmaz. Züfer ve Şafii şöyle derler: "Çocuğun müslümanlığı ve mürtedliği sahih değildir. Zira akıllı çocuk müslümanlıkta ana-babasına tabidir ve müslümanlığı bu yol ile sahihtir. Yoksa asâleten müslüman değildir. Ana babasına tabi olarak müslüman sayılması âcizliğinin delilidir. Asalet ise kudretin delilidir. Kudret ile âcizlik arasında bir uyuşmazlık vardır. Bu zıtlık ve uyuşmazlıktan birisi, tebaiyyet yoluyla olan müslümanlıktır. Bu ise icma ile mevcuttur. Bu takdirde diğeri yani asaleten müslümanlığı zaruri olarak yok olmuş olur." Bizim delilimiz, Hz. Ali (r.a)'nin çocuk iken müslüman olması ve Hz. Peygamber (a.s)'in, onun müslümanlığının sahih olduğuna hükmetmesidir.

Akıllı küçük çocuk mürted olursa, islama dönmeye zorlanır, dönmezse öldürülmez. Zira öldürme bir cezadır. Çocuk ise cezaya ehil değildir.

9. KISIM

بَابُ الْبُغَاةِ

إِذَا خَرَجَ قَوْمٌ مُسْلِمُونَ عَنْ طَاعَةِ الْإِمَامِ وَتَغَلَّبُوا عَلَى بَلَدٍ دَعَاهُمْ إِلَى الْعَوْدِ وَكَشَفَ شُبْهَتَهُمْ وَبَدَأَهُمْ بِالْقِتَالِ لَوْ تَحَيَّزُوا مُجْتَمِعِينَ وَقِيلَ لاَ مَالَمْ يَبْدَأُوا* فَإِنْ كَانَ لَهُمْ فِئَةٌ أُجْهِزَ عَلَى جَرِيحِهِمْ وَأُتْبِعَ مُوَلِّيهِمْ وَإِلاَّ فَلاَ* وَلاَ تُسْبَى ذُرِّيَّتُهُمْ وَلاَ يُقْسَمُ مَالُهُمْ بَلْ يُحْبَسُ حَتَّى يَتُوبُوا فَيُرَدُّ عَلَيْهِمْ* وَجَازَ اسْتِعْمَالُ سِلَاحِهِمْ وَخَيْلِهِمْ عِنْدَ الْحَاجَةِ* وَإِنْ قَتَلَ بَاغٍ مِثْلَهُ فَظَهَرَ عَلَيْهِمْ لاَ يَجِبُ شَيْءٌ* وَإِنْ غَلَبُوا عَلَى مِصْرٍ فَقَتَلَ بَعْضُ أَهْلِهِ آخَرَ مِنْهُ عَمْداً قُتِلَ بِهِ إِذَا ظَهَرَ عَلَى الْمِصْرِ* وَإِنْ قَتَلَ عَادِلٌ مُوَرِّثَهُ الْبَاغِي يَرِثُهُ وَلَوْ بِالْعَكْسِ لاَ يَرِثُهُ الْبَاغِي إِلاَّ إِذَّعَى أَنَّهُ كَانَ عَلَى الْحَقِّ وَعِنْدَ أَبِي يُوسُفَ لاَ يَرِثُهُ مُطْلَقاً* وَكُرِهَ بَيْعُ السِّلَاحِ مِمَّنْ عُلِمَ أَنَّهُ مِنْ أَهْلِ الْفِتْنَةِ وَإِنْ لَمْ يُعْلَمْ فَلاَ*

ÂSİLER

Müslüman bir grup devlet reisine itaattan çıkıp bir şehre hakim olsalar, devlet reisi onları geri dönmeye çağırır. Şüphelerini giderir. Eğer toplu olarak bir yeri mekan edinmişlerse, önce devlet reisi onlara savaş açar. Bazıları: "Onlar başlamadan devlet reisi savaşa başlamaz" demişlerdir.

Asilerin bir grubu varsa yaralıları öldürülür ve kaçanları takip edilir. Bir grupları yoksa yaralıları öldürülmez ve kaçanları takip edilmez.

Çocukları esir edilmez, malları bölüşülmez. Bilakis tevbe edinceye kadar malları biryerde tutulur, sonra kendilerine geri verilir. İhtiyaç anında silahlarını ve mallarını kullanmak câizdir.

Bir âsi kendisi gibi bir âsiyi öldürse, sonra âsilere karşı üstünlük sağlansa, bir şey gerekmez.

Asiler bir şehri ele geçirse, sonra bu şehir halkından biri diğerini kasten öldürse, şehir ele geçirildiğinde, kâtil cinayeti sebebiyle öldürülür.

Adil bir kimse, kendisine miras bırakacak olan âsi birini öldürse ona mirasçı olur. Bunun aksi durumda, âsi; öldürdüğü âdil kişiye mirasçı olamaz. Ancak kendisinin haklı olduğunu iddia ederse mirasçı olur. Ebu Yusuf'a göre, mutlak olarak mirasçı olamaz.

Fitnecilerden olduğu bilinen kimseye silah satmak mekruhtur. Eğer bilinmezse mekruh değildir.

İZAHI

Bu kısım, âsilerin hükümlerinin açıklanmasına dairdir.

Müslümanlardan bir grup, devlet reisine itaat etmeyi bırakıp bir şehri ele geçirseler, devlet reisi onları tekrar kendisine itaat etmeye çağırır. Kendilerini isyana sevkeden şüphelerini giderir. Zira Hz. Ali (r.a) Harûrâ halkı ile savaşmadan onlara Abdullah b. Abbas'ı göndermiş; karşılıklı münazara ve delil getirmelerden sonra birçok kişi isyandan vazgeçmişti. Eğer isyancılar toplu olarak bir yeri mekan edinmişlerse, önce devlet reisi ve onunla onlar savaşı başlatır. Bazıları: "İsyancılar savaş çıkarmadıkça devlet reisi onlarla savaş başlatmaz" demiştir. Bu görüş Kudûrî'nin rivayetidir. Birinci rivayet, Hâherzâde'nin tercih ettiği görüştür. Âsilerle savaşın caiz olduğuna delil, Yüce Allah'ın:

$$\text{فَاِنْ بَغَتْ اِحْدٰيهُمَا عَلَى الْاُخْرٰى فَقَاتِلُوا الَّتِي تَبْغِي حَتّٰى تَفِيءَ اِلٰى اَمْرِ اللّٰهِ}$$

"Eğer onlardan biri diğerine isyan ediyorsa, isyan edenle, Allah'ın emrine dönünceye kadar savaşın"[23] ayet-i kerimesidir.

Âsilerin bir topluluk ve grupları varsa, yapılan savaşta yaralanan ve yenilenler bu gruba sığınmak için kaçarlarsa, yakalanan yaralılar öldürülür ve kaçanlar takip edilir. Eğer bir grupları yokse yaralılar öldürülmez ve kaçanların ardına düşülmez. Zira yaralıların öldürülmesi ve takip edilmeleri, takviye almalarından korkulduğu içindir. Asilerin bir kuvvet oluşturacak birlik ve grupları olmayınca böyle bir korku da olmaz. Bu takdirde öldürülmezler. Zira müslümandırlar.

Asilerin çocukları esir alınmaz, malları ganimet malı gibi taksim edilmez. Aksine alınan mallar bir yerde bekletilip, âsiler tevbe ettikten sonra kendilerine iade edilir. İhtiyaç duyulduğu zaman atlarını ve silahlarını kullanmak caizdir. Zira Hz. Ali (r.a) Basra'da âsilerin silahlarını ihtiyaç duyulduğu için askerlere dağıtmıştı. Yoksa onları askerlerin mülkü yapmak için dağıtmamıştı. İhtiyaç anında devlet reisi bunu âsi olmayanların malından dahi yapmaktadır. Âsinin malından bu işi yapması daha da uygun olur.

---

(23) Hucûrât Suresi, 49/9

Bir âsi kendisi gibi bir âsiyi öldürse, sonra âsilere karşı üstünlük sağlansa, katile bir şey yani kısas veya diyet gerekmez. Zira devlet reisinin onlar üzerinde bir velayeti yoktur.

Âsi tayfası bir şehri ele geçirip orada hakimiyet kursa, daha sonra şehir halkından biri, yine aynı şehir halkından bir diğerini kasten öldürse, şehir ele geçirilip âsilerin elinden kurtarılınca, kısas yapılarak, öldürülene karşılık kâtil de öldürülür.

İsyan etmeyen bir kimse, kendisine miras bırakacak olan bir âsiyi öldürse, ona mirasçı olur. Bunun aksi olsa, yani bir âsi, mirasçısı olacağı âdil bir kimseyi yani devlet reisine isyan etmeyen bir kişiyi öldürse ona vâris olamaz. Bu Ebu Hanife ve İmam Muhammed'in görüşüdür. Ancak, âsinin o olduğu zannıyle kendisinin haklı olduğunu iddia ederse varis olur. Ebu Yusuf'a göre mutlak olarak, haklı olduğunu iddia etsin veya etmesin, mirasçı olamaz.

Fitnecilerden olduğu bilinen kimseye silah satmak mekruhtur. Zira böyle yapmakla, günah ve isyana yardım edilmiş olur. Eğer bir kimsenin fitneci olduğu bilinmezse, ona silah satmak mekruh olmaz.

1. BÖLÜM

3. Kısım / 6
   Vakfe Kadın ve Beden ile Hükümler 6

4. Kısım / 10
   Hacc-ı Kıran ve Hacc-ı Temettu 11

5. Kısım / 20
   Cinayetler Bölümü 20

6. Kısım / 24
   Tavafın Cinayetleri 25

7. Kısım / 30
   Av Öldürmek 32

8. Kısım / 42
   Mikati İhramsız Geçme 42

9. Kısım / 46
   İhramı İhrama Katma 46

10. Kısım / 50
    İhsar ve Haccı Kaçırma 51

11. Kısım / 56
    Bedel Haccı 57

12. Kısım / 65
    Hedy Babı 66

13. Kısım / 70
          Çeşitli Meseleler 70

2. BÖLÜM

NİKÂH 77
1- Şer'î Sebep 78
2- Aklî Sebep 78
3- Tabiî Sebep 79

1. Kısım / 84
          Nihâhı Haram Olanlar 85

2. Kısım / 96
          Veliler ve Denkler 99

3. Kısım / 109
          Nikâhta Muteber Olan Denklikler 109

4. Kısım / 117
          Bir Yabancının Evlendirilmesi 117

5. Kısım / 122
          Mehir 126

6. Kısım / 146
          Kölenin Nikâhı 147

7. Kısım / 155
          Kâfirin Nikâhı 157

8. Kısım / 164
          Zevceler Arasında Adalet 165

3. BÖLÜM

SÜT EMME 171

4. BÖLÜM

BOŞAMA ve BOŞANMA 174
Boşama 181

1. Kısım / 188
         Boşanmanın Vukuu 191

2. Kısım / 198
         Zamana Bağlı Boşama 199

3. Kısım / 207
         İşaret ve Şiddet İfade Eden Sözle Boşama ... 207

4. Kısım / 209
         Gerdeğe Girmeden Boşama 209

5. Kısım / 213
         Kinaye Sözlerle Boşama 214

6. Kısım / .... Kısım 223
         Boşamayı Başkasına Devretme 226

7. Kısım / 238
         Talakın Olmasını Başka Bir Şeyin Olmasına
         Bağlamak 240

İÇİNDEKİLER

8. Kısım / 248
   Hastanın Boşaması 249

9. Kısım / 254
   Ric'i Talak 256

10. Kısım / 266
    İla 267

11. Kısım / 274
    Hul 276

12. Kısım / 284
    Zihar 286

13. Kısım / 293
    Lian 296

14. Kısım / 302
    İnnin 303

15. Kısım / 306
    İddet 307

16. Kısım / 313
    Yas Tutma 315

17. Kısım / 319
    Nesebin Sabit Olması 323

18. Kısım / 326
    Hidane 327

İÇİNDEKİLER

19. Kısım / 331
    Nafaka 334

20. Kısım / 334
    Çocuğun Nafakası 346

5. BÖLÜM

KÖLE ve CARİYE AZAT ETME 357

1. Kısım / 366
   Kölenin Bir Kısmını Azat Etme 368

2. Kısım / 374
   Kapalı Bir Şekilde Azat Etmek 375

3. Kısım / 380
   Köle Azat Etmeye Yemin Etmek 381

4. Kısım / 384
   Bir Şey Karşılığında Azat Etme 385

5. Kısım / 391
   Tedbir 393

6. Kısım / 397
   Cariyeyi Ummu Veled Edinme 399

6. BÖLÜM

YEMİNLER 405

1. Kısım /	 417
	Yemin Harfleri 418
2. Kısım /	 425
	Girme Çıkma, Gelme Oturma Benzeri Konularda Yemin Etmek 428
3. Kısım /	 438
	Yeme İçme, Giyme ve Konuşma Konlarında Yemin 441
4. Kısım /	 456
	Boşama ve Azat Etmeye Dair Yemin 457
5. Kısım /	 461
	Alışveriş, Evlenme ve Diğer Konularda Yemin 464
6. Kısım /	 473
	Dövme, Öldürme ve Başka Şeylere Yemin ... 474

7. BÖLÜM

HADLER 484
1. Kısım / 493
           Haddi Gerektiren ve Gerektirmeyen Cinsel İlişki 495

2. Kısım / 501
           Zina Şahitliği ve Bundan Dönme   503

3. Kısım / 511
　　　　　　İçki İçme Haddi 512

4. Kısım / 515
　　　　　　İffete İftira Haddi 517

5. Kısım / 525
　　　　　　Tazir 526

8. BÖLÜM

HIRSIZLIK 532
1. Kısım / 538
　　　　　　Hırz 540

2. Kısım / 545
　　　　　　Hırsızın Eli Nasıl Kesilir, Bunun İsbatı
　　　　　　Nedir? 547

3. Kısım / 553
　　　　　　Yol Kesmek 554

9. BÖLÜM

SİYER 561
1. Kısım / 571
　　　　　　Ganimetler ve Ganimetlerin Taksimi 572

2. Kısım / 579
　　　　　　Ganimetler Nasıl Bölüşülür? 580

3. Kısım / 587
　　　　　　Kâfirlerin İstilası 588

4. Kısım / 593
Müste'minler 594

5. Kısım / 597
Müste'minle İlgili Diğer Hükümler 598

6. Kısım / 601
Öşür ve Harac 602

7. Kısım / 607
Cizye 609

8. Kısım / 615
Mürtedler 617

9. Kısım / 625
Asiler 626